Freiburger literaturpsychologische Gespräche
Jahrbuch für Literatur und Psychoanalyse

FREIBURGER LITERATURPSYCHOLOGISCHE GESPRÄCHE
JAHRBUCH FÜR LITERATUR UND PSYCHOANALYSE

herausgegeben von

Ortrud Gutjahr (Hamburg) • **Astrid Lange-Kirchheim** (Freiburg)
Joachim Küchenhoff (Basel) • **Wolfram Mauser** (Freiburg)
Joachim Pfeiffer (Freiburg) • **Carl Pietzcker** (Freiburg) • **Petra Stasser** (Freiburg)

(Freiburger Arbeitskreis Literatur und Psychoanalyse e. V.
Freiburg im Breisgau)

FREIBURGER LITERATURPSYCHOLOGISCHE GESPRÄCHE
JAHRBUCH FÜR LITERATUR UND PSYCHOANALYSE
BAND 31

THOMAS MANN

herausgegeben von

Ortrud Gutjahr

Königshausen & Neumann

Beratende Mitglieder des Arbeitskreises:
Dr. Heinrich Deserno, Prof. Dr. Gottfried Fischer, Dr. Annegret Mahler-Bungers, Prof. Dr. Walter Schönau, Prof. Dr. Wolf Wucherpfennig

Bibliografische Information der Deutschen Bibliothek

Die Deutsche Bibliothek verzeichnet diese Publikation in der Deutschen Nationalbibliografie; detaillierte bibliografische Daten sind im Internet über <http://dnb.ddb.de> abrufbar.

Gedruckt auf säurefreiem, alterungsbeständigem Papier
Umschlag: skh-softics / coverart
Bindung: Verlagsbuchbinderei Keller GmbH, Kleinlüder

Printed in Germany
ISBN 978-3-8260-4853-1
www.koenigshausen-neumann.de
www.buchhandel.de
www.buchkatalog.de

Die *Freiburger literaturpsychologischen Gespräche* sind ein Forum für alle, die die Literatur und den Umgang mit ihr psychoanalytisch untersuchen und die dazu geeigneten Verfahren wie auch deren Voraussetzungen reflektieren.

Der vorliegende 31. Band enthält – neben einer Reihe von Rezensionen – die Beiträge, die auf der psychoanalytisch-literaturwissenschaftlichen Arbeitstagung zum Thema *Thomas Mann* vom 2. bis 4. Juni 2011 in Freiburg vorgestellt und diskutiert wurden.

Thomas Mann ist einer der herausragenden psychologisierenden Erzähler der literarischen Moderne. In Auseinandersetzung mit seinen großen Romanen und ausgewählten Erzählungen wurde auf der Tagung gefragt, worin die Besonderheit seiner Gestaltung von Beziehungsdynamiken zu sehen ist. Um für unsere Diskussionen eine Vergleichsgrundlage zu schaffen, wurden im Rahmen des jeweils spezifischen Untersuchungsinteresses die Beziehungskonstellationen bei den Werken in chronologischer Reihenfolge herausgearbeitet. Dabei ging es insbesondere um die Frage, wie die Figuren hinsichtlich geschlechts- und altersspezifischer Charakteristika sowie familiärer, gesellschaftlicher und kultureller Einbindungen gestaltet sind, aber auch über welches Wissen sie verfügen und welche Wertvorstellungen oder Divergenzen zwischen ihnen verhandelt werden. In den Blick rückte somit, welche Figuren seitens des Erzählers wertgeschätzt, idealisiert, geschützt, ironisch kommentiert, abgewertet, mit Verachtung belegt oder der Lächerlichkeit preisgegeben sind.

Mit der Fokussierung des Verhältnisses zwischen Erzähler und erzählten Figuren wurde der Tatsache Rechnung getragen, dass Thomas Mann weder in der Lyrik noch in der Dramatik, sondern offensichtlich allein in der Epik die ihm adäquate Ausdrucksform fand. So wurden ausgehend von der erzählerischen Konstruktion der unterschiedlichen Beziehungen, die der Erzähler implizit oder explizit zu Figuren aufnimmt, Möglichkeiten zur Erschließung von Konfliktstrukturen, Triebdynamiken und emotionalen Ökonomien erkundet. Bei den jeweiligen Textanalysen wurde daher gefragt, in welchem psychoanalytisch deutbaren Setting sich der Erzähler zu den erzählten Figuren ins Verhältnis setzt und wie er in deren Kennzeichnung und Beschreibung bereits Deutungen einfließen lässt oder diese verweigert, wenn nicht gar zu verhindern sucht. Insbesondere wurde analysiert, inwiefern der Erzähler seine Figuren hinsichtlich ihrer Selbsteinschätzungen und Verhaltensweisen schützt oder bloßstellt. Hierbei war auch von Interesse, ob und inwiefern Thomas Mann in seinen Erzähltexten Figuren geschaffen hat, die sich gegen die Intentionen des Erzählers zu positionieren vermögen.

Der Pädagogischen Hochschule Freiburg danken wir für die Gastfreundschaft während unserer Tagung und der Albert-Ludwigs-Universität Freiburg für die finanzielle Unterstützung. Unser Dank gilt darüber hinaus Judith Wilson für die Übersetzung der Abstracts sowie Julia Boog und Kathrin Emeis für die redaktionelle Bearbeitung der Beiträge in Zusammenarbeit mit Christian Gerdum, Stellan Pantléon und Julia Twesten.

Die Herausgeberin

Inhalt

REZENSIONEN

Redaktion: **Astrid Lange-Kirchheim**

Abstracts

Ortrud Gutjahr
Beziehungsdynamiken im Familienroman. Thomas Manns *Buddenbrooks*

Die ursprüngliche Konzeption seines ersten Romans *Buddenbrooks* hat Thomas Mann während des Schreibprozesses grundlegend verändert. Denn die »Knabennovelle« um Hanno, die ursprünglich im Zentrum stehen sollte, wurde in eine umfängliche Familiengenealogie eingebettet, wodurch Thomas Buddenbrook als Vaterfigur an Bedeutung gewann. Bei einer Lektüre des Romans von Hanno aus kommt dem Erzähler die Funktion eines Hinterlassenschaftsverwalters zu, der in der Pflicht steht, dem Stammhalter auch sein psychisches Erbe offenzulegen. So geht es unter psychodynamischer Perspektive im Roman nicht nur um die Rekonstruktion vererbter Dispositionen, sondern auch um die Ablösung des Sohnes von der Autorität des Vaters, wie dies insbesondere in der für Hanno beschämenden Familienszene beim einhundertjährigen Firmenjubiläum inszeniert wird. Der Beitrag vertritt von daher die These, dass Thomas Mann mit *Buddenbrooks* einen Familienroman neuen Zuschnitts schuf, indem er über die Psychographie des Generationenwechsels zugleich eine Wiederannährung an den Vater gestaltete.

Relationship Dynamics in the Family Novel: Thomas Mann's *Buddenbrooks*

In the process of writing the novel *Buddenbrooks*, Thomas Mann entirely changed his original concept. Conceived as a novella, Hanno's story, which was supposed to be its central focus, was woven into a vast family genealogy, and as a result Thomas Buddenbrook, the father figure, gained in importance. If the novel is read with Hanno as it starting point, it will be seen that the narrator takes on the function of an estate trustee who has the responsibility to provide the heir with an account of his psychic inheritance. From a psychodynamic perspective, the novel is thus not only about the reconstruction of inherited dispositions, but also about the son's release from the authority of his father. This is particularly evident in the family scene at the celebration of the firm's centennial which is shameful for Hanno. The paper proposes that, with *Buddenbrooks*, Thomas Mann created a new type of family novel in which he used the psychograph of generational change to represent not only a separation from, but also a rapprochement with the father.

Yahya Elsaghe
***Königliche Hoheit* als Familienroman**

Königliche Hoheit, noch vor Thomas Manns eigener Rezeption der Psychoanalyse entstanden, lässt sich gerade deswegen mit Freud als ein Familienroman lesen, in dem der phantasierende Autor schönschrieb, was sich der märchenhaften Verklärung seiner Lebensgeschichte widersetzte. Die fremde Herkunft seiner Mutter schwächte er zu diesem Zweck sukzessive ab, um sie endlich in den Merkmalssatz ausgerechnet der Braut zu verlegen. Hier überlagerte sie das ungleich heiklere Stigma einer jüdischen Alterität, das im Verlauf der Arbeit immer weiter an den Rand rückte. Auch dort noch wurde es aus dem Merkmalssatz einer Nebenfigur entfernt; und wo es bestehen blieb, ist es in bonam partem umgewertet.

Königliche Hoheit as a Family Novel

Although *Konigliche Hoheit* (Royal Highness) was written before Thomas Mann's engagement with psychoanalysis, it is possible, precisely for this reason, to read it, with Freud, as a family novel in which the author transformed all of those things that resisted idealisation in his own life into a fairy tale. To this end, he successively diluted the foreign origin of his mother, ultimately including it amongst the attributes of none other than the bride. Here it overlaid the much more dangerous stigma of Jewish alterity which, in the course of the work, assumed an increasingly peripheral position. Even then, it was removed from the attributes of a minor figure, and where it remained, it was given a positive value.

Manfred Dierks
***Der Tod in Venedig* als leiblich-seelische Strukturphantasie**

Es wird versucht, eine leiblich-seelische Strukturphantasie zu rekonstruieren, die Thomas Mann durch Introspektion gebildet hat und die er früh – 1909 in »Süßer Schlaf« – in eine Art Poetik seines Werks überführt. Sie ist in seiner Konstitution begründet und fassbar als eine vorsemantische Gestalt mit den beiden Polen *Festigkeit vs. Entgrenzung* oder *Form vs. Auflösung.* Es handelt sich um ein psychisches Muster, das Mann auch bei »seinen« Philosophen (Schopenhauer, Nietzsche) und bei Richard Wagner (*Tristan*) aufspürt. Im Krankheitsmodell der *Neurasthenie* findet es seine medizinische Ausformung. Thomas Manns Literatur bildet die Strukturphantasie als Grundbewegung ab. Am »Tod in Venedig« wird gezeigt, wie die triebpsychologisch bestimmte *Wiederkehr des Verdrängten* sich an die vorsemantische Phantasie anschmiegt.

Tod in Venedig as a physical and psychic fantasy

In this paper an attempt is made to reconstruct a physical and psychic fantasy which was the product of introspection, and which Mann transformed early in his career, in 1909 in the work *Süßer Schlaf* (Sleep, Sweet Sleep), into a type of poetics. It has it roots in his constitution and is identifiable as a pre-semantic form with the opposing poles, rigidity and formlessness or form and dissolution. This is a psychic pattern that Mann also discovered in »his« philosphers (Schopenhauer, Nietzsche) and in Richard Wagner (*Tristan*). Its medical manifestation is the condition called »neurasthenia«. It is reproduced in Mann's literature as the fundamental dynamic of his works. *Tod in Venedig* (Death in Venice) will be used here as an example to demonstrate the close connection between this pre-semantic fantasy and the instinct-driven return of the repressed in Mann's work.

Alexander Honold
Herr und Hund. Eine Wiederbegegnung

Von der *Venedig*-Novelle als einer intrinsischen Schriftsteller-Phantasie geht die Rekonstruktion der autorschaftlichen Selbstinszenierung aus, die Alexander Honold in seiner Analyse des nach dem Ersten Weltkrieg entstandenen »Idylls« *Herr und Hund* vornimmt. Die Wendung ins Exoterische, die Neuausrichtung als Kriegs- und Nationalschriftsteller hatte Thomas Mann unter dem Eindruck des August 1914 mit seinen Kriegsessays und vor allem mit den *Betrachtungen eines Unpolitischen* vollzogen. Dieser ›Auftrags‹-Literatur gegenüber erscheint die Hundegeschichte aus der unmittelbaren Münchner Umgebung des Schriftsteller-Wohnsitzes als ein Rückzugsgefecht im mehrfachen Sinne. Verabschiedet wird durch die Wahl des idyllischen Sujets die literarische Haupt- und Staatsaktion der *Betrachtungen*, zurückgenommen wird aber auch die als trügerisch durchschaute Illusion der Venedig-Novelle, die Kräfte der Auflösung in ästhetisch sublimierter Form evozieren zu können. Wo im Vorkriegstext Hermes als erotischer Seelengeleiter ins Totenreich über dem Wasser der Lagune zu schweben scheint, da trägt die Re-Inszenierung desselben Arrangements in dem Nachkriegs-»Idyll« krude und unkaschierbare Chiffren des Krieges ein wie die Waffenfabrik und die Donnerbüchse. Indem der Schriftsteller noch einmal die Venedig-Situation als topisches Zitat durchspielt, de- und rekonstruiert er die eigene Autorschaft in zeitgemäß reduzierter, ihrer phantasmatischen Souveränität entledigter Form.

Herr und Hund (*Bashan and I*): Another Encounter

Beginning with a reading of his Venice novella as a writer's fantasy, this paper attempts to reconstruct the self-staging of the author in the idyll, *Herr und Hund* (Bashan and I), which Thomas Mann completed after the First World War. In his war essays, and particularly in his *Betrachtungen eines Unpolitischen* (Reflections of a Nonpolitical Man) Mann, in the wake of the events of August 1914, changed direction, turning to the realm of the exoteric and becoming a war and national writer. In comparison with his commissioned works, the story of his dog, which is located in the immediate surrounds of the his residence in Munich, appears to be in many respects a rear-guard action. In the idyll he not only departs from the central concerns and political subject matter of the *Betrachtungen*, but he also abandons the illusion of his Venice novella that it is possible to evoke the powers of dissolution in an aesthetically sublimated form. Whereas Hermes, in his pre-war text, seems to hover over the lagoon as an erotic escort of souls to the realm of the dead, the restaging of this scene in the post-war idyll bears such blatant and crude ciphers of war as the weapons factory and the shotgun. In replaying the Venice situation and quoting the topos employed in the earlier text, Mann deconstructs and reconstructs his own authorship in a contemporary form which is reduced and devoid of its former fantasmatic sovereignty.

Wolf Wucherpfennig
Enttäuschung am Leben, die Kunst, die Macht und der Tod
Thomas Manns *Frühe Erzählungen*

In Thomas Manns frühen Erzählungen und in »Fiorenza« erweist sich als Zentrum seiner Phantasiestruktur das Phantasma der Abweisung durch die anziehende kalte Mutter. Die Ödipalität der Konflikte ist oberflächlich; das grundlegende Problem ist, dass die von der schwachen Vaterfigur angebotene männliche Identität für die Sohnesfiguren nicht lebenswert ist. Nicht der ödipale Konflikt, sondern die Bearbeitung narzisstischer Kränkung treibt die Phantasie an. Die Untersuchung zeigt, mit Seitenblicken auf das spätere Werk, welche Personenkonstellationen sich aus dem grundlegenden Phantasma entwickeln, welche Motive (vor allem Blick, Hand, Hund, Meer) damit verbunden sind und wie Desillusion und Künstlerproblematik darin begründet sind, insbesondere wie Macht, Ruhm und Schönheit (eine Schönheit, die keinen weiblichen Körper kennt) über die Drohung des hässlichen, weiblich konnotierten Todes trösten.

Disillusioned with Life, Art, Power and Death: Thomas Mann's *Early Novellas*

Central to the imaginative structure of Thomas Mann's early novellas and his play *Fiorenza* is the phantasm of being rejected by a mother figure who is both attractive and cold. In these texts, the oedipal character of conflicts remains superficial, the actual problem being rather that the male identity offered by the weak father figure is not worth adopting for the son figures. It is not an oedipal conflict, but the attempts to deal with narcissistic injury that stimulate the imagination. With passing references to Mann's later work, the study will show which character constellations derive from the basic phantasm and which motifs are related to it (in particular glance, hand, dog and ocean). It will be seen that the phantasm is the source of the problems associated with being an artist, the disillusionment, but also the comfort provided by power, fame and beauty (a beauty far removed from the female body) in the face of death with its connotations of ugliness and femininity.

Astrid Lange-Kirchheim
»Die Verwirrung des Lesers« – Diversität versus Binarität?
Thomas Manns Novelle *Wälsungenblut*

Ausgehend von Thomas Manns Kommentar zu seiner ›Judengeschichte‹ wird eine Lektüre versucht, die auf die binäre Entgegensetzung von Kulturen nach dem Muster A vs. Nicht-A, Jude vs. Nicht-Jude, ›wir‹ gegen ›die Anderen‹ verzichtet und stattdessen auf Vielfalt/Diversität setzt. Bezugnehmend auf den Begriff der Intersektionalität wird gezeigt, wie sich Identitätskategorien, z. B. nach Rasse, Klasse, Körper, Alter und Geschlecht, überschneiden. Die narrative Struktur, anspielungsreich auf die parodierte und travestierte Bühnenhandlung im Zentrum der Novelle – Wagners Walküre – bezogen, ermöglicht es, ›Jüdisches‹ an ›Germanischem‹ und umgekehrt zu spiegeln, was ebenso wie die Durchkreuzung jüdischer Stereotypen auf der Ebene der Metaphorik für eine Nivellierung des angeblich qua Rasse streng Geschiedenen sorgt. Exzessiv verwendete Wiederholungen führen als Zitatstruktur selbstreferentiell zu einer Hypertrophie der Zeichen und machen den Rassebegriff als kulturelle Konstruktion durchschaubar. Die in der Mannschen Formel »Juden, Frauen und Litteraten [in Wälsungenblut die Figur des Décadent]« gebündelten Ausgrenzungsdiskurse camouflieren ihrerseits die am stärksten kulturell verleugnete unter den ›stigmatisierten Lebensformen‹ Thomas Manns, die Homosexualität, die mittels des Motivs des Geschwister-Inzests zur Sprache gebracht wird. Der unterschwellige Rassismus des Erzählers führt zu dem Urteil der Leserin, dass es unstatthaft ist, den Diskurs über Jüdisches für Zwecke der Camouflage zu instrumentalisieren.

»Confusing the Reader« – Diversity versus Binarity? Thomas Mann's Novella *Wälsungsblut* (*Blood of the Walsungs*)

Beginning with Thomas Mann's comments on his Jew story, a reading is attempted that focusses not on the binary opposition of cultures along the lines A vs. Not-A, Jew vs. Non-Jew, but instead on variety/diversity. The concept of intersectionality will be used to show how categories of identity, e.g. race, class, body, age and gender, overlap. The narrative structure, rich in allusion to the parodied and travestied performance which occupies the centre of the novella – Wagner's Walküre (Valkyrie), makes it possible to mirror Jewishness in Germanness and vice versa. This, like the undercutting of Jewish stereotypes on the level of metaphor, leads to a levelling of the distinctions attributed to race. The excessive use of self-referential repetitions lead to a hypertrophy of signs, exposing the concept of race as a cultural construction. The discourses of exclusion which are bundled together in Mann's formula »Jews, women and literati [in Wälsungsblut the figure of the decadent]« camouflage the culturally most disavowed of Mann's stigmatised relationships, homosexuality, which finds expression in the motif of sibling incest. The subliminal racism of the narrator leads the (female) reader to conclude that it is not acceptable to instrumentalise the discourse on Jewishness for the purpose of camouflage.

Luca Crescenzi

Wer ist der Erzähler des *Zauberberg*?
Und was weiß er eigentlich von Hans Castorp?

Thomas Manns Auseinandersetzung mit der *Philosophie der Mystik* Carl du Prels zur Zeit der Arbeit am *Zauberberg* hat die Konzeption des Romans entscheidend beeinflusst. Anhand einer Analyse der *Walpurgisnacht*, die sich als somnambule Träumerei interpretieren lässt, wird die Integration psychoanalytischer Elemente unter besonderer Berücksichtigung von Sigmund Freuds *Traumdeutung* im Roman untersucht. Dies führt zu einer Lektüre des *Zauberberg* als Traum-Roman, in dem die von Freud dargelegte Traumsymbolik und -dynamik als strukturbildende Elemente der erzählten Geschichte erkannt werden. Ausgehend von Thomas Manns Lektüre von Nietzsches *Götzen-Dämmerung* wird das ganze Abenteuer Hans Castorps auf dem »Berghof« als ein Traum gelesen, wobei die Stellung des Erzählers und seine Beziehung zur erzählten Figur als »mystische« Überwindung der auktorialen Erzählhaltung gedeutet werden.

Who ist the narrator of the *Zauberberg*? And what does he know about Hans Castorp?

Thomas Mann's engagement with Carl du Prel's *Philosophie der Mystik* (Philosophy of Mysticism) while working on the *Zauberberg* (The Magic Mountain) decisively influenced the conception of the novel. An analysis of the *Walpurgisnacht* (Walpurgis Night), which can be interpreted as a somnabulent daydream, is used here to examine the integration of psychoanalytical elements in the novel with particular reference to Sigmund Freud's *Traumdeutung* (The Interpretation of Dreams). This leads to a reading of the *Zauberberg* as a dream novel in which the dream symbolism and dynamics described by Freud are seen to form structural elements of the narrative. Proceeding from Thomas Mann's reading of Nietzsche's *Götzen-Dämmerung* (Twilight of the Idols), Hans Castorp's whole adventure at the »Berghof« is read as a dream, and the position of the narrator and his relationship to the figure in the narrative are interpreted as a mystical transcendence of the position of the authorial narrator.

Stefan Börnchen
Der Zauberer raucht.
Zu einer Medientheorie des Rauchens (Thomas Mann: *Mario und der Zauberer*)

Cipolla raucht bei seinen Kunststücken. Sein Rauch führt ganz materiell vor Augen, was Thomas Mann einmal als das ›unbekannte Substrat‹ der Psychoanalyse bezeichnet hat: jenes theoretische oder vielmehr metaphorische Substrat, dessen animalmagnetische Herkunft aus dem Mesmerismus Thomas Mann zufolge die gesamte Psychoanalyse dem Verdacht des Okkultismus aussetzt. So gesehen, ist nicht nur die hier mit Jacques Derrida entworfene Medientheorie des Rauchens der Vorstellung eines magischen Mana im Sinne Marcel Mauss' verpflichtet, sondern auch die Psychoanalyse. So lieb ihr die Zigarre ist, so suspekt muss ihr der Rauch sein.

The magician smokes. On a media theory of (Thomas Mann: *Mario and the Magician*)

While performing his magic tricks, Cipolla smokes. His smoke is the visible correlate of what Thomas Mann once described as the »unknown substratum« of psychoanalysis, that theoretical, or rather metaphorical substratum which has its origins in the animal magnetism of mesmerism and, according to Mann, exposed the whole of psychoanalysis to the suspicion of occultism. Seen from this perspective, the media theory of smoking developed here with the help of Derrida owes much to the Marcel Mauss' notion of magical mana, and so too does pyschoanalysis. As enjoyable as it might find the cigar, its smoke must be viewed with suspicion.

Jan Assman
Mythos und Psychologie in Thomas Manns Josephromanen

In der Formel »Mythos und Psychologie«, mit der Thomas Mann das Programm der Joseph-Romane umschreibt, ist »Mythos«, nicht Psychologie, das entscheidend Neue. Der Mythosbegriff wird hier in dreifachem Sinne aktualisiert: 1. mit Bezug auf den biblischen Joseph-Mythos, der dem Romanwerk insgesamt zugrunde liegt, 2. mit Bezug auf die mythischen Muster, die Jaakob und Joseph verkörpern, und 3. als eine spezifische, dem rationalen Denken vorausliegende Denk- und Bewusstseinsform. In der Verbindung mit Psychologie geht es Thomas Mann darum, den Mythos zu »humanisieren«, d. h. aus seiner Bindung an ein spezifisches Kollektiv zu lösen durch Ausweitung aufs Menschheitliche und Fokussierung aufs Individuelle.

Myth and Psychology in Thomas Mann's Joseph novels

In the formula »myth and psychology« which Thomas Mann frequently used to characterize the programme of his Joseph novels, »myth«, not »psychology« is the new and decisive element. »Myth« is used in the Joseph novels in three different meanings: (a) with reference to the biblical Joseph-myth on which the whole tetralogy is based, (b) with reference to the various myths that Jaakob and Joseph incorporate in their ways of living and self-understanding, and (c) as an archaic form of thought and consciousness. In the connection with psychology, Thomas Mann attempts to »humanize« the myth by separating its link to a specific group through reference to humankind on the one hand and to the individual on the other.

Carl Pietzcker
Heiteres Spiel mit dem Sog der Ambivalenzen
Psychoanalytischer Versuch zu *Lotte in Weimar*

Der Verfasser unternimmt es, den Roman als eine durchgestaltete Phantasie zu erschließen: als ein psychodynamisches Szenario, in dem bewusste und unbewusste Szenen sich szenisch vielfältig zueinander verhalten. Der Roman, so wird deutlich, vollzieht sich als narzisstisches Spiel mit und über Ambivalenzen, die dem Trennungsszenario entstammen. Dies Spiel lässt ein lustvolles Erzählen genießen, das auf der Ebene der Form das wiederholt, wovon es handelt: lockende Anziehung und kalte Zurückweisung.

Playing with the Pull of Ambivalence: A Psychoanalytical Interpretation of *Lotte in Weimar*

In this paper an attempt is made to interpret the novel as a carefully constructed fantasy, a psychodynamic scenario in which conscious and unconscious processes interact in a number of different ways. As will be demonstrated, the novel is a narcissistic game with and about the ambivalence generated by the process of separation.

This game gives rise to a pleasurable narration whose form reflects and reproduces its subject matter, alluring attraction and cold rejection.

Ulrike Prokop
Der unheimliche Doktor Faustus
Zur Auseinandersetzung mit dem Nationalsozialismus im Faust-Roman

Thomas Mann hat die Auseinandersetzung mit dem Nationalsozialismus mit einer Künstler-Biographie verflochten. Das nehmen ihm manche Kritiker als Flucht vor der Realität übel. Dagegen sucht die vorliegende Interpretation zu zeigen, dass der Faust-Roman eine Geschichte der Faszination durch die Inszenierung der Volksgemeinschaft zeigt und damit eine Mentalitätsgeschichte des national-konservativen Bürgertums und der akademischen Eliten enthält. Thomas Mann hat die präfaschistischen Tendenzen als Mentalitätsgeschichte der bürgerlichen Intelligenz beschrieben. Das gilt auch für die Protagonisten Zeitblom und Leverkühn. Die tiefenhermeneutische Interpretation bezieht sich darüber hinaus auf die Zeitachsen des Romans und auf die Figurenführung der beiden Protagonisten. Es wird sichtbar, dass eine Auseinandersetzung mit Hitler als Künstler und Volksführer in den Text eingeschrieben ist.

The sinister Doctor Faustus. For discussion of National Socialism in the Faust novel

A number of critics have taken exception to the fact that Thomas Mann links his analysis of National Socialism to the biography of an artist, seeing this as an unacceptable flight from reality. In contrast, this interpretation will attempt to show that Mann's Faust novel tells a story of fascination with stagings of the volk community that corresponds with the story of the attitudes of Germany's national-conservative middle class and its academic elite. Mann describes protofascist tendencies as intrinsic to the views espoused by the educated middle class. This is equally true of the main protagonists, Zeitblom and Leverkühn. With reference to the time framework of the novel and the characterisation of both protagonists, this interpretation will demonstrate that Mann's critical engagement with Hitler as an artist and a leader of the people is integral to the novel.

Alexandra Pontzen
Indiskrete Zeugenschaft:
***Die Betrogene* als strukturell peinvolle Lektüreerfahrung**

Der Aufsatz stellt Forschungspositionen, die Manns letzte Erzählung als Ausdruck camouflierter Homosexualität lesen, und solchen, die seine Gender-Problematik auf Misogynie hin befragen, eine Lesart gegenüber, die sich statt auf den Subtext auf die Textoberfläche konzentriert. Intendiert ist, die erzählstrukturell bedingten wirkungsästhetischen Mechanismen zu benennen, die der *Betrogenen* bei analoger Thematik jene Grundspannung von apollinischer Form und dionysischer Entgrenzung verweigern, aus der *Der Tod in Venedig* Klassizität und der männliche Held Dignität beziehen. *Die Betrogene* hingegen bereitet eine peinvolle Lektüre, deren Protagonistin die Fallhöhe der tragischen Heldin fehlt. Der auf sie gerichtete Blick zeigt sie vielmehr aus der emotional ambivalenten Perspektive von Mitleid und Scham, als die Mann das Tochter-Mutter-Verhältnis interpretiert.

Indiscrete Testimony: *Die Betrogene* (The Deceived) – a Structurally Painful Reading Experience

Whereas interpretations which read Mann's last story as an expression of camouflaged homosexuality or misogyny focus on the text's subtext, this reading will focus on its surface. It aims to identify the structural mechanisms which deny the story, despite its similar theme, the fundamental tension between Apollinian form and Dionysian dissolution from which *Der Tod in Venedig* (Death in Venice) derives its status as a classic and its male hero his dignity. *Die Betrogene* is, in comparison, a painful reading experience, its female protagonist lacking the stature of a tragic heroine. The gaze which is directed at her shows her rather from the emotionally ambivalent perspective of pity and shame which Mann saw as characteristic of the mother-daughter relationship.

Joachim Pfeiffer
***Bekenntnisse des Hochstaplers Felix Krull* –**
Narzissmus, Travestie, Performanz?

Der Beitrag wendet sich der erstaunlichen Tatsache zu, dass Thomas Mann über fünfzig Jahre an den *Bekenntnissen des Hochstaplers Felix Krull* geschrieben und sie als »das Beste« seines Werks bezeichnet hat. Die widersprüchliche Mischung aus »autobiographischer Direktheit« und parodistischer Verzerrung lässt darauf schließen, dass hier die Parodie zum Wesen des Textes wie des Lebens geworden ist. Die oft zitierte Auffassung Wyslings, sowohl die Figur des Krull wie Thomas Mann selbst seien von Narzissmus im Sinne Freuds geprägt, wird zurückgewiesen. Vielmehr erscheint Krull als Figur, die nur Maskierungen kennt und deren Identität sich gerade im Wechsel der Maskierungen herstellt – und somit als Vorgriff auf modernste Subjekt- und Gendertheorien, der alle Illusionen der Beständigkeit und der Substanz zerstört und Rousseaus emphatischen Subjektbegriff parodistisch verabschiedet.

Bekenntnisse des Hochstaplers Felix Krull (Confessions of Felix Krull) – Narcissism, Travesty, Performance?

This contribution proceeds from the astonishing fact that Thomas Mann worked on his *Bekenntnisse des Hochstaplers Felix Krull* (Confessions of Felix Krull) for over fifty years and declared it to be »the best« of his works. The contradictory mixture of autobiographical directness and parodistic distortion suggests that parody has become the essence of both text and life. The interpretation repudiates Wysling's frequently quoted view that both Krull and Thomas Mann are narcissists in a Freudian sense. It will be seen that Krull is rather a figure which only knows masquerade and whose identity is constituted through the changing of masks. In this respect, he anticipates contemporary subject and gender theories which destroy the illusion of continuity and essence and bid farewell to Rousseau's emphatic notion of the subject.

Ortrud Gutjahr

BEZIEHUNGSDYNAMIKEN IM FAMILIENROMAN

Thomas Manns *Buddenbrooks*

Der erste Roman wurde anders als geplant und ein voller Erfolg. Thomas Mann hat über sein umfängliches Erzählwerk *Buddenbrooks*, das 1901 erschien und für das ihm 1929 der Literaturnobelpreis verliehen wurde, rückblickend vermerkt, dass es nur entstehen konnte, weil es »seinen eigenen Willen hatte«, da es über die eigene »schwanke Kraft und künstlerische Unerfahrenheit damals weit hinausging«[1]. An dieser Fama von der Geburt des Autors von Weltrang aus dem Erstlingsroman wurde Mann nicht müde beharrlich fortzuschreiben und so sind die glücklichen Fügungen, die zu dessen Entstehung führten, hinlänglich bekannt: Einige Monate nach seinem 21. Geburtstag sandte der selbst in informierten literarischen Kreisen noch weitgehend unbekannte Mann seine Erzählung *Der kleine Herr Friedemann* an die Redaktion der *Neuen Deutschen Rundschau*,[2] woraufhin er aufgefordert wurde, all seine bisherigen Novellen für einen möglichen Sammelband einzureichen. Bereits im Mai 1897 unterbreitete ihm der Verleger Samuel Fischer ein noch verlockenderes Angebot: »ich würde mich aber freuen, wenn Sie mir Gelegenheit geben würden, ein grösseres Prosawerk von Ihnen zu veröffentlichen, vielleicht einen Roman, wenn er auch nicht so lang ist.«[3]

Die schmeichelhafte Aufforderung kam wie gerufen und erlaubte obendrein eine geradezu ›klassische‹ künstlerische Selbststilisierung. Denn Thomas Mann, der sich in schriftstellerischer Bildungsabsicht just mit seinem Bruder Heinrich in Italien aufhielt, entwickelte nach eigenem Bekunden umgehend die Idee, die Erzählform, mit der er beim Verlag bereits reüssiert hatte, kurzerhand auszuweiten und eine Art ›Knabennovelle‹ zu schreiben, die er dann durch Hinzufügung der Herkunftsgeschichte des Protagonisten zu einem Roman auszuweiten gedachte. Doch diese Opus-Phantasie, ein Erzählwerk von »zweihundert bis zweihundertfünfzig Seiten nach dem Muster nordischer Familienromane«[4] zu schreiben, das »etwa ›Abwärts‹«[5] heißen sollte, wurde im Verlauf des Werkprozesses nicht allein im Umfang weitreichend überschrieben. Der junge Schriftsteller hatte das Potential dieser Familiengeschichte gehörig unterschätzt und bei seiner Rückreise nach München ein »über alles

---

[1] Thomas Mann: »[On myself]«, in: Ders.: *Gesammelte Werke in dreizehn Bänden*, Bd. XIII: *Nachträge*, Frankfurt a. M. ^{2}1974, S. 127-169, hier: S. 137.

[2] Die Literaturzeitschrift gehörte dem S. Fischer Verlag.

[3] Zitiert nach: Paul Scherrer: »Bruchstücke der *Buddenbrooks*-Urhandschrift und Zeugnisse zu ihrer Entstehung 1897-1901«, in: *Die Neue Rundschau* 69 (1958), Nr. 2, S. 258-291, hier: S. 258 f.

[4] Mann: On myself, S. 137.

[5] Thomas Mann: »Brief an Otto Grautoff vom 20. August 1897«, in: Ders.: *Briefe an Otto Grautoff 1894-1901 und Ida Boy-Ed 1903-1928*, hg. von Peter de Mendelssohn, Frankfurt a. M. 1975, S. 98-101, hier: S. 101.

Erwarten angeschwollene[s] Manuskript«[6] in der Tasche, das nach zwei weiteren Jahren abgeschlossen wurde. Als dem gerade erst 25-jährigen Autor von seinem erfahrenen Verleger dann allerdings nahegelegt wurde, den zum Druck eingereichten Roman um die Hälfte zu kürzen, erklärte er mit selbstbewusster Bestimmtheit, »daß der große Umfang eine wesentliche Eigenschaft des Buches sei« und dass man es im Falle der Kürzung »verpfusche«[7]. Und doch wollte Mann an seinem Roman, der sich von der zuerst konzipierten Schlussphase aus rückwärts zu einem Werk unkalkulierter Dimension entwickelt hatte,[8] nicht alle Teile gleich gewichtet wissen. Auch in späteren Jahren betonte er immer wieder, dass der eigentliche Kern der *Buddenbrooks* in der »Geschichte des sensitiven Spätlings Hanno«[9] liege. Die Rezeption des Romans hielt sich allerdings reichlich wenig an diesen Hinweis und ging andere Wege. Unmittelbar nach Erscheinen wurde das mehr als tausend Seiten umfassende, in zwei Bänden vorgelegte Werk von einigen Zeitgenossen, mehr erbost denn beglückt, als Schlüsselroman gelesen, bei dem sich der Autor in seiner Figurengestaltung ungeniert an Vorbildern der eigenen Familie wie auch ihm bekannter Personen aus Lübeck orientierte;[10] doch in literaturwissenschaftlichen Analysen wird er bis heute bevorzugt gemäß dem programmatischen Untertitel »Verfall einer Familie« gedeutet.

Ein Dekadenzroman, was sonst

Unzweifelhaft ist Thomas Manns *Buddenbrooks* ein nach Worten des Autors »als Familien-Saga verkleideter Gesellschaftsroman«[11], mehr aber noch »ein vom Verfallsgedanken überschattetes Kulturgemälde«[12], mithin ein Dekadenz-Roman, der in elf Teilen mit zahlreichen Kapiteln und vielfältig ineinander verwobenen Handlungssträngen über die zunehmenden Einbrüche innerhalb der tradierten Ordnung einer patrizisch-hanseatischen Familie und ihres Firmenbesitzes erzählt. So kann das Werk als literarisches Protokoll der inneren Zersetzung des Bürgertums im 19. Jahr-

---

[6] Mann: On myself, S. 138.

[7] Thomas Mann: »Lübeck als geistige Lebensform«, in: Ders.: GW, Bd. XI: *Reden und Aufsätze 3*, S. 376-398, hier: S. 382.

[8] Mann verglich später diesen nach rückwärts ausgreifenden Schaffensprozess mit Richard Wagners Tetralogie *Der Ring des Nibelungen*.

[9] Mann: Lübeck als geistige Lebensform, S. 380.

[10] Um sich überhaupt mit der Geschichte seiner Familie auseinandersetzen zu können, vertiefte sich Mann in »alle alten Familienpapiere, vergilbte Aufzeichnungen, Briefe, Festerinnerungen und Urkunden ..., die in Truhen und Laden zu finden waren.« Viktor Mann: *Wir waren fünf. Bildnis der Familie Mann*, Konstanz 1949, S. 86. Unter diesen Familienpapieren, die ihm von der Mutter zur Einsicht überlassen wurden, fand er auch eine Blattsammlung des Urgroßvaters mit wichtigen Familiendaten. Er hielt sich zwar in weiten Teilen an die Chronik der Familie, nahm jedoch signifikante Änderungen vor, insofern er die beiden letzten Generationen rund 15 Jahre zurückverlegte, um die Generationenfolge auf eine gemeinsame Lebenszeit zu straffen: Thomas Buddenbrook, der vom Alter her der Generation von Thomas Manns 1840 geborenem Vater angehört, wird im Roman bereits 1825 geboren, sein Sohn Hanno im Jahre 1861.

[11] Mann: »Über eigene Werke«, in: Ders.: *Große kommentierte Frankfurter Ausgabe. Werke – Briefe – Tagebücher*, hg. von Heinrich Detering u. a., Bd. 19.1: *Essays VI 1945-1950*, Frankfurt a. M. 2009, S. 354-358, hier: S. 356.

[12] Thomas Mann: Über eigene Werke, S. 356.

hundert gelesen werden, bei dem soziale Stellung und psychische Befindlichkeit der Protagonisten untrennbar mit ökonomischen Umbrüchen und gesellschaftlichem Wandel verknüpft sind und ein an Profitmaximierung orientiertes Denken problematisiert wird. Auch wird in der Tat eine steil abwärts führende Verfallsgeschichte erzählt, deren Unabänderlichkeit nicht zuletzt durch Versatzstücke aus dem seinerzeit populären sozialdarwinistischen und vererbungstheoretischen Ideenrepertoire und selbstredend der notorisch bemühten Philosophie Schopenhauers und Nietzsches Evidenz gewinnen soll.

So lässt sich unter den zahlreichen Interpretationen zu diesem Roman auch nur schwerlich eine finden, die nicht zumindest andeutungsweise der Gestaltung des Dekadenz-Gedankens nachgeht.[13] Und tatsächlich ist es ja nur allzu offensichtlich, dass in diesem Roman, dessen erzählte Zeit die Jahre von 1835 bis 1877 umfasst, über vier Generationen hinweg reziprok zur Abnahme des Firmenkapitals und der Verkürzung der Lebenszeit der männlichen Familienmitglieder deren Degenereszenz in Form physischer Defekte und psychischer Störungen zunimmt. Auch wurde hinlänglich herausgearbeitet, dass, eingebettet in ein weit ausgreifendes Personeninventar, vor allem die Geschwister der dritten Generation – Thomas, Antonie, Christian und die Nachzüglerin Clara Buddenbrook – ohne chronologische Verschiebung oder längere Rückblenden in ihrer unterschiedlichen Entwicklung als Agenten dieses Niedergangs gestaltet sind. Dabei wird immer wieder hervorgehoben, dass der Firmenerbe Thomas im Zentrum des auf männliche Nachfolge konzentrierten Romans stehe und mit seinem Tod wie dem nur wenig später folgenden Ableben seines Stammhalters Hanno der Niedergang von Firma und Familie besiegelt werde.

Auch unter psychoanalytischer Perspektive rückten insbesondere die männlichen Figuren der beiden letzten Generationen ins Zentrum des Interesses. So wurde erhellend verdeutlicht, dass Mann einen »europäischen Nervenroman« geschrieben habe, insofern er mit dem Brüderpaar Thomas und Christian unterschiedliche Krankheitsbilder der seinerzeit verschiedentlich minutiös beschriebenen Neurasthenie gestaltet und damit den mit dem Modernisierungsschub einhergehenden Überforderungsproblemen Ausdruck verliehen hat.[14] Unter familientherapeutischen Gesichtspunkten wurden die Geschwister auch als Delegierte elterlicher Wünsche gesehen, während die Tragödie Hannos darin bestehe, zwischen den unvereinbaren

---

[13] Diersen meint etwa: »Schließlich wird uns im ›Spätlingsschicksal‹ Hannos die Lebensunfähigkeit, die müde Willensunfähigkeit als Konsequenz des Sinnverlustes vorgeführt«. Inge Diersen: *Thomas Mann. Episches Werk, Weltanschauung, Leben*, Berlin 1975, S. 48.

[14] Manfred Dierks hat zu diesem Komplex die ertragreichsten einschlägigen Studien vorgelegt. Vgl. hierzu: Manfred Dierks: »Zu kurze Nerven. ›Buddenbrooks‹ als Neurasthenie-Roman«, in: *Neue Rundschau* 112 (2001), H. 3, S. 62-71; Ders.: »›Buddenbrooks‹ als europäischer Nervenroman«, in: *Thomas-Mann-Jahrbuch* 15 (2002), S. 135-151; Ders.: »›Das sind die Nerven.‹ Die Krankheit der Buddenbrooks«, in: Ortrud Gutjahr (Hg.): *Buddenbrooks von und nach Thomas Mann. Generation und Geld in Stephan Kimmigs Inszenierung am Thalia-Theater Hamburg*, Würzburg 2006, S. 47-56; Ders.: »Invaliden der Moderne. Pierre Janet, Thomas Mann und die Ich-Psychologie«, in: Lutz Hagestedt (Hg.): *Literatur als Lust. Begegnungen zwischen Poesie und Wissenschaft. Festschrift für Thomas Anz zum 60. Geburtstag*, München 2008, S. 17-30; Ders.: »Buddenbrooks und die kapitalistische Moderne«, in: Thomas Sprecher (Hg.): *»Was war das Leben? Man wusste es nicht!« Thomas Mann und die Wissenschaft vom Menschen. Die Davoser Literaturtage 2006*, Frankfurt a. M. 2008, S. 111-126.

Ansprüchen seiner Eltern zerrieben zu werden.[15] Zudem wurde herausgestellt, dass Beschreibungen Hannos zwar auf sexualwissenschaftliche Texte referieren, dessen homoerotische Disposition jedoch trotz alledem camoufliert werde.[16] Unter dem Aspekt der Familienkonstellationen in den *Buddenbrooks* ist auffällig, dass Thomas als Zentralfigur in den meisten Interpretationen vor allem in seiner Position als Sohn und Bruder untersucht wird und weitaus weniger in seiner Rolle als Vater.[17] Diese Gewichtung legt der Roman durch den Umfang der Narration sowie die Dauer der erzählten Zeit auch nahe, denn erst im siebten Teil und damit nach etwas mehr als der Hälfte des Buches, kommt Thomas als Vater überhaupt in Betracht. Die fanfarischen Ausrufe, mit denen die Geburt seines Sohnes zur Kenntnis gegeben wird, setzen eine deutliche Zäsur im Roman: »...ein Erbe! Ein Stammhalter! Ein Buddenbrook! Begreift man, was das bedeutet?«[18] Unschwer lässt sich der Stellenwert von Hannos Geburt für die Fortführung der Familientradition im Hause Buddenbrook ermessen. Doch um ganz sicher zu gehen, dass es auch wirklich alle verstehen, legt der Erzähler nach und erklärt Hanno zum Stammhalter, »auf dem längst so viele Hoffnungen ruhen, von dem längst so viel gesprochen, der seit langen Jahren erwartet, ersehnt worden« (S. 435). Was aber bedeutet diese pathetisch überfrachtete Einführung der Figur Hanno für die Konzeption von Manns Erstlingsroman, der neben anderen Genrebezeichnungen grundsätzlich und ganz selbstverständlich als Familienroman firmiert – obgleich die Spezifik dieses Genres erstaunlicherweise keinesfalls hinreichend geklärt scheint.

Ein Familienroman, aber inwiefern?

Bislang wurde seitens der Literaturwissenschaft für den Familienroman kein literarisches Referenzwerk ausgemacht, an dem die prägenden Kriterien dieses Genres exemplifizierbar sind.[19] Auch fehlen verbindliche theoretische Grundlagentexte oder maßgebliche Lexikonartikel, welche dessen genuine Eigentümlichkeit vermitteln.[20]

---

[15] Vgl. Michael Vogtmeier: *Die Familien Mann und Buddenbrook im Lichte der Mehrgenerationen-Familientherapie. Untersuchungen zu Thomas Manns »Buddenbrooks. Verfall einer Familie«*, Frankfurt a. M. 1987.

[16] Vgl. Klaus Wieland: »Die Konstruktion von männlichen Homosexualitäten im psychiatrisch-psychologischen Diskurs um 1900 und in der deutschen Erzählliteratur der frühen Moderne«, in: *Scientia poetica* 9 (2005), S. 216-262.

[17] Was Mann in *Buddenbrooks* »am vordringlichsten und tiefsten interessierte, war die Psychologie seiner Hauptfiguren«, so konzediert Wysling, doch meint er, dass die Figur Thomas »dem Autor psychisch am nächsten« stehe. Hans Wysling: »Buddenbrooks«, in: Helmut Koopmann (Hg.): *Thomas-Mann-Handbuch*, Frankfurt a. M. 2005, S. 363-384, hier: S. 367.

[18] Thomas Mann: *Buddenbrooks. Verfall einer Familie*, in: Ders.: GKFA, Bd. 1.1, Frankfurt a. M. 2001, hier: S. 435. Dieser Band wird im fortlaufenden Text mit einfacher Seitenangabe nachgewiesen.

[19] Ein verbindliches Referenzwerk gibt es beispielsweise für das Genre des Bildungsromans mit Goethes *Wilhelm Meisters Lehrjahre*.

[20] Auf diesen Umstand verweisen auch Costagli und Galli in ihrem einführenden Beitrag »Chronotopoi. Vom Familienroman zum Generationenroman«, in: Simone Costagli / Matteo Galli (Hg.): *Deutsche Familienromane. Literarische Genealogie und internationaler Kontext*, München 2010, S. 7-22, hier: S. 7.

So weisen die eher raren Lexikoneinträge und Handbuchartikel lediglich darauf hin,[21] dass der Familienroman als »beliebte Gattung der Trivialliteratur« gelte,[22] »stofflich im Problemkreis des bürgerl. oder adl. Familienlebens«[23] angesiedelt sei, sich »mit Konflikten, die sich darin abspielen«[24], beschäftige und diese »im Kontext einer oder mehrerer Generationen«[25] darstelle. Auch in genrespezifischen Untersuchungen wird festgestellt, »dass der Familienroman seinen Stoff aus privaten Welten schöpft«[26] und es insofern häufig um die Entwicklung einer Familie über mehrere Generationen geht.[27]

Unter literarhistorischer Perspektive lässt sich festhalten, dass der Familienroman in diesem thematisch verstandenen Sinne im 18. und frühen 19. Jahrhundert familiäre Häuslichkeit häufig als Ort der Sanktionierung bürgerlicher Werte oder als Schutzraum gegen die Anfechtungen der lasterhaften Welt bestimmt hat, während in der Literatur des späten 19. und frühen 20. Jahrhunderts – bevorzugt über den Wertewandel innerhalb einer Familiengenealogie – der Epochenumbruch von der Gründerzeit (als der Vätergeneration) zur Moderne (als der Söhnegeneration) verdeutlicht wurde. Manns *Buddenbrooks* lässt sich zweifelsohne als herausragendes Beispiel eines solch genealogisch organisierten Epochenromans lesen, in dem die Neuzuweisung von Familienrollen verhandelt wird. Die Annahme allerdings, dass die Thematisierung der Familie im Roman der literarischen Moderne als Indiz für die Krisenhaftigkeit, ja gar die Auflösungstendenzen der Institution Familie spreche, nimmt die manifeste Ebene der Narration allzu sehr beim Wort und verdeckt die vielschichtige Eigentümlichkeit dieses Genres bis in ihren latenten Subtext hinein. So ist bisherigen Überlegungen gegenüber meine These, dass Mann mit den *Buddenbrooks* einen Familienroman vorgelegt hat, der in enger Verbindung mit der neu entstandenen Sexualwissenschaft steht, insofern hier erstmals Familienkonstellationen in ihrer Tragweite für den psychodynamischen Prozess der Selbstfindung entfaltet werden.

Denn dieser Erstlingsroman koinzidiert zeitlich nicht nur mit der Entstehung der Sexualwissenschaft und damit neuen Narrativen über die störanfälligen geschlechtsspezifischen Entwicklungen innerhalb der Familie,[28] sondern greift in entschiedener Weise die Lizenz zu einem veränderten Sprechen über Familie auf, wie es durch die psychoanalytische Theorie und Therapie initiiert wurde. Denn nun gewinnt die Familie nicht nur als Ort der sozialen Herkunft, sondern auch früher

---

[21] Beispielsweise finden sich weder im *Reallexikon der deutschen Literatur*, hg. von Klaus Weimar u. a., Berlin / New York 1997, noch im *Handbuch der literarischen Gattungen*, hg. von Dieter Lamping, Stuttgart 2009, ein Eintrag zum Familienroman.

[22] Zudem wird der Familienroman eher mit Autorinnen in Verbindung gebracht. Siehe hierzu: Günther und Irmgard Schweikle (Hg.): *Metzler Literatur Lexikon*, Bern 1984, S. 144.

[23] Gero von Wilpert: *Sachwörterbuch der Literatur*, Stuttgart 2001, S. 259.

[24] Wilhelm Kosch (Hg.): *Deutsches Literatur-Lexikon*, Bern 1949, S. 486.

[25] Dieter Burdorf u. a. (Hg.): *Metzler Lexikon Literatur*, Stuttgart ^{3}2007, S. 229 f.

[26] Hans-Joachim Hahn: »Beobachtungen zur Ästhetik des Familienromans«, in: Thomas Martinec / Claudia Nitzsche (Hg.): *Familie und Identität in der deutschen Literatur*, Frankfurt a. M. 2009, S. 275-292, hier: S. 275.

[27] Yi-ling Ru: *The Family Novel. Toward a Generic Definition*, New York 1992.

[28] Als Meilenstein in der Sexualkunde um 1900 gilt das Erscheinen von Richard von Krafft-Ebings *Psychopathia Sexualis* (1886).

psychischer Prägungen und der Entstehung von Neurosen einen neuen Stellenwert.[29] Überdies wird das familiäre Aufwachsen jenseits der Erinnerung an eine ›verlorene Zeit‹ als Rekonstruktion früher Beziehungsdynamiken und Urszenen für die Erklärung psychosomatischer Symptombildungen relevant. So geht Freud in seiner 1898 erschienenen Schrift *Die Sexualität in der Ätiologie der Neurosen* der »Bedeutung sexueller Momente für die Entstehung der Nervosität« nach, deren Ursache gemeinhin auch in der »unnatürlichen und schädlichen Art des sexuellen Verkehrs«[30] vermutet wird. Durch die Sexualwissenschaft und Psychoanalyse wird die Familie mithin als Beziehungsraum entdeckt, in dem libidinöse Bindungen entwickelt und bereits in der Kindheit aufkeimende Sexualimpulse der Triebsublimierung unterstellt werden müssen.[31] Gerade diese Sexualimpulse zeigen aber nichts weniger als die Durchlässigkeit der Familiengrenze an; denn durch die Notwendigkeit zur Sublimierung werden nicht nur Bindungskräfte innerhalb der Familie verstärkt, sondern im Hinblick auf die notwendige Aufgabe der Heranwachsenden, Sexualpartner außerhalb zu finden, auch Fliehkräfte frei. Noch in seiner späten kulturtheoretischen Schrift *Das Unbehagen in der Kultur* bekräftigt Freud, dass im Gegensatz zur geschlechtlichen, »vollsinnlichen Liebe« des Paares die Verbindung zwischen Eltern und Kindern wie auch unter Geschwistern als »zielgehemmte Liebe« gelebt werden müsse und durch »neue Bindungen an bisher Fremde«[32] die Lösung aus der Herkunftsfamilie als entscheidende Kulturleistung geboten sei. Vor dem Hintergrund der Veränderung der Familiennarrative durch die Sexualwissenschaft gewinnt Manns Bekenntnis, er habe sein Erzählwerk von der Figur Hanno aus konzipiert, richtungsweisende Funktion. Denn bei einer Lesart des Romans gegen die im Erzählgestus insistierend behauptete Dominanz der Chronologie im Sinne der Familiengenealogie wird evident, dass Mann von der Figur Hanno aus die Frage nach der Bedeutung des Triebschicksals für die Bindungskräfte innerhalb der Familie stellt und damit zugleich das Problem der Lösung aus der Familie zum Thema werden lässt.

Hannos Familienposition und Triebschicksal

In der ›Knabennovelle‹ geht es um das familiäre Drama eines musisch begabten Kindes, das in der ihm zugedachten Familienrolle nicht heimisch werden kann. Hanno identifiziert sich nicht mit den kaufmännischen Werten des Vaters, bleibt

---

[29] Da Heinrich Mann über seine Lektüre von Richard von Krafft-Ebings *Psychopathia Sexualis* in Briefen berichtet (Heinrich Mann: *Briefe an Ludwig Ewers 1889-1913*, Berlin 1980, S. 252) und sich mit seinem Bruder über sexuelle Fragen austauschte, ist anzunehmen, dass auch Thomas Mann das Buch kannte. Vgl. hierzu auch: Karl Werner Böhm: *Zwischen Selbstzucht und Verlangen. Thomas Mann und das Stigma Homosexualität. Untersuchungen zu Frühwerk und Jugend*, Würzburg 1991, S. 114.

[30] Sigmund Freud: »Die Sexualität in der Ätiologie der Neurosen (1898)« in: Ders.: *Studienausgabe*, Bd. 5, hg. von Alexander Mitscherlich u. a., Frankfurt a. M. 1972, S. 15-35, hier: S. 17.

[31] Freud verwandte den Begriff Sexualwissenschaft bereits in *Die Sexualität in der Ätiologie der Neurosen*. Der enge Zusammenhang von Sexualität und Triebsublimierung in der Familie wird von ihm wenig später weiterentwickelt.

[32] Sigmund Freud: »Das Unbehagen in der Kultur«, in: Ders.: *Studienausgabe*, Bd. 9, hg. von Alexander Mitscherlich u. a., Frankfurt a. M. 1974, S. 197-270, hier: S. 232.

über die Kunst an die Mutter gebunden und imaginiert in der Freundschaft zu einem Gleichaltrigen eine Position außerhalb der Familie, doch kann er diese aufgrund seines frühen Todes nicht mehr ausleben. Mit der Geschichte des letzten männlichen Familienerben zitiert Thomas Mann Narrative des Bildungs- und Künstlerromans an, bricht diese allerdings vor ihrer Entfaltung ab, denn einen Weg in selbstbestimmte Lebensgestaltung hat er für Hanno nicht vorgesehen.

Die Gründe für den frühen Tod werden so überdeutlich wie überdeterminiert an der schwächlichen Konstitution des Knaben ausgemacht: Hanno ist der Stammhalter, den »man von Gott erbeten und um den man Doktor Grabow gequält hat« (S. 435), der nach schwerer Geburt als »ein stilles und wenig kräftiges Kind« (S. 465) zur Welt kommt und dem bereits als Säugling im Schlaf »etwas Schmerzliches« (S. 506) über das Gesicht huscht; der Krämpfe hat, »zum Erschrecken langsam gehen und sprechen« (S. 464) lernt, rasch in die Höhe wächst und »schlankgliedrig« (S. 465) wird. Hanno entwickelt sich vom kaum am Leben zu haltenden Säugling zu einem schwächlichen Kind. Der scheue, auffällig verträumte, häufig weinende Knabe entzieht sich körperlich-männlicher Ertüchtigung und widersetzt sich den seitens des Elternhauses und der Schule an ihn gestellten Leistungsansprüchen. Dabei versucht er den Vater, in dessen Gegenwart »seine Widerstandskraft vollständig zusammen[bricht]« (S. 562) und ihn »etwas unüberwindlich Trauriges« (S. 562) befällt, so weit wie möglich zu meiden.

Hanno sucht Befreiung vom Unlust und Leiden erzeugenden, väterlich konnotierten Leistungsanspruch durch Aufenthalte am Meer und beim selbst inszenierten Spiel mit dem Puppentheater. Entgegen aller Erwartungen, die mit ihm als Stammhalter der Kaufmannsfamilie verbunden sind, entpuppt er sich als Erbe der mütterlichen Begabung für die Musik, die ihm hilft, seiner erwachenden Sexualität Ausdruck zu verleihen.[33] Überdies wird ihm schon in frühen Jahren die Musik Richard Wagners zum Container für Wünsche wie auch zum inspirierenden Quell eigener Phantasien. So erlebt Hanno eine Aufführung des *Lohengrin* gleich einem künstlerischen Schlüsselerlebnis und beginnt bereits mit sieben Jahren auf dem Klavier im Stile Wagners zu improvisieren.[34]

Mann belässt es in seiner ›Knabennovelle‹ – die aus ihrer Verschlingung mit den unterschiedlichen Erzählsträngen des Romans fragmentartig rekonstruiert werden kann – nicht dabei, Hannos künstlerischen Werdegang als Weg aus der Familientradition anzudeuten, sondern setzt über die Musik den Ausbruch seiner kindlichen Sexualität inmitten des Kreises der Familie in Szene. Als Hanno an seinem achten Geburtstag zunächst »bleich vor Erregung« (S. 556), begleitet vom Violinenspiel seiner Mutter, der Familie erste eigene ›Phantasien‹ auf dem Klavier vorträgt,

[33] Eickhölter weist darauf hin, dass Hanno als Sohnesfigur zwischen mütterliche und väterliche »Delegationsaufträge« gespannt wird. Manfred Eickhölter: »Thomas Mann stellt seine Familie – Buddenbrooks. Literatur als Lebenspraxis? Eine methodische Annäherung«, in: *Thomas-Mann-Jahrbuch* 17 (2004), S. 105-125, hier: S. 120.

[34] Vgl. zur Musik Wagners als »neue Musik«: Bernd Neumann: »Der musizierende Sokrates. Zur Rolle der Musik in Thomas Manns ›Buddenbrooks‹«, in: Irmela von der Lühe / Anita Runge (Hg.): *Wechsel der Orte. Studien zum Wandel des literarischen Geschichtsbewußtseins*, Göttingen 1997, S. 129-137. Sowie: Heide Lutosch: *Ende der Familie – Ende der Geschichte. Zum Familienroman bei Thomas Mann, Gabriel García Márquez und Michel Houellebecq*, Bielefeld 2007, S. 46 f.

gestaltet er in seinem Spiel eine Spannung, die sich seiner zugleich bemächtigt: »Er wuchs, er nahm zu, er schwoll langsam, langsam an […]. Noch nicht… noch nicht! Noch einen Augenblick des Aufschubs, der Verzögerung, der Spannung, die unerträglich werden mußte, damit die Befriedigung desto köstlicher sei […] und dann war die Wonne nicht mehr zurückzuhalten. Sie kam, kam über ihn, und er wehrte ihr nicht länger.« (S. 556 f.) Die in die Musik hineingespiegelte narzisstisch-autoerotische Szene wird dem Lesenden in expressiver Deutlichkeit zur Kenntnis gegeben, bleibt den anwesenden Familienmitgliedern jedoch verborgen, wie der Erzähler, sich umgehend schützend vor Hanno stellend, bemerkt: »Es war unmöglich, daß die Wirkung, die dieses Spiel auf Hanno selbst ausübte, sich auf die Zuhörer erstreckte.« (S. 557)

Deutlich wird in Manns Roman auch der ödipale Konflikt über die sexuelle Containerfunktion der Musik ausgetragen. Hanno kann sich mit seiner künstlerischen Neigung in enge Verbindung mit der kühl agierenden Mutter setzen, da diese dem Vater ein vertieftes Verständnis der Kunst ab-, ihm selbst jedoch eine große musikalische Begabung zuspricht.[35] In seinem Klavierspiel wird Hanno von den Läufen der Violine seiner Mutter »[l]eise und glockenrein umperlt und umflossen« (S. 556) und dann »umwoben, umrauscht und umwogt« (S. 557). Einen stellvertretenden Vater, der die enge Verbindung mit der Mutter sowohl stützt als auch in Fürsorge für die eigenständige Kunstproduktion des musikalischen Ziehsohnes trianguliert, findet Hanno im Organisten Pfühl. Obgleich dieser Wagners Musik vehement ablehnt, da er darin »das Ende aller Moral in der Kunst!« (S. 548) sieht und befürchtet, dass sie Hannos »Geist […] ganz und gar vergiften« (S. 548) werde, lässt er sich von der Mutter, die »eine leidenschaftliche Verehrerin der neuen Musik« (S. 547) ist, überreden, sich darauf einzulassen. Er beginnt, Hannos musikalische Neigung zu unterstützen, geht »dem sehnsüchtigen Vorwärtsdrängen des Kindes« (S. 551) nach und erkennt schließlich als empathiefähiger Förderer, dass dem träumerischen Knaben die Musik eine adäquate Ausdrucksweise ist: »Später einmal im Leben, das vielleicht seinen Mund immer fester verschließen wird, muß er eine Möglichkeit haben, zu reden …« (S. 552). Mit dieser Prophezeiung deutet der kunstverständige Lehrer in autopoetologischem Gestus den Künstlerroman der Moderne an, den Mann in der ›Knabennovelle‹ angelegt hat, und erläutert überdies implizit die Struktur des Familienromans als »krebsgängige Imitation« (S. 554). Denn in einem Lehrgespräch formuliert er als zukünftige Aufgabe für Hanno, den komplexen kompositorischen Aufbau in der Musik zu begreifen: »[E]s ist die Nachahmung eines Themas von hinten nach vorn, von der letzten Note zur ersten … etwas ziemlich Schwieriges.«
(S. 554)

Für Manns Roman *Buddenbrooks* ist nun aber kennzeichnend, dass diese »Nachahmung eines Themas von hinten nach vorn« nicht aus der Perspektive des »sensitiven Spätlings« erfolgt, sondern ein Erzähler den in analytischer Manier rückgreifenden Prozess darlegt, der zu Hannos familiärer Stellung und psychischer Disposition geführt hat. Dieser Erzähler kaschiert jedoch seinen Impuls, über die

[35] Harpprecht konstatiert, dass die »passionierte Musikalität« der Mutter Hannos mit einer »nervösen Kälte« einhergeht. Klaus Harpprecht: *Thomas Mann: Eine Biographie*, Reinbek bei Hamburg 1995, S. 113.

Familiengenealogie vom Triebschicksal Hannos aus die Familiengeschichte des Vaters zu erzählen, die noch dessen Beziehung zur Eltern- und Großelterngeneration einschließt. Vielmehr geriert er sich von Beginn des Romans an als getreuer Chronist, der über die Familie Buddenbrook bestens informiert ist und im Erzählen ihrer Geschichte über vier Generationen hinweg von einer zwangsläufigen Abwärtsentwicklung zu Hanno hin überzeugen möchte, da die Narration auf signifikante Szenen des Familienlebens fokussiert ist, die wie episodische Erläuterungen der Familienchronik gelesen werden können.

Doch von der ›Knabennovelle‹ aus kommt dem Erzähler die Funktion eines mit der Familie Buddenbrook vertrauten Hinterlassenschaftsverwalters zu, der in der Pflicht steht, dem Stammhalter auch sein psychosomatisches Erbe offenzulegen. Damit aber geht es um die Vergegenwärtigung von Ereignissen, die, wie es Freud für die Ätiologie von Neurosen formuliert hat, »einer längst vergangenen, sozusagen prähistorischen Lebensepoche«[36]angehören. Diese Prähistorie jedoch ist der eigenen Erinnerung nicht zugänglich und muss durch überliefertes Material erschlossen werden. So hatte Freud bei der Analyse eines Neurasthenikers dessen »Familienchronik«[37] zu Rate gezogen, um das Rätsel des Krankheitsverlaufs im Hinblick auf seine sexuelle Praxis lösen zu können. Im Sinne einer ›Fallgeschichte‹ des Spätlings Hanno greift auch Mann auf die Familienchronik zurück, um dessen konstitutive Vorgeschichte verdeutlichen zu können. Mit der Ausweitung des Blicks von der Sohnesproblematik innerhalb der familiären Trias hin zum genealogischen Familienverband, der auch Verwandte zweiten und dritten Grades mit einschließt, wird Hanno in Beziehungsmuster eingebunden, die über vererbte Ähnlichkeiten in Aussehen, Verhalten, Neigungen und Begabungen selbstverständliche Zugehörigkeit garantieren. Zugleich aber werden über neurasthenische Störungen, die innerhalb von vier Generationen an Dynamik gewinnen und sich auf die männlichen Stammhalter letal auswirken, auch familiäre Zerstörungskräfte wirksam.[38] Dass aber auch ein auf Schließung bedachter Familienkosmos sich durch fortschreitende Neurasthenie zersetzt, wird im Roman *Buddenbrooks* durch das großbürgerliche Haus repräsentiert, das einer Mehrgenerationenfamilie ein gemeinsames Dach bietet und bereits Mittelpunkt der Lebensgeschichte von Hannos Vater ist.

Aus dem Hause Buddenbrook

Der Generationenroman und damit die vom Erzähler präsentierte Prähistorie, bei welcher Thomas Buddenbrook als Protagonist im Zentrum steht, beginnt unmittelbar vor dem Einweihungsfest des von der Familie neu erworbenen Hauses mit einer Beziehungsszene, in der die zentralen Familienmitglieder in signifikanter Weise charakterisiert werden: Als betrachte er ein altes Familienportrait, beginnt der Erzäh-

---

[36] Freud: Ätiologie der Neurosen, S. 19.

[37] Ebd., S. 24.

[38] Vgl. zur Ätiologie der Neurasthenie, wie sie in zeitgenössischen Schriften niedergelegt wurde: Katrin Max: *Niedergangsdiagnostik. Zur Funktion von Krankheitsmotiven in »Buddenbrooks«*, Frankfurt a. M. 2008, bes. S. 37-63.

ler im Gestus einer Ekphrasis die Ahnen zu vergegenwärtigen.[39] Die Mitglieder aus drei Generationen sind versammelt, im Zentrum in einem Armsessel auf den Knien ihres Großvaters die achtjährige Tony Buddenbrook mit in den Raum gerichtetem Blick, auf einem »weiß lackierten und mit einem goldenen Löwenkopf verzierten Sofa«
(S. 9) die Großmutter neben der Mutter, die wiederum den Blick auf den in einem Stuhl neben sich sitzenden Vater richtet. Dieses familiäre Eingangstableau im »Landschaftszimmer« ist vor einer Tapete arrangiert, die eine »Idylle im Geschmack des 18. Jahrhunderts« (S. 12) ziert, und wird so als generationenübergreifende, augenzwinkernde Verständigungssituation über gemeinsame Werte vorgestellt.

Doch dem scheinbar so intimen Raum kommt zugleich öffentlicher Charakter zu, denn er dient der Repräsentation des gesellschaftlichen Status der Familienmitglieder und ist auch im Innern genuin Fassade. Hier muss immer Haltung eingenommen werden, wie dies durch das Einweihungsfest verdeutlicht wird, bei dem nicht nur die eben aus der Schule zurückgekehrten Söhne der jüngsten Generation, der neunjährige Thomas und der siebenjährige Christian, teilnehmen, sondern auch sorgsam ausgewählte Gäste, mit denen »die Kette der Verwandten durch Hausfreunde unterbrochen« (S. 24) wird. Diese Freunde verkörpern in ihrer Stellung als Senator, Makler, Händler, Pastor und Dichter die öffentlichen Bereiche Politik, Handel, Kirche sowie Kunst und lassen das Haus zu einem erwählten gesellschaftlichen Kosmos in nuce werden.

Als sei er selbst einer dieser Hausfreunde, die am reichlich gedeckten Tisch bei den Buddenbrooks sitzen dürfen, macht der Erzähler mit lustvoller Detailverliebtheit in epischer Breite mit den Annehmlichkeiten großbürgerlicher Lebensweise im 19. Jahrhundert vertraut. Mit vergnügt ironischem Gestus erzählt er aus der Perspektive des ›Insiders‹, wie es bei den Buddenbrooks zugeht und wie ›man‹ sich hier zu verhalten hat. Er vergisst nicht zu erwähnen, dass hier an einer langen Tafel, mit »schweren silbernen Löffel[n]« (S. 27) von »Meißener Teller[n] mit Goldrand« (S. 26) gegessen wird, die selbstverständlich immer zwischen den Gängen von aufmerksamen Bediensteten gewechselt werden. Denn wenn im Hause Buddenbrook »auf ein ganz einfaches Mittagbrot gebeten« (S. 13) wird, dann kommen von der Mamsell und dem Folgemädchen aufgetragene Speisen auf den Tisch, die es bei anderen Familien der Stadt nicht einmal an Weihnachten gibt. Und weil das alles natürlich nicht umsonst zu haben ist, müssen die Männer sich zwischen den üppigen Gängen verdeckt ein wenig über die Preise auf dem Markt verständigen und die Frauen ein wachsames Auge auf das Personal und den wertvollen Hausrat werfen. Nach dem Essen mit gediegen-humorigen Tischgesprächen verlustiert man sich bei etwas Hausmusik und wahlweise mit Zigarren beim Billardspiel oder beim Gespräch

[39] Vgl. zu diesen Ausführungen meine Aufsätze: »Die Wonnen der Bürgerlichkeit? Eine Einführung in Thomas Manns *Buddenbrooks* und John von Düffels Bühnenfassung«, in: Ortrud Gutjahr (Hg.): *Buddenbrooks von und nach Thomas Mann. Generation und Geld in John von Düffels Bühnenfassung und Stephan Kimmigs Inszenierung am Thalia Theater Hamburg* (Reihe: *Theater und Universität im Gespräch*, Bd. 4), Würzburg 2006, S. 21-46; sowie: »Doppelte Buchhaltung in der Familien-Firma. Thomas Manns *Buddenbrooks* in der Bühnenfassung John von Düffels mit einem Blick auf Heinrich Breloers Verfilmung«, in: Christine Bähr / Franziska Schössler (Hg.): *Ökonomie im Theater der Gegenwart. Ästhetik, Provokation, Institution*, Bielefeld 2009, S. 279-297.

über Kochrezepte. Man versteht sich in der Konversation und in den Sitten, ist heimatverbunden und spricht ein wenig Platt oder wirft weltläufig Versatzstücke aus dem Französischen in die Unterhaltung. Man ist mit den ersten Kreisen der Stadt bekannt, genießt hohes Ansehen, hat mehr Geld als man zeigt und klagt, dass es zu wenig ist.

Eine solche Bilanz verpflichtet natürlich auch, und so ist man mildtätig, nimmt eine verwaiste Verwandte auf und bemerkt deren enormen Appetit. Die legitimen Kinder des Hauses Buddenbrook aber wachsen wie selbstverständlich in ihre familiären Rollen hinein. Aus dem Hause Buddenbrook zu sein, das bedeutet für die Geschwister, mit ererbtem Geld groß zu werden, als sei es in den Genen mitgegeben. Denn ›aus gutem Hause‹ zu stammen, bedeutet weit mehr, als in nobel ausgestatteten Räumen mit allen erdenklichen Annehmlichkeiten wohnen zu können und von Angestellten bedient zu werden. Es heißt, mit einer Art Geburtsadel beschenkt, Mitglied einer gut beleumundeten Familie zu sein, auf bereits gesicherte Wertschätzung bauen zu können und einen kreditwürdigen Namen zu tragen, mithin also wie selbstverständlich ein mit Privilegien ausgepolstertes Leben zu führen.

Die Auswirkungen einer solchen Eingebundenheit in weitgehend vorhersehbare, familiär durchgeplante Lebensmuster, wie sie für Hannos ›Vorgeschichte‹ signifikant sind, verdeutlicht der Erzähler mit psychologischem Verständnis für Geschwisterkonstellationen an Thomas, Christian, Tony und Clara, indem er sie durch ihre Beziehung zueinander in eine Familienaufstellung bringt.[40] Wenn man nämlich in einem solchen Hause groß wird, so verdeutlicht der moderierende Erzähler, bedeutet dies für einen ältesten Sohn wie Thomas, sich ohne Murren mit dem Leistungsethos und den Werten der Familie zu identifizieren, weil ohnehin große Stücke auf einen gehalten werden und man dank der guten Verbindungen des Hauses bereits in jungen Jahren die Firma vom Vater übernehmen kann. Ist man allerdings wie Christian ein in jeder Hinsicht zweiter Sohn der Familie, dann verlustiert man sich lieber außer Haus, entwickelt nicht zuletzt wegen der reizenden jungen Schauspielerinnen Interesse fürs Theater, wird trotz Ablehnung des Kaufmannsberufs weit weg nach London und in so schön klingende Orte wie Valparaiso geschickt und kann dort ein wenig den Sohn aus gutem Hause und angehenden Geschäftsmann spielen, um ungeniert seinen Liebhabereien nachgehen zu können. Wenn die Leistungsbilanz nach Maßstäben der Familie allerdings wenig lobheischend verläuft, dann weiß man, dass deren Aufmerksamkeit höchstens noch durch dubiose Geschäftsberichte und Krankheitsschilderungen erregt werden kann.

Ganz anders sieht es da für eine Lieblingstochter des Vaters wie Tony aus, denn für sie bedeutet eine Buddenbrook zu sein, mit den Töchtern neureicher Familien zu verkehren, auf die man ein wenig neidisch ist, und der Einfachheit halber ins Mädchenpensionat gesteckt zu werden, falls man beginnt, schlechte Liebesromane zu lesen. Und wenn es dann Zeit wird, Bewerber in Augenschein zu nehmen, so kann man sich über den aufgeblasenen Geschäftsfreund des Vaters lustig machen, sich in der Sommerfrische am Meer unsterblich verlieben und dann doch zur halbwegs arrangierten Ehe entschließen, weil man dem Papa gefallen und schließlich auch künftig in einem vornehmen Haus mit Personal leben will. Wird man allerdings

[40] Vgl. zur Familienaufstellung auch: Eickhölter: Thomas Mann stellt seine Familie.

elf Jahre nach dieser bevorzugten Tochter geboren, dann heißt das für ein Nesthäkchen wie Clara, sich an die Mutter zu halten und wie diese sein Heil in der Kirche zu suchen und einen Pastor zu heiraten. So weit, so gut sind die Rollen in der Familie also verteilt, und der entspannte Erzähler vermittelt gelassen, dass es bei den Buddenbrooks genauso ist, wie es eben in den besten Familien vorkommt.

Die erläuternden, miteinander verknüpften biographischen Skizzen der engsten Familienmitglieder verdeutlichen, dass es im Generationenroman um die Konstruktion von Familie über Bindungskräfte geht, welche deren Fortbestand zu garantieren vermögen.[41] Die Familie, die in Manns Roman zugleich auch als Firma konzipiert ist, wird als ökonomische Einheit gedacht, der es um soziale Reproduktion und Vererbung von materiellem und symbolischem Kapital geht. Somit ist das persönliche Schicksal der einzelnen Familienmitglieder mit der Wohlfahrt des Handelshauses verknüpft und das Haus steht für eine »verwandtschaftlich bestimmte Körperschaft, die sich um die Weitergabe ihrer Güter sorgt.«[42] Der Entwicklungsgang der Geschwister zeigt eine zunehmende Ökonomisierung der Beziehungen und ein Scheitern am Firmenimperativ der Vermögensoptimierung, denn die Figuren werden vom abfließenden Kapital gleich ihrem unabwendbaren Schicksal mitgerissen. Damit thematisiert Mann in seinem Familienroman, dass auch Geld zu einem Fetisch geworden ist, zu einem Ersatz für libidinöse Objektbesetzungen. Er macht seinen Erzähler, den er zunächst Connaisseur familiärer Gepflogenheiten, Verhaltenserwartungen, Lebensweisheiten und Werte sein lässt, nun zum Diagnostiker zunehmender Verunsicherung und Nervosität im Familienverband.

Unter Druck

Die ausbalancierte Psychodynamik der Familienkonstellation gerät ins Wanken, als mit dem Tod des Vaters der Erbfall eintritt, ein Generationenwechsel vollzogen wird und die Familie sich neu aufstellen muss. Denn nun rückt der älteste Sohn und Firmenerbe ins Zentrum der Familie und wird dabei vom Erzähler wachsam begleitet. Thomas sieht sich in der Pflicht, die Rolle des Herrn im Hause Buddenbrook einzunehmen, sucht mit Übereifer dem väterlichen Willen nach Gewinnmaximierung nachzukommen, übernimmt die Aufgabe des Firmenleiters und Familienoberhauptes und positioniert sich gegenüber Mutter, Schwester und Bruder patriarchal-autoritär. Er regelt die Erbschaftsangelegenheiten, kontrolliert die Geldausgaben der Familie und unterstellt sich selbst einem unbedingten Leistungsethos. Er wird Senator und Konsul und erreicht damit alle Ehrenämter, die ihm als Bürger der Stadt und ehrenwertem Kaufmann überhaupt zugesprochen werden können. Überdies unterstellt er nun auch seine libidinösen Energien dem von ihm Erwarteten. So gibt er selbstredend seine Liaison mit der Blumenverkäuferin Anna auf, weil es Zeit wird, eine

[41] Lacan betont: »So stiftet die Familie zwischen den Generationen eine psychische Kontinuität, deren Kausalität mentalen Wesens ist.« Jaques Lacan: »Die Familie«, in: Ders.: *Schriften*, Bd. 3, Weinheim u. a. 1986, S. 41-100, hier: S. 42.

[42] Albrecht Koschorke / Nacim Ghanbari / Eva Esslinger / Sebastian Susteck / Michael Thomas Taylor: *Vor der Familie. Grenzbedingungen einer modernen Institution*, München 2010, S. 49.

äußerst gewinnbringende Partie mit der reichen Tochter eines Geschäftspartners zu machen, um die man ihn beneidet.

Thomas wird zum Prokuristen, der bei jedem wichtigen Familienereignis bilanziert, dass die Firmenentwicklung hinter den Erwartungen zurückbleibt. Wie sehr das ökonomische Denken zunehmend Steuerungsfunktion für die emotionalen Beziehungen der Familienmitglieder untereinander übernimmt, wird an seiner Rage deutlich, als seine Mutter einen empfindlich hohen Geldbetrag an die Kirche verschenkt und er ihr daraufhin unmissverständlich zu verstehen gibt, dass er sich ihr gegenüber weniger als Sohn, denn als Firmeninhaber und Oberhaupt der Familie verhalten müsse. Auch verleiht er nach dem frühen Tod seiner Schwester Clara nicht der Trauer über den Verlust ihrer Person, sondern über die an ihren Ehemann verschleuderte Erbschaft Ausdruck.

Vor allem aber positioniert er sich gegenüber seinem jüngeren Bruder verächtlich abwehrend und rigide strafend. Er tadelt Christian wegen dessen Leistungsverweigerung, beschuldigt ihn, den guten Namen der Familie zu verunglimpfen und hält ihm vor, dass er sich mit seinen dubiosen Krankheitsberichten und seinem Hang zum weiblichen Theaterpersonal lächerlich mache. Er prophezeit Christian, dass er verrückt werde, will verhindern, dass dieser sich mit einer »Courtisane« (S. 640) vermählt und rastet über die Aussicht, sein Bruder könne »diesem Frauenzimmer und ihren Bastarden« (S. 640) einen Teil des Erbes vermachen, völlig aus. Schließlich droht er ihm sogar an: »[I]ch mache dich zunichte! Zunichte!« (S. 640) In seinem zwanghaften Charakter kann Thomas die Nähe zu seinem Bruder also nur über Abwehr und Entwertung herstellen, auch wenn er erkennt, dass er damit die Angst vor eigenem Versagen zu bekämpfen sucht.

In seiner Orientierung an Gewinnmaximierung ist Thomas weder mit der religiös ausgerichteten, in Geldspenden ihr Heil suchenden Mutter noch mit seiner unnahbaren, ihren musischen Interessen nachgehenden Frau als verstehender Partnerin eng verbunden, sondern mit seiner Schwester Antonie, die sich in ihrem ganzen Denken und Handeln vollkommen mit den familiären Werten identifiziert. Durch Tony wird er in seiner rigiden Selbstdisziplin und seinem unermüdlichen Erfolgsstreben als Familienoberhaupt ohne Wenn und Aber unterstützt. Die Schwester ist es auch, die ihm das Haus für das Eheleben mit Gerda einrichtet und sich am meisten über die Geburt des Stammhalters freut. Thomas belohnt diese Loyalität Tonys: Er berät sie in allen Lebenslagen, zahlt ihr als geschiedene Frau mit Kind noch einmal eine Mitgift aus, um ihr eine zweite Ehe im fernen München zu ermöglichen, und nimmt sie immer wieder im Haus auf.

Indem der Erzähler so deutlich werden lässt, dass eigentlich die Geschwister Thomas und Tony das ideale Paar der bürgerlichen Kaufmannsfamilie sind, rückt Christian in seiner kränkelnden Renitenz und seinem Versagen in die Position des störenden Dritten, der als Sündenbock mit aller Härte aus dem Familienverbund ausgestoßen wird. Vorbereitet wird damit für die Geschichte Hannos aber nicht nur, wie Thomas mit einem von sich abhängigen, leistungsverweigernden nächsten Verwandten umgeht, sondern auch, dass der zunehmend neurasthenische Vater seine eigentliche Anerkennung in einer sublimierten Beziehung mit der Schwester findet und die »vollsinnliche Liebe« zur eigenen Ehefrau offenbar nicht befriedigt werden kann.[43]

Bruch mit der Vaterwelt

Durch die ausführliche Schilderung des Familienverbandes, in dem Thomas aufwuchs und dem er dann selbst vorsteht, gewinnt das Erbe, das Hanno mit seiner Geburt anzutreten hat – und, wie der Erzähler eifrig erklärt, gar nicht annehmen kann – auch an emotional besetzbarer Wertschätzung.[44] Zudem wird der Stammhalter durch seine Einbindung in eine ›erinnerte Familiengeschichte‹ in ein komplexes genealogisches Gefüge eingepasst, was schon sein Vorname Johann zeigt, den bereits der Firmengründer wie auch sein Urgroßvater und Großvater trugen. Über wiederkehrende Schilderungen physiognomischer und körperlicher Merkmale, sozialer Verhaltensweisen, persönlicher Eigenheiten und Neigungen nächster Familienmitglieder wird Hannos blutsverwandtschaftliche Eingebundenheit verdeutlicht. Entscheidend ist jedoch, dass die Mutter des Stammhalters darauf hinweist, dass ihr Sohn »die Buddenbrookschen Hände« (S. 551) habe, mit denen auf dem Klavier selbst Nonen und Dezimen gegriffen werden können, dass aber bisher auf diese Anlage in der Familie »noch niemals Gewicht [...] gelegt« (S. 551) worden sei. Denn über das, was an Hanno nun zutage tritt und ihn unter dem Aspekt familiärer Ähnlichkeit vermeintlich fremd erscheinen lässt, wird der neue Generationswechsel verhandelt. Dieser genealogische Wechsel kann aber nicht mehr durch eine Fortführung der Familientradition im Namen des Vaters und der Vorväter vollzogen werden, sondern nur durch einen Bruch mit der Vaterwelt. Auch wenn die von der Mutter entdeckte, in der Familie Buddenbrook bisher nicht beachtete Anlage wie auch die Entwicklung der musischen Begabung Hannos im Roman als Gründe für den Bruch mit der väterlichen Tradition eingeführt werden, geht es um die Herausforderung, die ›Ablösung‹ von der Familie zur Darstellung zu bringen.

Dass die Lösung aus der Herkunftsfamilie »eine der notwendigsten aber auch schmerzlichsten Leistungen«[45] für den Heranwachsenden ist, hat Freud in seiner kleinen Schrift *Der Familienroman der Neurotiker* (1909) erörtert. Dabei geht er der Frage nach, welche Rolle das Imaginäre, genauer, die Fähigkeit, sich andere als die leiblichen Eltern zu phantasieren, bei diesem Prozess der Ablösung spielen könnte. In seinen therapeutischen Sitzungen konnte Freud beobachten, dass neurotische Kinder die Mutter in eine »Situation von geheimer Untreue und geheimen Liebesverhältnissen«[46] phantasieren, um sich, wie er vermutet, an ihr »wegen der Abge-

---

[43] Freud sieht auch in den »Maßregeln zur Verhütung der Konzeption« einen Grund für die Entstehung von Neurasthenie. Freud: Ätiologie der Neurose, S. 28.

[44] Matthias meint, dass eine »Perspektivenverbreiterung in der Darstellung von Thomas und Hanno Buddenbrook doch auch wieder dokumentarischer Beweis für das subjektive Interesse des Autors an seiner eigentlichen Geschichte« sei. Klaus Matthias: »Zur Erzählweise in den Buddenbrooks«, in: Ders.: *Studien zum Werk Thomas Manns*, Lübeck 1967, S. 7-54, hier: S. 22.

[45] Sigmund Freud: »Der Familienroman der Neurotiker«, in: Ders.: *Studienausgabe*, Bd. 4, hg. von Alexander Mitscherlich u. a., Frankfurt a. M. 1970, S. 223-226, hier: S. 223.

[46] Ebd., S. 225.

wöhnung sexueller Unarten«[47] zu rächen. Die Phantasie dieser Kinder, sie hätten eigentlich andere als ihre leiblichen Eltern, bewertet er als grundlegendes Phantasma, das prägend für die Entwicklung aller Menschen ist. Denn da jedes Kind mit der Zeit erkennen müsse, dass die primären Bezugspersonen hinter der ihnen zunächst attestierten Allmächtigkeit zurückbleiben, erfinde es in der vorpubertären Zeit in romanhafter Korrektur höher stehende Eltern, um auf diese Weise die einstmals idealisierten Bezugspersonen ebenso wie die »ursprüngliche Zärtlichkeit«[48] bewahren zu können und die frühesten Kinderjahre wieder »in ihr volles Recht«[49] zu setzen.[50] Gefasst wird also mit dem, was Freud den »Familienroman« nennt, eine die frühen Bezugspersonen überformende Phantasie, die mit verlorenen, restituierten und in neuer Gestalt wiedergewonnenen Elternfiguren bevölkert ist.[51] Die Phantasie imaginärer Eltern eröffnet aber zugleich auch einen Spielraum, in dem die zuvor in der Herkunftsfamilie eingeschlossenen Objektbeziehungen bereits probeweise nach außen gelenkt werden. Insofern also, wie Freud es formuliert, »der Fortschritt der Gesellschaft«[52] in seinem psychodynamischen Kern auf der Ablösung der Heranwachsenden von der Autorität der Eltern vermittels Ersatz- und Stellvertreterfiguren beruht, inszeniert der Familienroman diese langwierigen Ablösungsprozesse in verdichteter Form über symptomatische Familienszenen.

Eine Episode, in der die genealogische Zäsur signifikant in Szene gesetzt wird, findet sich in den *Buddenbrooks* anlässlich des einhundertjährigen Firmenjubiläums im Jahre 1868. Noch bevor die geladenen Gäste kommen, soll Hanno dem Vater im Kreise der Familie das Gedicht »Schäfers Sonntagslied« (S. 533) von Ludwig Uhland aufsagen.[53] Doch anders als bei der idyllischen Familienszene zur Einweihung des Hauses in der Mengstraße kann Hanno nicht wie einst Tony vergnügt auf dem Schoß des Großvaters sitzend nach Worten suchen und dann das auswendig Gelernte abspulen, sondern muss sich vor den prüfenden Augen der anwesenden Familienmitglieder beweisen. Die Anlage der Szene stellt heraus, dass hier ein verängstigter Sohn vor dem Tribunal des Vaters steht, über den der Erzähler wissen lässt: »Ernst, die eine Braue emporgezogen, maß er die Gestalt des kleinen Johann mit prüfendem, ja sogar kaltem Blick.« (S. 532) Hanno steht am Flügel und streicht »mit der Hand über das glattpolierte Holz« (S. 532 f.), doch er ist von keiner gespannten Vorfreude erfasst, wird in keine Erregung hineingeführt wie beim phantasierenden Klavierspiel

---

47 Ebd.

48 Ebd., S. 226.

49 Ebd.

50 Weigel versteht den Familienroman im Sinne Freuds als »Geschichten über die eigene Herkunft, die der Einbildungskraft entspringen und mit denen ein autobiographisches Unbehagen oder Ungenügen kompensiert wird.« Sigrid Weigel: *Genea-Logik. Generation, Tradition und Evolution zwischen Kultur- und Naturwissenschaften*, München 2006, S. 76 f.

51 Vgl. hierzu: Walter Erhart: *Familienmänner. Über den Ursprung moderner Männlichkeit*, München 2001, S. 9 f.

52 Ebd.

53 Oskamp hat darauf hingewiesen, dass »Schäfers Sonntagslied« ab den 1840er Jahren als »kanonischer Text im Literaturunterricht aller Schularten« eingesetzt wurde, um »Gefühl und Andacht in der Kinderseele zu wecken«. Irmtraud M. Oskamp: »Hanno Buddenbrooks Gedicht. Didaktische Anmerkungen zu einem lyrischen Text von Ludwig Uhland«, in: *Neue Sammlung* 34 (1994), H. 4, S. 535-545, hier: S. 537 u. 539.

in Begleitung der Mutter, sondern sucht gezwungen mit »leiser, ein wenig harter Stimme« (S. 533) den Wünschen des Vaters Folge zu leisten. Bereits unmittelbar nach dem Aufsagen der Überschrift des Gedichts schreitet Thomas ein, mahnt den Sohn »Frei stehen! Frei sprechen!« (S. 533) und weist ihn dann umgehend erneut zurecht, wobei die von Hanno gesprochene Gedichtzeile durch den Erzähler zu einem Kommentar der gesamten Szene moderiert wird: »›Das ist der Tag des Herrn‹, sagte er ganz leise, und desto stärker klang die Stimme seines Vaters, der ihn unterbrach« (S. 533). Thomas stellt Hanno bloß, indem er ihn implizit mit dem Vorwurf konfrontiert, seinem Wunschbild von einem Stammhalter nicht gerecht zu werden. Der solchermaßen vor den Augen der Familie Beschämte kann nur noch die Gedichtzeile hervorbringen: »›Ich bin allein auf weiter Flur‹« (S. 533), dann versagt ihm die Stimme und er beginnt zu weinen, woraufhin er vom Vater mit der wenig rhetorischen Deckfrage: »Bist du denn ein kleines Mädchen?« (S. 534) rigide abgewehrt wird.

Diese Exekutionsszene lässt den Erzähler nicht kalt, sondern in besonderer Weise aus der Deckung gehen. Er ergreift für Hanno Partei und klagt durch seine Kommentare das herrische Verhalten des Vaters an: »Das war grausam, und der Senator wußte wohl, daß er dem Kinde damit den letzten Rest von Haltung und Widerstandskraft raubte.« (S. 533) Der bis zum Vernichtungswillen gesteigerte, sadistische Furor, den Thomas im Gespräch nach der Testamentseröffnung mit seinem Bruder Christian an den Tag legte, schwingt in der gereizt-kalten Zurechtweisung seines Sohnes mit und der Erzähler weiß deshalb auch schon: »Aber mit Hanno war es zu Ende.« (S. 533) Damit wird einerseits nahegelegt, dass der Vater mit seiner Beschämung den Sohn allein gelassen – ihn gar psychisch bereits ermordet – hat, andererseits geht es aber auch um eine ›Vatertötung‹. Denn bei Thomas ist mit diesem Tag (»des Herrn«) der selbstverständliche Glaube an die ewige Dauer von Familie und Firma zusammengebrochen.

Dass der Vater nach dieser fundamentalen Enttäuschung und Sinnentleerung seines auf Nachkommenschaft aufgebauten Lebens wie auch der Sohn nach der tiefen Kränkung und dem Verlust seines Selbstvertrauens in eine suizidale Position geraten, verdeutlicht die Hilflosigkeit ihrer Kommunikation, die in der ›Väter-und-Söhne-Literatur‹ der Jahrhundertwende ihresgleichen sucht.[54] Hanno hinterlässt dem Vater einen buchstäblich wortlosen wie vielsagenden Abschiedsbrief. Er liest in der alten Familienchronik zufällig den Eintrag über seine Geburt, »Justus, *Johann*, Caspar, geb. d. 15. April 1861«, lässt seinen Blick über »das ganze genealogische Gewimmel hingleiten« und zieht »mit der Goldfeder einen schönen, sauberen Doppelstrich quer über das ganze Blatt hinüber« (S. 575). Als der Vater den Eintrag sieht, reagiert er auf die zeichenhafte Botschaft wiederum einfühlungs- und kommunikationsunfähig. In abwehrend strafendem Gestus schlägt er seinem Sohn mit einem leicht zusammengerollten Heft auf die Wange, worauf dieser nur stammeln kann: »›Ich glaubte … ich glaubte … es käme nichts mehr‹« (S. 576).

Das wechselseitige ›Aneinander-Leiden‹ führt jedoch auch zur Annäherung zwischen Vater und Sohn, die vom Erzähler durch verstärkte Innenschau verdeut-

---

[54] Zur Melancholie von Thomas und Hanno Buddenbrook vgl.: Ulrike Prechtl-Fröhlich: *Die Dinge sehen, wie sie sind: Melancholie im Werk Thomas Manns*, Frankfurt a. M. u. a. 2001, S. 118-161.

licht wird.[55] Mit großer Disziplin versucht Thomas, seine zunehmende Ermattung zu überwinden, doch erkennt er sich durch die zufällige, ihn existenziell erschütternde Schopenhauerlektüre als schlechten Schauspieler seiner selbst. Auch Hanno beobachtet, wie sein Vater nur unter größter Mühe und unter Wahrung einer »Maske« (S. 654) über seinem ermüdeten Gesicht seinen gesellschaftlichen und geschäftlichen Aufgaben nachkommen kann. Dass das einfühlende Verstehen des Sohnes zu einer neuen Verständigung mit dem Vater führen könnte, scheint als Möglichkeit durch die Reinszenierung der ödipalen Konstellation auf.

Vor dem Zimmer, in dem die Mutter mit Leutnant von Throta musiziert – den sie »wie sich versteht, auf dem Gebiete der Musik gefunden« (S. 712) –, vernimmt Hanno erstmals die »leise, angstvoll bewegte und beinahe beschwörende [...], noch nie gehört[e] [...] Stimme seines Vaters [...], welche sagte: ›Nun ist der Leutnant schon zwei Stunden bei Mama ... Hanno ...‹« (S. 716). Da sich der Sohn durch den versierten Klavierspieler im Feld der musikalischen Verständigung bei der Mutter ersetzt weiß, kann er sich nun mit dem Vater als dem ausgeschlossenen Dritten identifizieren: Hanno sieht »liebevoll wie noch niemals auf seines Vaters Gesicht« und es kommt zum einzigen einvernehmlichen Blickwechsel, wobei sich der Erzähler gewiss ist, dass sie beide fühlten, »daß in diesen Sekunden, während ihre Blicke in einander ruhten, jede Fremdheit und Kälte, jeder Zwang und jedes Mißverständnis zwischen ihnen dahinsank« (S. 716). Von dieser empathischen Einfühlung des Sohnes ist zwar der Erzähler überzeugt, jedoch schwerlich der Vater. Denn als dieser auf dem Sterbebett liegt, kann er nicht mehr wahrnehmen, dass er sich da, wo es sich um »Furcht und Leiden handelte, des Vertrauens und der Hingabe seines Sohnes gewiß sein konnte.« (S. 716)

Ist in zahlreichen Texten der Jahrhundertwende die Figur des Vater als Repräsentant einer repressiven Ordnung konzipiert, so wird mit der psychoanalytischen Konzeption des Ödipuskomplexes die Rolle des Sohnes innerhalb der Familie entscheidend umgewertet.[56] Denn die dargestellte Rivalität zum Vater und die darauffolgende Identifikation mit ihm kann auch als Ersetzung des leiblichen Vaters durch einen symbolischen gelesen werden, wie Freud dies in seinen Ausführungen zum »Familienroman« dargelegt hat. In der Szene vor dem Zimmer der Mutter wird bereits eine Lösung vom unempathischen Vater figuriert, da der Sohn diesen als einen einfühlsam-verstehenden imaginiert. Wie sehr diese Auseinandersetzung mit dem Vater durch ambivalente Gefühle geprägt ist, die zwischen Abrechnung und Abbitte schwanken, wird durch Hannos unwillkürliche Reaktion auf dessen Tod

[55] Böhm hat darauf hingewiesen, dass Thomas Mann »psychologisch durchweg fein konturierte[] Protagonisten« entworfen hat, während die Frauenfiguren fast immer nur als Nebenfiguren gestaltet sind. Böhm: Zwischen Selbstzucht und Verlangen, S. 188.

[56] Koschorke hat diesen Umschwung von der christlichen Einheit des Sohnes mit dem Vater und seinem Opfertod zur ödipalen Konstellation mit ihrer Konkurrenz zwischen Vater und Sohn beschrieben: »Es handelt sich hier um einen der wahrscheinlich raren Momente, in denen eine Theorie nachhaltig in die narrative Grundlegung des kulturellen Gedächtnisses einzugreifen vermochte.« Albrecht Koschorke: *Die heilige Familie und ihre Folgen. Ein Versuch*, Frankfurt a. M. 2001, S. 214.

verdeutlicht: Er bekommt einen schluchzenden Lachanfall und kann »nicht an sich halten« (S. 759).[57]

Aufbruch und Eingedenken

Mit dem Tod des Vaters eröffnet sich für Hanno die Möglichkeit, die Beziehung zu seinem ebenfalls künstlerisch ambitionierten Freund Kai zu intensivieren. Dieser aus einem heruntergekommenen Adelshaus stammende, mit seinem Vater auf einem kleinen Gehöft vor den Mauern der Stadt lebende, gleichaltrige Graf Mölln ist mit seinem »verwilderten Äußeren« (S. 569) dem bürgerlich adrett gekleideten Hanno nicht nur als bohemienhafte Künstlergestalt zur Seite gestellt. Hanno, der Kais Neigungen teilt, ist diesem auch in bürgerlicher Mission verbunden, wie durch den Kommentar des Erzählers deutlich wird: »Hanno wirkte besänftigend, zähmend und geradezu veredelnd auf Kai, der ihn zärtlich liebte« (S. 572). Die beiden Schulkameraden, die aus ihrer Ablehnung gegenüber den Lehrern und ihrer ironischen Überheblichkeit gegenüber den Mitschülern keinen Hehl machen, sind während der Schulstunden meist abwesend; Kai schreibt an seinen neuen literarischen Texten und Hanno beschäftigt sich in Gedanken mit der Musik.

Im Vergleich zur Kindheitsphase, in der Hanno gemeinsam mit der Mutter musizierte, hat sich für ihn nach dem Tod des Vaters die Bedeutung der Musik verändert. Denn als er nun mit der Mutter Wagners *Lohengrin* hört, überkommt es ihn zwar wieder mit einem »überschwänglichen und unersättlichen Rausche...« (S. 773), doch er empfindet auch, wie ihn »die Schönheit« in eine tiefe »Scham und sehnsüchtige Verzweiflung stürzt« (S. 774). Kurz vor seinem Tod lüftet Hanno das Geheimnis der komplexen Komposition, von dem sein Lehrer Pfühl gesprochen hatte, und wird damit als zukünftiger Künstler (und in gleichsam autopoetologischer Position auch Kenner der Struktur von Manns Roman) vorgestellt. Durch sein eigenes Phantasieren auf dem Klavier erkennt er, wie er von einem einfachen Thema ausgehend nach vielen Variationen wieder das erste Motiv erreicht: »diese armselige Erfindung, diese dumme oder geheimnisvolle Figur« (S. 825).[58]

Entgegen der Emphase, mit welcher der Erzähler Hannos Leiden an seiner Neigung begleitet und ihn aus Furcht vor Beschämung schützt, wehrt er die Darstellung seines Todes ab und verschiebt sie in die sachliche Beschreibung des letalen Verlaufs der Typhus-Erkrankung. Der Roman endet sechs Monate nach dem Tod Hannos mit einer Gedächtnisszene, die einer Aufstellung der Frauen aus dem Hause *Buddenbrooks* gleicht und als »eine kleine Familienzusammenkunft, um Abschied zu nehmen« (S. 833), bezeichnet wird. In der Erinnerung der (auch in Bezug auf die neue Zeit) zurückgebliebenen, aber gegenüber der männlich-letalen Genealogie

---

[57] Robles sieht in diesem Lachanfall das – im Gegensatz zu Thomas' kontrolliertem Humor – nicht zu Bändigende im Familienroman. Ingeborg Robles: *Unbewältigte Wirklichkeit. Familie, Sprache, Zeit als mythische Strukturen im Frühwerk Thomas Manns*, Bielefeld 2003, S. 225.

[58] Vgl. zur Struktur der Wiederholung auch in Bezug auf die Schlussszene: Peter Pütz: »Formen der Wiederkehr in den ›Buddenbrooks‹«, in: Kevin F. Hillard u. a. (Hg.): *Bejahende Erkenntnis*, Tübingen 2004, S. 117-127, hier: S. 126.

nichtsdestotrotz vitalen Frauen[59] unter der Ägide der 50-jährigen Tony wird Hannos Tod als szenisches Denkbild memoriert und mit einer unaussprechlichen Krankheit in Verbindung gebracht:

> Es lag wie ein schweres Geheimnis über Hannos letzter Krankheit, die in außerordentlich schrecklicher Weise vor sich gegangen sein mußte. Man blickte sich nicht an, während man, gedämpften Tones, in Andeutungen und halben Worten davon sprach. Und dann rief man sich jene letzte Episode ins Gedächtnis zurück … den Besuch dieses kleinen, abgerissenen Grafen, der sich beinahe mit Gewalt den Weg zum Krankenzimmer gebahnt hatte … Hanno hatte gelächelt, als er seine Stimme vernahm, obgleich er sonst niemanden mehr erkannte, und Kai hatte ihm unaufhörlich beide Hände geküßt.
> »Er hat ihm die Hände geküßt?« fragten die Damen Buddenbrook …
> »Ja, viele Male.«
> Hierüber dachten Alle eine Weile nach. (S. 835 f.)

Hanno, der im Alter von acht Jahren einen Schlussstrich unter die Familienchronik zog, stirbt nicht von ungefähr mit sechzehn Jahren, als sein Triebschicksal zur Entfaltung kommt. Doch Thomas Mann hat mit Hanno nur den unter den Ansprüchen des Vaters leidenden Kaufmannssohn sterben lassen, nicht den schriftstellerisch tätigen Zeugen seiner Entwicklung und seines Ablebens. Dass er sich sträubte, an den Tod des künstlerisch begabten »Spätlings« zu glauben, zeigen nicht nur sein Erzähler, der den Todesbericht schlechterdings verweigert, sondern auch Manns über den Roman hinausgehenden Pläne. Denn bereits vor Fertigstellung der *Buddenbrooks* sammelte der Autor Ideen für seine Erzählung *Tonio Kröger*, in der sich die ›Knabennovelle‹ zu einem Künstlerroman in nuce entwickelt.[60] Hier löst sich der künstlerisch veranlagte Protagonist – der in vielen Aspekten Hanno gleicht und sich wie Kai zum Schriftsteller berufen fühlt – aus dem bürgerlichen Elternhaus und findet seinen Weg zur Literatur, den er überdies reflektiert. Auch wenn Manns Erstlingsroman bereits die ›Knabennovelle‹ zum Ausgangspunkt des Erzählens wählte, hat sich durch die Ergänzung der genealogisch angelegten Familiengeschichte des Protagonisten die Richtung des Werkes vollkommen verändert. Denn wenn Mann feststellte, dass der Roman »seinen eigenen Willen hatte«, dann ist es nichts weniger als der Wille des Vaters: *er* ist geschehen. Wie die gegenüber der Geschichte von Hanno geradezu übermächtig ausufernde Erzählung von Thomas zeigt, wurde die Auseinandersetzung mit dieser Vaterfigur zur notwendigen Arbeit an der familiären Ablösung.

Der Roman *Buddenbrooks* ist also in besonderem Maße ein Buch der Erinnerung über eine Lebenswelt, die Thomas Mann mit dem Tod seines Vaters und der Auflösung des väterlichen Handelshauses verloren hatte. Denn dass er sich so selbstverständlich der Geschichte seiner Familie zuwandte, verdankt sich seiner

---

[59] Tony Buddenbrook, ihre Tochter Erika Weinschenk, ihre Cousine Klothilde, ihre Schwägerin Gerda und ihre ehemalige Lehrerin Sesemi Weichbrodt sitzen am Tisch zusammen.

[60] Mann hat in der Erzählung *Tonio Kröger* die homoerotische Disposition des Titelprotagonisten weitaus weniger camoufliert als bei Hanno. Vgl. Heinrich Detering: *Das offene Geheimnis. Zur literarischen Produktivität eines Tabus von Winckelmann bis zu Thomas Mann*, Göttingen 2002, S. 325 f.

Situation des Umbruchs, in der er sich in seiner Suche nach einem Beruf und der Hoffnung auf schriftstellerische Berufung befand.[61] Er hat über den Verlust einer festgefügten Welt erzählt, in der Familientraditionen den Weg für die nachkommende Generation bahnten. Gerade weil der Familienroman *Buddenbrooks* sein Zentrum in der ›Knabennovelle‹ findet, und damit die Lösung aus der Herkunftsfamilie problematisiert, ist er auch als Trauerarbeit und symbolische Restitution des Vaters im literarischen Werk zu verstehen. Mithin hat der Autor mit *Buddenbrooks* auch *seinen* Familienroman geschrieben, in dem er sich mit dem Kind, das er einmal war, identifiziert und zugleich Empathie für den Vater entwickeln kann.[62] Obwohl der Autor später andere erfolgreiche Romane wie *Der Zauberberg* oder *Dr. Faustus* verfasste, vermutete er selbst, dass er mit seinem umfänglichen Erstlingsroman – von dem er meinte, es sei »ein außerordentlich deutsches Buch«[63] – schon in jungen Jahren alles gegeben habe. Wenig bescheiden merkte er an, dass mit den *Buddenbrooks* erstmals »der deutsche Roman seine Ansprüche auf Weltfähigkeit«[64] anmelden könne.

Mann schuf einen Familienroman neuen Zuschnitts, der zwar das Narrativ eines Loslösungsprozesses aus der Familie entfaltet, aber zugleich eine Wiederannäherung an den Vater über die Reinszenierung prägender Familiendynamiken thematisiert. Mithin geht es im Kern dieses Familienromans um die Psychographie des Generationenwechsels. Das Subjekt des modernen Familienromans ist deshalb auch keine einzelne Figur, sondern die inszenierte Trias von Vater, Sohn und Erzähler. So hat Thomas Mann für seinen Roman einen Erzähler entworfen bzw. gefunden, der sich in die Psychodynamik des familiären Romangeschehens hinein begibt und mit ihrer Veränderung selbst weiterentwickelt. Er befleißigt sich bei der Schilderung der durch Traditionen abgesicherten Familie anfangs einer am Gesellschaftsroman des 19. Jahrhunderts orientierten, humoristisch ironisierenden Erzählweise, wechselt bei der Beschreibung von Thomas' Verantwortungsdruck und seinen zunehmenden Ängsten in eine teilnehmend reflektierende, bis er schließlich zu einem Scham abwehrenden, teilnahmsvoll schützenden Erzählen findet, sobald es um Hanno geht. Dieser Erzähler spricht für Hanno in seiner Hilflosigkeit gegenüber dem harten

---

[61] Im Jahre 1894 war Mann nach dem mit Mühen erreichten Schulabschluss von Lübeck nach München gezogen, wohin seine Mutter bald nach dem Tode seines Vaters und dem Verkauf von dessen Firma 1891 übergesiedelt war. Auf der Suche nach einem geeigneten Beruf, trat er zunächst eine Stellung als Volontär bei der Süddeutschen Feuerversicherungsbank an, schrieb heimlich seine erste Erzählung und besuchte dann die Universität mit dem Ziel, Journalist zu werden. Im Juli 1895 reiste er erstmals zu seinem in Rom lebenden Bruder Heinrich, verbrachte mit ihm den Sommer im nahegelegenen Landstädtchen Palestrina und verfasste Buchrezensionen. Im Jahre 1896 befand er sich wiederum in Rom, als er von Fischers Angebot erfuhr. Bereits im Februar 1898 war er bis zum Ende des späteren dritten Teils seines Romans gekommen. Als er dann allerdings einen Posten als Lektor und Redakteur der Zeitschrift *Simplicissimus* annahm, verzögerte sich die Fertigstellung.

[62] »Der Familienroman wäre damit der Kinderroman eines Erwachsenen, d. h. ein Roman über die eigene Genealogie, der sich auf die Seite der Phantasien des Kindes, das man einmal war, stellt.« Weigel: Genea-Logik, S. 78.

[63] Thomas Mann: »Brief an eine nicht namentlich bekannte Frau vom 21. Januar 1952«, in: Ders.: *Briefe*, hg. von Erika Mann, Bd. 3: *1948-1955 und Nachlese*, Frankfurt a. M. 1965, S. 242-243, hier: S. 242.

[64] Mann: On Myself, S. 141.

Vater. Er sieht aber auch die autoaggressiven Anteile von Thomas' Selbstdisziplinierung und nimmt Anteil an seinem Leiden. Auf diese Weise trianguliert er die auf der manifesten Textebene letale Vater-Sohn-Beziehung, ermöglicht dem Sohn Verständnis und Wiederannäherung an den Vater sowie eine Lösung ohne Scham.

Literaturverzeichnis

Böhm, Karl Werner: *Zwischen Selbstzucht und Verlangen. Thomas Mann und das Stigma Homosexualität. Untersuchungen zu Frühwerk und Jugend*, Würzburg 1991.

Burdorf, Dieter u. a. (Hg.): *Metzler Lexikon Literatur*, Stuttgart [3]2007.

Costagli, Simone / Galli, Matteo: »Chronotopoi. Vom Familienroman zum Generationenroman«, in: Dies. (Hg.): *Deutsche Familienromane. Literarische Genealogie und internationaler Kontext*, München 2010, S. 7-22.

Detering, Heinrich: *Das offene Geheimnis. Zur literarischen Produktivität eines Tabus von Winckelmann bis zu Thomas Mann*, Göttingen 2002.

Dierks, Manfred: »Buddenbrooks und die kapitalistische Moderne«, in: Sprecher, Thomas (Hg.): *»Was war das Leben? Man wusste es nicht!« Thomas Mann und die Wissenschaft vom Menschen. Die Davoser Literaturtage 2006*, Frankfurt a. M. 2008, S. 111-126.

Dierks, Manfred: »›Buddenbrooks‹ als europäischer Nervenroman«, in: *Thomas-Mann-Jahrbuch* 15 (2002), S. 135-151.

Dierks, Manfred: »›Das sind die Nerven.‹ Die Krankheit der Buddenbrooks«, in: Gutjahr, Ortrud (Hg.): *Buddenbrooks von und nach Thomas Mann. Generation und Geld in Stephan Kimmigs Inszenierung am Thalia-Theater Hamburg*, Würzburg 2006, S. 47-56.

Dierks, Manfred: »Invaliden der Moderne. Pierre Janet, Thomas Mann und die Ich-Psychologie«, in: Hagestedt, Lutz (Hg.): *Literatur als Lust. Begegnungen zwischen Poesie und Wissenschaft. Festschrift für Thomas Anz zum 60. Geburtstag*, München 2008, S. 17-30.

Dierks, Manfred: »Zu kurze Nerven. ›Buddenbrooks‹ als Neurasthenie-Roman«, in: *Neue Rundschau* 112 (2001), H. 3, S. 62-71.

Diersen, Inge: *Thomas Mann. Episches Werk, Weltanschauung, Leben*, Berlin 1975.

Eickhölter, Manfred: »Thomas Mann stellt seine Familie – Buddenbrooks. Literatur als Lebenspraxis? Eine methodische Annäherung«, in: *Thomas-Mann-Jahrbuch* 17 (2004), S. 105-125.

Erhart, Walter: *Familienmänner. Über den Ursprung moderner Männlichkeit*, München 2001.

Freud, Sigmund: »Das Unbehagen in der Kultur«, in: Ders.: *Studienausgabe*, Bd. 9, hg. von Alexander Mitscherlich u. a., Frankfurt a. M. 1974, S. 197-270.

Freud, Sigmund: »Der Familienroman der Neurotiker«, in: Ders.: *Studienausgabe*, Bd. 4, hg. von Alexander Mitscherlich u. a., Frankfurt a. M. 1970, S. 223-226.

Freud, Sigmund: »Die Sexualität in der Ätiologie der Neurosen«, in: Ders.: *Studienausgabe*, Bd. 5, hg. von Alexander Mitscherlich u. a., Frankfurt a. M. 1972, S. 15-35.

Gutjahr, Ortrud: »Die Wonnen der Bürgerlichkeit? Eine Einführung in Thomas Manns *Buddenbrooks* und John von Düffels Bühnenfassung«, in: Dies. (Hg.): *Buddenbrooks von und nach Thomas Mann. Generation und Geld in John von Düffels Bühnenfassung und Stephan Kimmigs Inszenierung am Thalia Theater Hamburg* (Reihe: *Theater und Universität im Gespräch*, Bd. 4), Würzburg 2006, S. 21-46.

Gutjahr, Ortrud: »Doppelte Buchhaltung in der Familien-Firma. Thomas Manns *Buddenbrooks* in der Bühnenfassung John von Düffels mit einem Blick auf Heinrich Breloers Verfilmung«, in: Bähr, Christine / Schössler, Franziska (Hg.): *Ökonomie im Theater der Gegenwart. Ästhetik, Provokation, Institution*, Bielefeld 2009, S. 279-297.

Harpprecht, Klaus: *Thomas Mann: Eine Biographie*, Reinbek bei Hamburg 1995.

Kosch, Wilhelm (Hg.): *Deutsches Literatur-Lexikon*, Bern 1949.

Koschorke, Albrecht: *Die heilige Familie und ihre Folgen. Ein Versuch*, Frankfurt a. M. 2001.

Koschorke, Albrecht / Ghanbari, Nacim / Esslinger, Eva / Susteck, Sebastian / Taylor, Michael Thomas: *Vor der Familie. Grenzbedingungen einer modernen Institution*, München 2010.

Lamping, Dieter (Hg.): *Handbuch der literarischen Gattungen*, Stuttgart 2009.

Lutosch, Heide: *Ende der Familie – Ende der Geschichte. Zum Familienroman bei Thomas Mann, Gabriel García Márquez und Michel Houellebecq*, Bielefeld 2007.

Mann, Heinrich: *Briefe an Ludwig Ewers 1889-1913*, Berlin 1980.

Mann, Thomas: *Buddenbrooks. Verfall einer Familie*, in: Ders.: *Große kommentierte Frankfurter Ausgabe. Werke – Briefe – Tagebücher*, hg. von Heinrich Detering u. a., Bd. 1.1, Frankfurt a. M. 2001.

Mann, Thomas: »Brief an Otto Grautoff vom 20. August 1897«, in: Ders.: *Briefe an Otto Grautoff 1894-1901 und Ida Boy-Ed 1903-1928*, hg. von Peter de Mendelssohn, Frankfurt a. M. 1975, S. 98-101.

Mann, Thomas: »Lübeck als geistige Lebensform«, in: Ders.: *Gesammelte Werke in dreizehn Bänden*, Bd. XI: *Reden und Aufsätze 3*, Frankfurt a. M. ^{2}1974, S. 376-398.

Mann, Thomas: »[On myself]«, in: Ders.: GW, Bd. XIII: *Nachträge*, S. 127-169.

Mann, Thomas: »Über eigene Werke«, in: Ders.: *Große kommentierte Frankfurter Ausgabe. Werke – Briefe – Tagebücher*, hg. von Heinrich Detering u. a., Bd. 19.1: *Essays VI 1945-1950*, Frankfurt a. M. 2009, S. 354-358.

Mann, Thomas: »Brief an eine nicht namentlich bekannte Frau vom 21. Januar 1952«, in: Ders.: *Briefe*, hg. von Erika Mann, Bd. 3: *1948-1955 und Nachlese*, Frankfurt a. M. 1965, S. 242-243.

Mann, Viktor: *Wir waren fünf. Bildnis der Familie Mann*, Konstanz 1949.

Neumann, Bernd: »Der musizierende Sokrates. Zur Rolle der Musik in Thomas Manns ›Buddenbrooks‹, in: von der Lühe, Irmela / Runge, Anita (Hg.): *Wechsel der Orte. Studien zum Wandel des literarischen Geschichtsbewußtseins*, Göttingen 1997, S. 129-137.

Oskamp, Irmtraud M.: »Hanno Buddenbrooks Gedicht. Didaktische Anmerkungen zu einem lyrischen Text von Ludwig Uhland«, in: *Neue Sammlung* 34 (1994), H. 4, S. 535-545.

Pütz, Peter: »Formen der Wiederkehr in den ›Buddenbrooks‹«, in: Hillard, Kevin F. u. a. (Hg.): *Bejahende Erkenntnis*, Tübingen 2004, S. 117-127.

Robles, Ingeborg: *Unbewältigte Wirklichkeit. Familie, Sprache, Zeit als mythische Strukturen im Frühwerk Thomas Manns*, Bielefeld 2003.

Ru, Yi-ling: *The Family Novel. Toward a Generic Definition*, New York 1992.

Scherrer, Paul: »Bruchstücke der Buddenbrooks-Urhandschrift und Zeugnisse zu ihrer Entstehung 1897-1901«, in: *Die Neue Rundschau* 69 (1958), Nr. 2, S. 258-291.

Schweikle, Günther u. Irmgard (Hg.): *Metzler Literatur Lexikon*, Bern 1984.

Vogtmeier, Michael: *Die Familien Mann und Buddenbrook im Lichte der Mehrgenerationen-Familientherapie. Untersuchungen zu Thomas Manns »Buddenbrooks. Verfall einer Familie«*, Frankfurt a. M. 1987.

Weigel, Sigrid: *Genea-Logik. Generation, Tradition und Evolution zwischen Kultur- und Naturwissenschaften*, München 2006.

Weimar, Klaus u. a. (Hg.): *Reallexikon der deutschen Literatur*, Berlin / New York 1997.

Wieland, Klaus: »Die Konstruktion von männlichen Homosexualitäten im psychiatrisch-psychologischen Diskurs um 1900 und in der deutschen Erzählliteratur der frühen Moderne«, in: *Scientia poetica* 9 (2005), S. 216-262.

Wilpert, Gero von: *Sachwörterbuch der Literatur*, Stuttgart 2001.

Wysling, Hans: »Buddenbrooks«, in: Koopmann, Helmut (Hg.): *Thomas-Mann-Handbuch*, Frankfurt a. M. 2005, S. 363-384.

Yahya Elsaghe

KÖNIGLICHE HOHEIT ALS FAMILIENROMAN

I

Ende 1907, als Thomas Mann im Begriff war, *Königliche Hoheit* zu vollenden, und keinen Monat bevor er dieses von ihm auch sonst gerne so genannte Märchen als solches in der *Neuen Rundschau* ankündigen sollte, hielt Sigmund Freud seinen Vortrag *Der Dichter und das Phantasieren*. Eine ziemlich eingehende Zusammenfassung erfolgte tags darauf in einer Wiener Zeitung, *Die Zeit*.[1] In der *Zeit* hatte auch Thomas Mann schon seine Novelle *Gladius Dei* veröffentlicht;[2] und hier sollte er auch im folgenden Jahr wieder, 1908, einen Geburtstagsgruß an Leo Tolstoi publizieren.[3] In demselben Jahr vermutlich,[4] und offenbar als unmittelbar nächsten Text nach jenem Vortrag, schrieb Freud seinen Aufsatz *Der Familienroman der Neurotiker*. Dieser erschien ein weiteres Jahr später an einem freilich etwas weniger agoratischen Ort, in Otto Ranks *Mythus von der Geburt des Helden*, 1909, und das wiederum heißt im selben Jahr wie die Vorabdrucke und die Buchausgabe von *Königliche Hoheit*.

Solche Koinzidenzen sind entweder keine oder dann doch sehr sinnige Zufälle. Kein Zufall ist sicherlich die werkchronologische Nachbarschaft der Gedanken, die sich Freud erst über das Phantasieren des Dichters, dann über den Familienroman der Neurotiker machte. Wie schon die ›dichterische‹ Metaphorik dieses Titels erkennen lässt, »Familien*roman*«, kommunizieren die beiden Texte inhaltlich so intensiv miteinander, wie sie chronologisch eng nebeneinanderliegen. »Der Dichter«, so wäre ihre Kommunikation mit vertretbarer Ungenauigkeit zu bestimmen, ist ein Sonder- oder Grenzfall des Neurotikers. Er besetzt gewissermaßen eine Kippstelle an dem »breite[n] Seitenweg«, der vom »Phantasieren« »zur Pathologie« abzweigt, »in Neurose oder Psychose«, und auf dem die »Phantasien« zu »seelischen Vorstufen der Leidenssymptome« mutieren, »über welche unsere Kranken klagen«.[5]

Obwohl Freud in *Der Dichter und das Phantasieren* kaum Namen und keine Titel nennt – bis auf die »späteren Romane Zolas«[6] – und obwohl er dabei Thomas

---

[1] Vgl. Sigmund Freud: »Der Dichter und das Phantasieren«, in: Ders.: *Studienausgabe*, hg. von Alexander Mitscherlich u. a., Bd. 10: *Bildende Kunst und Literatur*, Frankfurt a. M. 1969, S. 169-179, hier: S. 170 [editorische Vorbemerkung].

[2] Thomas Mann: »Gladius Dei«, in: *Die Zeit*, 12. Juli 1902, S. 31 f.; 19. Juli 1902, S. 46-48.

[3] Thomas Mann: o. T., in: *Die Zeit*, 8. September 1908, S. 2.

[4] Vgl. Sigmund Freud: »Der Familienroman der Neurotiker«, in: Ders.: *Studienausgabe*, hg. von Alexander Mitscherlich u. a., Bd. 4: *Psychologische Schriften*, Frankfurt a. M. 1970, S. 221-226, hier: S. 222 [editorische Vorbemerkung].

[5] Sigmund Freud: »Der Dichter und das Phantasieren«, in: Ders.: *Gesammelte Werke. Chronologisch geordnet*, hg. von Anna Freud u. a., Bd. 7: *Werke aus den Jahren 1906-1909*, London / Frankfurt a. M. 1941 (Nachdruck Frankfurt a. M. 1999), S. 211-223, hier: S. 218.

[6] Ebd., S. 221.

Manns »Märchen« unmöglich im Auge haben konnte, da es ja erst zeitgleich mit *Der Familienroman der Neurotiker* erscheinen sollte, wäre dieses Märchen ein Paradebeispiel für die eine wie für die andere Argumentation. Ein Beispiel allererster Güte wäre es insbesondere auch für den inneren Zusammenhang, der zwischen der einen und der anderen besteht. *Königliche Hoheit*, mit anderen Worten, gibt ein ›textbook example‹ her für die »ehrgeizigen Wünsche«, die sich der Tagträumer, der Neurotiker und hier eben auch ein »Dichter« erfüllt, indem er seine Identität »loszuwerden« versucht und sie »in der Regel« durch eine »sozial höher stehende«, »vornehmere ersetzt«.[7]

Die biographischen Eckdaten des realen Autors bleiben zwar an der phantasierten Figur Klaus Heinrichs und *sollen* offenbar auch als solche an ihr kenntlich bleiben: die Sekundogenitur; die Entthronung des älteren Bruders; der Altersabstand (von zwei Jahren) zur jüngeren beziehungsweise nächstjüngeren Schwester; die gute Heirat mit einer Tochter aus dem Großkapital und so fort. Eine auto- oder auto*r*biographische Lektüre bietet sich hier ganz von selbst an. Sie zwänge sich auch dann auf, wenn Thomas Mann nicht selber nachdrücklich auf der biographistischen Interpretierbarkeit gerade dieses einen Romans insistiert hätte (dem er innerhalb seines Gesamtwerks mehr Bedeutung zumaß, als ihm dessen professionelle Rezipienten einzuräumen bereit waren[8]).

Indessen sind die autobiographischen Elemente darin eben doch in einer ihrerseits unverkennbaren Weise um- und hochstilisiert. Dabei ist die Stilisierung nicht einfach nur, wie es bei Freud steht, durch eine beliebige »Bekanntschaft des Schloßherrn oder Gutsbesitzers auf dem Lande, der Fürstlichkeit in der Stadt«[9] geleitet. Sondern Modell stand für Thomas Manns alter ego ganz offensichtlich kein Geringerer als der regierende Kaiser selbst, für jedermann nur zu deutlich wiedererkennbar an seinem sehr besonderen défaut und selbst an dessen Körperseite.

Anders herum gewendet, versetzt der Autor in der Gestalt seines Protagonisten den Merkmalssatz des Kaisers mit seinen eigenen lebensgeschichtlichen Daten, und zwar buchstäblich von allem Anfang an. Wie er selber soll auch Klaus Heinrich »Anfang« »Juni« zur Welt gekommen sein, »Spätfrühling, Frühsommer«, oder, wie es mit einem für diesen Zusammenhang und seine narzisstischen Einschlüsse vielleicht signifikanten Superlativ heißt, in der »beste[n] Jahreszeit«, an einem »Tag nach Pfingsten«.[10] (Pfingsten war in Thomas Manns Geburtsjahr in die Mitte des Mai gefallen und sollte immer wieder kurz vor seinen Geburtstag zu liegen kommen.) Und im Unterschied zu Wilhelm II., der im Januar und natürlich als Erstgeburt zur Welt kam – *daher* sehr wahrscheinlich die Komplikationen seiner Steißge-

---

[7] Sigmund Freud: »Der Familienroman der Neurotiker«, in: Ders.: Gesammelte Werke, Bd. 7, S. 225-231, hier: S. 229.

[8] Thomas Mann: *Königliche Hoheit*, in: Ders.: *Große kommentierte Frankfurter Ausgabe. Werke – Briefe – Tagebücher*, hg. von Heinrich Detering u. a., Bd. 4.2, Frankfurt a. M. 2004, S. 156. Zitate aus dem Nachlass werden nicht weiter nachgewiesen und erfolgen mit freundlicher Erlaubnis des Thomas Mann-Archivs der Eidgenössischen Technischen Hochschule, Zürich.

[9] Freud: Der Familienroman der Neurotiker, in: Ders.: Gesammelte Werke, Bd. 7, S. 229.

[10] Thomas Mann: *Königliche Hoheit*, in: Ders.: GKFA, Bd. 4.1, Frankfurt a. M. 2004, S. 14. Dieser Band wird im fortlaufenden Text mit einfacher Seitenangabe nachgewiesen.

burt,[11] die Verkrüppelung seines Arms,[12] möglicherweise sogar sein Hyperaktivismus[13] –, soll Klaus Heinrich seinen Eltern eben als zweites Kind und zweiter Sohn geboren worden sein.

Die Selbstidentifikation der Autor- oder Erzählerinstanz mit der Königlichen Hoheit des Protagonisten ließe sich in concreto auch formal beschreiben. Namentlich narratologisch wäre sie präzis zu belegen. Den ganzen Roman erzählt diese Instanz unter ziemlich stabiler interner Fokalisation. Trotz der fast ohne Ausnahme durchgehaltenen ›Er-Form‹ sieht, hört, kurz nimmt sie über die Figur Klaus Heinrich wahr. Und selbst oder vielmehr just die Ausnahmen von der sonst regelmäßigen Erzählform in dritter Person geben eine nachgerade zwanghafte Identifikation von Erzähler und Hauptfigur zu erkennen. Zuweilen schert der Erzähler nämlich, wenn er von Klaus Heinrich spricht, in die zweite Person Singular oder in die erste Person Plural aus:

> In der Mitte des Raums, unter dem Kronleuchter, stand ein Tisch von mäßiger Größe, dessen Untersatz wie ein knorriger silberner Baumstumpf war und dessen achteckige Platte aus milchiger Perlmutter bestand, – stand unnütz und ohne Stühle dort, bestimmt und geeignet höchstens dazu, dir als Halt und Stützpunkt zu dienen, wenn die Lakaien die Flügeltür öffneten und diejenigen einließen, die in Gala auf eine festlich gemessene Weile vor dich traten...
> Klaus Heinrich sah in den Saal, und deutlich sah er, daß nichts hier von der Sachlichkeit wußte, die Schulrat Dröge trotz seiner Verbeugungen ihm auferlegte. Hier herrschte Sonntag und Feierernst, ganz ähnlich wie in der Kirche, wo des Schulrats Forderungen gleichfalls verfehlt gewesen wären. Strenger und leerer Prunk herrschte hier und ein förmliches Gleichmaß der Anordnung, das rein von Zweck und Bequemlichkeit sich selbstgenügsam darstellte... ein hoher und angespannter Dienst, ohne Zweifel, der weit entfernt schien, leicht und behaglich zu sein, der dich auf Haltung und Zucht und beherrschte Entsagung verpflichtete, doch dessen Gegenstand ohne Namen war. Und es war kalt in dem silbernen Kerzensaal, wie in dem der Schneekönigin, wo die Herzen der Kinder erstarren. (S. 63)[14]

> Gewiß, gewiß, Klaus Heinrich verstand sie wohl, die Ratlosigkeit, die einen Augenblick Papas Miene verstörte, wenn man ungestüm genug war, ihn geradewegs anzureden, verstand sie und fühlte sie ängstlich mit! Irgend etwas, ein Zartes, Gefährdetes, war dann verletzt, worin so sehr unser Wesen beruhte, daß wir hilflos standen, wenn man es roh durchbrach. Und es war dennoch dies selbe Etwas, was unsere Augen matt machte und uns so tiefe Furchen der Langenweile grub... (S. 64 f.)

---

[11] Vgl. John C. G. Röhl: *Wilhelm II.*, Bd. 1: *Die Jugend des Kaisers. 1859-1888*, München 1993, S. 25-30.

[12] Vgl. ebd., S. 31-35.

[13] Vgl. ebd., S. 35 f.

[14] Zur Reminiszenz an das Märchen von der Schneekönigin vgl. Leonie Marx: »Thomas Mann und die skandinavischen Literaturen«, in: Helmut Koopmann (Hg.): *Thomas-Mann-Handbuch*, Stuttgart ^{3}2001, S. 164-199, hier: S. 193-195; Michael Maar: *Geister und Kunst. Neuigkeiten aus dem Zauberberg*, Frankfurt a. M. 1997, S. 149, 292 (Anm. 30), 317 (Anm. 40).

> Denn Klaus Heinrich wenigstens sah ein, daß es uns dem Wesen der Dinge gemäß nicht anstand, einfach zu fühlen und damit glücklich zu sein, sondern daß es uns zukam, unsere Zärtlichkeit im Saale anschaulich zu machen und auszustellen, damit die Herzen der Gäste schwöllen.
> Zuweilen bekamen auch die Leute draußen in Stadt und Park zu sehen, daß Mama uns lieb hatte. (S. 67 f.)

Die zweite Person kann hier wohl kaum anders denn als Index eines Selbstgesprächs verstanden werden. Dieses, Klaus Heinrichs, Selbstgespräch zitiert der Erzähler aber mit eigener Stimme, in eigener Instanz, ohne sich von der Figur abzusetzen, geschweige denn, dass Anführungszeichen die Eigen- von der Figurenrede typographisch abgrenzten. Der Erzähler und die Figur, der er so aus dem Herzen zu sprechen vermag, gehen damit bis zur völligen Ununterscheidbarkeit ineinander über. Und bis zur Ununterscheidbarkeit fallen sie auch an den frühen Stellen zusammen, wo der Erzähler aus Klaus Heinrichs Perspektive »uns« sagt oder »wir«. In den Plural dieser ersten Personen schließt der Erzähler sich ganz offensichtlich selbst mit dem kindlichen Protagonisten zu einer ›Person‹ zusammen und gleichsam ein. (Erst an späteren Stellen wird der Erzähler dann durch die erste Person Plural etwas ganz anderes, ein patriotisch-integrales ›Wir‹-Gefühl artikulieren.[15])

In die Affinität des Erzählers und in eins damit des Autors zu seinem Protagonisten, wie sie sich zuletzt bei der Erwähnung der »Mama«, »unsere[r]« Mutter ausspricht, hätte einst selbst deren Herkunft mit einbegriffen sein sollen. Den Anlass, das sicherzustellen, hätte bereits ›die Geburt des Helden‹ gegeben. Während sie nämlich mit diesem niederkommt, unterhalten sich die aufgebotenen Höflinge über die Großherzogin Dorothea. Die Heirat mit ihr, eine Liebesheirat offenbar, sei von einem kameralistisch »gesunden Standpunkt« aus eine einzige Enttäuschung gewesen:

> Sehen Sie, Baron, einmal [...] bot sich eine Gelegenheit, die Finanzen des Hofes zu sanieren [...]. Der Großherzog hatte es damals, bestrickender Mann, der er ist, in der Hand, die Verhältnisse durch eine Heirat, die von einem gesunden Standpunkt hätte glänzend genannt werden können, zu rangieren. Statt dessen... (S. 23)

Die für den frühen Thomas Mann so überaus typischen Elisionspunkte[16] zeigen auf einen Mangel, den sie zugleich verschweigen. Sie schaffen eine Leerstelle oder scheinen eine Leerstelle offenzuhalten, die jeder Leser indessen anhand des gegebenen Kontexts mühelos selber zu füllen vermag. Das deiktische Pronomen »dessen...« weist ja auf eine »glänzend[e]« »Heirat«, die der Großherzog einzugehen versäumte. Die »*[s]tatt* dessen...« Geheiratete muss hingegen, heißt das, *kann* das nur heißen, eine verhältnismäßig sehr schlechte Partie gewesen sein oder, mit einem Wort, das so »schroff[]« in einem zweifach überlieferten Satz aus den Fragmenten

---

[15] Vgl. Mann: Königliche Hoheit, Bd. 4.2, S. 297.

[16] Vgl. Yahya Elsaghe: »Judentum und Schrift bei Thomas Mann«, in: Heinrich Detering / Stephan Stachorsky (Hg.): *Thomas Mann*, Darmstadt 2008, S. 202-216.

einer früheren Fassung jeweils ausbuchstabiert wird: »Ein Wort und kein anderes: – Mesalliance…«[17]

In dieser früheren Fassung des Romantexts indessen hätte die Defizienz der zu solchem Leidwesen eingegangenen Mesalliance, freilich noch immer durch die Interpunktion emphatisiert, noch etwas deutlicher benannt, aber auch noch ganz anders bestimmt werden sollen: »Statt dessen… Portugal…«[18] Was mit *dieser* Lesart gemeint sein sollte, »Portugal…«, versteht sich und verstünde sich auch dann von selbst, wenn keine Entwurfsnotizen erhalten wären. Aus den erhaltenen Notizen geht hervor, dass die Großherzogin nicht immer schon den ›gut‹, nämlich ›klassisch‹[19] deutschen Namen »Dorothea« tragen sollte. Dieser ist auf der betreffenden Liste erst nachträglich eingefügt. »Die Großherzogin« war darauf ursprünglich unter einem romanischen, portugiesischen Namen geführt, den Thomas Mann dann jedoch ›energisch‹[20] durchstrich (entweder vor oder nach jener Einfügung, aber offenbar, wegen der Verschiedenheit der Schreibmaterialien, nicht gleichzeitig mit ihr): »Die Großherzogin Maria (da Gloria, Prinzessin von Portugal)«[21].

Die Großherzogin war ehedem also nicht nur eine finanziell schlechte Partie; sondern auf der älteren Konzeptionsstufe, auf der sie denn eben auch noch anders heißen sollte, muss sie darüber hinaus eine Landesfremde, eine vergleichsweise sehr Fremde gewesen sein. Noch in der publizierten Fassung des Romans allerdings soll sie, wenigstens dem Hörensagen nach, fremdes »Blut« haben:

> Einiges slawische Blut floß in ihren Adern, wie man sagte, und daher hatten ihre tiefblauen Augen einen so süßen Glanz, wie die Nacht ihres duftenden Haares so schwarz. Klaus Heinrich war ihr ähnlich, hörte er sagen, insofern auch er stahlblaue Augen zu dunklen Haaren hatte, während Albrecht und Ditlind blond waren, wie Papa gewesen war, bevor er ergraute. (S. 65)

Das nur eben »slawische Blut«, das man der Großherzogin jetzt ja auch nur gerüchteweise nachsagt, scheint dem ethnischen Phänotyp ihres Sohns indes nicht allzuviel anhaben zu können. Zur Hälfte ist es sogar geeignet, seiner germanisch-deutschen Erscheinung kraft der »tief«- respektive »stahlblaue[n] Augen« womöglich noch etwas aufzuhelfen. Daran gemessen wäre ihre getilgte Herkunft aus »Portugal…«, allein schon diese Tilgung lässt darauf schließen, erheblich schwerer und schlimmer ins Gewicht gefallen. Denn nicht nur, dass es mit dem portugiesischen Hochadel, auch nach dem Zeugnis der einschlägigen *Bekenntnisse des Hochstaplers Felix Krull*, seinerzeit so gut wie zu Ende war. (Ein Jahr nach *Königliche Hoheit* sollte die marode Monarchie, als erste seit der Französischen Revolution, einer Republik Platz machen.) Portugiesisches »Blut« rangierte auch auf der Werteskala der Rassenbiologen nicht besonders weit oben, tiefer jedenfalls als jedes andere in West- und Süd-

---

[17] Mann: Königliche Hoheit, Bd. 4.2, S. 534, 542.

[18] Ebd., S. 535, 543.

[19] Zu den intertextuellen Bezügen zu *Hermann und Dorothea* vgl. Yahya Elsaghe: *Die imaginäre Nation. Thomas Mann und das ›Deutsche‹*, München 2000, S. 71 f.

[20] Mann: Königliche Hoheit, Bd. 4.2, S. 501 (Anm. 668).

[21] Vgl. ebd. Die Transkription der Interpunktion bzw. ihrer Stellen, d. h. der Klammer*öffnung* ist falsch: »Großherzogin (Maria da […]« statt »Großherzogin Maria (da […]«.

europa. Wie ebenfalls den späten *Krull*-Kapiteln zu entnehmen,[22] stand es im Geruch, mit allerhand außereuropäischen Zuschüssen untermischt zu sein, arabischen, maurischen, ja negroiden und, nicht zu vergessen, jüdischen (die aber in jenen späten, nach 1945 geschriebenen *Krull*-Kapiteln ausgelassen sind).[23]

Bei einer Mutter aus »Portugal…« wäre auf die Genealogie des Protagonisten also zweifellos ein gewisser Schönheitsfehler gekommen. Dieser aber gleicht, von fern mindestens, doch unverkennbar, einer seinerzeit ziemlich auffälligen Eigentümlichkeit in der Abstammung des Autors. Dessen eigene Mutter, von der er noch Jahrzehnte später zu Protokoll gab, dass er ihr in Gestalt der Großherzogin ein literarisches Denkmal gesetzt habe,[24] war ja ihrerseits keine gewöhnliche Deutsche, keine ›reine‹ Germanin. »[I]hre Mutter war Creolin«[25]. So die zu ihrer Zeit ambivalente und mehrdeutige Bezeichnung Thomas Manns, deren Polysemie dieser verschiedentlich zu reduzieren versuchte: »portugiesisch-kreolisch[]«[26], »romanisch[]«[27], »ausgesprochen romanisch[]«[28], »lateinisch[]«[29], »lateinisch[] (portugiesisch[])«[30], »in spanischem Stil«[31].

Den gemeinsamen Nenner dieser zum Teil divergenten Selbstbestimmungen könnte man so übersetzen: Civis Romanus sim. Indem sich Thomas Mann so zu präsentieren pflegte, dass er die Fremdheit seiner Mutter zur lateinischen oder romanischen, iberischen oder portugiesischen Seite hin festlegte, konsolidierte er seine abendländische Identität. Denn solches so oder so römisches hieß jedenfalls immer auch und immer schon europäisches Blut zu haben – und nur europäisches oder doch, wenn man nämlich die bunte Gemischtheit des portugiesischen Bluts mit berücksichtigt, ziemlich europäisches.

Nur insofern, als, und nur deshalb, weil der Autor seiner eigenen Fremdheit diesen sozusagen minimalen Sinn zu geben wusste, hätte der Klaus Heinrich der früheren Fassung mit ihm sein fremdes Blut geteilt. Gleichwohl hätte die Fremdheit

---

[22] Vgl. Thomas Mann: *Bekenntnisse des Hochstaplers Felix Krull*, in: Ders.: *Gesammelte Werke in dreizehn Bänden*, Bd. VII: *Der Erwählte / Bekenntnisse des Hochstaplers Felix Krull*, Frankfurt a. M. [2]1974, S. 263-661, hier: S. 531-533, 607.

[23] Vgl. Elsaghe: Die imaginäre Nation, S. 309 f.

[24] Vgl. den Brief vom 29. Juni 1939 an Agnes E. Meyer, in: Thomas Mann: *Briefe*, hg. von Erika Mann, Frankfurt a. M. 1961-1965, hier: *Briefe 1937-1947*, S. 100-102, hier: S. 100 f.

[25] Brief vom 8. Juli 1903 an Vilhelm Andersen; in: Thomas Mann: GKFA, Bd. 21: *Briefe I. 1889-1913*, Frankfurt a. M. 2002, S. 232 f., hier: S. 232.

[26] Thomas Mann: »Lebensabriß«, in: Ders.: GW, Bd. XI: *Reden und Aufsätze 3*, Frankfurt a. M. [2]1974, S. 98-144, hier: S. 98; Thomas Mann: »[Lebenslauf 1930]«, in: Ders.: GW, Bd. XI, S. 413-417, hier: S. 413; Thomas Mann: »[Lebenslauf 1936]«, in: Ders.: GW, Bd. XI, S. 450-456, hier: S. 451.

[27] Mann: Lebensabriß, S. 98; Mann: [Lebenslauf 1936], S. 451.

[28] Ebd.

[29] Thomas Mann: »Bericht über meinen Bruder«, in: Ders.: GW, Bd. XI, S. 476-480, hier: S. 479; Thomas Mann: »[An die Redaktion der ›Staatsbürgerzeitung‹, Berlin]«, in: Ders.: GW, Bd. XI, S. 730 f., hier: S. 731; Thomas Mann: »[Zur jüdischen Frage]«, in: Ders.: GW, Bd. XIII: *Nachträge*, Frankfurt a. M. [2]1974, S. 466-475, hier: S. 473.

[30] Mann: [An die Redaktion der ›Staatsbürgerzeitung‹, Berlin], S. 731.

[31] Brief vom 29. Juni 1939 an Agnes E. Meyer, S. 101. Zur besonderen Hochschätzung und Aufwertung des ›spanischen Stils‹ seit der Zwischenkriegszeit vgl. Arno Gimber: »Spanien in der Europadiskussion zwischen den beiden Weltkriegen: Curtius, Keyserling und Vossler«, in: Franciszek Grucza (Hg.): *Akten des XII. Internationalen Germanistenkongresses Warschau 2010* [i. Dr.].

auch solchen Bluts noch eine gewisse Minderung dieses familienromantisch idealen alter ego bedeutet. Das eben zeigt, wenn sonst nichts, der bloße Umstand, dass Thomas Mann es aus dessen Merkmalssatz schließlich doch entfernte. Entfernt hat er es freilich nur, um es an anderer Stelle wiederauftauchen zu lassen.

Das eigentümliche Merkmal teilte er endlich nicht dem Ideal-Ich seiner selbst, nicht dem Protagonisten des Liebesmärchens, sondern dessen Deuteragonistin zu. Das allererste, was die Leserschaft und was auch der Protagonist selber von Imma Spoelmann zu wissen bekommt, von ihrer und der Sonderbarkeit ihrer Genealogie, besteht in einer genau einschlägigen Information:

> Jawohl, Ditlinde, seine [scil. Samuel Spoelmanns] Frau ist tot, aber er hat eine Tochter, Miß Spoelmann, und die bringt er mit. Ein sonderbares Mädchen, nach allem, was ich gelesen habe. Er selbst ist ja schon ein sujet mixte, denn sein Vater holte sich seine Frau aus dem Süden, – kreolisches Blut, eine Person mit deutschem Vater und eingeborener Mutter. Aber Samuel heiratete dann wieder eine Deutsch-Amerikanerin mit halbenglischem Blut, und deren Tochter ist nun Miß Spoelmann. (S. 168)[32]

Aus dieser Ahnentafel scheint Samuel Spoelmann als Dreiviertelgermane hervorzugehen und »Miß Spoelmann« summa summarum immerhin noch als mehr denn halbe Deutsche und fast wieder reine Germanin. Ihr »eingeboren[]«-»kreolisches Blut« jedenfalls beläuft sich darin quantitativ allerhöchstens auf einen Achtel ihrer ›Mixtur‹. Qualitativ aber erscheint dieses Blut in einem anderen Sinn als anderwärts bei Thomas Mann, in den direkt autobiographischen Selbstbeschreibungen des Autors. Das Blut »aus dem Süden« hat im Stammbaum der Spoelmanns einen ungleich heikleren Sinn als den, den dieser Autor dem Attribut ›kreolisch‹ überall dort verlieh, wo er von seiner eigenen »Blutmischung«[33] sprach, wo er diese auf eine römische Identität hin definierte und wo er so den Verdacht unterband oder zu unterbinden versuchte, selber mit außereuropäischem Blut geschlagen zu sein.

Die Möglichkeit solch eines Fremdeinschlusses wäre[34] und war auch seinerzeit[35] mit dem Terminus ›kreolisch‹ durchaus gegeben. Sie war es, wer weiß – aber

---

[32] Zur Lektüre, auf die sich die Zuträgerin nicht weniger als dreimal beruft (mutmaßlich E. E. Lehmanns »Einleitung« zur deutschen Ausgabe von Andrew Carnegies *Empire of Business*), vgl. Franziska Schößler: *Börsenfieber und Kaufrausch. Ökonomie, Judentum und Weiblichkeit bei Theodor Fontane, Heinrich Mann, Thomas Mann, Arthur Schnitzler und Émile Zola*, Bielefeld 2009, S. 146.

[33] Thomas Mann: »Vom Beruf des deutschen Schriftstellers in unserer Zeit. Ansprache an den Bruder«, in: Ders.: GW, Bd. X: *Reden und Aufsätze 2*, Frankfurt a. M. ^{2}1974, S. 306-315, hier: S. 309; ders.: [An die Redaktion der ›Staatsbürgerzeitung‹, Berlin], S. 731.

[34] Vgl. Gerhard Wahrig (Hg.): *Deutsches Wörterbuch [...]*, Gütersloh 1991, Sp. 2247, s. v. ›Kreole‹; Günther Drosdowski (Hg.): *Duden. Das große Wörterbuch der deutschen Sprache*, Bd. 4, Mannheim u. a. 1978, S. 1579, s. v. ›Kreole‹; ders. (Hg.): *Duden. Fremdwörterbuch*, Mannheim u. a. ^{6}1997, S. 453, s. v. ›Kreole‹.

[35] Vgl. Elsaghe: Die imaginäre Nation, S. 353 f., 415 f.; vs. Todd Kontje: *Thomas Mann's World. Empire, Race, and the Jewish Question*, Ann Arbor 2011, S. 62, mit dem erneuten Hinweis darauf, dass sich Thomas Mann in den Notizen zum Roman Definitionen von »Kreole«, »Mestize« und »Farbige« eigens aufschrieb; allerdings ohne Reflexion darüber, dass solche Notate selbst schon, durch ihre schiere Notwendigkeit, die Unsicherheit des zeitgenössischen Sprachgebrauchs zu belegen scheinen.

wer *möchte* dergleichen noch wissen –, auch im Fall der Gebrüder Mann.[36] Im Fall der Spoelmanns jedenfalls bedeutet das »kreolische[] Blut«, das Samuels »eingeborene[] Mutter« in die Familie einbrachte, unzweifelhaft und ausdrücklich »indianische[s] Blut!« (S. 291) Und als solches »bedeutet« es, »dort drüben« wenigstens, »einen schweren Makel« (ebd.). Das wird einem schon an der zweiten Stelle zu verstehen gegeben, wo »dies merkwürdige Blutgemisch von einem Mädchen« zum Thema wird, bei der Paraphrase dessen, was die einheimische Presse darüber verbreitet:

> Damals und dort hatte Spoelmann der Ältere sich vermählt, – und der »Eilbote« ließ eine Bemerkung darüber einfließen, daß er es trotzigerweise und ohne Rücksicht auf dortzuland herrschende Vorurteile getan habe. [...]
> Samuel, sein einziger Sohn, erzeugt in jener zeitig geschlossenen und auf irgendeine Weise vorurteilswidrigen Ehe, war sein einziger Erbe gewesen, – [...].
> Aus Liebe und ganz ohne geschäftliche Rücksichten, erzählte der »Eilbote«, hatte er sich vermählt, – mit einem armen und schönen Mädchen, halb deutsch, halb angelsächsisch ihrer Abkunft nach. Sie war gestorben; aber sie hatte ihm eine Tochter zurückgelassen, dies merkwürdige Blutgemisch von einem Mädchen, das wir nun ebenfalls in unseren Mauern zu Gast hatten und das zur Zeit neunzehn Jahre alt war. Sie hieß Imma, – ein kerndeutscher Name, wie der »Eilbote« hinzufügte, nichts weiter als eine ältere Form von »Emma«: und leicht war denn auch zu bemerken, daß, wenn auch englische Brocken mit unterliefen, die tägliche Umgangssprache im Hause Spoelmann das Deutsche geblieben war. (S. 205-207)

II

Als er seinen Familienroman erfand, dünnte der »Dichter« also die Merkwürdigkeit seines »Blutgemisch[s]« schrittweise aus. Er beseitigte dessen Sonderbarkeit bis auf den letzten Rest aus der Genealogie seines Protagonisten und *alter* ego. In dessen endgültiger Gestalt tilgte er zuletzt auch noch die leiseste Andeutung seines eigenen ›Bluts‹. Mit der Tilgung einer Herkunft aus »Portugal...« entzog er der im Zug dieser Umschrift auch erst so benannten Großherzogin Dorothea genau die Abstammung, auf die er das »kreolische[]« Blut seiner eigenen Mutter und seiner selbst einzuengen pflegte. Und erst recht und von allem Anfang an hielt er von der ›Geburt des Helden‹ »einen solchen Makel« (S. 291) fern, den »kreolisches Blut« in der ganzen Bedeutungsbreite des Terminus auch für ihn selber mit sich bringen konnte und jedenfalls für die Spoelmanns tatsächlich mit sich bringt. – Zu fragen bliebe natürlich, warum der »Makel« ausgerechnet hier wieder auftaucht, bei den Spoel*manns*. (So, mit geminiertem Endkonsonanten, »Spoelma*nn*«[37], und nicht mehr korrekt anglisierend wie in den ersten Vorabdrucken, »Spoelman«, schreiben sie sich konsequent erst wieder seit der Buchausgabe.[38])

---

[36] Vgl. Roland Reichen: *»Der Antisemitismus und seine Heilung«? Zur Judenfeindschaft in Heinrich Manns Romanen* [i. Dr.].
[37] Mann: Königliche Hoheit, Bd. 4.2, S. 521 (Hervorh. im Original).
[38] Ebd., S. 87.

Weshalb das auffällige und ausgefallene Merkmal just an der Gestalt sozusagen der Märchenprinzessin erscheint, die den solitären Helden gewissermaßen zur Zweisamkeit erlöst, ließe sich literaturpsychologisch schnell beantworten. Denn dass ein prominentes Attribut der eigenen Mutter an der Braut und Frau des eigenen alter ego wiederkehrt, wäre selbstverständlich ein in der klassischen Analyse leicht gelöstes Problem. Oder vielmehr wäre es überhaupt kein Problem; sondern es fiele geradezu unter die prachtexemplarischen Bestätigungen, die die Freudsche Theorie in Thomas Manns Erzählwerk erfährt. Um von den offensichtlichsten Beispielen zu schweigen, von Ruben und »seines Vaters [...] Lieblingsfrau« in den *Geschichten Jaakobs*[39] oder vom *Erwählten*, mit dem Thomas Mann eine mittelalterliche, wie er sich im Kommentar seiner Ausgabe eigens anstrich: »Nachbildung der Geschichte des Oedipus«[40] aufgriff und verballhornte – nicht viel anders als Adrian Leverkühn in »dem eigentlichen Kernstück«[41] seines Puppenspiels *Gesta Romanorum* –: Auch Ken Keaton oder dieser Adrian Leverkühn oder noch der späte Felix Krull leiden an schweren Ödipus-Komplexen (oder ›leiden‹ vielleicht auch nicht daran).

Ken Keaton in der *Betrogenen* ›erobert‹[42] mit Rosalie alias Anna von Tümmler eine Frau, welche altersmäßig gut und gerne seine Mutter sein könnte. So oder ähnlich sagt es Rosalies Tochter Anna[43] (auf die dieser legendarisch-christlich mütterliche Name im Zug der – mythopoetisch motivierten[44] – Umbenennung ihrer Mutter überwechselte). Adrian Leverkühn, ein ewiger Muttersohn[45] und obendrein mit christushaften Zügen versehen, also zu *dem* Sohn der christlich-abendländischen Kultur schlechthin stilisiert, sucht die Ehe mit einer Frau, die für ihr Teil den hierzu exakt komplementären Mutternamen dieser Kultur trägt, *Marie* Godeau. (So oder fast so – trotz des westschweizerischen Ambiente und der französischen Dialoge –, nach der *noch* durchsichtigeren Form des Namens, »Mari*a*«, heißt sehr bemerkenswerterweise in Jean-Claude Guiguets Verfilmung auch die Protagonistin der *Betrogenen* respektive des *Mirage*.) Marie Godeaus »Gesangsstimme, ein ›*Mater*ial‹ zweifellos«, ist »nach Lage und Farbe der Stimme Elsbeth Leverkühns nicht nur ähnlich«. Vielmehr, »um genau zu sein«, gleicht sie dieser »Stimme von Adrians Mutter« buchstäblich und »wirklich« bis zur völligen Identität.[46]

---

[39] Thomas Mann: *Joseph und seine Brüder I*, in: Ders.: GW, Bd. IV, S. 85. Vgl. Jan Assmann: »Mythos und Psychologie in Thomas Manns Josephsromanen«, in: *Jahrbuch für Literatur und Psychoanalyse* [i. Dr.].
[40] Johann Georg Theodor Gräße: [Kommentar zu:] *Gesta Romanorum. Das älteste Mährchen- und Legendenbuch des christlichen Mittelalters [...]*, Leipzig ^{3}1905, Bd. 2, S. 264.
[41] Thomas Mann: *Doktor Faustus*, in: Ders.: GKFA, Bd. 10.1, Frankfurt a. M. 2007, S. 461.
[42] Thomas Mann: »Die Betrogene«, in: Ders.: GW, Bd. VIII: *Erzählungen*, Frankfurt a. M. ^{2}1974, S. 877-950, hier: S. 932.
[43] Vgl. ebd., S. 919, 924.
[44] Vgl. Yahya Elsaghe: »›Vom Moschusgeruch des Exkrementhaufens‹. Mythos und Ideologie in Thomas Manns *Die Betrogene*«, in: *Deutsche Vierteljahrsschrift für Literaturwissenschaft und Geistesgeschichte* 73.4 (1999), S. 692-709, hier: S. 692.
[45] Vgl. Yahya Elsaghe: »›Gute Augen, [...] gute Rasse‹. Zur Aufwertung des Schweizer-Stereotyps in Thomas Manns Spätwerk«, in: *German Quarterly* 74.3 (2001), S. 278-293, hier: S. 288.
[46] Mann: Doktor Faustus, S. 609 (Hervorh. Y. E).

Felix Krull endlich, der seinerseits, wenn auch nur noch parodistisch, auf den Heiland zurückweist,[47] lässt sich in den späten Kapiteln und an den exponierten Stellen des Fragments für sein Teil vorzugsweise mit ›bedeutend‹ älteren Frauen ein. In Paris, am Ende des Zweiten Buchs, schläft er mit Diane Houpflé und am Ende des Dritten und letzten mit Maria Pia Kuckuck, der Frau seines väterlichen Mentors, die hierin zumindest von fern an die Mut-em-enet der Josephsromane erinnert. Wie deren versuchter Ehebruch mit Joseph im Pharaonenreich situiert war, das Ausnahmen vom Inzestverbot eigens vorsah, so findet Donna Maria Pias vollendeter Ehebruch mit Krull in Lissabon und damit in einem Land statt, das in mehr denn einer Hinsicht als Reich der Mütter und der Mutter erscheint: Aus »Portugal…« sollen ja die mütterlichen Vorfahren des Autors gekommen sein und hätte dem gemäß in *Königliche Hoheit* die Mutter seines alter ego einmal kommen sollen, »Maria (da Gloria, Prinzessin von Portugal)«. Und »Portugal…« hat er in den letzten *Krull*-Kapiteln, vor allem über etliche Reminiszenzen an Johann Jakob Bachofen, regelrecht zu einer Gynaikokratie empor- oder hinabstilisiert, in der Inzesttabu und vaterrechtliche Ehe per se noch keine oder keine Geltung mehr haben.[48] Hierher gehört Maria Pias Vorname, gehören ihre Vornamen, die sie mit der Landesmutter des Handlungsorts teilt, Maria Pia von Savoyen, und die ausgerechnet bei Gelegenheit des quasi inzestuösen Ehebruchs auf den einen, eben exquisit mütterlichen gekürzt werden: »Maria!«[49] ›lautet‹ Krulls letztes Wort oder der letzte Schrei seiner *Bekenntnisse.*

Aber obwohl oder gerade weil solche späten Konstellationen so schulbeispielhaft der Freudschen Ödipus-Theorie entsprechen, tragen sie eigentlich nichts Stichhaltiges zu deren Verifikation bei. Statt einem genuin psychoanalytischen kann ihnen auch lediglich ein rein quellenkritischer und rezeptionsgeschichtlicher Erkenntniswert zukommen. Möglicherweise bezeugen sie alle nur eine schon hinlänglich etablierte Tatsache, dass nämlich und wie gründlich der spätere Thomas Mann seinen Freud gekannt haben muss.

Denn ganz gleichgültig, wo genau man den terminus ante quem der dann lebenslangen Faszinationsgeschichte[50] ansetzt – ob schon bei den intertextuellen Anspielungen des *Tods in Venedig*[51] oder erst beim *Zauberberg*, in dem »Seelenzergliederung«[52] ja selber zum Thema wird –: Auf jeden Fall ging Thomas Manns Rezeption der Psychoanalyse den gegebenen Beispielen des Spätwerks samt und sonders bei sehr weitem voraus, dem *Joseph*, dem *Erwählten*, der *Betrogenen*, dem *Doktor Faustus*, den Pariser und den Lissabonner Kapiteln der *Bekenntnisse des Hochstaplers Felix Krull.* Nicht umsonst wird denn bei mehr als nur einem dieser

---

[47] Vgl. Yahya Elsaghe: »Hoc signo felix. Religion und ›Urreligion‹ in den *Bekenntnissen des Hochstaplers Felix Krull*«, in: Thomas Sprecher (Hg.): *Der ungläubige Thomas. Zur Religion in Thomas Manns Romanen*, Frankfurt a. M. [i. Dr.].

[48] Vgl. Yahya Elsaghe: *Krankheit und Matriarchat. Thomas Manns »Betrogene« im Kontext*, Berlin / New York 2010, S. 295-297.

[49] Mann: Bekenntnisse des Hochstaplers Felix Krull, S. 661.

[50] Vgl. Hans Wysling: *Narzißmus und illusionäre Existenzform. Zu den »Bekenntnissen des Hochstaplers Felix Krull«*, Bern / München 1982, S. 223-238.

[51] Vgl. Manfred Dierks: »Der Wahn und die Träume in *Der Tod in Venedig*. Thomas Manns folgenreiche Freud-Lektüre im Jahr 1911«, in: *Psyche* 44.3 (1990), S. 240-267.

[52] Thomas Mann: *Der Zauberberg*, in: Ders.: GKFA, Bd. 5.1, Frankfurt a. M. 2002, S. 20 f., 140, 198, 555, 990.

Beispiele das psychoanalytische Interpretament gleich ausgedeutscht und in solcher Explizität gleich mitgeliefert.

Diane Houpflé unternimmt es selber, psychologisch zu motivieren, was sie ihre »Verkehrtheit« nennt; eine natürlich ohne weiteres als solche durchschaubare Lehnübersetzung des sexualpathologischen terminus technicus. Zu diesem Zweck zieht sie, etwas gar hausbacken vielleicht, ihre Kinderlosigkeit heran. Sie vermutet hinter oder unter ihrer päderastischen Perversion eine, wie sie fein doppeldeutig sagt: »versetzte Mutterliebe«.[53]

Ebenso oder ungefähr so psychologisiert in der *Betrogenen* Anna von Tümmler, die auch hierin, wie etwa schon in *Unordnung und frühes Leid* Inge Cornelius,[54] ganz das intellektuelle Niveau ihrer Zeit hält. Indem sie ihrerseits so etwas wie einen Iokaste-Komplex stipuliert, erklärt sie sich und ihrer Mutter deren Leidenschaft für einen Mann, der ihr »Sohn sein könnte«[55]. Diese Analyse pro domo hätte in einer handschriftlich erhaltenen Version der Novelle obendrein noch ratifiziert werden sollen. Dort hatte die so Analysierte das psychologische Argument ihrer Tochter eigens auf- und also angenommen; so allerdings, dass sie es auf die Psyche des Begehrten hin ausspann und es damit auf die klassische Form des Ödipus-Komplexes zurückbog:

> Hast du mir nicht selbst von der Vielartigkeit der Liebe gesprochen und davon, daß sie ein Name sei für Vieles? Daß Mutterliebe zum Sohn recht anders gefärbt sein könne, als die zu einer Tochter? Nun, wenn meine Ergriffenheit von dieser Sohnesgestalt ein Beispiel dafür ist, wie der Unterschied der Jahre mütterliche Gefühle mischt in die Leidenschaft – warum sollte er nicht eines abgeben für das Heimverlangen junger Männlichkeit nach dem Mütterlichen?[56]

In *Königliche Hoheit* dagegen, obwohl es ja auch hier nicht an einer jungen Frau vom Schlag einer Inge Cornelius oder Anna von Tümmler fehlte, die sich am ›cutting edge‹ der zeitgenössischen Wissenschaft bewegt, suchte man nach solchen Figurenreden völlig vergebens. Auch der ziemlich allwissende, oft innensichtige und zuweilen vorausweisende Erzähler gibt trotz seiner so umfassenden Informiertheit nirgends, aber auch gar nirgends zu verstehen, dass er die zu seiner Zeit ja noch ganz junge Psychoanalyse zur Kenntnis genommen hätte. Er bestätigt damit ex negativo, was bisher zu deren Rezeptionsgeschichte an Forschungsresultaten vorliegt. Aller erbringbaren Evidenz nach scheint Thomas Mann die »Seelenzergliederung« eben, wie sehr sie seinerzeit auch in der Luft gelegen haben mochte[57], allerfrühestens im Umkreis des *Tods in Venedig* rezipiert zu haben; und auch dieses, unter allen plausibilisierbaren termini ante quos früheste Datum läge zwar nur ganz wenige, aber offenbar doch entscheidende Jahre hinter dem Abschluss seiner Arbeit an *Königliche Hoheit*.

---

[53] Mann: Bekenntnisse des Hochstaplers Felix Krull, S. 445.

[54] Vgl. ebd.; Thomas Mann: »Unordnung und frühes Leid«, in: Ders.: GW, Bd. VIII, S. 618-657, hier: S. 620, 623.

[55] Mann: Die Betrogene, S. 919, 924.

[56] Thomas Mann: *Tagebücher*, hg. von Peter de Mendelssohn / Inge Jens, Frankfurt a. M. 1977-1995, hier: *Tagebücher 1953-1955*, S. 803 [Dokumente].

[57] Vgl. den Brief vom 27. Januar 1944 an Frederick Hoffman (Thomas Mann-Archiv).

Wenn in *Königliche Hoheit* daher das alter ego des Autors eine Frau begehrt, die dessen Mutter signifikant gleicht, dann hat das daraus sich ableitende Argument eine unvergleichlich schwerere Wucht als ähnliche Konfigurationen in Thomas Manns jüngeren Romanen und Novellen. Diesem einen Roman, mit anderen Worten, seiner ödipaltheoretisch beschreib- und erklärbaren Konfiguration, kommt so gesehen ein für die psychoanalytisch informierte Literaturwissenschaft einmaliger Erkenntniswert zu. Seine analytische Subsumierbarkeit gerät nicht immer schon unter den Verdacht, lediglich einen Rezeptionszusammenhang abzubilden und damit wenig oder gar keine Rückschlüsse auf die Griffigkeit und Tauglichkeit der Theorie vom Ödipus-Komplex zuzulassen; und bestehe das für diese Theorie Relevante auch nur darin, dass ein spezifisch mütterliches Element, hier die kreolische Abstammung der Mutter, im Merkmalssatz der begehrten Frau wiederauftaucht.

III

Unbeschadet ihrer ödipaltheoretischen Beschreib- und Erklärbarkeit scheint die spezifische Alterität der Deuteragonistin auch noch in weiterer Hinsicht der Logik eines Familienromans zu gehorchen, wenn anders diese darin besteht, biographische Fakten in optimam oder in meliorem partem zu manipulieren. Welche autobiographischen Fakten für das eigentliche, das Liebes- oder Erlösungsmärchen der *Königlichen Hoheit* die Vorgaben bildeten, liegt auf der Hand. Um die markanten Merkmale der Braut beziehungsweise der Bräute einmal beiseite zu lassen, den mit diesen je angeheirateten Reichtum, das ›abgehobene‹[58], für Frauen seinerzeit ausgefallene Studienfach oder die besonderen Modalitäten, unter denen ›er‹ ›sie‹ erstmals zu Gesicht bekommt – während sie sich nämlich uniformierten Repräsentanten der Staatsmacht widersetzt (wie einst eine dem Autor noch unbekannte »Furie« einem Münchner Trambahnschaffner[59]) –: Im Nachlass befindet sich, unter den Arbeitsmaterialien »(Mit Beziehung auf ›Kgl. Hoheit‹)«, ein Konvolut mit Exzerpten aus den Briefen, die Thomas Mann in den Wochen und Monaten vor seiner Verlobung an die auch so Umworbene geschrieben hatte und die er bei der Arbeit am Roman dann offenbar ganz gezielt benutzte, ausschlachtete.[60]

In Imma Spoelmann haben die Leser ganz offensichtlich, sehr offensichtlich Katia Mann geb. Pringsheim wiederzuerkennen, die ihr Bräutigam in spe von den ersten erhaltenen Zeugnissen an[61] ins Fiktionale hinüberspielte, genauer ins Fluidum des Märchen- oder Opernhaften, namentlich des Wagnerianischen[62] tauchte. (Eine

---

[58] Vgl. Schößler: Börsenfieber und Kaufrausch, S. 136-140.

[59] Katia Mann: *Meine ungeschriebenen Memoiren*, hg. von Elisabeth Plessen / Michael Mann, Frankfurt a. M. 1974, S. 21.

[60] Mann: Königliche Hoheit, Bd. 4.2, S. 575-586.

[61] Vgl. z. B. den Brief vom 27. Februar 1904 an Heinrich Mann, in: Mann: Briefe I. 1889-1913, S. 268-273, hier: S. 270.

[62] Vgl. z. B. Thomas Mann: »Im Spiegel«, in: Ders.: GKFA, Bd. 14.1: *Essays I. 1893-1914*, Frankfurt a. M. 2002, S. 181-184, hier: S. 183; mit Richard Wagner: »Das Rheingold«, in: Ders.: *Sämtliche Schriften und Dichtungen. Volks-Ausgabe*, Bd. 6, Leipzig ^{6}o. J., S. 199-268, hier: S. 264 f.; freundlicher Hinweis von Hans Rudolf Vaget, Northampton (Mass.), vom 30. Mai 2001 (vs. Tho-

Oper ist es im Roman auch, die in einer Art mise en abîme dem angehenden Freier den Ort und die Gelegenheit bietet, seine Märchenbraut ein zweites Mal zu sehen und zum ersten Mal eingehend zu mustern. [Vgl. S. 224]) Als Thomas Mann seinen, und das hieß jetzt eben zugleich auch einen Familienroman Katia Pringsheims dann fortphantasierte, bearbeitete er kontinuierlich ein Problem, das mit deren Herkunft seinerzeit zwangsläufig gegeben war. An dieser Gegebenheit lassen nur schon die zeitgenössischen Reaktionen auf seine Ehe keinen Zweifel. Erst dieser und später auch der Heirat Heinrich Manns verdankten nämlich völkisch gesinnte Literaten wie Adolf Bartels oder Otto Schmidt-Gibichenfels die einzige unbestreitbare Option, die Gebrüder der jüdischen oder doch ›verjudeten‹ Hälfte ihres manichäischen Weltbilds zuzuordnen.

Den Makel einer jüdischen ›Mischehe‹, wie sie dreißig Jahre später genannt und als solche verboten worden wäre, hat Thomas Mann während seiner Arbeit an seinem Familienroman sukzessive beseitigt. Oder genauer gesagt ersetzte er ihn. Ersetzt hat er diesen Makel durch einen offenbar entschieden geringeren, denselben, den die eigene Mutter des Autors wenigstens potentiell trug und der einst beim familienromantischen Phantasma einer Großherzogin aus »Portugal...« nach der harmloseren Seite hin sublimiert worden war.

Wie an der mütterlichen Herkunft des Protagonisten, deren portugiesischen Einschluss er endlich retouchierte beziehungsweise durch das Gerücht eines slawischen überschrieb, kann man bei einer textkritischen und konzeptionsgeschichtlichen Ausfaltung seines Romans förmlich in actu beobachten, wie Thomas Mann auch das jüdische Stigma in der Genealogie der Deuteragonistin sanierte. Dabei ist diese etwas kompliziertere Sanierung jedoch nicht ohne letzte Reste geglückt. Einen solchen Rest darf man vielleicht schon in jener Presseparaphrase vermuten, der zufolge »Imma« ein gutdeutscher Name sei.[63] Hierauf so sehr zu insistieren, wäre bei einem Dreiviertelgermanen von Vater ja eigentlich nicht unbedingt nötig; es sei denn, man zöge dessen, wie das damals hieß: Deutschtum in Zweifel und entsönne sich dabei nebenher noch an die auch in Thomas Manns Erzählwerk bestens belegte Praxis, solchen Zweifeln mit schlechterdings hypergermanischen Vornamen zu begegnen: *Kunigunde* Rosenstiel[64], *Edhin* Krokowski[65], *Hermann* Hagenström[66], *Detlev* Spinell[67], *Erwin* Jimmerthal[68], *Kunz* und *Märit*, *Siegmund* und *Sieglind* Aarenhold[69].

mas Mann: »Im Spiegel«, in: Ders.: GKFA, Bd. 14.2: *Essays I. 1893-1914*, Frankfurt a. M. 2002, S. 240-249, hier: S. 240 f.).

[63] Vgl. zur weiteren Bedeutsamkeit des Namens Elsaghe: Die imaginäre Nation, S. 312-314.

[64] Vgl. Yahya Elsaghe: »Die ›kaufmännischen Und-Zeichen‹ der ›Geschäftsmaschine‹. Zur Überwindung rassenbiologischer Antisemitismen in Thomas Manns Spätwerk«, in: *Colloquia Germanica* 33.4 (2000), S. 349-365.

[65] Vgl. Yahya Elsaghe: »›Edhin Krokowski aus Linde bei Pinne, Provinz Posen.‹ Judentum und Antisemitismus im *Zauberberg* und seiner Vorgeschichte«, in: *Monatshefte für deutschsprachige Literatur und Kultur* 101.1 (2009), S. 56-72.

[66] Vgl. Elsaghe: Die imaginäre Nation, S. 121 f., 195 f.

[67] Vgl. Yahya Elsaghe: »Racial Discourse and Graphology around 1900. Thomas Mann's *Tristan*«, in: *Germanic Review* 80.3 (2005), S. 213-227.

Wie dem aber auch sei und ob dem Vornamen Imma Spoelmanns eine solche Signifikanz zukommt oder doch eher nicht: Signifikant jedenfalls ist der Vorname oder sind die Vorname*n* ihres Vaters, Samuel N. Spoelmanns (wie übrigens auch dessen mythopoetische Stilisierung zu einer Alberich-Figur[70]). Wie Dietz Bering gezeigt hat, indem er die Namensfluchten im Deutschen Reich statistisch auswertete, muss der Vorname »Samuel« zur Zeit, als Spoelmann so heißen sollte, einem erheblichen Druck ausgesetzt gewesen sein.[71] Er trug offenbar eine stark jüdische Markierung. Dasselbe gilt mutatis mutandis für Spoelmanns anderen Vornamen beziehungsweise für die Abkürzung, hinter der er diesen verbirgt oder zu verstecken mindestens beabsichtigt.

Die Bedeutung und Funktion des ›middle initial‹ erschöpft sich hier nämlich nicht darin, US-Amerikanizität des Namensträgers anzuzeigen. Sondern die Initiale »N.« gibt ihre volle Bedeutung erst frei, wenn man sie aus dem Kontext der *deutschen* Gesellschafts- und Rechtsgeschichte versteht. Nicht umsonst finden sich Abkürzungen solcher oder ähnlicher Art im zeitgenössischen Umfeld und Œuvre Thomas Manns auch dort, wo ihnen jede Beziehung zum Amerikanischen oder allgemein Angelsächsischen abgeht (wie eine etwa bei »A. C. Klöterjahn u. Comp.«[72] vorhanden wäre).

Als »S. Fischer« firmierte und firmiert noch immer der Verlag, in dem *Königliche Hoheit* wie auch schon Thomas Manns erster Roman erschien. Darin, in den *Buddenbrooks*, führt ein Bösewicht auf seiner Visitenkarte den Namen »B. Grünlich«. (»B.« wie »Bendix«, ein Gleichklang- und Übersetzungsname für ›Baruch‹, ›der Gesegnete‹.[73]) Ein anderer Unhold figurierte unter den Vorarbeiten zum Roman als »M. Hagenström«. (»M.« wie Moritz, ein Gleichklangname für ›Moses‹.[74]) Auf dieselbe Initiale sollte in der nächstjüngeren Buchpublikation des Autors, in jener Novelle des *Tristan*-Zyklus, die er in der Wiener *Zeit* vorabgedruckt hatte, der Vorname »von M. Blüthenzweig«[75] abgekürzt werden. Und das geradezu postalisch genau identifizierbare Modell des »Schönheitsgeschäftes von M. Blüthenzweig«[76], um wieder auf ›die leidigen Tatsachen‹ zurückzukommen, war ein »Kunst-Salon J. Lit-

---

[68] Vgl. Yahya Elsaghe: »›Moritz Ausspuckseles‹. Zur rechts- und sozialgeschichtlichen Interpretierbarkeit ›jüdischer‹ Namen in Thomas Manns Frühwerk«, in: *Deutsche Vierteljahrsschrift für Literaturwissenschaft und Geistesgeschichte* [i. Dr.].

[69] Vgl. Yahya Elsaghe: »›La Rosenstiel‹ and Her Ilk. Jewish Names in Thomas Mann. Ida Herz Lecture«, in: *Publications of the English Goethe Society* 80.1 (2011), S. 53-63, hier: S. 54 f.

[70] Vgl. Schößler: Börsenfieber und Kaufrausch, S. 153 (Anm. 64), mit Marc A. Weiner: *Richard Wagner and the Anti-Semitic Imagination*, Lincoln / London 1995, S. 144.

[71] Vgl. Dietz Bering: *Der Name als Stigma. Antisemitismus im deutschen Alltag 1812-1933*, Stuttgart 1987, S. 238.

[72] Thomas Mann: »Tristan«, in: Ders.: GKFA, Bd. 2.1: *Frühe Erzählungen. 1893-1912*, Frankfurt a. M. 2004, S. 319-371, hier: S. 321.

[73] Vgl. Bering: Der Name als Stigma, S. 58 f., 240, 416 (Anm. 35).

[74] Vgl. ebd., S. 238.

[75] Thomas Mann: »Gladius Dei«, in: Ders.: GKFA, Bd. 2.1, S. 222-242, hier: S. 224.

[76] Ebd.

tauer«[77] – für »Jakob Littauer«, wie sich dieser im privaten Teil des Münchener Adressbuchs ausschrieb.[78]

Die Differenz zur Abkürzung auf dessen ›yellow pages‹ und in firma lässt im übrigen darauf schließen – wie der ›Geschäfts‹-Name »M. Blüthenzweig« und die Visitenkarte B. Grünlichs, ein Firmenschild en miniature –, dass Abbreviaturen des Typs »S. Fischer« primär ökonomischen Zwecken dienten. Welcher Art Boykott sie vorzubauen versuchten, versteht sich von selbst. Sie sollten ganz offensichtlich antisemitisch motivierten Geschäftsschädigungen zuvorkommen. Sie passten sich so einem Reizklima an, das Bering anhand der Gesetzgebung und Rechtsprechung der Zeit anschaulich zu rekonstruieren vermochte.

Oder vielmehr *versuchten* sie, sich daran anzupassen; und das eben vergeblich. Denn statt der Diskriminierung zu entgehen, bereicherten sie die antisemitischen Spürgeister bloß um ein weiteres Feindbild, auf das sich deren Sensorien nur desto treffsicherer kaprizieren konnten. Dabei aber scheint kein Buchstabe heftigere Allergien ausgelöst zu haben als die Initiale, die Samuel N. Spoelmann mitten in seinem Namen führt. (»N.« wie ›Nathan‹, ein seinerzeit ganz offensichtlich für sein Teil unter Druck geratener Vorname.[79]) Das geht aus der antisemitischen Presse der Zeit unzweideutig hervor. Bei deren Auflistungen der »charakteristisch[en]«[80] und »äußerst charakteristisch[en]«[81] Abkürzungen, die nota bene nicht alphabetisch geordnet sind, erscheint Spoelmanns Namensinitiale je an erster Stelle – wobei auch die ihr folgenden, wie gerade gesehen, in Thomas Manns Erzählwerk und dessen Umfeld bestens belegt sind –: »N., S., B., D.«;[82] »N., S., B., D., J.«[83]

Spoelmanns ›middle initial‹ lässt sich mithin nicht nur als Index seiner Amerikanizität lesen (und in dieser Tradition einfach bloß als Erinnerung an den Mädchennamen der hier freilich ihrerseits schon suspekten Mutter). Sondern in einem bestimmten deutschen Kontext war ein so abgekürzter Name sehr geeignet, auf sich nur desto stärker aufmerksam zu machen. Er konnte, ja musste suggerieren, dass der sich so Schreibende etwas zu verheimlichen habe. Den dafür maßgeblichen Kontext bildeten die antisemitischen Obsessionen mit ›jüdischen‹ Namen, die Fluchtbewegungen aus solchen Namen, die juristischen Maßnahmen, solche Namensfluchten erst zu erschweren und sie endlich – darauf eben reagierten Abkürzungen als ›last resort‹ – vollkommen zu verhindern.

Bei dieser letzten Zuflucht ist es im Falle Spoelmanns aber nicht geblieben. Denn auch abgesehen davon und darüber hinaus hat Samuel N. Spoelmann oder seine Familie eine eigentliche Namensflucht ganz buchstäblich und mehrfach hinter sich. Spoelmann nämlich hieß nicht immer schon so (zum ersten Teil seines komponierten Nachnamens nach einem seinerzeit verstorbenen ›bibliomaniac‹, dem belgi-

---

[77] Vgl. Ernest M. Wolf: »Savonarola in München. Eine Analyse von Thomas Manns *Gladius Dei*«, in: *Euphorion* 64 (1970), S. 85-96, hier: S. 88 (Anm. 4).

[78] *Adreßbuch von München für das Jahr 1897*, München o. J., S. 292.

[79] Vgl. Bering: Der Name als Stigma, S. 239.

[80] Theodor Fritsch: *Antisemiten-Katechismus. Eine Zusammenstellung des wichtigsten Materials zum Verständniß der Judenfrage*, Leipzig [25]1893, S. 363.

[81] T.: »Änderung jüdischer Vornamen«, in: *Deutsch-Soziale Blätter*, 25. Juli 1895, S. 237.

[82] Fritsch: Antisemiten-Katechismus, S. 363.

[83] T.: Änderung jüdischer Vornamen.

schen Vicomte Charles Spoelberch de Lovenjoul. Dessen zweite Namenshälfte kam auf eine Frau aus Spoelmanns Entourage, die irre Gräfin Löwenjoul, die ehedem einfach »Die Baronin«[84], dann aber »Spoelberch«[85] hätte heißen sollen, bevor nämlich das erste Kompositionsglied dieses Namens auf die so erst *um*benannten Spoelmanns überging.)

Ursprünglich hieß »Samuel N. Spoelmann« einmal »Samuel Davis«. So notierte Thomas Mann den Namen auf einer *»Figuren«*-Liste, in deren ältester Textschicht, mit dunkler Tinte. Mit sehr deutlich hellerer Tinte, also nachträglich, fügte er die Initiale »N.« ein. Das ›middle initial‹ hängte er der Figur demnach zu einem Zeitpunkt an, da diese noch vorne *und* hinten einen typisch jüdischen Namen trug.

Denn dass »Davis« als solcher, als typisch jüdischer Name intendiert war, daran lässt schon die Geschichte keinen Zweifel, die der Name auf dieser Konzeptionsstufe noch ausdrücklich haben sollte. »Davis' Eltern« hätten den einschlägigen Notizen zufolge zwar »Deutsche« sein, nach Amerika auswandern, aber nicht so, »Davis«, sondern »eigentlich Davidsohn oder Davids« heißen sollen. Davis und »Davis' Eltern« hätten folglich als deutsche Juden ihrerseits eine Namensflucht durchgemacht. Geflohen wären sie aus einem der typisch jüdischen Väternamen, gebildet einerseits aus dem stigmatischen Namen ›David‹ – stigmatisch auch nur schon nach Ausweis jener in der antisemitischen Presse inkriminierten Abkürzung »D.« –, andererseits aus dem typischen Patronymialsuffix -›sohn‹. Dabei im übrigen hätte diese Schreibweise, *mit* ›h‹, besonders schweren Verdacht erregen müssen. Denn wie aus den von Bering studierten Akten hervorgeht, durfte eine solche Schreibung zur Zeit der Romanentstehung und -publikation nicht mehr ungestraft zu ›Davidson‹ verkürzt und beschönigt werden.[86] (Hierfür steht in Thomas Manns Notiz möglicherweise als Kürzel die sonst offenbar nicht belegbare Form »Davids«.)

Spoelmanns Vornamen sind also, summarisch gesagt, Fossilien einer älteren Konzeption. Nach dieser wäre die ›otherness‹ der Spoelmanns noch keine im prekärsten Sinn kreolische gewesen. Sie hätte auch nicht von fern an Thomas Manns eigene Mutter erinnert. Sondern die ödipaltheoretisch verstehbare Verlagerung der mütterlichen Fremdheit in den Merkmalssatz der Braut scheint erst faute de pire erfolgt zu sein. Die kreolische Exotik ersetzte eine seinerzeit zwar naheliegende und vergleichsweise viel vertrautere, aber nach Ausweis schon nur dieser Ersetzung doch auch entschieden bedenklichere Form von Alterität. Diese hätte noch haargenau derjenigen von Thomas Manns *Schwieger*eltern und eigener Braut entsprochen, die er in seinem literarischen Œuvre übrigens auch sonst ins Exotische verfremdete (und die er immerhin »Ecke [...] *Türken*straße« erstmals zu Gesicht bekommen hatte[87]): »Prinzessin des Ostens«, »Märchenosten! Traum vom Morgenland!« und dergleichen mehr steht unter der Überschrift *Vom Morgenlande* im *Gesang vom Kindchen.*[88]

---

[84] Mann: Königliche Hoheit, Bd. 4.2, S. 436-438.
[85] Ebd., S. 293.
[86] Vgl. Bering: Der Name als Stigma, S. 144 f.
[87] Katia Mann: Meine ungeschriebenen Memoiren, S. 21 (Hervorhebung Y. E.).
[88] Thomas Mann: »Gesang vom Kindchen. Idylle«, in: Ders.: GW, Bd. VIII, S. 1068-1101, hier: S. 1086, 1088.

IV

Das ungleich weniger exotische Judentum einer erfolgreich assimilierten Familie wurde im Lauf der Arbeit am Familienroman durch eine Form von Fremdheit überschrieben, die, geradeso oder ähnlich wie die frühere, jetzt aber bereinigte Genealogie der Großherzogin, eine Reminiszenz enthält an die Alterität Thomas Manns und seiner *Herkunfts*familie. Auf eine ex post unheimlich sprechende Weise wurde das Judentum so aus dem deutschen Familienroman ausgegrenzt. Zunächst verschwand es aus dem ›center stage‹ des Traumpaars und der Märchenheirat. Dann aber wurde es auch an der Peripherie noch immer stärker marginalisiert (um in jenen späten *Krull*-Kapiteln, wie in jedem nach 1945 konzipierten Werk des Autors, gar nirgends mehr vorzukommen).

Denn demselben Verdrängungsvorgang unterlag die Konzeptionsgeschichte auch einer Nebenfigur, des jetzt sogenannten Doktor Überbein. Dessen Somatonym gemahnt vermutlich nicht ganz von ungefähr an den Typ der jüdischen »Schimpf- und Ekelnamen«[89], wie er Thomas – und auch Heinrich[90] – Mann bestens vertraut war. (Auf einer Liste fiktiver Namen, die sich die Gebrüder früh und offenbar in ›teamwork‹ angelegt hatten, lautet beispielshalber ein Eintrag – nach einem »*S.* Büchermarkt Verlag« übrigens –: »Comerzienrat Moritz Ausspuckseles / aus Galizien / Wohnhaft Berlin W Thier/gartenstraße / Gemahlin geb. Ausgieße/les aus Frankfurt«.)

Was es mit dem Namen »Raoul Überbein« und mit seinem Träger auf sich hat, verrät bereits die Variante, in der dessen Tarnname in den Vorarbeiten und selbst noch in den Vorabdrucken erschien: »Raoul *Hutzel*bein«[91]. Das erste Glied dieses Geschlechts- hat fast schon die Form eines Klarnamens. Zusammen mit dem französischen prénom ist es durchsichtig auf eine notorische Persönlichkeit aus dem München der Jahrhundertwende. Es verweist auf einen Schwabinger Pädiater, Dr. Maurice Hutzler. Dessen Gesellschaftsleben berührte sich unmittelbar und überschnitt sich mehrfach mit demjenigen Thomas Manns. Hutzlers Stiefvater, Joseph Kainz, war mit Hedwig Dohm in *Romeo und Julia* aufgetreten; das heißt mit ›little grandma‹[92], der Großmutter Katia Pringsheims verh. Mann. Und vor allem verkehrte Hutzler im Salon Bernstein, wo Thomas Mann Hedwig Dohms Enkelin überhaupt kennenlernte[93] und der so gewissermaßen die faktengeschichtliche Basis des Famili enromans *Königliche Hoheit* mit zu legen half.

Maurice Hutzler und Elsa Bernstein geb. Porges sollen eine Liebesleidenschaft unterhalten oder sie vielmehr, um nämlich die Ehe der Bernsteins nicht zu gefährden, unterdrückt haben. So jedenfalls wollte es ein Münchner Stadtklatsch, den Ka-

---

[89] Thomas Mann: »Über Goethe's ›Faust‹«, in: Ders.: GW, Bd. IX: *Reden und Aufsätze 1*, Frankfurt a. M. ^{2}1974, S. 581-621, hier: S. 586.

[90] Vgl. Reichen: »Der Antisemitismus und seine Heilung«?

[91] Mann: Königliche Hoheit, Bd. 4.2, S. 260 f. (Hervorhebung Y. E.).

[92] Thomas Mann: »Little Grandma«, in: Ders.: GW, Bd. XI, S. 467-476.

[93] Vgl. Katia Mann: Meine ungeschriebenen Memoiren, S. 46 f.; Peter Haida: »Rosmer, Ernst«, in: Walther Killy (Hg.): *Literaturlexikon. Autoren und Werke deutscher Sprache*, Bd. 10, Gütersloh 1991, S. 22.

tia Mann überlieferte.[94] Dieser findet seine Bestätigung eventuell darin, dass in Elsa Bernsteins alias Ernst Rosmers literarischem Œuvre Dreiecksverhältnisse mehrfach wiederkehren; oder auch darin, dass nach Hutzlers Suizid – davon gleich mehr – jemand zu Protokoll gab: Er, Hutzler, »habe ihm privatim […] vieles gesagt, was eine Erklärung für sein Vorgehen geben könne. Der Tote könne ihn jedoch nicht von seiner Diskretion entbinden.«[95]

Schon das pikante Gerücht, das indes eben noch nicht einmal zu einem halben Skandal gedieh, lässt an Über- alias Hutzelbein denken. Es erinnert an Überbeins entsagungsvolle Liebe zu der einen, die »vielleicht« weint bei seinem Tod, deren Kinder er einst unterrichtet und mit der »er zuweilen Kasino« – soll heißen mit noch zwei weiteren Mitspielern und also ganz unverfänglich – »gespielt hatte« (S. 386). (Die dabei je nur sogenannte »weiße[] Frau« (S. 303 f.), wie der Name des »*Collie*-Hund[s]« »Perceval«, »englisch auszusprechen« (S. 208; Hervorh. Y. E.), müsste möglicherweise erst noch intertextuell, nämlich mit Wilkie Collins interpretiert werden.)

Damit aber längst nicht genug. Dr. Maurice Hutzler war seinerzeit Gegenstand nicht nur solch gewöhnlichen Klatschs, sondern auch eines veritablen Gesellschaftsskandals, der 1907 über Wochen und Monate die Münchner, ja die deutsche Presse beschäftigte. Hutzler stand im Zentrum der »ungeheuerlichen Skandalgeschichte«[96] um die in der Presse so genannten Vorgänge im Gisela-Kinderspital. Dieses, eine gemeinnützige Einrichtung für das Proletariat, hieß nach keiner Geringeren als der Schwiegertochter des Prinzregenten, seit[97] sie ihm aus einer wirtschaftlich prekären Situation herausgeholfen und das Protektorat über seinen Trägerverein übernommen hatte, um sich dann unmittelbar nach Hutzlers Tod[98] davon zurückzuziehen.

Gegründet hatten das Spital Rudolf Hecker und Joseph Trumpp, zwei Privatdozenten, unter denen Hutzler ehedem Assistent war. Dass sich ihre Gründung indessen aus bescheidenen Anfängen zu einer allgemein anerkannten »Musteranstalt«[99] entwickelte, war nach einhelliger, auch nach Meinung[100] seiner Gegner und wie selbst noch in seiner ehrengerichtlichen Aburteilung stehen sollte – auch davon gleich mehr –, »hauptsächlich« der »Arbeitskraft des Herrn Hutzler«[101] zu verdanken. So ging insbesondere die Einrichtung einer Säuglingsstation, eines Labors und

---

[94] Vgl. Katia Mann nach: Peter de Mendelssohn: *Der Zauberer. Das Leben des deutschen Schriftstellers Thomas Mann*, Frankfurt a. M. ^{2}1996, Bd. 2, S. 1191 f.

[95] Anonymus Bauer nach: Anonymus Nassauer: »Aus den ärztlichen Standesvereinen. Aerztlicher Bezirksverein München«, in: *Münchener Medizinische Wochenschrift* 54.18, 30. April 1907, S. 914-917, hier: S. 916.

[96] Anonymus Wacker nach: Nassauer: Aus den ärztlichen Standesvereinen, S. 916.

[97] Vgl. R. Hecker / J. Trumpp: o. T., München 1907, S. 2.

[98] Vgl. *Rechenschafts-Bericht für das Jahr 1907 über die Tätigkeit des Gisela-Kinderspital-Vereins München (E. V.) und des Gisela-Kinderspitals München*, München o. J., S. 4; Anonymus Ansprenger: *Bericht des bürgerlichen Magistratsrats […] über die Verhältnisse im Gisela-Kinderspital seit der Gründung bis zum heutigen Tage*, München 1907, S. 21 (Stadtarchiv München).

[99] *Rechenschafts-Bericht für das Jahr 1906 über die Tätigkeit des Gisela-Kinderspital-Vereins München (E. V.) und des Gisela-Kinderspitals München*, München o. J., S. 3.

[100] Vgl. Ansprenger: Bericht des bürgerlichen Magistratsrats, S. 14.

[101] Anonymus Kastl nach: [Maurice] Hutzler: *An das Schieds- (Ehren-) Gericht des ärztlichen Bezirksvereins München*, München 1907, S. 6.

einer immer wieder[102] erwähnten Milchküche auf seinen Einsatz und die Anregungen einer längeren Studienreise zurück, die er in andere deutsche Großstädte unternommen hatte.[103]

Trotzdem oder vielleicht auch gerade deswegen gab es zwischen den Gründern und ihrem jüngeren Kollegen bald einmal Spannungen, die zunächst freilich intra muros blieben. Zum Eklat kam es erst, nachdem Hutzler die Spitalleitung übernommen hatte, nach mündlicher Absprache[104] offenbar als primus inter pares, nach Ansicht der beiden anderen pares aber »vollständig als der *alleinige* Herr des Spitals«[105]. Nachdem sich der Vereinsvorstand auf Hutzlers Seite gestellt hatte, gelangten sie an den Ärztlichen Bezirksverein München. Dieser setzte ein Schieds- oder Ehrengericht ein. Es entschied endlich gegen Hutzler. In seinem Urteil, das später publik werden sollte, auch durch Thomas Manns eigene Tageszeitung, sprach es den Beschuldigten nicht nur »eines schweren Verstosses gegen die kollegialen Standespflichten schuldig«[106]. Es befand darüber weit hinaus, »Herr Hutzler« habe »auch nach allgemein bürgerlichen Begriffen Treu und Glauben verletzt«.[107]

Dagegen setzte sich der Verurteilte mit einer Broschüre zur Wehr, die er an die Münchner Ärzteschaft verschickte; worauf wiederum Hecker und Trumpp mit einer eigenen replizierten. (Dadurch erst kamen der Konflikt und seine Vorgeschichte an die Öffentlichkeit.) Das harte Urteil muss indessen auch von Dritten und auch schon vor Hutzlers Suizid als unverhältnismäßig empfunden worden sein. Es führte zu heftigen, nächtelangen Kontroversen im Ärztlichen Bezirksverein. Und post mortem hieß es, dass es dessen Schiedsgerichtsverfahren gewesen sei, was Hutzler »in den Tod getrieben«[108] habe. Das stand so, auch von Fachkollegen unterzeichnet, in einer Interpellation (die ihrerseits in die Presse gelangte).

Diese lokalpolitischen, doch reichsweit beachteten Vorgänge und ihr skandalöses Ende erinnern natürlich unabweisbar stark an *Königliche Hoheit.* Sie erinnern an den Selbstmord, den Doktor Überbein dort aus gekränktem, aber auch krankhaftem Ehrgeiz begeht, nachdem »ein Ehrengericht« des »Lehrerverein[s]« seine »unkollegiale[] Handlungsweise [...] als unehrenhaft bezeichnet« hat, »unehrenhaft« – und der Erzähler folgt nun nahezu wörtlich dem Urteilsspruch jener Münchener Schiedsrichter – »nicht nur im intern beruflichen, sondern auch im allgemein bürgerlichen Sinne« (S. 385).

Die Ähnlichkeiten zwischen dem bösen Schicksal des fingierten Oberlehrers und dem traurigen Ende des realen Kinderarzts sind denn auch zu offenkundig, um in der Thomas Mann-Literatur nicht schon registriert worden zu sein; und sei es auch nicht auf der Basis archivalischer Recherchen, sondern wieder allein der Erin-

---

[102] Vgl. z. B. Rechenschafts-Bericht für das Jahr 1906, S. 17; Hutzler: An das Schieds- (Ehren-) Gericht des ärztlichen Bezirksvereins München, S. 1; Hecker / Trumpp: o. T., S. 2; Ansprenger: Bericht des bürgerlichen Magistratsrats, S. 10.

[103] Vgl. Hutzler: An das Schieds- (Ehren-) Gericht des ärztlichen Bezirksvereins München, S. 1.

[104] Vgl. Hecker / Trumpp: o. T., S. 4 f.; mit der Merkwürdigkeit, dass die Verfasser den Wortlaut der »mündliche[n] Vereinbarung« hier verbatim zu zitieren in der Lage sind.

[105] Ebd., S. 5 (Heckers / Trumpps Hervorhebung).

[106] Kastl nach: Hutzler: An das Schieds- (Ehren-) Gericht des ärztlichen Bezirksvereins München, S. 6.

[107] Ebd.

[108] Nassauer: Aus den ärztlichen Standesvereinen, S. 916.

nerungen, die Katia Mann an die Vorgänge hatte und die, weit mehr als ein halbes Jahrhundert post facta, nicht sie selber, sondern ein Dritter, Peter de Mendelssohn, zu Papier brachte. Danach soll Hutzler, als eine »Prinzessin X [...] das Kinderhospital« unverhofft »besuchen« wollte und »der Chefarzt gerade nicht da« war, die erlauchte Besucherin »halt in Gottes Namen« selber empfangen und ihr die Institution gezeigt haben.[109] Sein Verhalten sei als Anmaßung verstanden, missverstanden, und ihm jedenfalls als Usurpation einer ihm nicht gebührenden Ehrung vorgeworfen worden. Dieser Vorfall, und er allein, habe das fatale Schiedsgericht zur Folge gehabt.[110]

Man könnte versucht sein, diese Version der Ereignisse mit den Umständen ihrer Überlieferung zu erklären oder sogar mit dem Faktor ›gender‹. Sie wäre dann als Konflation von Wahrheit und Dichtung zu werten, als nachträgliche Angleichung des weiblichen Speichergedächtnisses an die dauernde Gestalt, die der Mann der Zeitzeugin diesen Ereignissen gab, als er sie für seinen Roman ausweidete und ummodelte. Denn ein hoher Besuch, wie ihm nach Katia Manns Erinnerung eine derart schwerwiegende Bedeutung zugekommen sein soll, wie man ihn aber in der Tagespresse über den Fall Hutzler vergeblich sucht, kommt im Roman ja tatsächlich und sozusagen doppelt vor, wenngleich Über- alias Hutzelbein dabei keine Rolle mehr spielt oder nur noch eine subalterne. Diese beschränkt sich darauf, den Zufall mit arrangiert zu haben, dass Klaus Heinrich gleichzeitig mit Imma Spoelmann das »Dorotheen-Kinderspital« (S. 227) und dessen »umfassende Verbesserungen« (ebd.) besichtigt, »Milchküche« (S. 229 f.), »Laboratorium« (S. 235) und einen »Saal« für »Säuglinge[]« (ebd.).

Wie aber schon solche besonderen Lokalitäten mutmaßen lassen, weil sie ja exakt Hutzlers faktischen Neuerungen entsprechen, handelt es sich auch bei dem Doppelbesuch des Romans noch um eine Verwertung realer Geschehnisse oder doch dessen, was sich nach Katia Manns Erinnerungen realiter abgespielt haben soll, und durchaus nicht um den umgekehrten Fall einer mémoire fausse. Näher besehen erweisen sich diese Erinnerungen im Gegenteil als ein erstaunlich zuverlässiges Stück ›oral history‹. Sie sind ein nur wenig verzittertes Zeugnis für das, was von den Vorgängen nicht an die Öffentlichkeit gelangte.

Was darüber in der Presse zu lesen war, stimmte weitgehend mit dem überein, was teils im Urteil des Schiedsgerichts, teils in Heckers und Trumpps Broschüre stand. Hier wie dort und folglich auch in den Zeitungen war von Hutzlers Eigenmächtigkeit die Rede, von bau-, institutions- und personalpolitischen Kompetenzanmaßungen, auch von seiner schwierigen, ›nervösen‹ Persönlichkeit »u. a. m.«[111]. Von einer Prinzessin X oder ihresgleichen kein Wort. – Welche Bewandtnis es mit der Prinzessin hat und dass es sich hierbei um eine wie gesagt nur geringfügig getrübte, doch in der Hauptsache akkurate Erinnerung handeln muss, zeigt sich, sobald man die schmale Lücke zu füllen versucht, die Hecker und Trumpp mit der Floskel »u. a. m.« leerlassen.

Wenn man zu dem Zweck die causa Hutzler sozusagen an ihren Rändern etwas unter die Lupe nimmt, kommt nämlich etwas von dem ›dirty linnen‹ der ganzen Ge-

---

[109] Katia Mann nach: de Mendelssohn: Der Zauberer, Bd. 2, S. 1192.
[110] Vgl. ebd.
[111] Hecker / Trumpp: o. T., S. 5.

schichte zum Vorschein. Gerade noch fassbar werden deren menschlich-allzumenschliche Seiten etwa in Klammerbemerkungen und Fußnoten der Hutzlerschen Broschüre und zumal in den darin auszugsweise zitierten Protokollen des Vereinsausschusses. Diesem übrigens, wie in eins damit natürlich dem Trägerverein selbst – und das allein schon spräche für die Glaubwürdigkeit und sozusagen den Mehrwert ihrer Version –, gehörte auch »Mann, Frau Katia« an. Das geht aus den Jahresberichten des Spitals hervor,[112] die außerdem für die Periode vor dem Eklat nicht nur einen und den Besuch nicht nur einer x-beliebigen Prinzessin vermerken. Zusätzlich zu den »wiederholten Besuchen Ihrer Kais. und Kgl. Hoheit der Frau Prinzessin Gisela« und dem »Besuch[] Seiner Kgl. Hoheit des Prinzen Ludwig von Bayern« habe im November 1906 »Ihre Majestät die Kaiserin Auguste Viktoria« höchstpersönlich das Spital beehrt, in Begleitung »Ihrer Kais. und Kgl. Hoheit der Frau Prinzessin Gisela von Bayern«;[113] ein Ereignis, das natürlich Eingang in die Lokalpresse finden musste. Dieser war unter anderem auch zu entnehmen, dass die Kaiserin den Säuglingssaal und die besagte Milchküche besichtigte.[114]

Mit der Version nun, dass das Zerwürfnis der Spitalärzte mit einem oder dem anderen Besuch solcher Art zu tun hatte, befand sich Katia Mann in keiner schlechten Gesellschaft. So heißt es in einem »Bericht [...] über die Verhältnisse im Gisela-Kinderspital«, den ein Magistratsrat zuhanden der Behörde verfasste und in dem er Heckers und Trumpps Sicht der Dinge durchaus mit berücksichtigte: »dass schon seit langem Verstimmungen bestehen«, wie eben von Hecker und Trumpp ins Feld geführt, »und dass insbesondere der Besuch der Majestät der Kaiserin den Anlass gab, diese Verstimmungen zu verstärken«.[115]

In Hutzlers Augen dagegen hatte der Besuch der Majestät die Verstimmungen weder »insbesondere« noch überhaupt verstärkt, sondern allererst verursacht. In seiner Verteidigungsbroschüre hatte er auf den Widerspruch hingewiesen, der darin liege, dass die beiden Kollegen ihn »noch Mitte Juli 1906 der Vorstandschaft für die Stelle eines leitenden Arztes empfohlen« hätten, obwohl er ihnen doch schon über ein halbes Jahrzehnt Grund zu Klagen und Ärger gegeben haben soll.[116] In einer rhetorischen Frage löste er diesen Widerspruch dann andeutungsweise auf. Er deutete an, dass es sich bei allem ihm offiziell Vorgeworfenen nur um einen einzigen Vorwand handelte. In Wirklichkeit hielten sich seine Kollegen damit für eine wesentlich jüngere Kränkung schadlos, »irgend etwas«, das »erst seit dem Zeitpunkt dieser Empfehlung [...] die Missstimmung der beiden Herren hervorgerufen hat«.[117]

Die hier scheinbar offengehaltene Unbestimmtheitsstelle schloss Hutzler dann aber doch noch, indem er zwischen Klammern etwas konkreter wurde und seinen »z. B.« gemachten Erklärungsvorschlag um eine Fußnote ergänzte: »(z. B. der Besuch einer hohen Persönlichkeit, bei dem die beiden Herren im Vergleich zu ihm

---

[112] Rechenschafts-Bericht für das Jahr 1906, S. 8, 13; Rechenschafts-Bericht für das Jahr 1907, S. 8, 12.

[113] Rechenschafts-Bericht für das Jahr 1906, S. 5.

[114] Vgl. z. B. H. R.: »Besuch der Kaiserin in Münchner humanitären Anstalten«, in: *Münchner Neueste Nachrichten*, 14. November 1906 (Morgenblatt), S. 2.

[115] Ansprenger: Bericht des bürgerlichen Magistratsrats, S. 16.

[116] Hutzler: An das Schieds- (Ehren-) Gericht des ärztlichen Bezirksvereins München, S. 10.

[117] Ebd.

[scil. Hutzler] sich vernachlässigt glaubten [...]«.[118] Folgt eine Fußnote mit einem Protokollauszug. Daraus geht hervor: Hutzler habe »behauptet«, »dass der Besuch Ihrer Majestät der Kaiserin am 13. November 1906 im Spital den Anlass bot« für den »verhängnisvollen Streit unter den Ärzten«; eine Behauptung, deren Kern Trumpp bestätigte, indem er sie zurückwies beziehungsweise eben nur qualifizierte: Hutzler habe »ihn dreimal bei Besuchen im Spital nicht gehörig beachtet«.[119]

Was auch immer es mit solchen Besuchen en détail auf sich hatte: So viel mindestens steht fest, dass einer oder auch der andere von ihnen das Substrat bildete für den Doppelbesuch in *Königliche Hoheit*. Obwohl der »Dichter« also selbst hier noch auf lokalhistorische Gegebenheiten zurückgriff, hat er diese beim »Phantasieren« dann doch wieder signifikant abgeändert. Das Motiv des Spitalbesuchs hat er vollständig aus der »nichtswürdige[n], ja läppische[n] Geschichte« (S. 381) um Überbein und sein Ehrengericht herausgehalten. Deren Parameter sind im wenn nicht zynischer-, so doch makabrerweise so betitelten Kapitel *Die Erfüllung* ganz andere geworden. Ihre Modifikationen haben einigermaßen beträchtliche Weiterungen, und zwar für die Frage nach Schuld und Unrecht.

»Die Schuldfrage«, sagt Thomas Manns Erzähler freilich bloß im Konjunktiv, »scheide hier aus.« (ebd.) »Erschüttert durch seine Verzweiflungstat« – also im Affekt –, »behaupt[]en die Einen, man habe« Überbein, jetzt ein wortwörtliches Zitat aus jener Interpellation: »in den Tod getrieben; die Andern erklär[]en achselzuckend, daß sein Benehmen unmöglich und hirnverbrannt, seine Maßregelung durchaus geboten gewesen sei. Das stehe dahin.« (ebd.)

Indem er »Das« einfach dahinstellt, scheint sich der Erzähler eine strikte Zurückhaltung aufzuerlegen, die er allerdings nur prätendiert. Ihre Fadenscheinigkeit verraten ›selbstredend‹ schon die gewählten verba dicendi. Die Einen *behaupten* nur; und auch das nur unter schwererem Affekt. Die Andern aber *erklären*. Der Erklärung der Andern zuzuneigen, fällt einem bei solcher Wortwahl nicht sonderlich schwer. Es fällt um so leichter, als die »Handlungsweise« des pathologisch-»ehrsüchtige[n]« Strebers hier schlechtweg »unkollegial[]« ist, illoyal sowohl seinem älteren Kollegen gegenüber als erst recht gegenüber der Schulleitung. Überbeins »Tollheit« ist ausdrücklich nicht mehr »entschuldbar« (S. 382 f.). Insofern kann man dem Urteil *dieses* »Ehrengericht[s]« eine gewisse Berechtigung nicht absprechen; und in*so*fern wiederum hat der »unheimliche[]« (S. 382) Ehrgeizling seine Verzweiflungstat auch ganz allein zu verantworten. Das Mitgefühl mit ihm und seinem denn unter der Rubrik *Die Erfüllung* erzählbaren Ende, sollte er anders überhaupt welches verdienen, dürfte sich daher in eher engeren Grenzen halten.

Nicht so bei Hutzler, der deutlich weniger von einem Psychopathen hatte als Doktor Überbein oder jedenfalls entschieden mehr von einem Opfer und Verfolgten; besonders in der Version seines Schicksals, die über de Mendelssohn und Katia Mann auf uns kam und die im Wesentlichen höchstwahrscheinlich mit dem Bild deckungsgleich gewesen sein wird, welches sich deren Gatte von den Vorfällen zurechtgelegt haben muss. Nach dieser nur leicht ungenauen Version versuchte Hutzler keineswegs – und anders eben als Überbein –, sich etwas anzumaßen, das ihm nicht

[118] Hutzler: An das Schieds- (Ehren-) Gericht des ärztlichen Bezirksvereins München, S. 10.
[119] Ebd. (Anm.).

zustand. Zu seinem Verhalten und in die Situation, die dazu führte, sei er »halt« durch zufällige Umstände gezwungen worden. Als Anmaßung wurde ihm sein Benehmen nur *ausgelegt*, und offenbar so fälschlicher- wie sehr ungerechterweise; ganz abgesehen davon, dass der reale Hutzler, da er als leitender Arzt einen »Chef« gar nicht mehr hatte, überhaupt keine andere Wahl gehabt hätte, als die diversen Besuche des Jahrs 1906 in persona zu empfangen.

Während sich Überbein mit seinem Gebaren institutionell vollkommen isoliert, stand denn der Trägerverein und ein beachtlicher Teil des Berufsverbands *hinter* Hutzler. Dementsprechend verlief die Debatte über das Schiedsgerichtsurteil im historischen Streitfall auch anders, als es in Bezug auf die Kontroverse um Überbein der Romanerzähler mit seiner Wortwahl insinuiert. In causa Hutzler, wie aus den Protokollen jener nächtelangen Vereinssitzungen hervorgeht, überwog die Meinung, dass das Urteil des Schiedsgerichts maßlos überzogen war. Am Ende erwies sich dessen Ehrlosigkeitserklärung in gewissem Sinn gar als gegenstandslos, weil sie in puncto puncti nur von einem missverständlichen oder fahrlässigen Sprachgebrauch herrührte. In diesem Sinn wenigstens schwächte ihr Hauptverantwortlicher ihre Intention ab, was in der Presse prompt als Widerruf, Rehabilitation und Ehrenerklärung kolportiert wurde.[120]

»Die Schuldfrage« musste sich hier also sehr wohl stellen. Im Falle Überbeins hingegen scheidet sie nur insofern aus, als sie sich viel leichter beantworten ließe als bei Hutzler. Dass dessen fingiertes Pendant im Familienroman ein böses Ende nimmt, unterliegt immerhin einer Form von poetischer Gerechtigkeit. Diese hat als solche ihrerseits schon eine märchenhafte Note. Sie reduziert drastisch die Komplexität eines historischen Sachverhalts, vermutlich auch einer realen Persönlichkeit. Hutzlers angeblich oder tatsächlich problematische Züge werden in dem einen Psychopathen Überbein gebündelt und vereindeutigt, während sich die liebenswerten, wie gleich zu zeigen, an einer anderen Figur wiederfinden, der das ihr gebührende symbolische Kapital durchaus nicht vorenthalten bleibt.

V

Welchen Anteil an den re vera also ungleich komplexeren Ereignissen Hutzlers jüdische Herkunft hatte, gegebenenfalls vielleicht auch an seinem schwierigen Charakter, geht aus Katia Manns Erinnerungen nicht hervor. *Dass* sie dabei aber eine gewisse Rolle gespielt haben dürfte oder dass einem aufgeweckteren Zeitgenossen ein solcher Verdacht leicht kommen konnte, ließe sich ohne weiteres supplieren. Dazu genügte schon ein flüchtiger Blick auf die deutsche Literaturgeschichte der Zeit, soweit sie hier thematologisch einschlägig wäre. Um dieselbe Zeit und in demselben Milieu spielt ja Arthur Schnitzlers berühmte Krankenhaus-»Komödie« *Professor Bernhardi*, die auch entstehungs- oder doch konzeptionsgeschichtlich in diese Zeit »um 1900«[121] zurückreicht.[122]

---

[120] Vgl. Yahya Elsaghe: »Maurice Hutzler, Raoul Überbein und Doktor Sammet« [i. E.].

[121] Arthur Schnitzler: »Professor Bernhardi«, in: Ders.: *Die dramatischen Werke*, Bd. 2, Frankfurt a. M. 1972, S. 337-463, hier: S. 337 f.

[122] Vgl. William H. Rey: *Arthur Schnitzler. Professor Bernhardi*, München 1971, S. 85 f.

Indessen wären solche Seitenblicke auf Literatur und Bühne gar nicht vonnöten. Antisemitische Aversionen, die sich an Hutzler und seinem Fall abreagierten, sind schwarz auf weiß belegbar und müssten auch nicht erst aus den wiederholten Anspielungen auf seine »Nervosität«[123] oder Neurasthenie erschlossen werden, für die Juden bekanntlich besonders anfällig gewesen sein sollen[124]. Johannes Kübel etwa, ein liberaler Theologe und späteres Mitglied der Bekennenden Kirche, nahm in der *Christlichen Welt*, einem *Evangelischen Gemeindeblatt*, »[z]um Tode des Dr. Maurice Hutzler« mit solchen Worten Stellung: »[...] es muß gesagt sein: Hutzler [...] war von Geblüt Jude«.[125] Nur so, schrieb Kübel, sei die Resonanz zu erklären, die sein Fall in den Medien gefunden habe: »Fällt aber ein Großer in Israel, so stimmt Dreiviertel unserer Zeitungen ihr Klagelied an [...]!«[126]

Maurice Hutzlers Schicksal hätte sich mithin auch anbieten können, wenn nicht aufdrängen müssen, es als Menetekel eines grassierenden Antisemitismus wahrzunehmen. Stattdessen hat der »Dichter«, als er es marginal in seinen Familienroman mit aufnahm, in der Gestalt und Geschichte Raoul Überbeins, den ganzen Aspekt des Jüdischen und des Antisemitismus schlankerhand eskamotiert. Denn gerade diesen einen Aspekt kann er unmöglich einfach nur übersehen, sondern er muss ihn sehr wohl identifiziert haben. Er übertrug ihn nämlich aus der »läppische[n]« Geschichte auf eine Kollateralfigur gleichsam des Doktor Überbein, auf dessen weit und breit einzigen Freund, Doktor Sammet; wobei diese exklusive Freundschaft allein schon auf die quasi siamesische Verwandtschaft des einen und des anderen Doktors wiese. Wie soeben schon angedeutet, setzte Thomas Mann diesen anderen Doktor ebenfalls aus Maurice Hutzlers Merkmalsset zusammen, sozusagen aus den Überbleibseln oder der Restmenge desselben, indem er ihn um die Züge seines eigenen Hausarzts ergänzte, des Gastroenterologen Albert Loeb.[127] (Eine vergleichbare Vorzugsstellung nimmt denn im Familienroman der *Königlichen Hoheit* Doktor Sammet ein, wenn ihn der Großherzog bei der Geburt seines zweiten Kindes heranzieht oder an sein eigenes Sterbebett rufen lässt.)

Hutzlers Judentum und die Erfahrung des Antisemitismus, die es ihm und den Seinen eingetragen zu haben scheint – während dergleichen von Loeb zumindest nicht aktenkundig ist –, fanden so mit seinem Beruf und seiner Berufsspezialisation zu einer weiteren Romanfigur zusammen, die allerdings sehr anders geartet und ganz anders besetzt ist als Doktor Überbein. Dabei sieht sie ihrem Modell aber nicht weniger ähnlich als diese ihre Komplementärfigur. Sammet ist nicht nur seinerseits Arzt und wird nicht nur seinerseits Pädiater; sondern er bringt es endlich seinerseits zu einer Kaderstelle an einem residenzstädtischen Kinderkrankenhaus für Arme, das wiederum nach einer hochgestellten Dame, einem angeheirateten Mitglied des Hofs

---

[123] Anonymus: »Der Selbstmord Dr. Maurice Hutzlers«, in: *Münchener Allgemeine Zeitung*, 3. April 1907 (Morgenblatt), S. 3; Anonymus Kastl nach: Anonymus: »Die Vorgänge im Gisela-Kinderspital«, in: *Münchner Neueste Nachrichten*, 4. April 1907 (Vorabendblatt), S. 2 f., hier: S. 3.

[124] Vgl. Joachim Radkau: *Das Zeitalter der Nervosität. Deutschland zwischen Bismarck und Hitler*, München / Wien 1998, S. 330-334.

[125] Johannes Kübel: »Zum Tode des Dr. Maurice Hutzler«, in: *Die Christliche Welt. Ein Evangelisches Gemeindeblatt für Gebildete aller Stände* 21.18, 2. Mai 1907, S. 433-435.

[126] Ebd., S. 435.

[127] Vgl. de Mendelssohn: Der Zauberer, Bd. 2, S. 1129, 1193.

benannt ist, »Dorotheen-Kinderspital«, und an dem, nota bene, außerdem noch zwei andere Ärzte beschäftigt sind (S. 228).

Das prekäre Merkmal und die damit einhergehende Diskriminiertheit der mit ihm Behafteten wurde im Lauf des »Phantasieren[s]« demnach sukzessive ausgefällt und an den Rand des Romanpersonals gedrängt. Zu guter Letzt blieb es an einer einzigen Nebenfigur sozusagen kleben, wenn man einmal vom alleräußersten Rand absieht, einem »Bankdirektor Wolfsmilch« (S. 218) und seinem eindeutig signifikanten Namen, zu dem freilich auch im neusten und ausführlichsten Kommentar nur solches zu lesen steht: »Der spöttisch-sprechende Name bezieht sich auf die gleichnamige Gattung zumeist giftiger Pflanzen und verbindet den bösen Wolf mit der unschuldigen Milch.«[128]

In Tat und Wahrheit ›spottet‹ und ›spricht‹ der Name des Bankdirektors selbstverständlich auf viel spezifischere und durchaus nicht ›unschuldige‹ Art und Weise. Obwohl und gerade weil er gar nicht belegbar zu sein scheint, markiert er seinen Träger, der als »Bankdirektor« nicht von ungefähr das typischste aller ›jüdischen‹ Geschäfte betreibt. Bei »Wolfsmilch« handelt es sich um eine Kontamination gleich zweier oder dreier, sich im Grunde ausschließender Typen jüdischer Selbst- beziehungsweise Fremdbenennung. Seine eine Komponente erinnerte erstens an die Klasse der typischen Tiernamen, unter der ›Wolf‹ ja gut belegt wäre. Als »Pflanzen«-Name gehörte er zweitens zu einer verbreiteten Unterklasse der Wunschnamen vom Typus »Blüthenzweig«. Weil die hier gewählte Pflanze drittens jedoch »zumeist giftiger«, wenn nicht geradewegs tödlicher, dann immerhin »kräftig abführend[er]«[129] Natur ist, fällt »Wolfsmilch« zugleich in die Gruppe der Spottnamen vom Typus »Ausspuckseles«, »Ausgießeles« oder »Rinnsteiner«[130].

Abgesehen aber von dieser einen und so randständigen Figur, dass sie nur eben bei ihrem sprechenden Namen genannt wird und keinen eigentlichen Auftritt erhält, ist in Thomas Manns Familienroman nur eine einzige jüdische Figur übriggeblieben unter allen Gestalten, die er sich darin zurechtphantasierte und von denen ursprünglich mehrere, auch zum Hauptpersonal gehörige, das betreffende Merkmal hätten tragen sollen. Dieser eine und letzte Jude trägt seinerseits einen, so steht es im Roman und so auch in den Selbstkommentaren des Autors[131]: »unsympathischen Namen« (S. 125), den und dessen Signifikanz sich Thomas Mann von langer Hand vorgemerkt hatte. »Nachname: Dr. Sammet (jüdisch)«, steht in einem Notizbuch.[132]

Früher einmal hätte der jetzt so Heißende freilich einen höheren Titel tragen sollen (gegenläufig gleichsam zum Avancement der Baronin zu einer Gräfin Löwen-

[128] Mann: Königliche Hoheit, Bd. 4.2, S. 298.

[129] *Meyers Konversations-Lexikon. Ein Nachschlagewerk des allgemeinen Wissens*, Bd. 6, Leipzig / Wien ^{5}1895, S. 32, s. v. ›Euphorbia‹.

[130] Heinrich Mann: »Im Schlaraffenland. Ein Roman unter feinen Leuten«, in: Ders.: *Ausgewählte Werke in Einzelausgaben*, Bd. 1, hg. von Alfred Kantorowicz, Berlin 1951, S. 5-400, hier: S. 95, 396.

[131] Vgl. Thomas Mann: »Zur jüdischen Frage«, in: Ders.: GKFA, Bd. 15.1: *Essays II. 1914-1926*, Frankfurt a. M. 2002, S. 427-438, hier: S. 433.

[132] Thomas Mann: *Notizbücher 7-14*, hg. von Hans Wysling / Yvonne Schmidlin, Frankfurt a. M. 1992, S. 38.

joul) und einen Nachnamen, »Professor Dr. Unkraut«[133], der genau wie »Wolfsmilch« eine Kontaminationsform von Pflanzen-, also von Wunsch- und Spottnamen gebildet hätte. Dabei rangiert auch noch der nach wie vor »unsympathische[]« Name »Sammet«, der und obwohl er im Gegensatz zu »Unkraut« oder »Wolfsmilch« im deutschen Judentum gut bezeugt ist, ähnlich wie diese Pflanzennamen an einer untersten Stelle seines Paradigmas. Er bezeichnet ein weniger kostbares Handelsgut als die Textilnamen, die der moribunde Großherzog erst stammelt, als er nach dem Namen des Arzts sucht: »Seide, Atlas und Brokat« (S. 135).

Trotz des jüdischen und insofern offenbar ganz selbstverständlich »unsympathischen« Namens ist dessen Träger, wenn auch keine besonders gewinnende Erscheinung und eine in Rede wie Körpersprache etwas lächerliche Figur, so doch ein durchaus einnehmender Charakter. Auf dessen Berufsethos und die Fachkompetenz schon des »jungen Ortsarzt[s]« (S. 14), ungeachtet der Demotion vom »Professor« zum »Dr.«, lassen Erzähler und Autor nicht den leisesten Anflug eines Zweifels kommen. Zum Kinderarzt geworden, lindert »[d]er schlichte, arbeitsame und ernste Mann« (S. 15)[134] das Leid der sozial Schwächsten und gänzlich Hilflosen, so die stehende Formel, »in tätiger Sanftmut« (S. 30, 136, 228).

Sammets entschieden positive Besetzung verdient um so mehr Beachtung, um so mehr Achtung auch, als sie ihn von älteren Juden des Gesamtwerks unterscheidet: angefangen beim zynischen Protagonisten der überhaupt ersten erhaltenen Novelle, Dr. med. Selten, der sich »in seiner scharfen Weise« und mit »bittere[m] Nachdruck« in verächtlich »wegwerfenden Gesten« ergeht;[135] und einschließlich zumal aller jüdischen Mediziner, des allzu geschäftstüchtigen Doktor Leander[136] oder des »kleine[n] jüdische[n] Herr[n]«, der »achselzuckend«[137] den Exitus des pitoyablen und seinerseits nicht von ungefähr so heißenden[138] Christian Jacoby feststellt (vom jüngeren Erzählwerk ganz zu schweigen, wo die jüdisch markierten Ärzte noch dubiosere, mutmaßlich zum Teil sogar kriminelle Gestalten sind: Dres. Erasmi und Zimbalist im *Doktor Faustus*;[139] Dr. Krokowski, Dr. Salzmann und Professor Kafka im *Zauberberg*[140]).

Diese Aufwertung selbst des Juden noch zu einem Sympathieträger lässt sich ihrerseits wieder als Teil und Ausdruck eines familienromantischen Phantasierens verstehen. »Der Dichter« scheint dabei so gut wie alles Widerwärtige zwar nicht verdrängt, aber dennoch stark verklärt zu haben. Nahm die Karriere des jüdischen Kinderarztes Hutzler in der Folge eines oder des anderen vornehmen Krankenhaus-

---

[133] Vgl. Mann: Königliche Hoheit, Bd. 4.2, S. 505 mit Anm. 694. Die Aufgabe des Namens erklärt sich vielleicht aus seiner Nähe zu und Ähnlichkeit mit dem ebenfalls ›privativ‹ gebildeten Namen »Unschlitt« (S. 104).

[134] Vgl. Mann: Königliche Hoheit, Bd. 4.2, S. 505.

[135] Thomas Mann: »Gefallen«, in: Ders.: GKFA, Bd. 2.1, S. 14-49, hier: S. 14 f.

[136] Vgl. Mann: Tristan, S. 319.

[137] Thomas Mann: »Luischen«, in: Ders.: GKFA, Bd. 2.1, S. 160-180, hier: S. 180.

[138] Vgl. Yahya Elsaghe: *Thomas Mann und die kleinen Unterschiede. Zur erzählerischen Imagination des Anderen*, Köln u. a. 2004, S. 95.

[139] Vgl. Yahya Elsaghe: »›Wie soll man sie nennen?‹ Thomas Manns Erzählwerk ›nach Auschwitz‹«, in: Klaus-Michael Bogdal / Klaus Holz / Matthias N. Lorenz (Hg.): *Literarischer Antisemitismus nach Auschwitz*, Stuttgart / Weimar 2007, S. 111-129, hier: S. 119 f.

[140] Vgl. Elsaghe: ›Edhin Krokowski aus Linde bei Pinne, Provinz Posen‹, S. 65-67.

besuchs ein jähes Ende, so avanciert der, und sei es auch bloß mit dem »Albrechtskreuz *dritter* Klasse« (S. 34, 136, 228; Hervorh. Y. E.) dekorierte Doktor Sammet ausgerechnet zu der Position, von der man Hutzler unterstellt haben soll – nach jener Version aus dem Hause Mann –, dass er auf sie nur aspirierte. Sammet ist kein Möchtegern-, sondern er wird zum tatsächlichen Leiter eines in der Residenzstadt gelegenen Kinderhospitals. Die Hierarchie zwischen ihm und jenen »zwei *jüngeren* Ärzten« (S. 228; Hervorh. Y. E.) ist klar geregelt, ohne dass sie mit einem Anciennitätsprinzip auch nur konfligieren *könnte*. Den Besuch, den die Königliche Hoheit der von ihm geleiteten Institution abstattet, um in der Milchküche absichtlich-zufällig mit einer so wenigstens genannten Prinzessin (S. 301, 323 f., 379, 390)[141] zusammenzutreffen, ist er daher zu empfangen befugt, ja verpflichtet; was ihm abzusprechen denn auch niemandem in den Sinn käme. Dabei – und im Unterschied zum Hutzler der Mannschen Hausversion – teilt er die Ehre allerdings mit seinen beiden »jungen Assistenten« (S. 234), obwohl deren einer sich ihr nicht ganz gewachsen erweist, als er sich in der famosen Milchküche danebenbenimmt (S. 231).

Aber nicht genug damit, dass dieser Besuch weder für das Leben noch auch nur für die Laufbahn des Spitalleiters ungute Konsequenzen nach sich zöge; für das Leben der anderen zeitigt er die allerschönsten Folgen. Die besichtigte Milchküche bekommt in der Romanhandlung denselben Stellenwert wie der Salon Bernstein für das Lebensglück des realen Autors. Indem erst aus Anlass ihrer Besichtigung, vermöge des ›bestochenen Zufalls‹[142], Prinz und Prinzessin sich hier finden, bildet sie die Voraussetzung für das ›happy ending‹ des Märchens und in eins damit für die Sanierung des ganzen Märchenlands.

Wie bedenklich es einem auch vorkommen kann, dass hier eine für einen Juden einst im vollen Wortsinn fatale Episode revidiert wird, umgeschrieben zum integralen Bestandteil eines für das Hauptpersonal so märchenhaft glücklichen Familienromans, in dem es keine jüdischen Opfer mehr gibt – denn Hutzlers Suizid wurde ja auf eine rassenbiologisch unverdächtige Figur verschoben –: So weit gehen »das Phantasieren« und die märchenhaften Beschönigungen denn doch nicht, dass sie die Bedingungen kamouflierten, unter denen ein Name wie »Sammet« wie von selbst zu einem »unsympathischen« werden muss. Der Antisemitismus wird aus dem Familienroman keineswegs holus bolus hinausphantasiert.

Von allem Anfang an, just im Kapitel *Die Hemmung*, wird der hier noch junge Sammet als einer eingeführt, der bei Hof antisemitischen Animositäten und Spötteleien ausgesetzt ist. Solche Zurücksetzungen werden sogar ganz ausdrücklich thematisch. Sie werden es in einer Frage dessen, der ihnen freilich mit aller politischer Macht entgegenzutreten sich entschlossen zeigt. Nachdem der Großherzog ihn scharf gemustert und auf den Kopf zu nach seinem ihm ins Gesicht geschriebenen Judentum gefragt hat – in Form bezeichnenderweise einer als solche nur eben noch interpungierten Frage –, antwortet der Doktor unumwunden, wenn endlich auch unter den üblichen Sprechbehinderungen und Körperverrenkungen:

---

[141] Vgl. Thomas Mann: »Mitteilung an die Literaturhistorische Gesellschaft in Bonn«, in: Ders.: GKFA, Bd. 14.1, S. 169-173.

[142] Vgl. Max Kommerell: *Jean Paul*, Frankfurt a. M. ^{4}1966, S. 123-135.

»Sie sind Jude?« fragte der Großherzog, indem er den Kopf zurückwarf und die Augen zusammenkniff...
»Ja, Königliche Hoheit.«
»Ah. – Wollen Sie mir noch die Frage beantworten... Haben Sie Ihre Herkunft je als ein Hindernis auf Ihrem Wege, als Nachteil im beruflichen Wettstreit empfunden? Ich frage als Landesherr, dem die bedingungslose und private, nicht nur amtliche, Geltung des paritätischen Prinzips besonders am Herzen liegt.«
»Jedermann im Großherzogtum«, antwortete Dr. Sammet, »hat das Recht, zu arbeiten.« Aber dann sagte er noch mehr, setzte beschwerlich an, ließ ein paar zögernde Vorlaute vernehmen, indem er auf eine linkisch leidenschaftliche Art seinen Ellenbogen wie einen kurzen Flügel bewegte und fügte mit gedämpfter, aber innerlich eifriger und bedrängter Stimme hinzu: »Kein gleichstellendes Prinzip, wenn ich mir diese Bemerkung erlauben darf, wird je verhindern können, daß sich inmitten des gemeinsamen Lebens Ausnahmen und Sonderformen erhalten, die in einem erhabenen oder anrüchigen Sinne vor der bürgerlichen Norm ausgezeichnet sind. Der Einzelne wird gut tun, nicht nach der Art seiner Sonderstellung zu fragen, sondern in der Auszeichnung das Wesentliche zu sehen und jedenfalls eine außerordentliche Verpflichtung daraus abzuleiten. Man ist gegen die regelrechte und darum bequeme Mehrzahl nicht im Nachteil, sondern im Vorteil, wenn man eine Veranlassung mehr, als sie, zu ungewöhnlichen Leistungen hat. Ja. Ja«, wiederholte Dr. Sammet. Es war die Antwort, die er mit zweimaligem Ja bekräftigte. (S. 33 f.)

Mag der »Dichter«, als er das Märchen seines Familienromans ausphantasierte, die Genealogie seiner Deuteragonistin in dieser Hinsicht auch noch so gründlich bereinigt haben – oder doch bis auf den Rest nur des Namens »*Samuel N.* Spoelmann« –; und mögen ebenso die antisemitischen Faktoren a limine entfallen sein, als er den Verzweiflungstod eines jüdischen Suizidenten einarbeitete und ihn dabei mir nichts, dir nichts einem in dieser einen Hinsicht seinerseits nicht mehr suspekten Karrieristen überband: Auch in der Märchenwelt des Familienromans gibt es antisemitisches Ressentiment und rassistische Diskrimination. Die Existenz, ja Allgegenwärtigkeit des Antisemitismus ist hier eigens eingestanden; und zwar wird sie, ganz im Sinn einer Barthes'schen Alltagsmythologie[143], als etwas Unabänderliches hingestellt.

So hingestellt, aber auch hinge*nommen* wird sie von dem einen Juden, der nach allem »Phantasieren« im Familienroman von *Königliche Hoheit* noch auftritt. Indessen bezeugt er die ubiquitäre Diskriminierung seiner selbst wie aller anderen Juden nicht einfach nur. Sondern er hat ihr auch noch ihr Gutes abzugewinnen. Sie bedeute gerade keinen Selektionsnachteil. Im Effekt sei sie vielmehr und ganz ausdrücklich ein »Vorteil«.

Sammets theoretisch allenfalls noch einsichtige und nachvollziehbare Antwort scheint denn auch den Frager zu überzeugen, der sich immerhin »sehr befriedigt« zeigt von ihr und sie mit »Gut...« quittiert, »nicht übel, sehr bemerkenswert« (S. 34). Sie ist vielleicht um so überzeugender und jedenfalls um so bemerkenswerter – um so perfider auch –, als eben einer sie gibt, der vom ›receiving end‹ her spricht und als einziger von der systematischen Benachteiligung unmittelbar betroffen ist

[143] Vgl. Roland Barthes: *Mythologies*, Paris 1957.

beziehungsweise wäre. Der »[l]iebe[] Doktor« (ebd.) muss besser als irgendwer sonst im Roman wissen, wovon und von wem er redet. Weniger Grund als er hätte keiner, das in Frage oder auch gerade nicht mehr in Frage stehende Phänomen schönzureden.

Dass das alles aber doch etwas gar zu hübsch ist, um ganz wahr oder auch nur wirklich glaubhaft zu sein, verrät der Wortlaut des Texts wohl selbst schon. Denn dieser scheint es sehr nötig zu haben, auf der Richtigkeit des Gesagten zu bestehen, darauf quasi, dass er es ernst meint damit. Nicht nur muss es der Sprecher selber zweimal hintereinander »bekräftige[n]« – »Ja. Ja« –; sondern auch der Erzähler lässt es sich hier nicht nehmen, völlig überflüssiger- und desto süffisantererweise zu sagen, was genau das »zweimalige[] Ja bekräftigt[]«.

Das doppelt und dreifach Bekräftigte hat jedenfalls sogar für den Großherzog sein Gewagtes (»wie eine Ausschreitung«) (ebd.). Es kann einem umso gewagter vorkommen, als derjenige, der es sagt, in gewisser Hinsicht immer schon die leibhaftige Widerlegung dessen ist, was er so angestrengt behauptet. Denn es stand für ihn ja einer Modell, dem seine »Sonderstellung« gar so »gut« beileibe nicht bekommen war.

Literaturverzeichnis

Adreßbuch von München für das Jahr 1897, München o. J.

Anonymus: »Der Selbstmord Dr. Maurice Hutzlers«, in: *Münchener Allgemeine Zeitung*, 3. April 1907 (Morgenblatt), S. 3.

Anonymus: »Die Vorgänge im Gisela-Kinderspital«, in: *Münchner Neueste Nachrichten*, 4. April 1907 (Vorabendblatt), S. 2 f.

Ansprenger, Anonymus: *Bericht des bürgerlichen Magistratsrats [...] über die Verhältnisse im Gisela-Kinderspital seit der Gründung bis zum heutigen Tage*, München 1907.

Assmann, Jan: »Mythos und Psychologie in Thomas Manns Josephsromanen«, in: *Jahrbuch für Literatur und Psychoanalyse* [i. Dr.].

Barthes, Roland: *Mythologies*, Paris 1957.

Bering, Dietz: *Der Name als Stigma. Antisemitismus im deutschen Alltag 1812-1933*, Stuttgart 1987.

Dierks, Manfred: »Der Wahn und die Träume in *Der Tod in Venedig*. Thomas Manns folgenreiche Freud-Lektüre im Jahr 1911«, in: *Psyche* 44.3 (1990), S. 240-267.

Drosdowski, Günther (Hg.): *Duden. Das große Wörterbuch der deutschen Sprache*, Bd. 4, Mannheim u. a. 1978.

Drosdowski, Günther (Hg.): *Duden. Fremdwörterbuch*, Mannheim u. a. ^{6}1997.

Elsaghe, Yahya: *Die imaginäre Nation. Thomas Mann und das ›Deutsche‹*, München 2000.

Elsaghe, Yahya: »Die ›kaufmännischen Und-Zeichen‹ der ›Geschäftsmaschine‹. Zur Überwindung rassenbiologischer Antisemitismen in Thomas Manns Spätwerk«, in: *Colloquia Germanica* 33.4 (2000), S. 349-365.

Elsaghe, Yahya: »›Edhin Krokowski aus Linde bei Pinne, Provinz Posen.‹ Judentum und Antisemitismus im *Zauberberg* und seiner Vorgeschichte«, in: *Monatshefte für deutschsprachige Literatur und Kultur* 101.1 (2009), S. 56-72.

Elsaghe, Yahya: »›Gute Augen, [...] gute Rasse‹. Zur Aufwertung des Schweizer-Stereotyps in Thomas Manns Spätwerk«, in: *German Quarterly* 74.3 (2001), S. 278-293.

Elsaghe, Yahya: »Hoc signo felix. Religion und ›Urreligion‹ in den *Bekenntnissen des Hochstaplers Felix Krull*«, in: Sprecher, Thomas (Hg.): *Der ungläubige Thomas. Zur Religion in Thomas Manns Romanen*, Frankfurt a. M. [i. Dr.].

Elsaghe, Yahya: »Judentum und Schrift bei Thomas Mann«, in: Detering, Heinrich / Stachorsky, Stephan (Hg.): *Thomas Mann*, Darmstadt 2008, S. 202-216.

Elsaghe, Yahya: *Krankheit und Matriarchat. Thomas Manns* Betrogene *im Kontext*, Berlin / New York 2010.

Elsaghe, Yahya: »›La Rosenstiel‹ and Her Ilk. Jewish Names in Thomas Mann. Ida Herz Lecture«, in: *Publications of the English Goethe Society* 80.1 (2011), S. 53-63.

Elsaghe, Yahya: »Maurice Hutzler, Raoul Überbein und Doktor Sammet« [i. E.].

Elsaghe, Yahya: »›Moritz Ausspuckseles‹. Zur rechts- und sozialgeschichtlichen Interpretierbarkeit ›jüdischer‹ Namen in Thomas Manns Frühwerk«, in: *Deutsche Vierteljahrsschrift für Literaturwissenschaft und Geistesgeschichte* [i. Dr.].

Elsaghe, Yahya: »Racial Discourse and Graphology around 1900. Thomas Mann's *Tristan*«, in: *Germanic Review* 80.3 (2005), S. 213-227.

Elsaghe, Yahya: *Thomas Mann und die kleinen Unterschiede. Zur erzählerischen Imagination des Anderen*, Köln u. a. 2004.

Elsaghe, Yahya: »›Vom Moschusgeruch des Exkrementhaufens‹. Mythos und Ideologie in Thomas Manns *Die Betrogene*«, in: *Deutsche Vierteljahrsschrift für Literaturwissenschaft und Geistesgeschichte* 73.4 (1999), S. 692-709.

Elsaghe, Yahya: »›Wie soll man sie nennen?‹ Thomas Manns Erzählwerk ›nach Auschwitz‹«, in: Bogdal, Klaus-Michael / Holz, Klaus / Lorenz, Matthias N. (Hg.): *Literarischer Antisemitismus nach Auschwitz*, Stuttgart / Weimar 2007, S. 111-129.

Freud, Sigmund: »Der Dichter und das Phantasieren«, in: Ders.: *Gesammelte Werke. Chronologisch geordnet*, hg. von Anna Freud u. a., Bd. 7: *Werke aus den Jahren 1906-1909*, London / Frankfurt a. M. 1941 (Nachdruck Frankfurt a. M. 1999), S. 211-223.

Freud, Sigmund: »Der Dichter und das Phantasieren«, in: Ders.: *Studienausgabe*, hg. von Alexander Mitscherlich u. a., Bd. 10: *Bildende Kunst und Literatur*, Frankfurt a. M. 1969, S. 169-179.

Freud, Sigmund: »Der Familienroman der Neurotiker«, in: Ders.: *Gesammelte Werke. Chronologisch geordnet*, hg. von Anna Freud u. a., Bd. 7: *Werke aus den Jahren 1906-1909*, London / Frankfurt a. M. 1941 (Nachdruck Frankfurt a. M. 1999), S. 225-231.

Freud, Sigmund: »Der Familienroman der Neurotiker«, in: Ders.: *Studienausgabe*, hg. von Alexander Mitscherlich u. a., Bd. 4: *Psychologische Schriften*, Frankfurt a. M. 1970, S. 221-226.

Fritsch, Theodor: *Antisemiten-Katechismus. Eine Zusammenstellung des wichtigsten Materials zum Verständniß der Judenfrage*, Leipzig [25]1893.

Gimber, Arno: »Spanien in der Europadiskussion zwischen den beiden Weltkriegen: Curtius, Keyserling und Vossler«, in: Grucza, Franciszek (Hg.): *Akten des XII. Internationalen Germanistenkongresses Warschau 2010* [i. Dr.].

Gräße, Johann Georg Theodor: [Kommentar zu:] *Gesta Romanorum. Das älteste Mährchen- und Legendenbuch des christlichen Mittelalters […]*, Leipzig [3]1905.

Haida, Peter: »Rosmer, Ernst«, in: Killy, Walther (Hg.): *Literaturlexikon. Autoren und Werke deutscher Sprache*, Bd. 10, Gütersloh 1991, S. 22.

Harpprecht, Klaus: *Thomas Mann. Eine Biographie*, Reinbek bei Hamburg 1995.

Hecker, R. / Trumpp, J.: o. T., München 1907.

Hutzler, [Maurice]: *An das Schieds- (Ehren-) Gericht des ärztlichen Bezirksvereins München*, München 1907.

Kommerell, Max: *Jean Paul*, Frankfurt a. M. ^{4}1966.

Kontje, Todd: *Thomas Mann's World. Empire, Race, and the Jewish Question*, Ann Arbor 2011.

Kübel, Johannes: »Zum Tode des Dr. Maurice Hutzler«, in: *Die Christliche Welt. Ein Evangelisches Gemeindeblatt für Gebildete aller Stände* 21.18, 2. Mai 1907, S. 433-435.

Maar, Michael: *Geister und Kunst. Neuigkeiten aus dem Zauberberg*, Frankfurt a. M. 1997.

Mann, Heinrich: »Im Schlaraffenland. Ein Roman unter feinen Leuten«, in: Ders.: *Ausgewählte Werke in Einzelausgaben,* Bd. 1, hg. von Alfred Kantorowicz, Berlin 1951, S. 5-400.

Mann, Katia: *Meine ungeschriebenen Memoiren*, hg. von Elisabeth Plessen / Michael Mann, Frankfurt a. M. 1974.

Mann, Thomas: »[An die Redaktion der ›Staatsbürgerzeitung‹, Berlin]«, in: Ders.: *Gesammelte Werke in dreizehn Bänden*, Bd. XI: *Reden und Aufsätze 3*, Frankfurt a. M. ^{2}1974, S. 730 f.

Mann, Thomas: *Bekenntnisse des Hochstaplers Felix Krull*, in: Ders.: GW, Bd. VII: *Der Erwählte / Bekenntnisse des Hochstaplers Felix Krull*, Frankfurt a. M. ^{2}1974, S. 263-661.

Mann, Thomas: »Bericht über meinen Bruder«, in: Ders.: GW, Bd. XI: *Reden und Aufsätze 3*, Frankfurt a. M. ^{2}1974, S. 476-480.

Mann, Thomas: *Briefe I. 1889-1913*, in: Ders.: *Große kommentierte Frankfurter Ausgabe. Werke – Briefe – Tagebücher*, hg. von Heinrich Detering u. a., Bd. 21, Frankfurt a. M. 2002.

Mann, Thomas: *Briefe*, hg. von Erika Mann, Frankfurt a. M. 1961-1965.

Mann, Thomas: *Der Zauberberg*, in: Ders.: GKFA, Bd. 5.1, Frankfurt a. M. 2002.

Mann, Thomas: »Die Betrogene«, in: Ders.: GW, Bd. VIII: *Erzählungen*, Frankfurt a. M. ^{2}1974, S. 877-950.

Mann, Thomas: *Doktor Faustus*, in: Ders.: GKFA, Bd. 10.1, Frankfurt a. M. 2007.

Mann, Thomas: »Gefallen«, in: Ders.: GKFA, Bd. 2.1: *Frühe Erzählungen. 1893-1912*, Frankfurt a. M. 2004, S. 14-49.

Mann, Thomas: »Gesang vom Kindchen. Idylle«, in: Ders.: GW, Bd. VIII: *Erzählungen*, Frankfurt a. M. ²1974, S. 1068-1101.

Mann, Thomas: »Gladius Dei«, in: Ders.: GKFA, Bd. 2.1: *Frühe Erzählungen. 1893-1912*, Frankfurt a. M. 2004, S. 222-242.

Mann, Thomas: »Gladius Dei«, in: *Die Zeit*, 12. Juli 1902, S. 31 f.; 19. Juli 1902, S. 46-48.

Mann, Thomas: »Im Spiegel«, in: Ders.: GKFA, Bde. 14.1 u. 14.2: *Essays I. 1893-1914*, Frankfurt a. M. 2002, S. 181-184; 240-249.

Mann, Thomas: *Joseph und seine Brüder I*, in: Ders.: GW, Bd. IV, Frankfurt a. M. ²1974.

Mann, Thomas: *Königliche Hoheit*, in: Ders.: GKFA, Bde. 4.1 u. 4.2, Frankfurt a. M. 2004.

Mann, Thomas: »Lebensabriß«, in: Ders.: GW, Bd. XI: *Reden und Aufsätze 3*, Frankfurt a. M. ²1974, S. 98-144.

Mann, Thomas: »[Lebenslauf 1930]«, in: Ders.: GW, Bd. XI: *Reden und Aufsätze 3*, Frankfurt a. M. ²1974, S. 413-417.

Mann, Thomas: »[Lebenslauf 1936]«, in: Ders.: GW, Bd. XI: *Reden und Aufsätze 3*, Frankfurt a. M. ²1974, S. 450-456.

Mann, Thomas: »Little Grandma«, in: Ders.: GW, Bd. XI: *Reden und Aufsätze 3*, Frankfurt a. M. ²1974, S. 467-476.

Mann, Thomas: »Luischen«, in: Ders.: GKFA, Bd. 2.1: *Frühe Erzählungen. 1893-1912*, Frankfurt a. M. 2004, S. 160-180.

Mann, Thomas: »Mitteilung an die Literaturhistorische Gesellschaft in Bonn«, in: Ders.: GKFA, Bd. 14.1: *Essays I. 1893-1914*, Frankfurt a. M. 2002, S. 169-173.

Mann, Thomas: *Notizbücher 7-14*, hg. von Hans Wysling / Yvonne Schmidlin, Frankfurt a. M. 1992.

Mann, Thomas: o. T., in: *Die Zeit*, 8. September 1908, S. 2.

Mann, Thomas: *Tagebücher*, hg. von Peter de Mendelssohn / Inge Jens, Frankfurt a. M. 1977-1995.

Mann, Thomas: »Tristan«, in: Ders.: GKFA, Bd. 2.1: *Frühe Erzählungen. 1893-1912*, Frankfurt a. M. 2004, S. 319-371.

Mann, Thomas: »Über Goethe's ›Faust‹«, in: Ders.: GW, Bd. IX: *Reden und Aufsätze 1*, Frankfurt a. M. ^{2}1974, S. 581-621.

Mann, Thomas: »Unordnung und frühes Leid«, in: Ders.: GW, Bd. VIII: *Erzählungen*, Frankfurt a. M. ^{2}1974, S. 618-657.

Mann, Thomas: »Vom Beruf des deutschen Schriftstellers in unserer Zeit. Ansprache an den Bruder«, in: Ders.: GW, Bd. X: *Reden und Aufsätze 2*, Frankfurt a. M. ^{2}1974, S. 306-315.

Mann, Thomas: »Zur jüdischen Frage«, in: Ders.: GKFA, Bd. 15.1: *Essays II. 1914-1926*, Frankfurt a. M. 2002, S. 427-438.

Mann, Thomas: »[Zur jüdischen Frage]«, in: Ders.: GW, Bd. XIII: *Nachträge*, Frankfurt a. M. ^{2}1974, S. 466-475.

Marx, Leonie: »Thomas Mann und die skandinavischen Literaturen«, in: Koopmann, Helmut (Hg.): *Thomas-Mann-Handbuch*, Stuttgart ^{3}2001, S. 164-199.

Mendelssohn, Peter de: *Der Zauberer. Das Leben des deutschen Schriftstellers Thomas Mann*, Frankfurt a. M. ^{2}1996.

Meyers Konversations-Lexikon. Ein Nachschlagewerk des allgemeinen Wissens, Bd. 6, Leipzig / Wien ^{5}1895.

Nassauer, Anonymus: »Aus den ärztlichen Standesvereinen. Aerztlicher Bezirksverein München«, in: *Münchener Medizinische Wochenschrift* 54.18, 30. April 1907, S. 914-917.

R., H.: »Besuch der Kaiserin in Münchner humanitären Anstalten«, in: *Münchner Neueste Nachrichten*, 14. November 1906 (Morgenblatt), S. 2.

Radkau, Joachim: *Das Zeitalter der Nervosität. Deutschland zwischen Bismarck und Hitler*, München / Wien 1998.

Rechenschafts-Bericht für das Jahr 1906 über die Tätigkeit des Gisela-Kinderspital-Vereins München (E. V.) und des Gisela-Kinderspitals München, München o. J.

Rechenschafts-Bericht für das Jahr 1907 über die Tätigkeit des Gisela-Kinderspital-Vereins München (E. V.) und des Gisela-Kinderspitals München, München o. J.

Reichen, Roland: *»Der Antisemitismus und seine Heilung«? Zur Judenfeindschaft in Heinrich Manns Romanen* [i. Dr.].

Rey, William H.: *Arthur Schnitzler. Professor Bernhardi*, München 1971.

Röhl, John C. G.: *Wilhelm II.*, Bd. 1: *Die Jugend des Kaisers. 1859-1888*, München 1993.

Schnitzler, Arthur: »Professor Bernhardi«, in: Ders.: *Die dramatischen Werke*, Bd. 2, Frankfurt a. M. 1972, S. 337-463.

Schößler, Franziska: *Börsenfieber und Kaufrausch. Ökonomie, Judentum und Weiblichkeit bei Theodor Fontane, Heinrich Mann, Thomas Mann, Arthur Schnitzler und Émile Zola*, Bielefeld 2009.

T.: »Änderung jüdischer Vornamen«, in: *Deutsch-Soziale Blätter*, 25. Juli 1895, S. 237.

Wagner, Richard: »Das Rheingold«, in: Ders.: *Sämtliche Schriften und Dichtungen. Volks-Ausgabe*, Bd. 6, Leipzig ^{6}o. J., S. 199-268.

Wahrig, Gerhard (Hg.): *Deutsches Wörterbuch [...]*, Gütersloh 1991.

Weiner, Marc A.: *Richard Wagner and the Anti-Semitic Imagination*, Lincoln / London 1995.

Wolf, Ernest M.: »Savonarola in München. Eine Analyse von Thomas Manns *Gladius Dei*«, in: *Euphorion* 64 (1970), S. 85-96.

Wysling, Hans: *Narzißmus und illusionäre Existenzform. Zu den »Bekenntnissen des Hochstaplers Felix Krull«*, Bern / München 1982.

Wysling, Hans (Hg.): *Thomas Mann*, München / Frankfurt a. M. 1975-1981.

Manfred Dierks

DER TOD IN VENEDIG ALS LEIBLICH-SEELISCHE STRUKTURPHANTASIE

Absicht

Auf der triebtheoretisch-psychoanalytischen Ebene stellt der Text der Novelle den »Zerfall einer künstlerischen Sublimierung«[1] dar, und sein Gelingen bedeutet für den Autor selbst die Aufrichtung einer erneuten Sublimierung. Diese psychologische Deutung wird heute kaum mehr prinzipiell in Frage gestellt.[2] Textimmanent: Gustav von Aschenbach hat eine – offenbar in früher Jugend auch realisierte – homosexuelle Triebtendenz auf sein dichterisches Werk verschoben. Unter dem Eindruck einer Hemmung flieht er die disziplinierte Schreibarbeit und begibt sich an einen exterritorialen, bindungsfreien Ort – Venedig. Hier – einsam und ohne den Schutz gelingender Arbeit – verfällt er dem Reiz eines schönen Knaben, der sublimierte Trieb kehrt zu seiner ursprünglichen Besetzung zurück und zerstört den »Kunstbau« von Aschenbachs Persönlichkeit.[3] Text und Autor: Thomas Mann hat in der Novelle einen eigenen erotischen Affekt bearbeitet. Er entwirft dazu einen hochgradig autobiografischen Kontext. Die Figur des Aschenbach ist weitgehend eine Selbst-Projektion. Auch, wo diese Figur Differenzen zur Biografie des Autors aufweist, können sie verdeckte Selbstzeugnisse sein.

Ich möchte einen Schritt weiter – sozusagen »tiefer« – gehen und diesen Zerfallsprozess vor dem Hintergrund einer leiblich-seelischen Strukturphantasie verstehen, die Thomas Mann durch Introspektion gebildet hat und die er früh (1909) in eine Art von Poetik seines Werks überführt. Damit gerate ich in die Nähe von Heinz Kohuts selbstpsychologischer Auffassung des *Tod in Venedig* (1975), der ich prinzipiell zustimme. Vor allem aber halte ich mich an Thomas Manns damaliges Selbstverständnis als »Neurastheniker« und an seine mit Schopenhauer und Nietzsche ausgeformte Vorstellung von der eigenen seelisch-körperlichen Person. Sie bezeichnen – von den jeweiligen Ansätzen her – eine ursprünglich vorsemantisch-

---

[1] Heinz Kohut: »Thomas Manns ›Tod in Venedig‹. Zerfall einer künstlerischen Sublimierung«, in: Ders.: *Introspektion, Empathie und Psychoanalyse. Aufsätze zur psychoanalytischen Theorie, zur Pädagogik und Forschung und zur Psychologie der Kunst*, Frankfurt a. M. 1977 (engl. 1957), S. 173-194. Diese triebtheoretische Interpretation überholt Kohut später durch eine selbstpsychologische Deutung, in: Ders.: *Die Zukunft der Psychoanalyse. Aufsätze zu allgemeinen Themen und zur Psychologie des Selbst*, Frankfurt a. M. 1975, S. 112-13.

[2] Erklärungen für Einzelzüge können sich dabei erheblich unterscheiden, abhängig vom Interpretationsmodell. Die bis 1999 vorliegenden psychoanalytischen Deutungen des »Tod in Venedig« sind zusammengefasst und vorzüglich kommentiert in Susanne Widmaier-Haag: *Es war das Lächeln des Narziß. Die Theorien der Psychoanalyse im Spiegel der literaturpsychologischen Interpretationen des »Tod in Venedig«*, Würzburg 1999.

[3] Manfred Dierks: »Der Wahn und die Träume in ›Der Tod in Venedig‹.Thomas Manns folgenreiche Freud-Lektüre im Jahre 1911«, in: *Psyche* 44 (1990), H. 3, S. 240-267.

strukturelle Selbstwahrnehmung, die sich sowohl im persönlichen Habitus wie in der Beschaffenheit der Texte Thomas Mann ausdrückt.

Ich verstehe die Novelle als einen hochgradig autobiografischen Text. Er ist geeignet, die Wirksamkeit der genannten Strukturphantasie vorzuführen und zu zeigen, wie sie sich in Inhalten und Textstrategien realisiert. Die Rekonstruktion dieser Phantasie und ihrer begrifflichen Ausformungen wird Raum in Anspruch nehmen.

Introspektion: Frühe Poetik

In den Jahren, die nach dem enormen Erfolg der *Buddenbrooks* kamen und den Ruhm mit sich brachten, nahm auch das Bedürfnis Thomas Manns nach Selbstkommentierung zu. Ab 1903 (mit *Tonio Kröger*) beginnt er, sich zur öffentlichen Dichterfigur auszuformen und Grundzüge seines literarischen Verfahrens zu beschreiben. (Hier setzt die Arbeit an einer spezifisch Thomas Mannschen Poetik ein, die schließlich erfolgreich einredet, dass Kunst eigentlich nur auf seine Weise, unter seinen Bedingungen entstünde.) Das wichtigste Erkenntnismittel dazu ist psychologische Selbstbeobachtung – systematische *Introspektion*. Erkenntnishilfen sind Philosophen (Schopenhauer, Nietzsche), konkurrierende oder orientierende Vergleiche mit Schriftstellern (Goethe, Fontane) und mit dem Werk Richard Wagners. Noch immer unterschätzt wird die strukturierende Kraft, die das Krankheitsmodell der Neurasthenie für den jungen Thomas Mann hatte. 1909 ist er dann im Essay *Süßer Schlaf* in der Lage, die vielen Einzelbeobachtungen – zu seiner schwierigen Arbeitsweise, seiner narzisstischen Isolation, zu seiner Lebensferne usw. – in einer Art Tiefenstruktur zusammenzufassen, die allem, was er macht, unterliegt.

Konstitutionelle Voraussetzung: Neurasthenie

Den unmittelbaren Grund für eine introspektive Beschäftigung mit sich selbst fanden die Brüder Mann in ihrer Konstitution. Sie waren *nervös*. Das heißt, sie litten zeitlebens an funktionalen Störungen des ›*Centralnervensystems*‹ von Kopfschmerzen bis – jedenfalls in Thomas' Fall – zu »[s]chreckliche[r] Excitation, Ratlosigkeit, Muskelzittern, fast Schüttelfrost u. Furcht, die vernünftige Besinnung zu verlieren«[4]. Bei anderer Gelegenheit heißt es: »Ein geschlechtlicher Anfall gestern, einige Zeit nach Schlafengehen, hatte sehr schwere nervöse Folgen: Große Erregung, Angst, andauernde Schlaflosigkeit, ein Versagen des Magens in Form von Sodbrennen und Übelkeit [...] Das ›die Nerven verlieren‹, nicht als Stimmungsdepression, sondern als physische Verzweiflung und Ratlosigkeit, ist ein furchtbares Gefühl. Ich erprobte es gestern Abend einmal wieder.«[5] Auch Heinrich kennt diese »Furcht, die vernünf-

---

[4] Thomas Mann: *Tagebücher 1933-1934*, hg. von Peter de Mendelssohn, Frankfurt a. M. 1977, S. 9 (18.3.1933); diese Krise wurde durch die Geschehnisse nach Hitlers »Machtübernahme« und die Ungewissheit während der ersten Emigrationswochen ausgelöst. Sie hatte natürlich Vorgänger, über die wir (bei Fehlen der respektiven Tagebücher) nur über die diskreteren Briefe wissen – mit der Ausnahme der in Anmerkung 5 folgenden Notiz vom 16.5.1919.

[5] Thomas Mann: *Tagebücher 1918-1921*, hg. von Peter de Mendelssohn, Frankfurt a. M. 1979, S. 237 (16.5.1919). Ich zitiere spätere Zeugnisse, weil zum frühen Werk eben keine Tagebücher vor-

tige Besinnung zu verlieren«: Als sein Bruder Thomas (um 1903) nicht weiß, ob er des »nervenkranken« Heinrich vorsichtige »hygienische Disziplin« bewundern oder verachten solle, antwortet der ihm: »Bewundern? Verachten? Nein, aber ein einfaches und achtungsvolles Mitgefühl hegen mit Einem, der sich vom Rande des Blödsinns zurückgerissen hat und sich durch Arbeit mühselig genug erhält. In diesem Falle hätte Dein Mitgefühl zudem den Weg über Dich selbst einschlagen können [...]«[6]. Die Wendung »vom Rande des Blödsinns zurückgerissen« ist nicht nur Metapher – sie stammt inhaltlich von einem medizinischen Autor, den beide Brüder vermutlich auch studiert haben: dem amerikanischen Neurologen George Miller Beard. Nach ihm wäre Heinrich ein »border-liner« – einer von denen, die »periodisch, oder sogar stets an der Grenze geistiger Alienation stehen, jedoch nie vollends dem Irrsinn verfallen«[7]. Beard ist auch der Autor, der 1869 (dt.1881) als erster in einem bald geradezu populären Handbuch[8] die Nervenkrankheit beschrieb und benannte, an der die Brüder Mann litten: Neurasthenie, einer »reizbare Nervenschwäche«.

Sie waren ihm vermutlich ganz dankbar dafür – immerhin würden sie also nicht verrückt wie Onkel Friedel. Onkel Friedel war das Menetekel. Er war als Bruder des Vaters *erbbiologisch* ein naher Verwandter und saß in einer Nervenheilanstalt in der Nähe Lübecks, da ihm in seiner *Hypochondrie* nicht mehr zu helfen war. Auf Heinrich und Thomas lastete also der Verdacht, ein *nervöses* Familienleiden geerbt zu haben, das auf seinen Umschlag in Irrsinn zulief. In der physiologisch orientierten Psychiatrie galt vielfach noch das *Morelsche Gesetz* – nach dem französischen Irrenarzt Auguste Bénédict Morel, in der Ausgestaltung durch seinen Schüler Valentin Magnan: Es behauptet bei bestimmten Erbkrankheiten eine fortschreitende *degenerative* Abweichung vom gesunden Normaltyp – gut beobachtbar in keimgeschädigten menschlichen Familien und hier besonders im Zuge von vier Generationen.[9]

---

liegen, die ja der einzige Ort für solche Notate sind. Die Notiz zeigt (»wieder einmal«), dass ihm solche Zustände vertraut sind.

[6] Heinrichs nicht abgeschickte Antwort auf Thomas Manns Brief vom 5.12.1903, in: Peter-Paul Schneider: »›... wo ich Deine Zuständigkeit leugnen muß ...‹. Die bislang unbekannte Antwort Heinrich Manns auf Thomas Manns Abrechnungsbrief vom 5. Dezember 1903«, in: Andrea Bartl u. a. (Hg.): *»In Spuren gehen ...«. Festschrift für Helmut Koopmann*, Tübingen 1998, S.231-253, hier: S. 251.

[7] George M. Beard: *Die sexuelle Neurasthenie, ihre Hygiene, Aetiologie, Symptome und Behandlung. Mit einem Capitel über die Diät für Nervenkranke*, Leipzig / Wien 1885 (hier zitiert nach der zweiten Auflage 1890, S. 58). Beard beansprucht, den Ausdruck »border-liners« geprägt zu haben (ebd.).

[8] George M. Beard: *Die Nervenschwäche (Neurasthenia) – ihre Symptome, Natur, Folgezustände und Behandlung*, Leipzig 1881. Der direkte Nachweis für eine Lektüre Beards ist offenbar nicht möglich, doch steht sein Konzept hinter allen anderen Schriften über die Neurasthenie, die nach 1881 in erstaunlicher Anzahl erschienen sind (von Ziemssen, Hellpach, Löwenfeldt, Schrenck-Notzing, Möbius u. v. a.). Die Brüder Mann lasen natürlich die für sie zuständige medizinische Literatur, unter anderem: beide Krafft-Ebings *Psychopathia Sexualis* und Thomas die *Conträre Sexualempfindung* (1891) von Albert Moll (bei dem sich sein Freund Grautoff therapieren ließ). Wie sich an *Buddenbrooks* zeigen lässt, verfügt Thomas Mann über alles relevante Wissen zur Neurasthenie.

[9] Zu diesem ganzen Komplex Manfred Dierks: »›Buddenbrooks‹ als europäischer Nervenroman«, in: *Thomas Mann Jahrbuch* 15 (2002), S. 135-151. Zu *Buddenbrooks* als Degenerations-Roman

Thomas Mann hat sich dann von seinen Befürchtungen inspirieren lassen und einen ganzen Roman über den »Verfall einer Familie« geschrieben: *Buddenbrooks*. Medizinisch-psychologisch stellen seine beiden Protagonisten Thomas und Christian Ausprägungsformen einer *Degenerations*-Krankheit dar – Thomas lässt sich als klassischer *Neurastheniker* verstehen, dem es eine zeitlang gelingt, sich zusammenzureißen; Christian stellt eine neurasthenische Variante – einen *hysterischen* »border-liner« im Sinne Beards – vor, der aber am Ende doch die Grenze durchbricht. Im großen Abrechnungsgespräch der beiden Brüder prophezeit ihm das Thomas auch: »Wenn du verrückt wirst – und ich sage dir ausdrücklich, daß das nicht unmöglich ist [...]«[10].

Es war letztlich unklar, ob die Neurasthenie erblich war oder erworben – im Falle der Familie Buddenbrook hat sich ihr Autor für die Erbkrankheit entschieden. Im wirklichen Leben konnte er sich beruhigen: Schließlich herrschte doch die Meinung vor, dass es sich hierbei um eine erworbene Zivilisationskrankheit handelte, an der man weder starb noch blödsinnig wurde. Nur die Disposition sei erblich. Was also war die Neurasthenie medizinhistorisch? Man versteht sie dort als die erste großeuropäische Reaktion auf moderne Überforderungsprobleme – und insofern ist sie gut vergleichbar mit dem bei uns derzeit diskutierten Depressions-Syndrom. Auch der Nervendiskurs über die Neurasthenie hatte ähnliche kulturkritische Züge wie die gegenwärtige Diskussion über das »erschöpfte Selbst«, die mit gutem Recht die »Rückkehr der Nervosität« feststellt.[11] Neurasthenie wurde übersetzt als »reizbare [Nerven]Schwäche«[12] – eine akute Überempfindlichkeit durch Überforderung und biologische Widerstandslosigkeit – und umfasste nosologisch eine Vielzahl von *nervösen* Symptomen vom *Tic* (wie Christians Schluckbeschwerden) über Konzentrationsschwäche und Reizzustände bis hin zu massiven Phobien und Zwängen. Sie war eine Folge der ersten Modernisierung innerhalb der Moderne, und dieser Effizienzschub ergab vor allem eine Beschleunigung der Arbeits- und der Lebenswelt – durch Eisenbahn, Telegrafie, Telefon und durch die Rationalisierung der Industrieproduktion.[13] Durch eine solche Herleitung bekam die Neurasthenie ein anerkanntes Gesicht und wurde zur zivilisationskritischen Metapher. Thomas Mann, der ja kaum als Invalide der Arbeitswelt gelten konnte, sah deshalb gerade in seiner *nervösen* Grundverfassung (ob nun erworben oder ererbt) die wichtigste Verbindung zu sei-

---

jetzt Katrin Max: *Niedergangsdiagnostik. Zur Funktion von Krankheitsmotiven in »Buddenbrooks«*, Frankfurt a. M. 2008.

[10] Thomas Mann: *Buddenbrooks*, in: Ders.: *Große kommentierte Frankfurter Ausgabe. Werke – Briefe – Tagebücher*, hg. von Heinrich Detering u. a., hier: Bd. 1.1, hg. und textkritisch durchgesehen von Eckard Heftrich unter Mitarbeit von Stephan Stachorski und Herbert Lehnert, Frankfurt a. M. 2001, S. 637.

[11] Alain Ehrenberg: *Das erschöpfte Selbst. Depression und Gesellschaft in der Gegenwart*, Frankfurt a. M. 2004. Zur Neurasthenie aus dieser Perspektive das bedeutende Buch von Joachim Radkau: *Das Zeitalter der Nervosität. Deutschland zwischen Bismarck und Hitler*, München / Wien 1998.

[12] Richard von Krafft-Ebing: *Über gesunde und kranke Nerven*, Tübingen 1885, S. 7.

[13] Manfred Dierks: »›Buddenbrooks‹ und die kapitalistische Moderne«, in: Thomas Sprecher (Hg): *»Was war das Leben? Man wusste es nicht!« Thomas Mann und die Wissenschaften vom Menschen*, Frankfurt a. M. 2008, S. 111-126.

nen Zeitgenossen. Er bezeichnet sie 1916 in der Generalabrechung mit seiner Epoche, den *Betrachtungen eines Unpolitischen*, so:

> Wenn ich irgendetwas von meiner Zeit sympathetisch verstanden habe, so ist es ihre Art von Heldentum, die modern-heroische Lebensform und -haltung des überbürdeten und übertrainierten, ›am Rande der Erschöpfung arbeitenden‹ *Leistungsethikers* [...] und hier ist meine seelische Berührung, eine einzige, aber eine wichtige und mich erschütternde, mit dem Typus des neuen Bürgers.[14]

Entsprechend hat er 1911 Gustav von Aschenbach nach Konstitution und Arbeitsweise als *Neurastheniker* angelegt[15] – und als Repräsentant: Er ist »der Dichter all derer, die am Rande der Erschöpfung arbeiten, der Überbürdeten, schon Aufgeriebenen, sich noch Aufrechthaltenden [...] Ihrer sind viele, sie sind die Helden des Zeitalters« (S. 512). Helden des Zeitalters – hier klingt eine damals wohlbekannte Nebenbedeutung mit: Sie sind die Helden des *nervösen* Zeitalters.[16]

Es spricht nicht gegen ihre Bedeutung für Thomas Mann, dass man die Neurasthenie heute (zu Unrecht) gern als Modekrankheit abtut. Sie hatte über viele Jahre das Verdienst, seinen Beschwerden einen ordnenden und rechtfertigenden Zusammenhang zu verleihen, und dürfte einen besonderen Anteil an der Bildung jener in *Süßer Schlaf* entfalteten Strukturphantasie haben – und zwar mit der ihr zugeschriebenen Grundstörung: der *Willensschwäche*. Paul Möbius, einer der führenden Nervositäts-Autoren, bezeichnet sie als einen »Hauptzug«[17]. Die Brüder Buddenbrook zeigen diesen Zug in unterschiedlicher Ausprägung. Bei Christian erscheint er in komisch hysterischer Verzerrung: Er wagt schließlich nicht mehr, schlucken zu wollen,[18] und am Ende wird seine aufgelöste Persönlichkeit in einer Anstalt eingefriedet. Thomas dagegen spürt seine Willenshemmung erst langsam wachsen und bekämpft sie mit Erfolg, denn der gegenläufige *Wille zur Macht*, sein Ehrgeiz, ist stark in ihm. Dann aber schwindet seine Spannkraft, und er muss mit abnehmendem Effekt zu Selbstzwangtechniken greifen – so schafft er sich eine Berufsmaske an: Im »Dienste einer unaufhörlichen Willensanstrengung« »diszipliniert« und »zwingt« er die »Muskeln des Mundes und der Wangen [...] zum Gehorsam« und produziert eine »künstlich festgehaltene Miene der Wachheit, Umsicht, Liebenswürdigkeit und Energie«[19]. Am Ende erliegt er dem selbstgeschaffenen Überdruck und stirbt am Infarkt. Es ist bekannt, dass Thomas Mann im Echo des Thomas Buddenbrook von seiner eigenen Arbeitsweise spricht (wie er sie bei vorherrschend dunkler Stim-

---

[14] Thomas Mann: *Betrachtungen eines Unpolitischen*, hg. und textkritisch durchgesehen von Hermann Kurzke, in: Ders.: GKFA, Bd. 13.1, Frankfurt a. M. 2009, S. 159.

[15] Vgl. Thomas Mann: »Der Tod in Venedig«, in: Ders.: GKFA, Bd. 2.1: *Frühe Erzählungen*, hg. und textkritisch durchgesehen von Terence J. Reed unter Mitarbeit von Malte Herwig, Frankfurt a. M. 2004, S. 501-592, hier: S. 510-514. Dieser Band wird künftig im fortlaufenden Text mit einfacher Seitenzahl nachgewiesen.

[16] Nicht geprägt, aber doch am wirksamsten verbreitet wird der Slogan vom »nervösen Zeitalter« durch von Krafft-Ebing: Gesunde und kranke Nerven, S. 7.

[17] Paul Julius Möbius: *Die Nervosität*, Leipzig ^{3}1906, S. 108.

[18] Mann: Buddenbrooks, S. 288.

[19] Ebd., S. 511 f.

mungslage erlebte). Zu seiner Arbeitsart gehöre, meldet er 1906, »eine Verbissenheit, ein Starrsinn, eine Zucht und Selbstknechtung des Willens, von der man sich schwer eine Vorstellung macht und unter der die Nerven [...] oft bis zum Schreien gespannt sind«[20]. Und das ist natürlich auch die Produktionsweise Aschenbachs: »Willensdauer« und »Zähigkeit« fügen »in kleinen Tagewerken aus aberhundert Einzelinspirationen« ein geformtes Ganzes, das »Unkundige [...] für das Erzeugnis gedrungener Kraft und eines langen Atems hielten« (S. 510).

Übersetzen wir uns den beschriebenen konstitutionellen Konflikt, der im Werk Thomas Manns immer wieder in neuer Ausstattung durchgespielt wird, in eine einfache psychische Gestalt – als ein vorsemantisches Phantasma -, dann haben wir das Seelenbild »Festigkeit vs. Entgrenzung« oder »Form vs. Auflösung«. Es ist ein psychisches Muster, das Mann auch bei *seinen* Philosophen (Schopenhauer, Nietzsche) und bei Richard Wagner (*Tristan*) aufspürt. Er bekommt dort nicht nur Bekräftigung, sondern auch konkrete intellektuelle und ästhetische Mittel, die Gefahren dieses Musters zu bannen.

Nietzsche: Askese und Rausch

Thomas Mann verdankte Nietzsches Philosophie die Legitimierung seiner als besonders heikel empfundenen Existenz und verstand sie dabei als – letztlich lebensförderliche – Kritik des »Lebens«. Damit ist Nietzsche, der Psychologe und Kulturanalytiker, gemeint und nicht sein Metaphysikersatz des *Willens zur Macht* (von dem Mann nur Ausprägungen wie Selbstbehauptung und Ehrgeiz anerkannte). Das psychologische Muster »Festigkeit vs. Entgrenzung« / »Form vs. Auflösung« ließ sich in Nietzsches eigener Biografie in geradezu tragischer Konkretion ausmachen. Das galt vor allem für Nietzsches philosophischen Erstling, die *Geburt der Tragödie aus dem Geiste der Musik*, den man nicht nur als Übersetzung Schopenhauers in Mythologie und Ästhetik, sondern auch als einen psychologischen Selbstversuch durch Einfühlung verstehen kann. Thomas Mann übernimmt dieses Triebmodell der Grundspannung zwischen apollinischer Form und dionysischer Entgrenzung schon sehr früh (*Der kleine Herr Friedemann*, 1896) und erzählt es bis zum *Doktor Faustus* immer wieder durch. Es entspricht einem eigenen, wiederkehrenden Erlebnisablauf.

Der asketische Priester

Ein anderes psychologisches Modell – es entwirft einen Persönlichkeitstypus – findet Thomas Mann in der *Genealogie der Moral* (1887) vor: den *asketischen Priester*. Dessen zweckhafter Asketismus konnte als direkte Anleitung verstanden werden, wie – lebenspraktisch gedacht – auch ein *armer Neurastheniker* zu Macht und Ehren kommen konnte. Gewiss war Mann diese Anleitung ein privater Trost, und gern gab er sie an hervorstechende Figuren weiter: an Thomas Buddenbrook, Hiero-

---

[20] Thomas Mann: »Mitteilung an die Literaturhistorische Gesellschaft in Bonn«, in: Ders.: GKFA, Bd. 14.1: *Essays I. 1893-1914*, hg. und textkritisch durchgesehen von Heinrich Detering unter Mitarbeit von Stephan Stachorski, Frankfurt a. M. 2002, S. 169-173, hier: S. 173.

nymus, Tonio Kröger, Doktor Überbein, Gustav von Aschenbach, Dr. Krokowski usw.

Was bedeuten asketische Ideale? – dieser »ewig bewundernswürdige Essay«[21] aus der *Genealogie der Moral* gehört zu Nietzsches Kulturkritik, die der neuen Lebensidee des *Zarathustra* Bahn schaffen sollte. Das (christliche) asketische Ideal als der ungeheuerste abendländische Irrtum, aufgestellt von den Schwachen und Schlechtweggekommenen als gleichmacherische Mahnung zum Lebensverzicht, erweist sich als Perversion des Willens zur Macht, die ihn noch als solche bestätigt. Moral, Religion, philosophische Metaphysik, diese Medikationen für die vom Leben Deprimierten – sie sind zugleich Machtinstrumente gegen die Gesunden und Starken. Es handhabt sie der »asketische Priester« im Interesse seiner »kranken Herde« – und seines eigenen Machtwillens. (Nietzsches Paradigma war dabei: Wagner, der Volksverführer und christliche Renegat.) Indem das »asketische Ideal« auch die »Gesunden und Starken« verpflichtet, unterwirft es sie seinem »Priester«. Denn dieses Ideal

> *entspringt dem Schutz- und Heil-Instinkt eines degenerierenden Lebens*, welches sich mit allen Mitteln zu halten sucht und um sein Dasein kämpft; es deutet auf eine partielle physiologische Hemmung und Ermüdung hin, gegen welche die tiefsten, intakt gebliebenen Instinkte des Lebens unausgesetzt mit neuen Mitteln und Erfindungen ankämpfen.[22]

Daraus folgt: der »asketische Priester« muss selber ein *Dégénéré* sein – ein Neurastheniker beispielsweise[23]:

> *Die Herrschaft über Leidende* ist sein Reich, auf sie weist ihn sein Instinkt an, in ihr hat er seine eigenste Kunst, seine Meisterschaft, seine Art von Glück. Er muß selber krank sein, er muß den Kranken und Schlechtweggekommenen von Grund aus verwandt sein, um sie zu verstehen – um sich mit ihnen zu verstehen; aber er muß auch stark sein, mehr Herr noch über sich selbst als über andere, unversehrt namentlich in seinem Willen zur Macht [...].[24]

Das also ist der Fall Thomas Buddenbrooks oder Gustav von Aschenbachs: die »physiologische Hemmung und Ermüdung« teilen sie mit der »kranken Herde«. Aschenbach, der Neurastheniker, ist »der Dichter all derer, die am Rande der Erschöpfung arbeiten«, doch eines hat er ihnen voraus: den unversehrten *Willen zur Macht* – »sein ganzes Wesen [war] auf Ruhm gestellt« (S. 508). (An dieser Stelle mag sich auch eine Irritation des Lesers auflösen über die zwei unterschiedlichen Erscheinungsformen von *Wille* in unserem Zusammenhang. Es handelt sich dabei 1. um den »Willen« im medizinisch-psychiatrischen Verstande, wie er im Terminus

---

[21] Mann: Betrachtungen eines Unpolitischen, S. 94.

[22] Friedrich Nietzsche: *Werke in drei Bänden*, hg. von Karl Schlechta, München 1955, hier: Bd. II, S. 861.

[23] Nietzsche ist 1888 bekannt mit dem Nervendiskurs seiner Zeit, und er erkennt auch den Neurastheniker im »asketischen Priester«; Nietzsche: Werke, Bd. II, S. 778: »jene den Priestern aller Zeiten fast unvermeidlich anhaftende intestinale Krankhaftigkeit und Neurasthenie«.

[24] Nietzsche: Werke, Bd. II, S. 866 f.

»Willensschwäche« der Nervenliteratur angesprochen wird und 2. um einen sozusagen verbürgerlichten »Willen zur Macht«, der nicht viel mehr meint als extremen Ehrgeiz.) Auf diese Weise können Thomas Manns neurasthenische Helden, angestachelt von ihrem intakten Machtwillen, ihren physiologisch »gehemmten« und »ermüdeten« Lebenswillen zur Konzentration zwingen – »Willensverzückung« (S. 512) heißt das für Aschenbach, »Selbstknechtung des Willens«[25] nannte es sein Autor für sich selbst. Es handelt sich also um eine systolische Bewegung – um Kontraktion, Kompression, Konzentration. Als derart hergestellte Festigkeit kommt sie unter in dem schon bezeichneten Seelenbild: »Festigkeit vs. Entgrenzung« / »Form vs. Auflösung«.

Apollinisch – Dionysisch

Thomas Mann hat schon sehr früh Nietzsches Bestimmungen des *Apollinischen* und des *Dionysischen* zur Modellierung eines intensiven und als bedrohlich gewerteten Gefühlserlebnisses aufgegriffen. Es muss sich wiederholt haben – und wird deshalb von Thomas Mann auch immer wieder neu erzählt. Als er 1935 im Josephsroman Potiphars Weib in ihr Gefühlsabenteuer mit dem jungen Israeliten verstrickt, kommentiert er sich selbst:

> Das Lied vom errungenen, scheinbar gesicherten Frieden und des den treuen Kunstbau lachend hinfegenden Lebens, von Meisterschaft und Überwältigung, vom Kommen des fremden Gottes war im Anfang, wie es in der Mitte war. Und in einer Lebensspäte, die sich im menschheitlich Frühen sympathisch ergeht, finden wir uns zum Zeichen der Einheit abermals zu jener alten Teilnahme angehalten.[26]

Im Anfang war *Der kleine Herr Friedemann* (1896): Johannes Friedemann hat einen Buckel (Thomas Manns neu gefundene *Maske* für abweichende Geschlechtlichkeit), und deshalb muss er auf die Liebe verzichten. Dafür friedet er seine Sehnsucht mit Lektüre, Geigenspiel und Theaterbesuchen ästhetisch ein. Da kommt eines Tages aus der Fremde die fatale Frau von Rinnlingen und erregt trotz seines Widerstands sein Begehren. Der *Kunstbau* gibt nach, Friedemann gerät außer sich und gesteht ihr schließlich seine Liebe. Abgewiesen, ertränkt er sich selbst.

Es wird diesmal noch nicht explizit, doch der Verlauf des Geschehens folgt dem Muster Nietzsches in der *Geburt der Tragödie aus dem Geiste der Musik* (1872). Der Altphilologe Nietzsche hatte sich die philosophisch-psychologischen Positionen von Schopenhauers *Welt als Wille und Vorstellung* als *Kunsttriebe* in die griechische Antike übersetzt. Er sieht sie verkörpert in den beiden *Kunstgottheiten* Apollon und Dionysos, denen er bestimmte Eigenschaften zuschreibt, die sowohl menschliche Bewusstseinszustände als auch ästhetische Haltungen ausdrücken. Apollon ist hier der Gott des Traums (Schopenhauer: Welt als Vorstellung), und er vertritt eine Reihe von zugehörigen Aspekten: Schein, Bewusstheit, Begrenztheit /

---

[25] Mann: Mitteilung, S. 173.

[26] Thomas Mann: *Joseph und seine Brüder II*, in: Ders.: *Gesammelte Werke in 13 Bänden*, Frankfurt a. M. [2]1974, Bd. V, S. 1083.

Plastizität, Individuation. Dionysos ist hierzu der Gegenspieler. Er ist der Gott des Rausches (Schopenhauer: Welt als Wille) und als seine Aspekte gelten: Identität mit dem *Ur-Einen,* Ekstase, Entgrenzung, Aufhebung des *principium individuationis.* Diese beiden Komplexe werden nun gegeneinander und zunehmend aufeinanderzubewegt und ergeben interessante Mischverhältnisse. Nietzsche kommt dabei zu eindrucksvollen Exemplifikationen – wie im Falle der immer drohenden Invasion dionysischer Kulte aus dem barbarischen Ausland:

> Ich vermag nämlich den *dorischen* Staat und die dorische Kunst mir nur als ein fortgesetztes Kriegslager des Apollinischen zu erklären: nur in einem unausgesetzten Widerstreben gegen das titanisch-barbarische Wesen des Dionysischen konnte eine so trotzig-spröde, mit Bollwerken umschlossene Kunst, eine so kriegsgemässe und herbe Erziehung, ein so grausames und rücksichtsloses Staatswesen von längerer Dauer sein.[27]

Es ist nicht schwer, solche Einschätzungen auch als psychologische Metaphern zu verstehen – vom »leeren und strengen Dienste der Form« (S. 512) über die »spröden Mittel« (ebd.) seiner Kunst bis hin zum Selbstverständnis Gustav von Aschenbachs als »Soldat und Kriegsmann« (S. 568) bezeichnen sie seine »apollinische« Seelenverfassung: »die Kunst war ein Krieg« (ebd.). Dies als Beispiel für Thomas Manns Lektüre der *Geburt der Tragödie*: mit deren Grundpositionen können sowohl der seelische Vorgang der *Verdrängung* wie auch der einer *Wiederkehr des Verdrängten* auf geradezu psychoanalytische Weise bildlich ausgedrückt werden.[28]

Zu dieser Verbildlichung gehört auch, dass das Dionysische als Invasion erscheint, als *von außen hereinbrechend* (S. 582) und als scheinbar *fremd* (S. 583). Nietzsche fasst das in das Bild vom »dionysischen Festzug von Indien nach Griechenland [Europa]«[29]. Dieser Gedanke der Invasion des *asiatischen Dionysos* wird im *Tod in Venedig* erstmals aufgegriffen und als (psychischer) Vorgang des »Heranziehens« und schließlich »Hereinbrechens« symbolisch dargestellt: Von der »Wanderung« (S. 578) der indischen Cholera nach Europa und von den zunehmend aggressiveren, auf Aschenbach bezogenen Figuren – beginnend mit dem mysteriösen *Wanderer* am Nordfriedhof, dessen »Aussehen ein Gepräge des Fremdländischen und Weitherkommenden« (S. 503) hat. In Aschenbachs *furchtbarem Traum* geschieht dann die Ankunft des »fremden Gottes« (S. 583): »Aus diesem Traum erwachte der Heimgesuchte entnervt, zerrüttet und kraftlos dem Dämon verfallen.« (S. 584)

So also gestaltet sich die *Wiederkehr des Verdrängten* nach Nietzsches Muster (in dem die antike Metaphorik erkennbar auch durch private Einfühlung gewonnen wurde). Auf einer einfacheren – noch nicht trieborientierten – Ebene bildet der Gegensatz *Apollinisch vs. Dionysisch* die seelische Grundbewegung »Festigkeit vs. Entgrenzung / Form vs. Auflösung« ab. In Nietzsches Bild gefasst: Apollinische

---

[27] Nietzsche: Werke, hier: Bd. I, S. 35.

[28] Nietzsches Schrift ist als Beschreibungsmodell für diesen Vorgang recht befriedigend und 1896, als Thomas Mann dieses im *Kleinen Herrn Friedemann* erstmals einsetzt, den ersten Ansätzen Freuds in den Hysterie-Studien noch überlegen.

[29] Nietzsche: Werke, Bd. I, S. 113.

»Bollwerke« gegen »den einbrechenden Strom des Dionysischen«[30], Plastisches gegen Flüssiges.

Schopenhauer: Wille und Vorstellung

Die Philosophie Arthur Schopenhauers ist wohl die bedeutendste Weltorientierung Thomas Manns, an die er sich auch zeitlebens gehalten hat. Sie war vor allem strukturgebend. Das heißt zum einen, sie bot eine systematische Weltinterpretation mit intensivem Bezug zur praktischen Lebenswelt: diese wird hier immer wieder erläutert. Zum andern werden die *Welt als Wille* und die *Welt als Vorstellung* als Entfaltung *eines* Gedankens (»Die Welt ist die Selbsterkenntnis des Willens«) sprachlich-kompositorisch so dargestellt, dass ein dichtes Beziehungsnetz entsteht: Alles hängt mit allem zusammen. Der hochassoziative Denker und Schreiber Thomas Mann hat sich gerade an dieser Darstellungsform ein Beispiel genommen – augenfällig wird das an den systematisch eingesetzten Leitmotiven, die aber nur die Hauptknoten in einem fein gesponnenen, bis ins Lautliche reichende Netz sind. (Solche sprachliche Netzweberei lässt sich – bei entsprechender Disposition – trainieren.) Diese Schreibweise erreicht im *Zauberberg* erstmals Perfektion, und Thomas Mann muss um der Zusammenhänge willen empfehlen, den Roman zweimal zu lesen[31] – was ja auch schon Schopenhauer den Lesern seines Buches anriet.

Kurz referiert, hat Schopenhauer folgenden Ideenzusammenhang entfaltet: Kants *Ding an sich* ist bestimmbar – es ist der *Wille*. Er ist eine metaphysische Entität mit der einzigen Qualität zu *wollen*. In seinem Bedürfnis, sich selbst erkennbar zu sein, muss er sich selbst zum Objekt werden – und zündet sich dazu eine Laterne an: den Intellekt des Menschen. Mit ihm wird der Wille sich selbst gegenständlich, erscheint er sich als *Vorstellung*. Diese Vorstellung allerdings hat den Nachteil, reines *Gehirnphänomen* – Schein, Illusion – zu sein. Überdies ist das die Vorstellung erzeugende menschliche Gehirn durch *Denkschranken* eingeengt, die den Charakter der *Vorstellungs*-Welt prägen: Raum, Zeit und Kausalität mit dem *principium individuationis* als wichtigster Konsequenz.

Dies in etwa ist der Rohbau der Zwei-Welten-Lehre Schopenhauers – die metaphysische Realität der *Willens*-Welt steht der Scheinwirklichkeit der *Vorstellungs*-Welt gegenüber. Die eigentliche *Wahrheit* liegt im Willen, die *Täuschung* in der scheinbar so materiell-konkreten Vorstellung – so ist beispielsweise das menschliche *Subjekt* (als Individuation) illusionär.

Diese Philosophie hat zwei Pole, und auch der Schriftsteller, der sie seinerseits erzählt, kann im Feld dazwischen effektvoll schalten und walten. Beispiele sind hier: Schon Thomas Buddenbrook, unzufrieden mit seiner misslungenen Individuation, tröstet sich schopenhauerisch über den Tod, der ihn davon erlösen wird: »In allen Denen werde ich sein, die je und je Ich gesagt haben, sagen und sagen werden: *besonders aber in Denen, die es voller, kräftiger, fröhlicher sagen …*«[32]. Hans Castorp,

[30] Nietzsche: Werke, Bd. I, S. 35.

[31] Thomas Mann: »Einführung in den ›Zauberberg‹«, in: Ders.: GW, Bd. XI: *Reden und Aufsätze 3*, Frankfurt a. M. ^{2}1974, S. 610.

[32] Mann: Buddenbrooks, S. 725.

der auf dem Zauberberg ins metaphysisch Zeitlose versetzt wird, erfährt das mystische *nunc stans* beim Essen: als Wiederkehr immer derselben »Mittagssuppe«[33] – und erlebt so denn Schopenhauers zeitlos *ewigen Mittag*. – Felix Krull, der in seiner Hochstaplerlaufbahn in alle möglichen Identitäten schlüpft, hat kein Ich, seine Individuation ist reiner Schein. Welche Rolle er auch gerade spielt, es gilt: »Verkleidet also war ich in jedem Fall, und die unmaskierte Wirklichkeit [...], das Ich-selber-Sein, war nicht bestimmbar, weil tatsächlich nicht vorhanden«[34]. Das ganze Illusionstheater der *Bekenntnisse des Hochstaplers Felix Krull* ist ein Spiel zwischen *Wille* und *Vorstellung*.

Dieses Oszillieren zwischen der illusionären Vorstellungswelt und der eigentlichen Willenswelt wird auch als reines Gefühl erlebt – gut fassbar am Beispiel der *Individuation*. Als der bedrängte Thomas Buddenbrook Schopenhauers Kapitel *Über den Tod und sein Verhältnis zur Unzerstörbarkeit unseres Wesens an sich* lesen darf und erfährt, dass die Auflösung seines Ichs ihn nur in seine eigentliche – allumfassende – Willensexistenz überführt, reagiert er so:

> *Er fühlte sein ganzes Wesen auf ungeheuerliche Art geweitet* und von einer schweren, dunklen Trunkenheit erfüllt; seinen Sinn *umnebelt* und vollständig berauscht von irgend etwas unsäglich Neuem, Lockendem und *Verheissungsvollem*, das *an erste, hoffende Liebessehnsucht* gemahnte.[35] (Hervorh. M. D.)

Thomas Buddenbrook befindet sich hier an der Gefühlsgrenze seiner Individuation, die sich gleichsam ins Metaphysische weitet und das mit starkem erotischem Einschlag, als Verheißung. Genau dieses Gefühlserlebnis hat sich Nietzsche dann mit dem *Dionysischen* übersetzt, worin ihm Thomas Mann gefolgt ist.

Auch Aschenbach bewegt sich auf diese Gefühlsgrenze zu. Den Anstoß zu dieser Bewegung gibt der aggressive Mann am Nordfriedhof mit dem »Gepräge des Fremdländischen und Weitherkommenden« (S. 503) – in der Symbolebene vertritt er ineins die »Wanderung« der »indischen Cholera« (S. 578) und den Zug des *fremden Gottes* Dionysos von Indien nach Europa. Aschenbach fühlt sich davon auf irgendeine Weise berührt (auf der psychoanalytischen Ebene: das Verdrängte wird angesprochen).

> Mochte nun aber das *Wandererhafte* in der Erscheinung des *Fremden* auf seine Einbildungskraft gewirkt haben oder sonst irgendein physischer oder seelischer Einfluß im Spiele sein: eine *seltsame Ausweitung seines Innern* ward ihm ganz überraschend bewußt, eine Art schweifender Unruhe, ein *jugendlich durstiges Verlangen in die Ferne,* ein Gefühl, so lebhaft, so neu oder doch so längst entwöhnt und verlernt [...] (S. 504; Hervorh. M. D.)

Thomas Buddenbrook und Aschenbach reagieren gleich: ihr Inneres wird ausgeweitet, Sehnsucht, Verlangen kommt herauf, und der Tod wird als erotische Verheißung

---

[33] Thomas Mann: *Der Zauberberg*, hg. und textkritisch durchgesehen von Michael Neumann, in: Ders.: GKFA, Bd. 5.1, Frankfurt a. M. 2002, S. 280.

[34] Mann, Thomas: *Bekenntnisse des Hochstaplers Felix Krull*, in: Ders.: GW, Bd. VII: *Der Erwählte / Bekenntnisse des Hochstaplers Felix Krull*, Frankfurt a. M. ^{2}1974, S. 498.

[35] Mann: Buddenbrooks, S. 722.

erfahren – von Aschenbach erst am Ende seines Weges: im »Nebelhaft-Grenzenlosen« als das »Verheißungsvoll-Ungeheure« (S. 592). Mit Schopenhauer ist das ein *Zerbrechen des principii individuationis*, nach Nietzsche *dionysische Ekstase*, psychoanalytisch *Desintegration*. Zugrunde liegt die *neurasthenische* Selbsterfahrung des Autors Thomas Mann, der sich dafür seine Modelle gesucht hat, die sie ihm benennen und bebildern.

Sie modellieren ihm auch den Gegenpol in dieser Selbsterfahrung: *Festigkeit*, *Form*. Mit Schopenhauer heißt er (illusionäre) *Vorstellung*, *Individuation*, Nietzsche nennt ihn das *Apollinische*, die Psychoanalyse das *Ich*. Der *Neurastheniker* setzt alles daran, diesen Pol des Selbst zu halten und zu stärken – durch Kompression, Kontraktion, Konzentration. Im *Zauberberg* findet sich das beste Bild dafür: Hans Castorp liegt, am Ende seiner großen Phantasie vom Menschen, umstrickt von Schlaf und Traum im Schnee, die »Beine mit den Ski-Hölzern von sich gestreckt«[36], und ist in Todesgefahr. Da vermag er sich schließlich zusammenzureißen und kommt wieder zu sich: »Auf, auf! Die Augen auf! Es sind deine Glieder da im Schnee! Zusammenziehn und auf! Sieh da, – gut Wetter!«[37]

Empfundene Poetik: »Süßer Schlaf!«

Die Strukturphantasie »Festigkeit vs. Entgrenzung« / »Form vs. Auflösung«, deren Realisierung auf unterschiedlichen Ebenen zu beobachten war, gewinnt in *Süßer Schlaf!*, einer kleinen Gelegenheitsarbeit von 1909, vorwiegend gefühlshafte Gestalt. Hiermit, meine ich, hat Thomas Mann sie in ihrer tiefsten Wahrnehmungsschicht dargestellt. Seine Beschreibungsmittel orientieren sich an Schopenhauers System, bleiben aber Gefühlsmetaphern.

Der Tenor: »Wir treten, Geschöpfe des blinden Dranges, aus leidloser Nacht in den Tag und wandern […] den Passionsweg des Lebens.«[38] Wäre er ohne vorläufiges Ziel, wir würden ihn bald nicht mehr gehen können. Doch die »heimatliche Nacht« ist regelmäßig eingeschaltet, die »grelle und zehrende Flamme des Bewusstseins« erlischt und wir kehren zurück an die »Brust des Schlafes«, in den »Schoß der Nacht«[39]. Im Bett, dem »metaphysischen Möbelstück«, schaukeln wir wie in einem »Zaubernachen« hinaus »auf das Meer des Unbewusstseins und der Unendlichkeit«[40].

> Das Meer! Die Unendlichkeit! Meine Liebe zum Meer, dessen ungeheure Einfachheit ich der anspruchsvollen Vielgestalt des Gebirges immer vorgezogen habe […] Ich habe in mir viel Indertum, viel schweres und träges Verlangen nach jener Form oder Unform des Vollkommenen, welche ›Nirwana‹ oder das Nichts benannt ist, und obwohl ich ein Künstler bin, hege ich eine sehr unkünstlerische Neigung zum Ewigen, sich äußernd in einer Abneigung gegen

---

[36] Mann: Zauberberg, S. 745.
[37] Ebd., S. 749.
[38] Thomas Mann: »Süßer Schlaf!«, in: Ders.: GKFA, Bd. 14.1, S. 202-209, hier: S. 202.
[39] Ebd., S. 202 ff.
[40] Ebd., S. 205.

> Gliederung und Maß. Was *dagegen* spricht […], ist Korrektur und Zucht, ist […] *Moral* …[41]

Gefühlshaft – als Introspektion – erscheinen hier Schopenhauers zwei Weltpole: als träge Neigung zum Nichts, zur »Unform des Vollkommenen«, zum Ewigen (*Wille*) und als mühevoller Gegensatz dazu die anstrengende Vielgestalt, Gliederung und Maß (*Vorstellung*). (Die Schopenhauer-Lektüre hat diese Gefühlspole nicht geschaffen, sondern als bereits vorhandene nur modelliert.) Die Reaktion des Künstlers auf diese beiden Pole nennt Mann *Hingebung* und *Sammlung*[42]. Sie entsprechen genau der leib-seelischen Doppelbewegung von *Diastole* (»Ausweitung seines Innern«) und *Systole* (»Zusammenziehn«).[43] In der Beschreibung des *Sammlungs*-Vorgangs macht Thomas Mann auch nachdrücklich darauf aufmerksam, dass er hier von einer tiefen Empfindung spricht. Diese bis 1909 eindringlichste Darstellung einer Art Schöpfungs-Metaphysik verdient Ausführlichkeit:

> Was »Sammlung« sei, jenes schöpferische Gegenteil der Zerstreuung […], das will empfunden sein; und ist es nicht seltsam, daß eine bestimmte Vorstellung mir immer wieder die tiefste Empfindung des Wortes vermittelt – die Vorstellung nämlich von dem Zustandekommen des Fötus im Leibe der Mutter? […] Das Antlitz ist anfänglich vorne offen, es wächst von beiden Seiten allmählich nach der Mitte zusammen, es schließt sich langsam und sicher zusammen zu diesem unserem symmetrischen, schauenden, wollenden, individuell-konzentrierten Ich-Gesicht … sieh, und dieses Sichzusammenschließen, Sichabschließen, Sich-zur-entschiedenen-Gestalt-Herausbilden aus der Welt der Möglichkeiten, diese Vorstellung ist es, die mich zuweilen ahnend verstehen läßt, was sich hier eigentlich hinter der Erscheinung vollzieht.[44]

Sammlung als Individuation, als Gestaltschließung, als Schaffung einer Form – wer hier auch an die Entstehung eines literarischen Textes denkt, erfasst wohl das Mitgemeinte. Thomas Mann hebt jetzt den Vorgang ins Metaphysische:

> Mir ist dann, als sei alles individuelle Dasein als Folge zu begreifen eines übersinnlichen Willensaktes und *Entschlusses zur Konzentration*, zur Begrenzung und Gestaltung, zur Sammlung aus dem Nichts, zur Absage an die Freiheit, die Unendlichkeit, an das Schlummern und Weben in raum- und zeitloser Nacht – eines sittlichen Entschlusses zum Sein und zum Leiden.[45]

Und nun der Analogieschluss auf die Kunst:

---

[41] Mann: Süßer Schlaf, S. 205.
[42] Ebd., S. 205 f.
[43] Thomas Mann konnte diese Bewegung als Benennung und Bestätigung eigener Erfahrung natürlich bei Goethe finden.
[44] Mann: Süßer Schlaf, S. 206.
[45] Ebd. Das Vorstehende ist eine Anspielung auf Schopenhauers Konzept des *intelligiblen Charakters*, wonach das Individuum sich als metaphysisches frei so gewollt hat (»übersinnlicher Willensakt«), wie es sich nun als empirisches in Raum und Zeit ausleben muss.

> Die Moral des Künstlers ist Sammlung, sie ist die Kraft zur egoistischen Konzentration, der Entschluß zur Form, Gestalt, Begrenzung, Körperlichkeit, zur Absage an die Freiheit, die Unendlichkeit, an das Schlummern und Weben im unbegrenzten Reich der Empfindung – sie ist mit einem Wort der Wille zum Werk.[46]

In der Poetik von *Süßer Schlaf* wird die leib-seelische Strukturphantasie »Festigkeit vs. Entgrenzung / Form vs. Auflösung« erstmals zusammenhängend ausformuliert – als Gespanntheit zwischen den Gefühlstendenzen *Sammlung vs. Hingebung.* Diese Hingebung und Sammlung werden erlebt nach dem Muster von *Diastole* und *Systole.* Die um diese beiden Pole gelagerten gefühlshaften Phantasien – wie »Schlummern und Weben im unbegrenzten Reich der Empfindung« vs. »Konzentration, Form, Gestalt, Begrenzung, Körperlichkeit« – werden mit der *Welt als Wille und Vorstellung* geordnet und sinnvoll gemacht (und sind nicht umgekehrt ein Produkt der Schopenhauer-Lektüre). In der besonders »flüssigen« Schreibsituation des *Tod in Venedig* lässt sich die Wirksamkeit dieser Strukturphantasie gut beobachten.

Venedig: Sammlung und Hingebung

Der Tod in Venedig hat seinen Ursprung in einem realen Erlebnis, dessen Erschütterung noch lange nachwirkte. Die Verfassung, in der Thomas Mann dann zu schreiben begann, war ungewöhnlich erregt und labil.[47] Er erinnert sich später:

> »Weißt du noch? Höherer Rausch, ein außerordentlich Fühlen
> Kam auch wohl über dich einmal und warf dich danieder,
> Daß du lagst, die Stirn in den Händen. Hymnisch erhob sich
> Da deine Seele, es drängte der ringende Geist zum Gesange
> Unter Tränen sich hin.«[48]

Doch zum »trunkenen Lied« geriet es ihm nicht, es folgte ein »kältend Bemeistern« – die Novelle entstand. Für sie blieb aber noch genug übrig vom »höheren Rausch«, um einen außerordentlichen *Flow* zu unterhalten: Alle vom Erlebnis vorgegebenen Wirklichkeitselemente erwiesen »aufs verwunderlichste [ihre] kompositionelle Deutungsfähigkeit«, »schossen zusammen«[49], und Mann erwähnt an dieser Stelle jene so seltene wie ersehnte Variante des *ozeanischen Gefühls*, die hier unbedingt dazugehört: »Auch damit mochte es zusammenhängen, daß ich bei der [...] Arbeit an der Novelle momentweise das Gefühl eines gewissen absoluten Wandels, einer gewissen souveränen Getragenheit erprobte, wie ich es sonst nicht gekannt hatte«[50]. Es ist diese hochassoziative, »flüssige« Verfassung, die einer Selbstrealisierung der Struk-

---

[46] Ebd., S. 207. Die Austarierung, die Thomas Mann dann zwischen den Polen vornimmt, um zu seiner ambivalenten Künstlermoral zu gelangen, ist nicht Teil meiner Argumentation. Es geht ihr nur um die Feststellung dieser Pole selbst.
[47] Ausführlich hierzu Dierks: Der Wahn, S. 240-42.
[48] Thomas Mann: »Gesang vom Kindchen. Idylle«, in: Ders.: GW, Bd. VIII: *Erzählungen / Fiorenza / Dichtungen*, Frankfurt a. M. ^{2}1974, S. 1068-1101, S. 1069.
[49] Mann: Joseph und seine Brüder II, S. 123 f.
[50] Ebd., S. 124.

turphantasie: »Sammlung vs. Hingebung« / »Zusammenziehen vs. Ausweitung« / »Form vs. Auflösung« außerordentlich günstig war. Sie bildet die psychische Grundschicht des Textes, über und mit der sich die *Wiederkehr des Verdrängten* ereignet.

Venedig: Es ist die Symbolstadt schlechthin, in jeder möglichen Hinsicht. 1907 schreibt Georg Simmel ihrem Bild seine Sicht ein: Kulisse – ohne etwas dahinter. Und er nimmt diese Wertung von Schopenhauer auf: *Vorstellung* ohne *Willenssubstanz*, »Schein ohne Sein«.[51] Venedig sei zweideutig, führe ein Doppelleben zwischen Land und Wasser – und gehöre doch zu keinem von beiden. Die Novelle Thomas Manns wird schließlich bei einer ähnlichen Einsicht ankommen: Venedig als Vorwerk Europas mit *morgenländischem Tempel*, als Wasser durchzogenes Festland vorm Meer, als *Sumpf*, ist immer schon zwiespältig und hinfällig. Es verteidigt nicht, es kommt der Invasion entgegen – der Wanderung der asiatischen Cholera, dem Zug des indischen Dionysos. Deshalb ist Venedig auch der angemessene Ort, an dem sich Aschenbachs erzwungene und unterminierte *zweite Unbefangenheit und Form* infiziert und auflöst.

Phantasie »Sammlung«: Im Eingang des Geschehens verlässt Aschenbach gerade den idealtypischen Ort für »Sammlung« – seine Wohnung, die Arbeit am Schreibtisch, die er zu leisten versucht wie es erfordert war: mit »höchste[r] Behutsamkeit, Umsicht, Eindringlichkeit und Genauigkeit des Willens« (S. 501). Vergeblich, denn er hat eine Schreibhemmung (S. 506). Deshalb »sucht er das Freie« (S. 501) und nimmt schließlich den Weg über »die offene Flur« (ebd.). Die scheiternde systolische Bewegung geht über in eine gegenläufige *diastolische*, die sich ins Freie, Offene wendet. Durch die Begegnung mit dem Wanderer am Nordfriedhof wird die Perspektive noch einmal – in große Ferne – geweitet: Der Mann besitzt das »Gepräge des Fremdländischen und Weitherkommenden« (S. 503) und erregt in Aschenbach die Vision der sumpfigen indischen Urweltwildnis. So entwirft der Eingang der Novelle bereits ihre Grundbewegung: das Abrücken vom Konzentrationspol »Sammlung« und das Hinübertreiben zur auflösenden »Hingebung«. (Ich stelle mir das als ein Leitphantasma beim Schreiben vor, an das die Inhalte anschießen.)

»Sammlung« als *akkumulierender* Vorgang wird im Text verschiedentlich vorgestellt, so als Bild von den »epischen Massen«, die in »kleinen Tagewerken aus aberhundert Einzelinspirationen zur Größe emporgeschichtet« (S. 510) werden. Als *Kontraktion* erscheint »Sammlung« im Symbol der geschlossenen Faust, die Aschenbachs ständige Willensanspannung bedeuten soll (S. 509) – und die sich öffnet, »die Handflächen vorwärts kehrend« zur »willkommen heißende[n], gelassen aufnehmende[n] Gebärde« (S. 549), als er seinen Widerstand gegen die »Begeisterung seines Blutes« (S. 548) endlich aufgibt. Und besonders die *Form* liegt im Sammlungspol, als »Ergebnis und Ausdruck der Zucht« (S. 514), als Kunst und als geordnete Welt, die sich aber, wenn der Wille nicht mehr durchhält, verfratzen kann oder »heilig entstellen« (S. 560) – und endgültig eingehen ins »Nebelhaft-Grenzenlose« (S. 592).

---

[51] Georg Simmel: »Venedig«, in: *Gesamtausgabe*, Bd. 8, Teilbd. II, Frankfurt a. M. 1993, S. 258-263.

Phantasie »Hingebung«: Sie ist der Zielpol, auf den alles zuläuft. Der gesamte Text ist imprägniert mit Realisierungen dieser Phantasie oder Anspielungen darauf – beispielsweise über die Eigenschaft »fremd, Fremdheit«. Sie meint den »fremden Gott« (Dionysos) und seine Invasion und läuft in einer kryptischen Anspielungskette vom »Fremdländischen« (S. 503) des Wanderers am Friedhof über Anklänge wie die »Fremdheit« (S. 552) des polnischen Knaben bis zur Selbsthingebung Aschenbachs als »dem fremden Gotte gehörig« (S. 584).

Als leiblich-seelische Empfindung von »Hingebung« taucht *Weitung, Entfernung* auf. Aschenbach, vom »Sammlungs«-Effekt gelingenden Schreibens nicht mehr geschützt und gehalten, hat einen »weiteren Spaziergang« (S. 501) unternommen, an dessen Ende er dem fremden Wanderer begegnet, »scharf spähend ins Weite« (S. 503) – mit ungewohnter Folge: »eine seltsame Ausweitung seines Innern ward ihm ganz überraschend bewußt« (S. 504). Diese *diastolische* Empfindung bestimmt sich etwas näher mit »schweifende Unruhe« (ebd.) und »Verlangen in die Ferne« (ebd.) und stiftet eine Reihe von Einzelbewegungen, die etwas gemeinsam haben, sie sind zentrifugal, flüchten den Sammlungspol: »ein Zug seines Innern« (S. 516) führt Aschenbach an den Ort seiner Auflösung, immer wieder »den Blick im Weiten« (S. 521), im »Unbegrenzten« (S. 536), das Schweifende wird zu »Ausschweifung« (S. 556), er gerät »außer sich« (S. 581), und schließlich folgt er seinem Psychagogen, der, »das Gesicht der Weite zugekehrt« (S. 591), »vorm Nebelhaft-Grenzenlosen« (S. 592) wandelt. Es handelt sich um einen Sog der Entgrenzung und Entleerung vom Ende des Textes her (in dem die Vorstellungswelt in die leere Willenswelt zurückkehrt).

Die Phantasie »Hingebung« realisiert sich auch als *Flüssig- und Formloswerden* von Festem und Geformtem. Das treffendste Bild dafür ist »Morast, Sumpf«, in dem sich Erde und Wasser verbinden, und Thomas Mann hat es natürlich in Venedigs Lagune und seinen Kanälen gefunden. Es taucht auf in Aschenbachs Vision eines »tropische[n] Sumpfgebiet[s] unter dickdunstigem Himmel, feucht, üppig und ungeheuer, eine Art Urweltwildnis aus Inseln, Morästen und Schlamm führenden Wasserarmen« (S. 504), Abbild seiner »Begierde« (ebd.) und Vorausdeutung auf Venedig. Ein »breiiger« Tintenrest (S. 517) erinnert diese Empfindung. Sie geht dann auf Flüssiges über: Als Aschenbach einer »Entstellung der Welt ins Sonderbare« (S. 519) Einhalt gebieten will, erschreckt ihn »das Gefühl des Schwimmens« (ebd.) und hindert ihn. Auch sein Blick entgleitet ihm zuweilen, er »verschwimmt« (S. 536) ihm. In einer Phase der Selbsttäuschung kehrt Aschenbach das Verhältnis zwischen *Form* und *Flüssigem* um: Am Meer sieht er Tadzio – dem er schon das Haupt des Eros zugesprochen hat, »vom gelblichen Schmelze parischen Marmors« (S. 535) – »wie er dem Elemente entstieg und entrann« (S. 539). Das gab mythische Vorstellungen ein, so die »vom Ursprung der Form und von der Geburt der Götter« (S. 540). Später – desillusioniert und in der Auflösung fortgeschritten –, wendet sich ihm dann das Verhältnis zwischen Flüssigem und Geformten wieder ins Negative. Die Form geht ins Flüssige ein: »Arabische Fensterumrahmungen bildeten sich im Trüben [des Kanalwassers] ab. Die Marmorstufen einer Kirche stiegen in die Flut« (S. 567). Schließlich will Aschenbach sich auch gar nicht mehr retten, er kann sich nicht mehr »wegwenden und diesem Sumpfe entfliehen« (S. 581).

Abschließende Überlegung

Ich habe entwickelt, wie Thomas Mann das gestalthafte, vorsemantische Phantasma »Sammlung vs. Hingebung« – das er durch Introspektion bei sich selbst erfasst hat – in ähnlichen leib-seelischen Verfassungen (Neurasthenie, Schopenhauer, Nietzsche) wiedererkennt und ausprägt. So kommt er zu Bildern und Begriffen, die das Phantasma modellieren und ausdrücken (Beispiel: »Apollinisch vs. Dionysisch«) – es bleibt jedoch das primäre Substrat im Schreibprozess. An der Novelle *Der Tod in Venedig* wurde gezeigt, wie sich diese Strukturphantasie realisiert hat – als »Sammlung« etwa durch Gefühlsbilder wie Kontraktion und Akkumulation, als »Hingebung« durch Körperempfindungen wie Weitung oder durch den Eindruck sich auflösender Festigkeit in Morast oder Sumpf.

Der folgende Roman Manns *Der Zauberberg* – konzipiert als komisches Gegenstück zur Venedig-Novelle – realisiert die Strukturphantasie dann in großem Maßstab. Sie erscheint als Polarität von *Form* und *Unform* und wird vor allem nach dem Muster von *Vorstellung vs. Wille* erzählt.[52] Im *Doktor Faustus* schließlich – so verstehe ich es – wird die Strukturphantasie als das behandelt, was sie ist: ein konstitutionelles Problem. Adrian Leverkühn ist bedroht von einer Fragmentierung seines Selbst. Dagegen setzt er das schließlich bis ins Extrem hochgetriebene Ordnungsprinzip seiner Schöpfungen. Als es ihm in der symphonischen Kantate *Dr. Fausti Weheklag* gelingt, mit »einer Formveranstaltung von letzter Rigorosität, die nichts Unthematisches mehr kennt«, »die Identität des Vielförmigsten«[53] abzubilden, hat er tonsemantisch die *Welt als Wille und Vorstellung* reproduziert. Allerdings soll, – »künstlerische Paradoxie«, – gerade »aus der totalen Konstruktion sich der Ausdruck – der Ausdruck als Klage – «[54] gebären. Als Leverkühn dies gelungen ist, zerfällt die ordnende, systolische Strukturphantasie als haltende Konstruktion: »Wir sahen Tränen seine Wangen hinunterrinnen und auf die Tasten fallen, die er, naß wie sie waren, in stark dissonantem Akkorde anschlug.«[55] Vermutlich sind diese Verhältnisse, ausgehend von der psychoanalytischen Selbstpsychologie (Kohut, Wolf u. a.), mit erst zu entwickelnden Kategorien (vor allem zur Rückwirkung vomText zum Autor) noch eindringlicher zu beschreiben.

Erzähler und erzählte Figuren im *Tod in Venedig*

Es handelt sich bei dieser »Tragödie der Entwürdigung«[56] um ein Psychodrama mit nur einer agierenden Person, die systematisch vom Erzähler isoliert wird – räumlich:

---

[52] Die Alternative »Form« und »Unform« hat Thomas Mann in *Süßer Schlaf* selber aufgebracht. Borge Kristiansen hat überzeugend nachgewiesen, dass *Der Zauberberg* in seiner Grundstruktur Schopenhauer zur Orientierung nimmt und sie primär als »Form-Unform-Überform« realisiert, in: Ders.: *Thomas Manns Zauberberg und Schopenhauers Metaphysik*, Bonn ^{2}1986.

[53] Thomas Mann: *Thomas Mann Doktor Faustus. Das Leben des deutschen Tonsetzers Adrian Leverkühn erzählt von einem Freunde*, in: Ders.: GKFA, Bd. 10.2, hg. und textkritisch durchgesehen von Ruprecht Wimmer unter Mitarbeit von Stephan Stachorski, Frankfurt a. M. 2007, S. 706.

[54] Ebd., S. 711.

[55] Ebd., S. 728. Hierzu Manfred Dierks: »*Doktor Faustus* unter dem Aspekt der neuen Narzißmustheorien«, in: *Thomas-Mann-Jahrbuch* 2 (1989), S. 20-40, hier: S. 31-36.

[56] Mann: Joseph und seine Brüder II, S. 125.

in Venedig, auf dem vorgelagerten Lido, hier am »abgesperrten Strand der Hotelgäste« (S. 535), sodass ihm die weitere Umgebung bald als »Außenwelt« (S. 563) vorkommt; – erotisch: denn das weibliche Element wird akribisch beseitigt. »Die Ehe, die er in noch jugendlichem Alter mit einem Mädchen aus gelehrter Familie eingegangen war, wurde nach kurzer Glücksfrist durch den Tod getrennt. Eine Tochter, schon Gattin, war ihm geblieben.« Folgt mit demonstrativer Beschwerung die Angabe: »Einen Sohn hatte er nie besessen.« (S. 515) Auch die Frauen um Tadzio werden geschlechtlich neutralisiert – durch fromme Vornehmheit, Unbeträchtlichkeit oder durch keusche Klösterlichkeit (»nonnenhaft leer und nichtssagend«, S. 530 ff.). Das ist die reizarme Folie, vor der der »aristokratisch bevorzugte« (vgl. S. 531) Erot seine narzisstische Anziehungskraft entfalten kann. Doch auch er bleibt Statist. Der Erzähler präsentiert ihn nur aus der Perspektive Aschenbachs, der auf ihn als Verliebter projiziert – eine eigene Aktivität hat er nicht außer der eines schweigenden Einverständnisses. Dies gilt auch für die vielumrätselten *fremdartigen*, aggressiven Männer, die Aschenbachs Weg kreuzen. Nicht durch sich selbst, sondern durch die zunehmend beunruhigte Projektion seiner erwachenden Homosexualität bekommen sie Funktion und Bedeutung. Alle anderen Figuren gehören zum anonymen Servicepersonal. Aschenbach bleibt »der Einsame« (S. 577).

Die Novelle bildet in verschiedenen Symbolschichten und in einer psychoanalytisch orientierten Ebene die *Wiederkehr des Verdrängten* ab.[57] Meine Untersuchungsabsicht lag jedoch in der Ebene darunter, einer nicht triebtheoretisch bestimmten, nur gestalthaft und als Bewegung wahrnehmbaren. In dieser Ebene können Figuren noch keine eigene Funktion haben.

Literaturverzeichnis

Beard, George M.: *Die Nervenschwäche (Neurasthenia) – ihre Symptome, Natur, Folgezustände und Behandlung*, Leipzig 1881.

Beard, George M.: *Die sexuelle Neurasthenie, ihre Hygiene, Aetiologie, Symptome und Behandlung. Mit einem Capitel über die Diät für Nervenkranke*, Leipzig / Wien 1885.

Dierks, Manfred: »Doktor Faustus unter dem Aspekt der neuen Narzißmustheorien«, in: *Thomas-Mann-Jahrbuch* 2 (1989), S. 20-40.

Dierks, Manfred: »Der Wahn und die Träume in ›Der Tod in Venedig‹. Thomas Manns folgenreiche Freud-Lektüre im Jahre 1911«, in: *Psyche* 44 (1990), H. 3, S. 240-267.

Dierks, Manfred: »Buddenbrooks als europäischer Nervenroman«, in: *Thomas Mann Jahrbuch* 15 (2002), S. 135-151.

[57] Dargestellt in Dierks: Der Wahn.

Dierks, Manfred: »Buddenbrooks und die kapitalistische Moderne«, in: Thomas Sprecher (Hg): *»Was war das Leben? Man wusste es nicht!« Thomas Mann und die Wissenschaften vom Menschen*, Frankfurt a. M. 2008, S. 111-126.

Ehrenberg, Alain: *Das erschöpfte Selbst. Depression und Gesellschaft in der Gegenwart*, Frankfurt a. M. 2004.

Kohut, Heinz: *Die Zukunft der Psychoanalyse. Aufsätze zu allgemeinen Themen und zur Psychologie des Selbst*, Frankfurt a. M. 1975.

Kohut, Heinz: »Thomas Manns ›Tod in Venedig‹. Zerfall einer künstlerischen Sublimierung«, in: Ders.: *Introspektion, Empathie und Psychoanalyse. Aufsätze zur psychoanalytischen Theorie, zur Pädagogik und Forschung und zur Psychologie der Kunst*, Frankfurt a. M. 1977 (engl. 1957), S. 173-194.

Krafft-Ebing, Richard von: *Über gesunde und kranke Nerven*, Tübingen 1885.

Kristiansen, Borge: *Thomas Manns Zauberberg und Schopenhauers Metaphysik*, Bonn 1986.

Mann, Thomas: *Bekenntnisse des Hochstaplers Felix Krull*, in: Ders.: *Gesammelte Werke in 13 Bänden*, Frankfurt a. M. ^{2}1974, Bd. VII: *Der Erwählte / Bekenntnisse des Hochstaplers Felix Krull.*

Mann, Thomas: *Betrachtungen eines Unpolitischen*, hg. und textkritisch durchgesehen von Hermann Kurzke, in: Ders.: *Große kommentierte Frankfurter Ausgabe. Werke – Briefe – Tagebücher*, hg. von Heinrich Detering u. a., Bd. 13.1, Frankfurt a. M. 2009.

Mann, Thomas: *Buddenbrooks*, in: Ders.: GKFA, hg. und textkritisch durchgesehen von Eckard Heftrich unter Mitarbeit von Stephan Stachorski und Herbert Lehnert, Bd. 1.1, Frankfurt a. M. 2001.

Mann, Thomas: »Der Tod in Venedig«, in: Ders.: GKFA, Bd. 2.1: *Frühe Erzählungen*, hg. und textkritisch durchgesehen von Terence J. Reed unter Mitarbeit von Malte Herwig, Frankfurt a. M. 2004, S. 501-592.

Mann, Thomas: *Der Zauberberg*, hg. und textkritisch durchgesehen von Michael Neumann, in: Ders.: GKFA, Bd. 5.1, Frankfurt a. M. 2002.

Mann, Thomas: *Thomas Mann Doktor Faustus. Das Leben des deutschen Tonsetzers Adrian Leverkühn erzählt von einem Freunde*, in: Ders.: GKFA, Bd. 10.2, hg. und textkritisch durchgesehen von Ruprecht Wimmer unter Mitarbeit von Stephan Stachorski, Frankfurt a. M. 2007.

Mann, Thomas: »Einführung in den ›Zauberberg‹«, in: Ders.: GW, Bd. XI: *Reden und Aufsätze 3*, Frankfurt a. M. ^{2}1974, S. 602-617.

Mann, Thomas: »Gesang vom Kindchen. Idylle«, in: Ders.: GW, Bd. VIII: *Erzählungen / Fiorenza / Dichtungen,* Frankfurt a. M. ^{2}1974, S. 1068-1101.

Mann, Thomas: *Joseph und seine Brüder II*, in: Ders.: GW, Frankfurt a. M. ^{2}1974, Bd. V.

Mann, Thomas: »Mitteilung an die Literaturhistorische Gesellschaft in Bonn«, in: Ders.: GKFA, Bd. 14.1: *Essays I. 1893-1914*, hg. und textkritisch durchgesehen von Heinrich Detering unter Mitarbeit von Stephan Stachorski, Frankfurt a. M. 2001.

Mann, Thomas: »Süßer Schlaf!«, in: Ders.: GKFA, Bd. 14.1, S. 202-209.

Mann, Thomas: *Tagebücher 1918-1921*, hg. von Peter de Mendelssohn, Frankfurt a. M. 1979.

Mann, Thomas: *Tagebücher 1933-1934*, hg. von Peter de Mendelssohn, Frankfurt a. M. 1977.

Max, Katrin: *Niedergangsdiagnostik. Zur Funktion von Krankheitsmotiven in »Buddenbrooks«*, Frankfurt a. M. 2008.

Möbius, Paul Julius: *Die Nervosität*, Leipzig ^{3}1906.

Nietzsche, Friedrich: *Werke in drei Bänden*, hg. von Karl Schlechta, München 1955.

Radkau, Joachim: *Das Zeitalter der Nervosität. Deutschland zwischen Bismarck und Hitler*, München / Wien 1998.

Schneider, Peter-Paul: »›… wo ich Deine Zuständigkeit leugnen muß …‹. Die bislang unbekannte Antwort Heinrich Manns auf Thomas Manns Abrechnungsbrief vom 5. Dezember 1903«, in: Bartl, Andrea u. a. (Hg.): *»In Spuren gehen …«. Festschrift für Helmut Koopmann*, Tübingen 1998, S.231-253.

Simmel, Georg: »Venedig«, in: *Gesamtausgabe*, Bd. 8, Teilbd. II, Frankfurt a. M. 1993.

Widmaier-Haag, Susanne: *Es war das Lächeln des Narziß. Die Theorien der Psychoanalyse im Spiegel der literaturpsychologischen Interpretationen des »Tod in Venedig«*, Würzburg 1999.

Alexander Honold

HERR UND HUND. EINE WIEDERBEGEGNUNG

I

Es geht hier um einen *Grenzfall*, der die Spielregeln dessen, was literarische Fiktion kann und darf, aufs Heikelste strapaziert, obwohl seinerzeit und bis heute kaum jemand daran Anstoß genommen zu haben scheint. Thomas Mann war nicht zimperlich, wenn es galt, aus dem Nähkästchen zu plaudern. Die kreative Phantasie des Autors war als Erfindungsgabe genommen von eher mäßigem Temperament, grenzenlos hingegen sein Appetit auf *gefundene* Wirklichkeit.[1] Selbst in der Arbeitsökonomie Thomas Manns unerhört und singulär ist der Fall, den wir hier zu besichtigen haben. Wo sonst und vor allem: *wem sonst* gegenüber hätte der Autor gewagt, was hier selbstverständlich zu sein scheint: dass nämlich ein herausgegriffenes Familienmitglied seines Hauses ganz und gar unverstellt den Protagonisten einer Erzählung abgeben muss und dabei noch mit seinem bürgerlichen *Klarnamen* aufzutreten hat, so dass dem Publikum auch die letzten Zweifel genommen werden: Ist er's, oder ist er's nicht?

Er ist es, klar und deutlich erkennbar, da helfen weder autonomie-ästhetische Klauseln noch hermeneutische Manöver. Er: *Bauschan*, die Kreatur, die ihren Namen vom Herrn erhielt, vom Schöpfer und Schriftsteller, der sich deshalb auch berechtigt sieht, nach Gutdünken über die Publizität dieses von ihm verantworteten Wesens zu verfügen. Wer schon immer wissen wollte, wie es zuging in der Poschingerstraße 1 am Münchner Herzogpark,[2] der lese und staune. Aber nicht die eigene Person hat der Autor auf diese Weise entblößt, sondern Leib und Leben eines seiner Schutzbefohlenen, der im Familienrat weder Sitz noch Stimme hat.

Thomas Manns Entschluss oder Laune, dem eigenen Hund in gänzlich unverschlüsselter Direktheit eine längere Prosaarbeit zu widmen, ist, wie ich zeigen möchte, *keine* Bagatelle, sondern ein Manöver mit gravierendem poetologischen Einsatz. Es geht, so sanft und heiter die Sache sich gibt, bei alledem um ein für diesen Schriftsteller existentielles Thema: um die Behauptung einer zurückgewonnenen literarischen Souveränität. Der Text führt ein Paargebilde im Titel, das die für seine Erzählhaltung konstitutive Figur der *auctoritas* hervorkehrt, als hierarchisch-antipodisches Verhältnis nämlich von *Herr* und *Hund*. Über den Hund und dessen Beschreibung reformuliert sich der Herr in seiner Herrschaft. Die Wiederherstellung

---

[1] Der Dichter Martini in *Königliche Hoheit* gewährt hier zutreffende Auskunft: Im Gespräch mit dem Regenten Klaus Heinrich proklamiert er, dem literarischen Talent zuträglich und nötig sei »nicht sowohl der wirkliche Hunger, als vielmehr der Hunger nach dem Wirklichen«. Thomas Mann: »Königliche Hoheit«, in: Ders.: *Gesammelte Werke in dreizehn Bänden*, Frankfurt a. M. [2]1974, Bd. II, S. 7-363, S. 177.

[2] Vgl. Dirk Heißerer: »Die Poschi. Thomas Mann und die Seinen im Herzogpark«, in: Ders.: *Im Zaubergarten. Thomas Mann in Bayern*, München 2005, S. 247-278.

seiner literarischen Autorität nun kann nur erfolgen, indem sie all das radikal abbaut und zerstört, was ihr im Wege liegt oder auf der Seele lastet. Und das war angesichts der allgemeinen und persönlichen Lage im Frühjahr, Sommer und Herbst 1918 eine ganze Menge. Die Arbeit an dieser heiteren Prosastudie zeigt den Autor an einem entscheidenden Umbruch in seiner Lebens- und Werkgeschichte, einem Umbruch des politisch-kulturellen Gefüges in Deutschland und Europa überhaupt. Thomas Manns Idyll *Herr und Hund*[3] bewirkt eine in der Folgezeit dann übrigens sehr stabile und nachhaltige Rekonstruktion seiner künstlerischen Autorschaft mithilfe der ebenso gründlichen Destruktion jenes Selbstexperiments öffentlicher Meinungsführerschaft, das vor allem die *Betrachtungen eines Unpolitischen* jahrelang betrieben hatten. Ich lese das *Idyll* nicht als quietistische Absage an die politische »Welt«, sondern als einen reflektierten Umbau der eigenen Produktionsweise und als kalkulierte Neuausrichtung der diskursiven Spielregeln, nach denen sich Literatur in der öffentlichen, politischen Sphäre zu bewegen hat.

II

Lange blieb Thomas Mann schlichtweg der Verfasser der *Buddenbrooks*; er verbrachte das gesamte erste Jahrzehnt des neuen Jahrhunderts auf der Suche nach dem zweiten großen Wurf, und das bedeutet: mit der Frage nach den Konstitutionsbedingungen literarischer Autorschaft. Die Zeit vor dem Krieg brachte für Thomas Mann entscheidende Schritte der sozialen Stabilisierung und Etablierung, künstlerisch und geistig freilich eine Phase der Verunsicherung. Er experimentierte, war auf der Suche nach neuen Formen und Wirkungsräumen. Im Hintergrund schwebte, die Venedig-Novelle verrät es, die Vorstellung des neuen Nationalautors; gezielt forcieren die Themen und Stoffe dieser Jahre die Selbstinskription in die Heroenwelt der deutschen Literaturtradition.

Einen Schreibenden als literarische Figur zu erzählen, bedeutet, jene Instanz der Sprachwerdung zu exponieren, die der Darstellung per definitionem entzogen ist. Das im *Tod in Venedig* gewählte Verfahren ist die ›Mehrfach-Belichtung‹. In immer neuen Anläufen variiert die Novelle die Frage: Was ist ein Autor? Die Antworten reflektieren das durchaus Fragwürdige, unsicher Gewordene des Literaturbegriffs der Moderne; so wird Aschenbach anfangs als »Schriftsteller« apostrophiert, sodann dicht aufeinanderfolgend als »Autor«, »Künstler«, »Schöpfer«, »Verfasser« und »Dichter«[4] Die vom Schriftsteller zum Dichter aufsteigende Skala bildet zwar den tradierten hierarchischen Mehrwert des Dichter-Begriffs ab, doch verrät sie in der Pluralität ihrer Bezeichnungen der Autorschaft zugleich etwas von der zeitgenössischen Auflösung und Zersplitterung dieser Dichter-Imago. Der Venedig-Novelle insgesamt hafte wohl etwas Ungesund-Überhitztes an, befand ihr Autor hernach und plante als Korrektiv ein humoreskes Gegenstück über das hypochondri-

---

[3] Thomas Mann: »Herr und Hund. Ein Idyll«, in: Ders.: GW, Bd. VIII: *Erzählungen / Fiorenza / Dichtungen*, Frankfurt a. M. ^{2}1974, S. 526-617. Dieser Band wird künftig im fortlaufenden Text mit einfacher Seitenangabe nachgewiesen.

[4] Thomas Mann: »Der Tod in Venedig«, in: Ders.: GW, Bd. VIII, Frankfurt a. M. ^{2}1974, S. 444-525, hier: S. 444, 450.

sche Dasein in einer Schweizer Lungenheilanstalt, ein Vorhaben, aus dem dann bekanntlich fürs erste nichts wurde, weil in die sich ausweitende Arbeit der Weltkrieg störend dazwischentrat. Schon im März 1913 hatte Thomas Mann über den *Tod in Venedig* in einem Brief bemerkt: »Eine Nation, in der eine solche Novelle nicht nur geschrieben, sondern gewissermaßen akklamiert werden kann, hat vielleicht einen Krieg nötig.«[5]

Tatsächlich verbinden sowohl motivische Klammern wie auch die empirische Rezeptionsgeschichte die Entgrenzungserfahrungen am Lido di Venezia mit den soldatischen Fronterlebnissen der kommenden Jahre. Als ahnungsvolle Prophetie des Krieges kann die Novelle schon darum verstanden werden, weil sie ihrerseits von Vorboten des kommenden Todes förmlich durchzogen ist. Als deren Archetyp fungiert der Seelengeleiter Hermes, der unter der Feder Thomas Manns ein durchaus soldatisches Gepräge erhält. Bei jenem die Novelle eröffnenden Spaziergang, der den Schriftsteller Gustav von Aschenbach durch den englischen Garten und dann die Isarauen am linken Flussufer abwärts bis zur heute noch existenten Gartenwirtschaft Aumeister und dem Föhringer Friedhof führte, begegnet an exponierter Stelle – nämlich im Portal der byzantinischen Aussegnungshalle – die sonderbare Gestalt eines Wanderers. »Mäßig hochgewachsen, mager, bartlos und auffallend stumpfnäsig«, dem »rothaarigen Typ« zugehörig und »durchaus nicht bajuwarischen Schlages«,[6] wie mit leichter Missbilligung registriert wird:

> Freilich trug er dazu den landesüblichen Rucksack um die Schultern geschnallt, einen gelblichen Gurtanzug aus Lodenstoff, wie es schien, einen grauen Wetterkragen über dem linken Unterarm, den er in die Weiche gestützt hielt, und in der Rechten einen mit eiserner Spitze versehenen Stock, welchen er schräg gegen den Boden stemmte und auf dessen Krücke er, bei gekreuzten Füßen, die Hüfte lehnte.[7]

Der vorspringende Adamsapfel und die abweisende, konzentrierte Blickrichtung – die Augen gehen »scharf spähend ins Weite« – verleihen seiner »Haltung etwas herrisch Überschauendes, Kühnes oder selbst Wildes«.[8] Ich bin versucht, hinzuzufügen: ›etwas Soldatisches‹, aber soweit geht das Figurenporträt des seltsamen Fremden in der Novelle nicht. Es ist ein Bote von weither, und seine Stellung im Kontrapost erinnert, bis auf die fehlende Fackel, die hier ein Stock ersetzt, ... an die bei Lessing beschriebene Art, "wie die Alten den Tod gebildet".

Dass man die Kontrapost-Figur des Seelengeleiters in soldatischem Milieu wirkungsvoll einsetzen konnte, darüber belehrten den Autor Erfahrungen aus dem ersten Kriegsherbst. In der *Guten Feldpost* vom Oktober 1914 führt der Schriftsteller Briefzeugnisse junger Soldaten an, die ihm versicherten, erst im Felde sei ihnen die innere Wahrheit der Novelle vom *Tod in Venedig* wirklich aufgegangen. Als »Geschichte vom Tode« war die Heimsuchung des Schriftstellers Gustav von Aschen-

---

[5] An Ida Boy-Ed, 24. März 1913, in: Thomas Mann: *Briefe an Otto Grautoff 1894-1901 und Ida Boy-Ed 1903-1928*, hg. von Peter de Mendelssohn, Frankfurt a. M. 1975, S. 172.

[6] Thomas Mann: Der Tod in Venedig, S. 445 f.

[7] Ebd.

[8] Ebd., S. 446.

bach offenbar auf die existentielle Grenzsituation der Fronterfahrung übertragbar; jedenfalls beteuerte das die erhaltene »gute Feldpost«. Thomas Mann nimmt die Zuschriften zur Bestätigung dafür, »daß mein Denken und Dichten nicht ohne Beziehungen zu den Ereignissen war und ist«[9]. Die Nation brauchte einen Dichter – und hier hatte sie ihn bereits. Wie so viele Autoren war auch Thomas Mann im Taumel der Mobilmachung der schmeichlerischen Suggestion erlegen, nicht nur gebraucht zu werden, sondern beauftragt zu sein. Sein Publikum, das waren nun die »Kämpfer für Deutschland, freiwillige Schützen, [...] adelige und gelehrte Jugend, die sich täglich riskiert«[10] – Jünglinge, nur um weniges älter als der Knabe Tadzio, der schöne Fremde vom Meeressaum der Lagunenstadt. Was dort dem unglücklichen Schriftsteller verwehrt bleibt, das kann nun der Schöpfer dieser Figur ernten. Aus dem Schützengraben widerfährt dem Part des Geistes endlich das Glück, vom Leben wiedergeliebt zu werden.

Der Krieg verschaffte dem Autor des *Tod in Venedig* also das Gefühl, von der soldatischen Jugend verstanden und geliebt zu werden. Durch seinen »Gedankendienst mit der Waffe«, als den Thomas Mann die *Betrachtungen eines Unpolitischen* euphemistisch deklarierte,[11] suchte er diese Form der Resonanz auf breiter Front zu wiederholen; statt an ein abstraktes, ungreifbares Publikum wendet sich der Autor an real existierende Leser im Kriegszustand, er schreibt ihnen »Gute Feldpost« zurück, wie er sie bekommen hatte. Das Großexperiment der *Betrachtungen* besteht darin, literarische Autorität in politische Sprechakte umzulenken; dass es sich dabei nur um ein groteskes, freilich folgenreiches Missverständnis handeln konnte, wurde dem Verfasser schon während der Abfassung klar. In der zuletzt, nämlich im Februar und März 1918 geschriebenen Vorrede dieses untergehenden publizistischen Schlachtschiffs formuliert der Verfasser die ambige Grundformel seiner literarischen Publizität, indem er *nun* über den Künstler das Folgende postuliert: »Sein Lebenselement ist eine öffentliche Einsamkeit, [...] deren Pathos und Würdebegriff sich von dem der bürgerlichen, sinnlich-gesellschaftlichen Öffentlichkeit vollkommen unterscheidet [...]«[12].

III

Hinter der widersprüchlichen Formel der »öffentlichen Einsamkeit« steht eine letztlich juridische Argumentation, die den Autor als eine zwiefach verfasste Körperschaft begreift. Der Vorteil *literarischer* Selbstpreisgabe gegenüber dem Experiment als National-Kolumnist der Ideen von 1914 besteht darin, sich im Werk als Person gleichzeitig zu *geben* und *zurückzubehalten*; mit Thomas Manns Begriffen: »öffentlich« zu wirken und dennoch »einsam« zu bleiben. Um von dem bereits absehbaren Fiasko der *Betrachtungen* wieder in das Sprachspiel Literatur überwechseln zu können, bedurfte Thomas Mann einer umfassenden, von Grund aus neu ansetzenden

[9] Thomas Mann: »Gute Feldpost«, in: Ders.: *Große kommentierte Frankfurter Ausgabe*, Bd. 15: *Essays II. 1914-1926*, hg. von Hermann Kurzke, Frankfurt a. M. 2002, S. 50.
[10] Thomas Mann: Gute Feldpost, S. 49.
[11] Thomas Mann: *Betrachtungen eines Unpolitischen*, in: Ders.: GKFA, Bd. 13, hg. von Hermann Kurzke, Frankfurt a. M. 2009, S. 11.
[12] Thomas Mann: Betrachtungen eines Unpolitischen, S. 19.

Rekonstruktion seiner künstlerischen Unabhängigkeit. Schauplatz und Instrument dieser Wiederherstellung sind die beiden im unmittelbaren Anschluss an das Kriegswerk entstandenen Idyllen: Der verspoetische *Gesang vom Kindchen* und eben die ihm vorausgegangene Prosastudie *Herr und Hund.*

Der *Gesang vom Kindchen*, das zwischen November 1918 und März 1919 entstandene Tauflied auf die geliebte Nachzügler-Tochter Elisabeth, macht einen persönlichen Anlass öffentlich: Geburt und Kindstaufe. In der Koinzidenz von Kriegsende und Kindsgeburt feiert sein Gesang ein *memorabile*, das die selbst im Schrecken einer historischen Zäsur überdauernde Menschlichkeit zum Ausdruck bringt. »Ja, es hat die Natur dich / Ausgemerkt vor deinen Geschwistern als Kind dieser Zeiten / Durch ein feurig Mal [...]. Jedenfalls deuten wir's so: es scheint uns ein Stigma des Krieges.«[13]

Das *Feuermal* ergibt, so der Vorschlag, eine zeichenhafte Verbindung des Körpers mit der Zeitgeschichte; es ist ein poetologischer Hinweis darauf, wie der *Gesang vom Kindchen* und auch die ihm vorausgehende Prosastudie *Herr und Hund* zu lesen sind, die im Frühjahr 1919 unter dem Titel *Zwei Idyllen* in einer von Emil Pretorius illustrierten Schmuckausgabe erscheinen. Beide dieser so sanft und arglos daherkommenden Arbeiten tragen, in all ihrer Beschaulichkeit, das Stigma des Krieges. Das Idyll spielt gattungskonform im begrenzten Lebensraum eines naturnahen, friedlichen, liebevollen Gleichgewichts der Wesen und Neigungen, fernab vom politischen Leben der Haupt- und Staatsaktionen. In *Herr und Hund* rückt die prononcierte Beschränkung auf den Lebensraum und die Weltsicht des Hundes Bauschan scheinbar weitab von den literarischen Statusproblemen des Autors, der sich damit nach Abschluss der *Betrachtungen* ein wenig Nervenbalsam zu verschaffen hoffte. Zur Zuflucht wird nun die Haltung des Privatiers. Zugleich aber bedeutet das eine Entbergung des Autors und seiner äußeren Lebensumstände in einer literarisch zuvor ungekannten Direktheit. Denn auftretende Figur und offensichtlicher Mittelpunkt des Erzählens ist Thomas Mann selbst. Es ist *sein* Hund, den er beschreibt, es ist *sein* Haus, die 1914 bezogene Villa in der Poschingerstraße 1 am Münchner Herzogpark; es sind *sein* Tagesablauf und *seine* Lebensführung, die über das unschuldige Reflexionsmedium des tierischen Gefährten in den Blick gerückt werden.

In der engen Beziehung von *Herr und Hund* gibt es, scheinbar ohne Hintergedanken an die Wirren der Zeit, die freudige Gewohnheit eines noch unangetasteten, ebenso würdevollen wie harmlosen Autoritätsverhältnisses zu bewundern. Der erste Abschnitt von insgesamt fünfen entwirft ein skizzenhaft hingeworfenes Eingangsbild, das die gesamte Erzählung auf einen unbeschwerten Ton einstimmt und damit der hierarchischen Symbiose von *Herr und Hund* einen betont heiteren Anstrich verleiht. Das Kapitel ist überschrieben mit der auf raffinierte Weise vertraulich klingenden Überschrift: »Er kommt um die Ecke.« (S. 526) Das weist den folgenden Text mehr als bildhaft beschreibende Studie aus denn als sukzessiv fortschreitendes Handlungsgefüge. Er, das ist aus Sicht des Ich-Erzählers natürlich der im Freien, unter der Veranda vor dem Arbeitszimmer seines Herrn nächtigende Hund; für diesen freilich ist es genauso gut der Herr, der um die Ecke gebogen kommt, wenn es mor-

[13] Thomas Mann: »Gesang vom Kindchen«, in: Ders.: GW, Bd. VIII, Frankfurt a. M. ^{2}1974, S. 1068-1101, hier: S. 1079.

gens auf einen Spaziergang geht. In dezenter Weise kokettiert dieses Idyll, wie es viele Tiergeschichten tun, mit einer zwar narrativ möglichen, de facto aber unwahrscheinlichen Umkehrung der Erzählerperspektive vom Hund auf den Herrn.

Dieser Hund jedenfalls, soviel steht fest, will sich keinesfalls selber zum Herrn erheben, und das ist – wenn wir uns die Fertigstellung im Revolutionsherbst 1918 vor Augen stellen – ja schon eine ganze Menge. Bauschan, der brave und gute ›Hühnerhund‹, saust freudig und voller Unternehmungslust herbei, wann immer sein Herr den vertrauten Pfiff ertönen lässt: »Er kommt aus seiner Hütte, die dort hinten unter dem Boden der auf Pfeilern ruhenden Veranda steht, und worin er, bis mein zweisilbiger Pfiff ihn aufs äußerste belebte, nach wechselvoll verbrachter Nacht in kurzem Morgenschlummer gelegen haben mag.« (ebd.).

An dieser Textprobe lassen sich recht gut die Verfahren beobachten, mit deren Hilfe Thomas Mann versucht, diese kleine, dem Großschriftsteller kaum mehr als eine Fingerübung abfordernde Tiergeschichte ein wenig ›aufzupeppen‹. Das beginnt bereits mit dem zweisilbigen Kunstpfiff, der in seiner Folge von Grundton und tiefer Quart nichts Geringeres vorstellen soll als die »Melodie des zweiten Satzes von Schuberts unvollendeter Sinfonie« (ebd.). Gewiss ist es diese geschmackvolle Huldigung an die Wiener Romantik, die den ›Hühnerhund‹ so folgsam in Bewegung setzt. Eine sanfte, leicht herablassende Einfühlung des Herrn in seinen Hund klingt in der Wendung von der wechselvoll verbrachten Nacht an; wenn dem Hund gleich schon die Erzählperspektive verweigert wird, so erfährt sein Seelenleben zumindest eine empathische Fürsprache. Mit Vorliebe überzieht ihn sein Herr mit kultivierten Anspielungen, um gegenüber den Lesern hervorzukehren, dass er für sein Teil auch anders könnte, als sich mit Tiergeschichten abzugeben. Die zerzauste Kreatur, der noch die Strohhalme der Hundehütte im Fell hängen, erinnere ihn, den Erzähler und *homme de lettres*, »an den alten Grafen von Moor [...], wie ich ihn einst, in einer Aufführung von höchst akkurater Einbildungskraft, dem Hungerturme entsteigen sah, einen Strohhalm zwischen zwei Trikotzehen seiner armen Füße.« (S. 527) Das ist auf den ersten eineinhalb Seiten schon die zweite geistreiche Assoziation. An beiden bleibt etwas hängen, am Grafen und am ›Hühnerhund‹. Mitsamt der allzu naturalistischen Bühnenästhetik einer Schillerinszenierung wird auch der nichtsahnende Bauschan zum Lieferanten eines Komik-Effektes degradiert. Jenseits des kurzen Amüsements ist es kalkulierter Zweck solcher intertextuellen Anspielungen (die ja den illiteraten Gefährten demonstrativ ausgrenzen), zwischen dem Autor und seinen Lesern ein kennerisches Bündnis zu schließen, über den Hund hinweg und auf seine Kosten.

Es kann einen betont skurrilen Effekt zeitigen, wenn das Tier, und sei es eben nur sprachlich, in Menschenkleider gesteckt wird.

> Der Ausdruck seines Kopfes, ein Ausdruck verständigen Biedersinnes, bekundet eine Männlichkeit seines moralischen Teiles, die sein Körperbau im Physischen wiederholt: der gewölbte Brustkorb, unter dessen glatt und geschmeidig anliegender Haut die Rippen sich kräftig abzeichnen, die eingezogenen Hüften, die nervicht geäderten Beine, die derben und wohlgebildeten Füße – dies alles spricht von Wackerkeit und viriler Tugend, es spricht von bäurischem Jägerblut. (S. 529)

Hier ist Vermenschlichung am Werk, gewiss, aber noch mehr greift dabei eine *Literarisierung* des tierischen Wesens, seine physiognomische und rassekundliche Charakter-Ausdeutung in der Tradition von Vererbungslehre und Ästhetik der Décadence; letzteres lässt der Vergleich mit Bauschans Vorgänger an den Tag treten. Zwei Jahre sei es her, berichtet der Erzähler, »daß wir unsern Percy, einen schottischen Schäferhund und harmlos geisteskranken Aristokraten, der bei vorgerücktem Alter von einer peinvollen und entstellenden Hautkrankheit heimgesucht worden, hatten erschießen lassen müssen« (S. 534). Bauschan, der von einer Bergbäuerin bei Bad Tölz vermittelte Nachfolger, sei damals, zwei Jahre zuvor also, schon ein halbes Jahr alt gewesen. Auch der verwichene Schäferhund Percy tritt im Text mit seinem Klarnamen auf, führte also ebenfalls im Hause Thomas Manns eine verbriefte Existenz, die sogar noch noblere Spuren hinterließ. Denn dem geisteskranken Aristokraten Percy wurde die Ehre zuteil, in dem Roman *Königliche Hoheit* auftreten zu dürfen, als bizarrer Begleiter des amerikanischen Multimillionärs Spoelmann und dessen Tochter.

Wie es in der überhitzten Vorkriegsatmosphäre eines nervösen Zeitalters sich schickte, war der Roman-Schäferhund »Perceval« oder kurz Percy »von einer Erregbarkeit, einer Leidenschaft des Wesens, die jeder Beschreibung spottete«[14]. Die edle Abkunft hatte das Tier mit derart verfeinerten und empfindlichen Nerven zu büßen, dass seine Lebenstüchtigkeit hochgradig gefährdet schien – ein Sinnbild der Dekadenz und ihrer Vorliebe für hysterisch-fragile Existenzen. Ganz anders im folgenden Jahrzehnt nun, und wiederum dem Zeittypus angepasst, der ausdauernde, bäurisch genügsame Bastard mit dem ausgeprägten Jagdfieber. Bauschans Herkunft aus volkstümlichen Verhältnissen und dubios gemischter Elternschaft haben ihn zu einem höchst durchschnittlichen Exemplar bestimmt. Gerade die Anspruchslosigkeit seiner Natur aber steigert die Ansprüche an den Porträtkünstler.

In der Bemeisterung seines Hundes richtet sich die Werkherrschaft Thomas Manns wieder auf. Bauschan ist hier kaum mehr als das willige, willkommene Werkzeug. Durch einen »überkommenen patriarchalischen Instinkt« konditioniert, kann der Hund nicht umhin, »im Manne, im Haus- und Familienoberhaupt, unbedingt den Herrn, den Schützer des Herdes, den Gebieter zu erblicken und zu verehren« (S. 541). Im Namen des Herrn hat der Erzähler ganz prononciert den eigenen zum Ausdruck gebracht, wenn er Bauschan als Gefolgstier des Mannes im Hause, will sagen: im Hause Mann, charakterisiert. Die treue Abhängigkeit und unbedingte Ergebenheit des Hundes ist es, die den Herrn erst im vollen Sinne zum »Herrn« macht: zum Herrscher also. Der symbolische Zustrom an Verfügungsgewalt, der dem menschlichen Part aus dieser Beziehung erwächst, lenkt neue Energien auch auf die Mühlen der Autorschaft.

Mit merklichem Wohlbehagen kostet Thomas Mann den Stoff aus, ergeht sich des Langen und Breiten in der Schilderung des Tieres und seiner Gewohnheiten, in der Beschreibung der landschaftlichen Besonderheiten jenes am Rande der bebauten Stadt gelegenen Wohngebietes, in dem er sich Anfang des Jahres 1914 niedergelassen hatte, und vor allem des nördlich daran anschließenden, längs der Isar flussabwärts gelegenen Auen- und Hügelbandes. Ordentlich und ohne Eile zergliedert die

[14] Thomas Mann: Königliche Hoheit, S. 189.

beschreibende Hand des Liebhabers diese weitläufige Landschaft in insgesamt drei parallel sich erstreckende Längsstreifen, die Uferregion selbst, den mittleren Streifen eines dicht bewachsenen Gehölzes, in dem sich Bauschans liebste Jagdreviere und auch die vom Spaziergänger geschätzten schattigen Waldwege befinden, und schließlich im Osten eine »Zone des Baches«, die mit ihrer sanften Beschaulichkeit als »das diesseitige Gegenstück zu der Zone des starken Flusses« (S. 570) figuriert. Über alledem waltet ein natürlicher Proportionssinn, den sich der Duktus des Beschreibenden gerne zueigen macht. Indem der Schriftsteller auf seinen fast täglichen Gängen diese Region gründlich durchstreift und ihre Flora und Fauna bei allerhand eindrucksvollen Namen zu nennen weiß,[15] verhält er sich wie ein Grundherr, der mit Wohlgefallen seine Besitztümer mustert.

Ein vergleichbar zurechtgestutztes Gefüge wie der natürliche Raum scheint im zusammenfassenden Blick des Erzählers auch die mit dem Hund im Freien verbrachte Zeit abzugeben. Zug um Zug treten neben Bauschans Gewohnheiten auch die eigenen, die des Schreibenden also, hervor. Je nach Lage und Neigung kann der Schriftsteller dem ungeduldigen Bauschan zuweilen einen großen Spaziergang anbieten, an anderen Tagen nur eine kleine Runde, im ungünstigsten Falle nur den kurzen und frustrierenden Begleitweg zur Straßenbahn. Schon an der Gartenpforte ist die Befindlichkeit und der aktuelle Leistungsstand des Schriftstellers abzulesen, wenn es nämlich entweder in vollster Zufriedenheit nach rechts in die Isarauen geht oder in Erfüllung fremdbestimmten Pflichtwerks nach links zur Tramhaltestelle an der Tivolibrücke. Anderes als die Spaziergänge nach links oder rechts ereignet sich kaum, und wenn doch, dann erscheint ein solches Vorkommnis im Lichte eines hochgradig alarmierenden Ausnahme-Phänomens – etwa der zweiwöchige Krankenaufenthalt Bauschans in der veterinärmedizinischen Universitäts-Abteilung, der denn auch prompt das angezeigte Leiden nur verschlimmert, worauf der Herr das abgemagerte und apathische Tier unverrichteter Dinge, aber von schlechtem Gewissen gepeinigt, wieder nach Hause mitnimmt. Die einzig hilfreiche Therapie liegt in der Rückkehr zum festen Tagesablauf zwischen den Gehölzen der Isarauen und der heimischen Villa, und zwar sowohl für den Hund wie seinen Herrn.

Die Zeitstruktur des Erzählens in dieser Prosaskizze ist von iterativ-durativen Tätigkeitsformen getragen; das Handeln erschöpft sich in der Wiederkehr steter Gepflogenheiten. Das klingt unverfänglich, hat aber einen demonstrativen Nebensinn. Um den herauszuarbeiten, ist es nötig, noch einmal Bauschans Alter ins Kalkül zu ziehen; rechnet man vom Beginn der Arbeit an dieser Studie die angegebenen zweieinhalb Jahre zurück, so gelangt man zum prekären Herbst 1915, als Thomas Mann beschloss, die großangelegte Rechtfertigungsschrift der *Betrachtungen* anzugehen. Tönt es in jenem angestrengten Durchhalte-Essay nicht allzu oft, als befände sich der trotzige Erfinder immer neuer Antithesen im permanenten geistigen Belagerungszustand? Wenn nun genau diese Jahre des geistigen Kriegseinsatzes als eine

[15] »Um die botanischen Einzelheiten im Abschnitt ›Das Revier‹ richtig schildern zu können, bat der Autor [...] einen kundigen Nachbarn in der Pienzenauerstraße 32, den Doktor der Medizin und Privatdozenten an der Technischen Hochschule Karl Gruber, ihm die einzelnen Pflanzen und Bäume genau zu nennen.« Dirk Heißerer: »Gewinn und Verlust. Thomas Mann und die Seinen im Herzogpark«, in: Willibald Karl (Hg.): *Der Herzogpark. Wandlungen eines Zaubergartens*, München 2000, S. 85-95, hier: S. 88.

mit Bauschan verbrachte Zeitspanne geschildert werden, dann lässt sich damit das allzu düstere Bild doch merklich aufhellen. Eigentlich, so gibt der etwas monotone Lebensrhythmus des Idylls zu verstehen, führte der Autor in diesen Kriegsjahren ein beschaulich-stilles Leben in freier Natur, mit sich und dem natürlichen Gang der Dinge im Reinen.

IV

Am Rande und nur in knappsten Andeutungen zeichnet sich auch hier die Ausnahmesituation des Weltkriegs durch, der während der Abfassung des Idylls fortdauert und im Hochsommer 1918 ohne Hoffnung in sein fünftes Jahr geht. Laut Tagebuch hat Thomas Mann die Geschichte *Herr und Hund* am 14. Oktober 1918 beendet. Am Vortag sah die Eintragung furchtbare Geschehnisse am politischen Horizont dräuen; die »Siegeswildheit innerhalb der Entente« werde, so fürchtet Thomas Mann, zu »Gräßlichem« führen, »zum Verzweiflungskampf oder zur Revolution«.[16]

Was vom Kriege in das Schreibwerk des Jahres 1918 eindringt, sind ›Feuermale‹ der eher indirekten Art. Hin und wieder erfolgen Andeutungen über die mangelhafte Versorgung mit Lebensmitteln – wenn dem Jagdinstinkt Bauschans gelegentlich eine Feldmaus oder ein Maulwurf zum Opfer fällt, so sei dies, befindet der Erzähler, »nicht zu verachten in so mageren Zeiten wie diesen«, wo der Hund ansonsten in seinem Napf »oft nichts als ein wenig Rollgerstensuppe findet« (S. 586). Dass man in Kriegszeiten lebt, wird auch aus der Erwähnung der Sommerzeit erkennbar, die auf Vorschlag Walther von Rathenaus erstmals im Jahr 1916 aus Gründen der Rohstoff- und Energierationierung eingeführt worden war. »Es mag halb acht Uhr sein im Sinne des Gesetzes«, bemerkt der Erzähler über die gewohnheitsmäßige Stunde seines Morgenspaziergangs, »in Wirklichkeit also halb sieben« (S. 530). Und auch die prima vista so naturbelassene Flusslandschaft ist auf den zweiten Blick umrandet von ephemeren, aber doch deutlichen Zeichen des Krieges.

»Flußaufwärts, gegen die Stadt hin, üben Pioniere sich im Bau einer Pontonbrücke. Die Tritte ihrer schweren Stiefel auf den Brettern und Rufe der Befehlshaber schallen herüber.« (Ebd.) Wind und Wellen tragen dem Beobachter aus der Ferne die Geräusche eines militärischen Kommandounternehmens zu. Die Art der Übung verrät, dass hier nicht mehr auf offensive Eroberungszüge spekuliert, sondern mit notwendigen Behelfsmaßnahmen in einer zerstörten Infrastruktur gerechnet wird. Gleichwohl läuft die Kriegswirtschaft weiterhin auf vollen Touren. »[...] vom jenseitigen Ufer kommen Geräusche des Gewerbefleißes, denn dort, eine Strecke flußabwärts vom Hause, ist eine Lokomotivenfabrik mit zeitgemäß erweitertem Tätigkeitsbezirk gelegen, deren hohe Hallenfenster zu jeder Nachtstunde durch das Dunkel glühen.« (Ebd.) Nicht nur bei Borsig in Berlin und bei Krupp in Essen hatte man »zeitgemäß« auf die Fertigung schwerer Artilleriewaffen umgerüstet, sondern auch in den Münchner Maffei-Werken.[17] Während am rechtsseitigen Flussufer Bauschan

---

[16] Thomas Mann: *Tagebücher 1918-1921*, hg. von Peter de Mendelssohn, Frankfurt a. M. 1979, S. 32 (Eintrag vom: 13.10.1918).

[17] Die (aktuell kriegswichtige und in die Rüstungsproduktion eingebundene) Lokomotivenfabrik der Münchner Maffei-Werke hatte Thomas Mann bereits bei früherer Gelegenheit erwähnt; nach

in rührend tolpatschiger Art den Enten nachstellt, werden vis-à-vis Kanonen in Form gehämmert. Immer schon, das zählt zur gattungsmäßigen Auflage aller Bukolik, liegt die bittere Pointe des idyllisch-zeitlosen Glücks darin, dass es keines ist. *Et in arcadia ego*[18], das heißt für die Spaziergänge von Herr und Hund: Auch an den Isarauen herrscht der Kriegszustand.

Doch nicht nur die bis hierher angeführten, gleichsam ›tangential‹ auftretenden Zeichen des Krieges sind damit gemeint; die bukolische Motivik des Wasserlaufs selbst erweist sich in ihrem Kernbestand als das vom Erzähler systematisch ausgereizte Modell eines Kriegsschauplatzes, eines Kräftespiels der Elemente nämlich. Die Isar, deren Fließdynamik das ganze vom Spaziergänger beschriebene Ufer- und Hangareal formte, ist ein Wildwasser, das seine steile Abkunft aus den Bergen nicht verleugnen kann: »Rauschen wie das des Meeres umgibt uns; denn mein Haus liegt fast unmittelbar an dem schnell strömenden und über flache Terrassen schäumenden Fluß, getrennt von ihm nur durch die Pappelallee.« (S. 530) Voraussetzung der im 19. Jahrhundert verstärkt einsetzenden Bautätigkeit rechts der Isar war die vom bayerischen Minister Montgelas zu Anfang des Jahrhunderts in Auftrag gegebene Regulierung der Isar. Vergleichbar den ungefähr zeitgleichen, wenn auch erst später verwirklichten Plänen zur Rektifizierung des Rheins im badisch-französischen Grenzgebiet[19] zog auch die Isar frühzeitig den korrigierenden Eingriff der Wasserbau-Ingenieure auf sich, da sie vor allem zwischen München und Ismaning ein vielarmiges, wechselndes Flussbett mit breiten, unfruchtbaren Kiesflächen und unstetem Wasserlauf aufwies, was häufig zu Überschwemmungen weiter Landstriche führte. Mit Sitz in seinem Finanzministerium richtete Graf Montgelas 1805 das »Churfürstl. Geheime Central-, Wasser- und Straßenbau-Bureau« ein, zum Vorstand dieser neuen technischen Zentralbehörde wurde Karl Friedrich von Wiebeking berufen, der ab 1806 die Arbeiten zur Vertiefung, Begradigung und Eindämmung des Flusslaufes in Angriff nehmen ließ. Des Auftraggebers, Grafen Montgelas', gesteigerte Besorgnis um die Isarhänge am Bogenhausener Ufer verdankte sich der Tatsache, dass er selbst hier enorme Grundstückskäufe getätigt hatte und sich von einer Zurückdämmung des Flusses eine deutliche quantitative Steigerung des erworbenen Areals und vor allem dessen nachhaltige Wertsicherung als künftiges Bauland versprechen durfte.[20]

---

einem Eisenbahnunglück konstatiert dessen Augenzeuge, Thomas Manns Alter ego und Ich-Erzähler: »Die große Schnellzugsmaschine von Maffei in München war hin und entzwei, Preis siebzigtausend Mark.« Thomas Mann: »Das Eisenbahnunglück«, in: GW, Bd. VIII, Frankfurt a. M. [2]1974, S. 416-426, hier: S. 422.

[18] Auf das Motiv der Todespräsenz und die damit verbundene Einbeziehung der »Welt der modernen Industrie« ins idyllische Genre gründet Eckart Goebel seine Lektüre von *Herr und Hund* als einer metaphysischen Etüde in »tierischer Transzendenz«. Eckart Goebel: »Tierische Transzendenz. ›Herr und Hund‹«, in: Stefan Börnchen / Claudia Liebrand (Hg.): *Apokrypher Avantgardismus. Thomas Mann und die Klassische Moderne*, München 2008, S. 307-327, hier S. 317.

[19] Zu den großen Kulturprojekten der Landgewinnung gegen das Wasser im Kontext der deutschen Modernisierungstendenzen vgl. David Blackbourn: *The Conquest of Nature. Water, Landscape and the Making of Modern Germany*, London 2006 (Dt.: *Die Eroberung der Natur*, übersetzt von Udo Rennert, München 2007).

[20] Die von Graf Montgelas initiierte Regulierung der Isar nördlich München wurde zwischen Bogenhausen und Ismaning in den Jahren 1806-1811 durch den Wasserbau-Ingenieur Karl Friedrich von Wiebeking (1762-1842) durchgeführt und von diesem selbst in seinem umfassenden Werk *Theoretische – Praktische Wasserbaukunst* (1811-1817) ausführlich beschrieben. Klaus Bäumler /

Bei dem Versuch, der wilden Macht des Wassers größere Flächen festen Bodens abzugewinnen, handelt es sich um einen kulturgeschichtlich als Krieg der Elemente übercodierten Kampf um wirtschaftlich attraktives Bauland.

So ganz ist es, wie der Spaziergänger bemerkt, allerdings nicht gelungen, die zerstörerische Macht des Wassers aus diesem prospektiven Siedlungsraum herauszudrängen. Der mit dem ›Hühnerhund‹ munter durchstreifte Raum ist gekennzeichnet durch eine Ökotropengrenzlage[21], und mindestens zur Hälfte gehört er nicht dem Festland und seinen Besitzern, sondern dem Wasser. Damit aber erweisen sich die Spaziergänge rechts der Isar als buchstäbliche Parallelaktion zu jenem ausgedehnten Gang, den der Schriftsteller Gustav von Aschenbach vor dem Krieg und auf der anderen Flussseite unternommen hatte, als Parallele oder besser als Kontrapunkt auch zu den Flanerien des Schriftstellers durch die engen Gässchen Venedigs. Die Lagunenstadt ist, und darin scheint mir in produktionsdynamischem Sinne nun die eigentlich treibende Kraft des ganzen Schreibunternehmens zu liegen, in der unmittelbaren Nähewelt des Schriftstellers selbst angekommen.

Der Text gibt sich in seinen entscheidenden Partien als die Wiederaufnahme jenes Verfahrens zu erkennen, das mit dem Selbstversuch Gustav von Aschenbachs, seiner Hingabe an die Sympathie mit dem Abgrund, begonnen hatte und mit Kriegsbeginn ins Exoterische ausgeweitet worden war. Nun, da der Krieg andauert, ist die Situation gleichwohl eine völlig veränderte, und die Neuausrichtung der schriftstellerischen Produktionsweise kann bei Thomas Mann meines Erachtens nur deshalb gelingen, weil er mit *Herr und Hund* eine systematische Reinszenierung des symbolischen Geschehens der Venedig-Novelle vornimmt. Wie ein traumartiger Epilog zu jener letzten vollendeten Vorkriegsfiktion versammelt das Idyll nochmals einige bildhafte Motive, räumliche Situationen und sogar Figuren aus der Novelle; zitiert sie, um an ihnen auf exemplarische Weise das eigene Kriegsengagement durchzuarbeiten und die dabei gelingende Erledigung der eigenen Kriegspublizistik wiederum öffentlich kundzutun.

V

Als Paralleltext und Kontrafaktur zur Novelle von 1912 ist auch das Idyll *Herr und Hund* in fünf Unterkapitel eingeteilt, darin dem als Pyramidenstruktur ausgeformten Tragödienschema folgend, wie es Gustav Freytag (dessen Andenken durch eine der im Herzogpark neu angelegten Straßen geehrt wurde) im 19. Jahrhundert paradigmatisch als Grundmodell des Dramas reformuliert hatte.[22] Während aber der *Tod in Venedig* mit der vereitelten Abreise am Bahnhof zu Ende des dritten Kapitels den dramaturgischen Akzent der Peripetie genau mittig setzt und kongruent zur Vollendung des fünften Abschnittes die doppelte Katastrophe platziert, wenn die Stadt und der Schriftsteller gemeinsam der Epidemie erliegen – während also die Novelle die dra-

---

Willibald Karl: »Vom Montgelas-Garten zum Herzogpark«, in: Karl: Der Herzogpark, S. 9-25, bes.: S. 13 f.

[21] Die Ökotropengrenzlage »am halben Hang der Talflanken« stellt in Mitteleuropa eine seit 7000 Jahren stabil bevorzugte Position zur Siedlungsbildung dar. Hansjörg Küster: *Geschichte der Landschaft in Mitteleuropa. Von der Eiszeit bis zur Gegenwart*, München 1999, S. 78.

[22] Gustav Freytag: *Die Technik des Dramas* [1863], unveränderter Nachdruck, Darmstadt 1969.

maturgische Amplitude in steilstmöglicher Ausprägung durchläuft, scheint die fünfteilige Sequenz des Idylls auf einen konsekutiv wirksamen Spannungsbogen demonstrativ zu verzichten. In seinem ersten Abschnitt (»Er kommt um die Ecke«) gibt sich das Idyll als Genreszene und Momentaufnahme; im zweiten erfolgt die rückgreifende Nachlieferung der Vorgeschichte, »Wie wir Bauschan gewannen« (S. 534). Zum Vergleich: Auch der *Tod in Venedig* setzt mit einer in medias res springenden Momentaufnahme des Protagonisten ein in dem Augenblick, als dieser das Haus verlässt, und reicht in seinem zweiten Abschnitt vermittels einer Analepse den Werdegang des Schriftstellers nach, seine genealogischen Wurzeln und die Chronologie seiner Werke. Bis hierher also bewegen sich beide Sequenzen in einem bemerkenswerten Gleichtakt. Dann aber klinkt sich das dritte Kapitel der Hundegeschichte aus der linearen Sukzession aus, indem es »Einige Nachrichten über Bauschans Lebensweise und Charakter« zum Besten gibt (mit dieser Formulierung auf E.T.A. Hoffmanns *Nachrichten von den neuesten Schicksalen des Hundes Berganza* anspielend) und dabei in sachlicher, nicht in zeitlicher Folge vorgeht. Eine lineare Zuordnung von Handlungspunkten ist hierbei kaum möglich, weshalb denn auch von einem dramaturgischen Peripetieeffekt nicht die Rede sein kann.

Die bedeutendsten, auch quantitativ gewichtigsten Stücke sind zweifellos die beiden letzten Abschnitte, die zunächst »Das Revier« des Hundes Bauschan vorstellen und dann, als offenkundigen Höhepunkt des insgesamt eher handlungsarmen Prosastückes, »Die Jagd«. Im vierten Abschnitt, der Beschreibung des Reviers, ist mehrfach und ausdrücklich von der elementaren Gewalt des Wassers die Rede, im fünften und letzten Abschnitt tritt in verschiedenerlei Gestalt der Tod in das idyllische Bild ein. Erwähnung findet, und zwar mit einer fast widerstrebenden Geste erzählt, der lebensbedrohliche Spitalaufenthalt des Hundes, der dem Idyll den gattungskonformen Stempel der Mortalität einprägt. Und natürlich sind die Ausführungen zur Jagd auch der Ort, wo vom Handwerk des Tötens die Rede sein muss. Beides zusammen, also die signifikante Kombination von Wasserwelt und Todesmotiv, bringt die Idylle auf Kurs, macht sie zu einer Wiederholung in eigener Sache.

Abermals eröffnet die Handlung mit dem Spaziergang eines Münchner Schriftstellers von seiner noblen Wohnung nahe der Isar in die nördlich gelegenen Grünanlagen. Abermals stehen Geist und Leben, ganz ungleich verteilt auf die beiden Partner dieser freundschaftlich-sehnsuchtsvollen Beziehung, in einem Verhältnis zueinander, das nicht durch ein direktes Gespräch geklärt, sondern nur durch Blicke und Bewegungen ausgeführt werden kann. Im Rauschen der nahegelegenen Isar glaubt der Schriftsteller die Meeresbrandung zu hören (vgl. S. 530). Wie die Paläste der Lagunenstadt ist auch das Münchner Domizil ans Wasser gebaut. Auf die hydrotechnischen Korrekturen anspielend, charakterisiert der Erzähler die Umgegend des eigenen Hauses als »Schwemmgebiet« (S. 561). Und immer noch nicht darf man die Uferregion als gänzlich pazifiziert, den launischen Strom als vollends gebändigt betrachten. Aus dem Schlendern durch die Parkanlagen kann, bei entsprechendem Wasserstand, sogar ein durchaus unmetaphorischer »Strandspaziergang« werden »am Rande der Flut« (S. 579).

Das Gewässer unterliegt der gleichen Triebdynamik, die im artigen Bauschan urplötzlich und unwillkürlich das Jagdfieber aufleben lässt, und nicht nur in ihm. Die Assoziation dieser ungezügelten Elementargewalt mit der Massendynamik des

Weltkriegs wird nahegelegt, aber nicht ausgeführt. Sie strahlt rückwirkend selbst auf die Strandeindrücke Aschenbachs und seine Hingabe an die eigensinnige Bewegung der schaukelnden Gondel zurück. Um die Motivwelt des gefährdeten Schriftstellers noch näher heranzuholen, scheut der Erzähler auf dem Hundespaziergang selbst die direkte Evokation des *anderen* Schauplatzes nicht. An manchen Stellen stockt der Fluss, er bildet Schleifen und Ausbuchtungen: »[...] das Wasser steht tief, es riecht etwas faulig, – das ist die Lagune, das ist Venedig« (S. 581), assoziiert überdeutlich der Betrachter.

Sogar die Gondoliere-Episode lässt sich mit ein wenig inszenatorischem Aufwand an der Isar *wiederholen*. Stromabwärts steht ein wimpelgeschmückter Fährkahn bereit, und ein dienstbarer Fährmann verbringt seine Tage damit, auf die spärlichen Fahrgäste zu warten, die ihn mittels einer elektrischen Klingel zur Abholung ans gegenüberliegende Ufer beordern; selbst in dieser Form bleibe »die Poesie des ›Holüber‹«, findet der Erzähler, »menschlich anziehend wie in den ältesten Tagen« (S. 580). Der Fährmann, sein Holzkahn, der Vorgang des Hinübersetzens, all das sind Charons-Motive, vollendet durch die hypothetische Figur eines am Ufer abgeholten Fremden, der dem Kahnlenker »seinen Nickel reicht«(ebd.). Natürlich ist die Beschreibung eines solchen Fährbetriebes auch ohne den Prätext Venedig lesbar – im unmittelbaren Kontext des Lagunen-Vergleichs aber, in dem Thomas Mann sie platziert, gewinnt auch sie eine überdeterminierte Funktion. Es geht also nicht um den mehr oder minder plausiblen Vergleich zweier Wasserlandschaften, sondern um Venedig als semantische Isotopie, die sich im Idyll aus ganz disparaten Realitätsbereichen zusammensetzt. So gibt, um ein letztes Beispiel für die atmosphärische Verdichtung der Venedig-Bezüge anzuführen, der Besuch im Krankenhaus dem Erzähler die Lizenz, den »Geruch des Karbols oder Lysoforms«(S. 595) aufzurufen, seinerseits ebenfalls ein bekanntes Ingrediens aus der Schilderung der von der Cholera erfassten Lagunenstadt.

Die Schüsselrolle im poetologischen Motivhaushalt der Vorkriegsnovelle haben die variierenden Figurationen der Hermesgestalt inne, des Todesboten mit seiner charakteristisch gekreuzten Beinstellung und dem Outfit eines Reisenden oder Fremden. Eine solche, dem von Aschenbach beim Friedhof beobachteten Wandersmann ganz ähnliche Erscheinung begegnet nun überraschend auch dem Paar von Herr und Hund auf seinen Streifzügen, und wieder ist das plötzliche Auftauchen des rätselhaften Fremden ein Quell der Beunruhigung.

> Da geschah's, daß am jenseitigen, gleich dem unsrigen ziemlich steilen Ufer ein Mann sich aus dem Gebüsche hervorschlug und, sobald er den Schauplatz betreten, in eine Pose fiel, die uns beide, Bauschan ebenso unmittelbar wie mich, bewog, unsre Schritte zu hemmen und betrachtend gegen ihn Front zu machen. (S. 612)

Ganz am Ende gewinnt die idyllische Prosastudie mit der Einführung dieses Fremden eine unerwartet dramatische Wendung. Im Vergleich zur Figurenbeschreibung in der Novelle weist der jetzt beobachtete Fremde eine signifikante Abweichung auf:

> Es war ein hinlänglich stattlicher Mann, bekleidet mit Wickelgamaschen, einem Lodenhut, der ihm schief auf der Stirne saß, bauschigen Hosen, [...] und

> einem […] Wams, an dem man allerlei Gurt- und Lederwerk bemerkte, denn er trug cinen Rucksack auf den Rücken geschnallt und eine Flinte am Riemen über der Schulter. (S. 612)

Als der Mann schließlich seine Waffe zieht, »ihren Lauf schräg aufwärts gegen den Himmel« (ebd.) richtet, wird es offenkundig, dass sich der Seelengeleiter und Todesbote Aschenbachs in einen Jäger verwandelt hat. Die Spannung der Szene entlädt sich in einem flachen Knall, eine Ente trudelt getroffen abwärts und klatscht, »rasch wie ein Stein […] auf die Wasserfläche hinab« (S. 613). Herr und Hund, die unfreiwilligen Zeugen der Tat, verfallen in Schreckensstarre, später treten sie schweigend und gedrückt wie nie den Heimweg an. Dass dieser fremde Hermesbote anders als der Wandersmann der Novelle keinen Spazierstock trägt, sondern an die Stelle dieses Requisits ein Schießgewehr getreten ist, das wirkt deshalb so *unheimlich*, weil es sich hier, wie das Idyll ebenfalls verrät, um eine heimliche Wunscherfüllung handelt.

Wenn nämlich Bauschan zuvor auf seine meist ergebnislos endende Enten- oder Hasenjagd ging, so bemerkte der Erzähler, nachdem er den Jagdeifer des Hundes zunächst in skurrile Distanz gerückt hatte, sich selbst als überraschenderweise »an der Sache innerlich beteiligt« (S. 602). Er, der Herr, steigere sich in die Verfolgungsjagd so sehr hinein, bekennt der Schildernde, »daß ich ihm eifrig den Sieg wünsche, auf die Gefahr, daß er den Hasen vor meinen Augen in Stücke zerrisse« (ebd.). Je vergeblicher diese Hoffnung, desto militanter wird das Vokabular; in der Idylle ist nun gar vom »Blutdurst« (S. 604) des zuvor noch so friedliebenden Hundebesitzers die Rede. Wirklich unterstützen könnte er die Jagdleidenschaft seines Hundes nur dann, so denkt der Erzähler in Musterung seines Spazierstockes, »wenn dies hier nicht so ein unnützer, gutmütiger Stock wäre, sondern ein Ding von ernsterer Konstruktion, blitzträchtig und fernwirkend« (S. 603) – eine jener Feuerwaffen also, die der wirkliche Thomas Mann niemals in die Hand genommen hätte. Der nun tatsächlich *magische* Realismus dieses Idylls zaubert die Flinte, kaum ist der Wunsch ausgesprochen, nur wenige Seiten später dem auferstandenen Hermes über die Schulter, genau da, wo der Vorgänger einst seinen Spazierstock in die Hüfte gestemmt hatte.

Beim Einbruch von Tod und Gewalt in die idyllische Szenerie machen Herr und Hund höchst unterschiedliche Figur. Bauschans vergebliches Jagdfieber ist instinktgeleitet, niemals widersprüchlich oder enttäuschbar. Hasen und Enten führen ihn, so heißt es wörtlich, »am Narrenseil seiner Passion« (S. 610), just wie einst Aschenbach dem geliebten Knaben Tadzio »am Narrenseile geleitet von der Passion« (S. 520) durch die dunklen Gassen und Kanäle gefolgt war. Der Erzähler aber, in nachdrücklicher Rollenidentität den wirklichen Autor Thomas Mann vorstellend, muss in den zunächst so verspielt und anekdotisch daherkommenden Jagdepisoden Bauschans am eigenen Leibe erfahren, wie wenig ihn letztlich trennt von jener Welt aus Blutrausch, Tod und Gewehrläufen. In vertraut-fremdartige Motive wie das des bewaffneten Hermes gekleidet, hat die »Heimsuchung« des Krieges tatsächlich den Weg zu ihm nach Hause gefunden.

Mehrfach wird die iterative Aufzählung gewohnheitsmäßiger Abläufe bei den Spaziergängen im »Revier« von Ereignissen durchschlagen, die, wie das bestürzende Hervortreten des Gewehrschützen, singulären Charakter haben. Innerhalb des

Episodenreigens der genrehaft skizzierten Begebnisse mit dem Hund stellen solche konkretisierten Handlungskerne temporäre Verdichtungen her, indem sie eine besonders intensive Faktizität des hierbei Geschilderten evozieren. Denn das singuläre Ereignis hat sich im Gegensatz zu den Genreskizzen nicht nur ›in der Art‹ oder ›so ähnlich‹ hin und wieder zugetragen, sondern genau so und zu einem ganz bestimmten Tage an identifizierbarer Stelle.

Während das Gleichmaß der Tageszeiten und Tagesfolgen ansonsten kaum größere Einschnitte zu kennen scheint, sind die singulär herausgehobenen Ereignisse dramatisch zugespitzt und bleiben nicht folgenlos. Dies gilt auch für jenes vom Erzähler ebenfalls unter die Jagd-»Zwischenfälle« eingereihte Geschehen, bei dem sich ein vom jagdhungrigen Bauschan verfolgter Hase in höchster Not dem Herrn des Hundes zuwendet und von diesem förmlich Schutz und Beistand gegen die bedrohliche Hundenatur zu erflehen scheint. Der Erzähler spielt, indem er die Szene zunächst aus unbeteiligter Halbdistanz beobachtet, mit dem bösen Gedanken, »dem Hasen den Weg zu verstellen, ihn womöglich zurück in den Rachen des schmerzlich jauchzenden Verfolgers zu treiben« – ein »jägerisch-feindlicher Antrieb« (S. 605), wie er selbst einbekennt. Nie ist der Erzähler dem bedenkenlosen Gewalteinsatz näher, zugleich aber der kreatürlichen ›Unschuld‹ ferner als zu diesem Augenblick, als er, aus einer Laune heraus, herrisch und sogar sadistisch ins Spiel der Naturkräfte einzugreifen erwägt, um dem tötungswilligen Jäger ein Opfer zuzuführen. Der Hase wiederum, so denkt der Erzähler bei sich, mochte diesen menschlichen Fremdkörper in Verkennung der unheilvollen Tatsachen »für einen Baum halten« (ebd.) und deshalb als einen Ort der Rettung ansteuern; der Erzähler wünscht diesen »schrecklichen Irrtum« (ebd.) sogar »heftig« herbei, ohne sich über die Folgen und seine eigene mögliche Reaktion darauf wirklich im Klaren zu sein. Die mimetische Annäherung des Erzählers an einen Baum geschieht offensichtlich allein im Bewusstsein des den Vorgang ad hoc begleitenden diegetischen Aktes selbst; sie ist eine psychische Zurechtlegung mit Entlastungsfunktion. Als »Baum« wäre der Protagonist eine Art unbeteiligter Beobachter, weder zur Begünstigung des jagenden Hundes noch zur Hilfe gegenüber dem lebensgefährlich bedrohten Hasen verpflichtet.

Es rollt auf den Erzählenden mithin ein Gewaltereignis zu, dem gegenüber er sehnlichst wünscht, einen verantwortlichen Standpunkt *nicht* einnehmen zu müssen. Doch genau dies vereitelt der Fortgang der Situation, und korrigiert dadurch jene frühere, lang anhaltende Schockstarre, die der »innerlich beteiligte« Schriftsteller fasziniert und willfährig dem Kollektivdurchbruch der Kriegsgewalt gegenüber eingenommen hatte. Die Lähmung durch den Moment, in welchem der Beobachter unweigerlich zum Komplizen wird, findet sich hier ästhetisch übersetzt (und psychologisch transformiert) in die anrührende Demutsgeste des Hasen, der im Erzähler nicht nur den Herrn des Hundes, sondern gleichsam den Herrn der Schöpfung um Gnade anfleht. Im Bruchteil einer Sekunde brennt sich das Bild der schutzbedürftigen Kreatur dem Blick des Ich-Erzählers ein: die großen und blanken Augen des Hasen, die »Schnurrbarthaare«, die »Weiße seiner Brust und kleinen Pfoten« – der Protagonist glaubt sogar, am Hasen »das Zucken seines gehetzten Herzchens« (S. 606) wahrnehmen zu können.

Dieser kurze, flüchtige Moment, den die ausführliche Beschreibung auf Minutenlänge ausdehnt, gibt der an dramatischen Akzenten eher armen Geschichte einen inneren Wendepunkt, der durch das Auftreten des menschlichen Jägers sodann äußerlich nochmals bekräftigt wird. Der Augenblick der Begegnung mit dem Hasen wird zum »trigger«, der im Erzähler die Schockstarre löst und die Handlungslähmung beseitigt. Mit gezieltem Stockschlag bringt er den verwunderten Hund dazu, von seinem Opfer abzulassen. Bauschans Herr ist eben kein Herr über Leben und Tod, so gibt diese Fallgeschichte beispielhaft zu verstehen; er weicht dort zurück, wo der Tod als Fremdkörper ins Idyll einzudringen versucht, und kehrt dem Elementaren den Rücken. Der Ich-Erzähler aus *Herr und Hund* ist ein Held des Rückzugs, der bei der getrennten Heimkehr von Herr und Hund ins häusliche Domizil kaum noch die Autorität eines bürgerlichen Haustierbesitzers zu wahren vermag. Seine Autorschaft wird sich hinfort auf die Bemeisterung solcher Rückzüge verlegen.

Das Idyll hat damit seinen therapeutischen Zweck erfüllt. Mit dem Schriftstellerschicksal aus dem *Tod in Venedig* und mit der Kriegsresonanz seiner Novelle konnte Thomas Mann erst nach dieser Wiederaufnahme des Falles wirklich abschließen. Nachdem überkommene Ambitionen und Lasten abgeräumt sind, kann zu Ostern 1919 die Schreibarbeit am *Zauberberg* erneut aufgenommen werden, dessen auktoriale Erzählsituation nun die Vorkriegswelt souverän auf Distanz bringt. Das indirekte Selbstporträt aus *Herr und Hund* bekennt sich, nach dem gescheiterten Ausgriff ins Publizistisch-Deklamatorische, zum persönlichen Bild des Schriftstellers als einer bürgerlich-prosaischen Existenz. Abgetan scheint damit auch die Last der literarischen Tradition, der Autor schreibt nicht mehr im Namen anderer. Die Übermächtigkeit der literarischen Vorgänger wird in *Herr und Hund* auf legerste Weise zurechtgestutzt, beim Spaziergang durch das eigene Wohnviertel. Die Terraingesellschaft, die seit 1906 die Erschließung übernommen hatte, ließ bis weit in den nördlichen Herzogpark hinein Parzellen anlegen und Straßen befestigen. Weil aber nach Kriegsausbruch die Bebauung ins Stocken geriet, blieb das Haus Thomas Manns lange Jahre das letzte vor dem Beginn einer wild wuchernden Auen-Vegetation. Nur die bereits angebrachten Straßenschilder kündeten in diesem Gelände von geplanten Siedlungsabsichten.

Thomas Mann registriert mit Wohlbehagen, dass es die Straßennamen eines ehrwürdigen deutschen Dichterviertels sind. »Da ist eine Gellert-, eine Opitz-, eine Fleming-, eine Bürger-Straße, und sogar eine Adalbert-Stifter-Straße ist da, auf der ich mich mit besonders sympathischer Andacht in meinen Nagelschuhen ergehe.« (S. 568) Mit sportiver Robustheit macht sich der Autor das Terrain literarischer Größen zueigen. Es sind freilich Namen und Wege, an denen vorderhand »niemand wohnen will« (ebd.). Die Schilder, »wie hierzulande üblich« in weißen Lettern auf blauem Email, setzen Rost an, haben hässliche »braune Flecken und Lücken« (ebd.). Da für den Unterhalt deutscher Dichternamen die auf Bodenrendite ausgerichtete Sozietät nicht mehr aufkommen will, sind es diese verfallenden Schriftzeichen, »die die Merkmale der Mißstimmung, des Fiaskos und der stockenden Entwicklung hier deutlich zur Schau stellen« (S. 569).

Schlimmer als der Vatermord an kanonischen Vorbildern ist wohl das Schicksal, mit einem konjunkturellen Niedergang assoziiert zu werden. Die Dichter sind tot, ihr Andenken scheint verfallen, das Gehölz aber »trifft alle Anstalten, sich wieder zu schließen«, so beobachtet der Spaziergänger ungerührt. »Es ist kein Zweifel, die Parkstraßen mit den poetischen Namen wuchern zu, das Dickicht verschlingt sie wieder, und [...] in zehn weiteren Jahren«, glaubt der Erzähler, »werden die Opitz-, die Fleming-Straße nicht mehr gangbar und wahrscheinlich so gut wie verschwunden sein« (S. 570).

Literaturverzeichnis

Bäumler, Klaus / Karl, Willibald: »Vom Montgelas-Garten zum Herzogpark«, in: Karl, Willibald (Hg.): *Der Herzogpark. Wandlungen eines Zaubergartens*, München 2000, S. 9-25.

Blackbourn, David: *The Conquest of Nature. Water, Landscape and the Making of Modern Germany*, London 2006. (Dt.: *Die Eroberung der Natur*, übersetzt von Udo Rennert, München 2007.)

Freytag, Gustav: *Die Technik des Dramas* [1863], unveränderter Nachdruck, Darmstadt 1969.

Goebel, Eckart: »Tierische Transzendenz. ›Herr und Hund‹«, in: Börnchen, Stefan / Liebrand, Claudia (Hg.): *Apokrypher Avantgardismus. Thomas Mann und die Klassische Moderne*, München 2008, S. 307-327.

Heißerer, Dirk: »Die Poschi. Thomas Mann und die Seinen im Herzogpark«, in: Ders.: *Im Zaubergarten. Thomas Mann in Bayern*, München 2005, S. 247-278.

Heißerer, Dirk: »Gewinn und Verlust. Thomas Mann und die Seinen im Herzogpark«, in: Karl, Willibald (Hg.): *Der Herzogpark. Wandlungen eines Zaubergartens*, München 2000, S. 85-95.

Küster, Hansjörg: *Geschichte der Landschaft in Mitteleuropa. Von der Eiszeit bis zur Gegenwart*, München 1999.

Mann, Thomas: *Betrachtungen eines Unpolitischen*, in: Ders.: *Große kommentierte Frankfurter Ausgabe*, Bd. 13, hg. von Hermann Kurzke. Frankfurt a. M. 2009.

Mann, Thomas: *Briefe an Otto Grautoff 1894-1901 und Ida Boy-Ed 1903-1928*, hg. von Peter de Mendelssohn, Frankfurt a. M. 1975.

Mann, Thomas: »Das Eisenbahnunglück«, in: Ders.: *Gesammelte Werke in dreizehn Bänden*, Bd. VIII, Frankfurt a. M. ^{2}1974, S. 416-426.

Mann, Thomas: »Der Tod in Venedig«, in: Ders.: GW, Bd. VIII: Bd. *Erzählungen / Fiorenza / Dichtungen*, Frankfurt a. M. ^{2}1974, S. 444-525.

Mann, Thomas: »Gesang vom Kindchen«, in: Ders.: GW, Bd. VIII, Frankfurt a. M. ^{2}1974, S. 1068-1101.

Mann, Thomas: »Gute Feldpost«, in: Ders.: GKFA, Bd. 15: *Essays II. 1914-1926*, hg. von Hermann Kurzke, Frankfurt a. M. 2002, S. 47-50.

Mann, Thomas: »Herr und Hund. Ein Idyll«, in: Ders.: GW, Bd. VIII, Frankfurt a. M. ^{2}1974, S. 526-617.

Mann, Thomas: »Königliche Hoheit«, in: Ders.: GW, Bd. II, Frankfurt a. M. ^{2}1974, S. 7-363.

Mann, Thomas: *Tagebücher 1918-1921*, hg. von Peter de Mendelssohn, Frankfurt a. M. 1979.

Wolf Wucherpfennig

DIE ENTTÄUSCHUNG AM LEBEN, DIE KUNST, DIE MACHT UND DER TOD

Thomas Manns *Frühe Erzählungen*[1]

> Warum bemächtigt sich des Kindersinns
> So hohe Ahnung von den Lebensdingen,
> Daß dann die Dinge, wenn sie wirklich sind,
> Nur schale Schauer des Erinnerns bringen?[2]

Diese Frage des neunzehnjährigen Hugo von Hofmannsthal trieb im ausgehenden 19. Jahrhundert in Deutschland und Österreich eine ganze Generation um. Enttäuschung am banalen, geschäftlichen Leben und Angst vor den sich abzeichnenden gesellschaftlichen Konflikten bewegten die jungen Angehörigen eines Bildungsbürgertums, dessen Werte ihre gesellschaftsprägende Kraft zu verlieren begannen. Diejenigen unter ihnen, wie Hofmannsthal in Österreich, die Brüder Mann in Deutschland, die, aus gehobenem Bürgertum stammend, sich selbstverständlich und bewusst in der Welt des Schönen bewegten und sich ein Leben hinter Geschäftsbüchern, das ihnen als Erwachsenen vorgezeichnet schien, nicht vorstellen konnten, machten aus der Not eine Tugend, indem sie den Konflikt zwischen der von den Müttern geprägten künstlerischen Welt und der Vaterwelt geschäftlicher Pflichten literarisch verarbeiteten So hilft die Kunst, eine Krise der künstlerischen Werte, die sich als Enttäuschung am Leben äußert, zu bewältigen. Freilich auf unterschiedliche Weise und mit unterschiedlichen Ergebnissen.

Ausdrucksformen, Themen und Bildlichkeit der künstlerischen Darstellung stammen aus der Phantasiestruktur des jeweiligen Autors. In Thomas Manns frühen Erzählungen wird diese Struktur, fast schon überdeutlich, vom Phantasma der Abweisung durch die kalte Mutter bestimmt. Diese (phantasierte) Abweisung, die mit einer tiefen narzisstischen Kränkung einhergeht, hat etwas mit Manns Homosexualität zu tun. Das Phantasma bestätigt Freuds These, dass männliche Homosexualität, oder genauer: das Festhalten an einer homosexuellen Objektwahl, die in der Bisexualität des Kindes mitgegeben ist, im Wesentlichen aus der Unfähigkeit hervorgeht,

---

1 Die Auswahl der Texte folgt derjenigen des Bandes *Frühe Erzählungen* der von Pieter de Mendelsohn herausgegebenen *Gesammelten Werke in Einzelbänden*, in denen auch das Drama *Fiorenza* enthalten ist; die Gründe für die Berücksichtigung auch des Dramas werden unten angegeben. Zitiert werden die Erzählungen jedoch (ohne weitere Hinweise) nach Thomas Mann: *Frühe Erzählungen 1893-1912*, hg. von Terence Reed / Malte Herwig, in: Ders.: *Große kommentierte Frankfurter Ausgabe*, Bd. 2.1, Frankfurt a. M. 2004. *Fiorenza* wird zitiert, ebenfalls ohne weitere Hinweise, nach Thomas Mann: *Erzählungen, Fiorenza, Dichtungen*, in: Ders.: *Gesammelte Werke in dreizehn Bänden*, Bd. VIII, Frankfurt a. M. ²1974, S. 961-1067.

2 Hugo von Hofmannsthal: »Der Tor und der Tod«, in: Ders: *Gedichte und lyrische Dramen* (*Gesammelte Werke in Einzelausgaben*), Frankfurt a. M. 1963, S. 199-220, hier: S. 219.

die Trennung von einer narzisstisch geliebten Mutter zu bewältigen, die zugleich (über)zärtlich und dominierend ist, während der Vater fehlt bzw. offensichtlich oder doch insgeheim schwach ist und daher keine akzeptable Männerrolle anzubieten hat.[3] Das Phantasma wäre dann eine der Weisen, die Trennung zu bearbeiten.[4]

In der Abweisung, welche die Triebhaftigkeit des Abgewiesenen an den Tag bringt, besteht das vielbesprochene Thema der »Heimsuchung«, das nach Aussage des Autors sein frühes Werk prägt.[5] Daran angelagert ist sozialer, kulturhistorischer und mythischer Stoff, der von zunehmender Selbstreflexion und mit verfeinerter Technik bearbeitet wird und so repräsentative Kraft gewinnt. Existenzielle Themen lösen sich vom Kern des Phantasmas, insbesondere Ambivalenz und die Begegnung von Eros und Thanatos, und auch dies macht, dass sie über Persönliches hinausweisen.[6]

Im *Kleinen Herrn Friedemann* ist die Mutterimago zunächst aufgespalten in die liebevolle Mutter und die trunksüchtige Amme, die das Kind vom Wickeltisch fallen lässt, so dass es mit Buckel und spitzer Brust weiterleben muss. (Darin, dass die

---

[3] Vgl. vor allem Sigmund Freud: »Drei Abhandlungen zur Sexualtheorie« in: *Studienausgabe*, hrsg. von Alexander Mitscherlich u. a., Bd. 5: *Sexualleben*, Frankfurt a. M. 1972, S. 37-145, hier: S. 52-58. Die Untersuchung der unbewussten Phantasiestruktur und der daraus hervorgehenden Textstruktur muss die homosexuelle Disposition des Autors berücksichtigen. Ästhetisch unergiebig ist aber eine Deutung, die die Texte lediglich als verschlüsselte Darstellungen der Homosexualität versteht und sie entsprechend allegorisch deutet, etwa nach dem Muster: Der Buckel des kleinen Herrn Friedemann bedeutet »eigentlich« Homosexualität. Auch wenn wir Grund haben anzunehmen, dass viele Figuren nur Masken des Autors sind, müssen wir davon ausgehen, dass die Texte ästhetisch auf der Ebene des »sensus litteralis« funktionieren, und die Interpretation hat dies zu untersuchen. Unbestritten bleibt, dass der Bucklige, insofern er ein Außenseiterschicksal erleidet, mit dem Homosexuellen verglichen werden und daher für einen homosexuellen Autor besonders interessant sein kann. Doch nicht, dass Mann latent homosexuell ist, ist für die Interpretation wichtig, sondern inwiefern diese Tatsache seine Phantasiestruktur mitformt.

[4] Schon Dettmering hat darauf aufmerksam gemacht, dass Manns Helden häufig von der Mutter verlassen werden. Peter Dettmering: *Dichtung und Psychoanalyse. Thomas Mann, Rainer Maria Rilke, Richard Wagner*, München 1969, S. 23 ff. ordnet dies aber ganz ins ödipale Schema der Konkurrenz mit dem Vater ein, was mir problematisch erscheint.

[5] Mann spricht von der »Idee der *Heimsuchung*, des Einbruchs trunken zerstörender und vernichtender Mächte in ein gefaßtes und mit allen seinen Hoffnungen auf Würde und ein bedingtes Glück der Fassung verschworenes Leben.« Ders.: »On Myself«, in: Hans Wysling: *Dokumente und Untersuchungen. Beiträge zur Thomas-Mann-Forschung*, Bern / München 1974, S. 67-100, hier: S. 76.

[6] Die »Urszene« dieses Phantasmas ist Hans Castorps Traum im Schneekapitel des *Zauberbergs*. Der Wunsch nach symbiotischer Beziehung wird hier gebrochen durch einen archaischen Schlachtungsritus, wie Rolf Günter Renner überzeugend deutet. Rolf Günter Renner: *Das Ich als ästhetische Konstruktion. »Der Tod in Venedig« und seine Beziehung zum Gesamtwerk Thomas Manns*, Freiburg i. Br. 1987, S. 24 f. Renners lacanistische Deutung (Beginn der Sprache der anderen) lässt allerdings gerade das auffälligste Element aus der Deutung herausfallen. Es geht nicht um irgendeinen Schlachtungsritus, die Aggressivität kinderfressender Weiber tut sich auf hinter dem Bild der trauernden Tochter und Mutter. Dass die Grausamkeit der Mütter auch etwas mit der Konkurrenz gegenüber dem Bruder zu tun haben könnte, zeigt sich im Bild des schönen Knaben, aus dessen Gesicht plötzlich »das allen gemeinsame Lächeln höflich geschwisterlicher Rücksicht« verschwindet, um einem Ernst zu weichen, »ausdruckslos, unergründlich, eine Todesverschlossenheit, vor der den kaum beruhigten Hans Castorp der blasse Schrecken ankam«. Thomas Mann: *Der Zauberberg. Roman*, hg. von Michael Neumann, in: GKFA, Bd. 5.1, 2002, S. 743. Das geschwisterliche Gesicht sieht ihn mit dem unergründlichen Blick der Mutterimago an.

Mutter ihr Kind der Amme überließ, von deren Trunksucht sie wusste, erweist sich gemeinsame Schuld und innerer Zusammenhang beider Gestalten.) Die Amme steht »stumpfsinnig« (2.1, S. 87) neben dem Kind, sprach- und blicklos, die Mutter hingegen erzählt ihm später Geschichten – es ist immer eine »wundervolle Geschichte« (2.1, S. 88) –, und ihr Blick gleitet »mit wehmütiger Freundlichkeit« (2.1, S. 89) zu dem Kind hinüber.

Diese Spaltung wird variiert innerhalb einer einzigen Figur, der angebeteten Frau eines Offiziers, allerdings so, dass hier auch Sprechen und Schauen gespalten sind. Dass Friedemann vor Frau von Rinnlingen auf die Knie fällt und ihr seine Liebe gesteht, ist die Kapitulationsurkunde in einem Kampf der Blicke, den er von Anfang an verloren hat:

> Da änderte sich plötzlich der Ausdruck ihres Gesichtes. Er sah, wie es sich in einem kaum merklichen grausamen Spott verzerrte, wie ihre Augen sich wieder mit jenem unheimlichen Zittern fest und forschend auf ihn richteten wie schon zweimal vorher. Sein Gesicht ward glühend rot, und ohne zu wissen, wohin er sich wenden sollte, völlig ratlos und außer sich, ließ er seinen Kopf ganz zwischen die Schultern sinken und blickte fassungslos auf den Teppich nieder. Wie ein kurzer Schauer aber durchrieselte ihn wieder jene ohnmächtige, süßlich peinigende Wut ... (2.1, S. 108 f.)

Die Geschlechter kämpfen mit Blicken gegeneinander, und der immer noch kindliche Mann ist der Schwächere.[7] Nach seinem Geständnis blicken ihre Augen »starr und gespannt geradeaus, über ihn fort, ins Weite.« (2.1,S. 118) Er richtet seinen Hass gegen sich selbst, hebt seinen Blick nicht, sondern lässt seinen Oberkörper ins Wasser fallen, nachdem sie ihn zu Boden geschleudert hat, so wie einst die Amme ihn fallen ließ.

Anders dagegen ist die Sprache der Frau: »dieser leise, nachdenkliche und sanfte Ton berührte ihn wieder« (2.1, S. 117), als sie ihn nach der Ursache seines Gebrechens fragt. Das ist nicht nur eine Falle, die ihn endgültig schwach werden lässt; wenn sie hinzufügt: »Ich verstehe mich ein wenig auf das Unglück« (2.1, S. 117), so spricht sie wohl auch aus Erfahrung: »wie immer lagerten bläuliche Schatten in den Winkeln ihrer Augen.« (2.1, S. 113)[8] Sie leidet, wie die meisten Frauen, an Unverständnis und moralischer Schwäche ihres Mannes, aber sie hat ihre Enttäuschung

---

[7] Der im Blickkontakt verborgene Wunsch – aber das zeigt sich erst im *Felix Krull* – ist der nach narzisstischer Verschmelzung. Vgl. Mechthild Curtius: *Erotische Phantasien bei Thomas Mann. Wälsungenblut, Bekenntnisse des Hochstaplers Felix Krull, Der Erwählte, Die vertauschten Köpfe, Joseph in Ägypten*, Königstein/Ts. 1984, S. 26-29. Eine weit ausgreifende Untersuchung des Augenmotivs in Manns Werk hat Angelika Schaller vorgelegt: *»Und seine Begierde ward sehend«. Auge, Blick und visuelle Wahrnehmung in der Prosa Thomas Manns*, Würzburg 1997; zum *Kleinen Herrn Friedemann* bes. S. 157 ff. Aus der Ambivalenz des mütterlichen Blicks entwickelt sich in Manns Werk eine Vielfalt von Augen-Blicken, über die John F. Frey in einer dichten Darstellung informiert: »Blick und Auge in Thomas Manns Erzählkunst«, in: *Jahrbuch der Deutschen Schiller-Gesellschaft* 13 (1969), S. 454-481.

[8] Thomas Mann kommentiert in einem Brief aus dem Jahr 1909: »Sie ist eine Leidende, eine problematische Natur die in dem körperlich Mißgebildeten einen Leidensgenossen erkennt, im letzten Augenblick aber zu stolz ist diese Zusammengehörigkeit wahrhaben zu wollen.« Thomas Mann: *Frühe Erzählungen 1893-1912*, in: GKFA, Bd. 2.2, S. 59.

besiegt und für den, der das nicht kann, bringt sie kein Mitleid auf – »Konnte sie, wenn sie ihn durchschaute, nicht ein wenig Mitleid mit ihm haben?« (2.1, S. 110), so hofft er vergebens –, sondern nur Spott und Verachtung.[9]

Die kalte, abweisende Mutter ist die, die alles Schwächliche und Körperliche – und dazu gehört nicht zuletzt die Sinnlichkeit – in sich besiegt hat und den Sohn verachtet, dem das nicht gelingt. Sie ist – davon zeugt der forschende Blick – zur grausamen Beobachterin der Schwachen geworden. Ist ihr dagegen der Sieg über ihre eigene Schwäche nicht gelungen, so verfällt sie, wie wir noch sehen werden, der Verachtung des Erzählers.[10]

Das sexuelle Begehren gegenüber der kalten, abweisenden Frau formuliert die Erzählung *Gerächt*, die sich als verschleierter Inzestwunsch lesen lässt. So etwas ist unmoralisch, und so gesteht der Ich-Erzähler gleich zu Beginn seinen entsprechenden Charakter ein: »Meine Begierden waren zügellos, ohne Skrupeln gab ich mich ihrer Befriedigung hin«. (2.1, S. 204) Er berichtet von der Begegnung mit einer unschönen, sexuell gänzlich unattraktiven Frau, mit der er geistig jedoch völlig harmoniert, auch im Gespräch über Intimes. Dennoch kann er den Gedanken an eine sexuelle Beziehung nicht ganz unterdrücken – das ist eben sein unmoralischer Charakter –, und er äußert ihn auf aggressive Weise: »Es ist die intime Vertrautheit unserer Geister, die mir unentbehrlich geworden ist, im Gegensatz zu der prononcierten Abneigung, die ich körperlich dir gegenüber empfinde.« (2.1, S. 207) Sie reagiert, indem sie ihm etwas später von einem Liebesverhältnis zu einem »noch jungen, sehr schönen Manne« erzählt (2.1, S. 208). Die Parallele zu dem Schock, den der Knabe erfährt, der sich irgendwann die zunächst nicht vorstellbare sexuelle Aktivität seiner

---

[9] In Jens P. Jacobsens *Niels Lyhne*, wie Klaus Bohnen gezeigt hat, ein Vorbild für den *Kleinen Herrn Friedemann.* »Faszination und Verfall des Authentischen. Thomas Manns frühe Erzählungen in komparatistischer Sicht«, in: *Thomas-Mann-Jahrbuch* 1 (1988), S. 63-79, symbolisieren durchgehende Pferde die unbeherrschten Triebe. Insofern ist es bedeutungsvoll, dass Frau von Rinnlingen, als Friedemann sie zum ersten Mal erblickt, selber ihre Kutsche lenkt.

[10] Karl Werner Böhm, der das Schematische und Konventionelle der Frauengestalten des jungen Mann betont, versteht sie aus der Identifikationsproblematik des Homosexuellen heraus: »›Die‹ Frau als Verkörperung des ›weiblichen Prinzips‹ und somit projektiver Bestandteil des eigenen geliebt-verhaßten Ich spielt in diesem tragikomischen Schattenkampf mal die dornenbekränzte Heilige, mal die buhlerische Hexe. Das Leiden an jenem Stück Selbst, das eine ganze Kultur mit dem Etikett ›weiblich‹ versehen und sozial stigmatisiert hat, markiert den Punkt, an dem das konventionell verbrämte Desinteresse an ›der‹ Frau in einen mehr als nur konventionellen Antifeminismus umschlägt.« Karl Werner Böhm: *Zwischen Selbstzucht und Verlangen. Thomas Mann und das Stigma der Homosexualität*, Würzburg 1991, S. 192. Dem kann man zustimmen, nur dass hinter dem Desinteresse die Abweisung steht, aufgrund derer die Frau nur allzu leicht als die Fremde und »Liederliche« gesehen wird; darauf reduziert Yahya Elsaghe Manns Frauengestalten. Yahya Elsaghe: *Die imaginäre Nation. Thomas Mann und das ›Deutsche‹*, München 2000, S. 297-310. Das Fremde und Östliche ist wiederum das Anziehende, was neben Aschenbach auch Thomas Mann selbst bezeugen könnte. Weiterhin ist die Abweisende zugleich die insgeheim Männliche, wie Frau Hagenström im *Kleinen Herrn Friedemann* scharfsinnig bemerkt. (2.1, S. 95 f.) Bei Frau von Rinnlingen wirkt das besonders störend, weil ihr männliches Auftreten zu ihren fülligen weiblichen Formen in Widerspruch steht. Noch Mut-em-enet ist insgeheim männlich, wie Manfred Dierks gezeigt hat: »›Mit der Mutter schläft jeder‹. Die Psychoanalyse im ›Joseph‹«, in: Thomas Sprecher (Hg.): *Lebenszauber und Todesmusik. Zum Spätwerk Thomas Manns*, Frankfurt a. M. 2004, S. 51-65. Aber sie weist freilich nicht mehr ab, sondern ist selbst die Werbende – und verfällt damit der hündischen Sexualität der einstmals abgewiesenen Männer.

Mutter eingestehen muss, ist unübersehbar. »Die Vorstellung des Raffinements, das darin liegen konnte, mich mit dieser Frau einer schamlosen und diabolischen Ausschweifung hinzugeben, ließ mein Herz in unerträglicher Weise hämmern.« (2.1, S. 208) Ja, er ist bereit, »zu Thätlichkeiten überzugehen« (2.1, S. 209), doch sie weist ihn mit kühler Souveränität ab. Dass die Frau auch diesmal insgeheim leidet, zeigt der Titel an. Sie hat sich für die Beleidigung gerächt.

Soviel zur Imago der kühlen, anziehenden und zurückweisenden Mutter,[11] deren literarische Abkömmlinge zumeist unter unbefriedigter Sexualität leiden. Die Vaterfiguren können unter diesen Umständen drei Positionen einnehmen, es sind immer Positionen der Schwäche. Entweder sind sie gestorben, so wie der Vater Friedemanns, oder sie sind nicht fähig, ihre leidende Frau zu verstehen, so wie andeutungsweise der Oberstleutnant Rinnlingen oder der Kaufmann Klöterjahn in *Tristan*, oder sie sind von bemitleidenswerter kindlicher Schwäche wie der Rechtsanwalt Jacoby in *Luischen*. Jacobys Frau ist grausam, ohne ihre Sinnlichkeit besiegt zu haben. Sie leitet die entscheidende Erniedrigung, die ihn schließlich den spöttischen oder mitleidigen Blicken aller aussetzt, mit einem Lächeln ein, »das von einer schmerzlichen und zugleich grausamen Lüsternheit redete« (2.1, S. 170), während sie ihm »mit einem klammernden und saugenden Blick ins Gesicht starrte« (2.1, S. 170) Dafür verfällt die spöttisch-grausame Beobachterin diesmal der vollen Verachtung des Erzählers, der ihr schließlich sogar ein »Spatzenhirn« (2.1, S. 180) attestiert. Doch das Schmerzliche darf nicht einmal hier ganz fehlen. Es verbirgt sich in der merkwürdigen Wendung von der schmerzlichen Lüsternheit.

Neben den Varianten der kalten und abweisenden, letztlich aber auch leidenden und unbefriedigten Mutter und des schwachen Vaters, dessen Lebenswelt und Identitätsangebot nichts Anziehendes haben, steht der Fächer unterschiedlicher Sohnesfiguren. Sie stehen, ganz wie die Mutterfiguren, vor der Aufgabe, ihre Sinnlichkeit beherrschen zu müssen. Der Sohnesrolle entsprechend stehen bei ihnen aber die unterschiedlichen Weisen im Vordergrund, die Selbstverachtung des Abgewiesenen zu verarbeiten. Der Selbstmord, der den Abgewiesenen dem Mitleid des Lesers anempfiehlt, ist nicht nur im *Kleinen Herrn Friedemann* die äußerste Konsequenz.[12] Die früheste publizierte Erzählung verleugnet die Liebesenttäuschung ganz einfach: »Du liebtest mich doch ...« sagt der Erzähler (2.1, S. 13), als er sich an die Geliebte erinnert, nicht an ihr Gesicht – im Kampf der Blicke wäre er unterlegen –, sondern an die Hand von zarter Vornehmheit, deren pulsierende Adern aber von lebendigem Liebesgefühl künden.[13] Verbirgt sich aber nicht gerade darin die Selbstverachtung? Auf die Hand, die füttern, liebkosen und strafen kann, richtet sich der Blick des Hundes, der dem Blick Auge in Auge, den er als bedrohend empfindet, auszuweichen sucht. Das ist kein Zufall, Blick und Hand sind die dominierenden Motive in den Erzählungen. Wie redet Frau Jacoby zu ihrem Mann, dem Kind gebliebenen

---

[11] Dabei dürfen wir nicht vergessen, dass dies eine Antwort auf die verlorene narzisstische Symbiose ist, die es doch einmal gab. In den *Buddenbrooks* wird diese Symbiose in Hannos Musikerlebnis reaktiviert.

[12] Vgl. Peter Dettmering: *Dichtung und Psychoanalyse*, S. 9-79.

[13] Ob der Autor hier aus eigener Erinnerung schreibt und dabei möglicherweise an einen männlichen Geliebten denkt, ist unerheblich. Das ursprünglich auf die Mutter bezogene Phantasma kann auch auf Personen anderen Geschlechts übertragen werden.

Rechtsanwalt, wenn er ihr wieder einmal unter Tränen seine tiefstgefühlte Liebe gesteht?

> In diesem Falle aber ward Amra gerührt, strich mit der Hand über die Borsten ihres Gatten uns sagte mehrere Male in dem langgezogenen, tröstenden und moquanten Tone, in dem man zu einem Hunde spricht, der kommt, einem die Füße zu lecken: ›Ja! – Ja! – Du gutes Tier–!‹ (2.1, S. 164 f.)

Solche Behandlung weckt Hass und Selbsthass. Selbsthass bei Friedemann: »Vielleicht war es dieser wollüstige Haß, den er empfunden hatte, wenn sie ihn mit ihrem Blicke demütigte, der jetzt, wo er, behandelt von ihr wie ein Hund, am Boden lag, in eine irrsinnige Wut ausartete, die er bethätigen mußte, sei es auch gegen sich selbst ...« (2.1, S. 118) Hass gegen einen wirklichen Hund bei Tobias Mindernickel in der gleichnamigen Erzählung, weil der Hund von Lebensfreude sprüht, statt, wie gewünscht, ein tröstender Spiegel des Erniedrigten zu sein.[14] Auch die Geschichte *Der Weg zum Friedhof* handelt von der Wut gegen den Lebensfrohen. Aggression und Selbstmordneigung lassen das Sanatorium, etwa das Haus *Einfried*, Vorläufer des *Zauberbergs*, zu einer phantasieträchtigen Örtlichkeit werden.

Androgynie und Geschwisterinzest sind eine andere Möglichkeit, der Trennungsproblematik zu begegnen. Man liebt im narzisstischen Spiegel sich selbst mit der entbehrten Mutterliebe, so wie die Zwillinge in *Wälsungenblut*. Die Ausgangssituation tritt dann in den Hintergrund, sie spielt aber noch hinein, wenn Sieglinde ihren künftigen Gatten anblickt:

> Sie sah in die artige Miene an ihrer Seite, groß, schwarz prüfend, erwartungsvoll, fragend, mit einem glänzend ernsten Blick, der diese drei Sekunden lang begrifflos redete wie der eines Tieres. Doch zwischen den Stühlen hielt sie die schmale Hand ihres Zwillings [...]. (2.1, S. 436)

Dass der Blick der Schwester auf ihren künftigen Gatten schon arg an den eines Hundes erinnert, nimmt ihr die weibliche Drohung und lässt sie grundsätzlich geeignet erscheinen, als narzisstischer Spiegel zu dienen. Doch ihre Hand verrät, wem sie wirklich verbunden ist. Die Liebe der Zwillinge zueinander – das macht die Spiegelung in Wagners *Walküre* deutlich – bietet zwei Einsamen Trost gegenüber der Trivialität, der sie doch selber verfallen sind.[15] Denn zu trösten ist ja die Aufgabe des narzisstischen Spiegels;[16] das gilt ebenso für Mindernickel, den Erniedrigten, wie für

[14] In einem Brief an Grautoff vom 17.2.1896 gebraucht Mann, eine Bemerkung Nietzsches aufnehmend, den Hund als Metapher für die zu beherrschenden Triebe. Dieser steht allerdings gerade für die erniedrigende Einsicht, dass die Beherrschung misslingt. Dem entspricht die Spiegelung im Hund, die später zum liebevollen Einfühlen in Bauschan führt (*Herr und Hund*).

[15] Vgl. Claudius Reinke: *Musik als Schicksal. Zur Rezeptions- und Interpretationsproblematik der Wagnerbetrachtung Thomas Manns*, Osnabrück 2003, S. 159.

[16] Motiv des Spiegels und Technik der Spiegelung bestimmen diese Erzählung. In den *Hungernden* sucht Detlev Trost im Spiegel der Armen. Dem Spiegelmotiv liegt bei Mann narzisstische Verschmelzungssehnsucht zugrunde. Das wird deutlich an dem von Koopmann untersuchten Motiv der Vertauschung, das auf den Liebestausch zielt, letztlich auf die Einheit von Eros und Thanatos. Vgl. Helmut Koopmann: »Die vertauschten Köpfe. Verwandlungszauber und das erlöste Ich«, in: Thomas Sprecher (Hg.): *Liebe und Tod – in Venedig und Anderswo. Die Davoser Literaturtage 2004*,

die Geschwister Aarenholt, die Überheblichen; die Aggressivität der offenbar oder insgeheim Unterlegenen ist ihnen gemeinsam.[17]

Nicht anders im *Tod in Venedig.*[18] Aus dem Duell der Blicke wird hier ihr Liebesspiel.[19] Für Aschenbach, dem es zunächst gelingt, dem strengen Ideal der Selbstzucht nachzufolgen, das, wie wir aus den anderen Erzählungen ersehen, von der Mutterimago stammt, dem es also gelingt, seine Schwäche zu besiegen und in künstlerische Stärke zu verwandeln, »die schwelende Brunst zur reinen Flamme zu entfachen« (2.1, S. 511), für ihn ist Tadzio das kindliche Ich-Ideal, das keine mütterliche Abweisung erfahren musste: Er ist nicht nur schön, seine Mutter, »kühl und gemessen«, (2.1, S. 531) – der Vater ist nicht dabei – bevorzugt ihn offensichtlich gegenüber den Schwestern, und sein »nächster Vasall und Freund« (2.1, S. 538) umarmt und küsst ihn, so wie Tonio es sich von Hans Hansen gewünscht hätte. Dass der Schöne insgeheim auch kränklich wirkt, stößt Aschenbach nicht ab, sondern verringert die Distanz zum Ich-Ideal, dem »Standbild und Spiegel geistiger Schönheit« (2.1, S. 553), wie Aschenbach sie in seinem Werk zu verwirklichen gesucht hatte. Zugleich bietet Tadzio Trost. Aschenbachs Liebe ist frei von Wut, denn sie ist eine narzisstische Selbstliebe, keine zur abweisenden Mutterimago, aber auch sie muss mit dem Tod bezahlt werden, wie immer, wenn der Wille zur Selbstzucht zusammenbricht. Denn das Phantasma der Abweisung ist mit Schuldgefühl verbunden, das durch die Selbstzucht in Schach gehalten wird. Doch Tadzio, schließlich liebesenttäuscht und ebenfalls vereinsamt,[20] verlässt ihn nicht, sondern führt ihn als lieblicher Hermes, damit als letzter der Todesboten, gar nicht mehr angsteinflößend oder lächerlich, »ins Verheißungsvoll-Ungeheure« (2.1, S. 592), ins mythisch belebte Meer, ganz im Gegensatz zu Friedemann, der verächtlich ins Wasser geschleudert wurde. Insofern ist *Tod in Venedig* in moralischer Hinsicht zwar eine Verfallsgeschichte zum Tode, zugleich aber auch ein Weg zunächst zum Dionysischen und am Ende zur Überwindung der Erscheinungswelt, ein Weg zum Tödlich-Mütterlichen,

---

Frankfurt a. M. 2005, S. 209-225. Hans Wysling hat Thomas Mann auf wenigen Seiten eindringlich als narzisstischen Charakter beschrieben: »Thomas Manns Rezeption der Psychoanalyse«, in: *Probleme der Moderne. Studien zur deutschen Literatur von Nietzsche bis Brecht. Festschrift für Walter Sokel*, hg. von B. Bennett, A. Kaes, W. J. Lillyman, Tübingen 1983, S. 201-222, hier: S. 213-217.

[17] Dass das aggressive Ressentiment des décadent in *Wälsungenblut* ausbricht, zeigt G. R. Kluge: »Wälsungenblut oder Halbblut? Zur Kontroverse um die Schlußsätze von Thomas Manns Novelle«, in: *Neophilologus* 76, H. 2 (1992), S. 237-255. Zum Zusammenhang zwischen dem Außenseitertum der Juden und der décadents vgl. die eindringliche Interpretation von Thomas Hake: »Theaterwelt und ›tiefes Reich‹. Beobachtungen zur Erzähl- und Bedeutungsstruktur von Thomas Manns Novelle *Wälsungenblut*«, in: *Literatur in Wissenschaft und Unterricht* 24 (1991), H. 4, S. 287-305.

[18] Bei der Entstehung dieses Textes spielt wieder eine Abweisung hinein. Mann hatte zunächst die Absicht Goethes Marienbader Erlebnis mit Ulrike von Levetzow aufzugreifen. Vgl. Mann: On Myself, S. 85. Die Wahl dieses Themas bleibt bedeutungsvoll, auch wenn Mann, wie man behauptet hat, das nur erwähnte, um der Kritik an dem homosexuellen Inhalt der Novelle zu begegnen.

[19] Vgl. Angelika Schaller: *Und seine Begierde ward sehend*, S. 201 ff. u. S. 221 ff., insbesondere über die narzisstische Spiegelung der Blicke.

[20] Die Verletzlichkeit und geheime Kränklichkeit unterscheidet ihn von Johnny Bishop (*Wie Jappe und Do Escobar sich prügelten*), ebenfalls eine ideale Knabenfigur, aber eine mit einem geringeren Identifikationsangebot.

das aber in solcher Begegnung nicht mehr ängstigt.[21] So am Ende; zu Beginn der Reise steht die Vorstellung vom sumpfigen, fruchtbaren Urwald, so wie er später auch Frischs *Homo Faber* faszinieren und ängstigen wird, mit dem weiblich konnotierten Tiger und seinen funkelnden Augen.[22]

Hier scheint es erforderlich, eine Bemerkung zur ödipalen Problematik einzuschieben. Heinz Kohut sieht im *Tod in Venedig* einen »Vaterkonflikt«[23]. Doch mit der Konstatierung ödipaler Strukturen in Manns Werk sollte man vorsichtig sein. Nicht die ödipale Konkurrenz, sondern Probleme der Vateridentifikation scheinen mir das Vaterverhältnis in den homoerotisch geprägten Phantasien zu bestimmen. Sicherlich sind die Todesboten (bis auf Tadzio) bedrohlich, schließlich führen sie symbolisch ins mütterliche Reich des Todes, in dem dann freilich auch kindliches Gewiegtsein wie in der Gondel wäre. Ich kann hier aber nicht mit Kohut einen Hass auf den stärkeren, sexuell aktiven Vater erkennen – von solcher Aktivität steht nichts im Text –, sondern sehe anstelle von Hass eher die Angst, ebenso lächerlich zu werden wie dieser, die Angst vor dem Eingeständnis der Schwäche hinter der Fassade der Lebensstärke und der Zucht, für die man verlacht wird wie vom Straßensänger. Auch die Zufriedenheit bei der Feststellung von Tadzios Kränklichkeit scheint mir nicht aggressiver, sondern identifikatorischer Art.

Das gilt auch für andere Erzählungen. Es ist bezeichnend, dass Tonio Kröger sich mit dem abgewiesenen König Philipp identifiziert, während ihn der ödipale Konflikt in *Don Carlos* offensichtlich kalt lässt. Es stimmt zwar, dass Siegmunds Liebesverhältnis zu Sieglinde in *Wälsungenblut* durch die Bedingung des geschädigten Dritten bestimmt ist, wie Sabine Richebächer feststellt,[24] doch ist es wohl so, dass die Inszenierung des ödipalen Konflikts für Thomas Mann – zumindest zu diesem Zeitpunkt – die Voraussetzung ist, überhaupt gegengeschlechtliche Liebe phantasieren zu können. Ein Durchleben des ödipalen Konflikts und eine entsprechende Reifung ist Siegmund versagt, wie Richebächer ebenfalls zeigt. Tatsächlich ist die Entlarvung der grundlegenden weiblichen Liederlichkeit nicht möglich ohne Einführung eines Konkurrenten, insofern muss *Gefallen* an die literarische Tradition des ödipalen Konflikts anschließen.[25]

---

[21] Vgl. Martina Hoffmann: *Thomas Manns »Der Tod in Venedig«. Eine Entwicklungsgeschichte im Spiegel philosophischer Konzeptionen*, Frankfurt a. M. u. a. 1995.

[22] Zu Meer und Mutterbeziehung bei Thomas Mann vgl. Fritz Gesing: »Symbolisierung. Voraussetzungen und Strategien. – Ein Versuch am Beispiel von Thomas Manns ›Der Tod in Venedig‹«, in: *Freiburger literaturpsychoanalytische Gespräche* 9 (1990), S. 226-253, hier: S. 233 f. Auf den Bezug zwischen Meereserfahrung und Zeitlosigkeit hat zuerst Algot Sørensen aufmerksam gemacht. Bengt Algot Sørensen: »Die symbolische Gestaltung in den Jugenderzählungen Thomas Manns«, in: Ders.: *Funde und Forschungen. Ausgewählte Essays*, hg. von Steffen Arndal, Odense 1997, S. 193-204.

[23] Heinz Kohut: »›Tod in Venedig‹ von Thomas Mann. Über die Desintegration künstlerischer Sublimierung, in: Alexander Mitscherlich (Hg.): *Psycho-Pathographien 1. Schriftsteller und Psychoanalyse*, Frankfurt a. M.1972, S. 142-147, hier: S. 159.

[24] Sabine Richebächer: »Regression, Konflikt und Angst in Thomas Manns Erzählung *Wälsungenblut*«, in: Sprecher: Liebe und Tod, S. 67-80.

[25] Hier könnte man an den Begriff der Opusphantasie denken, wäre er nicht so problematisch, weil er ein Element der Phantasie aus der Phantasiestruktur des Autors herauslösen soll. Doch ist, was hier oberflächlich erscheint, wohl tatsächlich Zeichen eines tieferliegenden Konflikts. Denn da die so zentrale Vorstellung weiblicher Liederlichkeit notwendig Untreue und Konkurrenz einschließt,

Auch das Verhältnis zwischen Hanno und seinem Vater in den *Buddenbrooks* ist nicht von ödipaler Konkurrenz bestimmt. So wie Tonio Kröger den Schmerz der abgewiesenen Vaterfigur mitempfindet, so fühlt Hanno, ganz im Gegensatz zu ödipaler Konkurrenz, den Schmerz des ausgeschlossenen Thomas mit. Der Konflikt zwischen beiden liegt in der fehlenden Vateridentifikation: Hanno ist unfähig, dem Wunsch des Vaters nachzukommen und eine männliche Identität zu leben, deren Stärke Fassade und deren Grundlage eine Geschäftswelt ist, die nicht nur dem Knaben fremd geworden ist. Ja, er ist ein kleines Mädchen, wie der erzürnte Vater in der Szene des Gedichtaufsagens feststellt, und wenn Thomas ihn hier bloßstellt, so tut er ihm gerade das an, was er für sich selber fürchtet. Grundsätzlich zeigt der Roman, dass die männliche Geschlechterrolle Fassade geworden ist. Folgerichtig sind die männlichen Nachkommen am Ende des Romans tot, wie Hanno es mit der alles abschließenden Linie unter seinem Namen vorausgesagt hat. Darum wäre Toni, die noch selbstverständlich mit der Fassade lebt, der bessere Stammhalter, freilich ein komischer und anachronistischer. Während Thomas sich noch an Fassade und Geschlechterrolle klammert, wird Felix Krull später ganz entspannt damit spielen.

So bietet die Personenkonstellation, aus einer einzigen emotionalen Wurzel erwachsen, eine Vielzahl von Varianten und Kombinationen. Sie erweitern sich noch durch das Thema der Schönheit, das der gleichen Wurzel entstammt. Das beginnt schon mit der Verwandlung der Hand, die strafen und liebkosen kann, in die schöne Hand. Es lässt sich erkennen an der traumhaften Gespenstergeschichte *Der Kleiderschrank.* Hier wird von der kalten Mutter das leidende Mädchen abgespalten. Ein todkranker Mann erlebt oder träumt (das bleibt offen), wie er in einer unbekannten Stadt aus dem Zug steigt, in der Stadt einen Fluss überschreitet, der an den Styx erinnert, und ein Zimmer mietet. Die Zimmerwirtin ist alt und hässlich, »und auf ihrer Stirn war ein Stück Ausschlag zu sehen, ein moosartiges Gewächs. Es war etwas ziemlich Abscheuliches.« (2.1, S. 198) Schöner als das Gewächs, das wir wohl als Verschiebung noch oben deuten dürfen, also als Anzeichen des Geschlechts, ist ihre Hand, die sich auch hier wieder als der scheinbar unverfänglichere Körperteil erweist: »›Haben Sie etwas dawider?‹ fragte die alte Dame und fuhr mit ihrer schönen, langen weißen Hand leicht über das Moosgewächs an ihrer Stirn ...« (2.1, S. 199) Im Zimmer nun ist ein Kleiderschrank, das klassische Geistermöbel, in dem ein nacktes, schönes, aber unerreichbares Mädchen erscheint, das Liebesgeschichten erzählt, die alle mit Mord enden. Das Geschichtenerzählen – im *Kleinen Herrn Friedemann* war es Aufgabe der Mutter – erweist sich so als Abspaltung von einer Beziehung, in der die Anziehung (schöne Hand) durch Ekel (Gewächs auf der Stirn) überlagert ist und die vorher abgespaltene Todesdrohung nun in die Geschichten eingeht. Die ursprüngliche Aggression ist noch bewahrt, aber an die Stelle der mit Ekel behafteten Sexualität tritt die Phantasie einer Schönheit, die so rein ist wie diejenige Tadzios, als weibliche allerdings nur in Todesnähe erscheinen darf. Die Phantasie, die schon in der ersten Prosa-Skizze die »Vision« (2.1, S. 7) einer schönen Hand hervorbringt, verwandelt, so wie die Kunst Aschenbachs, widersprüchliche Gefühle in reine Schönheit.

---

dürfte sich hinter der Problematik der Vateridentifikation dann doch ein ödipaler Konflikt verbergen, der als tatsächlicher, nicht aufgesetzter und inszenierter, aber erst nach einem Durcharbeiten der homosexuellen Problematik erscheinen könnte.

Mit der Gestalt des Künstlers und der Thematisierung der Kunst eröffnet sich die Möglichkeit, den Komplex widersprüchlicher Gefühle aus der Distanz darzustellen, aber eben daher auch enger mit der Situation des Verfassers zu verbinden. Zunächst steht das noch im Hintergrund. Die ersten, tastenden psychologischen Versuche, teils in Ich-, teils in Er-Form, stehen unter dem Einfluss des fast gleichaltrigen Hugo von Hofmannsthal, dem von Bourget und Hermann Bahr;[26] dann übt Mann das »höhere Abschreiben«[27] auch an Flaubert, Maupassant, den modernen Skandinaviern und vielen anderen. Mit dem *Kleinen Herrn Friedemann* beginnt eine Reihe von Erzählungen, deren Protagonisten sich selbst verachten, was teils in Form der Selbstbeobachtung beschrieben wird, teils durch einen Erzähler, der die Gestalten gleichsam mit dem prüfenden Blick der Mutterimago betrachtet.[28] Das Geheimnisvolle, gelegentlich sogar Medusenhafte[29] dieses Blicks wird im Text dadurch abgebildet, dass der Erzähler, der dem ambivalenten Mutterverhältnis entsprungen ist, widersprüchliche Perspektiven eröffnet: er verbindet distanzierte Außensicht mit identifikatorischer Innensicht, sachlich-distanzierte Darstellung mit moralischen Kommentaren, die verständnisvoll und mitleidig, aber auch moralisch verurteilend sein können, alles eingebettet in eine mehr oder weniger ironische Distanz, von der schon die sprechenden Namen Zeugnis ablegen.[30] Die Helden sind entweder Kleinbürger, denen wir fern von der Arbeitswelt begegnen, oder kleine Rentiers, denen ihr bescheidener Wohlstand ein Leben ohne Arbeit erlaubt. Was hier interessiert, ist bürgerliche décadence,[31] das Leben kleiner Seelen, um einen Buchtitel des holländischen Autors Louis Couperus zu zitieren, eines Geistesverwandten von Thomas Mann (*De boeken der kleine zielen*). In *Tonio Kröger* wird dann das Künstlertum zum Thema. Tonio Kröger ist kein gescheiterter Künstler mehr, kein *Bajazzo* oder

---

[26] Vgl. hierzu: Hubert Ohl: *Ethos und Spiel. Thomas Manns Frühwerk und die Wiener Moderne*, Freiburg i. Br. 1995 und Herbert Lehnert: »Thomas Mann's Beginnings and Buddenbrooks«, in: Herbert Lehnert / Eva Wessell (Hg.): *A Companion to the Works of Thomas Mann*, Rochester (NY) / Suffolk (UK) 2004, S. 29-51. Ohl nennt auch noch Arthur Schnitzler als ein Vorbild.

[27] Die Kontrafaktur ist nach Vaget »als der epische Grundgestus des Erzählers Thomas Mann anzusehen«. Hans Rudolf Vaget: »Vom ›höheren Abschreiben‹. Thomas Mann, der Erzähler«, in: Sprecher: Liebe und Tod, S. S. 15-31, hier: S. 27.

[28] Angelika Schaller spricht vom kalten Blick des Autors (Und seine Begierde ward sehend, S. 103 ff.) und verweist, wie manche andere auch, auf die Kälte der Mutter gegenüber den Kindern (ebd., S. 108 f.). Ja, man hat sogar vom »bösen Blick« Thomas Manns gesprochen. Vgl. Klaus-Jürgen Rothenberg: *Das Problem des Realismus bei Thomas Mann. Zur Behandlung von Wirklichkeit in den »Buddenbrooks«*, Köln / Wien 1969, S. 178. Dem widerspricht nicht, dass Mann gegenüber der düster, weil realistisch gesehenen Welt den Wunsch nach Menschlichkeit bewahrt, den Wolfgang Schneider hervorhebt: *Lebensfreundlichkeit und Pessimismus. Thomas Manns Figurendarstellung*, Frankfurt a. M. 1999.

[29] Vgl. Schaller: Und seine Begierde ward sehend, S. 195 f., die auch auf die entsprechende Deutung Freuds verweist.

[30] Wie das Verhältnis des Erzählers zum Helden sich im Lauf einer Geschichte ändern kann, zeigt sehr schön Dorrit Cohn: »The Second Author of ›Der Tod in Venedig‹«, in: *Probleme der Moderne. Studien zur deutschen Literatur von Nietzsche bis Brecht. Festschrift für Walter Sokel*, hg. von B. Bennett, A. Kaes, W. J. Lillyman, Tübingen 1983, S. 223-245. Ansonsten arbeitet die umfangreiche narratologische Literatur meist auf mehr oder weniger umständliche Weise lediglich eine innere Widersprüchlichkeit des Erzählens heraus.

[31] Dem entspricht Manns Abneigung gegen den subkulturellen Natur- und Natürlichkeitskult der Zeit. Vgl. Wolfdietrich Rasch: *Die literarische Décadence um 1900*, München 1986, S. 159-169.

Spinell, keine »arme kleine Seele« mehr (2.1, S. 391), von der man sich mitleidig oder abwertend distanziert, sondern jemand, dessen psychische Ambivalenz repräsentativ wird für das Problem des Künstlers schlechthin. Der Erzähler verdoppelt sich gleichsam und berichtet, distanziert und analysierend, von der Problematik des erzählenden Schriftstellers, der, wie die Mutterimago, ein vom Leben ausgeschlossener Betrachter ist, so wie schon Detlef (in *Die Hungernden)* es erfährt: »Du darfst nicht sein, Du sollst schauen [...]!« (2.1, S. 376) Doch der Blick des Ausgeschlossenen wird zurückgespiegelt: »Ihm war, als ob in alle diese hübschen, erhitzen Gesichter, wenn sie ihn anblickten, ein kalter und forschender Ausdruck träte.« (2.1, S. 269) Die Probeidentifikation mit der Mutterimago löst die Angst vor dem Urteil der anderen nicht auf. »Ihr prüft mich mit den Augen ... Wie findet ihr mich?« fragt Lorenzo de Medici seine Söhne in *Fiorenza* (VIII, S.1036). Die Prüfung gilt der Gesundheit des Vaters, doch überblickt man die Erzählungen als Ganzes, so gewinnt der forschende Blick eine tiefere Bedeutung.

Mit der Einführung der Künstlerproblematik lässt sich die Spannung zwischen Trieb und Selbstbeherrschung neu deuten. Es herrscht das Ideal künstlerischer Verwandlung der Realität, der Auflösung emotionaler Ambivalenz in harmonischer Form – mit Schiller gesprochen, dessen die Erzählung *Schwere Stunde* gedenkt: der Vernichtung des Stoffes durch die Form; es herrscht zugleich die Furcht, dem nicht genügen zu können, ein *Bajazzo* zu sein, ewiger Dilettant, der fremdes Leben unverbindlich und äußerlich nachahmt. So lebt die Selbstverachtung als künstlerische Bedrohung weiter, die Selbstzucht als künstlerische Forderung. Und aus der Einsamkeit des Abgewiesenen wird das ewige Außenseitertum des Künstlers, der sich nach Teilnahme sehnt, des analysierenden Beobachters, der doch den Blick der anderen fürchtet, des beobachtenden Selbstbeobachters, des Richters der anderen und seiner selbst. Darüber legt Mann, inspiriert von Schopenhauer und Nietzsche, das Deutungsschema des Gegensatzes von Geist und Leben[32] – wobei Kunst zunächst auf der Seite des Geistes, dann auf der Seite des Lebens steht[33] – und damit zusammenhängend, dasjenige der Dekadenz, öfter verbunden mit Kritik am Kunstbetrieb und befestigt im Mythos. Der unglückliche, erfolglose Dilettant, dem es am Willen zur Form fehlt, aber auch der Künstler, dem es gelingt, den problematischen Stoff seines Innern in schöne Form zu verwandeln, in jedem Fall ein krankhaft verfeinerter und innerlich zutiefst gefährdeter Mensch, sehnt sich nach den fraglos Lebensfrohen und ihren vielzitierten »Wonnen der Gewöhnlichkeit« (2.1, S. 278), das heißt eigentlich nach der Wunschlosigkeit, die nicht unter der Unerfüllbarkeit des Wunsches nach dem Außergewöhnlichen leidet. Oder aber er ersetzt, wie Schiller, den Wunsch nach Glück durch den nach künstlerischer Größe. Ein Satz Savonarolas aus *Fiorenza* kommentiert das: »Ehrgeiz spricht: Das Leiden darf nicht umsonst gewesen sein. Ruhm muss es mir bringen!« (VIII, S. 1064)

---

[32] Zu Manns symbolischer Gestaltung dieses Gegensatzes vgl. Sørensen: Symbolische Gestaltung, S. 193-204. An welcher Stelle jeweils auf Schopenhauer oder Nietzsche angespielt wird, ist so ausgiebig diskutiert worden, dass es langweilig wäre, darauf näher einzugehen.

[33] Die Kunst kann die Positionen so leicht wechseln, weil sie selbst ambivalent ist, changierend zwischen verführerischem Teufelswerk und höchster moralischer Leistungsanforderung. Das Leben wird positiv, sobald es von dummer physischer Gesundheit zu moralischer Forderung überwechselt.

In jedem Fall ist der künstlerische Mensch vom Leben enttäuscht. Das kann, auch ohne dass der ursprüngliche, psychische Grund dafür genannt werden müsste, sozusagen abstrakt dargestellt werden, als Mangel an mitreißendem Erlebnis. So in der Erzählung *Enttäuschung*, gleichsam eine Ausführung von Hofmannsthals eingangs zitierten Versen. Die von der Kunst geweckte Erwartung nach dem Außerordentlichen wird vom Leben enttäuscht,[34] und zwar so grundsätzlich, dass die Ur-Enttäuschung am Leben vor allen kleinen Enttäuschungen schützt, schließlich sogar vor der Todesangst. Die Darstellung des Problems, das Gespräch zwischen Erzähler und sonderbarem Herrn, hält die Gegensätze in einem schönen Gleichgewicht, das Übereinstimmung und Gegensatz zwischen dem Erzähler und dem selber wiederum erzählenden Herrn, von dem jener erzählt, erkennen lässt: Die Harmonie, die der Erzähler zwischen Kunst und Leben empfindet, hält der Disharmonie die Waage, die der sonderbare Herr empfindet. Die Unsicherheit des Erzählers, ob er die Wirkung des Erlebnisses angemessen darstellen kann, entspricht den rhetorischen Fragen des sonderbaren Herrn, die ebenfalls von Unsicherheit zeugen (gegenüber seinen eigenen Gefühlen wie gegenüber dem Zuhörer). Der Erzähler ist Beobachter, der sonderbare Herr kann von der ständigen Beobachtung seiner selbst nicht absehen. Der Erzähler bewundert den Nachthimmel, und der sonderbare Herr endet schließlich bei der Betrachtung des Sternenhimmels, bekanntlich ein erhabener Anblick, der Vernichtung des unbefriedigt wollenden und sich dabei betrachtenden Ichs mit ewiger Schönheit verbindet und damit die Unsicherheit der Selbstbeobachtung beendet.[35] So hebt die Kunst den Gegensatz von Kunst und Leben auf, indem sie ihn darstellt.

Bei Hofmannsthal kann die Enttäuschung überwunden werden im Gefühl der All-Einheit des großen Lebenszusammenhangs, der auch den Untergang des Einzelnen einschließt; das ist eine Rückkehr zur narzisstischen Einheit mit der Mutter.[36] Darum kann dieser mystische Lebenszusammenhang auch dem banalen »äußeren« Leben der Vaterwelt eine ethische Ordnung geben, nämlich durch die Ehe. In Thomas Manns Erzählungen ist Leben nicht der mystisch-dionysische Zusammenhang, sondern zunächst nur das banale äußerliche, später dann das durch die Kunst erhöhte Leben, das aber nie den Tod freundlich mit einschließt.[37] Die Forderung, sich in der

---

[34] Ebenso wie der Held in Hofmannsthals *Der Tor und der Tod* kennt auch Sigismund in *Wälsungenblut*, und auch Thomas Mann selber, die Trennung vom Leben durch die schönen Dinge (2.1, S. 442). Ich stimme Edo Reents zu, dass es in dieser Erzählung nicht um grundsätzliche Sprachkritik geht, sondern um eine Schopenhauersche Desillusion durch die Wirklichkeit. Vgl. Edo Reents: »Von der Welt als Vorstellung zur Welt als Wille. Schopenhauer und Thomas Manns *Enttäuschung*«, in: *Thomas Mann Jahrbuch* 8 (1995), S. 209-240.

[35] Es fällt auf, dass nur die leidvollen Erlebnisse beschrieben werden; dass es auch glückliche gab – sie waren ebenso enttäuschend wie die leidvollen –, wird nur versichert. Das lässt vermuten, dass es die glücklichen Erlebnisse in Wirklichkeit nicht gab. Schließlich müsste Glück ja gerade darin bestehen, dass die unangemessenen Wünsche erfüllt werden.

[36] Auch Mann kennt die Sehnsucht nach dem kindlichen Narzissmus, wenn er etwa im *Bajazzo* den Wunsch nach der »Verewigung des kindlichen Ausnahmezustandes« gestaltet. Hellmut Haug: *Erkenntnisekel. Zum frühen Werk Thomas Manns*, Tübingen 1969, S. 20. Doch hier tritt das Größen-Selbst stärker hervor als die Verschmelzungswünsche, die von der mütterlichen Abweisung zurückgewiesen werden und nur als eine ästhetisch und moralisch verwerfliche Freude am Amorphen zum Ausdruck kommen, der jede Selbstzucht fehlt.

[37] Erst in seiner letzten Erzählung, in der Mann die Todesangst nach seiner Lungenoperation bearbeitet, von der er vielleicht doch ahnte, dass sie einem Krebs galt, in der *Betrogenen*, gelingt ihm

ihn langweilenden väterlichen Welt des Geschäfts und der Konkurrenz zu bewähren, von der Thomas Mann mit den *Buddenbrooks* Abschied nimmt, wird ausgetauscht nicht mit einer moralischen Forderung nach irgendeiner zwischenmenschlichen Bindung, sondern mit der vom Mutterbild ausgehenden nach Selbstbeherrschung und Erfolg in der Kunst. Das negative Mutterbild lässt keine positive Verschmelzungsphantasie zu; sie deutet sich zwar an im faszinierenden, zeitaufhebenden, ambivalenten Erlebnis des Meeres, wird aber nur durch homosexuelle Vermittlung eindeutig positiv: wenn der geliebte Knabe voranschreitet, so dass aus der simplen Todesverfallenheit eine genussvolle *ars moriendi* wird. Ganz anders angstbesetzt ist die Verschmelzungsphantasie in Aschenbachs Traum des dionysischen Kultes, der an die Beschreibung des Astarte-Kultes in Richard Beer-Hofmanns *Tod Georgs* erinnert. Man kann es auch allgemeiner formulieren: Erst die anerkannte Homosexualität, freilich nur die sublimierte, die sich mit dem bloßen Anblick des Geliebten begnügt, ermöglicht es Mann, in erfolgreicher Kunst die Schönheit mit dem elenden Untergang, den Außenseiter mit dem Leben, die Selbstzucht mit dem Triebleben zu versöhnen.

Hofmannsthal beschwört in Gedichten und Dialogen den mystischen Lebenszusammenhang und arbeitet sich von da aus ins Ethische und Soziale; seine Stärke ist die Evokation der Stimmung im Gedicht oder im Opernlibretto; er scheitert aber an der großen epischen oder dramatischen Form. Thomas Mann scheitert am Dramatischen und Lyrischen, er beschreibt zunächst in erzählerischer Kurzform, dann in epischer Breite den Kampf, in dem der problematische, an seiner Problematik leidende, meist künstlerische Außenseiter um die gesellschaftliche Anerkennung ringt, die schließlich zumindest seinem Autor zuteil wird. Dieser Weg endet bei *Adrian Leverkühn*, eben kein Libretto wie bei Hofmannsthal, sondern ein Roman über das Problematische der Musik.[38] Manns Musikerlebnis ist geprägt durch die Gleichzei-

---

ein versöhnter Blick auf den weiblich-mütterlichen Tod, allerdings nur durch das Medium einer mütterlichen Heldin. Dass Rosalie die Selbstzucht verliert, wie Aschenbach und andere auch, bemerkt der verurteilende Blick der Mutterimago, der diesmal nicht ihr eigener sein kann, sondern der Tochter zugewiesen wird. Sie selbst fühlt sich »überschwemmt [...] von schamvoller Süßigkeit« (VIII, S 901), womit sie nicht nur ihre Scham ausdrückt, sondern auch auf das tödliche Meer hinweist (vgl. Anm. 22). Die nur allzu offensichtliche Peinlichkeit des Themas soll das Eigentliche verdecken: die Todesangst. Auf die Erfahrung, dass wieder einmal hinter Liebe und Schönheit nichts als der hässliche Tod steht, dass, was in ihr wächst, nicht das Leben ist, sondern der Tod – alle Krebszellen, doch am auffälligsten diejenigen, die im Eierstock entstanden, sind ja ein Symbol dafür, dass das Leben den Tod gebiert –, dass Rosalie, die mit kindlicher Liebe an der so widersprüchlichen Natur hängt, nicht vom Storch, sondern vom schwarzen Schwan gebissen wurde, reagiert sie nicht verzweifelt, sondern mit tapferer und gefasster Dankbarkeit: »Ist doch der Tod ein großes Mittel des Lebens, und wenn er für mich die Gestalt lieh von Auferstehung und Liebeslust, so war das nicht Lug, sondern Güte und Gnade.« (VIII, S. 950) So stirbt sie versöhnt, sie bedarf nicht einmal des prekären Trostes der Berühmtheit. Diese Versöhnung wird von ihrer Sprache vorweggenommen, deren manirierte Harmonie an den Erzähler in Manns späten Texten denken lässt, die aber auch den von Mann wenig geliebten, so störend naturnahen rheinischen Dialekt ebenso wenig verwirft, wie Rosalie das Hässliche des Lebens. Vor dem Hintergrund des Mannschen Werks erscheint die weibliche Heldin als Sinnbild: Wir alle sind Betrogene der Natur und können von Rosalie das versöhnte Sterben lernen.

[38] Hofmannsthals Lyrik *ist* Musik, seine Libretti sind für die Musik geschrieben. Mann beschreibt und analysiert Musik. Er beschreibt wie kein anderer die »Fülle des Wohllauts« und übernimmt Strukturformen der Musik, insbesondere derjenigen Wagners. Als Hörer von Musik war Hofmanns-

tigkeit von Faszination und Distanz. Es gibt aber auch den Weg zum narzisstisch geliebten Ich-Ideal, also vom *Wunderkind* und von Tadzio zu Joseph und, bei erneuter, spielerisch-distanzierter Betonung des Problematischen, zu Felix Krull. Und schließlich die Darstellung der problematischen Gestalten aus der Perspektive des mit ihnen sympathisierenden »Gewöhnlichen« im *Zauberberg*.

Fiorenza

Die Enttäuschung am Leben verlangt die Auseinandersetzung mit dem unausweichlichen Tod und der unerfüllten Liebessehnsucht – ein zentrales Thema der *Frühen Erzählungen* wie auch in den Schriften der Jung-Wiener. Doch während die Wiener in das Buch des Todes eine Lehre fürs rechte Leben einzuschreiben suchen, gibt es bei Mann gegenüber dem Tod nur den Trost des prekären Ruhmes für die prekäre künstlerische Form. Die Beziehung zwischen dem traumatischen Phantasma und diesem Resultat zeigt sich vielleicht am deutlichsten an *Fiorenza,* nur der äußeren Form nach ein Drama, denn es gibt keinen wirklichen dramatischen Konflikt, sondern ein Selbstgespräch des einen, in innerer Ambivalenz gespaltenen Ich, nachdem Begleitstimmen, teilweise erzählend, das Gespräch präludiert und für historisches Ambiente gesorgt haben.[39] Die beiden Stimmen sind diejenigen Savonarolas und Lorenzo de Medicis, Gegner, die aus gleicher Erfahrung reden, nämlich der unerfüllten Liebe zu Fiore, die nur scheinbar die Geliebte Lorenzos ist. An die Stelle eines dramatischen Dialogs tritt dabei das schon von Erich Heller gerügte Räsonieren in Termini der Nietzsche-Psychologie.[40] Da aber gerade die unvollkommene künstlerische Bearbeitung die Grundstruktur von Manns Phantasieren und ihre Konsequenzen deutlicher hervortreten lässt, soll das Stück hier eingehender besprochen werden.

Am Beginn steht wiederum die Abweisung. Der menschenscheue junge Girolamo, »schwach, klein und häßlich wie die Nacht« (VIII, S. 1043), hat einstmals der jungen Fiore seine Liebe gestanden. Fiore, die bislang mit seiner Neigung gespielt hatte – »Es ergötzte mich, den Umlauf seines Blutes zu beherrschen mit meinen Augen« (VIII, S. 1044) – weist ihn ab. »Ich nun, mit Abscheu und Entsetzen, stieß ihn von mir, – mag sein, ich schlug nach ihm, weil er sein gieriges Klammern nicht lösen wollte.« (VIII, S. 1044) Der Abgewiesene wird zum Mönch und bekämpft zusammen mit seiner eigenen Sinnlichkeit einen jeden Sinnengenuss. Dieser von ihrem

---

thal hingegen wohl distanzierter denn Mann. Für beide Autoren aber gilt, dass sie ihr zentrales Thema, Eros und Thanatos, immer im Raum der Töne phantasieren.

[39] Thomas Mann scheint bei seinen dramatischen Versuchen das historische Drama des 19. Jahrhunderts vor Augen gehabt zu haben. Das ist für den Epiker verständlich, aber die Ablösung der Geschichtsphilosophie durch Psychologie verlangt entweder das naturalistische oder das lyrische Drama. Andererseits arbeitet gerade der frühe Mann novellistisch-dramatisch. Äußeres Geschehen wird zur Szene, häufig zur musikalischen Szene, in der Seelisches bewusst wird und eine Entscheidung hervortreibt. Insofern sind die Erzählungen erzählte, teils einzelne, teils gereihte lyrische Dramen, also so etwas wie moderne Novellen. Nicht ohne Grund verstand Mann sich auch nach Erscheinen der *Buddenbrooks* noch als Novellist. Vgl. Hans Rudolf Vaget: *Thomas Mann – Kommentar zu sämtlichen Erzählungen*, München 1984, S. 28-31.

[40] Vgl. Erich Heller: *Thomas Mann. Der ironische Deutsche*, Frankfurt a. M. ^{2}1976, S. 85-102.

Jugendtrauma beherrschten Gestalt steht Lorenzo gegenüber, Vater zweier Söhne, einst Herrscher über Leben und Tod, über die Schönheit und die Frauen, jetzt auf dem Totenbett: die abgewiesene Sohnesgestalt und die schwache Vaterfigur.

Auch ihn, Lorenzo, hat Fiore nicht glücklich gemacht, die unergründliche Frau, die viel gelitten hat, denn er hatte einst ihren Vater und seine Familie ins Exil getrieben:

> Vielleicht, daß du dich nur ergabst, um Rache zu nehmen? Daß im Augenblick der tiefsten Lust der giftige Tod mich traf? Wie oft, und war die Liebesstunde noch so trunken, forschte ich in deinen rätselhaften Augen, lauschte ich hinter deine kühle, geschliffene Rede … Hast du mich je geliebt? Je einen, dem du dich ergabst? Folgst du nicht neugierig nur der Kraft der Sehnsucht, die nie befriedigt entschlummern darf, die im Besitze stets neu sich gebären muß, wenn sie dich schmählich nicht verlieren will? Für den, Madonna, der von Eurem Reiz gekostet, gibt es nie Ruhe mehr, nicht im betrachtenden Erinnern an Vergangenes und nicht in Träumen von Zukunft. Nur eine stete, scharfe Gegenwart, wach, schicksalsvoll, gefährlich und – verzehrend … (VIII, S. 1042)

Ja, auch der Sinnengenuss ist für Lorenzo nie vollkommen »Die Sinne betete ich an, – mir fehlte ein köstlicher. Ich bin geruchlos. Ich kenne den Duft der Rose nicht, nicht den des Weibes. Ich bin ein Krüppel, bin mißgeboren.« (VIII, S. 1062) So also sieht Lorenzos Enttäuschung am Leben aus, die ihm nur unbefriedigte Sehnsucht lässt.

Die Sehnsucht der Vater- wie der Sohnesfigur richtet sich auf den sicheren Besitz derjenigen, die den einen abgewiesen, sich dem anderen nie wirklich ergeben hat. Es geht also um einen Machtkampf, den ödipal zu nennen man Bedenken tragen sollte, denn beide sind Brüder im Leiden, ich- und machtsüchtig aus Schmerz, wie Lorenzo letztlich unwidersprochen feststellt. Im Grunde wird Ambivalenz als ödipaler Konflikt in Szene gesetzt, als ein Kampf um Fiore, jedoch nicht mehr so sehr um sie selbst, sondern darum, wofür sie nicht nur in einem Festaufzug symbolisch steht: um Fiorenza (VIII, S. 1041), um Florenz, die Stadt, die immer wieder einem Weib verglichen wird (VIII, S. 964, 971, 1031). Wenn Lorenzo sagt: »Florenz ist eine Dirne« (VIII, S. 1038), wenn er die Stadt als lüstern, gemein und grausam bezeichnet, wobei man nicht weiß, meint er wirklich nur die Stadt oder auch Fiore, die im Hintergrund auftaucht (VIII, S. 1040), dann ist er gar nicht so uneinig mit Savonarola, der sie, als sie wieder einmal seine Bußpredigt stört, als Personifikation von Florenz anspricht, sie beide verdammend als Babel, die große Buhlerin (VIII, S. 976-979). Doch dürfen wir vielleicht, wenn sie als Madonna angeredet wird, wenn Lorenzos Sohn Giovanni, der künftige Papst, von »Madonna Fiorenza« spricht (VIII, S. 1014), in der höflichen Anrede an hochgestellte Damen den Anklang an die Mutter Gottes mithören? Fiore, die zumeist »mit gesenktem und dennoch sehendem Blick« (VIII, S. 978) durch das Stück geht, unergründlich lächelnd, »die Hände auf dem hervortretenden Leibe zusammengelegt« (VIII, S. 1055, vgl. S. 978, 1040) wie eine Schwangere, ist nach dem Bilde der Mutter Gottes gezeichnet.[41] Ihr ist es am

[41] In *Gladius Dei*, einer Erzählung, die ebenfalls zum Savonarola-Komplex gehört, erzürnt sich Hieronymus (Savonarola) über das Bild einer allzu verlockend dargestellten Madonna, für die eine kleine Putzmacherin Modell gestanden hat. In *Fiorenza* zerstört Botticelli tatsächlich unter dem

Schluss des Stückes vergönnt, »wunderbar im Lichtschein auf der Höhe der Stufen« stehend (VIII, S. 1067), den vermessenen Mönch vor seinem Untergang zu warnen. Andererseits ist sie es ja, die die Auseinandersetzung zwischen den beiden Männern herbeigeführt hat, um zu sehen, wer von beiden der stärkere ist: »Er ist in eurer Macht: er gehe, seid Ihr ein Mann, nicht wieder daraus hervor«, sagt sie zu Lorenzo (VIII, S. 1045).[42] Aber Lorenzo stirbt, und Savonarola schreitet unbehelligt davon – in seinen Tod. Hier zeigt sich, wie die Ambivalenz entsteht, die, verwandelt und auf andere Bereiche bezogen, das gesamte Werk durchzieht.

Doch es bleibt ein entscheidender Unterschied zwischen beiden Männern. Lorenzo unterwirft sich den disziplinierenden Forderungen der Kunst:

> Mit wüsten Trieben warf die Natur mich aus: doch noch den Rausch, den Taumel habe in Maß und Rhythmus ich gezwungen. Schwelende Gier und Qual und düstere Brunst war meine Seele: aber zur frohen Flamme hab' ich sie entfacht. Ein Bock, ein ekler Satyr war ich ohne die Sehnsucht, und wenn die Dichter mich den heiteren Olympiern gesellen, so weiß nicht einer von der langen Zucht, womit ich meine Wildnis bändigen mußte. (VIII, S. 1062)

Diese Kunst ist nicht mehr heterosexueller Art. Heterosexualität zeigt Mangel an Selbstzucht an wie bei Pietro de Medici, so auch die Klosternovelle – eigentlich Boccaccios zweite Geschichte des neunten Tags –, die Leone als seine eigene erzählt. Sie ruft einen Heiterkeitsausbruch hervor, der durch die Nachricht von Savonarolas Ankunft in lähmende Stelle verwandelt wird. Das alles ist oberflächlicher Lärm zweifelhafter, zerstrittener Künstler, ebenso oberflächlich wie Lorenzos Ruf als Frauenheld. Wirkliche Schönheit verkörpert der Page, der die Ankunft anmeldet. Lorenzo fragt ihn nach seinem Namen.

> LORENZO: Gentile … Das ist hübsch. Geh nochmals bis dahin, Gentile, und komm zurück. Ich seh' dich gerne; du verstehst zu gehen. Deine Hüften sind schön. Bleib so stehen … Aldobrandini, merk dir diese Linie. Nimm diesen Ring, Gentile, weil du meinen Augen wohlgetan. Und den du meldetest, der trete nun ein. (S. 1053)

Einfluss von Savonarola ein solches Bild der Schönheit, um künftig nur noch »die schmerzensreiche Mutter« zu malen (S. 1034). München wird in *Gladius Dei* als Renaissance-Florenz stilisiert. Vgl. Wolf Wucherpfennig: »Apokalypsis Monaci laeti. München um 1900, durchleuchtet von Thomas Mann«, in: Ortrud Gutjahr, Bernd Henningsen, Helmut Müssener, Otto Lorenz (Hg.): *Attraktion Großstadt um 1900: Individuum – Gemeinschaft – Masse*, Berlin 2001, S. 81-103. Andererseits erinnern die unvollkommenen Künstler am Hof der Medici an Makart und den Jugendstil.

[42] Fiore wird auch auf den griechischen Mythos bezogen. Als die Künstler am Hofe Leonardos sich über die gefährliche und anziehende Fiore unterhalten, die einen vergifteten Dolch bei sich trägt, gibt Leone die mythologische Deutung: »Als Zeus den Kronos entthronte, raubte er ihm ein Glied seines Leibes, ein wichtiges, und warf es ins Meer. So sonderbar begattet, gebar das Meer – unsere Herrin.« (VIII, S. 995) Damit ist Fiore als eine Venus Anadyomene bestimmt, gezeugt vom kastrierten Vater, so wie sie selbst wieder gebären wird, geschwängert von der Vaterfigur, die am Ende des Stückes stirbt. Anders als Zeus, wird Savonarola keine Freude am Sieg über den sterbenden Leonardo haben. In Fiore mit ihrem Dolch jedoch ist die verführerische Schönheit mit der Kastrationsdrohung verbunden.

So versichert er sich noch einmal der wirklichen Schönheit vor dem entscheidenden Streitgespräch. Den Augen wohlzutun, statt zum Kampf der Blicke aufzureizen, ist das Werk solcher Schönheit. Dem entspricht eine Szene zu Beginn des Stückes. Hier verwirft Poliziano Savonarolas, auch gegen die Homosexualität gerichtete Schrift[43] über die Liebe zu Christus: »Ein wüstes und brünstiges Durcheinander von dunklen, trunkenen und fieberhaften Empfindungen, Ahnungen und innerlichen Zwischenzuständen der Seele, die ganz vergebens nach einem plastischen Ausdruck ringen.« (VIII, S. 968 f.) Poliziano dagegen preist die Leichtigkeit der Kunstproduktion angesichts der Schönheit dieser Welt, worauf Giovanni bemerkt: »Ja, Meister Angelo, Ihr seid die Leuchte des Jahrhunderts. Wer täte es euch gleich? Niemand schaut die Welt so hold wie Ihr. Niemand singt so süß wie Ihr das Lob eines schönen Knaben.« (VIII, S. 969) Das ist ironisch, aber keine Verurteilung der Knabenliebe von einem, den sein erboster Bruder bald darauf einen »Sodomit« nennt (VIII, S. 1014). Es spricht daraus die höhere Ironie gegenüber einem, der die Leichtigkeit der Kunst nicht der Einsicht ins Leiden abgewonnen hat, all jenen fieberhaften Zuständen der Seele, sondern sich berauschen lässt vom Schein. Diese falsche Sicht der richtigen Schönheit zu Beginn wird am Ende durch Lorenzos richtige Sicht zurechtgerückt. So rein, als das Wesen von Lorenzos Festen hinter deren Lärm und Oberflächlichkeit, zeigt sie sich aber nur für einen Augenblick.

Savonarola hingegen, der geheime Protestant,[44] hat für keine Schönheit einen Sinn. Er will die unreinen Gefühle nicht zur Augenweide der Knabenschönheit sublimieren – dafür äußern sie sich als Wiederkehr des Verdrängten in seiner Christusschrift –, er verwirft den sinnlichen Reiz ganz und gar. Man weiß, warum. Aber er hat ein Argument, das über seine Person hinausführt. Er hat gesehen:

> Ich sah die Burg der Este. Mit seinen Kumpanen sah ich den Fürsten, mit Weibern, Zwergen, Lustigmachern und schönen Geistern bei Tafel schwelgen. Musik und Duft und Reigen und Gelage war alles ... Doch manchmal, leise, grauenhaft, gedämpft, drang in den üppigen Tumult ein fremder Laut: das war ein Laut der Qual, ein Ächzen, Winseln und kam von unten, – von unten aus den fürchterlichen Kellern, wo die Gefangenen schmachteten. Ich sah auch sie. Ich bat und ward hinabgeführt in Gründe, darinnen Heulen und Entsetzen war. Und mit den Unglückseligen hörte ich den Klang der Festeslust herniederdringen und wußte, daß keine Scham dort oben war, nicht ein Gewissen dort oben sich rührte ... (VIII, S. 1060)

---

[43] Vgl. Böhm: Zwischen Selbstzucht und Verlangen, S. 267. Auf den folgenden Seiten findet sich auch eine bedenkenswerte, von der Homosexualitätsproblematik ausgehende Interpretation von *Fiorenza* platonischer Eros gegen asketischen Protestantismus. Allerdings sehe ich auch hier mehr die Ambivalenz als eine eindeutige Parteinahme für Savonarola. Diese Ambivalenz übersieht schon Walter Rehm, der sich ganz auf die Seite Savonarolas stellt. Walter Rehm: »Der Renaissancekult um 1900 und seine Überwindung«, in: Ders.: *Der Dichter und die neue Einsamkeit. Aufsätze zur Literatur um 1900*, Göttingen 1969, S. 34-77, hier: S. 73-75.

[44] Vgl. Werner Frizen: »Thomas Mann und das Christentum«, in: Helmut Koopmann (Hg.): *Thomas-Mann-Handbuch*, Stuttgart 1990, S. 307-327, hier: S. 311-314.

Savonarola beruft das Elend der Welt, das die Mächtigen gleichgültig überhören und übersehen.[45] Wer dürfte ihm widersprechen? Lorenzo, der noch immer an »Das ewige Fest« denkt (VIII, S. 1065) und so auf seine Weise Nietzsches Diktum beherzigt, das Dasein sei nur als ästhetisches Phänomen gerechtfertigt, ihm rechnet Savonarola die Unkosten des Festes vor, und das wird hier nicht mit Nietzsche als Ressentiment abgetan. Lorenzo, der sich noch nicht beim bloßen Anblick der Knabenschönheit beruhigt hat, der ein Aschenbach beglückt in den Tod folgt, fürchtet die »Modergruft der Vernichtung« (VIII, S. 1024), Savonarola hingegen, der die Sünde nur allzu gut kennt, will die Vernichtung von allem, auch seiner selbst. Thomas Mann deutet den Gegensatz zwischen beiden als einen zwischen Kunst und Geist[46] und lässt den sterbenden Lorenzo sagen: »Oh, ich erkenne dich, du verrietest dich mir! [...] Der Tod ist es, den du als Geist verkündigst, und alles Lebens Leben ist die Kunst!« (VIII, S. 1066).

Hier wird eine Diskussion geführt, die weit über das persönliche Phantasma der Abweisung hinausreicht. Wenn Fiore dem Mönch zu Schluss warnend zuruft: »Hör auf zu wollen, statt das Nichts zu wollen!« (VIII, S. 1067), so zitiert sie Nietzsche, der in einer Auseinandersetzung mit dem asketischen Ideal, die auch eine Kritik an Schopenhauer ist, bemerkt, dass der Wille zum Nichts immer noch ein Wille ist:

> dieser Haß gegen das Menschliche, mehr noch gegen das Tierische, mehr noch gegen das Stoffliche, dieser Abscheu vor den Sinnen, vor der Vernunft selbst, die Furcht vor dem Glück und der Schönheit, dieses Verlangen hinweg aus allem Schein, Wechsel, Werden, Tod, Wunsch, Verlangen selbst – das alles bedeutet, wagen wir es zu begreifen, einen *Willen zum Nichts*, einen Widerwillen gegen das Leben, eine Auflehnung gegen die grundsätzlichen Voraussetzungen des Lebens, aber es ist und bleibt ein *Wille*! ... Und, um es noch zum Schluß zu sagen [...]: lieber will noch der Mensch *das Nichts* wollen, als *nicht* wollen ...[47]

Fiore verlangt allerdings, anders als Nietzsche, auch diesen Willen noch aufzugeben, eine unerfüllbare Forderung, denn der Wille kann nicht nicht wollen.[48] Jedenfalls findet sich wohl kaum eine Stelle in Manns Werk, die der Auffassung, dass das Nichts angesichts des menschlichen Elends besser ist als das Sein, so nahe kommt wie diese. Der das Nichts will, ist über Verführung und Todesdrohung hinaus. Hieran lässt sich freilich keine Lehre des rechten Lebens anknüpfen. Es geht Mann in der Folge nur noch darum, immer wieder das Leben zu verteidigen, etwa gegenüber dem Schreckbild des weiblichen Todes im Schneekapitel des *Zauberberg*, oder in der Wiederauferstehungserzählung vom schönen, nicht abgewiesenen, sondern auser-

---

[45] Auch in *Gladius Dei* erscheint die Armut, die das frohe München hinter seinen Fassaden versteckt. Sie wird personifiziert in dem alten Weib mit blutigen Augen, das sich an Krücken durch eine Kirche schleppt. Solche Augen sind freilich nicht mehr abschätzig prüfend oder unergründlich. Tobias Mindernickels entzündete Augen gewinnen in dem Augenblick Glanz, in dem er durch Mitleid Herrschaft erringt.

[46] Vgl. Mann: On Myself, S. 83.

[47] Friedrich Nietzsche: *Zur Genealogie der Moral*, in: Ders.: *Werke in drei Bänden*, hg. von Karl Schlechta, Bd. 2, Darmstadt 1997, S. 761-900, hier: S. 900.

[48] Das macht nach der Lehre von Julius Bahnsen die Tragik des Willens aus. Vgl. dazu: Lutger Lütkehaus: *Nichts. Abschied vom Sein. Ende der Angst*, Frankfurt a. M. 2010, S. 270.

wählten Knaben Joseph, der in die Grube fahren muss und wieder auferstehen darf, weil er die schöne, vom Vater geliebte Mutter verkörpert,[49] der dann das Drama der Abweisung umkehrt, wofür er freilich erneut in die Grube fahren muss und wieder auferstehen darf. Indem er die Agenten des Nichts, von Savonarola bis zu Naphta, mit Nietzsche-Psychologie durchleuchtet, indem er die Schrecken des Todes beschwört und den Trost der Schönheit anbietet, lehrt Thomas Mann in impliziter Kritik an Schopenhauer das Ja zum Leben. Diese »Lebensfreundlichkeit«[50] wird mit der Angst vor dem Tod bezahlt. Der zutiefst ambivalente Trost der Schönheit, der prekärer kaum sein könnte, nicht nur bloßer apollinischer Schein, sondern ein aus Lebensschwäche und unmoralischer Begierde entstandener schöner Schein, ersetzt nach Gottes Tod den Trost der Religion.

Zum Trost der Schönheit gehört auch der sich wandelnde Erzählstil. Der Erzähler, weiterhin einerseits sachlich, andererseits auf komplexe Weise Stellung beziehend, somit auch den Erzählvorgang selbst in den Vordergrund rückend, verstärkt in den späteren Werken das Behagliche des multiperspektivischen Erzähltons, so als lehne er sich im Sessel zurück, er holt aus, schweift ab, mischt Unter- und Übertreibungen[51] und verstärkt dabei fast bis ins Manirierte seinen rhythmisch-musikalischen Wohllaut. So wird ein Raum aus harmonischer Sprache erarbeitet, in den man sich aus den Widersprüchen der Wirklichkeit flüchten kann, indem man mit ihnen spielt, eben dabei aber auch von ihnen hört.

Doch die Herausforderung durch Savonarola und seine Brüder ist noch lange nicht erledigt. Angesichts des Elends der Welt ist das Ja zum Leben für den Moralisten ein unerträgliches Ärgernis. Auch wenn die Savonarola-Gestalten lächerlich oder grausam werden, wenn Hieronymus in *Gladius Dei* von einem ungeschlachten Hausdiener ebenso gleichgültig-nebensächlich behandelt wird wie Lobgott Piepsam von jenem Radfahrer, der »das Leben« genannt wird und dennoch unbekümmert, ohne juristisches Recht, aber mit schicksalhafter Berechtigung auf dem *Weg zum Friedhof* fährt, auch wenn ihre beschädigte Psyche so schonungslos kritisch analysiert wird wie die von Tobias Mindernickel – ihre moralische Herausforderung bleibt bestehen. Sie sind Verwandte von Professor Cornelius aus der späteren Erzählung *Unordnung und frühes Leid.* In den zwanziger Jahren, von Münchner Windbeuteln und Bohémiens umgeben, hält der Professor, ebenfalls eine Savonarola-Gestalt, Ordnung hoch und Pflicht, sympathisiert mit dem Tod, auch wenn er den unausweichlichen Fortschritt anerkennt, und reitet sein Steckenpferd, die Zeit Philipps II. und der Gegenreformation. Das Leben ist unmoralisch, nur auserwählte Schelme wie Joseph oder Felix Krull können letztlich in ihm bestehen, ohne an seinem inneren Widerspruch zu leiden.

---

[49] Er hat das Hochzeitskleid der Mutter getragen, das ihm der Vater geschenkt hat, dem er darin als »die Muttergöttin« erscheint. Thomas Mann: *Joseph und seine Brüder I*, in: Ders.: GW, Bd. IV, Frankfurt a. M. [2]1974, S. 483. Der Schöne verkörpert die ideale, vom Vater geliebte Mutter. Die Liebe des Vaters garantiert sozusagen die Identifikation mit der Mutter, die ja verstorben ist und sich damit nicht mehr als Andersartige oder gar Abweisende erweisen kann.

[50] S. Anm. 28.

[51] Zu diesem Aspekt des Ironischen s. Bernd W. Seiler: »Ironischer Stil und realistischer Eindruck. Zu einem scheinbaren Widerspruch in der Erzählkunst Thomas Manns«, in: *DVJS* 60 (1986), S. 459-483.

Literaturverzeichnis

Böhm, Karl Werner: *Zwischen Selbstzucht und Verlangen. Thomas Mann und das Stigma der Homosexualität*, Würzburg 1991.

Bohnen, Klaus: »Faszination und Verfall des Authentischen. Thomas Manns frühe Erzählungen in komparatistischer Sicht«, in: *Thomas-Mann-Jahrbuch* 1 (1988), S. 63-79.

Cohn, Dorrit: »The Second Author of ›Der Tod in Venedig‹«, in: *Probleme der Moderne. Studien zur deutschen Literatur von Nietzsche bis Brecht. Festschrift für Walter Sokel*, hg. von Benjamin Bennett / Anton Kaes / William J. Lillyman, Tübingen 1983, S. 223-245.

Curtius, Mechthild: *Erotische Phantasien bei Thomas Mann. Wälsungenblut, Bekenntnisse des Hochstaplers Felix Krull, Der Erwählte, Die vertauschten Köpfe, Joseph in Ägypten*, Königstein/Ts. 1984.

Dettmering, Peter: *Dichtung und Psychoanalyse. Thomas Mann, Rainer Maria Rilke, Richard Wagner*, München 1969.

Dierks, Manfred: »›Mit der Mutter schläft jeder‹. Die Psychoanalyse im *Joseph*«, in: Sprecher, Thomas (Hg.): *Lebenszauber und Todesmusik. Zum Spätwerk Thomas Manns*, Frankfurt a. M. 2004, S. 51-65.

Dierks, Manfred: *Studien zu Mythos und Psychologie bei Thomas Mann. An seinem Nachlaß orientierte Untersuchungen zum »Tod in Venedig«, zum »Zauberberg« und zur »Joseph«-Tetralogie«*, Bern / München 1972.

Dierks, Manfred: »Traumzeit und Verdichtung. Der Einfluß der Psychoanalyse auf Thomas Manns Erzählweise«, in: Heftrich, Eckhard / Koopmann, Helmut (Hg.): *Thomas Mann und seine Quellen. Festschrift für Hans Wysling,* Frankfurt a. M. 1991, S. 111-137.

Elsaghe, Yahya: *Die imaginäre Nation. Thomas Mann und das »Deutsche«*, München 2000, S. 297-310.

Frey, John F.: »Blick und Auge in Thomas Manns Erzählkunst«, in: *Jahrbuch der Deutschen Schiller-Gesellschaft* 13 (1969), S. 454-481.

Frizen, Werner: »Thomas Mann und das Christentum«, in: Koopmann, Helmut (Hg.): *Thomas-Mann-Handbuch*, Stuttgart 1990, S. 307-327.

Gesing, Fritz: »Symbolisierung. Voraussetzungen und Strategien. – Ein Versuch am Beispiel von Thomas Manns ›Der Tod in Venedig‹«, in: *Freiburger literaturpsychoanalytische Gespräche* 9 (1990), S. 226-253.

Hake, Thomas: »Theaterwelt und ›tiefes Reich‹. Beobachtungen zur Erzähl- und Bedeutungsstruktur von Thomas Manns Novelle *Wälsungenblut*«, in: *Literatur in Wissenschaft und Unterricht* 24 (1991), H. 4, S. 287-305.

Haug, Hellmut: *Erkenntnisekel. Zum frühen Werk Thomas Manns*, Tübingen 1969.

Heller, Erich: *Thomas Mann. Der ironische Deutsche*, Frankfurt a. M. ^{2}1976.

Hoffmann, Martina: *Thomas Manns »Der Tod in Venedig«. Eine Entwicklungsgeschichte im Spiegel philosophischer Konzeptionen*, Frankfurt a. M. u. a. 1995.

Hofmannsthal, Hugo von: »Der Tor und der Tod«, in: Ders.: *Gedichte und lyrische Dramen* (*Gesammelte Werke in Einzelausgaben*), Frankfurt a. M. 1963, S. 199-220.

Kohut, Heinz: »›Tod in Venedig‹ von Thomas Mann. Über die Desintegration künstlerischer Sublimierung«, in: Mitscherlich, Alexander (Hg.): *Psycho-Pathographien 1. Schriftsteller und Psychoanalyse*, Frankfurt a. M. 1972, S. 142-147.

Kluge, G. R.: »Wälsungenblut oder Halbblut? Zur Kontroverse um die Schlußsätze von Thomas Manns Novelle«, in: *Neophilologus* 76 (1992), H. 2, S. 237-255.

Koopmann, Helmut: »Die vertauschten Köpfe. Verwandlungszauber und das erlöste Ich«, in: Sprecher, Thomas (Hg.): *Liebe und Tod – in Venedig und Anderswo. Die Davoser Literaturtage 2004*, Frankfurt a. M. 2005, S. 209-225.

Lehnert, Herbert: »Thomas Mann's Beginnings and Buddenbrooks«, in: Lehnert, Herbert / Wessell, Eva (Hg.): *A Companion to the Works of Thomas Mann*, Rochester (NY) / Suffolk (UK) 2004, S. 29-51.

Lütkehaus, Lutger: *Nichts. Abschied vom Sein. Ende der Angst*, Frankfurt a. M. 2010.

Mann, Thomas: *Der Zauberberg. Roman*, in: Ders.: *Große kommentierte Frankfurter Ausgabe*, Bd. 5.1, hg. von Michael Neumann, Frankfurt a. M. 2002.

Mann, Thomas: *Erzählungen, Fiorenza, Dichtungen*, in: Ders..: *Gesammelte Werke in dreizehn Bänden*, Bd. VIII, Frankfurt a. M. ^{2}1974.

Mann, Thomas: *Frühe Erzählungen 1893-1912*, in: Ders.: GKFA, Bd. 2.1 und 2.2, hg. von Terence Reed / Malte Herwig, Frankfurt a. M. 2004.

Mann, Thomas: *Joseph und seine Brüder I,* in: Ders.: GW, Bd. IV, Frankfurt a. M. ^{2}1974.

Mann, Thomas: »On Myself«, in: Hans Wysling (Hg.): *Dokumente und Untersuchungen. Beiträge zur Thomas-Mann-Forschung*, Bern / München 1974, S. 67-100.

Nietzsche, Friedrich: *Zur Genealogie der Moral*, in: Ders.: *Werke in drei Bänden*, hg. von Karl Schlechta, Bd. 2, Darmstadt 1997, S. 761-900.

Ohl, Hubert: *Ethos und Spiel. Thomas Manns Frühwerk und die Wiener Moderne*, Freiburg i. Br. 1995.

Rasch, Wolfdietrich: *Die literarische Décadence um 1900*, München 1986.

Reents, Edo: »Von der Welt als Vorstellung zur Welt als Wille. Schopenhauer und Thomas Manns Enttäuschung«, in: *Thomas-Mann-Jahrbuch* 8 (1995), S. 209-240.

Rehm, Walter: »Der Renaissancekult um 1900 und seine Überwindung«, in: Ders.: *Der Dichter und die neue Einsamkeit. Aufsätze zur Literatur um 1900*, Göttingen 1969, S. 34-77.

Reinke, Claudius: *Musik als Schicksal. Zur Rezeptions- und Interpretationsproblematik der Wagnerbetrachtung Thomas Manns*, Osnabrück 2003.

Renner, Rolf Günter: *Das Ich als ästhetische Konstruktion. »Der Tod in Venedig« und seine Beziehung zum Gesamtwerk Thomas Manns*, Freiburg i. Br. 1987.

Richebächer, Sabine: »Regression, Konflikt und Angst in Thomas Manns Erzählung *Wälsungenblut*«, in: Sprecher, Thomas (Hg.): *Liebe und Tod – in Venedig und Anderswo. Die Davoser Literaturtage 2004*, Frankfurt a. M. 2005, S. 67-80.

Rothenberg, Klaus-Jürgen: *Das Problem des Realismus bei Thomas Mann. Zur Behandlung von Wirklichkeit in den »Buddenbrooks«*, Köln / Wien 1969.

Schaller, Angelika: *»Und seine Begierde ward sehend«. Auge, Blick und visuelle Wahrnehmung in der Prosa Thomas Manns*, Würzburg 1997.

Schneider, Wolfgang: *Lebensfreundlichkeit und Pessimismus. Thomas Manns Figurendarstellung*, Frankfurt a. M. 1999.

Seiler, Bernd W.: »Ironischer Stil und realistischer Eindruck. Zu einem scheinbaren Widerspruch in der Erzählkunst Thomas Manns«, in: *DVJS* 60 (1986), S. 459-483.

Sørensen, Bengt Algot: »Die symbolische Gestaltung in den Jugenderzählungen Thomas Manns«, in: Ders.: *Funde und Forschungen. Ausgewählte Essays, herausgegeben von Steffen Arndal*, Odense 1997, S. 193-204.

Vaget, Hans Rudolf: *Thomas Mann – Kommentar zu sämtlichen Erzählungen*, München 1984.

Vaget, Hans Rudolf: »Vom ›höheren Abschreiben‹. Thomas Mann, der Erzähler«, in: Sprecher, Thomas (Hg.): *Liebe und Tod – in Venedig und Anderswo. Die Davoser Literaturtage 2004*, Frankfurt a. M. 2005, S. 15-31.

Wucherpfennig, Wolf: »Apokalypsis Monaci laeti. München um 1900, durchleuchtet von Thomas Mann«, in: Gutjahr, Ortrud / Henningsen, Bernd / Müssener, Helmut / Lorenz, Otto (Hg.): *Attraktion Großstadt um 1900: Individuum – Gemeinschaft – Masse*, Berlin 2001, S. 81-103.

Wysling, Hans: »Thomas Manns Rezeption der Psychoanalyse«, in: Bennett, Benjamin / Kaes, Anton / Lillyman, William J. (Hg.): *Probleme der Moderne. Studien zur deutschen Literatur von Nietzsche bis Brecht. Festschrift für Walter Sokel*, Tübingen 1983, S. 201-222.

Astrid Lange-Kirchheim

»DIE VERWIRRUNG DES LESERS« – DIVERSITÄT VERSUS BINARITÄT?

Thomas Manns Novelle *Wälsungenblut*

Die literaturwissenschaftliche Auseinandersetzung mit Thomas Manns Juden- und Skandalnovelle war lange Zeit auf deren Druck- und Rezeptionsgeschichte zentriert; eine genauere Beschäftigung mit dem Text selbst aber, gar die Erörterung der Frage, ob es sich um ein antisemitisches Werk handele, war besonders in Deutschland durch die Erfahrung des Holocaust blockiert. Hans Rudolf Vaget spricht daher 1984 von einer ausgesprochenen Rezeptionsverweigerung, einer Nicht-Rezeption, und hinsichtlich der jüdischen Thematik – vor allem »der Transponierung Wagners ins Jüdische« – sogar von »Apperzeptionsverweigerung«.[1] Die Novelle, 1905 entstanden, 1921 im Privatdruck erschienen, wird 1958 in den *Gesammelten Erzählungen* zum ersten Mal offiziell im deutschen Sprachraum veröffentlicht,[2] ohne dass damit eine neue Phase der Rezeption eingesetzt hätte. Das Berührungsverbot, das von der Novelle auszugehen scheint, führt ihre Verfilmung von 1965 durch Rolf Thiele vor: Hier ist die Thematik von Judentum und Rassismus ganz verschwunden.[3] Die Familie Aarenhold ist im Film weder neureich noch jüdisch, sondern von Adel. Sie heißt »von Arnstatt« – eine (freilich nicht ironisierte) Namensflucht, um keinen Verdacht aufkommen zu lassen, was allerdings den Namen als Stigmatisierungsinstrument erst recht bestätigt – in der Tat eine vollkommene Assimilation! Diese Verleugnung der jüdischen Ausgangsthematik hat selbst eine makabre Dimension: sie ist das Ergebnis des Familienrats der Manns – federführend Erika Mann –, welcher die Rechte zur Verfilmung von *Wälsungenblut* nur erteilte unter der Bedingung, dass keinerlei Hinweise auf Jüdisches erscheinen dürften.[4] Die Bedrohung durch den Antisemitismus ist auch 1965 nicht gebannt. Bereits 1921 sah sich Thomas Mann genötigt, ei-

---

[1] Hans Rudolf Vaget: »*Sang réservé* in Deutschland. Zur Rezeption von Thomas Manns *Wälsungenblut*«, in: *German Quarterly* 57 (1984), S. 367-376, hier: S. 367 u. 374.

[2] Siehe hierzu Thomas Mann: »Wälsungsblut«, in: Ders.: *Thomas Mann. Grosse kommentierte Frankfurter Ausgabe. Werke – Briefe – Tagebücher*, hg. von Heinrich Detering u. a., Bd. 2.1: *Frühe Erzählungen 1893–1912*, hg. v. Terence J. Reed unter Mitarbeit von Malte Herwig, Frankfurt a. M. 2004, S. 429-463. Dieser Band wird künftig im fortlaufenden Text mit einfacher Seitenzahl nachgewiesen. Vgl. zur Entstehungs- und Druckgeschichte den Kommentar zu *Wälsungenblut* in: GKFA, Bd. 2.2: S. 315-341.

[3] Siehe Gabriele Seitz: *Film als Rezeptionsform von Literatur. Zum Problem der Verfilmung von Thomas Manns Erzählungen »Tonio Kröger«, »Wälsungenblut« und »Der Tod in Venedig«*, München 1979, S. 463 f.

[4] Erika Mann zeichnet selbst mit als Verfasserin des Drehbuchs, siehe Seitz: Film als Rezeptionsform von Literatur, S. 588. Zu dieser Verleugnung des Jüdischen durch die Manns selbst siehe jetzt Viola Roggenkamp: *Erika Mann. Eine jüdische Tochter. Über Erlesenes und Verleugnetes in der Familie Mann-Pringsheim*, Zürich / Hamburg 2005.

nen Beitrag *Zur jüdischen Frage* zurückzuziehen, sodass dieser erstmals 1966 erschien.[5] 1984 plädiert Vaget dafür, *Wälsungenblut* die Anerkennung zuteil werden zu lassen, die der Text verdiene, »nämlich als eine von Manns glänzendsten und gelungensten Erzählungen und als eines Juwels der ganzen europäischen Dekadenzliteratur«[6].

Zwanzig Jahre später kann derselbe Vaget davon sprechen, dass »die Novelle inzwischen zu den am meisten diskutierten Texten Thomas Manns« gehöre, »gerade weil der Fall so schwierig gelagert«[7] sei. In den inzwischen erschienenen Studien werden einmal die Stereotypen des Jüdischen, ihre Geschichte und ihre Funktion im Text herausgearbeitet,[8] zudem wird, zuweilen recht umstandslos, die Überzeugung vertreten, *Wälsungenblut* sei als antisemitischer Text einzustufen,[9] wogegen leise Widerspruch angemeldet[10] oder zumindest eine Problematisierung vorgeschlagen wird.[11] Auch der Wagner-Rezeption[12] sowie der Funktionalisierung des Inzestmotivs wird vermehrt nachgegangen.[13]

Ich selbst möchte mich im Folgenden der genannten Problematisierung der Thesen »judenfeindlicher Text«, »judenfeindlicher Autor«[14] anschließen und noch genauer die Struktur, d. h. den dreigliedrigen Aufbau sowie insbesondere die Feinstruktur, was Metaphorik und Figurenrede betrifft, beachten. Mein Ziel ist dabei, diejenigen Strategien des Textes aufzuzeigen, die der Diskriminierung und Skandalisierung des Jüdischen entgegenwirken. Meine These ist, dass der Text nicht nur das Jüdische in den Blick nimmt, sondern Ausgrenzungsmechanismen überhaupt, mit denen soziale Ungleichheit hergestellt und zum Zwecke der Identitäts- und Herrschaftssicherung aufrecht erhalten wird. Und dieser Prozess erfolgt auf mehreren Feldern und nach verschiedenen Kategorien. Mich interessiert die im Zuge der Frauen- und Geschlechterforschung entstandene soziologische Analyse von *Intersektionalität.*[15] Es geht darum, die Verwobenheit von Differenz-Kategorien, etwa von

---

[5] Thomas Mann: »Zur jüdischen Frage« [1921], in: Ders.: GKFA, Bd. 15.1: *Essays II 1914-1926*, hg. und textkritisch durchges. v. Hermann Kurzke, Frankfurt a. M. 2002, S. 427-438.

[6] Vaget: »Sang réservé«, S. 367.

[7] Hans Rudolf Vaget: »›Von hoffnungslos anderer Art.‹ Thomas Manns *Wälsungenblut* im Lichte unserer Erfahrung«, in: *Thomas-Mann-Studien* 30 (2004), S. 35-57, hier: S. 37.

[8] So besonders durch Yahya A. Elsaghe: *Die imaginäre Nation. Thomas Mann und das »Deutsche«*, München 2000 und ders.: *Thomas Mann und die kleinen Unterschiede. Zur erzählerischen Imagination des Anderen*, Köln 2004.

[9] So z. B. Ruth Klüger: »Thomas Manns jüdische Gestalten«, in: Dies.: *Katastrophen. Über deutsche Literatur*, Göttingen 1994, S. 39-58, hier: S. 50 ff.

[10] Hier ist Kraske zu nennen, der schon 1984 Argumente gegen die Einstufung in die Kategorie ›antisemitischer Text‹ vorgebracht hat. Bernd M. Kraske: »Thomas Manns *Wälsungenblut* – eine antisemitische Novelle?«, in: *Thomas Mann. Erzählungen und Novellen*, hg. v. Rudolf Wolff, Bonn 1984, S. 42-66.

[11] So wiederum Vaget: Von hoffnungslos anderer Art, bes. S. 51-54.

[12] Siehe vor allem Christine Emig: »›Wagner in verjüngten Proportionen…‹ *Wälsungenblut* als epische Wagner-Transkription«, in: *Thomas-Mann-Jahrbuch* 7 (1994), S. 169-185.

[13] Siehe wiederum Christine Emig: *Arbeit am Inzest. Richard Wagner und Thomas Mann*, Bern u. a. 1998.

[14] Vaget: Von hoffnungslos anderer Art, S. 47.

[15] Siehe hierzu Gabriele Winker / Nina Degele: *Intersektionalität. Zur Analyse sozialer Ungleichheiten*, Bielefeld 2009.

Klasse, Ethnizität und Geschlecht, bei der Konstruktion von Identitäten herauszuarbeiten. Weitere Kategorien wie Körper oder Alter lassen sich denken. So erfolgt etwa das »Unmöglichmachen« der Frau Aarenhold durch den Erzähler bzw. ihren Ehe*mann* mindestens auf Grund von vier Kategorien, nämlich Alter, Körper, Ethnie/Rasse (für welche hier aus Gründen der Diskretion ›Territorialität‹[16] eingesetzt ist), Klasse/soziale Schicht[17] und selbstverständlich Geschlecht:

> Seine Frau war unmöglich. Sie war klein, häßlich, früh gealtert und wie unter einer fremden heißeren Sonne verdorrt. Eine Kette von Brillanten lag auf ihrer eingefallenen Brust. Sie trug ihr graues Haar in vielen Schnörkeln und Ausladungen zu einer umständlichen und hochgebauschten Coiffure angeordnet, in welcher, irgendwo seitwärts, eine große, farbig funkelnde und ihrerseits mit einem weißen Federbüschel gezierte Brillant-Agraffe befestigt war. Herr Aarenhold und die Kinder hatten ihr diese Haartracht mehr als einmal mit gut gesetzten Worten verwiesen. Aber Frau Aarenhold bestand mit Zähigkeit auf ihrem Geschmack. (S. 430)

Es wäre der Blick auf Textstrukturen zu richten, die zur Differenzierung, zur Distanznahme vom binären Denken nach dem Muster jüdisch/nicht-jüdisch[18], germanisch/nicht-germanisch, weiß/schwarz, emotional/rational, vernunftgeleitet/instinktgeleitet, triebbeherrscht/triebhaft auffordern, die *Vielfalt* statt der *Einfalt*[19] stark machen, so wie Thomas Mann die jüdische Kultur als einen Beitrag gesehen hat, »die Farbigkeit der Welt«[20] zu erhöhen. In diesem Zusammenhang sind die zahlreichen Verdoppelungen, die Zweierstrukturen auf der Textebene zu beachten, angefangen beim Motiv der – verdoppelten – Zwillingsfiguren gleichen Namens[21] bis zu den Selbstzitaten des Erzählers, die einer Reduktion auf *Eines* Vorschub leisten und die Wahrnehmung von Differenz, wozu sie gleichwohl auffordern, erschwe-

---

[16] Ebenso verfährt der Erzähler bei der Bestimmung der Herkunft von Herrn Aarenhold, der »im Osten an entlegener Stätte geboren« ist (S. 434).

[17] Frau Aarenhold ist »eines begüterten Händlers Tochter« (S. 434).

[18] Der »Goy« (S. 463), wie er im Schluss der Erstfassung von Siegmund zitiert wird, ist der »Nicht-Jude«.

[19] Das wird im Text von *Wälsungenblut* selbst thematisch, denn Siegmund erzählt »in ironisch [!] gerührtem Ton von der gewinnenden Einfalt und Naturnähe eines Bekannten, der sich in Unwissenheit darüber erhalten habe, welches Kleidungsstück man als Jackett und welches als Smoking bezeichne. Dieser Parsifal rede von einem karierten Smoking ...« (S. 437). Mit dezidiert kritischem Wagner-Bezug, gilt dieser doch z. B. Otto Weininger als tiefster Antisemit, wird hier die als Natur reklamierte Einfalt als Kultur, als Mangel an Kultur, ausgewiesen. Otto Weininger [1903]: *Geschlecht und Charakter. Eine prinzipielle Untersuchung*, München 1980, S. 408.

[20] Mann: Zur jüdischen Frage, S. 433.

[21] Vgl. zweimal zwei Geschwister, je entgegengesetzten Geschlechts, Kunz und Märit, Siegmund und Sieglind; zwei Orchideen, zwei Pfauen, zweimal zwei Pferde (S. 432, 446, 440, 457) u. Ä. Es ließe sich argumentieren, dass die vielen Zweierformeln das Prinzip des Gegensatzes/Ausschlusses, das ja auf die Figur der binären Paarbildung nach dem Muster A versus Nicht-A, ›wir‹ versus die ›Anderen‹, angewiesen ist, vor allem mittels der Wiederholung bereits ironisieren, denn im Paar erscheint das Eine als Zitat des Anderen, mithin ›uneigentlich‹, ganz abgesehen davon, dass die vielen Paare wiederum einander zitieren. Das verweist geradezu penetrant selbstreferentiell auf die Zeichenordnung des Textes und entnaturalisiert von vornherein alles, was als ›Abzeichen des Blutes‹, als ›Merkzeichen der Art‹ (S. 461, 463), ausgewiesen werden soll.

ren. Dem entspricht die Behandlung der Räume: Das Haus, die Loge, das Coupé der Kutsche (»der kleine weiche Raum, darin sie saßen« [S. 448]), signalisieren – hinsichtlich der reichen jüdischen Zwillinge und ihrer Familie – ein beinahe hermetisches Ein- bzw. Ausgeschlossensein, welches die rigide vermeintlich Sicherheit spendende Abgrenzung in ihr Gegenteil verkehrt: der ›ragende Sklave‹ Wendelin wird mit seiner Riesengröße zur bedrohlichen Gestalt (vgl. S. 447, 457).[22] Der Text zeigt, wie die ehemals Ausgeschlossenen selber zu Ausschließenden werden und dieser Prozess seinerseits zu Selbstausschließung im Sinne von -einschließung führt. Die »seltsamen Geschöpfe«, die Zwillinge, zunächst »abgeschlossen« (S. 448, 458) in der vornehmen Kutsche, müssen sich schließlich den »forschenden und gehässigen Blicken« (S. 448) der Anderen aussetzen, mögen diese sie nun für Juden, für Neureiche oder für dekadente Snobs halten. Wendelin ist als Bediensteter der Aarenholds in der abhängigen Position, er ist ihnen aber überlegen, sofern er, wie sein germanischer Name sagt, zur hegemonialen ›Rasse‹ gehört und sofern er den (preußisch?) richtigen Körper – »riesengroß« (S. 447, 457) – besitzt.[23] Hinsichtlich gesellschaftlicher Unterschiede überkreuzen sich also im Sinne von *Intersektionalität* in der Figur des Wendelin die Kategorien Klasse, Rasse/Ethnie, Körper/Bodyism und Geschlecht so, dass er nur hinsichtlich der Klasse in der unterlegenen Position ist. Das erhöht sein Bedrohungspotenzial.

Auch am ›Themawort‹ der Verachtung lässt sich der Umschlag von der Subjekt- in die Objektposition und umgekehrt beobachten. Die ehemals Verachteten werden selbst zu Verachtenden, seien es nun die beiden Zwillinge (vgl. S. 455), Märit (vgl. S. 430) oder die Geschwister insgesamt, die den Vater ob seiner Herkunft, seines Blutes verachten (vgl. S. 434), sodass es nur konsequent ist, wenn die erfahrene Verachtung in die Identifikation mit der Zuschreibung, die Selbstverachtung, umschlägt. An Siegmund und am alten Aarenhold wird dieses dem jüdischen Selbsthass entsprechende Phänomen explizit gemacht (vgl. S. 434, 445).

Auch die Korrespondenz von Anfang und Schluss der Novelle ist in diesem Zusammenhang zu diskutieren. Die ersten Absätze entfalten geographisch und historisch ein Spektrum verschiedenster Kulturen – mit den Anspielungen: Tamtam, altersblasser Gebetsteppich, kannibalisch, literarische Altertümer, kleine, uralte Kirchenorgel (vgl. S. 429) –, das zwar zunächst nur der Mimikry, der Unsichtbarmachung der einen, der jüdischen Kultur zu dienen scheint – ebenso wie die »mit einem süßen und exotischen Parfüm geschwängert[e Atmosphäre]« (ebd.) den jüdischen

[22] Der Text ist sich der potentiell tödlichen Konsequenzen von Hierarchie errichtenden Ausgrenzungsprozessen bewusst, das zeigt sich an der durchgehenden Metaphorik des Kriegerischen, des Atavistischen – des Wilden –, sowie an der Häufung Gewalt assoziierter Signifikanten. So steht Wendelin viermal am »Schlag« des Wagens, der die Zwillinge transportiert, natürlich mittels des wiederholt betonten »taktfesten Hufschlags der Pferde« (vgl. S. 448, 457, 458), und mit »Schlag auf Schlag« wird auch die einander korrespondierende Diktion der Zwillinge charakterisiert (S. 446). Gewalt ist auch in den Wortgefechten am jüdischen Frühstückstisch präsent, die Geschwister sprechen »mundfertig und mit scharfer Zunge« (S. 432), die Sprache, das scharfe, ›tötlich bezeichnende Wort‹ (S. 439) dient Notwehr (S. 438), Abwehr, Angriff (S. 432), der Entwaffnung des (germanischen) Gegners, von Beckerath, der »ausgeschlossen«, »derangiert«, ›orientierungslos‹ (S. 439) zurückbleibt.

[23] Bezeichnenderweise heißt es dagegen von Siegmund: »Er war kein Held, er gebot nicht über Riesenkräfte« (S. 443).

foetor judaicus gleichsam unriechbar machen soll –, andererseits aber eben doch eine Vielfalt an kulturellen Erscheinungsformen benennt.[24] Insofern kann der ursprüngliche Schluss der Erzählung, den die *Große kommentierte Frankfurter Ausgabe* der Werke Thomas Manns zu Recht wiederherstellt – jenes »Beganeft haben wir ihn, – den Goy!« (S. 463) –, als eine Rückkehr der Hauptfigur, Siegmund, zur jüdischen Identität gewertet werden, auch wenn diese im Zeichen der Rache steht. Die Entwicklung der Figur von einem Folgeleisten im Assimilationsprozess der Familie, der seinen Höhepunkt in der Verheiratung Sieglinds mit dem »Germanen« von Beckerath – »im Ministerium tätig und von Familie« (S. 445) – finden soll, zu einer eigenen Identität jenseits der Selbstverachtung ist somit aufzuzeigen. Eine differenzierte Bewertung des Inzests jenseits von Blutschande, Virginitätstabu oder bloßem Wagner-Imitat soll im Folgenden unternommen werden.

Meine Versuche, dem Odium der Novelle als eines judenfeindlichen Textes entgegenzutreten, nehmen ihren Ausgang von Thomas Manns Selbstkommentar in jenem Beitrag *Zur jüdischen Frage* (1921), der freilich mit der Novelle das Schicksal teilte, vor der Publikation zurückgezogen zu werden.

> Einmal habe ich eine ganze Judengeschichte geschrieben [...] – die Novelle eines wild verzweifelten Zwillingspaares und seiner Gefühlsverwirrung aus Üppigkeit, Einsamkeit und Haß ... Wälsungenblut! Es kommt darin die anspielungsreiche Beschreibung einer Aufführung von Wagners ›Walküre‹ vor, und wenn gelegentlich von dem ›verhaßten, respektlosen und gotterwählten Geschlecht‹ die Rede ist, das im Schoß des geretteten Weibes ›zähe fortkeimt‹, und aus welchem ein Zwillingspaar, den plump-regelrechten Gatten betrügend, ›seine Not und sein Leid zu so freier Wonne vereint‹, – so ist auch das Verwirrung: des Lesers nämlich, der nicht mehr weiß, von welchem Geschlechte denn eigentlich die Rede ist. Thomas Theodor Heine hat das Buch illustriert, – eine Verbindung, die man in Weimar als bedeutungsvoll notiert haben wird.[25]

Es ist dieser Kunstgriff Thomas Manns, den Mittelteil seiner Erzählung – vergleichbar einem Spiel im Spiel – mit der Beschreibung und Kommentierung der Wagner-Oper zu füllen, der aus einer simplen Judengeschichte eine Geschichte über die – in letzter Konsequenz tödlichen – Folgen von Ausgrenzungen überhaupt macht. Die mit der ›Fiktion in der Fiktion‹ eingezogene Metaebene, mit dem Wechsel vom jüdischen zum mythisch-germanischen Milieu, mit der Verwendung der Theatermetaphorik und der illusionsbrechenden Kommentierung durch den Erzähler wird die Perspektive auf den Rassismus als eines kulturellen Phänomens eröffnet und dessen Naturalisierung zu einer Tatsache des ›Blutes‹, der ›Herkunft‹, der ›Art‹ abgewiesen. Gegenüber dem verschleiernden Tabusprechen des Erzählers in der Rahmenge-

---

[24] Todd Kontje zeigt am Beispiel der Namen, Baal und Zampa, für die beiden Pferde, wie das jüdische Milieu der »Tiergartennovelle« immer wieder mit der Welt des antiken Mythos und der exotischen Welt der modernen Koloniallandschaft in Verbindung gebracht werde. Das Jüdische wird also auf andere Kulturen hin geöffnet. – Todd Kontje: »Der verheiratete Künstler und die ›Judenfrage‹. *Wälsungenblut* und *Königliche Hoheit* als symbolische Autobiographie«, in: *Die Erfindung des Schriftstellers Thomas Mann*, hg. v. Michael Ansel, Berlin u. a. 2009, S. 387-410.

[25] Mann: Zur jüdischen Frage, S. 434. Thomas Mann spielt hier auf die jüdische Herkunft von Thomas Theodor Heine an, der die bibliophile limitierte Sonderausgabe von *Wälsungenblut* im Münchener Phantasus Verlag 1921 mit dreißig Steindrucken versah.

schichte – ›Blut‹ wird nur zweimal, ›Herkunft‹ ebenfalls zweimal für den Begriff ›Rasse‹ verwendet, der ansonsten aus dem Begriff der ›Art‹ erschlossen werden muss, ein Ersetzungssignifikant, der unspezifisch ist und über die erweiterte Bedeutung von ›Art‹ zu ›Art und Weise‹ zwölfmal in den Text eingespeist wird und noch dazu ein mehrfaches Echo in von Beckeraths sowie Hundings ›Artigkeit‹ findet[26] –, gegenüber diesem Tabusprechen kann in der gerahmten Binnengeschichte als generalisierter Metapher gleichsam Klartext geredet werden. Hier fällt zweimal das Wort »Brandmal« (S. 451, 454). Im Fluch, der auf dem Germanen Siegmund lastet, in seinem »verfolgte[n], verhasste[n] Dasein«, das ihn in »die Wildnis« treibt, einem »vogelfreien, gehetzten, verrufenen Dasein« (vgl. S. 450 f.), wird das Schicksal von Ahasver ansichtig. Die Folgen der Stigmatisierung werden aufzählbar und auf Jüdisches der Haupthandlung zurücktransponierbar:[27] Die fremde Sprache, die Namensfluchten (Siegmund muss sich »nach der Art von Leuten, die ein wenig vorsichtig sein müssen« »einen falschen Namen« zulegen [S. 451]) sowie die Einsamkeit, die Konfundierung von ›Zeichnung‹ (im Sinne von Stigmatisierung) und ›Auszeichnung‹/›Außerordentlichkeit‹.[28] Im »gotterwählte[n] Geschlecht« (S. 457) kommen die jüdischen und die germanischen Zwillinge überein.

> Und dann sang Siegmund das Schmerzlichste: seinen Drang zu den Menschen, seine Sehnsucht und seine unendliche Einsamkeit. Um Männer und Frauen, sang er, um Freundschaft und Liebe habe er geworben und sei doch immer zurückgestoßen worden. Ein Fluch habe auf ihm gelegen, das Brandmal seiner seltsamen Herkunft ihn immer gezeichnet. (S. 451)

Nicht nur Leid und Not der Ausgegrenzten, sondern auch der Hass auf die Ausgrenzenden kann ›im Spiel im Spiel‹, der Fiktion zweiter Ordnung, deutlich ausgesprochen werden. Während der Erzähler in der Haupthandlung nur, wenn auch in ironischem Ton, von der ›Artigkeit‹ Beckeraths spricht, lässt er seinem Hass auf die von Beckerath entsprechende Hundingfigur freien Lauf:

> Hunding kam, bauchig und x-beinig wie eine Kuh. Sein Bart war schwarz, mit braunen Zotten durchsetzt. Sein geharnischtes Motiv kündigte ihn an, und er stand da, finster und plump auf seinen Speer gelehnt, und blickte mit Büffelaugen auf den Gast, dessen Gegenwart er dann, aus einer Art wilder Gesittung, gut und willkommen hieß. (S. 450)

Entscheidend ist aber, dass hier ein weiteres Mal Thomas Manns Strategie der ›Verwirrung des Lesers‹ zum Tragen kommt, denn Hunding, der Germane, wird mit

---

[26] »Auch Hunding kam heraus und lächelte artig, trotz allem, was geschehen ...« (S. 454). »artig/Artigkeit« erscheint viermal (S. 125, 128, 137, 454), »Art« zwölf Mal (S. 125, 126, 128, 140, 142, 143, 152, 153), »Blut« (S. 434, 461), »Herkunft« (S. 434, 451, 453).

[27] Der Kommentar der *Großen Frankfurter Ausgabe* sieht am Wagnerschen Siegmund nur »die typischen Außenseitermotive, wie sie sich bei Thomas Mann [...] auf Schritt und Tritt finden«, realisiert: »Sehnsucht, Einsamkeit, Mangel an einer mit gewöhnlichen Menschen gemeinsamen Sprache, fragwürdiges und abenteuerliches Dasein« (GKFA, Bd. 2.2, S. 151). Das bleibt jedoch hinsichtlich einer ›Judengeschichte‹ als Beobachtung zu allgemein.

[28] Vgl. mit Bezug auf Siegmund: »außerordentliche Art« sowie »ausgezeichnet« und »gezeichnet«, die auf derselben Seite aufeinander bezogen sind (S. 451).

denselben sprachlichen Mitteln diffamiert wie im Haupttext die Mitglieder der jüdischen Familie Aarenhold: mittels der Tiermetaphorik. Vaget weist auf »deren potentiell dehumanisierende Wirkung« hin, die sich »in dem judenfeindlichen Diskurs seit dem Mittelalter in Bild und Wort niedergeschlagen« habe.[29] Der Vergleich der Mitglieder der Familie Aarenhold mit Tieren, von Wurm und Laus über Raubtiere und den Hund – Siegmund und Sieglinde balgen sich »wie kleine Hunde« (S. 447) – bis zum Vogel – Märit hat, laut Erzähler, »Hakennase und graue Raubvogelaugen« (S. 430) –, erhält geradezu systematische Qualität, wenn auch Bezeichnungen für Orte bzw. Gegenstände zur Komplettierung des Metaphernfeldes eingesetzt werden, wie das »Tiergarten«-Viertel, in dem die Familie wohnt bzw. der »Dogcart«, den Kunz als Gefährt benutzt (S. 431 u. 440). Aber nicht nur Hunding von der Gegenpartei, sondern auch von Beckerath – »kanariengelb« (S. 431) – wird mit Tiermetaphorik bedacht. Fragt man zudem, wer außer dem Erzähler den Tiervergleich zu Ausgrenzungszwecken verwendet, stößt man auf die Figur der Sieglind, die den Verstoß gegen die Kleiderordnung wie folgt abqualifiziert: »Nachmittags im Smoking? [...] Das tun doch sonst nur die Tiere« (S. 437). Tiermetaphorik stellt also der Text selbst als ungeeignetes Mittel heraus, eine Opposition von Jude und Nicht-Jude/Germane zu installieren, er inszeniert vielmehr deren Durchkreuzung: Das Gegensätzliche wird nivelliert zur Reihe.[30] Und in der Tat rückt Hunding – dessen Name bereits eine Anspielung auf das topisch Hündische enthält – durch Metaphorik neben Siegmund, denn: »Sein Bart war schwarz, mit braunen Zotten durchsetzt« (S. 450). Der schwarze Bart und die zottige Behaarung werden aber zuvor vom Erzähler bei Siegmund herausgestellt (vgl. S. 430, 441, 445).

Durch die Verwendung ein und derselben Metaphorik für Ausgrenzende und Ausgegrenzte wird aber der Rassismus zur Diskurstatsache, und es gehören, psychologisch gesprochen, beide zusammen. In einer an Freud gemahnenden Formulierung wird von Hunding gesagt, dass er »begriff, daß er den Geächteten [Siegmund; A. L.-K.], zu dessen Verfolgung er aufgerufen und ausgezogen war, im eignen Hause habe« (S. 452).[31] Mittels Projektion wird das Eigene fremd gemacht und im Außen verfolgt, und zwar mit einer »vierschrötigen Pedanterie« und »[einer Art wilder] Gesittung, die ihn fürchterlich kleidete« (S. 452 bzw. S. 450) – dies eine Charakterisierung der Hundingfigur durch den Erzähler, die auf KZ-Schergen vorauszuweisen scheint: Hundings »einfache, ordnungsgemäße und in der allgemeinen Achtung ruhende Existenz« (S. 451) camoufliert tödlichen Hass. Mittels Erzählerkommentar wird schließlich nahegelegt, dass der letzte Grund für die ausgrenzende Verfolgung des Anderen in der Erfahrung eigener Ausgrenzung, in der Erfahrung von Nicht-Anerkennung zu suchen ist. Es wird damit ein Thema aufgegriffen, das am Anfang

[29] Vaget: Von hoffnungslos anderer Art, S. 39.

[30] Solche Nivellierung von Unterschieden zeigte ja bereits die narrative Struktur. Hake spricht von den »Überkreuzungen von Aarenhold- und Theater-Welt«, die Sphären würden buchstäblich ineinandergeschachtelt und damit ihr Unterschied auch strukturell eingeebnet. Thomas Hake: »Theaterwelt und ›tiefes Reich‹. Beobachtungen zur Erzähl- und Bedeutungsstruktur von Thomas Manns Novelle *Wälsungenblut*«, in: *Literatur in Wissenschaft und Unterricht* 24 (1991), S. 287-305, hier: S. 294.

[31] »Das Ich [sei] nicht Herr in seinem eigenen Haus«, in: Sigmund Freud: »Eine Schwierigkeit der Psychoanalyse« [1917], in: Ders.: *Gesammelte Werke*, hg. v. Anna Freud u. a., Bd. 12, London 1947, S. 1-12, hier: S. 11.

der Novelle in der Selbstdarstellung des alten Aarenhold exponiert wurde und für eine genauere psychoanalytische Würdigung des Erzählten im Sinne des heutigen Verständnisses von Narzissmus zentral wäre: »Ich habe die Welt zwingen müssen, mich anzuerkennen, – nun also, auch ich will zur Anerkennung gezwungen sein« (S. 438). Es ist die Gewaltförmigkeit dieser Selbstkonstitution, die den alten Aarenhold und Hunding, den Juden und den Nicht-Juden, in eine Reihe stellt und so wiederum binäre Entgegensetzungen abweist.

> Hundings langsamer und mißtrauischer Blick [ging] hin und her zwischen ihr [Sieglinde; A. L.-K.] und dem Fremden [Siegmund; A. L.-K.]. Dieser Tölpel sah sehr wohl, daß sie einander glichen, von ein und derselben Art waren, jener ungebundenen, widerspenstigen und außerordentlichen Art, die er haßte und der er sich nicht gewachsen fühlte. (S. 450 f.)

Der Erzähler begegnet dieser im Anderen erkannten Schwäche und Mangelhaftigkeit jedoch nicht empathisch, sondern seinerseits entwürdigend: »dieser Tölpel«. Das herabsetzende deiktische »Dieser« wird aber auch von Siegmund gebraucht, um seine eigene Kränkung, die in der durch den Assimilationsdruck bedingten Abhängigkeit von von Beckerath besteht, zu vergelten, indem er sich vor dem gemeinsamen Opernbesuch wie folgt an Sieglinde wendet: »Übrigens möchte ich dich bitten, *dieses Germanen* im Laufe des heutigen Abends nicht mehr Erwähnung zu tun« (S. 446; Hervorh. A. L.-K.). Die Verachteten geben die erfahrene Verachtung »Schlag auf Schlag« (S. 446) – das ist die Wendung, die der Text für diesen Vorgang als Formel anbietet – zurück, indem sogar Wagnersches Figurenpersonal vonseiten der jüdischen Geschwister zu Zwecken des Verächtlichmachens des Gegners eingesetzt wird. In der Figur des Siegmund wird das Erzählen selbstreferentiell, er figuriert intradiegetisch den abwertenden Erzähler wie folgt:

> Siegmund sprach. Er erzählte in ironisch gerührtem Ton von der gewinnenden Einfalt und Naturnähe eines Bekannten, der sich in Unwissenheit darüber erhalten habe, welches Kleidungsstück man als Jackett und welches als Smoking bezeichne. *Dieser Parsifal* rede von einem karierten Smoking ... Kunz kannte einen noch beweglicheren Fall von Unverdorbenheit. Er handelte von einem, der zum Five o'clock tea im Smoking erschienen sei. (S. 437; Hervorh. A. L.-K.)

Der Text vervielfacht also das mittels Sprache ausgrenzende Verhalten, er spiegelt Germanen an Juden und umgekehrt und bietet zudem psychologische Erklärungsmodelle an für das durch kulturelle Zuschreibungen erzeugte Verhalten. Um ein letztes Beispiel zu nennen: Der *foetor judaicus* ist ein Ausgrenzungsmerkmal, gegen das sich Siegmund offensichtlich zur Wehr setzen muss, was seine extensive Körperpflege ebenso zeigt wie die stehende Formel für die Anziehung unter den Zwillingen – dass sie sich nämlich aufgrund ihres »guten Duftes« (S. 444, 463) lieben –; es besteht eine unbewusste Identifikation mit diesem Merkmal, da Siegmund versucht, sie mittels Projektion loszuwerden, indem er die Welt, die Anderen, als »übelriechend« kategorisiert (S. 444). Entsprechend gibt er den Besuch eines kunstgeschichtlichen Kollegs aus Geruchsgründen auf: »er besuchte es nicht mehr, da die Herren, die außer ihm daran teilnahmen, dem Urteil seiner Geruchsnerven nach bei weitem nicht genug badeten« (ebd.). Das Stereotyp wird gleichsam herrenlos gemacht und vom Ich auf die Anderen (zurück-)verschoben. Da andererseits die erhöhte Sensibilisierung der Wahrnehmung zur Rollenidentität des Décadent gehört, die Siegmund sich zugelegt hat, ist es das Wagnis des Lesers/der Leserin, hier überhaupt eine Anspielung auf ein jüdisches Stereotyp erkennen zu wollen. Es wird damit das Denken, mittels allgemeiner, individuell variierender und sogar manipulierbarer körperlicher Eigenheiten stabile »Merkzeichen« einer Rasse zu konstruieren, abgewiesen.

Es kann also hinsichtlich *Wälsungenblut* nicht mehr umstandslos von einem ›antisemitischen Text‹ gesprochen werden. Man könnte ihn auch – um zur Perspektive der *Intersektionalität* zurückzukehren – als einen ›frauenverachtenden Text‹ in Anspruch nehmen, und zwar mit einem analogen psychologischen Erklärungsmuster: Sieglinde wird seitens des Erzählers wiederholt ›Begrifflosigkeit‹ sc. Tierheit zugeschrieben: zweimal heißt es von ihrem Blick, dass er »begrifflos redete wie der eines Tieres« (S. 436, 445). Zudem wird ihr Verhältnis zum brüderlichen Zwilling mit »Untertan«-Sein bezeichnet (S. 445). Der Subjektstatus wird ihr also auf zweifache Weise genommen, indem ihr – durchaus traditionell – Vernunft- und Moralfähigkeit abgesprochen werden. Diese erfahrene Kränkung, die ihr mit der männlichen – im Begriff lokalisierten – Identität auch die menschliche vorenthält, hat traumatische Qualität und resultiert in der Haltung, nun ihrerseits den Anderen zum Tier zu machen[32] – das Trauma weiterzugeben. Dieser Vorgang wird, wie ironisiert und camoufliert auch immer, an der dekadenten Sprech- und Verhaltensmanier der Sieglind ablesbar: »Nachmittags im Smoking? [...] Das tun doch sonst nur die Tiere« (S. 437). Die ältere Schwester Märit erfährt seitens des Erzählers eine noch weit stärkere Abwertung als Sieglind: hier ist die Verunglimpfung mittels Tiermetaphorik – »graue Raubvogelaugen« im Verein mit der jüdischen (Haken-)Nase (vgl. S. 430) – zu besonderer Krassheit gesteigert. Zudem soll man sie mit ihren achtundzwanzig Jahren als sitzengebliebenes Mädchen wahrnehmen; das miederlose Gewand signalisiert Reformkleidung, der bittere Mund die Intellektuelle, die »eigenen Wege«, die sie geht (vgl. S. 430, 458), zielen auf Feminismus und lesbische Beziehungen. Der »Ausdruck der Verachtung« (S. 430) auf ihrem Gesicht lässt mithin den Schluss auf erfahrene Verachtung zu. Diese Ausgrenzungen qua Geschlecht überschneiden sich mit denen qua ›Rasse‹: Märit studiert Jurisprudenz, ein typisch jüdisches Wissens- und Berufsfeld.[33] Auch ihre »vollständig aufgeklärten Überzeugungen« (S. 435), mit denen sie sich der kirchlichen Trauung ihrer Schwester widersetzt, werden vom Erzähler keineswegs in anerkennender Absicht erwähnt, galten doch die Denker der Aufklärung sowie die am naturwissenschaftlichen Experiment und an den Sinnen als den ›niederen Erkenntnisvermögen‹ orientierten philosophischen Richtungen wie Materialismus oder Sensualismus quasi als juden-afin, und mussten das Vorurteil bestätigen, dass der Jude im Grunde ›unfromm‹[34] sei. Die Diskriminierung der weib-

[32] Der Vergleich der Frau mit dem Tier hat eine ebenso lange Tradition wie die diskriminierende Gleichsetzung des Juden mit dem Tier, man denke nur an »das schöne wilde Tier Lulu« in Frank Wedekinds Drama *Erdgeist* (1895).

[33] Vgl. Weininger: Geschlecht und Charakter, S. 430.

[34] Siehe wiederum Weininger: Geschlecht und Charakter, S. 432 u. 421, wo er erläutert, warum der »orthodoxe Jehova-Knecht so rasch und leicht ein Materialist, ein ›Freigeist‹« sei. Für die Epoche

lichen Figur nach Geschlecht und ›Rasse‹ wird durch die kontrastierend-positive Erzählerskizze des Bruders der Märit unterstrichen: »Kunz war [...] ein schöner brauner Mensch« (S. 430). Bei ihm sind es nur die aufgeworfenen Lippen, die Jüdisches signalisieren, seine braune Hautfarbe hingegen wird nicht als ›Merkzeichen der Art‹ erwähnt, offenbar appelliert sie an die homophile Neigung des Erzählers. Ebenso unterstreichen das Militärische – Kunz gehört zum Regiment der Husaren – und die »gefährliche Hiebnarbe« (ebd.) die Männlichkeit ihres Trägers, sodass weder der Korps-Student noch das Fach, das er studiert, den Erzähler zu Stigmatisierungsformeln herausfordert.[35]

Noch einmal zur ›Verwirrung des Lesers‹: »Hunding kam, bauchig und x-beinig wie eine Kuh« (S. 142) – das ist eine Entwürdigung seitens des Erzählers, die mit den Kategorien Körper und Geschlecht arbeitet, wie sie auch auf die Juden angewandt wird. ›X-beinig‹ ruft assoziativ die Verunglimpfung der Juden durch ›O-Beinigkeit‹ auf[36], ›bauchig wie eine Kuh‹ die durch die Gleichsetzung mit einer – schwangeren – Frau. Hier wird die stereotype Abwertung des Juden mittels Weiblichkeit eingespielt.[37] Unter der Überschrift: »ist man ein Jude – ist man eine Frau«, hat Heinrich Detering die »Analogisierung von geschlechtlicher und antisemitischer Stigmatisierung«[38] bei Thomas Mann untersucht. Auch an der ephebenhaften Figur des Siegmund Aarenhold wird dezidiert die mangelnde Männlichkeit herausgestellt, indem seine Hände gegenüber denen des Zwillings Sieglind »keine männlichere Form« aufweisen (S. 431). Damit wird die Kommunikation unter Gleichen im Zwillingspaar beim Leser zur Phantasie gesteigert, dass sich hier zwei Frauen begegnen. Auch an der Figurenzeichnung des alten Aarenhold ist Verweiblichung zu erkennen, nicht nur wegen der Anspielungsträchtigkeit des Belladonna-Pulvers, das er zu sich nimmt (S. 440), sondern auch wegen seiner »Selbstpflege« und seiner »weiche[n] und dichterische[n] Geschwätzigkeit« (S. 434), wofür ihn seine Kinder verachten. Die Frau und der Jude kommen, so Weininger, darin überein, dass sie in die Kategorie ›Nicht-Mann‹ gehören. Damit verbindet sich bei Weininger die Kritik an seiner »Zeit, die nicht nur die jüdischeste, sondern auch die weibischeste aller Zeiten sei« (S. 441).[39] Thomas Manns Verwirrungsstrategie – der Leser wisse nicht mehr, »von welchem *Geschlechte* denn eigentlich die Rede ist« (vgl. oben, S. 147) – muss hier also über die Alternative Jüdisch versus Germanisch hinaus erweitert werden: ›Geschlecht‹ ist hier zusätzlich im Sinne von ›sex/gender‹ zu lesen, sodass auch diese

---

der Aufklärung verwendet Weininger verächtlich »das Lessingsche Wort vom ›Aufkläricht‹« (ebd.). Vgl. hierzu die philosophische Auseinandersetzung bei Tisch, in der Märit von ihrem Bruder Kunz, der eindeutig auf Assimilation ausgerichtet ist, bezeichnenderweise am Beispiel des »kausalen Grundes« (S. 436 f.) in hegemonialer Manier niedergeredet wird.

[35] Wohl aber Weininger, der behauptet, der Jude sei »lächerlich als Korpsstudent«. Weininger: Geschlecht und Charakter, S. 591.

[36] Vgl. zu dieser angeblich rassisch bedingten Anomalie der unteren Extremitäten den Beitrag von Sander L. Gilman: »Der jüdische Körper. Eine Fuß-Note«, in: Ders.: *Rasse, Sexualität und Seuche. Stereotype aus der Innenwelt der westlichen Kultur*, Reinbek bei Hamburg 1992, S. 181-204.

[37] Sie findet sich ausführlich bei Weininger: Geschlecht und Charakter, S. 409-419 u. passim.

[38] Heinrich Detering: *»Juden, Frauen und Litteraten«.. Zu einer Denkfigur beim jungen Thomas Mann*, Frankfurt a. M. 2005, S. 72 f.

[39] Vgl. zu dieser Kongruenz zwischen ›dem Juden‹ und ›dem Weibe‹: Weininger: Geschlecht und Charakter, u. a. S. 411, 429 sowie für das Zitat S. 441.

frühe Erzählung unter der Fragestellung, wie Thomas Mann in ihr sein »Stigma-Management«[40], die Auseinandersetzung mit seiner Homosexualität, betreibt, zu untersuchen ist.

Als letzte Bestätigung dafür, dass Thomas Mann beträchtlichen Aufwand mit der ›Verwirrung des Lesers‹ treibt, sei darauf hingewiesen, dass dieser Verwirrungsstrategie selbst der ausgewiesene Thomas Mann-Forscher Vaget erliegt: er bezieht auf von Beckerath, was im Text auf Siegmund bezogen ist.[41] Denn von Siegmund heißt es, er »verzerrte nach seiner Art beim Sprechen das Gesicht wie jemand, den die Sonne blendet« (S. 439). Vaget zitiert nicht nur ungenau, er erkennt auch das Stereotyp des grimassierenden Sprechens nicht. Die Verwechslung ist jedoch verständlich, denn sie wird durch den unmittelbaren Kontext selbst begünstigt, wenn es heißt: »Von Beckerath, ausgeschlossen und *blinzelnd* nach Orientierung ringend, versuchte, so gut es ging, sich an ihrer Heiterkeit [der der Geschwister; A. L.-K.] zu beteiligen« (S. 439; Hervorh. A. L.-K.). An solcher manifesten Verwirrung des Lesers ließe sich also – wollte man erzähltheoretisch mit dieser Kategorie arbeiten –, so etwas wie Autorintention festmachen. Deren Ziel wäre es, Entgegensetzungen, Oppositionen, kurz: Binaritäten aufzubrechen und statt eines Gegeneinander ein Nebeneinander zu etablieren.[42]

An der Behandlung der Hunding-Figur zeigte sich exemplarisch, dass der Text mit der Durchkreuzung der geläufigen Stereotypen arbeitet, der Germane ist jüdisch ›verzeichnet‹, was den Leser zur genauen Lektüre zwingt und rassistischer Ideologiebildung entgegenwirkt. In diese Richtung wirken nicht zuletzt besondere Effekte, die durch die Kommentare des Erzählers zu der speziellen Art und Weise der Aufführung der Oper *Die Walküre* und zum Verhalten der Sänger gemacht werden. Sie dienen nicht nur der Wagner-Parodie bzw. -Trav-estie, indem etwa der Erzähler sich einer preziösen und stabreimenden Diktion befleißigt oder den germanischen Helden Siegmund ins Biedere und Unbeholfene transfiguriert, sondern entziehen der Vorstellung einer im Blut, in der Physiognomie, in den Genen verankerten rassischen Eigentümlichkeit, die Juden und Germanen in Opposition zueinandersetzt, den Boden.

> Siegmund, ein rosiger Mann mit brotfarbenem Bart, erschien in der hölzernen Tür und lehnte sich verhetzt und erschöpft gegen den Pfosten. Dann trugen seine starken, mit Fell und Riemen umwickelten Beine ihn in tragisch schleppenden Schritten nach vorn. Seine blauen Augen unter den blonden Brauen, dem

---

[40] Dieser Begriff stammt von Karl W. Böhm: *Zwischen Selbstzucht und Verlangen. Thomas Mann und das Stigma der Homosexualität. Untersuchungen zu Frühwerk und Jugend*, Würzburg 1991, S. 307.

[41] Über von Beckerath heißt es bei Vaget, dass er, angesichts der »›lustigen Übermacht‹ ihrer Rede, ›beim Sprechen das Gesicht verzerrt, wie jemand, den die Sonne blendet‹«. Vaget: Von hoffnungslos anderer Art, S. 40.

[42] Es gibt Äußerungen Thomas Manns, die gegenüber Rassismen/Biologismen eine deutlich reflektierte und auch historisch distanzierende Perspektive erkennen lassen: siehe seinen »Chamisso«-Aufsatz, wo es von den »Heutigen« heißt, dass sie »weniger an das ›Herz‹ als vielmehr an Rasse und Blut glauben und diesen Glauben vielleicht bis zum Aberglauben übertreiben«. Dieses Heute stehe »unter dem Druck einer allgemeinen Devotion vor der bindenden Macht des Blutes«. Thomas Mann: »Chamisso«, in: Ders.: GKFA, Bd. 14.1, S. 305-330, hier: S. 313.

> blonden Stirngelock seiner Perücke, waren gebrochenen Blicks, wie bittend, auf den Kapellmeister gerichtet; und endlich wich die Musik zurück, setzte aus, um seine Stimme hören zu lassen, die hell und ehern klang, obgleich er sie keuchend dämpfte. (S. 449)

Das Theaterrequisit der Perücke erscheint als das geradezu perfekt eingesetzte Signal, um den Begriff der Rasse – mit Judith Butler gesprochen – als einen Effekt von Maske und Performanz erkennbar zu machen.[43] Nicht umsonst werden am Schluss der Opernaufführung die Sänger mit »Masken vor einer Jahrmarktsbude« (S. 454) verglichen. Butler hat den Konstruktcharakter von sozialen Unterscheidungen, etwa entlang der Linie Klasse, Rasse, Geschlecht, herausgearbeitet. Nach Winker / Degele, die hier Butlers Argumentation folgen, arbeiten rassistische Ideologien mit *Zuschreibungen sozial konstruierter* Differenzen und dienen damit der Hierarchisierung von Menschen und der Ausgrenzung Einzelner oder ganzer Gruppen im Zuge der Aufrechterhaltung hegemonialer Ansprüche.

> Rassistische Argumentationen zielen darauf ab, »dass die Menschen ›von Natur aus‹ ungleich und ungleichwertig seien, weshalb sie unterschiedliche gesellschaftliche Stellungen einnehmen müssten« [...]. Solche Argumentationen stellen einen ideologischen Zusammenhang zwischen sozialen Ungleichheiten und spezifischen, meist auf körperliche Merkmale bezogene Eigenschaften von Personen her und ›erklären‹ oder rechtfertigen damit diese Ungleichheiten. [...] Rassen [sind aber] nichts Natürliches, sondern etwas Imaginiertes.[44]

Unter dieser Perspektive ist der Protagonist der Novelle, Siegmund, Träger solcher Zuschreibungen, er wäre aber aufgrund seiner rollenbewussten Identitäts*arbeit*,[45] mit der er sich zum perfekten Dandy/Décadent stilisiert,[46] auch in den Umgang mit Zeichen eingeübt, sodass es nicht unbegründet wäre, ihn eine Entwicklung durchlaufen zu sehen, in der er »die Merkzeichen seiner Art«, »die Abzeichen seines Blutes« (S. 463, 461) als Zuschreibungen, als Teil einer Ideologie zu durchschauen lernt. Induziert durch die Opernaufführung erfährt Siegmund eine Erschütterung und einen Bewusstwerdungsprozess über mehrere Stufen, der durch Körperreaktionen und schließlich das Stilmittel der erlebten Rede angezeigt wird. Es geht dabei um die Reflexion des Künstlertums – die Erfahrung des Schöpferischen, die Erschaffung des Werks –, von dem er sich ausgeschlossen fühlt, ist die Figur doch mit den Zügen des ›Möchte-gern-Künstlers‹, des Dilettanten ausgestattet.

> Ein Werk! Wie tat man ein Werk? Ein Schmerz war in Siegmunds Brust, ein Brennen oder Zehren, irgendetwas wie eine süße Drangsal – wohin? wonach?

---

[43] Siehe Judith Butler: *Das Unbehagen der Geschlechter* [1990], aus dem Amerikanischen von Kathrina Menke, Frankfurt a. M. 1991, bes. S. 33 f. und S. 198-208.

[44] Winker / Degele: Intersektionalität, S. 55.

[45] Mehrfach wird die Herrichtung seines Äußeren, sei es des Körpers, sei es der Kleidung, als ein »Arbeiten« bezeichnet (S. 441, 446).

[46] Vgl. hierzu die neueste Darstellung der Dekadenzthematik durch: Oliver Kohns: »Die Verhandlung der Moderne in Thomas Manns *Wälsungenblut*«, in: Stefan Börnchen / Claudia Liebrand (Hg.): *Apokrypher Avangardismus. Thomas Mann und die klassische Moderne*, München 2008, S. 161-186.

> Es war so dunkel, so schimpflich unklar. Er fühlte zwei Worte: Schöpfertum … Leidenschaft. Und während die Hitze in seinen Schläfen pochte, war es wie ein sehnsüchtiger Einblick, daß das Schöpfertum aus der Leidenschaft kam und wieder die Gestalt der Leidenschaft nahm. Er sah das weiße, erschöpfte Weib auf dem Schoße des flüchtigen Mannes hängen, dem es sich hingegeben, sah ihre Liebe und Not und fühlte, daß so das Leben sein müsse, um schöpferisch zu sein. (S. 456)

Der Siegmund der Oper wird für ihn zum Muster; über die Siegmund-Nachfolge mittels des Inzests versucht er, einen Zugang zur schöpferischen Leidenschaft zu gewinnen. Erstes Indiz dafür ist die intensive Betrachtung seiner Schwester Sieglind: »Ihre kindlichen Schultern [...] waren ein wenig zu hoch und waagrecht, wie man es an ägyptischen Statuen sieht« (S. 456). Hier ist auf den Bruder-Schwester-Inzest der altägyptischen Götterlehre angespielt. In der Folge zeigen die Wortwiederholungen des Erzählers die willentliche Identifizierung mit der Siegmundgestalt der Oper an. Die Selbstinszenierung beginnt mit dem Blick in die drei Spiegel, in denen Siegmund zunächst »die Abzeichen seines Blutes« studiert, um am Ende bei seinen »großen, schwarzen und feuchtblanken Augen« anzukommen, »die er klagevoll blicken ließ und in müdem Leide« (S. 461),[47] wie, so ließe sich ergänzen, der Wagnersche Siegmund. Die erneute Erwähnung des Spiegels setzt signalträchtig den Prozess der Selbstinszenierung fort, denn nun taucht das »Eisbärfell« auf, welches das Wagnersche Bärenfell spiegelt/zitiert; von Siegmund heißt es nun in Identifikation mit dem Bühnen-Helden: er »ging mit tragisch schleppenden Schritten hinüber, und [...] ließ […] sich der Länge nach auf das Fell sinken, den Kopf auf den Arm gebettet« (ebd.).[48] Auch die minutiöse Analyse des Gesichts der Schwester – »Er hielt, halb aufgerichtet, einen Arm um ihren Nacken geschlungen und sah sie an, betrachtete sie, [...] ihre Augen, und Schläfen, Stirne und Wangen ...« (S. 462) – ist variierende Spiegelung Wagnerscher Szenen des Erkennens (vgl. S. 450, 454). In der Anrede der Schwester schließlich zeigt die gehäufte Weiterführung der Auslassungspunkte an, dass die Selbstsuggestion erfolgreich einen schöpferischen Zustand herbeigeführt hat, was der Erzähler mittels des Signalworts ›Traum‹ zu bestätigen scheint:

> »Du bist ganz wie ich«, sagte er mit lahmen Lippen und schluckte hinunter, weil seine Kehle verdorrt war … »Alles ist … wie mit mir … und für das … mit dem Erlebnis … bei mir, ist bei dir das mit Beckerath … das hält sich die Wage … Sieglind ... und im ganzen ist es … dasselbe, besonders, was das betrifft … sich zu rächen, Sieglind …«

---

[47] Die Formel »im Leide« bzw. »Leid« verweist auf die Wagnerschen Zwillinge (vgl. S. 450, 454, 456, 457). Auch Hake erkennt hier Siegmunds Inszenierung »nach theatralischem Vorbild«. Er agiere »wie ein Schauspieler, der sich zögernd in seine Rolle findet«. Allerdings sieht Hake diesen Vorgang nur negativ, als »Kennzeichen seines leeren spielerischen Daseins«. Vgl. Hake: Theaterwelt und ›tiefes Reich‹, S. 294. Ich sehe hier dagegen in der Selbstinszenierung den verzweifelten und quasi letzten Versuch, aus eben diesem beklagten Dasein auszusteigen, Zugang zur Leidenschaft, zum Erlebnis zu gewinnen. Nicht umsonst werden die Geschwister vor dem Vollzug des Inzests als »Kranke« und »Hoffnungslose« (S. 463, auch S. 444) bezeichnet. Inzest also als Folge einer Not.

[48] Vgl. die Wiederholungen der Formulierungen von S. 449.

> Es trachtete, sich in Logik zu kleiden, was er sagte, und kam doch gewagt und wunderlich, wie aus wirrem Traum. (S. 462)

Nicht zuletzt lässt die unpersönliche Formulierung dieses Erzählerkommentars – »es trachtete« – erkennen, dass Siegmund die intellektuelle Kontrolle verloren bzw. dass die inkriminierte Logik jetzt den Platz geräumt hat.

Der Weg Siegmunds zum ›Erlebnis‹ erhält seine Brisanz erst auf dem Hintergrund des antisemitischen Künstlerdiskurses, der die Juden vom Schöpfertum, vom Werk, vom Geniestatus ausschloss, ihnen nur die logische Zergliederung, das Verstandes-/Begriffsvermögen, den Witz zugestand. Und in ihrer Fähigkeit zur »Wehr des Witzes« (S. 432) führt der Erzähler die vier jüdischen Geschwister ausgiebig vor. In Identifikation mit dieser angeblich rassenbiologischen Tatsache erfährt sich Siegmund als gespalten, als unfähig zu der mit ›Erlebnis‹ signalisierten ganzheitlichen emotionalen Erfahrung, und hat sich stattdessen mit seinem Zwilling Sieglind darauf spezialisiert, das »Werk« vor allem als einen Gegenstand der Kritik zu betrachten, es »dem Wort, der Bezeichnung, dem witzigen Widerspruch [...] auszusetzen« (S. 444). In der Selbstanalyse des Siegmund wird diese Gespaltenheit durch die Häufung binärer Entgegensetzungen angezeigt, eine Häufung, deren Intensität die Dynamik anzeigt, mit der Siegmund auf eine alternative Erfahrung zusteuert.

> Er sah sein eigenes Leben an, dies Leben, das sich aus Weichheit und Witz, aus Verwöhnung und Verneinung, Luxus und Widerspruch, Üppigkeit und Verstandeshelle, reicher Sicherheit und tändelndem Haß zusammensetzte, dies Leben, in dem es kein Erlebnis, nur logisches Spiel, keine Empfindung, nur tötendes Bezeichnen gab, – und ein Brennen oder Zehren war in seiner Brust, irgendetwas wie eine süße Drangsal – wohin? wonach? Nach dem Werk? Dem Erlebnis? Der Leidenschaft? (S. 456)

Woran Siegmund leidet, ist eine antisemitische Zuschreibung: Weininger sah den Juden als unfähig zur Hingabe, zur Erschütterung, zur Ergriffenheit, zur Ehrfurcht,[49] er sei nicht schöpferisch, wegen seines Mangels an Tiefe sei ihm Genialität versagt[50], er sei »eminent begrifflich veranlagt«, er »glaub[e] gar nichts«, sei »überall frivol und alles bewitzelnd«[51]. Diesem Vorurteil von der analytischen, ›zersetzenden‹, potentiell destruktiven jüdischen Intellektualität sitzt der Erzähler auf, wenn er von Siegmunds Trachten »nach dem Wort und dem Geist, als nach einem Rüstzeug« spricht, »auf das ein tiefer Trieb ihn verwies« (S. 442). Was er zunächst als Konsequenz einer ästhetizistischen Lebenshaltung darstellt, kategorisiert der Erzähler schließlich biologisch – als »Trieb« – und verknüpft es mit einem grotesk Ausschließlichkeit behauptenden Urteil:

> Aber *niemals* hatte er sich an ein Buch *hingegeben* und verloren, wie es geschieht, wenn einem dies eine Buch als das wichtigste, einzige gilt, als die kleine Welt, über die man nicht hinausblickt, in die man sich verschließt und ver-

---

[49] Siehe Weininger: Geschlecht und Charakter, S. 590 f.
[50] Ebd., S. 424 f.
[51] Ebd., S. 430 f.

> senkt, um Nahrung noch aus der letzten Silbe zu saugen. (S. 442; Hervorh. A. L.-K.)

Von einer Erfahrung, wie sie etwa Tonio Kröger mit der Lektüre von Schillers *Don Carlos* macht,[52] wäre Siegmund also prinzipiell ausgeschlossen, und es ist verständlich, dass ein solcher Ausschluss vom ›Erlebnis‹, ist er erst einmal als Zuschreibung, als Ideologie durchschaut, zu einem Gegenstand der Rache wird. Siegmund sieht sich und die Schwester aufgrund des Assimilationsdrucks analogen Demütigungen ausgesetzt: »›Du bist ganz wie ich‹, sagte er [...]. ›Alles ist ... wie mit mir ... und für das ... mit dem Erlebnis ... bei mir, ist bei dir das mit Beckerath ... das hält sich die Wage ... Sieglind‹« (S. 462). Diese Parallelität ist Echo auf die bündige Formulierung des Erzählers bezüglich der Situation der Wälsungen-Zwillinge: »In Schmach lag sie wie er im Leide, entehrt war sie wie er in Acht, und Rache – Rache sollte nun ihre geschwisterliche Liebe sein!« (S. 454). So sehr also der Inzest zunächst als bloßes Imitat erscheinen mag, so sehr wird mit dem Stichwort ›Erlebnis‹ ein anderer Akzent gesetzt, denn zwischen dem Inzest als musikalischem Bühnengeschehen und dem Inzest der jüdischen Geschwister wird eine Kausalität – vergleichbar einer Initiation – sichtbar: Siegmund hat sich als ›erlebnisfähig‹ in einem emphatischen Sinne und damit als potentiell schöpferisch erfahren. Der Inzest ist damit bereits Protokunstwerk und Manifestation eines veränderten, von Zuschreibungen unabhängigeren Selbstverständnisses.[53]

Im Stichwort und ›Themawort‹ ›Erlebnis‹ überschneiden sich Judengeschichte und Künstlernovelle: Siegmund verlässt die Position der – zugeschriebenen – schöpferischen Unfähigkeit sowohl als Jude wie als Décadent. Die Vorgabe des wagnerischen Bühneninzests, dass er nämlich konkret den Keim legt für die Fortdauer »des verhasste[n], respektlose[n] und gotterwählte[n] Geschlecht[s]« (S. 457), womit auf Zeugung und Geburt des Helden Siegfried angespielt wird, erfährt nun eine Bedeutungsverschiebung ins Symbolische: Es wird der Keim gelegt für die Erschaffung des Werks. Dass Siegmund ein neues Selbstverständnis, eines jenseits der Selbstverachtung,[54] gewonnen hat, repräsentiert der Gebrauch der jiddischen Ausdrücke am Ende der Novelle – »Beganeft haben wir ihn, – den Goy« (S. 463). Die Figur kehrt hier zu ihrer jüdischen Identität zurück, das Jiddische ist bei Siegmund nicht mehr Objekt der Verleugnung und der Scham, wie sie zuvor an der Reaktion der Familie gegenüber dem Sprachgebrauch der Mutter, der Frau Aarenhold, zu beobachten waren (vgl. S. 435). Andererseits ist es eine reflektierte Rückkehr zum Herkommen, denn in der versatzstückhaften Verwendung der beiden Ausdrücke – ›beganeft‹ und ›Goy‹ – wird das Jiddische nur als Zitat, mithin ironisch eingespielt, und der Satz ließe sich wiedergeben mit: »unter uns [Juden] gesagt, haben wir ihn betrogen, den Goy«. Thomas Mann legte viel Wert auf diesen Schluss und bevorzugte ihn eindeu-

[52] Vgl. Thomas Mann: »Tonio Kröger«, in: Ders.: GKFA, Bd. 2.1, S. 243-318, hier: S. 249 f.

[53] Zur kontrovers diskutierten Entwicklung der Figur des Siegmund im Kontext von Inzest und Künstlertum siehe die Literaturübersicht bei Emig: Arbeit am Inzest, S. 118-120.

[54] Siegmund verachtet sich dafür, dass er dem Familienprojekt, die Schwester mit von Beckerath zu verheiraten und damit den Assimilationsprozess der Familie zu krönen – ist doch »von Beckerath im Ministerium tätig und von Familie« –, zugestimmt hat (S. 445). Hier der Verweis auf den jüdischen Selbsthass, der ja auch beim alten Aarenhold herausgestellt wird (vgl. S. 434).

tig gegenüber der auf Wunsch von Oskar Bie veränderten Version,[55] ich denke aber nicht als Zeichen dafür, dass bei dem Juden Siegmund nun am Ende das Atavistisch-Wilde hinter der Fassade von Akkulturation doch wieder hervorbreche.[56] Ich sehe in dieser Sprachverwendung vielmehr eine Anerkennung des Jüdischen als einer Kultur neben anderen Kulturen. Insofern lässt sich der Inzest lesen als eine gedoppelte Rückkehr zum Eigenen, eine Figur der Selbstbehauptung – dazu passt der Gesang des Bühnen-Siegmund, dass »zu Zwei er zur Welt gekommen« (S. 451) –, trotzig gesetzt gegen die hegemoniale Vereinnahmung via Assimilation.

An der Verwendung des Inzest-Motivs am Schluss ist zentral, dass es sich um einen Geschwister-Inzest handelt, es also im Gegensatz zum ödipal konfigurierten Inzest um eine Begegnung unter Gleichen geht. Die Verletzung der Generationengrenze spielt so wenig eine Rolle wie die des Geschlechtergegensatzes, denn entweder wird, um Gleichheit herzustellen, Siegmund weiblich semantisiert oder Sieglind männlich,[57] und dazu ist beider Habitus mehrfach als ›kindlich‹ bezeichnet.[58] Mit dem Geschwister-Inzest werden nicht nur Narzissmus und Autoerotik eingespielt, sondern vor allem Homosexualität.[59] D. h. das Anarchische des Inzests richtet sich hier gegen das Heteronormative der Geschlechterordnung. Das wird an der Differenz zum Inzest der Bühnenzwillinge offenkundig, auf den zweiten Blick aber nur an der Differenz der beiden Sieglinden. Wagners Sieglinde mit ihrem »alabasternen« Busen, »der wunderbar in dem Ausschnitt ihres [...] Musselinkleides wogte« (S. 449), »das weiße, erschöpfte Weib«, das man »auf dem Schoße des flüchtigen Mannes hängen« sieht (S. 456), scheint geradezu stereotyp heterosexuell gezeichnet: Die braune Haut der Sieglinde Aarenhold dagegen – eine »Hautfarbe wie angerauchter

---

[55] Siehe den Kommentar in GKFA, Bd. 2.2, S. 329 f. u. S. 340 f.

[56] Vaget spricht von Siegmunds atavistischem Rückgriff auf das Jiddische als eigentliche Pointe des Schlusses: Von hoffnungslos anderer Art, S. 41.

[57] Siegmunds Hände weisen gegenüber denen Sieglinds »keine männlichere Form« auf (S. 431). An Sieglinds Äußerem sind »die Spitzen ihres Mieders« und die »kleinen Brüste« phallisch konnotiert (S. 462 u. 463). Die Semantik des Scharfen, Spitzen zur Konnotierung von Aggression – auch lautlich realisiert durch ›harte‹ stimmlose Konsonanten – setzt der Text schon bei der Beschreibung des Frühstückstisches der Aarenholds ein: »Auf dem *st*arken, bli*tz*end wei*ß*en und scharf gebügelten Dama*st st*and bei jedem Be*st*eck ein *Spitz*glas mit zwei Orchideen« (S. 432; Hervorh. A. L.-K.). Phallisch semantisiert sind auch die hängenden Schmuckstücke – besonders wenn von Siegmund geschenkt –, die an Sieglind hervorgehoben werden: In ihrem Haar »lag ein goldener Reif, von dem in ihre Stirn hinab eine große Perle hing, – ein Geschenk von ihm« (S. 430 f.), »Sieglindens [...] Haar war nun ohne Schmuck; aber an einer dünnen Perlenkette lag ein großer, eiförmiger Edelstein auf ihrem bloßen Halse« (S. 446).

[58] Vgl. S. 430 u. 456. Dazu kommt bei Siegmund das Knabenhafte – der »Oberkörper [...] mager wie der eines Knaben«, die »schmalen Schultern« (S. 445) – und das ›Ephebenhafte‹ (vgl. S. 430, 452).

[59] Schon Jahre vor Karl W. Böhm hat Sylvia Wallinger – aus der Frauenbewegung kommend – die erotische Grundstimmung in *Wälsungenblut* als »*inzestuös-homoerotisch-narzißtisch* getönt« herausgestellt, siehe ihre wichtigen Ausführungen auf S. 255-257: Sylvia Wallinger: »›Und es war kalt in dem silbernen Kerzensaal, wie in dem der Schneekönigin, wo die Herzen der Kinder erstarren.‹ Gesundete Männlichkeit – gezähmte Weiblichkeit in Thomas Manns *Königliche Hoheit* und *Wälsungenblut*«, in: Sylvia Wallinger / Monika Jonas (Hg.): *Der Widerspenstigen Zähmung. Studien zur bezwungenen Weiblichkeit in Literatur vom Mittelalter bis zur Gegenwart*, Innsbruck 1986, S. 235-257.

Meerschaum« (S. 462, 446) – konnotiert neben Judentum auch Homosexualität.[60] (Dieser Zusammenhang wird bestätigt durch den homosexuell getönten Blick des Erzählers auf das zweite männliche Geschwister der Aarenholdkinder, den ›Husaren‹ Kunz »in betreßter Uniform«, der »ein schöner, brauner Mensch« genannt wird [S. 430]). Der Bühnen-Siegmund, »ein rosiger Mann mit brotfarbenem Bart«, mit »rosigen fleischigen Arme[n]« (S. 449, 453), scheint dazu als Kontrast entworfen, doch nähert ihn die wiederholte Klage über seine »unendliche Einsamkeit« (S. 451), das vergebliche Werben um »Freundschaft und Liebe« bei »Männern und Frauen«, in dieser Reihenfolge (S. 454 u. 451), dem einsamen Siegmund Aarenhold an, von dem es heißt, »er hatte keinen Freund, nie einen gehabt, als sie, die mit ihm geboren, sein kostbar geschmücktes, dunkel liebliches Ebenbild« (S. 444). Siegmunds aufwändige kosmetische und vestimentäre Herrichtung, die »Arbeit« an seinem Äußeren – »Krawatte aus himbeerfarbener Rohseide« (S. 430), »rosaseidene Unterbeinkleider und Socken«, »rote Saffian-Pantoffeln« (S. 441), »Lackschuhe und Lackstiefel« (S. 430, 445) –, kennzeichnet nicht nur den Dandy, sondern auch den Homosexuellen.[61] Der Illustrator Thomas Theodor Heine hat den erotisierten Blick des Erzählers auf den sich ankleidenden Siegmund zum Gegenstand einer Vignette gemacht, die den fetischisierten Männerkörper, an Renaissanceplastiken wie den *Dornauszieher* erinnernd, deutlich konturiert:[62] Von Siegmund heißt es, er »fing an, den Fuß auf einen Schemel gestellt, die Knöpfe seiner Lackstiefel zu schließen« (S. 445):

Er bekleidete sich weiter mit schwarzseidenen Unterhosen, Sok⸗ken von schwarzer Seide und schwar⸗zen Strumpfbän⸗

dern mit silbernen Schnallen, legte die gebügelten Bein⸗kleider an, deren schwarzes Tuch seidig schimmerte, befestigte weißseidene Hosenträger über seinen schmalen Schultern und fing an, den Fuß auf einen Schemel gestellt, die Knöpfe seiner Lackstiefel zu schlies⸗sen. — Es klopfte.

(Thomas Mann [1921]: *Waelsungenblut.* Mit den Illustrationen von Th. Th. Heine, Frankfurt a. M. 1976, S. 43.)

[60] Vgl. zum Signal der braunen Haut: Dirk Naguschewski: »Arabische Jungen/junge Araber. Mit Cadinot auf den Spuren Gides«, in: Gerhard Härle / Wolfgang Popp / Annette Runte (Hg.): *Ikonen des Begehrens. Bildsprachen der männlichen und weiblichen Homosexualität in Literatur und Kunst*, Stuttgart 1997, S. 217-248.

[61] Siehe dazu etwa die Beschreibung des Outfits des homosexuellen Schriftstellers Herman Bang, den Thomas Mann als »Bruder« bezeichnet hat. Siehe Herman Bang: *Exzentrische Existenzen. Erzählungen und Reportagen*, hg., übersetzt und mit einem Nachwort versehen von Ulrich Sonnenberg, Frankfurt a. M. / Leipzig 2007, S. 355 und Herman Bang: *Am Weg. Roman.* Nachwort von Aldo Kehl, Zürich 2006, S. 267; siehe auch: Claudia Gremler: *»Fern im dänischen Norden ein Bruder«. Thomas Mann und Herman Bang. Eine literarische Spurensuche*, Göttingen 2003.

[62] Siehe Faksimile-Ausgabe des Privatdrucks von 1921: Thomas Mann: *Waelsungenblut.* Mit den Illustrationen von Thomas Theodor Heine, Frankfurt a. M. 1976, S. 43. – Zum homosexuellen Anstrich dieser Szene vgl. Mark M. Anderson: »Mann's early novellas«, in: Ritchie Robertson (Hg.): *The Cambridge Companion to Thomas Mann*, Cambridge 2002, S. 84-94, hier: S. 92.

Der Bruder-Schwester-Inzest ist in der Literatur zu Thomas Mann wiederholt als Chiffre für Homosexualität erkannt bzw. bestätigt worden. Vor allem Böhm war es, der die Substitution des einen Tabus durch ein anderes – »Auch die inzestuöse Liebe ist eine ›verbotene Liebe‹«[63] – vom *Tonio Kröger* bis zum *Felix Krull* herausarbeitete. Klaus Pringsheims immer noch lesenswerte Studie zu *Wälsungenblut*, die zunächst nur die Widerlegung der Gerüchte zu den Verhältnissen im Hause Pringsheim zum Ziel hat, unternimmt zu zeigen, wie aus den Frankfurter Geschwistern in der Frühfassung des *Felix Krull* – wenige Jahre nach *Wälsungenblut* entstanden – erst in einem zweiten Schritt, vermittelt über ein anderes potentiell inzestuöses Paar, das von Mutter und Tochter in Lissabon, das Paar, die Zwillinge werden. »Als Bindeglied fungiert das Zweiheitsmotiv samt seiner in die Wälsungenblut-Sphäre weisenden Symbolbedeutung«[64]. Vermittelt über die Mutter-Tochter-Zweiheit (aber Gleichheit im Geschlecht), die mit dem geläufigen Inzestverständnis die Verletzung der Generationengrenze teilt, kommt nun die homosexuelle Attraktivität des Geschwisterinzests deutlich ans Licht.

> Der Schauplatz war zu meinen Häupten: ein offener Balkon der Bel-Etage des großen Hotels »Zum Frankfurter Hof«. Auf ihn traten [...] eines Nachmittags zwei junge Leute, jung wie ich selbst es war, Geschwister offenbar, möglicherweise ein Zwillingspaar – sie sahen einander sehr ähnlich – Herrlein und Fräulein, miteinander ins winterliche Wetter hinaus. [...] Leicht überseeischen Ansehens, dunkelhäuptig, mochten sie spanisch-portugiesische Südamerikaner, Argentinier, Brasilianer [...] sein; vielleicht aber auch Juden, – ich möchte mich nicht verbürgen und ließe mich dadurch in meiner Schwärmerei nicht beirren, denn luxuriös erzogene Kinder dieses Stammes können höchst anziehend sein.[65]

Im Beobachter Krull partizipiert der exkludierte Dritte an der Begegnung von Gleichen als seinem eigenen tiefsten Begehren.[66] Die Provokation der Geschlechterordnung im Inzest der Zwillinge besteht in der Missachtung der heterosexuellen Begehrensstruktur[67], wobei der weibliche Part im »Geschwisterpaar ungleichen Geschlechts«[68] nicht im Sinne der Mann-Frau-Polarität verstanden werden darf, sondern in Richtung des Kindlich-Androgynen weist.

---

63 Zur Genealogie des Geschwister- bzw. Zwillingsinzests siehe Böhm: Zwischen Selbstzucht und Verlangen, S. 238 f., Zitat: S. 239.

64 Klaus Pringsheim: »Ein Nachtrag zu *Wälsungenblut*«, in: Georg Wenzel (Hg.): *Betrachtungen und Überblicke. Zum Werk Thomas Manns*, Berlin / Weimar 1966, S. 253-268, S. 267.

65 Thomas Mann: *Bekenntnisse des Hochstaplers Felix Krull. Der Memoiren erster Teil* (1954), in: Ders.: *Gesammelte Werke in dreizehn Bänden*, Bd. VII, Frankfurt a. M. ^{2}1974, S. 265-661, hier: S. 344 f.

66 Dieser Dritte ist in *Wälsungenblut* der auf der Inzest-Szene an-/abwesende von Beckerath (die Maske des Autors Thomas Mann). Vgl. hierzu die wichtige Anm. 98 bei: Wallinger: Gesundete Männlichkeit, S. 255 zur Parallelität der homoerotisch konstellierten Dreiecke: Katja, Zwillingsbruder Klaus, Thomas Mann und Sieglind, Siegmund, von Beckerath.

67 In Thomas Manns Roman *Der Erwählte* wird der Geschwisterinzest durch den geläufigeren Mutter-Sohn-Inzest flankiert und damit in seiner anarchischen, die Heteronormativität provozierenden Qualität abgeschwächt.

68 Mann: Bekenntnisse des Hochstaplers Felix Krull, S. 345.

»Siegmunds fragwürdige, abenteuerliche und unregelmäßige Art von Dasein« (S. 452), seine »ungebundene[ ], widerspenstige[ ] und außerordentliche[ ] Art« (S. 451), sein Bewusstsein von einem »verrufenen Leben«, davon, ein »Brandmal« zu tragen (S. 451, 454) und »von fremder, von hoffnungslos anderer Art als die andern« (S. 451) zu sein – diese und ähnliche allgemein gehaltene auf die Opernhandlung bezogene Formulierungen erlauben es – zusammenfassend gesprochen –, die am Beispiel der jüdischen Familie Aarenhold dargestellten Ausgrenzungsprozesse durch analoge zu ergänzen. Ausgeschlossen ist in der Figur des Siegmund Aarenhold auch der Künstler (im Gewande des Décadent, des Dandy), und – vermittelt über die Schwestern Märit und Sieglind – ist, wie gezeigt, auch die Frau die Ausgegrenzte. In der von Thomas Mann geprägten Trias »Juden, Frauen und Litteraten«[69] werden diese stigmatisierten Außenseiterpositionen zusammengefasst und in ihrem Potenzial erkennbar, ihrerseits Homosexualität als den in einer heteronormativen Gesellschaft am stärksten tabuisierten Bereich, als das Nicht-Sagbare[70] camoufliert zur Sprache zu bringen. Und hier stellt sich als kardinale Frage: Ist es statthaft, jüdisches Schicksal in dieser Weise zu instrumentalisieren, es – auch wenn es durch andere Ausgrenzungsprozesse flankiert wird – in großem Stil zur Camouflage einzusetzen? Anders gewendet: was ist der Anteil der heteronormativ organisierten Kultur daran, zu Zwecken der Sagbarkeit »anrüchiger«[71] exkludierter Lebensformen wie der Homosexualität antisemitische Stereotypen zu verwenden? Ein Blick auf den Erzähler in *Wälsungenblut* soll diese Frage abschließend einer Beantwortung näher bringen.

Der Erzähler kultiviert die Ambivalenz. Einerseits bringt er Jüdisches nur euphemistisch zur Sprache – Herr Aarenhold wird nicht als ›Ostjude‹ eingeführt, sondern ist »im Osten an entlegener Stätte geboren« (S. 434) –, andererseits appelliert er an die Kenntnis des Jüdischen als kulturellen Codes – der Leser muss wissen, was es mit der ›jüdischen Nase‹ auf sich hat. Jüdische Stereotype werden gleich Leitmoti-

---

[69] Vgl. Detering: Juden, Frauen und Litteraten.

[70] Vgl. hierzu die differenzierte Diskussion des Homosexualitätstabus im Verhältnis zum Inzestverbot bei: Butler: Das Unbehagen der Geschlechter, S. 95-104 u. 113-122. Mit Rückgriff auf Foucaults Nachweis des produktiven, generativen Charakters des ›repressiven‹ Gesetzes zeigt sie auf, dass das ›Tabu gegen den Inzest‹ das ›gegen die Homosexualität‹ einschließt und die Heterosexualität hervorbringt. Da das juridische Gesetz gleichzeitig eines des Diskurses ist, trennt es das Sagbare vom Unsagbaren, das Zulässige vom Unzulässigen (S. 104). »[For] heterosexuality to remain intact as a distinct social form, it *requires* an intelligible conception of homosexuality and also requires the prohibition of that conception in rendering it culturally unintelligible«. Judith Butler: *Gender Trouble. Feminism and the Subversion of Identity*, New York / London 1990, S. 77. (Ich zitiere aus dem Original, weil die deutsche Übersetzung hier an entscheidender Stelle [S. 120] falsch ist). Homosexualität ist somit die Konstruktion eines ›Außens‹ des heterosexuellen Diskurses, d. h. dessen, was als ›unmöglich‹, ›undenkbar‹ und ›unsagbar‹ abgewiesen wird und als solche »marginale kulturelle Möglichkeit [...] Schrecken [hervorruft]«. Butler: Das Unbehagen der Geschlechter, S. 121.

[71] Thomas Mann spricht von »außerordentlichen Daseinsformen, die sich, in einem erhabenen oder anrüchigen Sinne von der gemeinen Norm aus[zeichnen]« (Thomas Mann: »Die Lösung der Judenfrage« [1907], in: Ders.: GKFA, Bd. 14.1: *Essays 1893-1914*, hg. u. textkritisch durchges. v. Heinrich Detering, Frankfurt a. M. 2001, S. 174-178, hier: S. 174) bzw. von »außerordentliche[n], aus dem Bürgerlichen fallende[n] melancholisch-romantisch stigmatisierte[n] Lebensformen« (Thomas Mann: »Noch einmal Wälsungenblut [1931]«, in: Ders.: GW, Bd. XI: *Reden und Aufsätze*, Frankfurt a. M. ^{2}1974, S. 557-560, hier: S. 558).

ven in nahezu identischer Formulierung zwei- und mehrmals wiederholt – z. B. ›starker schwarzer Bartwuchs‹ –, was sowohl als Ironisierung eines biologistisch-rassistischen Denkens wie als Emphase im Dienste der Ideologie wahrgenommen werden kann. Der Erzähler sucht dem Vorwurf, antisemitische Vorurteile zu hegen, prophylaktisch entgegenzutreten, indem er deutlich Sympathien für die jüdische Familie der Aarenholds zu erkennen gibt, einerseits für den scharfsinnigen, witzigen, treffsicheren Umgang mit dem Wort, für den beweglichen Geist, andererseits für die – wenn auch ironisierte – kultivierte Lebensart, und nicht zuletzt für das Leistungsethos, das er den alten Aarenhold bekenntnishaft formulieren lässt. Er nähert sich ihnen sogar an, indem er sich einer ähnlich künstlichen Diktion befleißigt wie die Geschwister[72] und im homophilen Blick sogar ein eignes Stigma sehen lässt. Die Negativskizzierungen des Erzählers gelten vor allem den »Germanen«, den artig-dümmlichen, dabei aber gefährlichen Hundings und von Beckeraths, also den hegemonialen Repräsentanten der Normativität. So sehr er Vorurteilsstrukturen durchschaubar macht, beträchtliche psychologische Kenntnisse zu deren Erklärung einsetzt und damit der Diversität, der Anerkennung von Verschiedenartigkeit und deren Genese, das Wort redet, so sehr scheint er doch dem binären Denken im Gegensatz verhaftet, dem Gegensatz von ›wir‹ und den ›Anderen‹, von ›ihrer Art‹ und ›unserer Art‹. Ein Bewusstsein des Erzählers, dass sein eigenes Sprechen ›abwehrbedingt‹ sein könnte und der Öffnung auf Vielfalt bedürfte, wird nicht thematisch. Nur an einer Stelle – uneigentlich als Kommentar zum respektlosen Verhalten der Geschwister gegenüber von Beckerath formuliert – findet sich eine Reflexion in diese Richtung.

> Die Geschwister hatten mundfertig und mit scharfer Zunge gesprochen, scheinbar im Angriff und doch vielleicht nur aus eingeborener Abwehr, verletzend und wahrscheinlich doch nur aus Freude am guten Wort, so daß es pedantisch gewesen wäre, ihnen gram zu sein. Sie ließen seine [von Beckeraths; A. L.-K.] arme Antwort gelten, als fänden sie, daß sie ihm angemessen sei und daß seine Art die Wehr des Witzes nicht nötig habe. (S. 432)

Wenn wir für die Geschwister den Erzähler einsetzen, mutet er uns dann zu, dass wir hinsichtlich seiner »scharfen Zunge« im Gebrauch der Stereotype nicht »pedantisch« sein, sondern die »Freude am guten Wort« in Rechnung stellen sollen sowie vielleicht eine »eingeborene Abwehr«? Setzen wir andererseits den Erzähler als Angehörigen der hegemonialen Klasse und »Art« für von Beckerath ein, erwartet dann der Erzähler, dass wir als Leser seine »arme Antwort gelten« lassen, seine Art so tolerieren wie die Geschwister die »Art« von Beckeraths tolerieren? Da aber die Asymmetrie zwischen der Position von Erzähler/von Beckerath und der der Geschwister nicht umkehrbar ist, würde es damit den Unterlegenen/den Opfern nicht zugemutet, »die Art« der Überlegenen, also der Täter, gelten zu lassen? Erwartet der Erzähler als Angehöriger der »Art«, die »die Wehr des Witzes nicht nötig« hat, von

---

[72] Vgl. z. B. die Wortschöpfung des Erzählers: »mundfertig« (S. 432) statt schlagfertig oder die Art und Weise, wie er Siegmunds Umgang mit dem Parfüm beschreibt: »Er drückte noch den Mund des Parfümfläschchens auf sein Taschentuch, verrieb einen Tropfen in seinen schmalen und roten Händen [...]« (S. 447).

denen, die sie nötig haben, auch noch, dass diese jene akzeptieren, also die Verhältnisse stabilisieren, d. h. den Assimilationsdruck legitimieren? Ist es nicht eine Ungeheuerlichkeit, die Unterlegenen hypothetisch – qua Sprach- und Formulierungsexzellenz – in eine Position hinein zu manövrieren, in der sie sich als besonders Ausgezeichnete, Überlegene erfahren, sodass sie dem Anderen, von dem sie gleichwohl abhängig bleiben, eine »arme Antwort« attestieren und scheinbar über die Frage der ›Angemessenheit‹ entscheiden dürfen?

Die Crux der Passage besteht des Weiteren darin, dass der Erzähler nicht unterscheidet zwischen der »Wehr des Witzes« als »Notwehr« (S. 438), als ›Waffe‹ und ›Rüstzeug‹,[73] als einem im Lebensprozess erworbenen und daher wie auch immer verursachten und erklärbaren Verhalten, und dieser »Wehr« als »eingeborener Abwehr« (S. 432). Handelt es sich um ein triebhaftes Geschehen[74] oder um traumatisch bedingtes bzw. erlerntes Verhalten? Der Erzähler scheint den ›Trieb‹ gekoppelt an ›die Art‹, d. h. das Angeborene und das Naturgegebene, zu bevorzugen. Damit steht er noch diesseits der Erkenntnis, dass Rassismen auf nur historisch bedingten und hegemonial durchgesetzten konstruierten Unterscheidungen beruhen, und wir haben Grund, den Erzähler des Rassismus zu zeihen: »Rassistische Argumentationen [gehen] [...] von einer grundsätzlichen Unvereinbarkeit von Kulturen aus. Die konstruierte Differenz folgt dem Muster einer asymmetrischen Bezeichnungspraxis, eine als *naturgegeben* behauptete Differenz stützt den Herrschaftsanspruch«[75].

Der Text macht den Rassismus seines Erzählers erkennbar. Was hat das für Konsequenzen für die Camouflage-Struktur des Textes hinsichtlich der Homosexualität? Das Jüdische wird instrumentalisiert zu Maskierungszwecken eines nichtjüdischen Autors, der sich als Philosemit[76] bezeichnet, gleichwohl aber das Jüdische zum Gegenstand eines Zweck-Mittel-Verhältnisses macht. Wenn es auch in Beziehung gesetzt wird zu analogen Ausgrenzungsprozessen und -strategien, steht das Jüdische doch im Mittelpunkt einer ganzen Geschichte, die aber, reduziert zum Nur-Oberflächentext, zu wenig an Problemdurchdringung und vor allem zu wenig an Empathie erkennen lässt.[77] Es genügt nicht, die Diskriminierungen der Erzählerfigur anzulasten. Der zu Recht thematisierten Verachtung/Selbstverachtung bei den jüdischen Figuren steht zu wenig an Achtung seitens des Erzählers/des Textes gegenüber. Vielleicht ist es das, was den Text ›unrettbar‹ macht?

---

[73] Vgl. die Waffenmetaphorik auf: S. 438 und 442.

[74] Vgl. auch: S. 442, wo das Streben »nach dem Wort und dem Geist als nach einem Rüstzeug« auf Grund eines »tiefe[n] Trieb[es]« erfolgt.

[75] Winker / Degele: Intersektionalität, S. 56 (Hervorh. A. L.-K.).

[76] Mann: Die Lösung der Judenfrage, S. 459.

[77] Wenn Thomas Mann davon spricht, dass er als junger Autor versessen gewesen sei auf »die dichterische Erkundung und liebevoll-ironische Analyse außerordentlicher [...] melancholisch-romantisch stigmatisierter Lebensformen«, dann ist es gerade das Liebevolle, was man in der Novelle vermisst. Mann: Noch einmal Wälsungenblut, S. 558.

Literaturverzeichnis

Anderson, Mark M.: »Mann's early novellas«, in: Robertson, Ritchie (Hg.): *The Cambridge Companion to Thomas Mann*, Cambridge 2002, S. 84-94.

Böhm, Karl W.: *Zwischen Selbstzucht und Verlangen. Thomas Mann und das Stigma der Homosexualität. Untersuchungen zu Frühwerk und Jugend*, Würzburg 1991.

Butler, Judith: *Gender trouble. Feminism and the subversion of identity*, London 1990.

Butler, Judith: *Das Unbehagen der Geschlechter* [1990]. Aus dem Amerikanischen von Kathrina Menke, Frankfurt a. M. 1991.

Detering, Heinrich: *Das offene Geheimnis. Zur literarischen Produktivität eines Tabus*, Göttingen 1994.

Detering, Heinrich: *Juden, Frauen, Litteraten. Zu einer Denkfigur beim jungen Thomas Mann*, Frankfurt a. M. 2005.

Elsaghe, Yahya A.: *Die imaginäre Nation. Thomas Mann und das »Deutsche«*, München 2000.

Elsaghe, Yahya A.: *Thomas Mann und die kleinen Unterschiede. Zur erzählerischen Imagination des Anderen*, Köln 2004.

Emig, Christine: »›Wagner in verjüngten Proportionen...‹ *Wälsungenblut* als epische Wagner-Transkription«, in: *Thomas-Mann-Jahrbuch* 7 (1994), S. 169-185.

Emig, Christine: *Arbeit am Inzest. Richard Wagner und Thomas Mann*, Bern u. a. 1998.

Gremler, Claudia: *»Fern im dänischen Norden ein Bruder«. Thomas Mann und Herman Bang. Eine literarische Spurensuche*, Göttingen 2003.

Hake, Thomas: »Theaterwelt und ›tiefes Reich‹. Beobachtungen zur Erzähl- und Bedeutungsstruktur von Thomas Manns Novelle *Wälsungenblut*«, in: *Literatur in Wissenschaft und Unterricht* 24 (1991), S. 287-305.

Klüger, Ruth: »Thomas Manns jüdische Gestalten«, in: Dies.: *Katastrophen. Über deutsche Literatur*, Göttingen 1994, S. 39-58.

Kohns, Oliver: »Die Verhandlung der Moderne in Thomas Manns *Wälsungenblut*«, in: Börnchen, Stefan / Liebrand, Claudia (Hg.): *Apokrypher Avangardismus. Thomas Mann und die klassische Moderne*, München 2008, S. 161-186.

Kontje, Todd: »Der verheiratete Künstler und die ›Judenfrage‹. *Wälsungenblut* und *Königliche Hoheit* als symbolische Autobiographie«, in: *Die Erfindung des Schriftstellers Thomas Mann,* hg. v. Michael Ansel, Berlin u. a. 2009, S. 387-410.

Kraske, Bernd M.: »Thomas Manns *Wälsungenblut* – eine antisemitische Novelle?«, in: *Thomas Mann. Erzählungen und Novellen,* hg. v. Rudolf Wolff, Bonn 1984, S. 42-66.

Mann, Thomas: »Wälsungsblut«, in: Ders.: *Große kommentierte Frankfurter Ausgabe. Werke – Briefe – Tagebüche*, Bd. 2.1: *Frühe Erzählungen 1893–1912 [Text],* hg. v. Terence J. Reed unter Mitarbeit von Malte Herwig, Frankfurt a. M. 2004, S. 429-463.

Mann, Thomas: »Wälsungsblut«, in: Ders.: GKFA, Bd. 2.2: *Frühe Erzählungen 1893–1912 [Kommentar]*, S. 315-341.

Mann, Thomas: »Die Lösung der Judenfrage« [1907], in: Ders.: GKFA, Bd. 14.1: *Essays 1893-1914*, hg. u. textkritisch durchges. v. Heinrich Detering, Frankfurt a. M. 2001, S. 174-178.

Mann, Thomas: »Chamisso« [1911], in: Ders.: GKFA, Bd. 14.1: *Essays 1893-1914*, S. 305-330.

Mann, Thomas: »Zur jüdischen Frage« [1921], in: Ders: GKFA, Bd. 15.1: *Essays 1914-1926*, hg. und textkritisch durchges. v. Hermann Kurzke, Frankfurt a. M. 2002, S. 427-438.

Mann, Thomas: *Bekenntnisse des Hochstaplers Felix Krull. Der Memoiren erster Teil* (1954), in: Ders.: *Gesammelte Werke in dreizehn Bänden*, Bd. VII, S. 265-661.

Mann, Thomas: »Noch einmal ›Wälsungenblut‹ [1931]«, in: Ders.: GW, Bd. XI: *Reden und Aufsätze*, Frankfurt a. M. ²1974, S. 557-560.

Mann, Thomas [1921]: *Waelsungenblut*, mit den Ill. von Th. Th. Heine, Frankfurt a. M. 1976.

Naguschewski, Dirk: »Arabische Jungen/junge Araber. Mit Cadinot auf den Spuren Gides«, in: Härle, Gerhard / Popp, Wolfgang / Runte, Annette (Hg.): *Ikonen des Begehrens. Bildsprachen der männlichen und weiblichen Homosexualität in Literatur und Kunst*, Stuttgart 1997, S. 217-248.

Pringsheim, Klaus: »Ein Nachtrag zu *Wälsungenblut*«, in: *Betrachtungen und Überblicke. Zum Werk Thomas Manns*, hg. v. Georg Wenzel, Berlin / Weimar 1966, S. 253-268.

Roggenkamp, Viola: *Erika Mann. Eine jüdische Tochter. Über Erlesenes und Verleugnetes in der Familie Mann-Pringsheim*, Zürich / Hamburg 2005.

Seitz, Gabriele: *Film als Rezeptionsform von Literatur. Zum Problem der Verfilmung von Thomas Manns Erzählungen »Tonio Kröger«, »Wälsungenblut« und »Der Tod in Venedig«*, München 1979.

Vaget, Hans Rudolf: »*Sang réservé* in Deutschland. Zur Rezeption von Thomas Manns *Wälsungenblut*«, in: *German Quarterly* 57 (1984), S. 367-376.

Vaget, Hans Rudolf: »›Von hoffnungslos anderer Art.‹ Thomas Manns *Wälsungenblut* im Lichte unserer Erfahrung«, in: *Thomas-Mann-Studien* 30 (2004), S. 35-57.

Wallinger, Sylvia: »›Und es war kalt in dem silbernen Kerzensaal, wie in dem der Schneekönigin, wo die Herzen der Kinder erstarren.‹ Gesundete Männlichkeit – gezähmte Weiblichkeit in Thomas Manns *Königliche Hoheit* und *Wälsungenblut*«, in: Wallinger, Sylvia / Jonas, Monika (Hg.): *Der Widerspenstigen Zähmung. Studien zur bezwungenen Weiblichkeit in Literatur vom Mittelalter bis zur Gegenwart*, Innsbruck 1986, S. 235-257.

Weininger, Otto [1903]: *Geschlecht und Charakter. Eine prinzipielle Untersuchung*, München 1980.

Winker, Gabriele / Nina Degele: *Intersektionalität. Zur Analyse sozialer Ungleichheiten*, Bielefeld 2009.

Luca Crescenzi

WER IST DER ERZÄHLER DES *ZAUBERBERG*?

Und was weiß er eigentlich von Hans Castorp?

Thomas Mann hat immer wieder darauf hingewiesen, dass *Der Zauberberg* ein »hermetischer Roman« sei. Diesen Aspekt, der ein breites Echo in der Forschung gefunden hat, betonte er auch in der Einführung für die Studenten der Universität Princeton. In der Folge versuchte man wiederholt, diesen recht dunkeln Hinweis zu enträtseln. Dabei erschien es naheliegend, vom Gespräch zwischen Naphta und Settembrini über Hermes auszugehen und von hier aus die komplexen Verwandlungen des hermetischen Motivs im Roman zu verfolgen. Diese Untersuchungen führten oft zu tiefschürfenden Interpretationen.[1] Nur ein Aspekt des Problems scheint mir noch einer Erklärung bedürftig.

Thomas Mann entnimmt die Argumente zum hermetischen Gespräch im Roman einer oft benutzten Quelle: dem neunten Band von Meyers Konversations-Lexikon, wahrscheinlich seiner fünften Auflage von 1905-1909. Settembrinis und Naphtas Behauptungen fußen hauptsächlich auf zwei Artikeln, nämlich jenem zu »Hermes« bzw. zu »Hermes Trismegistos«. Die meisten und wichtigsten der hier angeführten Eigenschaften des Gottes werden von den zwei Pädagogen erwähnt.[2] Merkwürdigerweise erwähnt aber keiner der beiden eine spezifische und in der Perspektive der Romanhandlung wichtige Identität des Gottes, zu der es im Lexikon heißt:

> Auch als Gott des Schlafes und der Träume galt er, der durch Berührung mit seinem Stabe die Augen schließt und öffnet.[3]

Das ist deshalb erwähnenswert, weil die Träume im Roman eine entscheidende Rolle spielen. Schon in der ersten Nacht auf dem »Berghof« hat Hans Castorp die prophetische Traum-Vision des toten Joachim Ziemssen; ein Traum enthüllt ihm die verborgene Identität von Clawdia Chauchat; träumend entdeckt er auf seinem Balkon das Geheimnis des Lebens in der Form einer riesenhaften Frauengestalt; und im Schneetraum kommt der Roman schließlich zu einem entscheidenden Wendepunkt.

---

[1] Vgl. Walter Jens: »Der Gott der Diebe und sein Dichter. Ein Versuch über Thomas Manns Verhältnis zur Antike«, in: Bruno Snell / Ulrich Fleischer (Hg.): *Antike und Abendland*, Berlin / New York 1956, S. 139-153; Helmut Koopmann: »Die Kategorie des Hermetischen in Thomas Manns Roman *Der Zauberberg*«, in: *Zeitschrift für deutsche Philologie* 80 (1961), S. 404–422.

[2] Eine genaue Darstellung der Korrespondenzen in meinem Kommentar zur italienischen Ausgabe des *Zauberberg*: Thomas Mann: *La montagna magica*, übers. von Renata Colorni, hg. von Luca Crescenzi, Milano 2010, S. 1228.

[3] Meyers Großes Konversations-Lexikon. *Ein Nachschlagewerk des allgemeinen Wissens*, Leipzig / Wien [6]1905, Bd. 9, S. 220.

Schon die Eigenschaft des Hermes als Gott der Träume könnte also die Bezeichnung »hermetischer Roman« rechtfertigen.

Man kann aber noch weiter gehen und zumindest hypothetisch annehmen, dass die Bezeichnung »hermetisch« auf eine noch tiefere und träumerische Dimension des Romans verweist. In diesem Sinn kommt einer Lektüre Thomas Manns eine ganz besondere Bedeutung zu: *Die Philosophie der Mystik* von Carl du Prel, deren Erstausgabe 1885 erschienen war und Thomas Mann auch in der zweiten Auflage von 1910 bekannt sein konnte. Dieses Buch war zweifellos auch für Sigmund Freud von Bedeutung, der 1914 in einer Anmerkung zur dritten Auflage der *Traumdeutung* darauf hinwies: »Der geistreiche Mystiker Du Prel, einer der wenigen Autoren, denen ich die Vernachlässigung in früheren Auflagen dieses Buches abbitten möchte, äußert, nicht das Wachen, sondern der Traum sei die Pforte zur Methaphysik, soweit sie den Menschen betrifft«.[4] Das ist eine synthetische Zusammenfassung von du Prels Denken, die sich eindeutig auf die *Philosophie der Mystik* bezieht (von der sich übrigens ein Exemplar in Freuds Bibliothek befindet). Aber was hat die *Philosophie der Mystik* mit dem *Zauberberg* zu tun?
Thomas Mann vermerkt 1919 im Tagebuch:

> Las nach dem Abendessen in Du Prels Philosophie der Mystik; auf Grund der schopenhauerisch-kantischen Ideen über die transcendentale und sinnliche, intelligible und empirische Natur des Menschen neue Aufregung zur Behauptung eines ethischen Individualismus gegen die Tugendpachtung der Aktivisten und eudämonistischen Revolutionäre.[5]

Aufgrund dieser Tagebuch-Notiz ist du Prels *Philosophie der Mystik* als ›Quelle‹ zum *Zauberberg* erkannt worden. Michael Neumann hat in seinem Kommentar zum Roman alle wörtlichen Übernahmen aus dem Werk präzis ausfindig gemacht.[6] Keines der identifizierten Zitate erklärt jedoch Thomas Manns Tagebucheintrag. Was verbindet einige aus du Prels Werk stammende kuriose Anekdoten, etwa über den erhöhten Zeitsinn des Opiumrauchers[7] oder über ein zwölfjähriges Mädchen, das dreizehn Jahre lang schlief, um als reife Frau wieder aufzuwachen (S. 821), mit den »schopenhauerisch-kantischen Ideen«, mit der »transcendentalen« und »sinnlichen« Natur des Menschen, für die sich Thomas Mann bei der Lektüre der *Philosophie der Mystik* offenbar interessiert hat?

Geht man dieser Frage nach, so erweist sich du Prels Buch nicht einfach als ›Quelle‹ zum *Zauberberg*, sondern als eine äußerst anregende Lektüre, mit der sich Thomas Mann während der Konzeption des Romans produktiv auseinandergesetzt hat. Hauptanliegen du Prels ist es, zu zeigen, dass der Mensch »ein Doppelwesen

---

[4] Sigmund Freud: *Die Traumdeutung*, in: Ders.: *Gesammelte Werke*, hg. von Anna Freud u. a., Frankfurt a. M. 1999, Bd. 2/3, S. 66.

[5] Thomas Mann: *Tagebücher 1918-1921*, hg. von Peter de Mendelssohn, Frankfurt a. M. 1974, S. 215.

[6] Vgl. Thomas Mann: *Der Zauberberg*, Kommentar von Michael Neumann, in Ders.: *Große kommentierte Frankfurter Ausgabe. Werke – Briefe – Tagebücher*, hg. von Heinrich Detering u. a., Frankfurt a. M. 2002, Bd. 5.2, S. 176, 321 u. 349 f.

[7] Thomas Mann: *Der Zauberberg. Roman*, in: GKFA, Bd. 5.1, Frankfurt a. M. 2002, S. 817. Dieser Band wird künftig im fortlaufenden Text mit einfacher Seitenzahl nachgewiesen.

ist«[8], das zwei simultan existierende Naturen besitzt, eine empirische und eine transzendentale; diese zweite Natur bleibt aber dem wachenden Bewusstsein verborgen und gibt sich nur im Traum zu erkennen. »Wenn die eigentliche Traumwelt [...] heraufsteigt, wenn das Gehirnleben zum Schweigen gebracht ist«,[9] so geschieht nach du Prel »ein innerliches Erwachen«[10], und eine zweite, in uns verborgene Natur kommt zur Erscheinung. Das mag vielleicht sehr abstrakt klingen. Du Prel geht es aber um nichts anderes als eine individualistische Bestimmung des Unbewussten, und dies lässt die Linie, die ihn mit der Psychoanalyse Sigmund Freuds verbindet, klar erkennen: schon für du Prel ist das Unbewusste keine Weltseele (wie etwa bei Eduard von Hartmann), sondern ist im einzelnen Menschen und im individuellen Traum zu entdecken.

Wie manifestiert sich aber das unbewusste, transzendentale Ich des Menschen im Traum? Zum Beispiel in den Gesprächen, von denen man träumt und in denen die zwei Subjekte eines einzigen Individuums zu einer dramatisch-dialektischen Konfrontation kommen. Oder im Somnambulismus, denn in diesem Zustand formulieren die Somnambulen selbst Fragen und Antworten, auch wenn sie davon überzeugt sind, eine andere Person vor sich zu sehen. Du Prels eigentliches Ziel ist es, »die subjektive Grundlage aller Mystik«[11] zu bestimmen; er entwickelt aber auf diesem Weg eine Theorie des Unbewussten, die tiefe Spuren bei Freud hinterlässt und auch für Thomas Manns *Zauberberg* nicht unwichtig ist.

Am wichtigsten für Thomas Mann ist du Prels Beschreibung der dramatischen Spaltung des Ich im Traum, denn auf dieser Basis gründen entscheidende Momente des Romans. An anderer Stelle habe ich darauf hingewiesen, dass die ganze »Walpurgisnacht« als eine somnambule Phantasie im Sinne du Prels interpretiert werden kann.[12] Hier kann ich die Szene natürlich nicht in allen Einzelheiten analysieren und werde mich deshalb auf eine verkürzte Erklärung meiner These begrenzen. Einige ziemlich unerklärliche Ereignisse der Walpurgisnacht sind in diesem Sinn hervorzuheben.

1) Hans Castorp duzt Settembrini und Clawdia Chauchat gegen ihren Willen. Angeblich tut er es ganz einfach deshalb, weil diese Umgangsform im Karneval erlaubt ist. Nur gibt Castorp Herrn Settembrini an anderer Stelle eine andere Erklärung dafür: »ich sage einfach ›Du‹ zu dir, das genügt. Du bist nicht irgend ein Mensch mit einem Namen, du bist ein Vertreter, Herr Settembrini, ein Vertreter hierorts und an meiner Seite« (S. 499). Was soll das heißen?

2) Bekanntlich wiederholt sich dann die Schulhof-Szene mit Hippe auch mit Clawdia Chauchat. Die perfekte Wiederholung widerspricht aber jeder Wahrscheinlichkeit. Wie ist diese Szene zu verstehen?

3) Hans Castorp spricht mit Clawdia französisch, eine Sprache, die er nicht (oder nicht mehr) beherrscht. Das hat man schon im Unterkapitel *Er versucht sich in französischer Konversation* feststellen können. Wie ist das möglich?

---

[8] Carl du Prel: *Die Philosophie der Mystik*, Leipzig 1885, S. 62.
[9] Ebd.
[10] Ebd., S. 100.
[11] Ebd., S. VII.
[12] Luca Crescenzi: »Traummystik und Romantik. Eine Vision im ›Zauberberg‹«, erscheint in: *Thomas-Mann-Jahrbuch* 24 (2011).

Damit sind sicher nicht alle rätselhaften Aspekte des Faschingsabends bezeichnet, doch immerhin eine repräsentative Auswahl. Und sie lassen sich erklären, wenn man davon ausgeht, dass die Walpurgisnacht-Szene im Lichte von du Prels Theorie des Somnambulismus zu interpretieren ist. Ein winziges Detail erlaubt es, diese Hypothese als nicht unbegründet zu betrachten. In der Tat beginnt Hans Castorp, sich kurios zu benehmen, nachdem er auf Betreiben von Rechtsanwalt Einhuf ein Gemisch aus Sekt und Burgunder getrunken hat (S. 499). Es wäre nun naheliegend, sein Benehmen als Folge seiner Betrunkenheit aufzufassen. Bei du Prel findet sich aber eine ganz andere Erklärung: ein dem Somnambulismus ganz und gar zu vergleichender Zustand entsteht »unter dem Einflusse verschiedener chemischer Substanzen, z. B. im Hexenwesen«.[13] Hat etwa die alkoholische Mischung aus Sekt und Burgunder bei Hans Castorp nicht Betrunkenheit, sondern eine Art von somnambulem Zustand hervorgerufen? Und was das bei du Prel erwähnte »Hexenwesen« betrifft: immerhin befinden wir uns in einer »Walpurgisnacht«.

Auch die Tatsache, dass Hans Castorp Settembrini und Clawdia duzt, führt zu du Prels Auffassung des Somnambulismus zurück. Denn im Somnambulismus erhält dieser Anschauung nach die »Zweieinigkeit« des Ich – die sich schon im dramatischen Traum manifestiert – ihre größte Evidenz. In diesem Zustand, in dem das dramatische Träumen gesteigert wird, formulieren die Somnambulen selbst die Fragen und Antworten ihrer Traumgespräche. Indem sie aber einen dramatisierten Monolog entwickeln, sind sie davon überzeugt, eine andere Person vor sich zu sehen. Dabei reden sie sich, so du Prel, mit ›du‹ an, »als handle es sich um eine andere Person ihres Subjekts«[14]. Dass der »Vertreter« Settembrini eine solche »andere Person« von Hans Castorps Subjekt sein kann, leuchtet ein.

Wenn aber alle Ereignisse der Walpurgisnacht geträumt und nicht erlebt sind, versteht man natürlich auch, dass sich die Schulhof-Szene mit Hippe mit Clawdia Chauchat wiederholen kann. Das ist eigentlich schon einmal im Traum geschehen (im zweiten Traum der ersten Nacht Hans Castorps am »Berghof« (S. 140)); es verwundert also nicht, dass diese aus dem Unbewussten aufsteigende Szene sich immer wieder identisch im Walpurgisnacht-Traum des Somnambulen Hans Castorp wiederholen kann.

Dazu kommt noch, dass Hans Castorp selbst französisch spricht. Auch das kann durch du Prel erklärt werden und zwar im Lichte jenes Kapitels der Philosophie der Mystik, das dem besonderen Erinnerungsvermögen des Schlafenden gewidmet ist. Du Prels Hauptthese lautet in ihrer synthetischsten Formulierung wie folgt: »Wir besitzen [...] im Wachen ein latentes Gedächtnis, dessen Inhalt sich im Traume teilweise hervorkehrt, oft mit, oft ohne Erinnerung«.[15] Der Schlaf als solcher kann aber »das Gedächtnis nicht steigern«;[16] er ist nur »die Gelegenheitsursache«, welche die Gedächtnissteigerung bedingt. Von solchen das Gedächtnis steigernden »Gelegenheitsursachen« gibt es noch andere. Sehr gesteigert z. B. »zeigt sich das Gedächtnis oft in Fieberdelirien«. Hier listet du Prel Fälle auf, die in unserem Kontext erhellend sind:

[13] du Prel: Philosophie der Mystik, S. 141.
[14] Ebd., S. 113.
[15] Ebd., S. 305.
[16] Ebd., S. 308.

> Coleridge erwähnt ein Dienstmädchen, das im Fieberdelirium lange Stellen in hebräischer Sprache rezitierte, die es nicht verstand, in gesunden Tagen nicht wiederholen konnte, und die es früher, als es bei einem Geistlichen wohnte, von diesem laut vortragen gehört hatte. [...] Ein Rostocker Bauer rezitierte im Fieber plötzlich die vor 60 Jahren zufällig vernommenen griechischen Worte des Johannesevangeliums, und Benecke erwähnt eine Bäuerin, welche im Fieber syrische, chaldäische und hebräische Worte aussprach, die sie als kleines Mädchen in der Wohnung eines Gelehrten zufällig gehört hatte.[17]

Dies wirft vielleicht ein wenig Licht auf Hans Castorps plötzliche französische Sprachkompetenz. In der Walpurgisnacht des Faschings am »Berghof« schläft er den Schlaf des Somnambulen. Plötzlich steht vor ihm Clawdia Chauchat. Hans Castorp ist sicherlich durch die Liebe gereizt und durch Krokowski ist der Leser inzwischen informiert worden, dass die Krankheit eine Erscheinung der verdrängten Liebe ist. Er fällt also in ein Fieber- und d. h. Liebesdelirium, das durch die Anwesenheit der Russin verursacht wird. Sein Gedächtnis, durch den Reiz gesteigert, lässt ihn eine Sprache neu beherrschen, die er in gesunden Momenten kaum kann und fast vergessen zu haben scheint. Wenn man hinzufügt, dass du Prel den Schlaf mit dem Fieberdelirium assoziiert, weil beiden Zuständen das Schwinden des normalen Bewusstseins und das Auftreten des »transcendentalen Bewusstseins« gemein ist, so versteht man auch die Logik, nach der Thomas Mann sein französisches Gespräch in den Roman eingefügt hat: in seinem somnambulen Zustand muss Hans Castorp französisch sprechen, weil dies das Zeichen für sein im Schlaf sich ereignendes Fieberdelirium ist.

Der berühmte »dialogue au bord du lit«[18] mit Clawdia Chauchat wäre also nur ein Traum? So scheint es zu sein. Hans Castorp betont das bekanntlich mehrmals im Laufe des Gesprächs. Zum Beispiel am Anfang:

> Das ist für mich wie ein Traum, mußt du wissen, dass wir so sitzen, – *comme un rêve singulièrement profond, car il faut dormir trés profondément pour rêver comme cela ... Je veux dire: C'est un rêve bien connu, rêvé de tout temps, long, éternel, oui, être assis prés de toi comme à présent, voilà l'éternité....* (S. 510)

Wenn es aber so schwierig ist, zu entscheiden, was im *Zauberberg* wahr und was geträumt ist, so könnte man auch eine gewagte Hypothese formulieren: dass der ganze Roman ein Traum Hans Castorps sei. An Indizien dafür fehlt es nicht, weder an großen, noch an kleinen: so erklingt etwa im Roman ab und zu Felix Mendelssohns Hochzeitsmarsch aus dem *Sommernachtstraum* (S. 130, 170, 318), einmal versucht Hans Castorp Settembrini gegenüber, den eigenen Zustand mit einer Frage zu beschreiben: »Kennen Sie das, wenn man träumt und weiß, dass man träumt und zu erwachen sucht und nicht aufwachen kann?« (S. 132) Und zu Recht hat Manfred Dierks bereits vor einigen Jahren darauf hingewiesen, dass die Aufhebung der Zeit im Roman der psychoanalytischen Auffassung der Zeitlosigkeit des Unbewussten

[17] Ebd., S. 308 f.
[18] Thomas Mann: Tagebücher 1918-1921, S. 515.

entspricht.[19] Die These, dass der ganze *Zauberberg* ein einziger Traum von Hans Castorp ist, braucht aber einschlägigere Beweise. Ein solcher kann m. E. in einer Stelle von Nietzsches *Götzen-Dämmerung* gefunden werden. Es handelt sich um den vierten Paragraphen (*Irrtum der imaginären Ursachen*) aus dem Kapitel *Die vier grossen Irrtümer*. Hier heißt es:

> Vom Traume auszugehn: einer bestimmten Empfindung, zum Beispiel infolge eines fernen Kanonenschusses, wird nachträglich eine Ursache untergeschoben (oft ein ganzer kleiner Roman, in dem gerade der Träumende die Hauptperson ist). Die Empfindung dauert inzwischen fort, in einer Art von Resonanz: sie wartet gleichsam, bis der Ursachentrieb ihr erlaubt, in den Vordergrund zu treten – nunmehr nicht mehr als Zufall, sondern als »Sinn«. Der Kanonenschuß tritt in einer *kausalen* Weise auf, in einer anscheinenden Umkehrung der Zeit. Das Spätere, die Motivierung, wird zuerst erlebt, oft mit hundert Einzelheiten, die wie im Blitz vorübergehn, der Schuß *folgt*... Was ist geschehen? Die Vorstellungen, welche ein gewisses Befinden *erzeugte*, wurden als Ursache desselben mißverstanden.[20]

Mir scheint, dass die Übereinstimmungen zwischen dieser Stelle aus der *Götzen-Dämmerung* und dem Schluss des *Zauberberg* kaum zufällig sein können. Der Kanonenschuss – oder der Donnerschlag, mit dem der *Zauberberg* endet – als Ursache eines Traums, der zum Roman wird, von dem der Träumende die Hauptfigur ist; die hundert Einzelheiten, in denen der Traum geträumt wird (und die eine offensichtliche Korrespondenz im Versprechen einer ausführlichen, genauen und gründlichen Erzählung finden, den der *Vorsatz* des *Zauberberg* programmatisch ankündigt); die Differenz zwischen der erlebten und der geträumten – bzw. der erzählten – Zeit, die im Exkurs über den Zeitsinn thematisiert wird. Auch die Verwechslung der Ursachen mit den Folgen ist für unsere These wichtig, denn sie kann erklären, warum Thomas Mann so oft auf der Notwendigkeit einer zweimaligen Lektüre des *Zauberberg* bestanden hat: ist es tatsächlich so, dass die ganze Geschichte ein Traum des Soldaten Hans Castorp ist, so wird sich der Leser erst im Nachhinein bewusst, dass das Erlebte eigentlich ein Geträumtes war, und dass der Krieg die Ursache, nicht die Folge des Traums war.

Der eigentliche Beweis dafür findet sich an einer berühmten Stelle aus Thomas Manns *Joseph*-Konferenz von 1942, in der eindeutig auf Nietzsches oben zitierte Gedanken über Traum und falsche Ursachen rekurriert wird. Hier heißt es:

> Die Traum-Psychologie kennt die Erscheinung, daß der äußere Anlaß, der den Traum auslöst, ein fallender Schuß etwa, den der Schläfer hört, in Umkehrung der Kausalität begründet wird durch einen langen und komplizierten Traum, der mit dem Schusse – und mit dem Erwachen – endet, während in Wirklichkeit der Choc am Anfang der ganzen Traummotivierung stand. So steht, der dichterischen Chronologie nach, der Donnerschlag des Kriegsausbruchs von

[19] Manfred Dierks: »Doktor Krokowski und die Seinen. Psychoanalyse und Parapsychologie in Thomas Manns *Zauberberg*«, in: *Das »Zauberberg«-Symposium 1994 in Davos*, hg. von Thomas Sprecher, Frankfurt a. M. 1995, S. 188.

[20] Friedrich Nietzsche: »Götzen-Dämmerung«, in: Ders.: *Sämtliche Werke – Kritische Studienausgabe*, hg. von Giorgio Colli und Mazzino Montinari, Berlin / New York 1980, Bd. 6, S. 92.

> 1914 am Ende des Zauberberg-Romans, in Wahrheit aber hatte er an seinem Anfang gestanden und alle seine Träume hervorgerufen.[21]

Thomas Mann selbst hat also, natürlich auf seine Weise, indirekt und mit einem schwer zu erschließenden Wink, auf die Beziehung zwischen der zitierten Stelle aus der *Götzen-Dämmerung* und der Konzeption des *Zauberberg* hingewiesen. Wenn dem aber so ist, dann hat dieser Wink keinen anderen Sinn als die Bestimmung der Geschichte von Hans Castorp als Traum und des *Zauberberg* als Traum-Roman. Und dies führt uns endlich zum Verhältnis zwischen dem Erzähler und der Hauptfigur des *Zauberberg*.

Denn ist der Roman die Chronik eines einzigen Traums, so lässt sich fragen, welcher Erzähler imstande wäre, diesen Traum so präzis darzustellen. Man könnte vermuten, Thomas Mann habe den Eindruck eines realen Abenteuers geben wollen, indem er den Traum aus der Perspektive des realistischsten aller Erzähler habe erzählen lassen, nämlich aus der eines allwissenden Erzählers. Das wäre natürlich problematisch, fast widersprüchlich, gleichzeitig aber extrem raffiniert in der Perspektive eines Romans, der die Ironie zum eigentlichen Prinzip der Erzählung erhebt.

Gegen diese Vermutung stößt aber eine andere Evidenz. Wie Elisabeth Galvan in ihren Studien zum *Tod in Venedig* gezeigt hat, weiß hier der vermeintlich allwissende Erzähler keineswegs *alles*; die Erzählperspektive verschiebt sich immer wieder, wobei z. B. die Erscheinungen Tadzios immer nur aus der Optik Aschenbachs dargestellt werden. Die Gedanken Aschenbachs werden höchst raffiniert in die Erzählung aufgenommen und bestimmen über weite Strecken hin Perspektive und Inhalt der Geschichte, die somit von einem rein subjektiven Gesichtspunkt aus erzählt wird.[22]

Etwas Ähnliches, könnte man sagen, geschieht in großem Stil im *Zauberberg*. Denn ist der ganze Roman ein Traum von Hans Castorp, so ist der scheinbar allwissende Erzähler eigentlich ein allwissender Traumchronist, d. h. er ist im Traum von Hans Castorp zu Hause. Das klingt unwahrscheinlich oder – romantisch, denn nur die Romantik hatte Erzählungen hervorgebracht, in der sich die scheinbar objektiv dargestellte Welt als Produkt der Einbildungskraft eines Phantasten erwies, z. B. in Tiecks *Der blonde Eckbert*. Man könnte deshalb im *Zauberberg* auch den Versuch sehen, den romantischen Roman zu erneuern. Das ist aber in unserem Kontext nicht so wichtig. Ausschlaggebend ist, dass die Romantik für Thomas Mann eine wichtige Erbschaft hinterlassen hat, und dass dieses Erbe in der modernen Psychoanalyse seine letztgültige Form angenommen hat. Ist also der *Zauberberg* als moderner romantischer Traumroman zu lesen, so muss er notwendigerweise bei der Gestaltung seines Inhalts auf die Entdeckungen der Psychoanalyse rekurrieren. Es muss also ein

---

[21] Thomas Mann: »Joseph und seine Brüder«, in: Ders.: *Gesammelte Werke in dreizehn Bänden*, Frankfurt a. M. [2]1974, Bd. XI, S. 654-669, hier: S. 657.

[22] Elisabeth Galvan: »Aschenbachs letztes Werk. Thomas Manns *Tod in Venedig* und Gabriele d'Annunzios *Il Fuoco*«, in: *Thomas-Mann-Jahrbuch* 20 (2007), S. 261-285, hier S. 279 f.; Dies.: »Immagine Suono Parola. L'opera d'arte totale di Aschenbach«, in: Thomas Mann: *La morte a Venezia*, übers. und hg. von Elisabeth Galvan, Venezia / Marsilio 2009, S. 9-36; dies.: »Der Kleiderschrank und seine Folgen«, erscheint in: *Thomas-Mann-Jahrbuch* 24 (2011).

aus psychoanalytischer Perspektive glaubwürdiger Erzähler für den langen Traum Hans Castorps gefunden werden. Und dafür ist die Entdeckung du Prels für Thomas Mann von großer Bedeutung. Denn ist der Erzähler von Hans Castorps Traum im Traum selbst, wie gesagt, zu Hause, so kann er nur mit Hans Castorps Unbewusstem identisch sein. Wie könnte er sonst einen Traum so ausführlich kennen und darstellen? Doch der Erzähler im *Zauberberg* kann noch mehr als den Traum selbst darstellen. Er erzählt selbst dann noch, als Hans Castorps Traum zu Ende ist und der Romanheld sich nach dem Erwachen auf dem Schlachtfeld befindet. Wie ist das möglich?

Es ist nur dann möglich, wenn man davon ausgeht, dass Thomas Mann du Prels Auffassung des dramatischen Traums für seinen Roman verwertet hat. Wie bereits dargelegt, spaltet sich in einem solchen Traum das Ich des Träumenden in zwei einander entgegengesetzte Teile, welche simultan dem Bewusstsein und dem Unbewussten Ausdruck geben. Diese dramatische Spaltung wird im Roman als Entzweiung des Erzählers und des Erzählten realisiert. Der Roman als Produkt des inneren Lebens Hans Castorps erhält somit die Form eines dramatischen Traums, der vom Träumer selbst als das Abenteuer eines Anderen erzählt werden kann. Die dramatische Spaltung erlaubt es, dass der Traumroman Gestalt annimmt.

Somit wird verständlich, wie es möglich ist, dass der Erzähler den Traum von Hans Castorp in allen Einzelheiten kennt und erzählen kann. Zudem wird deutlich, weshalb er die hamburgische Vorgeschichte des *Zauberberg*-Helden kennt: der Erzähler *ist* Hans Castorp oder, besser, er gehört zu ihm. Ebenso wird verständlich, warum die Perspektiven des Erzählers und seiner Hauptfigur austauschbar sind. Und schließlich wird auch klar, weshalb er am Ende des Romans, auch noch nach dem Erwachen des Soldaten Hans Castorp auf dem Schlachtfeld, weitererzählen kann: als Teil von Hans Castorps innerem Wesen ist er immer dort, wo dieser auch ist, ohne am Schicksal seines physischen Lebens teilzunehmen.

Nachdem auf diese Weise das Zusammenfallen von Traum und Erzählung erreicht wurde, ist es nur logisch, dass Thomas Mann seinem Roman eine dichte symbolische Struktur verliehen hat. Dass Thomas Mann 1919 bei der Überarbeitung des *Zauberberg*-Manuskripts neue, fast unmerkliche symbolisch-allegorische Elemente eingefügt hat, zeigt ein Vergleich mit der im so genannten *Yale-Manuscript* enthaltenen Fassung. Als Beispiel sei hier eine symbolische Einfügung in der Ankunftsszene angeführt.

Im *Yale-Manuscript*, wo die Erzählung von Hans Castorps Davos-Reise nach der Chronik seiner Kindheit ihren Platz hat, findet sich eine gestrichene Stelle, an der die Fortbewegung der Lokomotive mit folgenden Worten beschrieben wird: »und keuchend ging es noch höher«[23]. Dieselbe Stelle wird in der endgültigen Fassung wieder aufgenommen und bedeutungsvoll variiert; nach der Revision von 1919 findet sich der ziemlich rätselhafte Satz: »man sah die vorderen Wagen, sah die Maschine, die in ihrer Mühe braune, grüne und schwarze Rauchmassen ausstieß, die verflatterten« (S. 13). Diese offensichtlich nicht realistische Bemerkung chromatischen Inhalts ist wichtiger als man denken sollte. Sie stellt einen Niederschlag der

[23] James F. White: *The Yale Zauberberg-Manuskript. Rejected Sheets Once Part of Thomas Mann's Novel*, Bern / München 1980, S. 16.

Lektüre Spenglers dar und führt das Thema Zeit in den Roman ein. Denn in der von Thomas Mann gelesenen ersten Fassung von Spenglers *Untergang des Abendlandes* findet sich eine symbolische Interpretation der in der Malerei der Reformation und der Renaissance dominierenden Farben, die hier ihre ganze Bedeutung entfaltet. Spengler zufolge ist die braune Farbe, die in der protestantischen Kunst eine zentrale Rolle spielt, als »Zeichen des endlosen Werdens« zu interpretieren[24], während das Grün und das Schwarz der Renaissance, welche an die Patina der wieder gefundenen Statuen der griechisch-römischen Zeit erinnern, auf die »ferne« und »heilig gesprochene« Antike hinweisen[25]. Als solche sind die Farben Grün und Schwarz also ein »Symbol der Zeit«[26] und zwar der längst vergangenen, verschwundenen und deshalb sakralisierten Zeit. Es ist also klar, dass Hans Castorp von einer Maschine gefahren wird, die ihn in die Grunddimensionen der Zeit, Werden und Vergehen, einführt. Klar ist aber auch, dass Thomas Manns Roman einer präzisen, symbolisch-allegorischen Erzählstrategie folgt, die eindeutig einen psychoanalytischen Ursprung hat.

Unwillkürlich sieht man sich hier auf die reichste Sammlung von Symbolen der Jahrhundertwende hingewiesen: Sigmund Freuds *Traumdeutung*. Hat Thomas Mann sie gelesen? Es scheint mir außer Frage zu stehen. Dies beweisen nicht nur die Träume Hans Castorps, welche bekanntlich nach den von Freud erklärten Verdichtungsstrategien des Traums gebaut sind. Hier ein kleines Beispiel:

In dem der Traumarbeit gewidmeten sechsten Kapitel der *Traumdeutung* führt Freud das berühmte Beispiel eines eigenen Traums an, in dem die Namen seiner Patientin (Flora) und eines alten Professors (Gärtner) neben der Erinnerung an die (blühende) Frau des letzteren mit der Erscheinung einer botanischen Monographie assoziiert werden. Im selben Absatz findet sich auch eine den im Traum oft erscheinenden Sammel- und Mischpersonen gewidmete Betrachtung, in der das Zustandekommen einer solchen Traumfigur durch die Vereinigung der »aktuellen Züge zweier oder mehrerer Personen«[27] höchst genau beschrieben wird.

Die gleiche assoziative Logik zeigt eine Erscheinung in Hans Castorps zweitem Davoser Traum. Nachdem er davon geträumt hat, dass Hofrat Behrens wie »Tous-les-deux« durch die Gartenpfade wandelt, scheint es Hans Castorp, dass zwei seiner Tischgenossinnen, Miss Robinson und die Lehrerin, auf den Schultern desselben Behrens stehen. Sie kommen verkleinert wie »durch die Lüfte geflogen« (S. 140); ein Detail, das zunächst überraschen mag. Um es zu verstehen, muss man sich daran erinnern, dass die Lehrerin *Engel*hart heißt und dass ihr deshalb, ebenso wie Miss *Robin*son, Flügel zugeschrieben werden können.

Im Traumroman sind natürlich die aus dem reichen Vorrat der *Traumdeutung* geschöpften Symbole keineswegs nur in den expliziten Träumen Hans Castorps zu finden. Ein besonders wichtiges Symbol ist sowohl in der *Traumdeutung* als auch im *Zauberberg* das Treppensteigen. Dieses Symbol ist für Freud von besonderer Bedeutung und erscheint wiederholt im sechsten Kapitel seines Traumwerks. »Stiegen,

---

[24] Oswald Spengler: *Der Untergang des Abendlandes*, Wien / Leipzig 1918, S. 361.
[25] Ebd.
[26] Ebd., S. 362. In der zweiten Ausgabe liest es sich noch deutlicher: »Die Patina ist ein Symbol der *Vergänglichkeit*«.
[27] Freud: Traumdeutung, S. 299.

Leitern, Treppen,« heißt es hier, »respektive das Steigen auf ihnen, und zwar sowohl aufwärts als abwärts, sind symbolische Darstellungen des Geschlechtsaktes«[28]. Auch im *Zauberberg* taucht das Treppensteigen wiederholt auf, und zwar am Anfang des erotischen Abenteuers Hans Castorps mit Clawdia Chauchat. Doch erscheint das Motiv zum ersten Mal an einer eher unauffälligen Stelle, nämlich am Ende des Unterkapitels »Zweifel und Erwägungen«, wo Castorp das Zimmer für Krokowskis »Privatordinationen« im Kellergeschoss des »Berghof« entdeckt, dessen Tür er lange betrachtet. Hier wird eine kurze Szene beschrieben, der selten eine besondere Bedeutung zugemessen wird, deren erotische Hintergründe aber kaum hervorgehoben werden müssen:

> Er sah auch jemanden herauskommen, eine Dame, die kürzlich eingetroffen war und deren Namen er noch nicht kannte, eine Kleine, Zierliche mit Stirnlöckchen und goldenen Ohrringen. Sie bückte sich tief, die Stufen ersteigend, und raffte ihren Rock, indes sie mit der anderen kleinen, beringten Hand ihr Tüchlein an den Mund presste und darüberhinaus ihrer gebückten Haltung mit großen blassen, verstörten Augen ins Leere blickte. So eilte sie mit engen Trittchen, bei denen ihr Unterrock rauschte, zur Treppe, blieb plötzlich stehen, als besänne sie sich auf etwas, setzte sich trippelnd wieder in Lauf und verschwand im Stiegenhause, immer gebückt und ohne das Tüchlein von den Lippen zu nehmen. (S. 204 f.)

Fügt man hinzu, dass vor der Beschreibung dieser Szene das *Steigen* der Temperaturen bei den Damen des Instituts als erotische Reaktion auf das Erscheinen von Hofrat Behrens' Sohn erwähnt wird (S. 203); dass Hans Castorp sich – wie gesagt – im Kellergeschoss des »Berghof« befindet; dass aber das Kellergeschoss selbst »hoch gelegen« ist; dass man den Eindruck hat, »von ebener Erde hinabzusteigen«, während man sich immer noch »zu ebener Erde« findet »oder doch nur ein paar Schuh darunter« (S. 204); und endlich, dass Freud die Verwechslung von Oben und Unten »auf Phantasien sexuellen Inhalts« bezieht[29], so erscheint die angeführte Szene als eine mögliche sexuelle Phantasie und trägt dazu bei, den symbolischen Inhalt der kurz danach erzählten Geschichte von Hans Castorps »Begegnungen« mit Clawdia Chauchat auf der Treppe fassbar zu machen.

Vor diesem Hintergrund erweist sich die Erzähltechnik, in der Thomas Mann die von ihm geschaffenen Symbole mit den aus Freuds *Traumdeutung* entnommenen Traumsymbolen verflechtet, als äußerst virtuos. Ein Beispiel soll hier genügen. Bekanntlich misst der Merkur im Thermometer die Wandlungen der Temperaturen und das Steigen des erotischen Fiebers bei den »Berghof«-Patienten. Es sind dies vitale Regungen. Der Merkur wird nicht zufällig immer mit dem Wort Quecksilber bezeichnet, das dem lateinischen *argentum vivum* genau entspricht. Der Merkur im Thermometer misst also die vitalen, d. h. erotischen, Regungen der Patienten. Wenn es aber ein *argentum vivum* gibt, das mit dem Leben zu tun hat, dann lässt sich vermuten, dass das *argentum*-Silber allein mit dem Tod zu tun hat. Und tatsächlich tauchen im Roman mehrere silberne Objekte auf, die mit der Sphäre des Todes verbun-

---

[28] Ebd., S, 360.
[29] Ebd., S. 294.

den sind. Das Haus von Castorps Großvater strotzt nicht zufällig von silbernen Gegenständen: die Knöpfe auf dem Frack des Dieners Fiete, die Serviettenringe, zwei Armleuchter und natürlich die silberne Schale auf silbernem Teller (S. 35 ff.), die bekanntlich ein Symbol von »Geschichte und Tod« darstellen soll.[30] Auch verwundert es nicht, dass der Sarg des Großvaters »silberbeschlagen« ist (S. 44). Das ist aber nicht alles. Neben den genannten Gegenständen gibt es noch weitere Dinge aus Silber – und zwar sowohl im Haus des alten Castorp als auch auf dem »Berghof«. Silbrig sind z. B. die »Schnallen«, welche auf den Schuhen des Senators Castorp leuchten (S. 43); und bei der letzten Ölung von Barbara Hujus erscheint ein »goldnes Kreuz« mit Laternen, das – so erzählt Joachim Ziemßen – wie der »Schellenbaum vor der Janitscharenmusik« aussieht (S. 84). Hier ist hinzuzufügen, dass schon die silbrige, z. T. aber vergoldete Taufschale Silber und Gold miteinander in Verbindung setzte. Das ist übrigens logisch, denn der Tod erscheint dem Kind Hans Castorp als etwas Schönes und Wertvolles: er erscheint ihm, sozusagen, in Silber und Gold. Die Wörter Schale, Schnallen, Schellen zeigen eine phonetische Verwandtschaft, der auch symbolische Bedeutung zukommt. Das mag zunächst vielleicht etwas weit hergeholt erscheinen, doch muss bedacht werden, dass im Roman häufig aufgrund von phonetisch-morphologischen Ähnlichkeiten symbolische Ketten entwickelt werden. Eine weitere Erscheinung in dieser Kette ist das Mädchen, das sich um Hans Castorp im Haus des Konsuls Tienappel kümmert: sie heißt bekanntlich Schalleen. Die symbolische Namenskette wird dadurch bis ins Detail ergänzt: im Namen Schalleen ist ein Echo aller anderen Todessymbole enthalten. Scheinbar fehlt aber ein Element: wo sind das Silber und das Gold geblieben, die den symbolischen Gegenständen ihre Bedeutung geben? Nur der aufmerksame Leser erinnert sich an eine flüchtige Bemerkung im Text: Schalleen ist die Tochter eines Goldschmiedes aus Altona (S. 49).

Ganz offensichtlich werden also auch diese symbolischen Erscheinungen im Roman nach der assoziativen Logik des Traums entwickelt. Aus ähnlichen Wortlauten entsteht eine symbolische Kette, die mit der Bedeutung von Silber und Gold in Verbindung gesetzt wird. Man könnte sogar vermuten, dass die ganze Kette aus sukzessiven Verwandlungen des Namens Schalleen (möglicherweise eine Art Tagesrest) im Traum von Hans Castorp entstanden ist. Aber das ist reine Spekulation.

Wer vor solchen Spekulationen nicht zurückschreckt, hat die Möglichkeit, einem der meist untersuchten offenen Geheimnisse des *Zauberberg* auf die Spur zu kommen.[31] Gemeint ist das immer wiederholte Auftauchen der Nummer 7 in der Geschichte Hans Castorps. Dazu ist zunächst zu bemerken, dass diese Erscheinung keineswegs isoliert dasteht. Sicherlich spielen die verschiedensten Kombinationen und Teilungen der Nummer 7 im Roman eine genauso große Rolle wie die Nummer 7 selbst. Interessant ist aber, dass auch noch eine weitere Nummer immer wieder unter den verschiedensten Formen auftaucht: die Nummer 2. Vielleicht ist dieser numerologischen Erscheinung nicht dieselbe Aufmerksamkeit geschenkt worden, weil

---

[30] Mann: Tagebücher 1918-1921, S. 205.

[31] Vgl. dazu den bahnbrechenden Aufsatz von Oskar Seidlin: »Das hohe Spiel der Zahlen. Die Peeperkorn-Episode in Thomas Manns *Zauberberg*«, in: Ders.: *Klassische und moderne Klassiker*, Göttingen 1972, S. 103-126 und 148-155, hier S. 104 ff. Weitere Betrachtungen bei Lotti Sandt: *Mythos und Symbolik im Zauberberg von Thomas Mann*, Bern / Stuttgart 1979, S. 45-48.

sie viel zu selbstverständlich erschien. Natürlich ist im *Zauberberg* alles oder fast alles doppelt. Sogar der Titel des Romans enthält die Verdoppelung des Morphems »ber«. Und Verdoppelungen enthalten viele andere Namen im Roman: Clawdia Chauchat, Mynheer Peeperkorn, Popow, usw. Zwei Unterkapitel des zweiten Romankapitels weisen zwei Doppeltitel auf: »Von der Taufschale und vom Großvater in zwiefacher Gestalt« und »Bei Tienappels«. »Und von Hans Castorps sittlichem Befinden«. Das dreiundzwanzigste Unterkapitel – ein wichtiges Unterkapitel, denn seine Stelle im Roman entspricht dem Alter von Hans Castorp zu Beginn seines Abenteuers – trägt einen dreifachen Doppeltitel (also 2 und 3 = 23): »Aufsteigende Angst. Von den beiden Großvätern und der Kahnfahrt im Zwielicht« – wobei natürlich jeder merken wird, wie sich in ihm die Verdoppelungen verdoppeln. Wichtig ist aber, dass dieselbe Nummer 7 immer wieder verdoppelt erscheint. Bekanntlich wird der erste Tag von Hans Castorp am »Berghof« in den ersten 14 Unterkapiteln erzählt. Wenn man weiter zählt, kommt aber die Nummer 14 immer wieder in höchst virtuoser Verschlüsselung zum Vorschein: das vierte Kapitel besteht aus 10 Unterkapiteln, das fünfte aus 9, das sechste aus 8 und das siebte aus 10, die aber bekanntlich 7 sind, denn 3 tragen denselben Titel (Mynheer Peeperkorn) und sind als ein einziges Unterkapitel zu betrachten. Die Summen von 4+10, 5+9, 6+8 und 7+7 ergeben immer 14: übrigens ein weiteres Zeichen dafür, dass die Zeit im Roman nicht vergeht – es ist immer wie am ersten Tag. Die Gesamtsumme der Unterkapitel selbst (49) setzt eine Doppelerscheinung der Nummer 7 (7x7) voraus: also auch in diesem Fall zweimal die Nummer 7. Und das dritte und vierte Unterkapitel des sechsten Kapitels sind wieder doppelt (»Vom Gottesstaat und von übler Erlösung und Jähzorn. Und noch etwas ganz Peinliches«).

Auch im Roman (nicht nur in seiner Teilung) spielt die Nummer 14 (immer noch 7x2) eine wichtige Rolle. In vierzehntägigem Takt verläuft das Leben am »Berghof«: alle vierzehn Tage finden die Konzerte auf der Terrasse und die Vorträge von Dr. Krokowski statt. Im Allgemeinen treten »acht- und vierzehntägige Abwandlungen des Normaltages« in Erscheinung (S. 284). Daraus folgt, dass Hans Castorp (ebenso wie Joachim Ziemßen) die Zeit seines Aufenthaltes am »Berghof« in vierzehntägige Einheiten teilt (S. 169, 247, 284 f., 308, 523, 550, 645). Das ist natürlich bemerkenswert: in einem Roman, in dem es die Zeit nicht zu geben scheint, sind sieben- und vierzehntägige Ereignisse die einzig zeitgebundenen Realitäten. Dazu kommt noch, dass das vierzehnte Jahrhundert im Roman für das Mittelalter steht (als jene Epoche, zu der ideell sowohl Hans Castorps Großvater als auch Naphtas Weltanschauung gehören [S. 41, 593]). Kann das alles Zufall sein? Eigentlich nicht. Und hier eröffnet sich eine suggestive Perspektive. Denn ist der ganze Roman ein Traum des Soldaten Hans Castorp, der auf einem Schlachtfeld kurz nach dem Ausbruch des Ersten Weltkriegs eingeschlafen ist, so befindet sich der Träumer im Jahr 1914. Das Jahrhundert ist zweimal sieben Jahre alt geworden. Und das kontinuierliche Erscheinen der Nummer 7 und 14 im Roman kann somit auf die träumerische Verwandlung eines Tagesrestes hinweisen.

Auch weitere, kleinere Details im Roman können als mögliche Tagesreste im Traum eines Soldaten interpretiert werden. Etwa der ansonsten schwer zu erklärende korpsstudentische Tonfall von Dr. Behrens oder der Militärjargon von Edhin Krokowski. Die Interpretation dieser Details als Tagesreste erklärt eine winzige und scheinbar überflüssige Parenthese, die Mann an bedeutender Stelle einfügt. Es handelt sich um das erste Gespräch zwischen dem »Seelenzergliederer« und Hans Castorp nach dessen Aufnahme unter die »Berghof«-Patienten. Nachdem Krokowski unerwartet in Castorps Zimmer erschienen ist, begrüßt er ihn mit dem Satz »über Nacht ist aus dem Gaste ein Kamerad geworden . . .« (S. 291), was nicht weiter auffallen würde, wäre da nicht gleich darauf folgend, in Klammern gesetzt, eine Bemerkung zu Castorps Reaktion: »(Das Wort ›Kamerad‹ hatte Hans Castorp etwas beängstigt)« (ebd.). Warum sollte er gerade von diesem Wort beängstigt werden? Was ist an dem Wort beängstigend, wenn nicht die Erfahrung, die einem Soldaten natürlich gut bekannt ist? Nicht zufällig, könnte man hinzufügen, erinnert das Gespräch mit Krokowski an eine Rekrutierungsszene oder an die Begrüßung eines Soldaten gleich nach der Aufnahme in die Armee. Und am Schluss des Romans ist, auch nicht zufällig, bei der Beschreibung des Sturms auf die verlorene Hügelstellung nicht etwa von Soldaten die Rede, sondern von »Kameraden« (S. 1081). Ein deutliches Zeichen dafür, dass das Wort auch schon im vorhergehenden Teil des Romans einen Bezug zu seinem militärischen Ursprung hat und als solcher zu verstehen ist.

Das präzise Kalkül, mit dem Thomas Mann die Tagesreste in den Traum des Soldaten Hans Castorp eingestreut hat, wird erst dann klar, wenn man den Roman von seinem Ende her liest. Viele leitmotivisch wiederkehrende Wörter und Ereignisse tauchen in verwandelter Form am Romanende auf und lassen sie von hier aus in anderem Licht erscheinen. So z. B. Hans Castorps Nasenbluten, das als »Aderlaß« bezeichnet wird (S. 183); am Ende des Romans beschreibt dasselbe Wort die massiven Verluste, die der Angriff kosten wird (»dreitausend können einen Aderlaß aushalten« [S. 1082]). Oder den Lustwandel, der ein oft wiederkehrender Begriff im Romangeschehen ist und am Ende den Marsch der Soldaten ironisch bezeichnen soll (»das war kein Lustwandel« [S. 1081]). Ganz explizit deutet Thomas Mann selbst am Schluss des Romans die Erscheinungen des »Schneetraums« als Tagesreste, nur dass die Inversion in der Chronologie von Ursache und Folge diese Deutung verwischt:

> Das junge Blut mit seinen Ranzen und Spießgewehren, seinen verschmutzten Mänteln und Stiefeln! Man könnte sich humanistisch-schönseliger Weise auch andere Bilder erträumen in seiner Betrachtung. Man könnte es sich denken: Rosse regend und schwemmend in einer Meeresbucht, mit der Geliebten am Strande wandelnd, die Lippen am Ohre der weichen Braut, auch wie es glücklich freundschaftlich einander im Bogenschuß unterweist. Statt dessen liegt es, die Nase im Feuerdreck. (S. 1083)

Ist aber der *Zauberberg* ein Traum-Roman, der nach Sigmund Freuds *Traumdeutung* konzipiert ist, so dürfen zwei weitere Dimensionen des Traums in ihm nicht fehlen: die Kindheitserinnerung und die Wünscherfüllung. Letztere wird immer wieder betont, denn ganz offensichtlich ist eine erotische Bildung zum Leben das eigentliche Ziel von Hans Castorps träumerischem Gang durch das Reich des Todes. Dem entspricht logischerweise ein Roman über den Tod, dessen Inhalt aber die Erfüllung eines Liebestraums ist. Am deutlichsten bringt bekanntlich der Schluss diese innere Dimension des Romans auf eine Formel:

> Augenblicke kamen, wo dir aus Tod und Körperunzucht ahnungsvoll und regierungsweise ein Traum von Liebe erwuchs. Wird auch aus diesem Weltfest des Todes, auch aus der schlimmen Fieberbrunst, die rings den regnerischen Abendhimmel entzündet, einmal die Liebe steigen? (S. 1085)

Die Erlangung der Liebe als höchstem Lebensziel wäre also der im Todestraum erfüllte Wunsch des Soldaten Hans Castorp.

Weit schwerer zu entdecken sind die Kindheitserinnerungen des Träumers; denn seine ›eigentliche‹ Vorgeschichte bleibt uns bis zuletzt völlig unbekannt. Die Schwierigkeit erweist sich aber bald als eine rein scheinbare, denn man braucht sich nur an eine kleine Schrift Freuds zu erinnern, die 1918 in der vierten Reihe der Kleinen Schriften zur Neurosenlehre erschienen war und sehr wahrscheinlich als wichtige Lektüre zum *Zauberberg* gelten darf. Es handelt sich um den Beitrag *Märchenstoffe in Träumen*, in dem Freud von der in der analytischen Praxis beobachteten Ersetzung von Kindheitserinnerungen durch Märchenmotive und -erscheinungen spricht. Die Vermutung liegt daher nahe, dass die häufigen und wiederholten Anspielungen auf Märchen im *Zauberberg*[32] die Funktion haben, als Alternative für die im Traum-Roman notwendigen, aber unmöglich zu erzählenden Kindheitserinnerungen zu dienen.

Tagesreste, Märchenstoffe an Stelle von Kindheitserinnerungen und (verborgene) Wunscherfüllung wären also konstitutive Teile einer träumerischen Erzählstruktur, deren hermetisches Wesen auch darin gesehen werden kann, dass sie ihre eigentliche Natur – wie der lügende Gott Hermes – leugnet. Dies führt zu einer letzten Bemerkung. Ist der *Zauberberg* als Traumroman zu lesen, so kann der in ihm erzählte Traum nur der vom Soldaten Hans Castorp sein. Derselbe Traum ist aber auch die einheitliche Sphäre, welche die Stellung des Träumers (d. h. des Helden des Romans) und die des Erzählers verbindet. Eine einzige Realität findet im Traum ihre symbolische Verwandlung: die geschichtliche und geistige Lage Europas zu Beginn des Ersten Weltkriegs. Indem der Traum Erzähler und Erzähltes vereinigt, wird die in ihm dargestellte Wirklichkeit zum Absoluten, das direkt oder in Form verdichteter Tagesreste seine poetisch-träumerische Verwandlung erfährt.

Und somit wird sie auch zur großen Zauberei. Nicht zufällig ist für die Entstehung des *Zauberberg* ein Buch wichtig, an das viel zu selten erinnert wird: Ricarda Huchs große Abhandlung über die Romantik. In ihr findet sich ein Satz von Novalis, der Thomas Mann kaum entgehen konnte: »Der größte Zauberer würde der sein, der sich zugleich so bezaubern könnte, dass ihm seine Zauberei wie fremde, selbstmächtige Erscheinungen vorkämen«[33].

Genau das geschieht im *Zauberberg*: Hans Castorps Traum ist die große Magie, welche die ihm scheinbar fremde, selbstständige Form des Romans annimmt. Und seine Analyse nimmt notwendigerweise die Form einer Traumdeutung an.

---

[32] Zu denen natürlich die Untersuchung von Michael Maar: *Geister und Kunst. Neuigkeiten aus dem Zauberberg*, München 1995 immer noch die besten Informationen liefert.
[33] Ricarda Huch: *Blütezeit der Romantik*, Leipzig ^{2}1905, S. 163.

Literaturverzeichnis

Dierks, Manfred: »Doktor Krokowski und die Seinen. Psychoanalyse und Parapsychologie in Thomas Manns *Zauberberg*«, in: Sprecher, Thomas (Hg.): *Das »Zauberberg«-Symposium 1994 in Davos*, Frankfurt a. M. 1995.

du Prel, Carl: *Die Philosophie der Mystik*, Leipzig 1885.

Freud, Sigmund: *Die Traumdeutung*, in: Ders.: *Gesammelte Werke*, hg. von Anna Freud u. a., Bd. 2/3, Frankfurt a. M. 1999.

Galvan, Elisabeth: »Aschenbachs letztes Werk. Thomas Manns *Tod in Venedig* und Gabriele d'Annunzios *Il Fuoco*«, in: *Thomas-Mann-Jahrbuch* 20 (2007), S. 261-285.

Huch, Ricarda: *Blütezeit der Romantik*, Leipzig ²1905.

Jens, Walter: »Der Gott der Diebe und sein Dichter. Ein Versuch über Thomas Manns Verhältnis zur Antike«, in: Snell, Bruno / Fleischer, Ulrich (Hg.): *Antike und Abendland*, Berlin / New York 1956, S. 139-153.

Koopmann, Helmut: »Die Kategorie des Hermetischen in Thomas Manns Roman *Der Zauberberg*«, in: *Zeitschrift für deutsche Philologie* 80 (1961), S. 404-422.

Maar, Michael: *Geister und Kunst. Neuigkeiten aus dem Zauberberg*, München 1995.

Mann, Thomas: *Der Zauberberg. Roman*, hg. und textkritisch durchgesehen von Michael Neumann, in: Ders.: *Große kommentierte Frankfurter Ausgabe. Werke – Briefe – Tagebücher*, hg. von Heinrich Detering u. a., Bd. 5.1 u. 5.2, Frankfurt a. M. 2002.

Mann, Thomas: *Der Zauberberg, Kommentar von Michael Neumann*, in: Ders.: GKFA, Bd. 5.2, Frankfurt a. M. 2002, S. 176, 321 u. 349 f.

Mann, Thomas: »Joseph und seine Brüder«, in: Ders.: *Gesammelte Werke in dreizehn Bänden*, Frankfurt a. M. ²1974, Bd. XI, S. 654-669.

Mann, Thomas: *La montagna magica*, übers. von Renata Colorni, hg. von Luca Crescenzi, Milano 2010, S. 1121-1470.

Mann, Thomas: *Tagebücher 1918-1921*, hg. von Peter de Mendelssohn, Frankfurt a. M. 1974.

Meyers Großes Konversations-Lexikon. Ein Nachschlagewerk des allgemeinen Wissens, Leipzig / Wien ⁶1905.

Nietzsche, Friedrich: »Götzen-Dämmerung«, in: Ders.: *Sämtliche Werke – Kritische Studienausgabe*, hg. von Giorgio Colli und Mazzino Montinari, Berlin / New York 1980, Bd. 6.

Sandt, Lotti: *Mythos und Symbolik im Zauberberg von Thomas Mann*, Bern / Stuttgart 1979.

Seidlin, Oskar: »Das hohe Spiel der Zahlen. Die Peeperkorn-Episode in Thomas Manns *Zauberberg*«, in: Ders.: *Klassische und moderne Klassiker*, Göttingen 1972.

Spengler, Oswald: *Der Untergang des Abendlandes*, Wien / Leipzig 1918.

White, James F.: *The Yale »Zauberberg«-Manuskript. Rejected Sheets Once Part of Thomas Mann's Novel*, Bern / München 1980.

Stefan Börnchen

DER ZAUBERER RAUCHT

Zu einer Medientheorie des Rauchens (Thomas Mann: *Mario und der Zauberer*)

»If Obama stops smoking, will he lose his amazing voice?«[1]
huffingtonpost.com, 9. Februar 2011

Brauner Rauch, braune Zigarren: Rauchen auf dem Zauberberg. Sigmund Freud, Thomas Mann

Wenn Hans Castorp am Morgen nach seiner Ankunft im Sanatorium Berghof die erste Zigarre des Romans zückt und zeremoniell anzündet, ist das Rauchen motivisch – oder auch leitmotivisch[2] – schon von langer Erzählerhand vorbereitet. Gleich zu Beginn des ersten Kapitels wird geraucht: ist doch der erste Raucher des Romans die über ihren »schwer keuchenden« »Atem« fast überdeutlich anthropomorphisierte Dampflokomotive, mit der Hans Castorp von Landquart nach Davos fährt – jene »Lokomotive«, deren durch das »niedergelassene[.] Fenster [...] hereinstreichende[r] Atem« ein »Buch namens ›Ocean Steamships‹«, also ausgerechnet ein Buch über ebenfalls rauchende Dampfschiffe, »mit Kohlenpartikeln verunreinigt[.]«[3] – ganz nach der Logik des von Sigmund Freud zitierten, ebenfalls englischsprachigen, Wortes *»Dirt is matter in the wrong place«*[4]. Die von der Lokomotive »mit Mühe« »aus[ge]st[o]ß[enen]« »Rauchmassen«, die diese Kohlen- und wohl auch Aschepartikel mit sich führen, sind von »braune[r], grüne[r] und schwarze[r]« Farbe.[5]

Mit dem Rauch ist nun die Farbe ›braun‹ eingeführt und damit ein Motiv – man könnte hier von einem hermeneutisch esoterischen Leitmotiv sprechen[6] –, das der Roman zügig zu einem dichten Geflecht von Begriffen und Themen fortspinnt, die alle im weitesten Sinne mit ›dionysischer‹ Auflösung, Schwellenübertretung und

---

[1] http://www.huffingtonpost.com/2011/02/09/obama-smoking-cigarettes_n_820649.html [20.5.2011].

[2] Vgl. zum ›Leitmotiv‹ bei Thomas Mann: Hans Rudolf Vaget: *Seelenzauber. Thomas Mann und die Musik*, Frankfurt a. M. 2006, S. 100-109 u. S. 427-429.

[3] Thomas Mann: *Der Zauberberg. Roman*, hg. und textkritisch durchgesehen von Michael Neumann, in: Ders.: *Große kommentierte Frankfurter Ausgabe. Werke – Briefe – Tagebücher*, hg. von Heinrich Detering u. a., Bd. 5.1, Frankfurt a. M. 2002, S. 12.

[4] Sigmund Freud: »Charakter und Analerotik«, in: Ders.: *Studienausgabe,* hg. von Alexander Mitscherlich, Angela Richards und James Strachey, Bd. 7: *Zwang, Paranoia und Perversion*, Frankfurt a. M. 1973, S. 23-30, S. 28.

[5] Mann: Der Zauberberg, S. 13.

[6] Der ursprünglich auf Wagner gemünzte Begriff, der nicht hermeneutisch intendiert ist, stammt von Christian Thorau: *Semantisierte Sinnlichkeit. Studien zur Rezeption und Zeichenstruktur der Leitmotivtechnik Richard Wagners*, Stuttgart 2003, S. 23 f. Vgl. Vaget: Seelenzauber, S. 101 u. S. 427.

Kategorien ›Verunreinigung‹ assoziiert oder assoziierbar sind. So trägt Joachim Ziemßen nicht nur einen »braune[n] Ulster«[7], sondern ist auch von »sehr braune[m] Typus«[8] mit »braun[er]« Gesichtsfarbe[9]. »[R]otbraun gestrichen[ ]« ist die »Flaggenstange« des Sanatoriums,[10] die Hans Castorp, nachdem er von Přibislav Hippes nicht rotbraunem, aber »rotgefärbte[m] [...] Stift« geträumt hat, »schwitzend« »zu erklettern [sucht]« – und dies bezeichnenderweise ausdrücklich auf der Flucht vor dem Psychoanalytiker Edhin Krokowski.[11] »[B]raunschaumig« ist das »betäub[ende]« »Kulmbacher« »Frühstücksbier«[12], so wie der in obszön »röhrenformige[r] Kaffeemühle« gemahlene Kaffee »braun« in der Tasse »schäumt[ ]«.[13] Und braun sind schließlich und vor allem die Zigarren, die Castorp und Behrens tauschen: etwa jene »bräunliche Schöne« mit Namen »Maria Mancini«, die Behrens zu der Bemerkung veranlasst, dass sich »im Verkehr« mit den so besprochenen Zigarren »[e]inige Zurückhaltung« empfiehlt, weil eine zu schnelle Abfolge »über Manneskraft« geht.[14]

Führt also zum einen der braune Rauch der Lokomotive auf diese Weise zum Motiv der Zigarre als Phallus und zugleich als Frauen-, aber auch als Männerkörper – und mit dieser *queeren* Pointe geht der Text über die psychoanalytische Standardgleichung hinaus –, so führt der braune Rauch andererseits auch zum Motivkomplex des Rauchens[15] im eigentlichen, wenn man so will: physiologischen Sinne[16]. Denn nicht nur ist die Dampflokomotive die erste Person oder zumindest Personifikation, die raucht, und nicht nur ist sie die erste, die Lungenprobleme hat – jedenfalls »keuch[t]« sie »schwer« beim »At[m]en«, womit es ihr noch besser geht als

---

[7] Mann: Der Zauberberg, S. 14.

[8] Vgl. hierzu und zum im Folgenden erwähnten Zigarrentausch: Astrid Lange-Kirchheim: »Zergliederte Jünglinge und Missgeburten. Zum ›gender trouble‹ in Thomas Manns Roman *Der Zauberberg*«, in: Klaus-Michael Bogdal / Ortrud Gutjahr / Joachim Pfeiffer (Hg.): *Jugend: Psychologie – Literatur – Geschichte. Festschrift für Carl Pietzcker*, Würzburg 2001, S. 231-257.

[9] Mann: Der Zauberberg, S. 16. Die Gesichtsfarbe führt einmal der Erzähler, einmal Joachim Ziemßen selbst auf »Verbrennung« zurück (ebd.). Wenig später stellt Hans Castorp fest, dass er »im Gesicht [...] auffallend echauffiert« ist, und fordert seinen Vetter Joachim Ziemßen auf: »›da, fühle doch mal, wie ich brenne!‹« Diese »Zumutung, man solle sein Gesicht befühlen, paßte ganz und gar nicht zu Hans Castorps Natur und berührte ihn selber peinlich.« (Ebd., S. 24) Es handelt sich also um eine über ›braune‹ und ›verbrannte‹ beziehungsweise ›brennende Haut‹ motivierte körperliche – wenn nicht gar erotisch konnotierte – Übertretung der sonst eigentlich auf Abstand bedachten Umgangsformen Hans Castorps.

[10] Ebd., S. 62.

[11] Ebd., S. 140 f.

[12] Ebd., S. 106 u. S. 108.

[13] Ebd., S. 396 f.

[14] Ebd., S. 384.

[15] Vgl. dazu einführend und grundlegend: Sander L. Gilman / Xun Zhou: »Introduction«, in: Dies. (Hg.): *Smoke: A Global History of Smoking*, London 2004, S. 9-28; Robert Pfaller: *Das schmutzige Heilige und die reine Vernunft. Symptome der Gegenwartskultur*, Frankfurt a. M. [2]2009, hier besonders die »Einleitung«, S. 9-36; Thomas Hengartner: »Tabakkonsum und Rauchen. Theoretische Überlegungen zu einer Volkskunde der Genussmittel«, in: Ders. / Christoph Maria Merki (Hg.): *Tabakfragen. Rauchen aus kulturwissenschaftlicher Sicht*, Zürich 1996, S. 113-137.

[16] Vgl. Leslie Iversion: »Why Do We Smoke? The Physiology of Smoking«, in: Gilman / Zhou: Smoke: A Global History of Smoking, S. 318-325.

dem zweiten mit hörbaren Lungenproblemen auftretenden Patienten,[17] dem Herrenreiter mit seinem »gräßlichen« Husten[18]. Vor allem stellen die von der Lokomotive ausgestoßenen ohnehin ansehnlichen, aber zusätzlich noch mit ihren Partikeln schwarz-braun auf weiß ausdrücklich sichtbar gemachten Rauchmassen genau das vor Augen, was häufig übersehen wird, wenn zwar vom Rauchen die Rede ist, der Blick aber wie gebannt auf der Zigarre verharrt: den Rauch eben, und zwar den Rauch in seiner physischen Materialität und Medialität.

Zu diesem, wenn man auch mit Blick aufs Rauchen so sagen darf: phallischen Monismus der Zigarren-Fixierung mag die fotografische Ikonografie der beiden berühmten Raucher Sigmund Freud und Thomas Mann beigetragen haben – zeigen sie sich doch ihren Fotografen (wenn meine Beobachtung mich nicht täuscht) gern und häufig mit Zigarre, nicht aber Rauch ausstoßend, inhalierend oder auch nur umgeben von Rauch, wie man etwa Heiner Müller von Fotografien kennt oder wie sich der Pfeifenraucher E.T.A. Hoffmann immer wieder in Kritzeleien selbst portraitiert hat. So präsentiert zum Beispiel das Titelbild der Freud-Biografie von Peter Gay, auf dem der rauchende Freud etwa in Nasenhöhe eine im Winkel von 45 Grad vom Körper weggeneigte Zigarre in der Hand hält, die Zigarre als Objekt, nicht aber ihren Rauch in seiner atmosphärischen oder ätherischen Materialität.[19] Es scheint, als wäre die so verstanden das Rauchen gewissermaßen objektivierende Zigarre haptisch, visuell und vielleicht auch konzeptuell besser zu fassen als ihr sich jedem Zugriff entziehender, wenn man so will: eher subjektiver Rauch.[20]

---

[17] Vgl. Walter Weiss: »Thomas Manns Metaphorik. Zwischenergebnisse eines Forschungsprojekts«, in: Cornelia Bernini / Thomas Sprecher / Hans Wysling (Hg.): *Internationales Thomas-Mann-Kolloquium 1986 in Lübeck*, Bern 1987, S. 311-326, S. 323: »Da ist im Unterkapitel ›Ankunft‹ von der Lokomotive des Zuges nach Davos die Rede, ›die in ihrer Mühe braune, grüne und schwarze Rauchmassen ausstieß‹ (III, 13). Wohl könnte man dieses realistische Detail allenfalls auf das bereits skizzierte metaphorische Feld um menschliches Atmen, Lunge, Lungenkrankheit beziehen, doch machte man sich dabei nicht einer interpretatorischen Gewaltsamkeit schuldig? Die Situation verändert sich aber, wenn Castorp etwa sechshundert Seiten später seinem Besucher Onkel Tienappel von der ›wild beschleunigten, galoppierenden Form‹ der Lungenzerstörung erzählt, vom ›Lungenbrande‹ ›einer ursprünglich reizenden Schottin‹, ›so daß eine schwärzlich-grüne Verpestung in ihr walte‹ (III, 597).«

[18] Mann: Der Zauberberg, S. 24. So gesehen, ist Susan Sontags Behauptung zu widersprechen, dass die Tuberkulose – eine im Unterschied zum Krebs vorwiegend die »Lunge als Teil des oberen, geisterfüllten Körpers« affizierende Krankheit – eine »Aufwertung« der Kranken oder auch nur Hans Castorps bedeute. Susan Sontag: *Krankheit als Metapher*, Frankfurt a. M. 1981, S. 21 u. S. 45.

[19] Peter Gay: *Freud. Eine Biographie für unsere Zeit*, Frankfurt a. M. ^{3}2006.

[20] Die hier skizzierte Logik sieht den Tabak als materiell, den Rauch hingegen als immateriell; auch der im Folgenden noch mit seiner Rauchtheorie herangezogene Jacques Derrida – vgl. die Zitate zu den Anmerkungen 35 und 36 – nimmt diese Unterscheidung vor, etwa wenn er das Rauchen als eine »Lust« bezeichnet, »von der nichts bleibt, eine Lust, deren selbst äußere Zeichen sich zerstreuen, ohne Spuren zu hinterlassen: als Rauch.« Jacques Derrida: *Falschgeld. Zeit geben I*, München 1993, S. 142. Ähnlich auch ders.: *Feuer und Asche*, Berlin 1987, S. 57: »Welcher Unterschied zwischen Asche und Rauch! Letzterer verliert sich offensichtlich und, besser noch, ohne sinnlichen Rest, aber er erhebt sich, steigt in die Luft auf, wird subtil und sublim. Die Asche – fällt, abgespannt, schlaff, mehr materiell, um ihr Wort zu verbröckeln; sie ist äußerst teilbar.« Die im vorliegenden Text entwickelte Argumentation folgt dieser Unterscheidung von materiellem Tabak und materieller Asche, aber immateriellem Rauch gerade *nicht*, und auch Derrida setzt sich am Ende

Hans Castorp jedenfalls kommentiert beide hier genannten Aspekte des Rauchens, als er seine erste Zigarre des Romans »mit einigen hingebungsvoll paffenden Zügen in Brand« setzt:

> »Ich verstehe es nicht, wie jemand nicht rauchen kann, – er bringt sich doch, sozusagen, um des Lebens bestes Teil und jedenfalls um ein ganz eminentes Vergnügen! [...] [H]at man eine gute Zigarre, dann ist man eigentlich geborgen, es kann einem buchstäblich nichts geschehn. [...]«[21]

Das klingt wie zusammengesetzt aus Zitaten von Sigmund Freud,[22] und dabei finden sich auch hier die genannten zwei Lesarten des Rauchens, das heißt die – schon auf den ersten Blick sexuelle – Lesart ›Zigarre als phallisches Objekt‹ und die – jedenfalls nicht auf den ersten Blick sexuelle – Lesart ›Rauch als subjektive Atmosphäre‹. Zum einen also ist da das Rauchen als, »sozusagen« [!], »des Lebens bestes« – und eben nicht beste*r* – »Teil«, zu dem man Freud zufolge nun einmal Zuflucht nimmt, »wenn man nichts zum Küssen hat«[23] – ist doch für Freud das Rauchen, wie jede Sucht, ohnehin nur ein Ersatz für »die einzig große Gewohnheit, die ›Ursucht‹« der Masturbation.[24] Zum anderen aber spricht Hans Castorp mit der über Zigarre und Rauch vermittelten ›Geborgenheit‹[25] diejenige Funktion des Rauchens an, die Freud als »Schutz und Waffe im Kampf mit dem Leben«[26] bezeichnet hat – und sie hat mit der Materialität und Medialität des Rauches zu tun, um die es im Folgenden geht.

über diese Unterscheidung hinweg, wenn er eine materielle Medientheorie des Rauches entwirft. Rauch ist nun einmal nicht immateriell, sondern – obgleich schwer greifbar – materiell. Darin liegt ja zum Beispiel gerade das Grauenhafte der Metaphorik von Paul Celans »Todesfuge«, die mit dem Bild des Rauchtrinkens beginnt und mit der Asche – »dein aschenes Haar Sulamith« – endet. Diese Metaphorik geht auf jene Bezeichnung für das Rauchen zurück, die in begrifflicher Analogie zum Alkoholkonsum gebildet wurde, bevor gegen Ende des 17. Jahrhunderts das Verb ›rauchen‹ aufkam: ›Tabak trinken‹ oder ›Tabak saufen‹. Vgl. Hengartner: Tabakkonsum und Rauchen, S. 118: »Die erste Nennung der vom Substantiv ›Rauch‹ abgeleiteten Verbalform ›rauchen‹ findet sich im ersten Berner Tabakmandat von 1659 [...].« – Ein Faksimile der Titelseite von Jakob Baldes Anti-Raucher-Pamphlet *Die Truckene Trunckenheit*, Nürnberg 1658, findet sich bei Gilman / Zhou: Introduction, S. 14.

[21] Mann: Der Zauberberg, S. 76 f.

[22] »Als sein Neffe Harry siebzehn war, bot ihm Freud eine Zigarette an, und als Harry ablehnte, sagte sein Onkel: ›Mein Junge, Rauchen ist eine der größten und billigsten Vergnügungen im menschlichen Leben, und wenn du von vornherein beschließt, nicht zu rauchen, so kann ich dich nur bedauern.‹« Gay: Freud, S. 195.

[23] »Rauchen läßt sich nicht entbehren, wenn man nichts zum Küssen hat«, schreibt Freud am 22. Januar 1884 seiner Verlobten Martha Bernays, zit. nach ebd., S. 52.

[24] Freud an Wilhelm Fließ, 22. Dezember 1896, zit. nach ebd., S. 196.

[25] Diese Vorstellung findet sich gleich zu Beginn von Italo Svevo: *La coscienza di Zeno. Zenos Gewissen*, zweisprachige Ausgabe, aus dem Italienischen von Barbara Kleiner, mit einem Essay von Wilhelm Genazino, Frankfurt a. M. [1]2007, S. 26 f.: »Il dottore prescrisse il letto e l'assoluta astensione dal fumo. Ricordo questa parola assoluta! Mi ferì e la febbre la colorì: Un vuoto grande e niente per resistere all'enorme pressione che subito si produce attorno ad un vuoto.« »Der Doktor verordnete Bettruhe und absolutes Rauchverbot. Ich erinnere mich an dieses Wort *absolut!* Es traf mich tief, und das Fieber malte es aus: eine große Leere und nichts, um dem enormen Druck standzuhalten, der sofort rings um eine Leere entsteht.«

[26] »Ich habe das Rauchen völlig aufgegeben, nachdem es mir genau 50 Jahre lang als Schutz und Waffe im Kampf mit dem Leben gedient hat. Ich bin also jetzt wohler als vorhin, nicht glückli-

Dabei ist das Erkenntnisinteresse der vorliegenden Ausführungen ein doppeltes: Zum einen geht es um einen metaphorologischen oder topologischen Entwurf einer Medientheorie des Rauchens, zum anderen um eine Lektüre von Thomas Manns Novelle *Mario und der Zauberer*[27], die einige Facetten des Textes neu beleuchten möchte. Damit aber sind zwei Seiten ein und derselben Medaille benannt, enthält doch der *Mario* – so die Grundannahme – selbst eine implizite Medientheorie des Rauchens. Da sich diese implizite Theorie, so das Argument, historisch und phantasmatisch aus derselben Quelle speist wie die Psychoanalyse – dem Mesmerismus nämlich –, zeigt sich am Ende, worin die konzeptuellen oder auch phantasmatischen Gemeinsamkeiten von Rauchen und Psychoanalyse liegen – aber auch, warum bestimmte Aspekte des Rauchens der Psychoanalyse nicht ins Bild passen.[28]

Rauch als Medium. Auto-Affektion: Derrida, Allo-Affektion: Carmen

Was die von Hans Castorp benannte, durch den Rauch vermittelte ›Geborgenheit‹ und seinen ›Schutz‹ angeht, handelt es sich um einen alten Topos. Für Immanuel Kant etwa war »die glücklichste Stunde in jedem Tage [...] diejenige, in welcher er sich [...] die Pfeife zurecht macht, stopfet, anstecket, raucht«: »Dies ist die Zeit der Visionen, wo er in einer wohltuenden Abspannung von ernsten Geschäften leicht und bewegt lebt.«[29] Johann Wolfgang von Goethe wiederum hatte wohl kaum Kant im Sinn, als er – allerdings nach nicht eben zuverlässig wirkender Überlieferung – dekretierte: »Das Rauchen macht dumm; es macht unfähig zum Denken und Dichten«, und »nur für Müßiggänger« und »faule[.] Türken« sei der »behagliche Augenblick der Dampfwolke, den sie in die Luft blasen, eine geistvolle Unterhaltung«.[30]

---

cher«, schreibt Freud am 8. Mai 1930 an Lou Andreas Salomé, zit. nach Gay: Freud. Eine Biographie für unsere Zeit, S. 644.

27 Thomas Mann: *Mario und der Zauberer. Ein tragisches Reiseerlebnis*, in: Ders.: *Gesammelte Werke in 13 Bänden*, Frankfurt a. M. ²1974, Bd. VIII: *Erzählungen / Fiorenza / Dichtungen*, S. 658-711. Dieser Band wird künftig im fortlaufenden Text mit einfacher Seitenzahl nachgewiesen.

28 Für die hier nur genannten, aber nicht erläuterten Begriffe von Metaphorologie und Topologie, den Begriff des Phantasmas und das Verhältnis von Theorie und Lektüre oder Interpretation gelten im Grundsatz die methodologischen Ausführungen in Stefan Börnchen: *Kryptenhall. Allegorien von Schrift, Stimme und Musik in Thomas Manns »Doktor Faustus«*, München 2006, S. 13-73.

29 Wolfgang Rizel: *Immanuel Kant. Eine Biographie*, Berlin 1985, S. 333.

30 Es handelt sich um Goethe-Worte, die angeblich Heinrich Luden gegenüber Karl Ludwig von Knebel wiedergegeben hat. Luden schreibt: »Goethe verwirft Rauchen und Schnupfen. [...] Das Rauchen, sagt er, macht dumm; es macht unfähig zum Denken und Dichten. Es ist auch nur für Müßiggänger, für Menschen, die Langeweile haben, die ein Drittheil des Lebens verschlafen, ein Drittheil mit Essen, Trinken und anderen nothwendigen oder überflüssigen Dingen hindudeln, und alsdann nicht wissen, obgleich sie immer vita brevis sagen, was sie mit dem letzten Drittheil anfangen sollen. Für solche faulen Türken ist der liebevolle Verkehr mit den Pfeifen und der behagliche Anblick der Dampfwolke, die sie in die Luft blasen, eine geistvolle Unterhaltung, weil sie ihnen über die Stunden hinweg hilft. Zum Rauchen gehört auch das Biertrinken, damit der erhitzte Gaumen wieder abgekühlt werde. Das Bier macht das Blut dick und verstärkt zugleich die Berauschung durch den narkotischen Tabacksdampf. So werden die Nerven abgestumpft und das Blut bis zur Stückung verdickt. Wenn es so fortgehen sollte, wie es den Anschein hat, so wird man nach zwei oder drei Menschen-Alter schon sehen, was diese Bierbäuche und Schmauchlümmel aus

Genau dies jedoch war der Anblick einer Tabakdampfwolke, Goethes Verdikt zum Trotz, für Friedrich Schiller oder eben für E.T.A. Hoffmann, der – wie schon erwähnt – Rauch- und Dampfwolken nicht nur immer wieder beschreibt, sondern sie, sich selbst im Mittelpunkt, auch häufig zeichnet.

Zweierlei Aspekte sind nun zu unterscheiden, die sowohl bei Kants Lob als auch bei Goethes Verdammung des Rauchens mitklingen: zum einen die Wirkung des Tabakrauchs als Narkotikum und als – je nach Einschätzung der geistigen Tätigkeit hilfreiches oder abträgliches – »Nerven«-Gift,[31] zum anderen die materielle oder mediale Eigenart des Tabakrauches, dass er zumindest in Mund und Nase, im Falle von Zigarettenrauch auch in die Lunge eingeatmet wird,[32] wobei man sich gegen das Mit- oder Passivrauchen genauso wenig wehren kann wie gegen das Mithören von Musik oder Lärm, da ein ›Wegatmen‹ so unmöglich ist wie ein Weghören. Das hat schon Kant bemerkt – dabei aber als passionierter Raucher nicht den Vergleich zum Tabak gezogen, sondern als ebenso passionierter Nicht-Preziöser den Vergleich zum, jedenfalls im weiteren Sinne des Nasen-Rachen-Raumes, ebenfalls oral wirkenden Parfum. Im § 53 der *Kritik der Urteilskraft* schreibt er:

> [D]er Musik [hängt] ein gewisser Mangel der Urbanität an, daß sie, vornehmlich nach Beschaffenheit ihrer Instrumente, ihren Einfluß weiter, als man ihn verlangt (auf die Nachbarschaft), ausbreitet und so sich gleichsam aufdringt, mithin der Freiheit andrer, außer der musikalischen Gesellschaft, Abbruch tut; welches die Künste, die zu den Augen reden, nicht tun, indem man seine Augen nur wegwenden darf, wenn man ihren Eindruck nicht einlassen will. Es ist hiemit fast so wie mit der Ergötzung durch einen sich weit ausbreitenden Geruch bewandt. Der, welcher sein parfümiertes Schnupftuch aus der Tasche zieht,

Teutschland gemacht haben. An der Geistlosigkeit, Verkrüppelung und Armseligkeit unserer Literatur wird man es zuerst bemerken, und jene Gesellen werden dennoch diese Misere höchlich bewundern. [...] Aber es liegt auch in dem Rauchen eine arge Unhöflichkeit, eine impertinente Ungeselligkeit. Die Raucher verpesten die Luft weit und breit und ersticken jeden honneten Menschen, der nicht zu seiner Vertheidigung zu rauchen vermag. Wer ist denn im Stande, in das Zimmer eines Rauchers zu treten, ohne Übelkeit zu empfinden? wer kann darin verweilen, ohne umzukommen?« Heinrich Luden: *Rückblicke in mein Leben. Aus dem Nachlasse*, Jena 1847, S. 90 f.

31 Vgl. das Goethe-Zitat in der voranstehenden Anmerkung.

32 Die Nikotinaufnahme über die Lunge kommt bei der Zigarette mit dem Wechsel von Orienttabak zu »American Blend«: »Hergestellt wurden die Zigaretten in Deutschland lange Zeit ausschließlich aus so genanntem Orient-Tabak, einer Untersorte, die vor allem in Griechenland, der Türkei und Bulgarien angebaut wurde. In den USA verwendeten die Produzenten jedoch schon nach dem Ersten Weltkrieg zunehmend die dort angebauten Virginia- und Burley-Tabake und entwickelten die ›American-Blend‹-Zigarette mit nur geringem Orient-Anteil. Wichtig für den Konsum war dabei das neue Trocknungsverfahren für die Tabakblätter, mit dem sich deren chemische Zusammensetzung änderte: Der Rauch des verbrannten Tabaks war nun nicht mehr – wie beim Orient-Tabak und prinzipiell allen Zigarren- und Pfeifentabaken – alkalisch, sondern sauer. Daher konnte der Wirkstoff Nikotin nicht mehr wie bisher über die Mundschleimhaut, sondern nur noch über die Lungen aufgenommen werden. Eine solche Zigarette schmeckt aufgrund von starken Aromazusätzen nicht unbedingt schärfer, ist aber deutlich reichhaltiger als eine der milder wirkenden Orient-Zigaretten. Noch bis zum zweiten Weltkrieg wurden in Deutschland zu über neunzig Prozent Zigaretten aus Orient-Tabak geraucht. Danach setzte sich innerhalb weniger Jahre auch hier die American Blend durch: [...] schon 1950 hatte die klassische Orient-Zigarette in Deutschland nur noch einen Marktanteil von drei Prozent.« »Zur Konsumgeschichte des Tabaks«, in: Stefan Rahmer / Museum der Arbeit (Hg.): *Werbewelten made in Hamburg. 100 Jahre Reemtsma*, Hamburg 2010, S. 13.

> traktiert alle um und neben sich wider ihren Willen und nötigt sie, wenn sie atmen wollen, zugleich zu genießen; daher es auch aus der Mode gekommen ist.[33]

Beide hier genannten Aspekte des Rauchens – der Rauch als Gift und der Rauch als, wie Parfum, materiell in den Körper eindringendes Medium (aber im Gegenteil zum Parfum auch den Körper in Teilen wieder verlassendes Medium!) – haben miteinander zu tun; das Nikotin des Tabakrauches gelangt nun einmal durch das Einatmen zu den Schleimhäuten und durch sie in das Blut. Dennoch geht es im Folgenden nicht um die mit dem Rauchen verbundene Diskussion um den Tabak als Gift,[34] sondern ausschließlich um den medialen Aspekt des Rauchens, seine Begriffe und Metaphern, seine Tradition und phantasmatische Besetzung.

Wie also bewirkt das Rauchen all das Gesagte: ›Behaglichkeit‹ (Goethe) und ›Geborgenheit‹ (Castorp), ›Abspannung vom Ernst des Lebens‹ (Kant) und ›Schutz‹ davor (Freud)? Ein Hinweis auf eine Antwort zu dieser Frage findet sich bei Jacques Derrida. In seinem Buch *Falschgeld. Zeit geben I* schreibt Derrida – auch er ein häufig mit der Pfeife portraitierter Raucher –, indem er an ein eher beiläufiges Motiv in Charles Baudelaires kurzer Geschichte »Das falsche Geldstück« anknüpft:

> *Was ist Tabak?[...] Augenscheinlich* ist er Gegenstand eines reinen und luxuriösen Genusses. *Dem Anschein nach* entspricht dieser Verzehr keinem natürlichen Bedürfnis des Organismus. Es ist ein reiner und luxuriöser, grundloser [gratuite] und folglich kostspieliger Verzehr, eine Verausgabung auf Nimmerwiedersehen [à fonds perdu], die eine Lust erzeugt, eine Lust, die man sich auf dem Wege einer Zuführung *gibt,* die der Auto-Affektion am nächsten steht: der Stimme oder Oralität.[35]

Rauchen als, wie es an anderer Stelle heißt, »rein autoaffektive[s] Vergnügen, ganz ähnlich wie die Stimme und ihr ganz nahe«[36]: das ist Derridas Erklärung für die Lust am Rauchen. Derrida sieht also im Tabakrauch und der Stimme mehr Gemeinsamkeiten als nur den gemeinsamen Oberbegriff der »Oralität«, und das ist vor dem Hintergrund seines Buches *Die Stimme und das Phänomen* zu verstehen. Einer der zentralen Thesen dieses Buches zufolge »[simuliert] die Stimme die Wahrung der Gegenwärtigkeit«,[37] also einer Gegenwärtigkeit oder Präsenz von »Sinn« – so Derrida –, in der ein *»Gegenstand[ ]«* oder Objekt der Welt der *»Innerlichkeit«* des Subjekts »verfügbar« wird –[38] dies allerdings insofern nur »simuliert«, als es sich ja genau genommen bloß um einen *Echo*-Effekt – eben eine »Auto-Affektion« – der Innerlichkeit handelt, ein *»Sich[-selbst-] Sprechen-[H]ören«*: deshalb auch Derridas

---

[33] Immanuel Kant: *Kritik der Urteilskraft*, hg. von Karl Vorländer, Hamburg [7]1990, S. 187.
[34] Vgl. Anm. 16 und zum mit dem Gift verbundenen Vorstellungskomplex des Rausches Alexander Kupfer: *Die künstlichen Paradiese. Rausch und Realität seit der Romantik. Ein Handbuch*, Stuttgart / Weimar 1996.
[35] Derrida: Falschgeld, S. 141 f.
[36] Ebd., S. 137.
[37] Jacques Derrida: *Die Stimme und das Phänomen*, Frankfurt a. M. [1]2003, S. 25 (alle Kursivierungen im Original).
[38] Derrida: Die Stimme und das Phänomen, S. 101.

gleichermaßen ›Metaphysik‹- wie ›Phonozentrismus‹-kritischer Satz: *»Die Geschichte der Metaphysik ist das absolute Sich-sprechen-hören-wollen.«*[39] So gesehen, liegt der Fehler der ›Metaphysik‹ also Derrida zufolge darin, die eigene *Auto-* für die *Allo-Affektion* durch die Welt und ihre Objekte zu halten – eine Welt, die, wie Echo in Ovids *Metamorphosen,* zwar »nie eine Antwort schuldig bleibt«, aber auch »nie als erste sprechen kann«, weil es sich nur um »die Stimme des Widerhalls« handelt.[40]

Salopp ausgedrückt heißt das: *philosophisch* ist – wohlgemerkt: Derrida zufolge! – die Betätigung der Stimme jenes Pfeifen im ontologischen oder, wie Jochen Hörisch sagen würde: ontosemiologischen Walde, das Derrida als ›metaphysischen‹ Trieb denunziert – vorausgesetzt, der Wald kann dabei wie das Meer oder die Wüste als Metapher für die angeblich philosophisch unerträgliche existentielle Leere stehen. *Psychologisch* entspräche dem gewissermaßen das Paffen des Agoraphobikers auf der leeren Piazza, das gegen den von ihrer Leere induzierten *horror vacui* mit dem Rauch wenigstens die Versicherung einer – zwar selbstverbreiteten, aber gerade deshalb vertrauten und schützenden – Atmosphäre setzt, die die Leere füllt und damit bannt.

Aus dem Gesagten soll sich ergeben, dass *Derridas Theorie der* oral, sei es über die Stimme oder den Rauch, erfolgenden *Auto-Affektion,* die gleichermaßen »Vergnügen« wie – wenn auch, Derrida zufolge, nur ›metaphysisch‹-trügerische – existentielle philosophische Selbstvergewisserung stiftet, *eine Theorie der Materialität oder Medialität* ist. Die beiden ihr zugrundeliegenden Vorstellungen sind für die *Stimme* die der *Resonanz,*[41] wie sie etwa in der musikalischen Affektenlehre des 18. Jahrhunderts prominent ist, für das *Rauchen* hingegen die von *›Verzehr‹, ›Verausgabung‹* und *›Zuführung‹*[42] – und um diese letztgenannte Vorstellung geht es im Folgenden.

Dabei ist diese mit der reinen Materialität des Rauches – und nicht mit seiner narkotischen Wirkung – verbundene Vorstellung, wohl im Unterschied zu Derridas Philosophie, durchaus nicht nur der esoterischen Kulturtheorie bekannt; vielmehr handelt es sich geradezu um einen medizinsoziologischen Gemeinplatz. So heißt es zum Beispiel in einem vom Ludwig-Boltzmann-Institut für Medizin- und Gesundheitssoziologie herausgegebenen Bericht zum Rauchen bei Jugendlichen:

> Das Rauchen hat sich [...] besonders in Krisenzeiten wie Krankheitsepidemien und Kriegen enorm verbreitet, sodass angenommen werden kann, dass eine Funktion des Rauchens darin besteht, Angst zu lindern und gleichzeitig Ventil für aufgestaute Aggressionen zu sein [...]. In Zeiten der Verunsicherung, Halt-

---

39 Ebd., S. 138.

40 Die lateinische Formulierung lautet »vocalis nymphe, quae nec reticere loquenti / ne prius ipsa liqui didicit, resonabilis Echo.« Ovid (Publius Ovidius Naso): *Metamorphoseon libri quindecim. Metamorphosen in fünfzehn Büchern*, übersetzt und hg. von Michael von Albrecht, Stuttgart 1994, S. 148 f.

41 So auch wörtlich schon bei Ovid. Vgl. die vorausstehende Anmerkung.

42 Vgl. das Zitat zu Anm. 35.

> losigkeit und Aggression vermag die Zigarette die Illusion von Halt und Sicherheit vermitteln und bietet ein Ventil, um ›Dampf abzulassen‹.[43]

Man mag diese Formulierung komisch finden – ist doch hier auf stilistisch ohnehin schon ungelenke Art mit Anführungsstrichen eine Metapher markiert, die auch noch im gegebenen Zusammenhang gar keine Metapher ist. Literaturwissenschaftlich brauchbar mag die Analyse insofern sein, als sie wie gemünzt auf all die geradezu manischen Raucher der deutschsprachigen Pop-Literatur der 1990er Jahre wirkt, etwa den permanent rauchenden Erzähler in Christian Krachts *Faserland.* Jedenfalls fährt die Boltzmann-Institut-Studie fort: »Weiters wird das Rauchen auch als soziales Quasi-Ritual bezeichnet, dass das Gefühl von Zugehörigkeit, Kontaktaufnahme, Integration und Anpassung vermittelt[,]«[44] und man kann sich wohl diese der »Haltlosigkeit« entgegengesetzte »Illusion von Halt und Sicherheit«, mit Derrida ins Philosophische gewendet, ganz ähnlich vorstellen wie die von Derrida so genannte ›Illusion der Wahrung der Gegenwärtigkeit‹. Für diese Vergleichsmöglichkeit spricht jedenfalls, dass auch Derrida das in der Boltzmann-Institut-Studie so genannte »soziale[.] Quasi-Ritual« beschreibt, das ein »Gefühl von Zugehörigkeit« vermitteln soll. Derrida tut das unter Rückgriff auf die Etymologie des Wortes ›Symbol‹ und die damit evozierte Vorstellung eines symbolontischen Curriculums:[45]

> Der Tabak ist ein Symbol für d[as] Symbolische, anders gesagt für das Engagement, die geschworene Treue oder den Bund, der beide Parteien bindet, wenn sie, die beiden Scherben des *σύμβολον* unter sich aufteilend, wechselseitig geben, tauschen, sich verpflichten sollen. Der Tabak symbolisiert das Symbolische: Er scheint zugleich aus einem Verzehr (Zuführung) und einer rein verausgabenden Vergeudung zu bestehen, von der nichts Natürliches übrigbleibt. Daß aber davon nichts Natürliches übrigbleibt, bedeutet nicht im Gegenteil, daß davon nichts Symbolisches übrigbleibt.[46]

---

[43] *Partizipative Strukturen in der Schule und die Gesundheit von Jugendlichen im Alter von 11, 13 und 15 Jahren. Endbericht*, hg. vom Ludwig-Boltzmann-Institut für Medizin- und Gesundheitssoziologie, Wien 2002, S. 14, in: http://lbimgs-archiv.lbg.ac.at/berichte/hbsc18.pdf [22.5.2011].

[44] Ebd., S. 15. Die zugrundeliegende Vorstellung ist wohl die physische Berührung durch den Rauch – im einladenden, aber auch in jenem aggressiv abwehrenden Sinne, den Goethe so deutlich empfunden haben soll (vgl. Anm. 30): »Zum Aggressions- Ventil wurde die Zigarette nicht nur für die Soldaten (die zu den am häufigsten rauchenden Berufsgruppen zählen), sondern auch für die unter der Entwicklung der Massenindustrialisierung unter Druck geratene Arbeiterklasse. [...] Eine weitere Funktion des Rauchens besteht darin, in Stresssituationen Signale der Abgrenzung, der Abweichung und sogar des Rebellentums zu setzen.« (Ebd., S. 14).

[45] Der Begriff ›Symbol‹ weist etymologisch zurück auf den »antiken Gastfreundschaftsbrauch der *tessera hospitalis [...].* Der Gast erhielt als Erinnerungs- und Erkennungszeichen die Hälfte eines Ringes, genannt *symbolon* [›Hälfte‹, ›Teilstück‹]. Die Bruchstellen der Hälften manifestieren als ›symbolontisches Relief‹ die spiegelbildliche Entsprechung und wechselseitige Abhängigkeit. Durch den Vorgang des *symballein,* des ›Zusammenfügens‹ der Teilstücke, wiesen sich Gastfreunde [...] voreinander aus. Der Aspekt des Erkennens, das ein Wiedererkennen ist, charakterisiert den Vorgang des ›symbolontischen Rekurses‹. Das ›symbolontische Curriculum‹ besteht [...] aus den drei Phasen: Ganzheit – Chiasma [›Trennung in Hälften‹] – Rekurs (Wiedervereinigung).« Achim Aurnhammer: *Androgynie. Studien zu einem Motiv in der europäischen Literatur*, Wien / Köln / Weimar 1986, S. 3.

[46] Derrida: Falschgeld, S. 147 f.

Derrida wie auch die zitierte medizinsoziologische Studie beschreiben also zum einen die, wenn man so will: subjektive Auto-Affektion und Selbstvergewisserung des Rauchens, bei der der Rauch ähnlich wirkt wie im Falle der Stimme das Echo. Zum anderen benennen sie beide den, wenn man noch einmal so will: intersubjektiven allo-affektiven oder auch ›symbolischen‹ Effekt des Rauchens – eben das Rauchen als Kontaktaufnahme (die jedoch im Echo-analogen Falle, ob bewusst oder unbewusst, nur eine Kontaktaufnahme mit sich selbst ist).

Es sei erwähnt, aber nicht weiter ausgeführt, dass sich in Derridas hier skizzierter äußerst knapper und nicht weiter entfalteter Rauchtheorie mehrere Aspekte überlagern, die konzeptuell zu trennen sind: Die Auto-Affektion durch die Stimme etwa ist eine andere theoretische Vorstellung als der ›verzehrte‹ Tabak, mit dessen ›luxuriöser Verausgabung‹ in Form des Rauches Derrida am Ende auf die Gabe und ihre quasi-magische Rückkehr zum Gebenden im Sinne Marcel Mauss' hinauswill – daher auch diese Ausführungen zum Rauchen in einem Buch über Geld.[47] Dieses von der Echo-Vorstellung zu unterscheidende, aber doch gleichermaßen auto-affektive Theorem ist wiederum eine ganz andere Vorstellung als die von der allo-affektiven symbolischen Vereinigung. Gemeinsam aber ist allen drei hier genannten Vorstellungen, dass sie den *Rauch* als *materielles Medium* begreifen.

Was die intersubjektive Kontaktaufnahme durch und Vereinigung im Rauch angeht, findet sich eines der berühmtesten Beispiele in Prosper Merimées Erzählung *Carmen*. Der Ich-Erzähler wandert abends rauchend durch Córdoba und trifft dabei auf Carmen. Er erzählt:

> Je jetai mon cigare aussitôt. Elle comprit cette attention d'une politesse toute française, et se hâta de me dire qu'elle aimait beaucoup l'odeur du tabac, et que même elle fumait, quand elle trouvait des *papelitos* bien doux. Par bonheur, j'en avais de tels dans mon étui, et je m'empressai de lui en offrir. Elle daigna en prendre un, et l'alluma [...]. Mêlant nos fumées, nous causâmes si longtemps, la belle baigneuse et moi, que nous nous trouvâmes presque seuls sur le quai.[48]

Rauchend kommen sich die beiden nahe, und im Rauch – »[m]êlant nos fumées« – verschmelzen sie metaphorisch.[49] Ganz ähnlich verschmilzt später George Bizets Carmen mit Don José im Gesang: ein weiterer Beleg für die hier am Beispiel Jacques Derridas skizzierte materiell-mediale Affinität von, mit Goethes berühmtem Wort, »Schall und Rauch«[50] – jene nach Kants Beobachtung geradezu penetrante

---

[47] Marcel Mauss spricht von einer »Kraft der Dinge«, deren Analyse beweisen soll, »daß den beim Potlatsch ausgetauschten Sachen eine bestimmte Kraft innewohnt, die sie zwingt, zu zirkulieren, gegeben und erwidert zu werden.« Marcel Mauss: »Die Gabe. Form und Funktion des Austauschs in archaischen Gesellschaften«, in: Ders.: *Soziologie und Anthropologie 2*, München 1975, S. 9-144, S. 80. Vgl. auch das Mauss-Zitat zu Anmerkung 98.

[48] Prosper Mérimée: »Carmen«, in: Ders.: *Œuvres complètes. Carmen. Arsène Guillot. L'abbé Aubain*, établi et annoté avec une introduction par Auguste Dupouy, Préface de Gérard D'Houville, Paris 1927, S. 1-95, S. 22.

[49] Ein Verweis auf diese Stelle findet sich bei Dolores Mitchell: »Women and Nineteenth-Century Images of Smoking«, in: Gilman / Zhou: Smoke: A Global History of Smoking, S. 294-303, S. 299.

[50] Johann Wolfgang Goethe: *Faust. Eine Tragödie*, hg. und kommentiert von Albrecht Schöne, Bd. 1: *Texte*, Frankfurt a. M. / Leipzig 2003, S. 149 (Vers 3457).

Affinität, die wohl auch den Raucher und, was seine theatralen Mittel anging, nicht eben zimperlichen Schaubühnen-Didaktiker Bert Brecht von einem »Rauchtheater« träumen ließ.[51]

All diese Zusammenhänge, das sollte hier gezeigt werden, sind schon zu Beginn des *Zauberbergs* im Motivkomplex des Rauchens angelegt. Während sich dann jedoch der *Zauberberg* vor allem auf die phallische Zigarre zu konzentrieren scheint, entwickelt eine andere Erzählung Thomas Manns literarisch eine elaborierte Theorie vom Rauchen als einem materiellen Medium. Es handelt sich um die 1930, nur wenige Jahre nach Abschluss des *Zauberbergs,* veröffentlichte Novelle *Mario und der Zauberer*, einen Text, den man wohl mit Recht als eine Raucher-Novelle bezeichnen kann, oder genauer noch: als Zigaretten-Raucher-Novelle, spielen doch in diesem Text Zigarren oder die phallische Konnotation von Rauchwerk (wenn ich recht sehe) keine oder jedenfalls keine prominente Rolle – wozu es passen mag, dass auch das Ende der Novelle mit der Erwähnung einer »kaum pistolenförmige[n] Maschinerie« (S. 711) ohne ein *smoking gun* auskommt, das seinen Namen zu Recht trüge.

Kein Rauch ohne Feuer, kein Feuer ohne Treibstoff: Rauchen im *Mario*

Bevor Cipolla mit einer halben Stunde Verspätung auftritt – »Er ließ auf sich warten« (S. 673), kommentiert der »gereizt[e]« (S. 664) Erzähler, der sein Publikum selbst bis zum Ende des ersten Drittels seiner Erzählung auf den immerhin titelgebenden Cipolla warten lässt –, haben schon einige seiner »Utensilien« einen kurzen Auftritt, der zwar nur »zwei Sekunden« dauert, aber dem Erzähler doch erwähnenswert ist:

> Cipolla ließ auf sich warten. [...] Gegen halb zehn Uhr [...] [ertönte] [e]in Gongschlag [...], und die Gardine ging auseinander. Sie enthüllte ein Podium [...], im Hintergrunde[.] [war] ein Rundtischchen zu sehen, auf dem eine Wasserflasche mit Glas und, auf besonderem Tablett, ein Flakon von hellgelber Flüssigkeit nebst Likörgläschen standen. Man hatte noch zwei Sekunden Zeit, diese Utensilien ins Auge zu fassen. Dann, ohne daß das Haus sich verdunkelt hätte, hielt Cavaliere Cipolla seinen Auftritt. (S. 673 f.)

Einmal aufgetreten, tut Cipolla dreierlei: er zieht seine Handschuhe aus, blockiert damit das offenbar überflüssige und im weiteren Verlauf der Geschichte nicht mehr erwähnte Wasserglas und steckt sich eine Zigarette an.

> An der Rampe stehend und sich mit lässigem Zupfen seiner Handschuhe entledigend [...], ließ er seine kleinen strengen Augen [...] musternd durch den Saal schweifen [...] – verkniffenen Mundes, ohne ein Wort zu sprechen. Die zusammengerollten Handschuhe warf er mit ebenso erstaunlicher wie beiläufiger Geschicklichkeit über eine bedeutende Entfernung hin genau in das Wasserglas auf dem Rundtischchen und holte dann, immer stumm umherblickend, aus ir-

---

[51] »Brecht hatte schon seit Jahren die Idee eines Rauchtheaters. Eines einfachen Theaters, wo die Zuschauer rauchen und trinken wie im Varieté.« Herbert Ihering: [Rez.] »Bertold Brecht: Baal«, in: *Berliner Börsen-Courier,* 15.2.1926, zit. nach: Sabina Becker: *Neue Sachlichkeit*, Bd.1: *Die Ästhetik der neusachlichen Literatur [1920–1933]*, Köln 2000, S. 242 f., hier: S. 242.

> gendwelcher inneren Tasche ein Päckchen Zigaretten hervor [...], zog mit spitzen Fingern eine aus dem Bündel und entzündete sie, ohne hinzusehen, mit einem prompt funktionierenden Benzinfeuerzeug. Den tief eingeatmeten Rauch stieß er, arrogant grimassierend, beide Lippen zurückgezogen,[52] [...] als grauen Sprudel zwischen seinen schadhaft abgenutzten, spitzigen Zähnen hervor. [...] [Wortlos dastehend, tat er] immer noch nichts [...], als dem Publikum lässig und wichtig seine Zigarette vorzurauchen. (S. 675 f.)

Zunächst einmal, das ist offensichtlich, ›verkneift‹ Cipolla den Mund, hält ihn also so lange geschlossen, bis er ihn öffnet, um so den Rauch seiner Zigarette in den Raum auszustoßen. Dieses ›Vorrauchen‹, also demonstrative Rauchen, qualifiziert der Erzähler als ›arrogantes‹, ›lässiges‹ und ›wichtiges‹ Tun: deutlicher ließe sich dem Publikum in Cipollas Vorstellung, aber auch dem Lesepublikum der Novelle wohl kaum demonstrieren, wie – wörtlich! – »wichtig« hier das Rauchen ist.[53]

Warum aber entzündet Cipolla seine Zigarette nicht mit irgendeinem, sondern ausgerechnet mit einem »Benzinfeuerzeug«? Das wirkt ja auf den ersten Blick wie eine unnötig detailliert wirkende Information, und vielleicht könnte man meinen, dass es sich um einen »Wirklichkeitseffekt« handelt, wie ihn Roland Barthes beschrieben hat.[54] Dann wiederum ist noch eine andere Erklärung denkbar, hängen doch, wie es etwa im *Handwörterbuch des deutschen Aberglaubens* heißt, »Feuer und R[auch] [...] nicht nur im natürlichen Vorgang der Verbrennung unlösbar zusammen, sondern sind auch in der Ebene des sinnbildlichen, magischen, religiösen« oder literarischen »Denkens nicht voneinander zu trennen.«[55] Das aber heißt, dass das »Benzin« nicht nur klarmacht, welcher Art das mit dem Feuerzeug produzierte Feuer ist, sondern zugleich einen Hinweis auf den damit zusammenhängenden Rauch gibt – eben dass auch dieser Rauch einen, wenn man so sagen kann, Treibstoff benötigt: und den liefert nicht so sehr der mit den Zigaretten verbrannte und in

---

[52] »Cipollas Grimasse beim Rauchen ist die eines Totenschädels«, so Bernd Hamacher: *Thomas Mann: Mario und der Zauberer. Erläuterungen und Dokumente*, Stuttgart 2006, S. 20. Der rauchende Totenschädel ist ikonografisch reich belegt; er findet sich etwa auf der Titelseite von Jakob Baldes *Truckener Trunckenheit* (vgl. Anm. 20) oder auf der Karikatur mit dem Titel »Aschermittwoch« von Knut Hansen; abgebildet bei Gilman / Zhou: Introduction, S. 27. Vincent van Gogh hat 1885 einen »Schädel mit brennender Zigarette« gemalt; Abbildung bei Benno Tempel: »Symbol and Image: Smoking in Art since the Seventeenth Century«, in: Gilman / Zhou: Smoke: A Global History of Smoking, S. 206-217, hier: S. 212.

[53] Darin liegt vermutlich auch der Unterschied zu Thomas Buddenbrooks *en passant* als Detail erwähnter Art, beim Sprechen den Rauch aus der Lunge hervorsprudeln zu lassen – einer »schlimme[n] Gewohnheit«, mit der, im Unterschied zu Cipollas Rauchen, wohl eher die Assoziationen von Sucht, Schwäche und Selbstvergiftung verbunden sind: »Die Cigaretten, diese kleinen, scharfen Dinger mit dem gelben Mundstück waren Toms Leidenschaft; er rauchte sie massenweise und hatte die schlimme Gewohnheit, den Rauch tief aus der Lunge zu atmen, so daß er beim Sprechen langsam wieder hervorsprudelte.« Thomas Mann: *Buddenbrooks. Roman*, hg. und textkritisch durchgesehen von Eckhard Heftrich unter Mitarbeit von Stephan Stachorski und Herbert Lehnert, in: Ders.: GKFA, Bd. 1.1, Frankfurt a. M. 2001, S. 127.

[54] Roland Barthes: »Der Wirklichkeitseffekt«, in: Ders.: *Das Rauschen der Sprache. Kritische Essays IV*, Frankfurt a. M. 2006, S. 164-173.

[55] Artikel »Rauch«, in: *Handwörterbuch des deutschen Aberglaubens*, hg. von Hanns Bächtold-Stäubeli, unter besonderer Mitwirkung von E. Hoffmann-Krayer und Mitarbeit zahlreicher Fachgenossen, Bd. VII, Berlin / Leipzig 1935/36, Sp. 521-526, hier: Sp. 521.

der Novelle kein einziges Mal erwähnte [!] Tabak, sondern vielmehr jener »Kognak« (S. 682 u. S. 685), der schon als »hellgelbe[.] Flüssigkeit«, in einem »Flakon« – man denkt vielleicht an Parfum – »auf besonderem [!] Tablett« stehend, seinen nicht nur eigenen, sondern eben ›besonderen‹ Auftritt hatte.[56]

Immer wieder also »[..]stärkt[.]« sich Cipolla (S. 686 u. S. 690), indem er »einen Kognak kippt[.]« (S. 685), um sich dann »eine frische Zigarette an[zu]zünd[en]« oder, nach der hier entwickelten Logik, überhaupt erst anzünden zu können – so verstanden wäre der Satz: »Der Cavaliere, gestärkt, hatte sich eine frische Zigarette angezündet« (S. 686) nicht lediglich als konsekutiver, sondern als kausaler Zusammenhang zu lesen.[57] »›Il boît beaucoup‹«, stellt »eine Dame« lakonisch fest (S. 685), und wenig später erkennt der Erzähler:

> In der Tat, er ›trank viel‹, und das war etwas schlimm zu sehen. Aber er brauchte Likör und Zigarette offenbar zur Erhaltung und Erneuerung seiner Spannkraft, an die, er hatte es selbst angedeutet, in mehrfacher Beziehung starke Ansprüche gestellt wurden. Wirklich sah er schlecht aus zwischenein, hohläugig und verfallen. Das Gläschen brachte das jeweils ins gleiche, und seine Rede lief danach, während der eingeatmete Rauch ihm grau aus der Lunge sprudelte, belebt und anmaßend. (S. 690)

Benzin, so lässt sich folgern, verhält sich also zu Feuer so wie Cipollas Kognak – eine wie Benzin »hellgelbe[ ] Flüssigkeit« – zu seinem Rauch: ganz so, als handelte es sich bei ihm um eine mit Flüssigtreibstoff befeuerte Dampfmaschine. Und so sagt der Erzähler ja auch ausdrücklich:

> Zwei Dinge spielten die Hauptrolle bei diesen Triumphen: das Stärkungsgläschen und die Reitpeitsche mit dem Klauengriff. Das eine mußte immer wieder dazu dienen, seiner Dämonie einzuheizen [!], da sonst, wie es schien, Erschöpfung gedroht hätte; [...] das andere [...] [ließ] [...] Empfindungen [...] einer [...] Unterwerfung [...] aufkommen [...]. (S. 697)

Das ist, ließe sich nun nach dem Gesagten einwenden, erzählerisch nicht ganz genau, vielleicht sogar – wie auch andernorts – unzuverlässig;[58] schließlich spielt das Rauchen eine so ›wichtige‹ Rolle, dass man wohl auch von einer Hauptrolle sprechen kann. Dann wiederum erwähnt die gerade zitierte Passage die Stärkungsglä-

---

[56] Klaus Müller-Salget zufolge endet die Novelle mit Kuss und Mord, weil Cipolla »nach allzu häufiger alkoholischer Stärkung gänzlich enthemmt [...] den Bogen überspannt« Klaus Müller-Salget: »Der Tod in Torre di Venere. Spiegelung und Deutung des italienischen Faschismus in Thomas Manns ›Mario und der Zauberer‹«, in: Ders.: *Literatur ist Widerstand. Aufsätze aus drei Jahrzehnten*, Innsbruck 2005, S. 89-104, hier: S. 98. Dieser Sicht folgt die hier entwickelte Deutung gerade nicht, indem sie sowohl beim Alkohol als auch beim Tabak von der toxisch-berauschenden Wirkung dieser Drogen absieht.

[57] So auch der Satzbeginn: »Cipolla, nachdem er ein Gläschen genommen und sich eine frische Zigarette angezündet [...].« (S. 701).

[58] So heißt es, eine »fünfstellige Summe« nähere sich »einer Million« (S. 687), was natürlich unmöglich ist; es handelt sich also bei dieser »erzählerische[n] Inkonsistenz« um ein »deutliches Distanzsignal an die Leserin, an den Leser« Hamacher: Thomas Mann: Mario und der Zauberer, S. 24.

schen ja ausdrücklich in ihrer Funktion als treibstoffartiger Nachschub für Cipollas ›Einheizen‹, also seine Befeuerung – und »›[w]o Feuer ist, ist auch R[auch].‹«[59]

Es liegt was in der Luft. Atmen, Zuhören, Passivrauchen

Ja, Cipollas Rauch liegt in der Luft der Novelle, und dabei ist er sogar motivisch schon lange, bevor Cipolla auftritt, präsent oder zumindest angekündigt: und zwar in jenem Geflecht der Motive von ›Atmosphäre‹, ›Luft‹ und ›Stimmung‹, das schon im ersten Satz der Erzählung angeknüpft wird. »Die Erinnerung an Torre di Venere ist atmosphärisch unangenehm« (S. 657), heißt es, und der nächste Satz fährt erläuternd fort:

> Ärger, Gereiztheit, Überspannung lagen von Anfang an in der Luft, und zum Schluß kam dann der Choc mit diesem schrecklichen Cipolla, in dessen Person sich das eigentümlich Bösartige der Stimmung auf verhängnishafte und übrigens menschlich sehr eindrucksvolle Weise zu verkörpern und bedrohlich zusammenzudrängen schien. (S. 658)

Kein Zweifel, der Text exponiert hier gleich zu Beginn den – sozusagen programmatisch ziemlich luftigen – Begriff der ›Stimmung‹, wie er zuletzt wieder – vor allem von Hans Ulrich Gumbrecht – intensiv diskutiert worden ist,[60] und man kann die gesamte Novelle als von diesem Begriff *bestimmt* lesen. Dann wiederum handelt Thomas Manns Erzählung nicht nur ausdrücklich von einer »schwer greifbar in der Luft liegend[en]« »öffentlichen Stimmung« (S. 666), sondern von ebenfalls schwer greifbar in der Luft liegendem – und von der bisherigen Forschung nicht ergriffenem – Rauch, und insofern lässt sich der gerade zitierte zweite Satz der Novelle auch als ausgesprochen raffinierte motivische Prolepse oder, wie die Thomas-Mann-Forschung gerne sagt: ›Vorausdeutung‹ verstehen. Dazu muss man ihn einfach wörtlich lesen: *›In‹* Cipolla »verkörpert« sich etwas, *›in‹* ihm ›drängt sich etwas zusammen‹: was sollte das, wörtlich verstanden, anderes sein als der später immer wieder in seine Lungen »tief eingezogene[.]« (S. 682), ja: von ihm »verschl[u]ng[ene]« (S. 703) und dann wieder aus seinen Lungen »ausströmen[de]« Rauch (S. 682, 703)?

Sicher, Cipolla oder, wie es ausdrücklich heißt: die »Person« Cipollas ist selbst eine ›Verkörperung‹, aber er ist es in jener etymologischen und schon topischen Bedeutung des Wortes ›Person‹ – von lateinisch *per-sonare* –, die Martin Heidegger einmal als »die Maske des Schauspielers, durch die hindurch sein Sagen tönt«[61], definiert hat. Und gerade deshalb ist es nicht übertrieben zu sagen, dass sich nicht nur *metaphorisch* etwas *›in‹* ihm verkörpert, also dass *Cipolla selbst die Verkörperung ist,* sondern dass sich auch ganz *literal* etwas *›in‹* ihm verkörpert, dass also Cipolla gewissermaßen *das Behältnis einer Verkörperung ist:* des Rauches eben.

Wenn das so ist, dann ist erstens der Rauch die Verkörperung – man könnte auch sagen: Materialitäts-Allegorie – der in den ersten beiden Sätzen erwähnten

[59] Artikel »Rauch«, in: Handwörterbuch des deutschen Aberglaubens, Sp. 521.

[60] Vgl. Hans Ulrich Gumbrecht: *Stimmungen lesen. Über eine verdeckte Wirklichkeit der Literatur*, München 2011.

[61] Martin Heidegger: *Was heißt Denken, Vorlesung Wintersemester 1951/52*, Stuttgart 1992, S. 42.

Begriffe von ›Atmosphäre‹, ›Luft‹ und ›Stimmung‹. Und zweitens ist dann die ›Person‹ Cipolla mit seinem metonymisch über die »schadhaft[en]« und »spitzigen Zähne[ ]« (S. 675) genannten Mund nicht nur eine Maske, »durch die hindurch sein Sagen« tönt, sondern auch eine Maske, *durch die hindurch sein Rauch strömt.* So materialisiert sich im Rauch die seiner ›Person‹ innewohnende Stimme: Rauch ist hier also materialisierte *φωνή (phōnē),* materialisiertes *πνεῦμα (pneûma).*

Das aber ist nach den eingangs skizzierten, bei Derrida unter dem Oberbegriff der ›Oralität‹ verhandelten Zusammenhängen nicht verwunderlich. Derrida behauptet ja gerade, dass Rauch und Stimme einander nahestünden – ganz ähnlich wie in Goethes geflügeltem Wort vom »Schall und Rauch«. In der Tat sind – wie gesehen – beide, also Schall beziehungsweise Stimme und Rauch, auch in Thomas Manns Novelle in signifikanter Weise aneinander gekoppelt – und dies auch in Gestalt der Reitpeitsche.

Kurz bevor Cipolla zum ersten Mal redet und der Erzähler sofort kommentiert, dass Cipolla »mit ziemlich hoher, etwas asthmatischer, aber metallischer Stimme« spricht (S. 676), hat der Erzähler schon Cipollas »unpassenderweise« getragene Reitpeitsche erwähnt, eine »Reitpeitsche mit klauenartiger silberner Krücke« (S. 675). »Unpassend« mag sie mit Blick auf Cipollas zweifelhaften Stand als »Cavaliere« sein; ganz offensichtlich jedoch passt sie zu seinen Vorführungen, in deren »Triumphen« sie ja dem Erzähler zufolge eine »Hauptrolle« spielt. Außerdem passt das Silber der Peitsche zu Cipollas »metallischer Stimme«, und tatsächlich fungiert das Pfeifen der Peitsche – ihr Schall – immer wieder als Ergänzung oder Ersatz von Cipollas eigener Stimme. »[N]ur eines Luftstreiches der Peitsche bedurfte es«, um den willenlosen Jüngling tanzen zu lassen (S. 701), und nur »einmal« lässt Cipolla »seine Peitsche pfeifen«, da hört Sofronia Angiolieri nicht mehr auf die »Stimme des Gatten«, die »ohnmächtig verhallt[.]«, sondern folgt Cipolla, »dem ziehenden Verführer nach« (S. 699). Ja, »Peitschenhiebe und Befehle« (S. 702) Cipollas gehören zusammen, und zu den Hieben wiederum gehört das charakteristische Geräusch »diese[r] pfeifende[n] Ledergerte mit Klauengriff« (S. 703). Dieses Pfeifen aber ist ein den Lippen assoziiertes Geräusch. So teilt der Erzähler mit, nachdem Cipolla »seine Reitpeitsche [...] einmal kurz durch die Luft pfeifen« (S. 677) hat lassen:

> [I]ch erinnere mich, daß ich unwillkürlich mit den Lippen [!] leise das Geräusch nachahmte, mit dem Cipolla seine Reitpeitsche hatte durch die Luft fahren lassen. (S. 677 f.)[62]

Das Pfeifen der Peitsche ist also, im Umkehrschluss, ein quasi-labialer und damit auch quasi-oraler Laut und, so gesehen, in der Novelle neben der Stimme und dem Rauchen das dritte Element der ›Oralität‹. Und daher geht es, wie überall im Zusammenhang mit der ›Oralität‹, auch beim Pfeifen der Peitsche um eine ihm eigene Materialität – eine eigentümliche Materialität, die sich schon in der Beschreibung der Peitsche selbst artikuliert. Denn sie hat, wie der Text zweimal erwähnt, einen »Klauengriff« (S. 697, 703). Das ist doppeldeutig und kann zum einen einen Handgriff in Klauenform bezeichnen, zum anderen aber auch einen durch die Peitsche bewirkten klauenartigen Zugriff, also einen brutalen, möglicherweise verletzenden,

[62] Vgl. hierzu auch die Anmerkung 94.

penetrierenden Zugriff[63] – und genau darauf zielt ja Cipolla ab, wenn er »auf Schritt und Tritt« »die Berührung mit dem Publikum« sucht (S. 693).

Damit aber schließt sich der Bogen zum eingangs beschriebenen Rauchen: ist doch der Rauch, verstanden als allo-affektives oder intersubjektives Medium, auch ein Medium, das – sozusagen wie eine sanfte Klaue – ganz buchstäblich in den anderen eindringt: und zwar, im Unterschied zu einem ›durchdringenden Ton‹, nicht nur durch immaterielle Schwingungen[64], sondern ganz *materialiter*.

Der Rauch ist also in Thomas Manns »Mario«-Novelle, um das zuletzt Gesagte zusammenzufassen, dasjenige ›orale‹ materielle Medium, in dem sich Vorstellungen von in der ›Luft‹ liegender ›Stimmung‹ und ›Atmosphäre‹, vor allem aber von ›Stimme‹ im Sinne von *phōnē* und *pneûma*[65] konkretisieren beziehungsweise materialisieren. Rauch ist das alles durchdringende Medium der »Mario«-Novelle; mit seinem Rauch durchdringt oder penetriert Cipolla sein Publikum – weder mit einer

---

[63] Penetrierende Klauen besitzt im Œuvre Thomas Manns zum Beispiel der Hund Bauschan. Von ihm heißt es, dass er »mit seinen Klauen die Teppiche zerriß«, »mit den metallharten Klauen [...] den Boden [...] auf[reißt]« und, »die Klauen [...] in rasende[r] Tätigkeit«, Erd-»Schollen ab[reißt]«. Thomas Mann: »Herr und Hund. Ein Idyll«, in: Ders.: GW, Bd. VIII, S. 526-617, hier: S. 542, 587 u. S. 588, ähnlich auch S. 589. Verletzungsgefahr durch Klauen besteht, wenn, so berichtet Joseph, der Adler ihn »mit seinen Klauen« in den Himmel empor trägt und fragt: »›Halte ich dich gut, Knabe, und packe ich nicht allzu fest zu mit den unwiderstehlichen Klauen? [...]‹« (Thomas Mann: *Joseph und seine Brüder I*, in: Ders.: GW, Bd. IV, S. 461). Schließlich kann man auch, wenn nicht gerade in die »Klauen des Teufels« (Thomas Mann: *Doktor Faustus. Das Leben des deutschen Tonsetzers Adrian Leverkühn, erzählt von einem Freunde*, hg. und textkritisch durchgesehen von Ruprecht Wimmer unter Mitarbeit von Stephan Stachorski, in: Ders.: GKFA, Bd. 10.1, Frankfurt a. M. 2007, S. 161) oder in »Greifenklauen« (Thomas Mann: *Der Erwählte. Roman*, in: GW, Bd. VII: *Der Erwählte / Bekenntnisse des Hochstaplers Felix Krull*, S. 7-261, hier: S. 18), »›[...] den Weibern in die Klauen fallen.‹« (Thomas Mann: »Bernard Shaw«, in: Ders.: GW, Bd. IX: *Reden und Aufsätze 1*, S. 794-803, hier: S. 801). Auf diese letztgenannte Gefahr hin interpretiert Yahya Elsaghe das Detail der »Reitpeitsche mit klauenartiger silberner Krücke«, die der Erzähler auch als »Stab der Kirke« (S. 703) bezeichnet: Diese »Metapher, ›Stab‹, deren Bildlichkeit die Elastizität einer ›Peitsche‹ seltsam verfehlt,« sei, so Elsaghe, eine »([...] eigentlich ohne Not) verunglückte Metapher«, die »selbstverständlich von ihrer Erweiterung um« den Namen der Kirke zu begreifen sei, auf den es Thomas Mann »[m]it der zur einen Hälfte schiefen Formulierung« abgesehen habe. »Dieser Name deutet auf den Archetyp einer ›Zauberin‹ und ›Hetäre‹. [...] Der Name ›der Kirke‹ zeigt schlechthin auf die ›Mutter‹ aller Gynaikokratinnen, die die längste Zeit jeden der ihr begegnenden Männer ›zur Sau gemacht‹ haben soll. [...] Unter der Signatur der Kirke und der Aphrodite erscheint der Faschismus in *Mario und der Zauberer* als eine einzige, und zwar eine kollektive Effeminierung.« Yahya Elsaghe: »Die ›Principe[ssa] X.‹ und ›diese Frauen –!‹ Zur Bachofen-Rezeption in *Mario und der Zauberer*«, in: *Thomas-Mann-Jahrbuch* 22 (2009), S. 175-193. Mittlerweile hat Elsaghe diese Interpretation erweitert um den »›*klauen*artige[n]‹ Griff«, ein Elsaghe zufolge von der »Novelleninterpretation [...] bislang unbewältigtes, ja noch gar nicht formuliertes Problem«: »An der betreffenden Stelle versucht Bachofen, Kirkes Namen etymologisch herzuleiten. Er führt ihn auf den Appellativ κερκίς zurück.[...] Dieses könnte nun tatsächlich etwas ›klauenartig‹ Spitzes bezeichnen;[...] nur daß Bachofen gerade diese Bedeutungsfacette des Wortes überhaupt nicht in den Blick nimmt.« Yahya Elsaghe: *Krankheit und Matriarchat. Thomas Manns »Betrogene« im Kontext*, Berlin / New York 2010, S. 246-250.

[64] Damit ist gemeint, dass sich diese Schwingungen zwar in der Materie fortpflanzen, jedoch nicht Materie sind – so wie etwa Rauch Materie ist.

[65] Vgl. zum Zusammenhang von *phōnē* und *pneûma* als ›Geist‹ im Sinne von 2 Kor 3,6 Börnchen: Kryptenhall, S. 32-36, S. 130-133 u. S. 225-234.

durchdringenden Stimme noch mit einem »durchdringenden Blick«[66], wie ihn etwa Hieronymus in Thomas Manns früher Erzählung »Gladius Dei« hat. So sind etwa bezeichnenderweise Cipollas »Augen [...] zugleich welk und brennend« (S. 685) – also durch Attribute gekennzeichnet, die auch auf seine Zigaretten passen würden.

Sind nun (ausgesendete) *Stimme* und (ausgeblasener) *Rauch* ›oral‹ einander assoziiert, dann umgekehrt auch *Hören* und *Einatmen* oder, mit einem anachronistischen Wort, *Passivrauchen*[67]. Das zeigt sich, ausgerechnet, stellvertretend für das gesamte Publikum an den Kindern des Erzählers, von denen er sagt: »Die Kinder lauschten mit vollem Genuß. Sie verstanden nichts, aber die Akzente hielten sie in Atem.« (S. 683) Auf ein sprachliches Verständnis kommt es also gar nicht an, sondern allenfalls auf einen medialen Aspekt von Cipollas Stimme, eben seine »Akzente«. Vor allem aber sind die Kinder ›in Atem gehalten‹ – und das lässt sich genauso wörtlich verstehen wie die Aussage des Erzählers, dass seinen Kindern »der Sinn für das Anrüchige« von Cipollas »Abendunterhaltung« gefehlt habe (S. 704) – eben der Sinn für seinen Rauch.

Rauchen als »magnetische« Übertragung. Mesmer und das Substrat der Psychoanalyse

Dass diese Lesart den Text hermeneutisch nicht überstrapaziert, deutet der Erzähler mit einer eigenen Interpretation der Geschehnisse an:

> [S]eine [d. h. Cipollas; S. B.] Rede lief [...], während der eingeatmete Rauch ihm grau aus der Lunge sprudelte, belebt und anmaßend. Ich weiß bestimmt, daß er von den Kartenkunststücken zu jener Art von Gesellschaftsspielen überging, die auf über- oder untervernünftigen Fähigkeiten der menschlichen Natur, auf Intuition und ›magnetischer‹ Übertragung, kurzum auf einer niedrigen Form der Offenbarung beruhen. Nur die intimere Reihenfolge seiner Leistungen weiß ich nicht mehr. [...] [J]eder kennt [...] [diese Versuche], jeder hat einmal daran teilgenommen, an diesem Auffinden versteckter Gegenstände, diesem blinden Ausführen zusammengesetzter Handlungen, zu dem die Anweisung auf unerforschtem Wege, von Organismus zu Organismus ergeht. Jeder hat auch dabei seine kleinen, neugierig-verächtlichen und kopfschüttelnden Einblicke in den zweideutig-unsauberen und unentwirrbaren Charakter des Okkulten getan [...]. [...] Cipolla [...] saß, den Rücken gegen das Publikum gekehrt, im Hintergrunde des Podiums und rauchte [...]. (S. 690 f.)

---

[66] Thomas Mann: »Gladius Dei«, in: Ders.: GW, Bd. VIII, S. 197-215, hier: S. 209, ähnlich auch S. 210.

[67] Das heute so genannte Passivrauchen wird erst seit den 1980er Jahren diskutiert. »The [...] recognition of the dangers of passive smoking [...] has had a significant impact [on the case against smoking] [...]. A crucial paper, on lung cancer rates among the non-smoking wives of heavy smokers, was published in the *British Medical Journal* in 1981. In the United States, where the dangers of ›side stream smoke‹ were stressed in a report of 1986 by the Surgeon-General, there was a rapid increase in the number of local communities that restricted smoking in public places.« John Welshman: »Smoking, Science and Medicine«, in: Gilman / Zhou: Smoke: A Global History of Smoking, S. 326-331, hier: S. 330.

Ein medialer Weg »von Organismus zu Organismus«, so viel ist klar, ist auch hier wieder der Rauch, der Cipolla so »aus der Lunge« und damit auch aus dem Mund »sprudelt[.]« wie auch seine »immer fließende[ ] Rede« (S. 691); und mit diesen beiden, den hier verwendeten Verben zufolge ausdrücklich *liquiden* oder *fluidalen Medien* – Rauch und Rede(-Schall) – unterhält Cipolla den »Strom« zwischen seinem Publikum und sich selbst (ebd.).

All das nennt nun der Erzähler, in Anführung markiert, eine »›magnetische[ ]‹ Übertragung«, und damit ist die historische Herkunft der hier beschriebenen Phänomene benannt: der ›animalische Magnetismus‹, wie ihn Franz Anton Mesmer beschrieben hat.[68] So postuliert er etwa in seiner 1781 veröffentlichten *Abhandlung über die Entdeckung des thierischen Magnetismus* in einer Reihe von Lehrsätzen eine

> allgemein verbreitete[.] stätige[.], äusserst feine[.] Flüssigkeit, welche ihrer Natur nach die Fähigkeit hat alle Arten von Bewegung anzunehmen, dieselbe mitzutheilen, und fortzupflanzen.[69]

Mesmer fährt fort:

> Diese wechselseitige Wirkung richtet sich nach mechanischen, bisher unbekannten Gesetzen. [...] Von ihr entspringen die wechselweisen Würkungen, die man als eine Ebbe und Fluth ansehen kann. [...] Auf den thierischen Körper haben die abwechselnde Wirkungen dieses Principium einen Einfluß, indem es die Substanz der Nerven durchdringt, und unmittelbar auf sie wirkt. [...] Die Wirkung und die Kraft dieses eben beschriebenen thierischen Magnetismus, läßt sich andern, lebendigen und leblosen Körpern mittheilen [...]. Schon die Erfahrung lehrt den Ausfluß einer sehr feinen Materie, welche alle Körper durchdringt, ohne ein merkliches von ihrer Thätigkeit zu verlieren. [...] Sie wirkt auch in der Entfernung, ohne Beyhülfe eines andern vermittelnden Körpers. [...] Diß System verbreitet ein neues Licht, über die Natur des Feuers, des Lichts, die Theorie der Attraction, der Ebbe und Fluth, des Magnets und der Electricität.[70]

Man sieht: diese, wie es in einer Spätschrift Mesmers heißt, »Allflut« und »Flutmaterie«[71] kehrt in Thomas Manns »Mario«-Novelle als Rauch Cipollas wieder. So wie Messmers Flutmaterie der »Ausfluß einer sehr feinen Materie ist, welche alle Körper

[68] Vgl. zum Magnetismus im »Mario« Maria M. Tatar: *Spellbound. Studies on Mesmerism and Literature*, Princeton / New Jersey, 1978, besonders S. 266 f.; Martin Brucke: *Magnetiseure. Die windige Karriere einer literarischen Figur*, Freiburg i. Br. 2002, S. 147-175 (»Bruder Cipolla – oder der Magnetiseur als Künstler in Thomas Manns *Mario und der Zauberer*«); außerdem – allerdings unergiebig – Götz Müller: »Magnetismus und Erotik. Bemerkungen zu Kleist, E.T.A. Hoffmann, Thomas Mann und Kubin«, in: *Freiburger Universitätsblätter*. 93 (1986), S. 75-85.

[69] Franz Anton Mesmer: *Abhandlung über die Entdeckung des thierischen Magnetismus*, Karlsruhe 1781, S. 50.

[70] Mesmer: Abhandlung über die Entdeckung des thierischen Magnetismus, S. 50-53.

[71] Friedrich [!] Anton Mesmer: *Mesmerismus. Oder System der Wechselwirkungen, Theorie und Anwendung des thierischen Magnetismus als die allgemeine Heilkunde zur Erhaltung des Menschen*, [Berlin 1814], hg. von Karl Christian Wolfart, Reprografischer Nachdruck, Amsterdam 1966, S. 79.

durchdringt«, so auch Cipollas seine »fließende[ ] Rede« (S. 691) »sprudel[nd]« (S. 690) begleitender Rauch; auch er wirkt über einige »Entfernung« und körperdurchdringend. Zwar wird der Rauch nicht ausdrücklich ›elektrisch‹ genannt, aber er ist doch ein »Strom« (S. 691, vgl. auch S. 682, 703); und wenn er auch nicht ausdrücklich die »Nerven durchdringt«, so weist doch der Erzähler der Novelle ausdrücklich auf seine »Nervosität« hin (S. 672). Dass der Rauch in der »Mario«-Novelle als ein liquides oder fluidales Medium geschildert ist, unterstreicht zudem noch seine auffällige beziehungsweise, wie beschrieben, notwendige Nähe zum flüssigem Kognak.

Aus dem Gesagten ergibt sich, dass der die Körper durchdringende Rauch in Thomas Manns »Mario«-Novelle ganz wie Mesmers animalmagnetisches Fluidum – also das Muster, nach dem er geschildert ist – als ein diskursives Rudiment jener vormodernen Körperströme verstanden werden kann, deren Verschwinden beziehungsweise Aufhebung in den Schriftverkehr Albrecht Koschorke in seinem Buch *Körperströme und Schriftverkehr. Mediologie des 18. Jahrhunderts* beschrieben hat. Gilt Koschorke zufolge für das ausgehende 18. Jahrhundert: »Der menschliche Körper wird [...] in sich selber verschlossen«[72], so gilt ja gerade dies *nicht* für die Körper der »Mario«-Novelle. Vielmehr sind sie von einer, mit einem bei Koschorke zitierten Wort Thomas Laqueurs, »für den modernen Menschen fast unvorstellbaren – und sogar beängstigenden – Porösität«[73].

Eine solche Porösität wird als Folge des Rauchens schon in einem *Brief and True Report of the New Found Land of Virginia* von 1590 beschrieben: »[T]he fume or smoker there of [...] purgeth superflous fleame & other grosse humors, openeth all the pores & passage of the body [...].«[74] Genau diese Vorstellung aber, also die auf das rechte, gesunde Maß regulierende Zu- oder Abfuhr – »Ebbe und Fluth« – von fluidaler Substanz durch die Poren des Körpers, steht im Zentrum von Mesmers Theorie. So heißt es etwa im Brockhaus-*Conversations-Lexicon für gebildete Stände* von 1815, es gehe im animalischen Magnetismus um die

> Übertragung eines feinen und unsichtbaren, aber auf das Nervensystem und das Lebensprincip des Menschen unmittelbar höchst kräftig einwirkenden Agens (Stoffes, Fluidums), von einem Menschen auf den andern [...],

bei dem durch

> das Eindringen eines feinen wirksamen Fluidums in den Körper [...] der Körper[ ] einen wirklichen Zuwachs der ihm innewohnenden Lebenskraft erhält [...].[75]

---

[72] Albrecht Koschorke: *Körperströme und Schriftverkehr. Mediologie des 18. Jahrhunderts*, München ^{2}2003, S. 74.

[73] Thomas Laqueur: *Auf den Leib geschrieben. Die Inszenierung der Geschlechter von der Antike bis Freud*, Frankfurt / New York 1992, S. 57; zit. nach Koschorke: Körperströme und Schriftverkehr, S. 89.

[74] Zit. nach Gilman / Zhou: Introduction, S. 11.

[75] Artikel »Magnetismus, thierischer«, in: *Conversations-Lexicon oder encyclopädisches Handwörterbuch für gebildete Stände,* 6. Band, Leipzig / Altenburg 1815, S. 33-41, hier S. 33.

Dass es sich hier um eine Penetrationsvorstellung handelt, in der das Macht- und Geschlechterverhältnis eine gefährliche Rolle spielen, ist schon den Zeitgenossen Mesmers aufgefallen. Vorsorglich heißt es in dem gerade zitierten Artikel: »Der Magnetiseur muß ferner ein moralisch reiner Mensch seyn«[76] – was man offenbar durchaus nicht immer für gegeben hielt,[77] warnte doch die französische Untersuchungskommission zum Mesmerismus in einem »ergänzende[n] Geheimbericht« für den König ausdrücklich vor den »Gefahren [...], die sich daraus ergäben, daß der männliche Magnetiseur auf die magnetisierte Patientin eine erotische Anziehung ausübe [...].«[78]

Vor dem Mediumismus wird gewarnt

Thomas Manns Cipolla, so die hier verfolgte Argumentation, ist also insofern nicht nur ein rauchender, sondern vielmehr gerade mit seinem Rauch arbeitender Magnetiseur, als sein Rauch in der Novelle eben diejenige Rolle spielt wie bei Mesmer das von ihm angenommene magnetische Fluidum. Dazu passt auch, dass es einmal heißt, er habe einen jungen Mann »durch Striche und Anhauch vollkommen katakleptisch gemacht« (S. 697) – überträgt doch auch der Magnetiseur im Stile Mesmers sein »Agens [...] mittelst [...] Bestreichungen«[79].

Dabei fungieren Mesmers magnetisches Fluidum beziehungsweise Cipollas Rauch als *materielle Medien* der jeweils zugrundeliegenden Theorie; sie sind gewissermaßen ihr mediales Substrat. Und insofern wirft Cipolla als »der stärkste Hypnotiseur«, der dem Erzähler je in seinem »Leben vorgekommen« ist (S. 696), auch Licht auf die Psychoanalyse – jedenfalls dann, wenn man annimmt, dass sie sowohl diskursiv wie auch in ihren therapeutischen Praktiken von Hypnose und Mesmerismus abstammt.[80]

Dieser Meinung war jedenfalls Thomas Mann. So schreibt er 1936 in seiner Rede »Freud und die Zukunft« zu Freuds 80. Geburtstag über die Psychoanalyse:

> [G]erade die Vereinigung von Subjekt und Objekt, ihr Ineinanderfließen, ihre Identität, die Einsicht in die geheimnisvolle Einheit von Welt und ich, Schicksal und Charakter, Geschehen und Machen, in das Geheimnis also der Wirk-

---

[76] Ebd.

[77] Dazu mögen auch Formulierungen wie diese beigetragen haben: »Die im Magnet sich erweisende Eigenschaft bietet das Beispiel eines thätigen und allgemeinen Grundwesens dar, welches alle Körper, die großen und kleinen, so den Raum bevölkern, beseelt und belebt. Die Einrichtung dieser allumfassenden Eigenschaft besteht in einer Art gegenseitigen Ergusses oder Umlaufs ein- und ausgehender Ströme der feinen Flut, worin die festen Körper sich eingetaucht befinden. Diese thätige Eigenschaft kann als der Natur- oder der All-Magnetismus betrachtet werden.« (Mesmer: Mesmerismus, S. 109 f.).

[78] Henry F. Ellenberger: *Die Entdeckung des Unbewußten. Geschichte und Entwicklung der dynamischen Psychiatrie von den Anfängen bis zu Janet, Freud, Adler und Jung*, Zürich 1985, S. 107. Vgl. zu Mesmer: ebd., S. 89-134.

[79] Magnetismus, thierischer, S. 33.

[80] Vgl. hierzu: Manfred Dierks: »Der Zauberer und die Hypnose«, in: Holger Pils / Christina Ulrich (Hg.): Thomas Manns »Mario und der Zauberer«, S. 73-95.

> lichkeit als eines Werkes der Seele – [...] gerade dies wäre das A und O aller psychoanalytischen Initiation ...[81]

Was wären nun dieses der Psychoanalyse unterstellte »Ineinanderfließen« »von Subjekt und Objekt« und diese »Einsicht in die geheimnisvolle Einheit von Welt und ich« anderes als Anspielungen auf Mesmers Theorie?[82] Der Vorstellung vom »Ineinanderfließen« jedenfalls liegt eine, wenn auch »geheimnisvoll[ ]«-vage, materielle Medientheorie zugrunde. Wenig später heißt es in derselben Rede, Freuds »›Es‹ [...] sei sozusagen am Ende gegen das Somatische offen und nehme da die Triebbedürfnisse in sich auf, die in ihm ihren psychischen Ausdruck finden – unbekannt, in welchem Substrat«[83]: und dieses Substrat muss man sich offenbar, nimmt man die Formulierung beim Wort, als eine Art Mesmer'sches Fluidum denken, also als eine Substanz, deren »feine[ ] Flut«-Teilchen[84] von der Psyche durch das ›offene Ende‹ des ›Es‹ ins Somatische zirkulieren[85] – ganz ähnlich, wie sich Cipollas »Einwirkungen, die sein Geheimnis waren« – nämlich der Rauch – »mit verwirrend psychologischen mischte[n]« (S. 702).

Es ist also nur folgerichtig, dass nicht nur Cipollas Hypnose im Verdacht »des Okkulten« (S. 691) steht, sondern in Thomas Manns Augen die Psychoanalyse insgesamt – sofern es sich denn bei ihr tatsächlich um »Naturwissenschaft gewordene Romantik«[86] handelt. Dann nämlich lässt sie sich durchaus dem Okkultismus in seiner Definition als »empirisch-experimentelle Metaphysik« vergleichen. In seinem 1924 verfassten Aufsatz »Okkulte Erlebnisse« schreibt Thomas Mann:

> Wenn [...] Metaphysik empirisch wird; wenn sie sich herbeiläßt oder die Verpflichtung zu fühlen beginnt oder der Verführung unterliegt, dem Weltgeheimnis experimentell auf die Spur zu kommen – und das tut sie im Okkultismus, da dieser nichts ist als empirisch-experimentelle Metaphysik –; so darf sie nicht darauf rechnen, ihre Hände rein zu halten [...]: sie muß sich vielmehr darauf ge-

---

[81] Thomas Mann: »Freud und die Zukunft«, in: Ders.: GW, Bd. IX, S. 478-501, hier: S. 479.

[82] »Die Himmels-Körper, die Erde und die thierische Körper haben einen wechselseitigen Einfluß aufeinander«, lautet Mesmers erster Lehrsatz der schon zitierten Sätze, in dem er an antike Vorstellungen von Sphären-Harmonie und Makro-Mikrokosmos-Entsprechung anknüpft; Mesmer: Abhandlung über die Entdeckung des thierischen Magnetismus, S. 50. Vgl. hierzu auch: Jürgen Barkhoff: *Magnetische Fiktionen. Literarisierung des Mesmerismus in der Romantik*, Stuttgart / Weimar 1995, S. 37-43.

[83] Mann: Freud und die Zukunft, S. 484.

[84] Vgl. Anm. 77.

[85] Eine solche Vorstellung einer »Öffnung« von Körper und Geist findet sich auch in einer berühmten Passage bei Kafka – nämlich in seiner Selbstauskunft über »›Das Urteil‹«: »Diese Geschichte ›Das Urteil‹ habe ich in der Nacht vom 22[.] zum 23[.] von 10 Uhr abends bis 6 Uhr früh in einem Zug geschrieben. [...] Nur so kann geschrieben werden, nur in einem solchen Zusammenhang, mit solcher vollständigen Öffnung des Leibes und der Seele.« Franz Kafka: *Tagebücher*, hg. von Hans-Gerd Koch, Michael Müller und Malcolm Pasley, Frankfurt a. M. ^{2}2002, S. 460 f. Peter von Matt: *Verkommene Söhne, mißratene Töchter. Familiendesaster in der Literatur*, München ^{5}2007, sieht hier einen »Austritt[ ] aus dem eigenen Körper« (S. 281).

[86] »Was man fälschlich Freuds ›Pansexualismus‹ genannt hat, seine Libidolehre, ist, kurz gesagt, der Mystik entkleidete, Naturwissenschaft gewordene Romantik.« Thomas Mann: »Die Stellung Freuds in der modernen Geistesgeschichte«, in: Ders.: GW, Bd. X: *Reden und Aufsätze 2*, S. 256-280, hier: S. 278.

> faßt machen, es mit viel Schmutz und Narretei zu tun zu bekommen. Denn im Mediumismus und Somnambulismus, der Quelle der okkulten Phänomene, mischt sich das Geheimnis des organischen Lebens mit den übersinnlichen Geheimnissen, und diese Mischung ist trüb. Hier nämlich handelt es sich nicht länger um *Geist* [...]; hier ist *Natur* im Spiel, und das ist ein unreines, skurriles, boshaftes und dämonisch-zweideutiges Element [...].[87]

Das ist eine politische Aussage, steht doch hier *›Natur‹* als Chiffre für jenes Irrational-Un-*›Geist‹*ige,[88] Anti-Aufklärerische, das sich auch der Faschismus auf die Fahne geschrieben hat – und um seine Kritik geht es ja der »Mario«-Novelle ganz offensichtlich auf ihrer politischen Ebene. So formuliert Thomas Mann in eben diesem Sinne von ›Natur‹ 1930 nach der Reichstagswahl mit ihrem enormen Stimmengewinn für die NSDAP in seiner »Deutschen Ansprache«, einem »Appell an die Vernunft«:

> Wenn man aber bedenkt, was es, religionsgeschichtlich, die Menschheit gekostet hat, vom Naturkult, von einer barbarisch raffinierten Gnostik und sexualistischen Gottesausschweifung des Moloch-Baal-Astarte-Dienstes sich zu geistigerer Anbetung zu erheben, so staunt man wohl über den leichten Sinn, mit dem solche Überwindungen und Befreiungen heute verleugnet werden [...].[89]

Ist aber für Thomas Mann der Okkultismus als – ausdrücklich! – »Mediumismus« anti-geistig, »dämonisch« und allenfalls von »barbarisch[em]« Raffinement, dann auch der Mesmer'sche animalische Magnetismus – und somit am Ende ebenfalls die wenn auch nicht ›mediumistische‹, so doch auf einer medialen oder medientheoretischen Vorstellung eines Physis und Psyche gemeinsamen materiellen »Substrat[s]« basierende Psychoanalyse.

Das aber bedeutet, dass der Erzähler der »Mario«-Novelle mit dem Rauch ein in Analogie zu Mesmers animalmagnetischem Fluidum gedachtes Metaphernfeld entfaltet, gegen das Thomas Mann selbst den Verdacht des Irrationalismus hegt. Insofern scheint hier die Frage nach der Erklärungskraft in Hinblick auf die Faschismus-Problematik der Novelle genauso angebracht, wie sie es mit Blick auf die in diesem Zusammenhang immer wieder angeführte Massenpsychologie Gustave le Bons ist.[90] Tatsächlich ist Thomas Manns Position in Hinblick auf die hier geschil-

---

[87] Thomas Mann: »Okkulte Erlebnisse«, in: Ders.: GKFA, Bd. 15.1: *Essays II. 1914–1926*, hg. und textkritisch durchgesehen von Hermann Kurzke, unter Mitwirkung von Stephan Stachorski und Joëlle Stoupy, Frankfurt a. M. 2002, S. 611-652, hier: S. 614 f.

[88] Vgl. zu Thomas Manns Kritik an der in den Faschismus führenden Lebensphilosophie und ihrem Irrationalismus: Hamacher: Thomas Mann: Mario und der Zauberer, S. 64.

[89] Thomas Mann: »Deutsche Ansprache. Ein Appell an die Vernunft«, in: Ders.: GW, Bd. XI, S. 870-890, hier: S. 877 f.

[90] Le Bon argumentiert *animalmagnetisch*: »Eine zweite Ursache, die geistige Übertragung (contagion mentale), bewirkt gleichfalls das Erscheinen der besonderen Wesenszüge der Masse und zugleich ihre Richtung. Die Übertragung ist leicht festzustellen, aber noch nicht zu erklären, man muß sie den Erscheinungen hypnotischer Art zuordnen [...]. Sorgfältige Beobachtungen scheinen nun zu beweisen, daß ein Einzelner, der lange Zeit im Schoße einer wirkenden Masse eingebettet war, sich alsbald – durch Ausströmungen, die von ihr ausgehen, oder sonst eine noch unbekannte Ursache – in einem besonderen Zustand befindet, der sich sehr der Verzauberung nähert, die den

derten Zusammenhänge widersprüchlich. So heißt es in einem 1923 unter dem Titel »Thomas Mann und der Okkultismus« im *Prager Tagblatt* gedruckten Interview:

> Diese Dinge können nicht geleugnet werden. Ob sie ›wissenschaftsfähig‹ sind, das ist freilich eine andere Frage. Meiner Ansicht nach stehen sie unterhalb der menschlichen Erkenntnisfähigkeit. [...] Die Erscheinungen, die durch den Okkultismus wirksam werden, [...] leugne [...] [ich] nicht, aber ich *lehne sie ab.* Es gibt gewisse Wirklichkeiten, die nicht Wahrheit sind.[91]

Ganz ähnlich kritisiert auch der Erzähler der »Mario«-Novelle den Okkultismus, indem er ihm gleichzeitig ›Unsauberkeit‹ und, jedenfalls in Teilen, ›Echtheit‹ attestiert:

> Jeder hat auch dabei seine kleinen, neugierig-verächtlichen und kopfschüttelnden Einblicke in den zweideutig-unsauberen und unentwirrbaren Charakter des Okkulten getan, das in der Menschlichkeit seiner Träger immer dazu neigt, sich mit Humbug und nachhelfender Mogelei vexatorisch zu vermischen, ohne daß dieser Einschlag etwas gegen die Echtheit anderer Bestandteile des bedenklichen Amalgams bewiese. (S. 690 f.)

Das Mana passt nicht ins Bild. Zigarre statt Rauch

Was folgt nun aus all dem Gesagten? Eine Antwort auf diese Frage gibt, ein weiteres Mal, der Blick auf die Kinder des »Mario«-Erzählers. Als dieser, lange schon zu der sehr richtigen Auffassung gelangt, dass die besuchte Vorstellung »gar nichts für Kinder war« (S. 687), die mittlerweile auf den Knien der Eltern eingeschlafenen Kinder »in ihre Betten [...] bringen« will (S. 694), leisten die nun wieder wachen Kinder »flehentliche[n] Widerstand«: »Es sei herrlich beim Zauberer, klagten sie [...], nur nicht ins Bett, während der schöne Abend hier weitergehe!« (S. 694f.)

Wer aber ist im Thomas Mann'schen Erzähluniversum der »Zauberer«? Es ist Thomas Mann selbst, seine Kinder haben ihn so genannt – und Erika Mann gleich ein ganzes Buch: *Mein Vater, der Zauberer*[92]. Stimmt es nun, wie schon festgestellt wurde, dass – mit Ausnahme vielleicht von »Herr und Hund« – keine Erzählerfigur ihrem Autor so nahe steht wie der Erzähler der »Mario«-Novelle, dann ergibt sich eine bemerkenswerte Identifikation zweier »Zauberer«: nämlich Cipollas und Thomas Manns. Ja, in Analogie zu Thomas Manns Text »Bruder Hitler«[93] und in Hinblick auf die sich in der »Mario«-Novelle andeutende »untergründige Komplizen-

---

Hypnotisierten unter dem Einfluß des Hypnotiseurs überkommt. [...] Die bewußte Persönlichkeit ist völlig ausgelöscht, Wille und Unterscheidungsvermögen fehlen, alle Gefühle und Gedanken sind in die Sinne verlegt, die durch den Hypnotiseur beeinflußt werden.« Gustave Le Bon: *Psychologie der Massen*, Leipzig [6]o. J. [1935], S. 16-18; zit. nach Hamacher: Thomas Mann: Mario und der Zauberer, S. 52 f.

[91] »Thomas Mann und der Okkultismus«, in: *Prager Tagblatt* vom 7. April 1923, zit. nach Thomas Mann: *Essays II*, in: Ders.: GKFA, Bd. 15.2, S. 393 f.

[92] Erika Mann: *Mein Vater, der Zauberer*, Reinbek [3]1998.

[93] Vgl. hierzu: Helmut Koopmann: »Der Künstler als Scharlatan. Bruder Cipolla und seine Vorgänger«, in: Pils / Ulrich (Hg.): *Thomas Manns »Mario und der Zauberer«*, S. 37-51.

schaft von Zauberer und Erzähler«[94] ließe sich Thomas Mann vielleicht sogar der Gedanke an einen ›Bruder Cipolla‹ unterstellen: ein exzessiver Raucher war Thomas Mann ja ebenfalls –[95] und das, wie Cipolla, auch bei der Arbeit: »Beim Schreiben rauche ich.«[96]

Wofür aber steht die Identifikation Thomas Manns mit dem »Zauberer« Cipolla? Sie steht, das sollte hier gezeigt werden, für ein hochgradig ambivalentes Verhältnis zur Psychoanalyse und zu ihrem theoretischen Substrat, dessen animalmagnetische Herkunft die gesamte Psychoanalyse dem Verdacht des Okkulten aussetzt. Vielleicht ist das gar nicht spektakulär oder skandalös; schon Henry Ellenberger hat ja auf die Analogie zwischen Mesmers »tierischem Magnetismus [...] und dem polynesischen Begriff des *Mana*« hingewiesen, »einer universellen, unpersönlichen Energie, die Personen, Gegenständen und Orten innewohnen kann[ ] und nur an ihren objektiven Wirkungen zu erkennen ist.«[97]

So gesehen, ging es bisher die ganze Zeit um Rauch als Mana, wie es Marcel Mauss in seinem *Entwurf einer allgemeinen Theorie der Magie* beschrieben hat. Darin heißt es – und all das gilt nach dem bisher Gesagten auch für Cipollas Rauch:

> Das *mana* ist [...] zunächst eine Handlung einer bestimmten Art, das heißt die spirituelle Handlung auf Distanz, die sich zwischen sympathetischen Wesen vollzieht. Es ist gleichfalls eine Art Äther, unwägbar, mitteilbar und sich aus sich heraus ausbreitend. Das *mana* ist [...] ein Begriff [...], der den der magischen Macht einhüllt. Es ist der Begriff einer reinen Wirksamkeit, die gleichwohl eine materielle und lokalisierbare, zugleich aber spirituelle Substanz ist, die auf Distanz und dennoch durch direkte Verbindung, wenn nicht durch Berührung wirkt, beweglich und bewegend [...], teilbar und kontinuierlich. [...] Wie wir gesehen haben, ist [es] auch zur gleichen Zeit eine Kraft, ein Medium, eine Welt für sich und doch zur Welt gehörig. [...] [Man] könnte [...] auch sagen, daß in ihr sich alles so abspielt, als wenn sie in einer vierten Dimension des Raumes konstruiert wäre, deren sozusagen okkulte Existenz durch einen Begriff wie den des *mana* ausgedrückt würde.[98]

Sollte also dieses Mana auch die, mit einer paradoxen Formulierung Mauss', magische »materielle[ ] Seele«[99] der Psychoanalyse sein? Thomas Mann mochte es wohl

[94] So Hamacher: Thomas Mann: Mario und der Zauberer. Erläuterungen und Dokumente, S. 21; Hamacher kommentiert hier die oben schon zitierte Stelle: »[I]ch erinnere mich, daß ich unwillkürlich mit den Lippen [!] leise das Geräusch nachahmte, mit dem Cipolla seine Reitpeitsche hatte durch die Luft fahren lassen.« (S. 709).

[95] Vgl. hierzu den Abschnitt: »Rauchen« bei Hermann Kurzke: *Thomas Mann. Das Leben als Kunstwerk. Eine Biographie*, München 1999, S. 333-335.

[96] Thomas Mann: »[Zur Physiologie des dichterischen Schaffens]«, in: Ders.: GW, Bd. XI, S. 777-780, hier: S. 778.

[97] Ellenberger: Die Entdeckung des Unbewußten, S. 102.

[98] Marcel Mauss: »Entwurf einer allgemeinen Theorie der Magie«, in: Ders.: *Soziologie und Anthropologie 1*, München 1974, S. 43-179, S. 144 u. S. 150.

[99] Ebd., S. 150. In diesem ›magischen‹, man könnte auch sagen: psychophysischen Kurzschluss kommt derselbe Traum von psychophysischer ›Unmittelbarkeit‹ zum Ausdruck, der auch Mesmer vorschwebt, wenn er in einem seiner Lehrsätze sagt, dass das animalmagnetische Fluidum »die Substanz der Nerven durchdringt, und unmittelbar auf sie wirkt.« Mesmer: Abhandlung über die Entdeckung des thierischen Magnetismus, S. 51.

doch nicht zugeben, und Freud noch weniger. Und so passte ihnen jener magische Rauch, der die »Mario«-Novelle durchwabert, auf ihren eigenen Fotografien nicht ins Bild.

Lieber hielten sie, ein wenig verkniffen, eine Zigarre im Mund.

Literaturverzeichnis

Aurnhammer, Achim: *Androgynie. Studien zu einem Motiv in der europäischen Literatur*, Wien / Köln / Weimar 1986.

Barkhoff, Jürgen: *Magnetische Fiktionen. Literarisierung des Mesmerismus in der Romantik*, Stuttgart / Weimar 1995.

Barthes, Roland: »Der Wirklichkeitseffekt«, in: Ders.: *Das Rauschen der Sprache. Kritische Essays IV*, Frankfurt a. M. 2006, S. 164-173.

Becker, Sabina: *Neue Sachlichkeit*, Bd. 1: *Die Ästhetik der neusachlichen Literatur (1920–1933)*, Köln 2000.

Börnchen, Stefan: *Kryptenhall. Allegorien von Schrift, Stimme und Musik in Thomas Manns »Doktor Faustus«*, München 2006.

Brucke, Martin: *Magnetiseure. Die windige Karriere einer literarischen Figur*, Freiburg i. Br. 2002.

Derrida, Jacques: *Die Stimme und das Phänomen*, Frankfurt a. M. [1]2003.

Derrida, Jacques: *Falschgeld. Zeit geben I*, München 1993.

Derrida, Jacques: *Feuer und Asche*, Berlin 1987.

Dierks, Manfred: »Der Zauberer und die Hypnose«, in: Pils, Holger / Ulrich, Christina (Hg.): *Thomas Manns »Mario und der Zauberer«*, Lübeck 2010, S. 73-95.

Ellenberger, Henry F.: *Die Entdeckung des Unbewußten. Geschichte und Entwicklung der dynamischen Psychiatrie von den Anfängen bis zu Janet, Freud, Adler und Jung,* Zürich 1985.

Elsaghe, Yahya: »Die ›Principe[ssa] X.‹ und ›diese Frauen –!‹ Zur Bachofen-Rezeption in *Mario und der Zauberer*«, in: *Thomas-Mann-Jahrbuch* 22 (2009), S. 175-193.

Elsaghe, Yahya: *Krankheit und Matriarchat. Thomas Manns »Betrogene« im Kontext*, Berlin / New York 2010.

Freud, Sigmund: »Charakter und Analerotik«, in: Ders.: *Studienausgabe*, hg. von Alexander Mitscherlich, Angela Richards und James Strachey, Bd. 7: *Zwang, Paranoia und Perversion*, Frankfurt a. M. 1973, S. 23-30.

Gay, Peter: *Freud. Eine Biographie für unsere Zeit*, Frankfurt a. M. 32006.

Gilman, Sander L. / Zhou, Xun: »Introduction«, in: Dies. (Hg.): *Smoke: A Global History of Smoking*, London 2004, S. 9-28.

Goethe, Johann Wolfgang: *Faust. Eine Tragödie*, hg. und kommentiert von Albrecht Schöne, Bd. 1: *Texte*, Frankfurt a. M., Leipzig 2003.

Gumbrecht, Hans Ulrich: *Stimmungen lesen. Über eine verdeckte Wirklichkeit der Literatur*, München 2011.

Hamacher, Bernd: *Thomas Mann: Mario und der Zauberer. Erläuterungen und Dokumente*, Stuttgart 2006.

Heidegger, Martin: *Was heißt Denken? Vorlesung Wintersemester 1951/52*, Stuttgart 1992.

Hengartner, Thomas: »Tabakkonsum und Rauchen. Theoretische Überlegungen zu einer Volkskunde der Genussmittel«, in: Hengartner, Thomas / Merki, Christoph Maria (Hg.): *Tabakfragen. Rauchen aus kulturwissenschaftlicher Sicht*, Zürich 1996, S. 113-137.

Iversion, Leslie: »Why Do We Smoke? The Physiology of Smoking«, in: Gilman, Sander L. / Zhou, Xun: (Hg.): *Smoke: A Global History of Smoking*, London 2004, S. 318-325.

Kafka, Franz: *Tagebücher*, hg. von Hans-Gerd Koch, Michael Müller und Malcolm Pasley, Frankfurt a. M. 22002.

Kant, Immanuel: *Kritik der Urteilskraft*, hg. von Karl Vorländer, Hamburg 71990.

Koopmann, Helmut: »Der Künstler als Scharlatan. Bruder Cipolla und seine Vorgänger«, in: Pils, Holger / Ulrich, Christine (Hg.): *Thomas Manns »Mario und der Zauberer«*, S. 37-51.

Koschorke, Albrecht: *Körperströme und Schriftverkehr. Mediologie des 18. Jahrhunderts*, München 22003.

Kupfer, Alexander: *Die künstlichen Paradiese. Rausch und Realität seit der Romantik. Ein Handbuch*, Stuttgart / Weimar 1996.

Kurzke, Hermann: *Thomas Mann. Das Leben als Kunstwerk. Eine Biographie*, München 1999.

Lange-Kirchheim, Astrid: »Zergliederte Jünglinge und Missgeburten. Zum ›gender trouble‹ in Thomas Manns Roman *Der Zauberberg*«, in: Bogdal, Klaus-Michael / Gutjahr, Ortrud / Pfeiffer, Joachim (Hg.): *Jugend: Psychologie – Literatur – Geschichte. Festschrift für Carl Pietzcker*, Würzburg 2001, S. 231-257.

Luden, Heinrich: *Rückblicke in mein Leben. Aus dem Nachlasse*, Jena 1847.

»Magnetismus, thierischer«, in: *Conversations-Lexicon oder encyclopädisches Handwörterbuch für gebildete Stände*, 6. Band, Leipzig / Altenburg 1815, S. 33-41.

Mann, Erika: *Mein Vater, der Zauberer*, Reinbek ^{3}1998.

Mann, Thomas: »Bernard Shaw«, in: Ders.: *Gesammelte Werke in 13 Bänden*, Frankfurt a. M. ^{2}1974, Bd. IX, S. 794-803.

Mann, Thomas: *Buddenbrooks. Verfall einer Familie*, hg. und textkritisch durchgesehen von Eckhard Heftrich unter Mitarbeit von Stephan Stachorski und Herbert Lehnert, in: Ders.: *Große kommentierte Frankfurter Ausgabe*, Bd. 1.1, Frankfurt a. M. 2002.

Mann, Thomas: *Der Erwählte. Roman,* in: Ders.: GW, Bd. VII, S. 7-261.

Mann, Thomas: *Der Zauberberg. Roman*, hg. und textkritisch durchgesehen von Michael Neumann, in: Ders: GKFA, Bd. 5.1, Frankfurt a. M. 2002.

Mann, Thomas: »Deutsche Ansprache. Ein Appell an die Vernunft«, in: Ders.: GW, Bd. XI, S. 870-890.

Mann, Thomas: »Die Stellung Freuds in der modernen Geistesgeschichte«, in: Ders.: GW, Bd. X, S. 256-280.

Mann, Thomas: *Doktor Faustus. Das Leben des deutschen Tonsetzers Adrian Leverkühn, erzählt von einem Freunde*, hg. und textkritisch durchgesehen von Ruprecht Wimmer unter Mitarbeit von Stephan Stachorski, in: Ders.: GKFA, Bd. 10.1, Frankfurt a. M. 2007.

Mann, Thomas: »Freud und die Zukunft«, in: Ders.: GW, Bd. IX, S. 478-501.

Mann, Thomas: »Gladius Dei«, in: Ders.: GW, Bd.VIII, S. 197-215.

Mann, Thomas: »Herr und Hund. Ein Idyll«, in: Ders.: GW, Bd.VIII, S. 526-617.

Mann, Thomas: *Joseph und seine Brüder 1*, in: Ders.: GW, Bd. IV.

Mann, Thomas: »Mario und der Zauberer. Ein tragisches Reiseerlebnis«, in: Ders.: GW, Bd. VIII, S. 658-711.

Mann, Thomas: »Okkulte Erlebnisse«, in: Ders.: *Essays II. 1914–1926*, hg. und textkritisch durchgesehen von Hermann Kurzke, unter Mitwirkung von Stephan Stachorski und Joëlle Stoupy, in: Ders.: GKFA, Bd. 15.1, Frankfurt a. M. 2002, S. 611-652.

Mann, Thomas: »[Zur Physiologie des dichterischen Schaffens]«, in Ders.: GW, Bd. XI, S. 777-780.

[Mann, Thomas]: »Thomas Mann und der Okkultismus«, in: *Prager Tagblatt* vom 7. April 1923, zit. nach Thomas Mann: *Essays II. 1914–1926*, hg. und textkritisch durchgesehen von Hermann Kurzke et al., Frankfurt a. M. 2002 (= *GKFA* 15.2), S. 393 f.

Matt, Peter von: *Verkommene Söhne, mißratene Töchter. Familiendesaster in der Literatur*, München ^{5}2007.

Mauss, Marcel: »Die Gabe. Form und Funktion des Austauschs in archaischen Gesellschaften«, in: Ders.: *Soziologie und Anthropologie 2*, München 1975, S. 9-144.

Mauss, Marcel: »Entwurf einer allgemeinen Theorie der Magie«, in: Ders.: *Soziologie und Anthropologie 1*, München 1974, S. 43-179.

Mérimée, Prosper: »Carmen«, in: Ders.: *Œuvres complètes. Carmen. Arsène Guillot. L'abbé Aubain.* Texte établi et annoté avec une introduction par Auguste Dupouy. Préface de Gérard D'Houville, Paris 1927, S. 1-95.

Mesmer, Franz Anton: *Abhandlung über die Entdeckung des thierischen Magnetismus*, Karlsruhe 1781.

Mesmer, Friedrich [!] Anton: *Mesmerismus. Oder System der Wechselwirkungen, Theorie und Anwendung des thierischen Magnetismus als die allgemeine Heilkunde zur Erhaltung des Menschen*, hg. von Karl Christian Wolfart, Berlin 1814, Reprografischer Nachdruck, Amsterdam 1966.

Mitchell, Dolores: »Women and Nineteenth-Century Images of Smoking«, in: Gilman, Sander L. / Zhou, Xun (Hg.): *Smoke: A Global History of Smoking*, London 2004, S. 294-303.

Müller, Götz: »Magnetismus und Erotik. Bemerkungen zu Kleist, E.T.A. Hoffmann, Thomas Mann und Kubin«, in: *Freiburger Universitätsblätter* 93 (1986), S. 75-85.

Müller-Salget, Klaus: »Der Tod in Torre di Venere. Spiegelung und Deutung des italienischen Faschismus in Thomas Manns Mario und der Zauberer«, in: Ders.: *Literatur ist Widerstand. Aufsätze aus drei Jahrzehnten*, Innsbruck 2005, S. 89-104.

»Obama smoking cigarettes«, http://www.huffingtonpost.com/2011/02/09/obama-smoking-cigarettes_n_820649.html [20.5.2011].

Ovid (Publius Ovidius Naso): *Metamorphoseon libri quindecim. Metamorphosen in fünfzehn Büchern*, übersetzt und hg. von Michael von Albrecht, Stuttgart 1994.

Partizipative Strukturen in der Schule und die Gesundheit von Jugendlichen im Alter von 11, 13 und 15 Jahren. Endbericht, hg. vom Ludwig-Boltzmann-Institut für Medizin- und Gesundheitssoziologie, Wien 2002, http://lbimgs-archiv.lbg.ac.at/berichte/hbsc18.pdf [22.5.2011].

Pfaller, Robert: *Das schmutzige Heilige und die reine Vernunft. Symptome der Gegenwartskultur*, Frankfurt a. M. ^{2}2009.

»Rauch«, in: *Handwörterbuch des deutschen Aberglaubens*, hg. von Hanns Bächtold-Stäubeli, unter besonderer Mitwirkung von E. Hoffmann-Krayer und Mitarbeit zahlreicher Fachgenossen, Bd. VII, Berlin / Leipzig 1935/36, Sp. 521-526.

Rizel, Wolfgang: *Immanuel Kant. Eine Biographie*, Berlin 1985.

Sontag, Susan: *Krankheit als Metapher*, Frankfurt a. M. 1981.

Svevo, Italo: *La coscienza di Zeno. Zenos Gewissen*, zweisprachige Ausgabe, aus dem Italienischen von Barbara Kleiner, mit einem Essay von Wilhelm Genazino, Frankfurt a. M. ^{1}2007.

Tatar, Maria M.: *Spellbound. Studies on Mesmerism and Literature*, Princeton / New Jersey 1978.

Tempel, Benno: »Symbol and Image: Smoking in Art since the Seventeenth Century«, in: Gilman, Sander L. / Zhou, Xun (Hg.): *Smoke: A Global History of Smoking*, London 2004, S. 206-217.

Thorau, Christian: *Semantisierte Sinnlichkeit. Studien zur Rezeption und Zeichenstruktur der Leitmotivtechnik Richard Wagners*, Stuttgart 2003.

Vaget, Hans Rudolf: *Seelenzauber. Thomas Mann und die Musik*, Frankfurt a. M. 2006.

Weiss, Walter: »Thomas Manns Metaphorik. Zwischenergebnisse eines Forschungsprojekts«, in: Bernini, Cornelia / Sprecher, Thomas / Wysling, Hans (Hg.): *Internationales Thomas-Mann-Kolloquium 1986 in Lübeck*, Bern 1987, S. 311-326.

Welshman, John: »Smoking, Science and Medicine«, in: Gilman, Sander L. / Zhou, Xun (Hg.): *Smoke: A Global History of Smoking*, London 2004, S. 326-331.

»Zur Konsumgeschichte des Tabaks«, in: Rahmer, Stefan / Museum der Arbeit (Hg.): *Werbewelten made in Hamburg. 100 Jahre Reemtsma*, Hamburg 2010, S. 13.

Jan Assmann

MYTHOS UND PSYCHOLOGIE IN THOMAS MANNS JOSEPHSROMANEN

»Mythos und Psychologie« ist die Formel, mit der Thomas Mann des Öfteren, vor allem in seiner Korrespondenz mit dem Gräzisten und Religionswissenschaftler Karl Kerényi, das Programm der Josephsromane umschrieb.[1] Das Besondere an diesem Programm ist nicht die Komponente »Psychologie«, denn die war seit alters unabdingbares Element der Erzählkunst und besonders seit dem bürgerlichen Roman des 19. Jahrhunderts und damit der Tradition, an die Thomas Mann mit seinen Romanen anschloss. Wie schon in dem Handout zu der Freiburger Tagung betont wurde, hat Thomas Mann in seinem Erzählwerk gerade der psychologischen Dimension besondere Aufmerksamkeit gewidmet, am Leitfaden seiner Nietzsche- und Schopenhauer-Lektüre viele Entdeckungen Freuds und Jungs vorweggenommen und sich seit der Arbeit am *Tod in Venedig* mit der zu seiner Zeit noch höchst umstrittenen Psychoanalyse auseinandergesetzt. Das Besondere war vielmehr das Element »Mythos«, das in Thomas Manns Augen das »Typische, Generelle und Menschheitliche« betonte im Gegensatz zum »Bürgerlich-Individuellen«, dem traditionellen Gegenstand des Romans.[2] Mythische Motive und Anspielungen spielen zwar, wie Manfred Dierks gezeigt hat,[3] schon im *Tod in Venedig* und im *Zauberberg* eine Rolle, aber als durchgängiges, die Erzählung im Ganzen organisierendes Prinzip ist der Mythos in den Josephsromanen etwas Neues, nicht nur im Werk Thomas Manns, sondern in der modernen Literatur überhaupt.

Der Mythos spielt in den Josephsromanen eine dreifache Rolle: erstens als Joseph-Mythos im Sinne einer ›musterhaften‹, schon viele hundertmal vorher erzählten, aus zeitlicher Tiefe her überlieferten und im kulturellen Gedächtnis verankerten Geschichte, die hier im Medium des modernen Romans noch einmal eine ganz neue Gestalt gewinnt, zweitens als eine archaische, von noch älteren und ursprünglichen ›musterhaften Geschichten‹ geprägte Vorstellungswelt, in deren Spuren der mythische Held selbst wandelt, und drittens schließlich der Mythos als Denkform, eine kulturanthropologische Kategorie, auf die der Roman ständig zurückgreift, um die spezifische geistige und seelische Verfassung seiner Helden und über sie hinaus des frühen Menschen, ja des Menschen überhaupt zu charakterisieren. Den ersten Aspekt kann man mit dem Ausdruck Hans Blumenbergs als »Arbeit am Mythos« be-

---

[1] Dieser Beitrag fußt weitgehend auf meinem Buch *Thomas Mann und Ägypten. Mythos und Monotheismus in den Josephsromanen* (München 2006) und meinem noch unpublizierten Beitrag über die Quellenlage der Josephsromane als Teil der mit Dieter Borchmeyer und Peter Huber vorbereiteten kommentierten Neuausgabe im Rahmen der *Großen kommentierten Frankfurter Ausgabe*.

[2] Brief an Karl Kerényi vom 20.2.1934, in: Thomas Mann / Karl Kerényi: *Gespräch in Briefen*, München 1967, S. 43.

[3] Manfred Dierks: *Studien zu Mythos und Psychologie bei Thomas Mann*, Bern / München 1972.

zeichnen.[4] Unter »Mythos« wird hier nicht ein ausformulierter Text, sondern ein narrativer Komplex, eine nur in Umrissen und Zentralmotiven festgelegte Tiefen-Erzählung verstanden, die sich auf der Oberfläche in immer anderen Texten, Bildern und anderen Formen manifestiert. Der zweite Aspekt ist für unsere Fragestellung sehr viel wichtiger: er bezieht sich auf bestimmte Mythen, mit denen sich Joseph identifiziert, also auf die Formen individueller Teilhabe am oder Aneignung des Mythos. Der dritte Aspekt schließlich, Mythos als Denkform, bezeichnet wohl am spezifischsten Manns eigentliches Anliegen bei seiner Hinwendung zum Mythos. Mit einem Begriff, den er auf Nietzsche und Dmitri Mereschkowskij geprägt hat, geht es ihm um »Weltpsychologie« (er nannte Mereschkowskij einmal den »größten Weltpsycholog seit Nietzsche«[5]), also nicht um Individualpsychologie, das Innenleben eines spezifischen Protagonisten, sondern um eine allgemeine seelische Entwicklungsstufe, ein vom mythischen Denken geprägtes und bestimmtes archaisches Zeit-, Selbst- und Weltbewusstsein oder Seelentum.

In der Verbindung mit Mythos wird Psychologie »Weltpsychologie«, sie weitet sich vom Individuellen ins Menschheitliche. Dasselbe gilt aber auch für den Mythos, wenn er mit Psychologie verbunden wird: er weitet sich vom Kollektiven, »Völkischen«, vom Exklusiven im nationalen, ethnizistischen oder rassistischen Sinne ins Menschheitliche. Das nennt Thomas Mann »den Mythos humanisieren«. In seinem 1941 gehaltenen Vortrag über die Josephsromane bezeichnet er dies als das eigentliche Anliegen seines Romanwerks:

> Der Mythos wurde in diesem Buch dem Faschismus aus den Händen genommen und bis in den letzten Winkel der Sprache hinein *humanisiert*, – wenn die Nachwelt irgend etwas Bemerkenswertes daran finden wird, so wird es dies sein.[6]

In denselben Worten charakterisiert Thomas Mann gegenüber dem bedeutenden ungarischen Gräzisten und Religionswissenschaftler Karl Kerényi sein Anliegen, »den Mythos den fascistischen Dunkelmännern aus den Händen zu nehmen und ihn ins Humane umzufunktionieren«[7]. Mit ähnlicher Wendung beglückwünscht er Keré-

---

[4] Hans Blumenberg: *Arbeit am Mythos*, Frankfurt a. M. 1979.

[5] Thomas Mann: »Russische Anthologie«, in: Ders.: *Gesammelte Werke in dreizehn Bänden*, Frankfurt a. M. [2]1974, Bd. X: *Reden und Aufsätze 2*, S. 590-603, hier: S. 596; Urs Heftrich: »Thomas Manns Weg zur slavischen Dämonie. Überlegungen zur Wirkung Dmitri Mereschkowskis«, in: *Thomas-Mann-Jahrbuch* 8 (1995), hg. von Eckhard Heftrich und Thomas Sprecher, Frankfurt a. M. 1995, S. 71-91, hier: S. 75.

[6] Thomas Mann: »Joseph und seine Brüder. Ein Vortrag«, in: Ders.: GW, Bd. XI: *Reden und Aufsätze 3*, S. 654-669, hier: S. 658. Vgl. Reinhard Mehring: *Thomas Mann. Künstler und Philosoph*, München 2001, S. 127 mit Verweis auf ähnliche Stellungnahmen zum Mythos in der *Pariser Rechenschaft* und in Briefen an Kerényi.

[7] Brief an Kerényi vom 18.2.1941, in: Mann: Gespräch in Briefen, S. 105. Thomas Mann übernahm das Wort »umfunktionieren«, das aus seiner Feder befremdet, einem Brief Ernst Blochs, s. Dierks: Studien zu Mythos und Psychologie, S. 260 und Dieter Borchmeyer: »›Zurück zum Anfang aller Dinge‹, Mythos und Religion in Thomas Manns Josephsromanen«, in: *Thomas-Mann-Jahrbuch* 11 (1998), S. 9-29, hier: S. 10 f. sowie das Selbstzeugnis: Thomas Mann: *Selbstkommentare: »Joseph und seine Brüder«*, hg. von Hans Wysling und Marianne Eich-Fischer, Frankfurt a. M. 1999, S.

nyi zu dessen Zusammenarbeit mit C. G. Jung: »Dies Einander in die Hände arbeiten von Mythologie und Psychologie ist eine höchst erfreuliche Erscheinung! Man muss dem intellektuellen Faszismus den Mythos wegnehmen und ihn ins Humane umfunktionieren. Ich tue längst nichts anderes mehr.«[8] Unter dieser »Umfunktionierung« versteht Thomas Mann die Umsetzung vom Kollektiven ins Individuelle, wofür ihm die Psychologie, insbesondere die Tiefenpsychologie Freuds und Jungs, den Weg zu weisen schien. Ihm ging es um die individualisierende, Ich-Identität fundierende Funktion des Mythos, die er der kollektivierenden, Wir-Identität stiftenden Funktion des nationalsozialistischen Mythos von Volk und Rasse entgegenstellen wollte. Er war an der persönlichen Dimension des Mythischen interessiert, an der Frage, wie der Einzelne, und zwar der bedeutende, herausgehobene, besondere Einzelne seinen persönlichen Mythos lebt und dadurch Anteil gewinnt an dem zeitlosen und in die unergründlichen Urzeiten hinabreichenden Mythenschatz nicht eines Volkes, sondern der Menschheit insgesamt. Die gemeinschaftsbildende, Wir-Identität stiftende und in diesem Sinne politisch-kollektivistische Dimension des Mythos hat ihn von Anfang an nicht interessiert und dann, im Fortgang der Arbeit, immer bewusster abgestoßen. Nicht das Kollektive und Politische, worin er nur Verfälschungen des Mythos erblickte, sondern das »Typische, Generelle und Menschheitliche« bildeten für ihn das Kennzeichen des Mythos.[9] Im Rückblick stellt er fest: »Ich erzählte die Geburt des Ich aus dem mythischen Kollektiv.«[10] *Wo Wir war, soll Ich werden.* Und nicht nur auf der Seite des Wir, sondern auch und gerade auf der Seite des Ich ist Mythos, wird in Mythen gelebt. Das Programm einer Humanisierung des Mythos durch Psychologie transzendiert den Mythos in zwei Richtungen: Zum einen in Richtung auf die individuelle Seele, durch Psychologie im engeren Sinne, und zum anderen in Richtung aufs Menschheitliche, durch »Weltpsychologie«.

Es ist gerade diese zweite Richtung, die Wendung zum Menschheitlichen, in der Thomas Mann Stellung bezieht gegen die »Dunkelmänner« und »intellektuellen Faschisten«. Das sind für ihn die Vertreter eines kulturellen, völkischen oder rassistischen Partikularismus, die – wie etwa Oswald Spengler – schon lange vor den Nazis einen Absolutismus der Differenz vertreten, den Thomas Mann als »Anti-Humanität« empfindet. In seinem Essay *Über die Lehre Spenglers* (1924) kritisiert er die in *Der Untergang des Abendlandes* (1917) vertretene partikularistische Kulturtheorie mit scharfen Worten. Nach Spengler »sind die Kulturen streng in sich geschlossene Lebewesen, unverbrüchlich gebunden eine jede an die ihr eigenen Stilgesetze des Denkens, Schauens, Empfindens, Erlebens, und eine versteht nicht ein Wort von dem, was die andere sagt und meint.«[11] Ein anderer Vertreter eines anti-humanen Partikularismus war für Thomas Mann Oskar Goldberg, dessen Buch

---

307. Der Ausdruck »umfunktionieren« gefiel Thomas Mann so gut, dass er ihn in diesem Zusammenhang öfter verwendete.

[8] Mann: Gespräch in Briefen, S. 107.

[9] Brief an Karl Kerényi vom 20.2.1934, in: Mann: Gespräch in Briefen, S. 43.

[10] Mann: Joseph-Vortrag, S. 665.

[11] Thomas Mann: »Über die Lehre Spenglers«, in: GW, Bd. X: *Reden und Aufsätze 2*, S. 172-180, hier: S. 175; zu Thomas Mann und Oswald Spengler siehe Barbara Beßlich: *Faszination des Verfalls. Thomas Mann und Oswald Spengler*, Berlin 2002.

Die Wirklichkeit der Hebräer (1925) er 1927 gelesen und in breitem Umfang für die Josephsromane benutzt hat.[12] Für Goldberg ist die geistesgeschichtliche Entwicklung der Menschheit von Stämmen und Völkern zu »Menschheit« und die entsprechende »Vergeistigung« Gottes vom Stammesnumen zum universalen »Höchsten Wesen« eine Verfallsgeschichte. Gerade dieser Prozess der Vergeistigung – der Verunendlichung des Endlichen – war für Goldberg das deutlichste Symptom kulturellen Verfalls:

> Das ist der Entwicklungsgang vom ›Volk‹ zur ›Menschheit‹. Aus dem anwesenden wirkungskräftigen Gott der Nation, dem ›Nationalgott‹, ist der blasse, abstrakte und allgemeinmenschliche ›liebe Gott‹ geworden, der ›alles‹ und deshalb gar nichts ist.[13]

Diese Stelle hat sich Thomas Mann angestrichen und an den Rand geschrieben: »Das ist die neue Welt der Antihumanität!«

Dem stellt Thomas Mann die »Einheit des Menschengeistes« entgegen, wie er seinen Rezensionsessay zum *Handbuch der altorientalischen Geisteskultur* des Assyriologen Alfred Jeremias überschrieb.[14] Alfred Jeremias (1864-1935) war als Schüler des Assyriologen Friedrich Delitzsch ein überzeugter Vertreter des Panbabylonismus, der die verschiedensten Mythen und Vorstellungen der Welt, vor allem aber des Alten Testaments auf die altbabylonische Kultur zurückführen wollte.[15] Seine beiden Hauptwerke, neben dem oben genannten *Handbuch der altorientalischen Geisteskultur*, 1. Auf. 1913, 2.Aufl. 1929, wurden zu ihrer Zeit viel gelesen, müssen heute allerdings in wissenschaftlicher Hinsicht als veraltet gelten.[16] Jeremias las das Alte Testament nicht nur »im Lichte des Alten Orients«, sondern sah auch diesen im Licht der Astralmythologie, der er eine geradezu allbeherrschende Rolle zuerkannte. Alle Mythen sollten nach panbabylonistischer Lehre ihren Ursprung in den Vorstellungen haben, die sich die Menschen des alten Zweistromlandes von den Himmelskörpern und ihren Bewegungen machten. In diesem Zusammenhang entwickelt er die Idee vom »Kreislauf«, derzufolge sich das Irdische, Untere im Oberen, Sternenhaften spiegelt (und umgekehrt) und die himmlischen Kreisläufe sich in irdischen Schicksalen ausprägen. Thomas Mann nennt das »die rollende Sphäre« und macht daraus ein Zentralkonzept seiner Mythos-Psychologie. Die Religionen sind für Jeremias »Dialekte einer und derselben Sprache des Geistes«.[17] Und diese

---

[12] Christian Hülshörster: *Thomas Mann und Oskar Goldbergs ›Wirklichkeit der Hebräer‹*, Frankfurt a. M. 1999.

[13] Oskar Goldberg: *Die Wirklichkeit der Hebräer*, Berlin 1925, S. 49.

[14] Thomas Mann: »Die Einheit des Menschengeistes« [1932]« in: Ders.: GW, Bd. X, S. 751-756 sowie Mann: Selbstkommentare, S. 54-59.

[15] Jacob Shavit / Mordechai Eran: *The Hebrew Bible Reborn: From Holy Scripture to the Book of Books*, Berlin / New York 2007, S. 195-352.

[16] Das *Handbuch der altorientalischen Geisteskultur*, 1. Auf. 1913, 2. Aufl. 1929 ist die um die alttestamentlichen Bezüge und Kommentare verkürzte Fassung von *Das Alte Testament im Lichte des Alten Orients*, 1. Aufl. 1904, 2. Aufl. 1906, 3. Aufl. 1916 (diese hat Thomas Mann benutzt), 4. Aufl. 1930. In dieselbe Richtung einer panbabylonistischen Deutung der Religionsgeschichte gehen seine Bücher *Die Panbabylonisten, der Alte Orient und die ägyptische Religion*, Leipzig 1907 und *Der Einfluß Babyloniens auf das Verständnis des Alten Testaments*, Leipzig 1908.

[17] Jeremias: Im Lichte, S. 78 (2. Aufl.).

Sprache ist für ihn babylonisch. Im Panbabylonismus sah Thomas Mann die geeignete Theorie, nicht nur den Mythos im Allgemeinen, sondern auch die Bibel im Besonderen zu »humanisieren«. In der weiten, transkulturellen Verbreitung biblischer Motive und Symbole manifestiert sich für ihn die »Geschlossenheit der religiösen Vorstellungswelt«, die den Einzelreligionen gemeinsam ist und den »humanistisch und nicht theologisch Gestimmten« für die Religion im Allgemeinen einzunehmen vermag, auch wenn er ihr im Besonderen sonst ferngeblieben wäre. Es ist dieses »Religions- und Mythengeschichtliche – eine Welt von rührendster Intimität und Geschlossenheit, in der von Anfang an alles da ist« –, die sich, wie er schreibt, »ganz und gar meines humanen Interesses bemächtigt hat.«[18] Thomas Manns eigenes Interesse am Religiösen ist in seinem Sinne »humanistisch« gestimmt, ihm geht es um den Menschen und die Menschheit, nicht um Babylonier, Israeliten und Ägypter. Diesen universalistischen Humanismus setzt er Spenglers partikularistischer Kulturtheorie und vor allem der »völkischen« Ideologie des aufkommenden Faschismus entgegen, und in dieser Frontstellung ist ihm Alfred Jeremias mit seinem Panbabylonismus der wichtigste Gewährsmann. So erklärt sich sein Interesse an einer zu jener Zeit bereits längst überholten Theorie. Er brauchte sie als eine Art Gegengift gegen den von völkischer und national-konservativer Seite propagierten Absolutismus der Differenz.

Die Auseinandersetzung mit dem Mythos stand in den Jahren, in denen Thomas Mann das Projekt der Josephsromane konzipierte, auf der Tagungsordnung der literarischen Avantgarde. In der Auseinandersetzung mit dem Mythos, sowohl im Sinne einer das Leben orientierenden Ur-Geschichte als auch im Sinne einer Form des Denkens und Empfindens, stehen die Josephsromane nicht allein, sondern folgen einer in der Literatur vor und vor allem nach dem Ersten Weltkrieg verbreiteten Strömung. Darauf weist Thomas Mann z. B. in einem Brief an den Schweizer Literaturwissenschaftler Robert Faesi hin:

> Zuletzt ist wohl die mythische Färbung und Ergriffenheit unserer Dichtung (auch Joyce und Broch in seinem ›Vergil‹ sind einzuschließen) ein Ausdruck der bangen, leidenschaftlichen und fast gebethaften Frage des Menschen nach sich selbst in einer Stunde höchster Not und Gefahr. Wie sollte nicht eine Art von neuem, stolz-verzweifeltem Humanismus zum Ausbruch kommen unter so radikal bedrohlichen Umständen wie den heutigen! Und ich kenne nichts Geistigeres, als die Ironie und Humoristik, die meistens dabei obwaltet.[19]

Mit dem Verweis auf Joyce stellt sich Thomas Mann in eine Tradition, die T. S. Eliot in seiner Rezension des *Ulysses* 1923 als »mythische Methode« bezeichnet und ebenfalls als Gegenbewegung zur Orientierungslosigkeit der Zeit interpretiert hat:

> In der Verwendung des Mythos und der durchgängigen Parallelisierung von Jetztzeit und Altertum verfolgt Joyce eine Methode, die andere nach ihm verfol-

[18] Thomas Mann: »Fragment über das Religiöse«, in: Ders.: GW, Bd. XI, S. 423-425, hier: S. 425. Vgl. Erika Mann in: Mann: Selbstkommentare, S. 54: »Ein Buch, das ich kürzlich las, das ›Handbuch der altorientalischen Geisteskultur‹ von Alfred Jeremias, ließ mich das Religionsgeschichtliche wieder als eine Welt von rührender Intimität und Geschlossenheit empfinden«.
[19] Mann: Selbstkommentare, S. 294 f.

> gen werden müssen. [...] Es handelt sich um ein Verfahren, dem immensen Panorama von Vergeblichkeit und Anarchie, als das sich uns die Zeitgeschichte darstellt, Form und Sinn zu geben. [...] Psychologie, Ethnologie und [J. Frazers; J. A.] The Golden Bough kamen zusammen, um etwas möglich zu machen, was wenige Jahre zuvor noch unmöglich schien. Anstelle der narrativen Methode sollten wir jetzt die mythische Methode verwenden.[20]

Auf das Romanwerk Thomas Manns passen diese Sätze natürlich nur am Rande. Wenn bei den Josephsromanen von »mythischer Methode« die Rede sein kann, dann keinesfalls in Gegenüberstellung zur »narrativen Methode«. Eliots Hinweis auf James Frazers epochemachendes und übrigens auch literarisch hochstehendes Riesenwerk *The Golden Bough*, 1890 in einer zweibändigen, 1906-1915 in einer zwölfbändigen Ausgabe erschienen, ist jedoch auch in unserem Zusammenhang wichtig. Zwar ist nicht bekannt, ob Thomas Mann in diesen Bänden (1922 erschien eine zehnbändige Ausgabe) gelesen hat; von Frazer besaß er immerhin die Kurzfassung mit Exzerpten aus dem Gesamtwerk, die deutsch unter dem Titel *Mensch, Gott und Unsterblichkeit – Gedanken über den menschlichen Fortschritt* 1932 erschien (engl. 1927), aber Frazers damals in der intellektuellen Welt allgegenwärtige Ideen waren ihm durch viele andere ihm vertraute Werke bekannt, weil sie das geistige und literarische Klima bestimmten, in denen die Josephsromane – und nicht erst diese – entstanden.[21]

»Der Goldene Zweig«, das mythische Motiv, das Frazer zum Titel seiner vergleichenden Mythologie der Alten Welt wählte, kann ganz allgemein als Symbol dieser neuen Hinwendung zum Archaischen, Ursprünglichen, Mythischen gelten, das für wichtige Strömungen der Moderne charakteristisch ist. Der goldene Zweig ist der Schlüssel, der Aeneas im VI. Gesang von Vergils *Aeneis* das Tor zur Unterwelt öffnet. Indem Frazer dieses Motiv als Titel seiner monumentalen Untersuchung wählte, charakterisierte er auch sein Unternehmen als eine Unterweltsfahrt. Sie führte ihn in die Mythologien der Welt, in denen es um Tod und Verwandlung, Verfall und Erneuerung geht. An der Schwelle des 20. Jahrhunderts konnte sich diese gigantische Erkundung des Archaischen als eine Reise in die Unterwelt des modernen Bewusstseins darstellen. Mit diesem Werk hat Frazer einen kaum zu überschätzen-

---

[20] »In using the myth, in manipulating a continuous parallel between contemporaneity and antiquity, Mr. Joyce is pursuing a method which others must pursue after him. [...] It is simply a way of controlling, of ordering, of giving a shape and a significance to the immense panorama of futility and anarchy which is contemporary history. [...] Psychology, ethnology, and The Golden Bough have concurred to make possible what was impossible even a few years ago. Instead of narrative method, we may now use the mythical method.« T. S. Eliot: »Ulysses, Order, and Myth«, in: *The Dial*, November 1923, abgedr. in: *Selected Prose of T. S.Eliot,* ed. F. Kermode, London 1975, S. 175-178; Werner Frick: *›Die Mythische Methode‹. Komparatistische Studien zur Transformation der griechischen Tragödie im Drama der klassischen Moderne*, Tübingen 1998; hier zu Eliot speziell: S. 213-223.

[21] Auf die Frage von Henry C. Hatfield an Thomas Mann »whether Frazer's The Golden Bough, especially the volumes Attis, Adonis, Osiris, was at all helpful in mythological matters« antwortete Thomas Mann: »Was only indirectly in contact with Frazer's writings, knew that they belonged to the ›sphere‹, but didn't read ›Attis, Adonis, Osiris‹.« Mann: Selbstkommentare, S. 315.

den Einfluss auf die Moderne genommen, in der das Motiv der Unterweltreise wieder eine bedeutende Rolle spielt.[22]

Auf die Unterweltsfahrt des Aeneas spielt auch Sigmund Freud an, indem er der *Traumdeutung* (1900), seinem ersten Werk, das die neue Methode der Psychoanalyse vorträgt, einen Vers der *Aeneis* voranstellt: *Flectere si nequeo superos Acheronta movebo*: »Kann ich den Himmel nicht beugen, so hetz ich die Hölle in Aufruhr«[23], der das ganze Projekt der Erforschung des Unbewussten als eine Unterweltsfahrt deutet. Freud hat sich Frazer eng verbunden gefühlt und die Parallelen zwischen dem Archaischen und dem Unbewussten immer wieder betont, vor allem in seinen kulturanalytischen Schriften *Totem und Tabu* (1913), ein Buch, das Thomas Mann im Zusammenhang des Joseph-Projekts noch einmal aufmerksam studiert hat, und *Der Mann Moses* (1939), der seinerseits von den ersten Josephsromanen Thomas Manns beeinflusst und ursprünglich als »historischer Roman« gedacht war.[24] Freuds abtrünniger Schüler Carl Gustav Jung hat sich dann systematisch der Erforschung dieser Unterwelt des Archaischen und Unbewussten gewidmet.

Den Titel »Höllenfahrt«, mit dem Thomas Mann das große »Vorspiel« zu seinem Romanwerk überschreibt, hat man in diesem Zusammenhang zu verstehen. Damit inszeniert auch Thomas Mann sein Projekt als eine Unterweltreise, als Abstieg in eine Tiefe, die zugleich als räumliche, zeitliche und seelische Tiefe verstanden wird. Wie bei Freud geht es um den Abstieg in unbewusste Tiefenschichten der Seele, aber nicht im onto-, sondern im phylogenetischen Sinne (was bei Freud ja auf programmatische Weise in eins gesetzt wird). Der Begriff der »Tiefe« ist geradezu ein Leitmotiv der Josephsromane, die ja mit dem Wort »tief« anfangen: »Tief ist der Brunnen der Vergangenheit«. Dabei spielt Thomas Mann ständig mit der chronologischen und der psychologischen Bedeutung dieses Wortes. »In der Wortverbindung ›Tiefenpsychologie‹«, schreibt er, »hat ›Tiefe‹ auch zeitlichen Sinn: die Urgründe der Menschenseele sind zugleich auch *Urzeit*, jene Brunnentiefe der Zeiten, wo der Mythus zuhause ist und die Urnormen, Urformen des Lebens gründet.«[25]

Ein Unterweltsfahrer ist schon Joseph selbst, der Protagonist der Josephsromane. Seine Reise nach Ägypten wird als Unterweltsreise dargestellt, denn Ägypten erscheint als Unterwelt sowohl in Bezug auf seine unerleuchteten Sitten als auch seines märchenhaften Reichtums. Immerhin steigt Joseph in der Unterwelt zum »Ersten der Westlichen« (ein Beiname des Gottes Osiris, des Beherrschers des Totenreichs), zum Spender von Reichtum und Wohlstand auf. Die mythischen Helden, in deren Spuren er wandelt, die Mythen, die in ihm »Fleisch werden«, sind Unterweltfahrer: Tammuz, Attis, Osiris, oder Jenseitsfahrer wie Gilgamesch, den es wie Odysseus ans äußerste Ende der Welt verschlägt. Vor allem aber ist der Erzähler ein Unterweltfahrer, denn der Akt des Erzählens selbst wird ja im »Vorspiel« als eine

---

[22] Siehe hierzu: Isabel Platthaus: *Höllenfahrten*, München 2004; s. a. Markwart Herzog (Hg.): *Höllen-Fahrten. Geschichte und Aktualität eines Mythos*, Stuttgart 2006; J. Assmann / F. Ebeling: *Mysterienreisen in die ägyptische Unterwelt – eine kommentierte Anthologie*, München 2011, v. a. die Einleitung.

[23] Vergil: Aeneis VII 312.

[24] Siehe hierzu mein Nachwort zu Sigmund Freud: *Der Mann Moses und die monotheistische Religion*, Stuttgart 2010.

[25] Thomas Mann: »Freud und die Zukunft«, in: Ders.: GW, Bd. IX: *Reden und Aufsätze 1*, S. 493.

Unterwelts- oder »Höllenfahrt« vorgestellt. Wie bei Frazer und Freud steht die Unterwelt hier für die mythische Welt der Vorzeit, die zugleich Zeittiefe und Seelentiefe, das Archaische und das Unbewusste, bedeutet. Diese bei Frazer noch verborgene, bei Freud in seiner Konzeption der »archaischen Erbschaft« schon explizit vorgetragene Parallele wird dann in den Josephsromanen in einer Weise ausgeleuchtet, die noch weit über Freud hinausgeht in Richtungen, die C. G. Jungs Archetypenlehre nahestehen und auf die (auf dieser aufbauenden) Mythos-Konzepte etwa von K. Kerényi und Joseph Campbell[26] vorausweisen.

Die Unterweltsreise ins Archaische führt den Erzähler in ein frühes Stadium menschlichen Selbst- und Weltbewusstseins, dessen Differenz zum modernen Welt- und Menschenbild einerseits in möglichster Trennschärfe herausgearbeitet, dessen Übersetzbarkeit und Nachvollziehbarkeit durch heutiges Empfinden und Verstehen jedoch andererseits immer wieder angedeutet werden. Es geht um die Darstellung eines frühen und insofern anderen, zugleich aber allgemein-menschlichen Seelentums, das jeder Leser, jede Leserin mit fortschreitender Lektüre in sich selbst wiederfinden und gewissermaßen reaktivieren kann, sodass die nachvollziehende Unterweltsreise des Lesers einen initiatorischen Charakter annimmt. Dieses Selbst- und Weltverhältnis der frühen Menschheit wird als ein »Leben im Mythos« beschrieben.[27] Die Figuren der Josephsromanen leben im Mythos, weil sie mehr (Jaakob, Eliezer) oder weniger (Joseph) unbewusst in den Spuren vorgeprägter Geschichten wandeln, in den Urformen und Urnormen des Lebens, die in ihnen »Fleisch werden«. Zahllose Leser der Bibel, der XII. Sure des Korans, der persischen und jüdischen Josepherzählungen, der unabsehbaren Fülle christlicher Nachgestaltungen des Joseph-Stoffs sind dann ihrerseits in Josephs Spuren gewandelt, darunter (worauf Freud Thomas Mann aufmerksam machte[28]) Napoleon. Thomas Manns Joseph, der seinen Mythos bewusster als andere lebt, bedenkt auch dies: er weiß nicht nur zum Beispiel, dass seine Tränen – bei einer bestimmten Gelegenheit – die Tränen Gilgameschs sind,[29] sondern bei anderer Gelegenheit auch, dass er »in einer Geschichte« ist,[30] die noch von zahllosen späteren Generationen als eine musterhafte Geschichte erzählt werden wird und in deren Spuren andere wandeln werden.

In der Terminologie heutiger Psychologie und Psychotherapie würde man vielleicht von einem *script* sprechen, einem Drehbuch, dem der Einzelne in seinen Ur-

---

[26] Joseph Campbell: *The Hero of Thousand Faces*, New York 1949.

[27] Siehe hierzu meinen Aufsatz: »›Zitathaftes Leben‹. Thomas Mann und die Phänomenologie der kulturellen Erinnerung«, in: *Thomas-Mann-Jahrbuch* 6 (1993 [1994]), S. 133-158.

[28] Brief an Thomas Mann vom 29.11.1936, in: Sigmund Freud: *Briefe*, ausgewählt und eingeleitet von Ernst L. Freud, Frankfurt 1960, S. 424-427.

[29] Die Josephsromane werden nach GW zitiert und künftig im fortlaufenden Text mit Bandangabe und Seitenzahl nachgewiesen. Thomas Mann: *Joseph und seine Brüder I*, in: Ders.: GW, Bd. IV sowie Thomas Mann: *Joseph und seine Brüder II*, in: Ders.: GW, Bd. V. Im ersten Hauptstück »Joseph kennt seine Tränen« heißt es: »Er kannte seine Tränen. Gilgamesch hatte sie geweint, als er Ischtars Verlangen verschmäht und sie ihm ›Weinen bereitet‹ hatte.« (IV, S. 1296).

[30] Das ist eines der Argumente, die Joseph aufführt, um Mut-em-enet von ihrem Wunsch nach Liebesvereinigung abzubringen, vgl. z. B.: »Denn alles, was geschieht, kann zur Geschichte werden und zum Schönen Gespräch, und leicht kann es sein, daß wir in einer Geschichte sind«. 3. Joseph-Roman, Siebtes Hauptstück, 2. Abschnitt »Die schmerzliche Zunge«, in: Mann: GW, Bd. V, S. 1172.

teilen und Entscheidungen, Empfindungen und Erfahrungen unbewusst folgt, einer narrativ organisierten Kohärenzfiktion, die seinem Leben Sinn, Zusammenhang und Richtung gibt. Nach heutigem Verständnis folgt jeder Einzelne seinem eigenen, spezifischen Lebens-Narrativ, das u. U. therapeutischen Umschreibungen unterworfen werden kann, wenn es negative, Glück und Gesundheit beeinträchtigende Züge aufweist. Dem stellt Thomas Mann in den Protagonisten seiner Josephsromane ein Menschentum entgegen, dessen Drehbuch oder Lebensnarrativ mythisch, und das heißt: trans-individuell geprägt ist. Diese Menschen »inkarnieren« (»Fleisch werden« ist ein in diesem Zusammenhang immer wieder vorkommendes Stichwort) nicht nur ihr privates Lebensnarrativ, sondern verkörpern mythische Rollen.

Der Punkt, in dem uns der frühe Mensch am fremdesten erscheinen muss, ist in den Augen des Erzählers die Konzeption der »nach hinten offenen Identität«. Thomas Mann zeichnet seine Figuren als Menschen,

> die so recht nicht wußten, wer sie waren, oder die es auf eine frömmere, tiefergenaue Art wußten als das moderne Individuum: deren Identität nach hinten offen stand, und Vergangenes mit aufnahm, dem sie sich gleichsetzten, in dessen Spuren sie gingen und das in ihnen wieder gegenwärtig wurde.[31]

Diese Formel war schon 1928 gefunden, wie Thomas Mann in dem *Wort zuvor* klarstellt, das er einer Wiener Lesung aus dem entstehenden Roman voranschickte:

> [...] die sehr lustige Schwierigkeit [wieder legt der Autor die Maske der Heiterkeit an gerade da, wo es um sein ernstestes Anliegen geht; J. A.] besteht, daß ich von Menschen erzähle, die nicht ganz genau wissen, wer sie sind, das heißt, deren Ich-Bewußtsein viel weniger auf der klaren Unterscheidung ihres Existenzpunktes zwischen Vergangenheit und Zukunft beruht als auf der Identität mit ihrem mythischen Typus ... Ich drücke mich wohl dunkel aus [setzt der Autor mit Recht hinzu, stellt aber im Folgenden gerade diesen Punkt als das zentrale Anliegen des Joseph-Projekts heraus; J. A.], aber ich berühre mit dieser Angabe den geistigen Nerv der ganzen sonderbaren Veranstaltung, den Punkt, von dem, wenn ich mich prüfe, der stärkste Reiz auf meine künstlerische Unternehmungslust ausging und ausgeht. Um was es mir geht, das ist das Wesen des Mythus als zeitlose Immer-Gegenwart; es sind die Ideen der Wiederkehr, der Fleischwerdung und des ›Festes‹; es ist damit zugleich eine bei aller relativen Neuzeitlichkeit dieser Menschen doch einigermaßen verträumte Psychologie des Ich, welches nämlich weniger fest umzirkt erscheint als das unsrige und gleichsam nach hinten offensteht, mit Früherem, außer seiner engeren Individualität Gelegenem fromm und spielerisch verfließt: eine auf dieselbe Art fromme und träumerische Psychologie des *Charakters*, welcher ebenfalls etwas weit weniger Individuelles ist als in unseren Augen, sondern ein gehorsamer Wandel in vielfach nachgetretenen mythischen Fußstapfen, ein Wieder-Sein nach geprägtem Urbild, der Typus im Fleisch [...].[32]

---

[31] Mann: Joseph-Vortrag, S. 659 f.

[32] Thomas Mann: »Ein Wort zuvor: Mein ›Joseph und seine Brüder‹«, einführende Worte zu der Dichterlesung am 5.11.1928 in Wien, erstmals in: *Neue Freie Presse*, Wien 31. Oktober 1928, in: Ders.: GW, Bd. XI, S. 627 f.

Wenn diese Menschen »ich« sagen, dann geht das, was sie sich als Selbsterlebtes zurechnen, oft weit über die Grenzen der individuellen Lebenszeit hinaus und greift in den Raum der mythischen Bahnungen über, in denen Andere schon geschritten sind. Das nennt Thomas Mann mit einer vielleicht nicht unbedingt glücklichen, aber von ihm ständig wiederholten Wendung das »nach hinten offene Ich«. Er verdeutlicht dieses Prinzip vor allem an Eliezer, dem »Ältesten Knecht«, von dem es heißt,

> daß des Alten Ich sich nicht als ganz fest umzirkt erwies, sondern gleichsam nach hinten offenstand, ins Frühere, außer seiner eigenen Individualität Gelegene überfloß und sich Erlebnisstoff einverleibte, dessen Erinnerungs- und Wiedererzeugungsform eigentlich und bei Sonnenlicht betrachtet die dritte Person statt der ersten hätte sein müssen. Was aber auch heißt denn hier ›eigentlich‹, und ist etwa des Menschen Ich überhaupt ein handfest in sich geschlossen und streng in seine zeitlich-fleischlichen Grenzen abgedichtetes Ding? Gehören nicht viele der Elemente, aus denen es sich aufbaut, der Welt vor und außer ihm an, und ist die Aufstellung, daß jemand kein anderer sei und sonst niemand, nicht nur eine Ordnungs- und Bequemlichkeitsannahme, welche geflissentlich alle Übergänge außer acht läßt, die das Einzelbewußtsein mit dem allgemeinen verbinden? Der Gedanke der Individualität steht zuletzt in derselben Begriffsreihe wie derjenige der Einheit und Ganzheit, der Gesamtheit, des Alls, und die Unterscheidung zwischen Geist überhaupt und individuellem Geist besaß bei weitem nicht immer solche Gewalt über die Gemüter wie in dem Heute, das wir verlassen haben, um von einem anderen zu erzählen [...]. (IV, S. 122 f.)

In seinem Vortrag »Freud und die Zukunft«, kürzer auch in »Die Einheit des Menschengeistes«,[33] hat Thomas Mann dieses Konzept ausführlich entfaltet:

> Das antike Ich und sein Bewußtsein von sich war ein anderes als das unsere, weniger ausschließlich, weniger scharf umgrenzt. Es stand gleichsam nach hinten offen und nahm vom Gewesenen vieles mit auf, was es gegenwärtig wiederholte, und was mit ihm ›wieder da‹ war.[34]

Das »nach hinten offene Ich«, so befremdlich auch immer uns diese Wendung anmuten mag, ist ohne jeden Zweifel eine große Entdeckung und ein bedeutender Beitrag zur historischen Psychologie.[35] Wollte man diese Konzeption in ägyptische

---

[33] Mann: Einheit des Menschengeistes, S. 755.

[34] Mann: Freud und die Zukunft, S. 495, dort fortgesetzt und breit entfaltet. Karl Kerényi zitiert diese Stelle in extenso in: »Der mythologische Zug der griechischen Religion«, in: *Antike Religion*, München / Wien 1971, S. 40 f. und merkt dazu kritisch an: »Es ging dennoch nicht so weit mit der mythischen Identifikation, wie Thomas Mann es schildert und wie es in der späten Antike so oft vorkam. Selbst da, wo Identifikation am stärksten war, sollte sie *imitatio per ludum*, eine spielerische Nachahmung sein. Diese genaue Umschreibung ist einem späten Autor, dem römischen Satiriker Juvenal zu entnehmen, der das Gegenteil davon, wie es in einem geheimen Kult der Frauen zuging, mit diesen Worten rügt (VI, S. 324): nil ibi per ludum simulabitur, omnia fient ad verum. Wie im Spiel durfte der Mythos im Leben zitiert werden: damit blieb der Bios im richtigen Verhältnis zum Mythos, bei den Römern wie bei den Griechen.« (S. 41 f.).

[35] In einem Brief an Karl Kerényi vom 18.2.1941 setzt Thomas Mann sein Konzept einer nach hinten offenen mythischen Identität zu C. G. Jungs Konzept eines »primitiven Mangels an ›Einheit der Person‹ in Beziehung«. Mann: Gespräch in Briefen, S. 105.

und babylonische Begrifflichkeit übersetzen, so würde man freilich von einer »nach vorne offenen Identität« sprechen, denn diese Menschen orientierten sich nach Ausweis der Sprache genau umgekehrt wie wir in der Zeit, sie hatten die Vergangenheit vor sich und die Zukunft im Rücken und bewegten sich in der Zeit wie Paul Klees *Angelus Novus* in Walter Benjamins Deutung als »Engel der Geschichte«. Daraus erklärt sich vielleicht auch die Offenheit ihrer Ich-Konstruktion. Zumindest lebten sie in einer wesentlich engeren Verbindung mit den Toten als unsere modernen westlichen Gesellschaften.

Die Person entsteht, wie wir von George Herbert Mead[36] und anderen gelernt haben, im Prozess der Spiegelung. Wir verinnerlichen das Bild, das sich Andere von uns machen und uns zurückwerfen, wobei es hier nicht um beliebige, sondern um bedeutende Andere (*significant others*) geht, die für diesen Prozess der Ich-Bildung wichtig sind. Das wäre als die synchrone und interaktive Form der Spiegelung zu bezeichnen. Es gibt jedoch, und das ist Thomas Manns These, auch eine diachrone und interaktionsfreie Form der Spiegelung, die für die Ausbildung von Ich und Selbstbild mindestens ebenso bedeutsam sein kann, und das ist die Vorbildfunktion von Gestalten der mythischen oder historischen Vergangenheit. Im Fall des »nach hinten offenen Ich« nimmt diese Spiegelung die Form der Identifikation an. Doch so reizvoll und plausibel sein Porträt des Eliezer auch klingt, es fällt nicht leicht, historische Beispiele für dieses Prinzip der »nach hinten offenen Identität« zu finden. Eliezer, sein Paradebeispiel, ist ja eine Fiktion.[37]

Dieses »nach hinten Offenstehen« des archaischen Selbstbewusstseins äußert sich in den Figuren auf unterschiedliche Weise. Bei Eliezer nimmt es die Form völligen Aufgehens in der Rolle an, die ihn als deren gegenwärtigen Träger mit seinen Vorgängern unterschiedslos verschmilzt. Bei Jaakob dagegen sind die Ich-Grenzen schon schärfer gezogen: sein Fall ist nicht die *Verschmelzung*, sondern die *Resonanz*: in seiner Art, die Gegenwart zu erfahren und zu reflektieren schwingen ständig die vorgeprägten mythischen Muster mit. So hat er zum Beispiel die Eigenschaft, immer wieder in schweres Sinnen zu verfallen:

> Sinnig und schwer gehoben also war Jaakobs Seele in den Tagen, da er mit dem Bruder den Vater begrub, denn alle Geschichten standen vor ihm auf und wurden Gegenwart in seinem Geist, wie sie einst wieder Gegenwart geworden

---

[36] Siehe zum Beispiel George Herbert Mead: *Geist, Identität, Gesellschaft aus der Sicht des Sozialbehaviorismus*, Frankfurt a. M. 1968 und dazu Ernst Tugendhat: *Selbstbewußtsein und Selbstbestimmung, Sprachanalytische Interpretationen*, Frankfurt a. M. 1979, S. 245-292 sowie, mit Bezug auf Thomas Mann und seinen Joseph, Kerstin Schulz: *Identitätsfindung und Rollenspiel in Thomas Manns Romanen »Joseph und seine Brüder« und »Bekenntnisse des Hochstaplers Felix Krull«*, Frankfurt a. M. u. a. 2000, besonders S. 36-42. Wichtiges zu Rolle und Rollenspiel auch bei Paul Ludwig Sauer: *Gottesdummheit. Mensch und Geschichte im Blick auf Thomas Manns ›Joseph und seine Brüder‹*, Frankfurt u. a. 1996, S. 168-203, der nun wiederum den soziologischen Rollenbegriff ausblendet und unter »Rolle« nur mythische Schemata versteht.

[37] Friedrich Junge: »Thomas Manns fiktionale Welt Ägypten«, in: *Thomas-Mann-Jahrbuch* 6 (1993), S. 37-57, wendet denn auch nicht ganz zu unrecht gegen Manns Konstruktion des »nach hinten offenen Ich« ein, dass es sich hier um eine moderne Projektion handele, von der in den antiken Quellen nichts zu finden sei. Siehe hierzu auch Schulz: Identitätsfindung und Rollenspiel, S. 73-83. Sauer: Gottesdummheit, S. 193, hat mit Recht darauf hingewiesen, dass in der Bibel nur von einem einzigen Großknecht namens Eliezer die Rede ist.

> waren im Fleisch nach geprägtem Urbild, und ihm war, als wandelte er auf durchsichtigem Grunde, der aus unendlich vielen, ins Unergründliche hinabführenden Kristallschichten bestand, durchhellt von Lampen, die zwischen ihnen brannten. Er aber wandelte oben in seines Fleisches Geschichten, Jaakob, der Gegenwärtige, und sah Esau an, den durch List Verfluchten, der gleichfalls wieder mit ihm wandelte nach seinem Gepräge und Edom, der Rote, war. (IV, S. 188)

Das war bei Isaaks Begräbnis. Da kamen ihm nicht nur seine eigenen Geschichten wieder zu Bewusstsein, sondern es wurde ihm auch bewusst, dass diese Erlebnisse ihrerseits Vergegenwärtigungen vorgeprägter Muster waren. Indem er diese Geschichten erlebte, wandelte er in Spuren. Mythen sind Bahnungen im Labyrinth des Lebens, denen wir folgen, indem wir unsere Rollen spielen und unsere Geschichten leben, ja »erfüllen«. Auch Esau, der »Rote«, Jaakobs um den Segen betrogener Bruder, der in vollkommen anderen, wilden und gewalttätigen Geschichten lebt,

> tat das alles, weil es eben so in seiner Charakterrolle lag, und wußte fromm und genau, daß alles Geschehen ein Sicherfüllen ist und daß das Geschehene geschehen war, weil es zu geschehen gehabt hatte nach geprägtem Urbild: Das heißt, es war nicht zum ersten Male, es war zeremoniellerweise und nach dem Muster geschehen, es hatte Gegenwart gewonnen gleichwie im Fest und war wiedergekehrt, wie Feste wiederkehren. (IV, S. 201)

Für unsere Frage nach der »mythischen Psychologie«, die Thomas Mann in den Josephsromanen entwirft, geht aus diesen Stellen besonders klar hervor, dass es sich nach seinem Verständnis bei den mythischen Mustern oder Urbildern, denen seine Figuren in ihrem Erleben und Handeln mehr oder weniger unbewusst folgen, um soziale Rollen, d. h. Figurationen zwischenmenschlicher Beziehungen handelt. Was sich hier im Untergrund zwischen Jaakob und Esau abspielt, ist der tödliche Bruderkonflikt, der in den Erzählungen von Kain und Abel sowie von Osiris und Seth seinen mythischen Ausdruck findet. Jaakobs besonders »resonant« gestimmte Seele kann nicht anders als solche mythischen Muster mitschwingen zu fühlen, wo immer gegenwärtige Erfahrungen ihn anregen. Thomas Mann nennt das seinen »Hang zur Gedankenverbindung«:

> Jaakobs Ausdrucksmacht nun aber, auch die Bewegtheit seiner Stimme, die Gehobenheit seiner Sprache, die Feierlichkeit seines Wesens überhaupt – hing mit der Anlage und Neigung zusammen, die zugleich der Grund war, weshalb man den starken und malerischen Ausdruck des Sinnens so oft an ihm zu beobachten hatte. Es war der Hang zur Gedankenverbindung, welcher sein Innenleben in dem Grade beherrschte, daß er geradezu seine Form ausmachte und sein Denken fast schlechthin aufging in solchen Assoziationen. Auf Schritt und Tritt wurde seine Seele durch Anklänge und Entsprechungen betroffen gemacht, abgelenkt und ins Weitläufige entführt, die Vergangenes und Verkündetes in den Augenblick mischten und den Blick eben dergestalt verschwimmen und sich brechen ließen, wie es beim Grübeln geschieht. Das war beinahe ein Leiden, aber nicht ihm allein zuzuschreiben, sondern sehr weit verbreitet, wenn auch in verschiedenem Grade, so daß sich sagen ließe, in Jaakobs Welt habe geistige Würde und ›Bedeutung‹ – das Wort nach seinem eigentlichsten Sinne

> genommen – sich nach dem Reichtum an mythischen Ideenverbindungen und nach der Kraft bestimmt, mit der sie den Augenblick durchdrangen. (IV, S. 92 f.)[38]

Diese Stelle macht deutlich, dass es sich bei Jaakobs Hang zur Gedankenverbindung und zum Leben im Mythos um eine besondere Veranlagung und Bildung handelt. Jaakob ist für diese Art von Beziehungen empfänglicher, gewissermaßen »musikalischer« als andere Menschen, in ihm klingt mehr an, schwingt mehr mit. Das macht ihn gedankenschwer und gibt seiner Seele »Bedeutung«.

Die sozialen Rollen, die Jaakob im Laufe seiner biographischen Entfaltung erfüllt, als Sohn, Bruder, Liebender, Familienvater, Stammesfürst und, insbesondere, Sohnesvater, stehen alle im Zeichen mythischer Resonanz. Das archaische, im Mythos lebende Ich ist »konstellativ«, es denkt und versteht sich in Bezug auf Andere und erlebt und gestaltet diese Beziehungen im Sinne der mythischen Vor-Prägung. So ist seine Rolle als »Sohnesvater« (in dialektischer Entsprechung zum »Vatersöhnchen« Joseph) geprägt von dem Mythos der Akedah, der (Fast-)Opferung Isaaks. Im Licht dieses mythischen Vorbilds empfindet Jaakob zuweilen das Übermaß seiner Liebe zu Joseph als einen Verstoß und phantasiert sich in die Rolle Abrahams hinein, dem das Sohnesopfer auferlegt war, wissend, dass ihm selbst, Jaakob, dieses Opfer ganz und gar unmöglich wäre (vgl. IV, S. 103-108).

Bei Joseph nimmt dieses mythische Rollenspiel noch wesentlich reichere und reflektiertere Gestalten an. Seine Form eines Lebens im Mythos greift in alle Mythologien der Welt aus, er verkörpert Thomas Manns Vision einer »Einheit des Menschengeistes« und identifiziert sich nicht nur mit den Figuren des biblischen Familienromans, sondern fallweise mit Gilgamesch, Tammuz, Attis, Osiris und Hermes, um nur die wichtigsten mythischen Rollenbilder zu nennen. Ich möchte das abschließend am Beispiel der Vater-Sohn-Konstellation illustrieren, in der Jaakob und Joseph miteinander verbunden, ineinander verstrickt sind.

Thomas Manns Konzeption der Vater-Sohn-Konstellation ist unverkennbar von Freuds Theorie des Ödipus-Komplexes geprägt. Thomas Mann hat diese Nähe zur Freudschen Psychoanalyse gern und oft betont. In den Josephsromanen wird der ödipale Aspekt der Vater-Sohn-Beziehung vor allem an Cham, dem dritten Sohn Noahs, und Ruben, Jaakobs Ältestem deutlich gemacht. Cham hat die Trunkenheit seines Vaters ausgenutzt, um dessen »Blöße aufzudecken«, und wurde von Noah verflucht. Ruben hat sich an Bilha, der Magd Leas und Nebenfrau Jaakobs, vergriffen und ging des Segens und Erstgeburtsrechts verlustig. Beide Episoden haben leitmotivischen Charakter in den Josephsromanen und sind als eindeutige Anspielungen auf die ödipale Struktur der Vater-Sohn-Beziehung im Sinne sexueller Rivalität zu verstehen. In der Beziehung von Jaakob und Joseph nun wird dieses Modell auf den Kopf gestellt. Manns Joseph ist ein wahrer *Anti-Ödipus*. In welchen mythi-

[38] Dierks setzt in *Studien zu Mythos und Psychologie bei Thomas Mann* (S. 167 f.) diese Stelle in Parallele mit einer Passage, die sich Thomas Mann in Freuds *Totem und Tabu* angestrichen hat. Dort geht es um Freuds (von Tylor übernommene) Animismustheorie und den Vorrang der Vorstellungen gegenüber der Realität: »Die Relationen, die zwischen den Vorstellungen bestehen, werden auch zwischen den Dingen vorausgesetzt. »Das Denken« bringt so »das räumlich Entlegenste wie das zeitlich Verschiedenste mit Leichtigkeit in einem Bewusstseinsakt zusammen.«

schen Spuren auch immer dieser Joseph wandelt, die des Freudschen Ödipus sind es jedenfalls nicht.[39] Seine Vater-Bindung ist kein Gegenstand der rebellischen Ablösung, sondern der ständigen Vertiefung. Joseph lebt aus dieser Bindung, sie ist es, die seinem Leben Orientierung und Halt gibt, und sie ist es auch, die ihn in der Stunde der äußersten Versuchung, als alle anderen Dämme bereits gebrochen waren, rettet. In höchster Bedrängnis, das heißt selbst schon in den Zustand sexueller Erregung geraten (dieses Detail erscheint in den persischen Quellen, vor allem bei Firdusi)[40], erscheint ihm das Bild des Vaters, das heißt sein Geist stellt ihm dieses Bild vor sein inneres Auge. Thomas Mann entnahm dieses Motiv einer frühjüdischen Quelle[41]. Bei Firdusi erscheinen Joseph in diesem Augenblick die Bilder Rahels, Leas und Jakobs und zuletzt gar das Bild Gottes. Natürlich fließen hier überall Vater und Gott in eins, der biblische Gott ist ein Vatergott, die biblische Religion eine Vaterreligion im Sinne Freuds, aber ganz ohne dessen Ambivalenz der Vater-Beziehung. Thomas Manns Josephsromane entfalten eine Theorie der Vaterbindung, die das genaue Gegenstück zum psychoanalytischen Familienroman darstellt. In seinem Essay »Freud und die Zukunft« greift Thomas Mann den psychoanalytischen Begriff »Infantilismus« auf und wendet ihn ins Positive, Kreative, Künstlerische:

> Die Vaterbindung, Vaternachahmung, das Vaterspiel und seine Übertragung auf Vaterersatzbilder höherer und geistiger Art – wie bestimmend, wie prägend und bildend wirken diese Infantilismen auf das individuelle Leben ein! Ich sage: ›bildend‹; denn die lustigste, freudigste Bestimmung dessen, was man Bildung nennt, ist mir allen Ernstes diese Formung und Prägung durch das Bewunderte und Geliebte, durch die kindliche Identifikation mit einem aus innerster Sympathie gewählten Vaterbilde.[42]

Diese Sätze sind, zu Ehren Freuds zwar, aber dessen Lehre dennoch ziemlich eindeutig auf den Kopf stellend, dem 80-Jährigen ins Stammbuch geschrieben. Sein Joseph ist ein infantiles Vatersöhnchen, und das ist gut so: Das ist das Geheimnis seiner Größe, seiner Kreativität und Segensfülle und seiner allen Versuchungen widerstehenden Keuschheit.

Sigmund Freud führte die Resonanzen des Vergangenen im gegenwärtigen Fühlen und Erleben des Einzelnen sowohl auf ontogenetische als auch auf phylogenetische Erinnerungsspuren zurück. Dabei hatte er es als Arzt mit pathogenen Resonanzen, also Symptomen, zu tun und mit Erfahrungen traumatischen Charakters, die er nicht nur in der frühkindlichen, vorsprachlichen und vorbewussten Phase der Ontogenese ansetzte, sondern – das ist die Entdeckung, um die es hier im Besonderen geht – auch in der vorkulturellen Phase der Phylogenese, dem System der »Urhorde«. Das Trauma der Urhorde, der Vatermord, hat in Gestalt des Ödipus-Komplexes die menschliche Seele geprägt und bildet als »archaische Erbschaft« ein

[39] Zu Thomas Manns Kritik der Psychoanalyse vgl. die treffenden Bemerkungen von W.-D. Hartwich: »Religion and culture, Joseph and his Brothers«, in: *The Cambridge Companion to Thomas Mann*, hg. v. Ritchie Robertson, Cambridge 2002, S. 151-167, besonders S. 158-163.

[40] Bernd-Jürgen Fischer: *Handbuch zu Thomas Manns »Josephsromanen«*, Bern 2002, S. 256.

[41] Micha Josef bin Gorion [Berdyczewski]: *Die Sagen der Juden*, Frankfurt a. M. 1913, Bd. III, S. 69.

[42] Mann: Freud und die Zukunft, S. 498 f.

unbewusstes phylogenetisches Gedächtnis.[43] In seiner Wolfsmann-Studie schreibt Freud:

> Wir sehen nun in der Urgeschichte der Neurose, daß das Kind zu diesem phylogenetischen Erleben greift, wo sein eigenes Erleben nicht ausreicht. Es füllt die Lücken der individuellen Wahrheit mit prähistorischer Wahrheit aus, setzt die Erfahrung der Urahnen an die Stelle der eigenen Erfahrung ein.[44]

Diese Dichotomie von ontogenetischer und phylogenetischer Prägung bricht Thomas Mann, dem es nicht um pathogene, sondern viel allgemeiner um sinn- und persönlichkeitsbildende Resonanzen ging, auf, indem er den Mythos als dritte Größe einführt. Die mythische Prägung ist für Thomas Mann so universal wie für Sigmund Freud der Ödipus-Komplex, aber sie ist symbolisch artikuliert, in zahllose Narrative und Motive ausdifferenziert und bewusster Reflexion und Ausgestaltung zugänglich. Neben dem phylogenetischen und dem ontogenetischen bildet sie ein »kulturelles Gedächtnis«, das dem Einzelnen nicht durch biologische Vererbung und biographische Erfahrung, sondern durch Sozialisation, Erziehung und Bildung, Lernen und Nachfolgen, bewusste Aneignung und unbewusste Nachahmung zuwächst.

Literaturverzeichnis

Assmann, Jan / Ebeling, Florian: *Mysterienreisen in die ägyptische Unterwelt – eine kommentierte Anthologie*, München 2011.

Assmann, Jan: *Thomas Mann und Ägypten. Mythos und Monotheismus in den Josephsromanen*, München 2006.

Assmann, Jan: »›Zitathaftes Leben‹. Thomas Mann und die Phänomenologie der kulturellen Erinnerung«, in: *Thomas-Mann-Jahrbuch* 6 (1993 [1994]), Frankfurt a. M., S. 133-58.

Assmann, Jan: »Phylogenetisches oder kulturelles Gedächtnis? Sigmund Freud und das Problem unbewußter Erinnerungsspuren«, in: Mauser, Wolfram / Pfeiffer, Joachim (Hg.): *Erinnern. Freiburger Literaturpsychologische Gespräche. Jahrbuch für Literatur und Psychoanalyse* 23, Würzburg 2004, S. 67-80.

Beßlich, Barbara: *Faszination des Verfalls. Thomas Mann und Oswald Spengler*, Berlin 2002.

Blumenberg, Hans: *Arbeit am Mythos*, Frankfurt a. M. 1979.

---

43 Vgl. hierzu: meinen Aufsatz: »Phylogenetisches oder kulturelles Gedächtnis? Sigmund Freud und das Problem unbewußter Erinnerungsspuren«, in: Wolfram Mauser / Joachim Pfeiffer (Hg.): *Erinnern. Freiburger Literaturpsychologische Gespräche*, Würzburg 2004, S. 67-80.

44 Sigmund Freud: »Aus der Geschichte einer infantilen Neurose«, in: Ders.: *Studienausgabe*, hg.von Alexander Mitscherlich, Bd. 8: *Zwei Kinderneurosen*, S. 210.

Borchmeyer, Dieter: »›Zurück zum Anfang aller Dinge‹, Mythos und Religion in Thomas Manns Josephsromanen«, in: *Thomas-Mann-Jahrbuch* 11 (1998), S. 9-29.

Campbell, Joseph: *The Hero of Thousand Faces*, New York 1949.

Dierks, Manfred: *Studien zu Mythos und Psychologie bei Thomas Mann*, Bern / München 1972.

Eliot, T.S.: »Ulysses, Order, and Myth«, in: *The Dial*, November 1923, abgedr. in: *Selected Prose of T.S. Eliot ed. F. Kermode*, London 1975, S. 175-178.

Fischer, Bernd-Jürgen: *Handbuch zu Thomas Manns »Josephsromanen«*, Bern 2002.

Freud, Sigmund: »Aus der Geschichte einer infantilen Neurose«, in: Ders.: *Studienausgabe*, hg. von Alexander Mitscherlich, Bd. 8: *Zwei Kinderneurosen*, Frankfurt a. M. 1969.

Freud, Sigmund: *Briefe*, ausgewählt und eingeleitet von Ernst L. Freud, Frankfurt a. M. 1960.

Freud, Sigmund: *Der Mann Moses und die monotheistische Religion*, Stuttgart 2010.

Frick, Werner: *›Die Mythische Methode‹. Komparatistische Studien zur Transformation der griechischen Tragödie im Drama der klassischen Moderne*, Tübingen 1998.

Goldberg, Oskar: *Die Wirklichkeit der Hebräer*, Berlin 1925.

Gorion, Micha Josef bin [Berdyczewski]: *Die Sagen der Juden*, Frankfurt a. M. 1913, Bd. III.

Hartwich, Wolf-Daniel: »Religion and culture, Joseph and his Brothers«, in: Robertson, Ritchie (Hg.): *The Cambridge Companion to Thomas Mann*, Cambridge 2002, S. 151-167.

Heftrich, Urs: »Thomas Manns Weg zur slavischen Dämonie. Überlegungen zur Wirkung Dmitri Mereschkowskis«, in: *Thomas-Mann-Jahrbuch* 8 (1995), S. 71-91.

Herzog, Markwart (Hg.): *Höllen-Fahrten. Geschichte und Aktualität eines Mythos*, Stuttgart 2006.

Hülshörster, Christian: *Thomas Mann und Oskar Goldbergs ›Wirklichkeit der Hebräer‹*, Frankfurt a. M. 1999.

Jeremias, Alfred: *Das Alte Testament im Lichte des Alten Orients*, Leipzig 1. Aufl. 1904, 2. Aufl. 1906, 3. Aufl. 1916,4. Aufl. 1930.

Jeremias, Alfred: *Der Einfluß Babyloniens auf das Verständnis des Alten Testaments*, Leipzig 1908.

Jeremias, Alfred: *Die Panbabylonisten, der Alte Orient und die ägyptische Religion*, Leipzig 1907.

Jeremias, Alfred: *Handbuch der altorientalischen Geisteskultur*, Leipzig 1. Aufl. 1913, 2. Aufl. 1929.

Junge, Friedrich: »Thomas Manns fiktionale Welt Ägypten«, in: *Thomas-Mann-Jahrbuch* 6 (1993), S. 37-57.

Kerényi, Karl: *Antike Religion*, München / Wien 1971.

Mann, Thomas: »Die Einheit des Menschengeistes« [1932], in: Ders.: *Gesammelte Werke in dreizehn Bänden*, Bd. X, S. 751-756.

Mann, Thomas: »Freud und die Zukunft« [1936], in: Ders.: GW, Bd. IX, S. 478-501.

Mann, Thomas: *Joseph und seine Brüder I*, in: Ders.: GW, Bd. IV.

Mann, Thomas: *Joseph und seine Brüder II*, in: Ders.: GW, Bd. V.

Mann, Thomas: »Joseph und seine Brüder. Ein Vortrag«, in: Ders.: GW, Bd. XI: *Reden und Aufsätze 3*, S. 654-669.

Mann, Thomas: »Russische Anthologie«, in: Ders.: GW, Bd. X: *Reden und Aufsätze 2*, S. 590-603.

Mann, Thomas: *Selbstkommentare: »Joseph und seine Brüder«*, hg. von Hans Wysling und Marianne Eich-Fischer, Frankfurt a. M. 1999.

Mann, Thomas / Kerényi, Karl: *Gespräch in Briefen*, München 1967.

Mead, George Herbert: *Geist, Identität, Gesellschaft aus der Sicht des Sozialbehaviorismus*, Frankfurt a. M. 1968.

Mehring, Reinhard: *Thomas Mann. Künstler und Philosoph*, München 2001.

Platthaus, Isabel: *Höllenfahrten*, München 2004.

Sauer, Paul Ludwig: *Gottesdummheit. Mensch und Geschichte im Blick auf Thomas Manns ›Joseph und seine Brüder‹*, Frankfurt a. M. u. a. 1996.

Schulz, Kerstin: *Identitätsfindung und Rollenspiel in Thomas Manns Romanen Joseph und seine Brüder und Bekenntnisse des Hochstaplers Felix Krull*, Frankfurt a. M. u. a. 2000.

Shavit, Jacob / Eran, Mordechai: *The Hebrew Bible Reborn: From Holy Scripture to the Book of Books*, Berlin / New York 2007.

Tugendhat, Ernst: *Selbstbewußtsein und Selbstbestimmung. Sprachanalytische Interpretationen*, Frankfurt a. M. 1979.

Carl Pietzcker

HEITERES SPIEL MIT DEM SOG DER AMBIVALENZEN

Psychoanalytischer Versuch zu *Lotte in Weimar*[1]

Lotte in Weimar, der Roman jener Episode, in welcher Charlotte Kestner, die Goethe mehr als vierzig Jahre zuvor als Werthers Lotte gezeichnet hatte, 1816 in Weimar ankommt und nach langen Gesprächen über Goethe schließlich ihn selbst trifft – dieser die anziehende, aber auch ängstigende »Größe« des Dichters und Staatsmanns umkreisende Roman scheint psychoanalytischer Deutung nur schwer zugänglich; denn eine phantasierende Instanz mit erkennbar eigenem Profil, ein Erzähler oder gar der Autor selbst, lassen sich kaum ausmachen hinter den Gesprächen der Figuren und der Montage von Übernommenem, einer Fülle von Goethezitaten und Lesefrüchten aus der Literatur zu Goethe und dessen Werk. Wer spricht hier? Wer wäre zu analysieren in dieser Vielfalt von Perspektiven? Der zitierte historische Goethe? Die zitierte Forschungsliteratur zu ihm? Der fiktionale Goethe? Eine der anderen Figuren oder doch ein Erzähler? Vielleicht gar der Autor? Psychoanalytische Rekonstruktion scheint da kaum möglich; der über weite Strecken essayistisch reflektierende, faktengesättigte, oft nahezu dokumentarische Roman scheint fern aller unbewussten Phantasie. Er verlockt mit seinem Reichtum an sorgfältig recherchierten Informationen und Zitaten schon beinahe dazu, ihn wie ein Lehrbuch in Romanform zu lesen, wie eine vertiefende Einführung in Goethes Leben und Werk. Auch verfährt er seinerseits psychologisch, folgt der Entlarvungspsychologie Nietzsches und, was unser Unterfangen noch schwieriger macht, er bringt psychoanalytisches Wissen und Denken ein. Zentrales Konstruktionsprinzip ist ein Prozess von Erinnern, Reflektieren, Verdrängen, Wiederholen, weiterem Erinnern und Reflektieren – ein bewusst vorgeführtes Spiel zwischen Bewusstem und bewusst inszeniertem Unbewussten. Hinzu kommt, dass einen wesentlichen Anstoß zum Roman eine Studie gab, die psychoanalytische Technik und Begrifflichkeit beizieht: Felix Aaron Theilhabers *Goethe. Sexus und Eros*[2]. Sie war es auch, die Thomas Mann mit Charlottes Weimarepisode bekannt machte.[3] Wir müssten einen psychoanalytisch inspirierten Roman psychoanalytisch deuten – eine weitere Schwierigkeit.

Dies allerdings sind Schwierigkeiten, wie sie Therapeuten längst kennen; oft genug tragen inzwischen Analysanden eine Fülle von Fakten aus ihrem Leben auf

[1] Thomas Mann: *Lotte in Weimar. Roman*, hg. und textkritisch durchgesehen von Werner Frizen, in: Ders.: *Große kommentierte Frankfurter Ausgabe. Werke – Briefe – Tagebücher*, hg. von Heinrich Detering u. a., Bd. 9.1, Frankfurt a. M. 2003. Dieser Band wird künftig im fortlaufenden Text mit einfacher Seitenzahl nachgewiesen. Der zugehörige, außerordentlich wertvolle Kommentarband wird ebenfalls mit der Seitenzahl und zusätzlich der Sigle »K« zitiert.

[2] Felix Aaron Theilhaber: *Goethe. Sexus und Eros*, Berlin 1929. Siehe: K, S. 9 f., S. 119 u. a. Dort auch weitere Literatur zur Bedeutung Theilhabers für *Lotte in Weimar*.

[3] Theilhaber: Goethe, S. 288 f.

den ersten und noch auf den zweiten Blick in aller Sachlichkeit vor und belegen sie solide. Nicht selten haben sie solche Fakten mit Hilfe psychoanalytischer Literatur bereits gedeutet und reflektiert. Das Wissen und die Selbstdeutungen solcher Analysanden übernehmen erfahrene Therapeuten nicht unbefragt; sie deuten auch sie, so objektiv und rational sie daherkommen mögen, als Momente jenes psychischen Spiels um Trauma, Wunsch und Abwehr, jenes psychodynamischen Szenarios also, das die Psyche des Analysanden umtreibt, ja ausmacht. Wie gewöhnlich, so kann die Analyse auch in solchen Fällen an jeder beliebigen Stelle ansetzen, an einer sachlich vorgebrachten Erinnerung so gut wie an einer philosophisch gestützten Reflexion, an einer Deutung mit psychoanalytischem Vokabular oder an einem Partikel genauen Wissens. Sie alle werden aus psychoanalytischer Perspektive als Momente jenes psychodynamischen Szenarios befragt, das zu erschließen die Therapie versucht. Da sie mit anderen Momenten dieses Szenarios verknüpft sind, könnten sie im Gang des therapeutischen Prozesses auch zu ihnen hinführen.

Überzeugt, dass dies im Fall von *Lotte in Weimar* ebenso gilt, fühle ich mich berechtigt, zunächst auf eine der vielen zitierenden Passagen zu schauen und von ihr her dann den Text als eine durchgestaltete Phantasie zu erschließen: als ein psychodynamisches Szenario, in dem unbewusste und bewusste Szenen sich zueinander abermals szenisch verhalten.[4] In dieser Passage erzählt der fiktive Goethe des Romans (künftig Goethe*f*) seinen Gästen während des Essens wörtlich eine Anekdote, die sein Autor Thomas Mann beim historischen Goethe (Goethe*h*)[5] gelesen hatte, wenn sie dort auch in etwas anderer Anordnung erscheint: In einer von den Weimarischen Kunstfreunden veranstalteten Ausstellung, die sich in die kalte Jahreszeit hinzog, sei unter Glas die »Copie des Kopfes der Charitas von Leonardo da Vinci« ausgelegen,[6]

> der Kopf war in Aquarellfarben wiedergegeben, die den gedämpften Farbenton des Originals festhielten, und das Schmachtende der Augen, die sanfte, gleichsam bittende Neigung des Hauptes, besonders die süße Traurigkeit des Mundes aufs reinste nachgeahmt. [...] Auf dem Munde des Bildes, will sagen auf dem

---

[4] Alfred Lorenzer verdanken wir das Konzept einer kritischen psychoanalytischen Hermeneutik »szenischen Verstehens«. Aus objektbeziehungspsychologischer Perspektive hat er gezeigt, wie die Psyche sich in Interaktionen, also in Szenen bildet: dass Es, Ich und Über-Ich aus Interaktionsformen bestehen, ja dass die Bedeutung eines Worts sich auf ein szenisches Gefüge bezieht, also selbst szenisch ist, und dass Erinnerungsrepräsentanzen keine Sach-, sondern Situationsrepräsentanzen sind. Alfred Lorenzer: *Tiefenhermeneutische Kulturanalyse,* in: Ders. (Hg.): *Kultur-Analysen*, Frankfurt a. M. 1986, S.11-98. Entsprechend verstehe ich Strukturen eines Textes, z. B. Erzählerverhalten, Gattungsformen oder Figurenkonstellationen als Szenen oder aber als Momente von Szenen. Sie gilt es interpretierend zu reinszenieren. Sie zeigen sich dann als Momente von Szenen, z. B. von Szenen mit ihren Vorgängerformen, mit der Tradition und mit gegenwärtigen Normen.

[5] Die Namen der übrigen Figuren des Romans werden ohne solche Unterscheidung angeführt.

[6] K, S. 742; Johann Wolfgang von Goethe: *Goethes Sämtliche Werke*, Tempelausgabe, Berlin / Leipzig 1909-1910, Bd. XV, S. 118-120. Thomas Mann hatte die Stelle in der Tempelausgabe angestrichen, ja sogar unterstrichen. Zur Vorlage der Kopie diente in Wirklichkeit keine Charitas von Leonardo da Vinci, sondern eine Leda Giampietrinos, eines Leonardoschülers. Siehe auch Holger Rudloff in Verbindung mit Helmut Liche: »Wer hat das Bild der Charitas geküsst? Die ›heiter-criminologische Angelegenheit‹ in Thomas Manns ›Lotte in Weimar‹« in: *Wirkendes Wort* 53 (2003), S. 59-83.

> Glase, dort, wo es den Mund bedeckt, findet sich [eines Tages; C. P.] der unverkennbare Abdruck, das wohlgeformte Faksimile eines von angenehmen Lippen dem schönen Schein applizierten – Kusses. [...] Ein Einheimischer [...], der seine sehnsüchtige Tat früh bei ungeheizten Zimmern begangen hatte. Das kalte Glas hatte er angehaucht und seinen Kuß in den eigenen Hauch gedrückt, der alsdann erstarrend sich konsolidierte. [...] Eine Art von komischem Weh ergreife einen bei der Vorstellung, was der Verführte empfunden haben möge bei der Berührung seiner Lippen mit dem kalten und glatten Glase. Genau genommen aber sei kein rührend-bedeutenderes Gebilde denkbar, als diese Zufallsmaterialisation einer blutwarmen, dem Eisig-Unerwidernden aufgedrückten Zärtlichkeit. Es sei geradezu etwas wie ein kosmischer Spaß etc. (S. 418 ff.)

Das Motiv solch ›blutwarmer, dem Eisig-Unerwidernden aufgedrückter Zärtlichkeit‹ zieht sich durch den Roman. Es wird von ansteigenden Emotionen begleitet. Schon während Goethe*f* seinen Gästen diese Anekdote erzählt, zeigt sich Charlottes Erregung:

> Sie war in der That bis in die Stirn, bis in das aufgestellte graue Haar hinauf so dunkel errötet, wie ihr zarter Teint es irgend zuließ, und die Bläue ihrer Augen wirkte befremdend blaß und grell in diesem Andrang. Sie saß von dem Erzähler abgewandt, ja förmlich von ihm weggedreht, gegen ihren anderen Nachbarn [...], und fast sah es aus, als wollte sie sich an seinen Busen flüchten. (S. 419)

Eine Szene in der Szene in der Szene, drei ineinander verschachtelte Beziehungen: Goethe*f* erzählt der Tischgesellschaft (erste Szene), er wendet sich hierbei dem Auffinden des Glaskusses zu (zweite Szene), dieser spielt zwischen Küssendem und Bild (dritte Szene). Nehmen wir die Szene zwischen dem Text und dem von ihm intendierten Leser und dann die zwischen dem realen Leser und dem Text hinzu, so sind dies bereits fünf Szenen. Bei dieser Kuss-Szene will ich ansetzen, wenn ich nun dem psychodynamischen Szenario des Romans nachspüre. Ich befrage sie aus objektbeziehungstheoretischer Perspektive[7] auf ihre Struktur und suche hierbei die unbewussten Momente des psychodynamischen Szenarios (künftig der Einfachheit halber: das unbewusste bzw. latente Szenario) zu erschließen.

Ein Selbst- und ein Objektbild stehen einander gegenüber. Das Objektbild lockt ›schmachtend‹ und ›gleichsam bittend‹ in ›süße[r] Traurigkeit‹, also aus einer Position der Bedürftigkeit, das Selbstbild wendet sich ihm ›sehnsüchtig‹, also ebenfalls bedürftig, und ›blutwarm‹ zu, doch es erfährt ›eisig‹, ›unerwidernde‹ Zurückwei-

---

[7] Ich verstehe, bei allen Unterschieden zwischen Kohut und Kernberg, die Selbstpsychologie insofern als auf das Selbst fokussierten Teilbereich einer Objektbeziehungspsychologie, als auch sie die Entwicklung von Selbst- und Objektbildern auf einander bezieht, es also auch für sie wesentlich um das Verständnis von Beziehungen geht, und orientiere mich pragmatisch-synkretistisch an Heinz Kohut: *Narzißmus. Eine Theorie der psychoanalytischen Behandlung narzißtischer Persönlichkeitsstörungen*, Frankfurt a. M. 1976; Otto Kernberg: *Borderline-Störungen und pathologischer Narzißmus*, Frankfurt a. M. 1978; Lotte Köhler: »Über einige Aspekte der Behandlung narzißtischer Persönlichkeitsstörungen im Lichte der historischen Entwicklung«, in: *Psyche* 32 (1978), S. 1001-1058; Dies.: »Die amerikanische Psychoanalyse zwischen Ich-Psychologie und Selbstpsychologie«, in: *Psyche* 36 (1982), S. 343-354 und Wolfgang Mertens: *Psychoanalyse*, Stuttgart / Berlin 1996, S. 102-123 u. S. 180-191.

sung. Lösen wir die Szene aus dem Zusammenhang des Tischgesprächs, nehmen wir sie ernst und spüren wir ihrer unbewussten Botschaft nach, so finden wir eine traumatische Szene zwischen Selbst- und Objektrepräsentanz,[8] die an Angelocktsein, sehnsüchtige Zuwendung, Abgewiesenwerden, Enttäuschung, Fremdheit, Hilflosigkeit und Ohnmacht erinnert, wie sie in frühen Szenen zwischen Kind und Primärem Objekt, also meist der Mutter, erfahren und phantasiert werden. Diese Szene trägt ihre ontogenetische Vergangenheit in sich und zugleich ihre ontogenetische Zukunft: Selbst- und Objektrepräsentanz sind bereits getrennt, die Objektrepräsentanz lockt verführerisch, die Selbstrepräsentanz wendet sich ihr ›sehnsüchtig‹ zu, leidet also bereits unter Trennung und sucht sie wieder gut zu machen, doch dann wird sie ›eisig‹ abgewiesen – eine neue, eine traumatische Trennungserfahrung. In ihr wiederholt sich die frühere Trennungserfahrung, verstärkt sich und nimmt im Wechsel von ›blutwarmer‹ ›Sehnsucht‹und ›Eisig-Unerwiderndem‹ eine neue schmerzliche Qualität an, eben die zwischen ›verführerisch Schmachtendem, gleichsam Bittendem‹, einerseits und ›eisigem Zurückgewiesenwerden‹ andererseits. Zugleich bildet sich in ihr eine ontogenetisch spätere, eine sexuelle Szene ab: Es geht um einen ›blutwarmen‹ und zugleich ›eisigen‹ Kuss zwischen Mann und Frau: Die Szene ist sexualisiert.

Von dieser Szene her – einem schmerzgeprägten Phantasma von Hinwendung und Abgewiesenwerden – blicke ich auf den Roman und stelle die Hypothese auf, dass dessen unbewusstes Szenario von Trennungsphantasien angetrieben wird, von Versuchen, ihnen zu entkommen, von neuen sehnsuchtsvollen Annäherungen an das frühe Objekt und dessen Nachfolger, von hierbei abermals aufflammendem Schmerz, von weiteren Versuchen ihm zu entkommen und vom Versuch, den Wechsel zwischen verlockender Annäherung und Schmerz auszuhalten, ja zu genießen in einem Spiel mit und über dem Sog jener Ambivalenzen, einem lustvollen Tanz über der narzisstischen Wunde, den Trennungsschmerzen also. Wir befinden uns im Bereich narzisstischer Szenarien; ihnen hat sich die Thomas Mann-Forschung andernorts ja bereits mehrfach zugewandt.[9] Es sind Szenarien der Regulierung des Selbstgefühls, wie sie sich im Falle von Trennungserfahrungen angesichts der Gefahr, in ungerichteter Wut zu desintegrieren, in Größen-, Idealisierungs- und Spiegelungsphantasien sowie in Vereinigungsphantasien ausbilden, die bis hin zu Verschmelzungsphantasien reichen. Deren Gegenwart lässt mich auf jene schmerzenden Erfahrungen bzw. Phantasien schließen, auf die sie antworten. Im Durchgang durch den Roman muss sich erweisen, ob meine Hypothese fruchtbar ist und hilft, dessen psychodynamisches Szenario zu erhellen.

Mannigfache Prozesse, traumatische Momente dieses Szenarios in ungefährliche Fernen zu entrücken, Abwehrprozesse also, machen es hier möglich, mit ihnen zu spielen. Das zeigt schon jene Anekdote: Der Kuss gilt nicht einem ›blutwarmen‹

---

[8] »Repräsentanz« nenne ich die unbewusste Vorstellung einer Position in einer unbewussten Szene; ihr entspräche in einem nichtszenischen Modell eine »Imago«. »Repräsentant« nenne ich etwas bewusst Wahrnehmbares, das, wenn oft auch verzerrt, eine Position in einer unbewussten Szene in struktureller Entsprechung wahrnehmbar vertritt und so auch darstellt.

[9] Hans Wysling: *Narzißmus und illusionäre Existenzform. Zu den »Bekenntnissen des Hochstaplers Felix Krull«*, Bern / München 1982; Jörg Zimmermann: *Selbstbefangenheit. Thomas Mann und das Narzißmusproblem*, Aachen 1994.

lebenden Menschen, sondern einer allegorischen Figur, der Charitas, und die verkörpert dazuhin noch keineswegs die sexuelle Liebe, sondern die asexuelle christliche. Sie begegnet nicht einmal körperlich, sondern in einem Bild als ›schöner Schein‹. Dieses Bild zeigt nicht den ganzen Körper, sondern lediglich das Gesicht und auch das nicht als Original, sondern als »Copie«.[10] Der Kuss trifft nicht einmal die Kopie, sondern das Glas. Zu ihm kommt es nicht unmittelbar spontan, er wird bewusst und mit überlegter Technik ›appliziert‹ – ›das kalte Glas hatte er angehaucht und seinen Kuss in den eigenen Hauch gedrückt‹, nicht auf ein geliebtes Anderes also, sondern narzisstisch in Eigenes, wo er ›alsdann erstarrend sich konsolidierte.‹ Er wird dann auch nicht als Kuss wahrgenommen, sondern als ›Faksimile [...] eines Kusses‹. Die Szene ist für Goethe*f* nicht frei von Komik: ›Eine Art von komischem Weh ergreife einen bei der Vorstellung, was der Verführte empfunden haben möge bei der Berührung seiner Lippen mit dem kalten und glatten Glase‹. Komik lässt im ganzen Roman das ›Weh‹ des narzisstischen Schmerzes ertragen, erlaubt Annäherung an ihn und Spiel mit ihm. Noch weiter wird der Abstand von der schmerzenden Szene zwischen Sehnsucht und ›Eisig-Unerwiderndem‹, verlässt man die menschliche, ja die irdische Sphäre und betrachtet die Szene aus den Fernen des Kosmos; da wird das Spiel mit ihr ›geradezu etwas wie ein kosmischer Spaß‹. Es wird ein sublimes ästhetisches Vergnügen. Denken wir die oben erwähnte Verschachtelung der Szenen beim Erzählen hinzu, die nicht allein hier, sondern im ganzen Roman den Erzählvorgang prägt, so wird der immense Abstand zum Trennungskonflikt deutlich.

Derlei Abwehrprozesse sind es denn auch, die als Anpassungsprozesse dazu beitragen, dass der Roman sich der gefährlichen Trennungsphantasie und den Antworten auf sie gut gesichert nähern und mit ihr seine Scherze treiben kann. Sie sind eben auch Zulassungsprozesse. Doch als Distanzierungsprozesse lassen sie, wenn gelegentlich auch nur in homöopathischen Dosen, durch ihre bloße Existenz Trennung emotional erfahren und halten so als Momente literarischer Form, z. B. als Ironie, unausgesprochen jene Erinnerung an den Trennungsschmerz wach, die fernzuhalten sie doch ebenso dienen. Sie geben den Blick frei auf die Ambivalenzen zwischen Sehnsucht und Schmerz und lassen ihrerseits diese Ambivalenzen selbst schon spüren.

Was ich von dieser Anekdote aus als Hypothese entwickelt habe, will ich nutzen, um einige Momente des psychodynamischen Szenarios von *Lotte in Weimar* zu analysieren. Ich bewege mich lediglich auf der Ebene des Textes und rekonstruiere einige seiner Anteile als Phantasien des impliziten Autors, also nicht des expliziten Autors Thomas Mann, der diese Rolle wählte und von ihr her den Text schrieb, und nicht des Erzählers, der wie alle anderen Figuren vom impliziten Autor geschaffen und hierbei eben auch phantasiert wurde. Danach erst wäre es möglich, psychoanalytisch jenen vieldiskutierten Ort zu erkunden, den dieser Roman in Thomas Manns nahezu lebenslangem Umgang mit Goethe einnimmt,[11] sich also dem expliziten

---

[10] Vgl. Rudloff: Wer hat das Bild, S. 67 f.

[11] In diese Diskussion wurden auch psychoanalytisch inspirierte Beiträge eingebracht: Rolf Günter Renner: *Lebenswerk. Zum inneren Zusammenhang der Texte von Thomas Mann*, München 1985; Peter von Matt: »Zur Psychologie des deutschen Nationalschriftstellers. Die Bedeutung der Hinrichtung und Verklärung Goethes durch Thomas Mann«, in: Ders.: *Das Schicksal der Phantasie.*

Autor zuzuwenden, der die Rolle jenes impliziten Autors wählte, in ihr seinen Roman schrieb und hierbei einige dazu geeignete, nicht aber alle unbewussten Szenen seines eigenen psychodynamischen Szenarios aufrief und gestaltend ausphantasierte. Das versage ich mir; es überstiege den Rahmen eines Aufsatzes in diesem Sammelband.

Der erste und größere Teil des Romans inszeniert Figuren – den Kellner Mager, Miss Cuzzle, Riemer, Adele Schopenhauer und August von Goethe – , die sich im Gespräch mit Charlotte auf den übergroßen Goethe*f* beziehen. Während deren Auseinandersetzung mit Goethe*fs* faszinierender ›Größe‹ zunehmend von Ambivalenzen beherrscht wird, treiben diese Kapitel aus wechselnder Perspektive auch Lottes eigene Ambivalenzen hervor. Dominant ist hier das Phantasma der Größe und mit ihm sind es Szenen zwischen klein und groß, ohnmächtig und mächtig, minderwertig und ideal, Teilhabe an Größe und Zurückgestoßenwerden von ihr. In diesen Szenen schwanken die Gefühle mit größeren oder geringeren Ausschlägen in Ambivalenzen zwischen Kleinmut und Bewunderung, Hass und Liebe, Stolz und Niedergeschlagenheit, zwischen Gefühlen, angezogen und abgestoßen zu sein, sich hinzugeben oder sich als ausgenutzt zu erfahren.

Ganz allgemein betrachtet, wächst das Phantasma der Größe auf dem Boden schmerzlicher Trennungserfahrungen: Diesem Schmerz zu entkommen, entwickelt der Gekränkte als kleines Kind und hierauf aufbauend auch später noch Größenphantasien. Das sind Phantasien, nicht klein und ohnmächtig zu sein, sondern groß, mächtig und im Mittelpunkt seiner Welt, oder aber unter dem schützenden Mantel eines als groß und mächtig Phantasierten geborgen zu sein und an dessen Größe teilzuhaben, womöglich gar mit ihr zu verschmelzen. So ließe sich der Schmerz an der Trennung verdecken: Bin ich groß und allmächtig, so wäre alles unter mir und auf mich bezogen oder aber schlicht nichtig. Wenn mir solche Größe aber misslingt, erfahre ich mich in diesem Schema als klein und meinerseits nichtig. Beide Phantasien, die der Größe und die der Kleinheit, gehören als Momente einer einzigen unbewussten Szene, in der sie aufeinander antworten, notwendig zusammen, selbst wenn lediglich die eine oder aber die andere im Fokus bewusster Wahrnehmung steht.

In unserem Fall, in *Lotte in Weimar*, bleibt, wie sich zeigen wird, mit dem einen Phantasma zumeist das ihm entsprechende andere gegenwärtig, oder lässt sich alsbald spüren. Phantasien von Größe und Kleinheit rufen einander wechselseitig hervor und hierbei den Schmerz, auf den sie antworten. Der Text oder, personalisieren wir ihn aus genetischer Perspektive, der implizite Autor wird, ohne dass dies ins Bewusstsein dringt, angetrieben vom Trennungsschmerz und dann von der Sehnsucht nach dem als verloren phantasierten und nun ersehnten Glück damals vor der Trennung. Er sucht es mit jenen Größenphantasien zu erlangen, lässt beim Scheitern solchen Bemühens mit der Phantasie, klein zu sein, den Trennungsschmerz vorsichtig abermals spüren und sucht rasch, ihm wieder zu entkommen. Die Größenphanta-

---

Studien zur deutschen Literatur, München 1994; Yaha Elsaghe: »Zu Thomas Manns ›mythischer‹ Selbstidentifikation mit Goethe in ›Lotte in Weimar‹«, in: *Jahrbuch des Wiener Goethe-Vereins* 102/103 (1998/99), S. 157-177; Ders.: *Die imaginäre Nation. Thomas Mann und das ›Deutsche‹*, München 2000.

sien wirken hier also ambivalent. Sie ziehen an, insofern sie das Phantasma beglückender Einheit versprechen und sie lassen zurückzucken, weil mit dem Scheitern solcher Erwartung der Schmerz erneut aufflammt. Doch, so sehr jener Schmerz zurückzucken lässt, auch er wirkt hier ambivalent; denn in ihm bleibt die Szene mit dem ersehnten großen Objekt immer noch gegenwärtig. So schützt der Schmerz vor völliger Verlassenheit und das lustvoll-schmerzliche Spiel, das der Text mit dem Sog der Ambivalenzen inszeniert, setzt sich fort.

Mit dem Kellner Mager, einer Komischen Figur in »über den sehr großen Füßen eng zulaufenden Hosen« (S. 12) und einem nicht zu bremsenden Redeschwall von Goethezitaten und gestelzten Formulierungen, exponiert der Roman im **ersten Kapitel** hinter der heiteren Harmlosigkeit einer Lustspielouvertüre Phantasmen narzisstischer Kompensation von Trennungsschmerzen. Von diesen selbst ist zunächst kaum etwas zu spüren, wohl aber von einigen Antworten auf sie, vor allem mit der ins Religiöse reichenden Idealisierung Goethe*f*s und der von dessen Dichtung, aber auch mit der Idealisierung Charlottes, jenes »geheiligten Wesen[s]« (S. 20), einer »vom Schimmer der Poesie umflossenen und gleichsam auf feurigen Armen zum Himmel ewigen Ruhmes emporgetragenen Persönlichkeit« (S. 18). Solch übertreibend karikierende Komik lässt die Phantasie idealisierter Größe nicht nur anklingen und führt sie in den Roman ein, sie kritisiert sie auch. Mit der Erhöhung gerade durch Mager, diesen enthusiastischen »Ganymedes im Backenbart« (S. 26), wird sie eben auch entwertet. Idealisierende Erhebung und mit ihr einhergehende Entwertung, dies wird sich als eine wesentliche Inszenierungsstrategie des Romans erweisen. Sie antwortet auf den Trennungsschmerz: Geheiligt und groß oder aber entwertet und klein; und wenn es gelingt, dieser Struktur ein Stück weit zu entkommen: ein Spiel zwischen geheiligt und entwertet. Als Utopie wird der Roman dann zum guten Ende beider versöhnende Integration anklingen lassen. Mit Magers Idealisieren wird im Roman auch das Phantasma der ›heiligen Identität‹ (vgl. S. 18) von Vergangenheit und Gegenwart sowie von Kunst und Leben angespielt: »Frau Kammerrätin befand sich also unter jener Kinderschar, die Frau Hofrätin [...] umdrängten, als Werther zum ersten Male dort eintrat [...]« (S. 23). Auch hier begegnen wir einer narzisstischen Phantasie, einer Verschmelzungsphantasie. Sie leugnet die schmerzhafte Trennung zwischen Wirklichkeit und Phantasie sowie die zwischen Gestern und Heute, und damit die fundamentale zwischen Selbst- und Objektbild. Doch die Komik der Figur negiert auch dieses Phantasma. Im Verlauf des Romans werden beide, das Identitätsphantasma und dessen Negation, sich weit entfalten.

Die mit Mager aus der Außenperspektive angesprochenen Phantasmen der verschmelzenden Identität von Alter und Jugend, Wirklichkeit und Kunst werden im **zweiten Kapitel** mit den Träumereien Charlottes aus der Binnenperspektive emotionalisiert. Sie bekommt »Herzklopfen genau wie als Schulmädel vor einem tollen Streich« (S. 32), als sie daran denkt, vor Goethe*f* in einem Kleid zu erscheinen gleich dem, in welchem sie ihn einst bei seiner Abreise aus Wetzlar verabschiedet hatte, und als ihr zudem noch Werthers Lotte und sie selbst, die jetzige Charlotte, also Jugend und Alter, Literatur und Wirklichkeit in eins fließen. Doch rasch muss sie bemerken, dass sie den einstigen Kuss Goethe*f*s als die »wütenden Küsse« Werthers erinnert, nicht aber als den Kuss damals beim »Himbeersammeln« (S. 34), und unterscheidet nun zwischen ihrem historischen Leben »hienieden« und ihrem höheren Leben als Werthers Lotte »droben im Schönen« (S. 35). Der Text geht mit Charlottes Träumerei den Phantasmen mythisierter Identität und Größe nach und negiert sie mit ihrem Wachbewusstsein, nachdem er zuvor schon in der Außenperspektive auf Charlottes von der jugendlichen Kunstfigur Lotte deutlich unterschiedenes Alter hingewiesen hatte: »ihr kleiner Mund, eingebettet in einigen Altersspeck der Wangen, bewegte sich eigentümlich angenehm. [...] Was an ihr auffiel, war ein nickendes Zittern des Kopfes [...]« (S. 12). Dies im Kontrast zur imaginären Jugendlichkeit durchaus komische, zugleich aber auch Mitgefühl erregende ›Zittern‹ oder auch »Wackeln« (S. 438) wird sie leitmotivisch durch den Roman begleiten.

Hat der Text so mit Charlottes Träumereien die grenzverwischenden Phantasmen subjektiviert und emotional verstärkt, sie mit Charlottes Reflexionen aber auch in die Schranken gewiesen, so setzt er deren Sog nun zusätzlich noch die vitale Komik Miss Cuzzels entgegen, einer drollig-drallen Zeichnerin auf der Jagd nach Zelebritäten jeder Art: »Sie sind eine berühmte Frau, a celebrity, and that is my hobby, you know, the reason I travel« (S. 42). Doch, wie belächelt auch immer, das Phantasma der Größe hat durch »die schmeichelhafte Erfahrung, selbst zu den Größen der Welt gezählt zu werden« (S. 46) eine neue, eine subjektivierte Dimension gewonnen.

Nach diesem schmerzfreien Vorspiel lässt der Roman im **dritten Kapitel** mit dem Gespräch zwischen Lotte und Goethe*f*s Adlatus Riemer den Schmerz und so auch die Ambivalenzen jenes narzisstischen Szenarios aufglühen. Das Szenario entfaltet sich in zwei szenischen Sequenzen: einmal im Gang von Riemers Auseinandersetzung mit Goethe*f* und sich selbst, zum andern im Gang von Lottes Auseinandersetzung mit Goethe*f* und sich selbst. Jede der beiden Sequenzen lockt in den Verschränkungen des Gesprächs bei der anderen das schmerzende Szenario weiter ans Licht und verstärkt den Sog der Ambivalenzen. Das vollzieht sich nicht in linearem Anschwellen, sondern in Schüben und Stauungen, in Phasen scheinbarer Ruhe, die im Harmlos-Sachlichen, z. B. im Philologischen, Biographischen oder Historischen verweilen, dann aber in neuen Durchbrüchen. Nach solchem Anschwellen klingt das Kapitel mit einem weiteren lustspielhaften Auftritt Magers beruhigend aus (vgl. S. 126). Wie zuvor und auch später noch gewähren mannigfache Distanzierungstechniken Abstand vom schmerzgetriebenen Szenario. Die Komik etwa wird mit Riemers »etwas glotzenden, weitspurigen« (S. 57) »bemühten Rindsaugen« (S. 58) bis ins Groteske gesteigert und verschont auch Lotte nicht, wenn sie ihre Familiengeschichte zum Bildungsgut künftiger Generationen erhebt (vgl. S. 108). Eine Vielzahl weiterer Techniken schafft Abstand von den Figuren und so auch von dem Leiden, das sie repräsentieren, etwa die Technik, eine Figur oder den Erzähler eine andere Figur psychologisch durchschauen zu lassen (vgl. S. 59, 106). So kann das Spiel mit den Ambivalenzen seinen erkenntnisfördernden Lauf nehmen.

Mit Riemers Nachdenken über Goethe*f* inszeniert der Roman aus der Perspektive des angezogenen, beglückten, abgewiesenen, erschreckten, verletzten, bewundernden und entwertenden Kleinen unterschiedliche Ausprägungen des Verhältnisses zwischen Klein und Groß, schwacher Selbstrepräsentanz und hoch idealisierter väterlich-mütterlicher Objektrepräsentanz. Hat in diesem Phantasma der Selbstrepräsentant die Nähe des idealisierten Objektrepräsentanten gefunden, so erscheint er in gesichertem Selbst- und Wohlgefühl als groß, würdig, stolz, begnadet (vgl. S. 91), dem idealisierten Objektrepräsentanten in süßem Liebesdienst verpflichtet (vgl. S. 91), von ihm benötigt, ja nicht zu entbehren (vgl. S. 61). Er nimmt Teil an dessen Größe und Nachruhm (vgl. S. 55). Solch erhöhende Nähe lockt, dass »man sich ihr hingibt zu lebenslanger Hörigkeit« (S. 58) und schließlich sogar mit dem Objektrepräsentanten in totaler »Selbstentäußerung« dergestalt verschmilzt, »daß ich überhaupt nicht mehr vorhanden bin und nur er noch aus mir redet« (S. 81) – eine »Selbstentäußerung« (S. 61), die das Selbstwertgefühl in höchste Höhen steigert, aber auch abstürzen lässt in demütigende Tiefen. Das Pendel schlägt um zur Entwertung von Selbst- und Objektrepräsentant, sobald der Selbstrepräsentant als er selbst zu verschwinden droht, zumindest aber angesichts solch vernichtender Größe Eigenständigkeit, »Mannesehre« (S. 60) und »Würde« (S. 65) verliert. Die Schuld hieran lässt sich in diesem Phantasieschema der Objektrepräsentanz zuschieben, die ja idealisiert wurde, um die schmerzende Trennung zu überwinden, die Trennung von Selbst- und Objektrepräsentanz nun jedoch aufrecht erhält, hiermit die rettende Teilhabe an Größe verweigert und zudem noch die ihr hörige Selbstrepräsentanz in Dienst nimmt. Die »Kränkung darüber, [ihre; C. P.] Existenz als Mittel zum Zweck behandelt zu sehen« bereitet den Kleinen »Schmerz« – die narzisstische »Wunde« (S. 67) reißt auf. Als Antwort wird der ins Große idealisierte Objektrepräsentant aus der Position der Kleinen nun auch angegriffen: Er missbrauche die, welche sich ihm hingeben, mache von ihrer »Zwangslage zu [seinem] Vorteil Gebrauch« (S. 69), ja er sauge sie als ein »Schmarutzer« (S. 117) aus. Seine Unzugänglichkeit erscheint dem Kleinen, je nach Abstand vom Trennungsschmerz, als »Duldsamkeit«, »Gleichgültigkeit« und »Geringschätzung« (S. 58), als ›vernichtender Gleichmut‹ und »Kälte« (S. 88), als Entwertung also – eine weitere Kränkung. Doch die Objektrepräsentanz ist idealisiert; so wird ihr und damit Goethe*f*, der sie im manifesten Text repräsentiert, eben auch ›Liebe‹ zugesprochen: »es mag in der Tat so sein, daß Liebe und Verachtung in dieser Duldsamkeit eine Verbindung eingehen, die an Göttliches zum Mindesten erinnert« (S. 58). In dieser Ambivalenz von Idealisierung und Entwertung vollzieht der Text abermals eine idealisierende Erhöhung Goethe*f*s und mit ihr zugleich deren kritische Desillusionierung – wobei mit Riemer »die Begeisterung die Sprache der Bosheit redet und die Hechelei zu einer anderen Form der Verherrlichung wird.« (S. 85)

Doch solch ein Umgang mit begeisternder Größe ist gefährlich, mag er sich noch so kritisch geben; denn, wie begeistert oder kritisch auch immer, er verfängt sich im faszinierenden Objekt. So droht Verlust der eigenen Kraft, ja Lähmung. Die »Parabel vom Fliegentod« (S. 85) spricht da eine deutliche Sprache:

> Sie saugt mit Gier verrätrisches [sic] Getränke
> Unabgesetzt, vom ersten Zug verführt;
> Sie fühlt sich wohl, und längst sind die Gelenke
> Der zarten Beinchen schon paralysiert... (S. 86)

Hiergegen hilft weitere Entwertung. So verläuft der Text in Ambivalenzen zwischen dem Sog zu bewundernd-verschmelzender Idealisierung und dem zu entwertender

Kritik. Diesen Ambivalenzen gegenüber dem anziehenden, aussaugenden und abweisenden idealisierten Objektrepräsentanten zu entkommen, dient dessen noch höher gesteigerte Idealisierung, ja Sakralisierung:

> Was seine Duldsamkeit angeht [...], so gilt es wohl, zwischen einer Toleranz zu unterscheiden, [...] die aus der Liebe kommt – und einer anderen, die der Gleichgültigkeit, der Geringschätzung entspringt und härter ist, härter wirkt als jede Strenge und Verdammung, ja, die unerträglich und vernichtend wäre, sie käme denn von Gott, – in welchem Falle ihr aber nach allen unseren Begriffen die Liebe unmöglich fehlen könnte, – und das tut sie tatsächlich denn wohl auch nicht [...]. (S. 58)

In der nahezu vergöttlichten Objektrepräsentanz, mag sie durch Goethe*f*, die Kunst oder auch den christlichen Gott repräsentiert sein, bleiben die Ambivalenzen gegenwärtig; doch sie sind in ihr integriert und so auch zu ertragen:

> Da Gott das Ganze ist, so ist er auch der Teufel [...], sodaß einem sozusagen aus einem Auge der Himmel und die Liebe und aus dem anderen die Hölle der eisigsten Negation und der vernichtendsten Neutralität hervorschaut. Aber zwei Augen [...] ergeben *einen* Blick [...]. Es ist der Blick der Kunst, der absoluten Kunst, welche zugleich die absolute Liebe und die absolute Vernichtung oder Gleichgültigkeit ist und jene erschreckende Annäherung ans Göttlich-Teuflische bedeutet, welche wir ›Größe‹ nennen. (S. 88 f.)

Mit den Ideologemen der »absoluten Kunst«, des künstlerisch schaffenden Genies und des Gottes werden die Ambivalenzen des Phantasmas der idealisierten Größe des Anderen in einer »Identität von All und Nichts« (S. 94) integriert und ins Absolute gesteigert: in einer »umfassenden Ironie« der Kunst (S. 94), des künstlerischen »Genius« (S. 54) und des Göttlichen. Solche ›Größe‹ erschreckt die Kleinen zwar, doch, so fremd sie ihnen bleibt und so sehr sie unter ihr leiden, sie können sie rechtfertigen, bewundern und lieben. Sogar auf dieser Stufe rettender Sakralisierung des Objekts erfahren sie noch Anziehung und Abstoßung und verhalten sich ihm gegenüber denn auch ambivalent. Wir sehen: Das Szenario, welches jene Anekdote vom warmen Kuss aufs kalte Glas spüren ließ, hat sich inzwischen weit entfaltet.

Während Charlotte im Gespräch mit Riemer sich mit dem Verhältnis zwischen ihr und dem Goethe*f* der Wetzlarer Phase, der Wertherphase und dem ihrer Gegenwart konfrontiert, wird dieses latente Szenario in dem Maß emotionalisiert und sexualisiert, wie ans Licht dringt, dass sie sich »alle Jahre« (S. 110), und das bis heute, im Widerstreit zwischen der nicht nur erotischen Anziehungskraft Goethe*f*s einerseits und seiner Unnahbarkeit andererseits gequält hatte. Einerseits nämlich wurde sie, die hier die Selbstrepräsentanz vertritt, durch das idealisierte Große selbst groß: Sie wurde, wie sie erkennt,

> die unsterbliche Geliebte [...]. Und gehöre denn nun der Literärgeschichte, ein Gegenstand der Forschung [...], eine Madonnenfigur, vor deren Nische die Menge sich drängt im Dom der Humanität. (S. 125)

So erhoben, folgt sie auch jetzt noch der an sie herangetragenen Mythisierung, zeitlos die immer gleiche zu sein, besteht darauf, dass sie Lottes Urbild ist (vgl. S. 122), reist sogar von sich aus nach Weimar, um ein »groß herangewachsenes Altes [...] wieder aufleben zu lassen und ›extravaganter‹ Weise die Gegenwart daran zu knüpfen.« (S. 59) Andererseits öffnet sich jedoch die narzisstische Wunde mit ihrer Erinnerung an »des Götterjünglings Genügsamkeit« (S. 120): an Goethe*f*s bedrängenden Liebesüberschwang, der so kränkend anhielt vor sexueller Erfüllung und dem Zeugen von Kindern – wie der Kuss an jener Glasplatte. Es ist, wie auch im Falle Riemers, die »Kränkung« der Repräsentantin des Kleinen Selbst[12] dadurch, dass sie die eigene »Existenz als Mittel zum Zweck behandelt sehen [...]« (S. 67) muss. Goethe*f* hatte sich ja nicht allein keineswegs gescheut, sie und ihren Verlobten

> buchstäblich vor dem Erdkreise unbedenklich bloßzustellen und dabei Wirklichkeit und Erfindung mit jener gefährlichen Kunst zu vermischen, die sich darauf versteht, dem Wirklichen eine poetische Gestalt zu geben und dem Erfundenen den Stempel des Wirklichen zu verleihen, sodaß der Unterschied zwischen beidem tatsächlich aufgehoben und eingeebnet erscheint (S. 66),

er hatte mit dem *Werther* nicht allein ihrer beider Gefühle ›als Mittel zum Zweck‹ der Kunst genommen und jene Mythisierungen in die Welt gesetzt, die sie heute noch zugleich erheben und schmerzen, er hatte sie auch betrogen und gequält »mit seiner geniegespannten und [ihre; C. P.] Seele spannenden Anziehungskraft, der [sie; C. P.], wie er sicher war, nicht folgen durfte, wollte und konnte« (S. 121). Als Dritter hatte er »in ein gemachtes Nest das Kukuksei seines Gefühls « (S. 115) gelegt: in das Nest ihrer Verlobung. Auf diese und auf Charlottes Festhalten an ihrem Verlobten vertrauend, hatte er seine Liebesgefühle aufbrausen lassen, indem er gegen dieses ihn sichernde Bollwerk, ohne es einzureißen, anstürmte (vgl. S. 121), und sich dann mit Kuss, Scherenschnitt und Romanschreiben begnügte. Er hatte ihre Treue zu Kestner gleichsam als kaltes Glas benutzt, auf das er seinen warmen Kuss drückte. So waren ihre von ihm geweckten und angestachelten Gefühle ebenfalls gegen das kalte Glas seiner Genügsamkeit geprallt. Doch dies »Schmarutzertum« (S. 117) hatte die gekränkte Kleine Selbstrepräsentatin mit dem Kunstwerk in idealisierte Höhen gehoben. So steigert sich die Ambivalenz und mit ihr der Schmerz. Ihnen zu entkommen, muss der idealisierte Große noch stärker idealisiert, er muss – wie schon im Fall von Riemers Goethe*f* – vergöttlicht werden und erscheint nun im sexualisierten Szenario als göttlicher Liebhaber, als einer wie der Olympier Zeus:

> Es gibt ein göttliches Schmarutzertum, ein Sich niederlassen der Gottheit auf menschlicher Lebensgründung, [...] die höhere Erwählung einer hier schon Erwählten, die Liebesleidenschaft des Götterfürsten für das Weib eines Menschenmannes. (S. 117)

Doch solch ein Übergriff kränkt den ›Menschenmann‹, in diesem Fall Charlottes Treuegefühl gegenüber Kestner. So wird der Vergöttlichte wieder entwertet: »Das

[12] Künftig der Einfachheit halber: Kleine Selbstrepräsentantin.

Göttliche ist tatsächlich nicht ganz ernst zu nehmen – sofern es nämlich im Menschlichen hospitiert.« (S. 118)

Nachdem im dritten Kapitel das latente psychodynamische Szenario von *Lotte in Weimar* aufgeglüht war und sich gefährlich erregend entfaltet hatte, kommt es im **vierten Kapitel** zur Beruhigung. Kaum wahrnehmbar glimmt es weiter unter den Klatschgeschichten aus dem Weimaraner Familien- und Gesellschaftsleben, mit denen Adele Schopenhauer mit nervöser Intelligenz (vgl. S. 131), abstehenden Ohren (vgl. S. 132), wässerndem Mund und »einer leicht sächsisch gefärbten Rede« (S. 132) Charlotte und Leser in das alltägliche Umfeld von »unserem Meister« (S. 137) und »Dichtergenie« (S. 137) hineinführt und sie mit dessen menschenfreundlich belebendem (vgl. S. 140 f.), aber auch stumm befangenen (vgl. S. 139), ja mürrisch tyrannischen (vgl. S. 144) Alltagsverhalten vertraut macht. Die Ambivalenzen sind gerade noch zu spüren, die Affekte herunter gestimmt. Es ist ein Kapitel der Erholung.

Das **fünfte Kapitel**, *Adeles Erzählung*, eine in Goethe*hs* verknappendem Novellenstil gehaltene, wie in seinen *Wanderjahren* in den Roman eingelegte »Novelle« (S. 218), fasst zusammen, was Adele Charlotte weiterhin erzählte: die quälende Vorgeschichte der nun anstehenden Verlobung Ottilie von Pogwischs mit Goethe*fs* Sohn August. Und es verankert sie in der Gesellschafts- und Geistesgeschichte der Jahre zwischen der Schlacht bei Jena und Auerstädt von 1806 und der Gegenwart von 1816. Auch hier das distanzierende Prinzip der Szene in der Szene in der Szene, z. B. zwischen diesem Kapitel und Goethe*hs* Erzählweise, in dieser Szene dann die zwischen dem von Adele Erzählten und der ›Novelle‹, darin die Szene zwischen Adele und Charlotte, darin die zwischen Adele und Ottilie, darin die zwischen Ottilie und August, darin die zwischen August und seinem Vater und hierin nun endlich die zwischen Goethe*f*, seinem Sohn, den Ereignissen und Personen der Zeitgeschichte, insbesondere Napoleon – ein über weite Distanzen gehendes Erzählen, das des Längeren beim Jungmädchenhaften einer Liebesgeschichte und beim patriotisch aufgeregten deutschen Befreiungstaumel verweilt, insofern einen vielfach gesicherten und so auch beruhigenden Abstand schafft zu Goethe*f* und dem in der Auseinandersetzung mit ihm spürbaren latenten Szenario, sich diesem gleichsam von der Bande her aber dennoch nähert.

Adele, die auktoriale Ich-Erzählerin der ›Novelle‹, wird mitgerissen von dem, was sie erzählt, sie bewegt sich in Ambivalenzen, idealisiert und kritisiert die deutschen Patrioten – »das Blut unserer Helden« (S. 174); »die Rebellion – und zwar [...] eine knabenhaft törichte« (ebd.) – und auch Goethe*f*: »Verehrung für seinen [d. i. Augusts; C. P.] großen Vater« (S. 200); »Was ich ihm aber nicht verzeihen kann, nie und nimmer, das ist, was er damals an seinem Sohne tat« (S. 194). Vor allem aber will sie mit ihrer Erzählung Charlotte bewegen, Ottilie aus der Verbindung mit Goethe*fs* Sohn August zu lösen; ist sie doch überzeugt, »daß dieser Unglückliche sie [d. i. Ottilie; C. P.] zerstören werde« (S. 216), und hatte sie doch, als Ottilie sich für August entschied, »eine Kälte im Herzen« gespürt, »wie sie uns ankommt, wenn wir dem unbeweglichen Auge des Verhängnisses begegnen.« (S. 184) – ähnlich der Zurückweisung beim Kuss aufs kalte Glas. Ein Trennungsschmerz meldet sich auch hier und lässt zusammen mit jenen Ambivalenzen das psychodynamische Szenario fortglimmen.

Mit Ottilie wird das dort angesiedelte Phantasma vom Kleinen als fasziniertem Opfer des idealisierten und entwerteten Großen konkretisierend variiert. Sie ist Opfer des Opfers: das Opfer August von Goethes.

> Ihre Verehrung für den großen Dichter war selbstverständlich die tiefste; [...] was Wunder, daß die Werbung des Sohnes, die mit der offenkundigen Billigung des Vaters und sozusagen in seinem Namen geschah, sie unwiderstehlich dünkte? Es war ja, alsob [!], durch die Jugend des Sohnes, verjüngt in ihm, der Vater selbst um sie würbe. Der ›junge Goethe‹ liebte sie, – sie zögerte kaum, den Erwecker, den Mann ihres Schicksals in ihm zu sehen, sie zweifelte nicht, ihn wiederzulieben (S. 158),

zumal Goethe*f* ihr »sein väterliches Wohlwollen [...] auf keine Weise verhehlte«. (S. 157) Durch dessen Opfer August hindurch liebt sie den idealisierten Großen – abermals ein Verschwimmen von Grenzen. Als sie in ihr »sentimentalisch-widerspruchsvolles Erleben mit dem Sohn des großen Dichters« (S. 171) geraten ist, bleibt sie » gebannt [...] von ihm und von dem Gedanken, die Seine zu werden, wie das Vögelchen von der Schlange« (S. 216). Der implizite Autor scheut keine Mühe, mit Ottilie den Zwiespalt zu inszenieren, in den die Repräsentantin der Kleinen Selbstrepräsentanz gegen, aber auch mit ihrem Willen zum Opfer des idealisierten Großen Objektrepräsentanten wird. Er stellt die »begeisterte Preußin« (S. 153), die mit den deutschen Patrioten hasst und hofft (S. 173), zwischen den an »gebrochenem Stolze« (S. 161) krankenden, düster leidenden (vgl. S. 209), gelegentlich rohen, ausschweifenden (vgl. S. 200) und melancholischen Augusts einerseits, der »nichts als des Vaters Echo« (S. 192), die Napoleonverehrung dieses Vaters, wiederholt (vgl. S. 169), und andererseits dessen Gegenspieler Ferdinand Heinke, »die verkörperte Poesie« (S. 180), »das Idealbild des vaterländisch entflammten deutschen Jünglings« (S. 185). An ihm lernt sie, was ›wahre Liebe‹ sei (vgl. S. 181), während sie sich dem »Sohn des großen Dichters« (S. 171) gegenüber als »Erlöserin seines Dämons, als seinen guten Engel« (S. 163) versteht:

> ich habe das Glück erkannt, das Licht und die Harmonie, in der Gestalt unseres Ferdinands sind mir aufgegangen. Aber so edel der Zug sein mag, den sie ausüben, – tiefer sind die Ansprüche, die Dunkel und Leiden an unseren Edelmut stellen, und im Grunde meiner Seele kenne ich mein Schicksal. (S. 184)

Es ist die Größe des Vaters, die dies rechtfertigt: »Kann man zweifeln an dem edlen Seelengrund des Sohnes dieses Vaters?« (S. 201). So bleibt Ottilie verfangen in der »Paradoxie ihrer Leidenschaft« (S. 163) und lässt Augusts ›egoistische Exzesse über sich ergehen‹ (S. 205). Das latente Szenario hat sich mit dem Opfer des Opfers der Großen Objektrepräsentanz weiter ausdifferenziert und emotionalisiert.

Hatte der implizite Autor mit Riemer und ein wenig auch mit Charlotte zuvor schon angespielt, wie der Kleine Selbstrepräsentant im idealisierten Objektrepräsentanten aufgeht und hierbei erhöht, aber auch vernichtet wird, so intensiviert er dies mit Augusts Verhältnis zu seinem Vater. Aus der Außensicht durch Adeles und Ottilies Perspektiven distanziert, durch deren Gefühle jedoch emotionalisiert, nähert sich das Szenario von Erhöhung und Entwertung seiner stärksten Ausprägung mit dem Sohn des Großen, der dessen Namen trägt, deshalb hoch angesehen, protegiert und geschont wird, den Vater vertritt, in dessen Namen spricht, mit ihm in vertrautem Umgang lebt, hütet, was dieser vor Anderen verbirgt, und ihm in Alltagsgeschäften unentbehrlich zur Seite steht. Mit diesem Sohn scheint der Kleine Selbstrepräsentant dem idealisierten Großen Objektrepräsentanten nahe wie sonst niemand, ja fast schon eins mit dessen Größe. »August war Sohn, – das war die Haupteigenschaft seines Lebens. In ihm hatte man es mit dem großen Vater zu tun« (S. 211). Doch das ist zwiespältig: »Der Sohn eines Großen – ein hohes Glück, eine schätzbare Annehmlichkeit und eine drückende Last, eine dauernde Entwürdigung der eigenen Selbstheit doch auch wieder« (S. 160). Der erhöhte Kleine Selbstrepräsentant wird entwertet. Ständig an seinem Vater gemessen, zieht August sich entmutigt vor dem Vergleich zurück (vgl. S. 160). Als »unordentlich geborener« »Sohn der Mamsell« (S. 161) Vulpius, deren wenig diszipliniertes Leben er weiterführt, erfährt er trotz Nobilitierung und Protektion von ganz oben, Spott, ja gesellschaftliche Ächtung. Vom Vater, der seine Arbeitskraft benötigt und egoistisch ausnützt (S. 197), wird er faktisch zur »Absonderung« (S. 198) gezwungen, ja darum gebracht, seine beschädigte Ehre bei den Altersgenossen wieder herzustellen (vgl. S. 203). Kein Wunder, dass dieser »allzu gehorsame Sohn« (S. 200) »an gebrochenem Stolze« (S. 161) krankt, dass sich »die Trübigkeit seiner armen Seele« vertieft (S. 199), »zerstörerische Neigungen [...] zum Durchbruch kamen: der unmäßige Weingenuß, der Umgang [...] mit schlechten Weibern« (S. 199 f.). Durch dieses sein Opfer hindurch macht Goethe*f* Ottilie zum Opfer:

> Daß er eine Verbindung wünschte und betrieb, vor der mir [d. i. Adele; C. P.] graute, war mir bekannt; des Sohnes trübe Leidenschaft für Ottilie war nur der Ausdruck, das Resultat dieses Wunsches und Willens. Er liebte in ihr den Typ seines Vaters; seine Liebe war Nachahmung, Überkommenheit, Hörigkeit (S. 211).

Der Vater hatte des Sohnes Aufmerksamkeit auf sie gelenkt (vgl. S. 156); er hatte, als es nach dem Tod Christianes Augusts Sache war, »in das väterliche Haus eine neue Herrin einzuführen« (S. 217), mit ihr gesprochen; er war »reizend« (S. 218) zu ihr gewesen, galt es doch, dort als Christianes Nachfolgerin einen ›Typus‹ seiner Geliebten von ehedem einzuführen. Von hier aus gesehen, erscheint das durch Goethe*f* repräsentierte Große, so sehr es idealisiert wird, stärker noch als im Falle Lottes und Riemers als doppelt zerstörerisch. Es zerstört mit dem Opfer auch noch dessen Opfer.

Zeigte sich das Bild Augusts bisher mehrfach gebrochen durch die Medien Ottilie und Adele, so tritt er im **sechsten Kapitel** – »Lupus in fabula!« (S. 221) – selbst auf: ein weiteres Medium, in dem sich das Bild Goethe*fs* bricht, der im dann folgenden Kapitel nach so vielen Darstellungen aus der Außenperspektive endlich in Person erscheinen wird, und das in der Binnenperspektive des Inneren Monologs. Ihr nähert der Roman sich bereits hier im sechsten Kapitel, wenn August, von Charlotte mütterlich zum Reden gebracht, als Sohn aus dem vertrauten Binnenraum der Familie Goethe*fs* berichtet, den Vater, sein Leben und Werk und beider Zusammenhang zu entschlüsseln sucht und von Goethe*fs* körperlichem, seelischem, erotischem, ehelichem, gesellschaftlichem und dichterischem Leben erzählt, von seinen Schwierigkeiten, Ängsten, Freuden, Leiden und Marotten – beinahe eine psychologische Goethebiographie, ein auf intimer Kenntnis gegründetes, von Informationen überquellendes Sachbuch, das als solches des Lesers Neugier auf das Privatleben des Großen anregt, seinen Wissensdrang befriedigt und ihn als kundigen, lustvoll wiedererkennenden Goethefreund bestätigt. Das lenkt ebenso wie die komische Diskrepanz zwischen Augusts gestelzt-altkluger Redeweise und seinem jugendlichen Alter (S. 228 ff.) des Lesers Aufmerksamkeit vom emotional aufwühlenden zerstörerisch-beglückenden latenten Szenario ab, das den Verlauf dieses Erzählens, dessen Ambivalenzen und Umbrüche antreibt, trägt und strukturiert. So kann auch er sich wohlgesichert dahintragen lassen.

Hatte *Adeles Erzählung* das Szenario zwischen Kleiner Selbst- und Großer Objektrepräsentanz aus der Außenperspektive inszeniert, so inszeniert nun das sechste Kapitel mit August den Kleinen Selbstrepräsentanten, wie er sich im Rahmen, den dieses Szenario vorgibt, und aus ihm heraus – gleichsam unter dem Mantel des Großen Objektrepräsentanten hervorsprechend – in Szenen zur Welt jenes Objektrepräsentanten, zu sich selbst und zu seiner eigenen Welt bewegt: wie er sich gleichsam an die Stelle jenes Objektrepräsentanten setzt, an dessen Stelle hasst (vgl. S. 235), wertet, sich erregt, freut und verteidigt (vgl. S. 237 f.), bis in den sprachlichen Duktus hinein (vgl. S. 229) dessen Abklatsch, und kraft seines mit dem väterlichen identischen Namens ohnehin. Er ist stolz ist auf seinen Platz unterm Mantel (vgl. S. 257), idealisiert dessen Träger zum ›Gewaltigen und Herrscher‹ (vgl. S. 247), greift ihn insgeheim aber auch an:

> obgleich es auch wieder zu einer peinlichen Heiterkeit reizt, sich die feierlich ihrer bewußte Größe vorzustellen, wie sie, längst gewohnt, sich nur in bedachter Gemessenheit zu bewegen, mit besudelten Kleidern und aufgelöster Kragenbinde in einem Straßengraben krabbelt. (S. 255)

Ja, er sucht sich in aller Bescheidenheit über ihn zu erheben (vgl. S. 264 f.), bekennt jedoch auch seine eigene Geringfügigkeit: »Ich bin nur ein beiläufiger [...] Abwurf seiner Natur« (S. 233): Auch hier kehren die bekannten Ambivalenzen also wieder.

Mit Charlotte setzt das Szenario zwischen Klein und Groß sich fort. Sie verharrt in ihm, wenn sie, komisch genug, auf dem unübertreffbaren Wert des *Werther* besteht (vgl. S. 254), oder auch, wenn sie triumphierend wiederholt, sie sei, anders als Friedericke und Lili, ihre Rivalinnen im Kampf um poetischen Nachruhm, nach Goethe*fs* Abschied nicht verkümmert (vgl. S. 248 ff.), sondern habe »resolut« (S. 251) ihr eigenes Leben geführt: Der Kleine Selbstrepräsentant ging, als er von dem Großen Objektrepräsentanten verstoßen wurde, nicht zu Grunde, bleibt jedoch an den verstoßenden Großen gebunden. Dieses Verharren zeigt sich auch, als sie, angeregt bereits durch Adele (vgl. S. 223 f.), sich in der verwirrenden Gegenwart Augusts immer mehr in die Mutterrolle hinein phantasiert (vgl. S. 225 ff.), was sie bis zur Vorstellung führt, er könne ihr Sohn sein (vgl. S. 252). In ihrer Imagination beginnen die Grenzen zwischen dem noch jugendlichen August und ihrem einstigen Verehrer, dem jungen Goethe*f*, zu verschwimmen und zugleich die zwischen ihr selbst damals und ihr selbst heute (vgl. S. 225 ff.) – eine im Text bewusst als solche markierte und als aus Charlottes Unbewusstem aufsteigend inszenierte Phantasie. Sie wird von ihr weiter ausgesponnen, als sie bedenkt, dass sie und Goethe*f* nach Kestners und Christianes Tod frei wären, sich zu verbinden, und als ihr im Gespräch mit August noch klarer ins Bewusstsein dringt, dass mit Ottilie sie selbst als ein ›Typus‹ der Geliebten Goethe*f*s wiederkehrt, dass Ottilie, also sie selbst, d. h. Charlotte, oder auch Charlottes Tochter sein könnte, und dass August als Charlottes Sohn oder durch ihn der Vater Goethe*f* sie oder ihre Tochter heiraten könnte, die dann seine mit ihr gezeugte Tochter wäre (vgl. S. 276 ff.) – auf den ersten Blick ein Phantasiegespinst sich mehrfach überkreuzender ödipaler Beziehungen. Es könnte das Trauma lindern, das Charlotte so lange schon quält: den Schmerz, den Goethe*f*s in Zurückhaltung daherstürmende Liebe ihr zugefügt hatte. Dies Phantasiegespinst brächte die Glasplatte zum Verschwinden. Schon das gibt den narzisstischen Ursprung dieser Phantasie zu erkennen: Sie löst die trennenden Grenzen zwischen Vergangenheit und Gegenwart, zwischen Selbst- und Objektbild auf – d. h. zwischen Charlotte damals und heute, zwischen Charlotte und Ottilie, und durch die Heirat die trennende Grenze zwischen Goethe*f* und Charlotte – und sie spiegelt die Figuren ineinander: August und den jungen Goethe*f*, Charlotte und Ottilie. Von triebhaft ödipalem Begehren sowie ausschließendem oder ausgeschlossenem Dritten keine Spur. Dieser narzisstischen Phantasie verfällt Charlotte nicht gänzlich, sie löst sich schließlich weiter aus ihr, kehrt, wenn auch träumerisch, in die Wirklichkeit ihrer Gegenwart zurück und lässt das, was dazu diente, den Trennungsschmerz zu lindern, beim Abschied von August zweideutig nachklingen: »Leb' er wohl, Goethe [...]. Hab' ich Ungereimtes geredet, so vergeß er's [...]. Geh' er, mein Sohn [...]. Gott mit ihm, Goethe, Gott mit ihm mein Kind!« (S. 282).

Das Siebente Kapitel – das längste des Romans und dessen imaginäre Mitte, auf die bislang alle Kapitel zuliefen, während sie Goethe*f* aus wechselnden Perspektiven beleuchteten – dieses Kapitel lässt ihn über weite Strecken im Inneren Monolog auftreten. Es relativiert die bisherigen Perspektiven mit ihren Haltungen und Wertungen, doch es wird seinerseits auch durch sie relativiert: Der Ort des Kapitels im Textganzen wirft von außen her ein Licht auf Goethe*f*, während er in stummem Selbstgespräch dahingleitet. So bleibt er, auch wenn er ganz bei sich selbst ist, Repräsentant des erschreckenden, idealisierten und auch kritisierten Großen: Das narzisstische Szenario von Klein und Groß wirkt im Hintergrund fort.

Der Innere Monolog setzt ein mit dem Erwachen, einer ersten Realitätsvergewisserung und einer wohlgefällig aufgenommenen Erektion: »Wo kommst Du zu dir? Jena? [...] Nein, das ist die Weimarer Steppdecke [...] Wie, in gewaltigem Zustande? In hohen Prächten? Brav, Alter!« (S. 283). Zweimal wird der Monolog durch Gespräche unterbrochen; durch eines mit dem Diener Carl und eines mit dem Schreiber John; abgeschlossen wird er durch ein Gespräch mit August. Er ist als ein Bewusstseinsstrom inszeniert, der bei geschwächtem Realitätsprinzip und ebenso geschwächtem Normendruck an- und abschwillt, ohne Höhepunkt und Spannung in Abstoßungen und Umschwüngen umherschweift, und im Dahingleiten Wort-, Bild-, Gefühls- und Themenassoziationen folgt, z.B. von einem Liebespaar zu einem ganz anderen (vgl. S. 284), vom Hund des Adonis zu dem des Gotthardus (vgl. S. 286), von der Geschlechtskrankheit eines Dieners zum Plan, ein Gedicht über einen Jüngling zu schreiben, der im Bordell auf seine einstige Geliebte trifft (vgl. S. 303), oder vom Badeschwamm, den Goethe*f* über sich ausdrückt, zu Galathea, zu einem Bad in der Ilm vor vielen Jahren und schließlich zu dem damals entstandenen Gedicht »Alles geben die Götter, die Unendlichen« (S. 308).

Dieser Monolog bewegt sich in polymorpher Vieldeutigkeit erinnernd, vergegenwärtigend, wahrnehmend und in die Zukunft blickend im weiten Kosmos des Lebens, des Werks, der Kreativität, der Gedanken und Gefühle Goethe*fs*: Essen und Trinken, Geliebte, Wiederholungen, Steigerungen und Spiegelungen ihres »Typus« (S. 313, 317), seine »Größe« (S. 312), sein »Genie« (S. 323 f., 326), seine Fähigkeiten – »Wer kanns denn als ich?« (S. 296) –, seine Herkunft (vgl. S. 321 ff.), Botanik, Geologie, Wolken- und Farbenlehre, immer wieder Gedanken zur Kunst, seine politische, wissenschaftliche und künstlerische Vereinsamung und sein Verhalten angesichts der ›Eiseskälte‹ des ›Lebens‹:

> Das Leben wäre nicht möglich ohne etwelche Beschönigung durch wärmenden Gemütstrug, – gleich drunter aber ist Eiseskälte. Man macht sich groß und verhaßt durch Eiseswahrheit und versöhnt sich zwischenein, versöhnt die Welt durch fröhlich-barmherzige Lügen des Gemüts. (S. 324 f.)

Mitten im Bewusstseinsstrom plötzlich dieser Gedanke, der unerwartet helles Licht wirft auf das, was die Kleinen Selbstrepräsentanten so ambivalent als Goethe*fs* Kälte, als seine Duldsamkeit und seine erhöhende Kunst verstanden! Er selbst erfährt, so lesen wir, eine ›Eiseskälte‹, angesichts derer die Kälte jener Glasplatte sich ausnimmt wie eine milde Metapher. Gegen solche Kälte und gegen drohenden ›Wahnsinn‹ hat er sich mit ›Schutzvorrichtungen‹ versehen:

> [...] ist aber hinlänglicher Wahnsinn übrig in mir, als Untergrund des Glanzes, und hätt ich das Aufrechterhalten in Ordnung nicht ererbt, die Kunst sorgfältiger Schonung, eines ganzen Systems von Schutzvorrichtungen – wo wär ich! (S. 325)

Auch von dieser Selbsterkenntnis aus ist sein Verhalten also zu deuten, nicht nur von den Kleinen Selbstrepräsentanten her.

Er gleitet durch ein Gewoge von Gefühlen wechselnder Intensität: Stolz auf sich selbst, auf die eigene ›Größe‹, Ärger – »Wisse nicht, die Dusselköppe« (S. 290) –, Wut – »Newtonen[...], dem Lügenmeister [...]. Der schlechte Narr [...] Schuft« (S. 293 f.) – und Besinnlichkeit, Freude an Menschen, Gutmütigkeit, diebisches Vergnügen, Dankbarkeit, Vorfreude auf künftig zu Schaffendes. Er treibt durch eine Fülle auseinander hervorfließender Szenen, verhält sich in ihnen zu einem imaginierten Gegenüber in einer Weise, die er bis zur nächsten oder übernächsten Szene durch eine ganz andere, oft gegenteilige ersetzt, preist z. B. in der ersten und entwertet in der nächsten Schiller (vgl. S. 286 f.), das Volk (vgl. S. 286), die Deutschen (vgl. S. 326 f.) oder seinen *Werther* (vgl. S. 316 ff.). Ambivalenzen werden spürbar, doch die Gegensätze sind nicht klar geschieden, prallen nicht unversöhnlich aufeinander, sondern existieren neben-, oder besser: hintereinander im Szenenstrom, der unaufgeregt ruhig dahinfließt im Bewusstsein des Einverständnisses Goethe*fs* mit sich selbst und in der Überzeugung seines Formats trotz seiner prekären Existenz:

»Bin aus dem Holz, aus dem Natur mich schnitzte. Punktum. Bin wie ich bin […]« (S. 321); »wußt ich nicht, daß es ohn einiges Entsetzen in der Freude, ohne das Ungeheuer im Halbgott nicht abgeht?« (S. 322). Sogar Szenen des Selbstzweifels – »Sollte Newton doch Recht haben?« (S. 303) –, der Empörung, ja des Ekels werden fortgeschwemmt von neuen, emotional ganz anderen: denn bei aller Unruhe, als Medium schafft der Innere Monolog hier eben auch angstfreie Ruhe.

Der implizite Autor nämlich inszeniert mit diesem Monolog einen Übergangsraum im Sinne Winnicotts[13], einen Bereich zwischen der phantasierten Ungetrenntheit von Selbst- und Objektbildern, die sich noch nicht fest konstituiert haben oder aber wieder ineinander aufgehen, einerseits und andererseits der Erfahrung wahrnehmbarer konturierter Selbst- und Objektbilder. Hier im Übergangsraum lässt sich behaglich, beinahe wie im Mutterleib baden und mit Selbst- und Objektbildern sowie den Szenen zwischen ihnen spielen; ihre Grenzen sind ja nur schwach gezogen. Hier, beinahe im Zustand narzisstischen Verschmolzenseins, haben die Grenzen des ambivalenten anziehenden und zurückstoßenden Objektbilds sich verflüssigt. So droht keine Zurückweisung. Doch dies ist eben auch ein Raum des Übergangs zur Objektivierung; der implizite Autor arbeitet hier sehr wohl mit Grenzziehungen. Sie verhindern ein Verfließen im rein Subjektiven: Die vorangegangenen Kapitel lassen von Außen auf das blicken, was im Innern des Monologs geschieht, objektivieren es also; der Monolog selbst ist bei allem Schweifen thematisch klar aufgebaut,[14] seine Sprache präzis ausformuliert. Dreimal wird er durch Gespräche unterbrochen, schließlich durch ein Gespräch mit August abgeschlossen. Die Gesprächspartner zeichnen sich durch deutliches Eigenleben aus, Goethe*f* geht leutselig auf sie ein, auf Objekte in der Außenwelt also.

In dem so abgegrenzten Übergangsraum kann der implizite Autor seinen Goethe*f* das ganze Arsenal seiner Emotionen und Vorstellungen ohne Rücksicht auf äußere oder innere Kontrolle äußern und reflektieren lassen, seine Vorstellungen von eigener ›Größe‹ und Fähigkeit so gut wie seine »Ehescheu« (S. 323), seine prekäre, dem Wahnsinn nahe Existenz (vgl. S. 325), seinen Hass und seine wohlgehüteten dichterischen Pläne. Hier kann Goethe*f* sein schöpferisch phantasierendes Spiel ohne Realitätsverpflichtung treiben. Gerät er dann, im Gespräch mit August etwa, wieder in die Außenwelt, mag er ein Weilchen weiterspielen, doch bald wird er auf Grenzen stoßen, wie die Wirklichkeit sie setzt. Dann allerdings steht ihm der Weg ins Reich der Poesie offen. Zum Beispiel, als er ein Maskenspiel für den Hof entwirft:

> ›[…] aus dem Klumpen aber würde vor aller Augen ein Ei, das blähte sich und platzte auf, und ein gräulich Zwillingspaar kröche heraus, Otter und Fledermaus, wovon die Eine im Staube davonkröche, die Andere schwarz zur Decke flöge –‹
> ›Aber bester Vater, wie sollten wir das wohl machen und auch nur scheinbar zur Anschauung bringen, das platzende Ei und die Otter und Fledermaus!‹ (S. 363)

[13] Donald W. Winnicott: »Übergangsobjekte und Übergangsphänomene«, in: Ders.: *Vom Spiel zur Kreativität*, Stuttgart 1953, S. 10-36.

[14] Hierzu überzeugend: K, S. 485 ff.

Er wird es dann in *Faust II* unterbringen.

Das Spiel im Übergangsraum kann vor Trennungs- und Vernichtungsängsten schützen und den Trennungsschmerz heilen: Goethe*f*, der Selbstrepräsentant, ist hier ja bei sich selbst und zugleich bei seinen Objektrepräsentanten. Insofern antworten dieser Innere Monolog und in ihm Goethe*f* auf den Trennungsschmerz. Auf ihn antwortet auch das Phantasma von der Kleinen Selbst- und der Großen Objektrepräsentanz. Beide, dies Phantasma und das Spiel im Übergangsraum, sind Szenen desselben Szenarios. Was zwischen Groß und Klein nicht gelingt, hier im Übergangsraum wäre es möglich: Versöhnung. Hier kann der Selbstrepräsentant sich entäußern und ein Objekt schaffen, mit dem er sich selbst zu begegnen und sich zu spiegeln vermöchte: ein Selbstobjekt. Das setzt sich, so suggeriert es der Text, mit der Dichtung fort: »Schöpft des Dichters reine Hand, Wasser wird sich ballen« (S. 354). Fließt das Wasser gestaltlos dahin, zerbricht die Kugel und löst die Einheit sich auf, so wird des Dichters Hand sie schaffen. Die Kunst wäre hier also ebenfalls als Antwort auf den Schmerz der Trennung zu verstehen.

Im **achten Kapitel** tritt, eben in seiner Binnenperspektive vorgeführt und zuvor von den Figuren als Abwesender aus der Außenperspektive besprochen, Goethe*f* nun persönlich in der von ihm geladenen Tischgesellschaft auf und wird dort aus der Außenperspektive wahrgenommen. Das ganze Kapitel arbeitet mit bewusst inszenierten und vom Leser auch bewusst erfahrbaren Spannungen zwischen einer Oberfläche gesellschaftlichen Umgangs und einer untergründigen Erregung, die gelegentlich anwächst, beinahe durchbricht und so auch das latente Szenario deutlicher spüren lässt.

Das Kapitel beginnt scheinbar entspannt, ja behaglich mit ruhigen Tagen im Hause Riedel vor dem Besuch bei Goethe*f*: Familiäres, die Lebenswege der Kestners, ein Kleinklein historischer Fakten, wie es die Aufmerksamkeit bildungsbeflissener Leser zu fesseln vermag. Doch der ironische Erzähler lenkt den Blick auf die im Hintergrund wirkende Gegenwart des Großen, auf unterdrückte Erwartungen und innerlich gespanntes Schweigen der Figuren (vgl. S. 375). Die Szenen im Hause Goehte*fs* dann gewinnen ihre Spannung aus mannigfachen Widersprüchen: Aus dem Widerspruch zwischen einem lustspielhaften Konversationsstück, das die Gäste mit der Komik ihrer Erscheinung – »Amalie Riedel, etwas entenhaft von Profil« (S. 383) –, ihres Dialekts (vgl. S. 384), ihrer unangemessen Ratschläge (vgl. S. 384 ff.) und mit der Theatralik ihrer Kleidung (vgl. S. 382 f.) dem Lächeln preisgibt, einerseits und andererseits ihrer quälenden Erwartung des Großen Objektrepräsentanten sowie dann dessen beklemmender, aber auch mit »Leichtigkeit und Anmut« (S. 403) belebender Gegenwart, welche Liebe weckt (vgl. S. 403), zugleich aber nur schwer zu verdeckenden Hass (vgl. S. 409, 411 f.). Hier wirken Spannungen auch aus Widersprüchen zwischen Charlottes Erinnerungen an ihren leidenschaftlichen Liebhaber von einst sowie ihren Hoffnungen auf ein liebevolles Wiedersehen einerseits und andererseits der unpersönlich-zeremoniellen Alterssteifheit Goethe*fs*, der sie in seinen kunstkabinettartigen Räumen (vgl. S. 392) ordensgeschmückt (vgl. S. 386) und mit »einiger Formalität« (S. 368) empfängt, sich von ihr mit »Excellenz« (S. 390) anreden lässt und sie durch solche »Regelung« (S. 389) bewusst auf Abstand hält (vgl. S. 367 f.). In solchen, hinter dem historisch sachkundigen, musealbiedermeierlichen Erzählen hervorzuckenden Spannungen lassen sich nicht ganz geheuere Ambivalenzen spüren, die dem latenten Szenario von Anziehung, schmerzlichem Zurückgestoßensein und den ihnen antwortenden Rettungsversuchen entstammen. Auf dieser Klaviatur spielt der Text auch mit Goethe*fs* Auftreten: mit seiner »Würde«, die »nicht auf den festesten Beinen« (S. 393) zu stehen scheint, mit seiner hohen Sensibilität (vgl. S. 389), seiner Schreckhaftigkeit (vgl. S. 391), seiner Befangenheit (vgl. 393), seiner vor Kälte schützenden Kälte, seiner Gleichgültigkeit gegenüber den Mitmenschen (vgl. S. 393), um die er sich dennoch freundlich, duldsam (vgl. S. 423), bemüht wohlwollend (vgl. S. 407), dabei unaufrichtig (vgl. S. 388 f., 413, 423), beflissen (vgl. S. 421) und öfters mit Anstrengung, ja insgeheim stöhnend (vgl. S. 422) kümmert. Ebenso folgt der Text dem Wechsel von Angezogen- und Zurückgestoßensein mit Goethe*fs* Ausweichen vor Persönlich-Unmittelbarem, mit seiner patriarchal monologisierender Selbstinszenierung, mit seinem meisterhaftem Spiel im abstandssichernden, mittelbar jedoch Nähe erzeugenden, aus schönen Bildern und Worten errichteten Zufluchtsort gewählten Sprechens und so auch mit seinen unterhaltsamen, erquickend dramatischen und Wohlwollen, ja Liebe, aber auch Entsetzen und Aggressionen weckenden Erzählungen.

Diese Spannungen ins Bewusstsein zu heben, setzt der Text als Beobachtungs- und Reflektorfigur Charlotte ein. Sie ist nicht frei von Komik, wenn sie mit »würdiger Kinnstütze den immer etwas zum Wackeln geneigten Kopf« befestigt (S. 373), und schon gar nicht ist sie dem Szenario von Trennungsphantasie und Grenzverwischung entwachsen, wenn sie als mädchenhafte »Erscheinung in dem weißen [...] Kleide mit dem blaßroten Schleifenbesatz [...], von Gesicht freilich unrettbar alt, mit schon hängenden Wangen« (S. 381) auftritt und die Grenzen zwischen Vergangenheit und Gegenwart, Leben und Kunst zu leugnen sucht, obwohl ihr das inzwischen peinlich ist. Doch, dass sie in jenem Szenario noch immer verfangen ist, von ihm jedoch, wie ihr Peinlichkeitsgefühl bezeugt, bereits Abstand gewonnen hat, gerade das macht sie geeignet zur Reflektorfigur; denn sie horcht nun in sich selbst hinein, wenn sie »mit der eindringlichen und etwas benommenen Aufmerksamkeit [...], die während dieser Stunden nicht von ihr wich«, (S. 399) ›sanft, aber eindringlich forschend‹ (S. 409) auf Goethe*f* und seine Gäste blickt. In sich selbst und zugleich draußen erfährt sie hierbei sich und die Gesellschaft in den Erregungen dieses Szenarios, doch sie verfällt ihnen nicht: Als eine der Erzählungen Goethe*fs* ein »Beifallslachen der Runde« (S. 407) hervorruft, wandelt

> ein Argwohn, ein aufzuckender Schrecken sie an, der sich [...] auf alle Umsitzenden bezog: es kam ihr entsetzlicher Weise einen Augenblick so vor, alsob die devote Lautheit des allgemeinen Lachens etwas anderes übertönen und verdecken sollte, etwas desto Unheimlicheres, als es wie eine persönliche Bedrohung, eine Bedrohung für sie selber war und zugleich die Einladung in sich trug, sich als eine Zugehörige zu beteiligen. (S. 409)

Hier lässt der Text über Charlotte als Reflektorfigur eine Aggression der Kleinen Selbstrepräsentanten gegen den Großen Objektrepräsentanten ahnen, die sie als ›Zugehörige‹ der Kleinen auch in sich selbst trägt: eine doppelte Bedrohung, die ihres ›Jugendfreunds‹, dem sie sich nahe fühlt (vgl. S. 407), und die ihrer selbst; sie könnte ja ihrer eigenen Aggression die Zügel schießen lassen. So verfangen und dennoch distanziert, erspürt sie die verborgene Wut in jener ›devoten Lautheit‹, einem Amalgam aus Erhöhung des Großen, eigener Unterwerfung, Angriff und dessen lautem Verschweigen. Die untergründige Erregung rückt in Bewusstseinsnähe; das latente Szenario lässt sich ahnen.

Noch heftiger wächst die untergründige Spannung, als Goethe*f* ein Wort der »Landsleute des Konfuzius« zitiert:

> ›Der große Mann ist ein öffentliches Unglück.‹ –
> Hier brach ein Gelächter aus [...]. Dies Wort in diesem Munde erregte einen wahren Sturm von Heiterkeit. Man warf sich in den Stühlen zurück [...], – chockiert bis zur Ausgelassenheit von diesem prinzipiellen Unsinn, erfüllt von dem Wunsch, dem Gastgeber zu zeigen, wie man es zu schätzen wisse, daß er es auf sich genommen, ihn zu referieren und ihm zugleich zu bekunden, für welch ungeheuerliche und lästerliche Absurdität man den Ausspruch erachte. Nur Charlotte saß gerade aufgerichtet, in Abwehr erstarrt, die Vergißmeinnicht-Augen schreckhaft erweitert. Ihr war kalt. [...] [Es] kroch dieselbe Angst, wie schon einmal, ihr kalt den Rücken hinab: es möchte nämlich das überlaute Gelächter der Tafelrunde bestimmt sein, ein Böses zuzudecken, das in irgend einem schrecklichen Augenblick, verwahrlost ausbrechen könnte, also, daß Einer aufspringen, den Tisch umstoßen und rufen möchte: ›Die Chinesen haben recht!‹ (S. 411 f.)

Der Text hebt den Angriff auf den als groß idealisierten Objektrepräsentanten in Bewusstseinsnähe. Das gelingt ihm mittels der ›erregten Phantasie‹ seiner in einen »Zustand von Absenz« (S. 413) versetzten Reflektorfigur. Zuvor schon war dieses Phantasma vom Angriff auf den idealisierten Objektrepräsentanten in den Vordergrund gerückt, besonders deutlich, als Goethe*f* den Hass auf Juden und Deutsche völkerpsychologisch interpretierte: Die Juden seien berufen,

> an der Gestaltung irdischer Zukunft noch einen bedeutenden Anteil zu nehmen. [...] schwer zu ergründen sei angesichts des so erheblichen Beitrags, den sie der allgemeinen Gesittung geleistet, die uralte Antipathie, die in den Völkern gegen das jüdische Menschenbild schwähle und jeden Augenblick bereit sei, in tätlichen Haß aufzuflammen [...]. Es sei diese Antipathie, in der die Hochachtung den Widerwillen vermehre, eigentlich nur mit einer anderen zu vergleichen: mit derjenigen gegen die Deutschen [...] er gestehe, daß ihn zuweilen eine den Atem stocken lassende Angst überkomme, es möchte eines Tages der gebundene Welthaß gegen das andere Salz der Erde, das Deutschtum, in einem historischen Aufstand freiwerden [...]. (S. 410 f.)

›Hochachtung vermehrt den Widerwillen‹: Je höher ein Objektrepräsentant idealisiert wird, desto stärker wächst der Hass der Kleinen. Nach diesem, dem latenten Szenario zugehörigen Muster versteht der Text nicht nur den Antisemitismus, sondern auch den Hass auf das, 1939 hier versteckt angespielte, inzwischen faschistisch durchherrschte ›Deutschtum‹, gegen dessen Größe sich der ›Welthaß‹ ›in einem historischen Aufstand‹ erheben werde! Nicht vom Hass der Deutschen geht da 1816/1939 die Rede, sondern vom ›Welthaß auf das andere Salz der Erde, das Deutschtum‹.

Dieses latente Muster hatte die Auseinandersetzung mit Goethe*f* und so den Roman von früh an mitgeprägt, es war zunehmend emotional aufgeladen worden, weitet sich hier ins Völkerpsychologische und wird schließlich mit dem Hass auf den ›großen Mann‹ – also bis zur Kenntlichkeit verdeckt: Goethe*f* – seine bislang größte Nähe zur bewussten Wahrnehmung erreichen. Die Voraussetzung dieser Szenen um Klein und Groß, also die Phantasie von liebender Zuwendung und kalter Zurückweisung, bleibt jedoch verborgen. Sie rückt erst jetzt, nachdem eine ihrer Folgen, die Aggression, den Text stärker emotionalisiert hat, mit Goethe*f*s Anekdote vom Glaskuss in den Vordergrund. Auch hier dient Charlotte als Reflektorfigur: »Charlotte war sehr rot geworden. [...] Die arme Frau war voller Angst, der Hausherr möchte die Verfestigung dieses geheimen Kusses ins Nichts [...] noch weiter erörtern« (S. 419 f.). Die Erfahrungen der letzten Tage lassen sie hier ein Bild ihrer eigenen Geschichte erspüren: ihre kalt ausgebremste Jugendliebe zu Goethe*f*, dessen gezügelt einherbrausende Liebe zu ihr, ihre ins ›eisig-unerwidernde‹ ›Nichts‹ der Literatur verfestigte und erhobene ›blutwarme‹ Liebe, ihr geheimer Wunsch, an diese Jugendliebe anzuknüpfen, und dem entgegen seine altersstelfe duldsame Gleichgültigkeit. Dies öffentlich ›erörtert‹ zu sehen, das würde ihren Schmerz angesichts solcher Trennungen nur noch steigern.

Es geht um die unerbittliche Trennung, die Kälte, im Verhältnis von Literatur und Liebe, ja allgemeiner von Kunst und Leben, und noch allgemeiner: von Geist und Natur – ein von der Trennungsphantasie ins Extrem getriebenes Szenario. Mit der Glaskuss-Anekdote präsentiert der Roman es als Zusammenstoß von ›Eisig-Unerwiderndem‹ und ›blutwarmer Zärtlichkeit‹. Goethe*f* allerdings erzählt sie mit einem Ausdruck, »der sein innerlichstes Vergnügen an dem Gegenstande erkennen ließ« (S. 418), während eine »Himbeer-Crême« serviert wird und er nach ausgiebigem Champagnergenuss »einer heiteren Erinnerung nachhängt« (S. 417) – er hatte Charlotte damals ja beim »Himbeersammeln« (S. 34) geküsst. Ein Rückblick auf seinen Inneren Monolog lässt seine Heiterkeit begreifen:

> Himbeeren, auf denen die Sonne steht. [...] Ich hatts in der Nase. Ist ein gar lieber Duft und reizend die Beere, [...] warm vom Lebensfeuer wie Frauenlippen. Ist die Liebe das Beste im Leben, so in der Lieb das Beste der der Kuß, – Poesie der Liebe, [...] Mitte des Sakraments zwischen geistlichem Anfang und fleischlichem End [...]. Kuß ist Glück, Zeugung Wollust [...], – der Kuß, flüchtiger Besuch der wissenden Inbrunst auf rasch verderblicher Schönheit. Auch ists der Unterschied von Kunst und Leben, denn die Fülle des Lebens [...], das Kindermachen ist nicht Sache der Poesie, des geistigen Kusses auf die Himbeerlippen der Welt... (S. 315 f.)

›Glück‹ schenken Kuss und Kunst, weil sie die ›rasch verderbliche‹, dem Tod verfallene ›Schönheit‹, ›die Himbeerlippen‹, nur ›flüchtig‹ berühren. Insofern bringt Trennung hier heitere Rettung, für die küssend Zugewandten allerdings Schmerzen. Dies Schmerzliche erscheint auch hier im heitren Gewand: zugelassen und abgewehrt zugleich.

Kurz zuvor hatte Goethe*f* angesichts der »Geringschätzung des Genies für seine Kunst eine Gutheißung merken lassen, die sie [d. i. Charlotte] – wiederum um ihrerselbst und um seinetwillen – erkältete und verschreckte.« (S. 417). Hiervor hatte er mit einem »Unheilsausdruck, der doch auch wieder etwas episch Scherzhaftes hatte, wie wenn man Kindern Schauriges erzählt, [...] von einer Blutnacht, [...] einem Judenmorden« (S. 404) berichtet. »Man hätte das grausige Vorkommnis nicht sachlich-beruhigender und kühl-versöhnlicher kommentieren können« (S. 406). Sein ›Kommentar‹ zur Anekdote vom Glaskuss gilt dann dezidiert der ›Kunst des Schönen‹: Er plaudert

> von den Spatzen, die an den Kirschen des Apelles [d. i. an den von Apelles gemalten Kirschen; C. P.] pickten, und von der vexatorischen Wirkung, welche die Kunst [...] auszuüben vermöge [...], weil sie geistig und sinnlich auf einmal [...] sei und gleichsam durch die Sinne für das Geistige werbe. Daher die eigentümlich innig getönte Sehnsucht, die das Schöne errege, und die in der intimen Handlunge jenes jugendlichen Kunstfreundes ihren Ausdruck – ihren aus Wärme und Kälte geborenen Abdruck gefunden habe. (S. 420)

Merkzeichen der Kunst ist hier Trennung, eine als kalt phantasierte Trennung: Geringschätzig-kalt verhält jenes ›Genie‹ sich zu seiner Kunst, in ›sachlich-beruhigender‹ Kälte erzählt Goethe*f* von dem ›Judenmorden‹, realitätsbewusst kalt gelte es der ›vexatorischen Wirkung‹ der Kunst entgegenzuwirken, Kunst und Leben, gemalte und wirkliche Kirschen und Küsse, Geistiges und Sinnliches auseinander zu halten – und das gegen alle Sehnsucht, die darauf zielt, Trennung zu überwinden. Der Künstlerroman *Lotte in Weimar*, so zeigt sich, arbeitet mit einer latenten Phantasie, deren Szenen von Trennung und Sehnsucht sich auf manifester Ebene als Widerspruch von Kunst und Leben abbilden.

Nachdem das Kapitel mit der Glaskuss-Anekdote das phantasmatische und zugleich das bewusste thematische Zentrum des Romans, den Trennungsschmerz und das Verhältnis von Kunst und Leben, szenisch verdichtet hat, lässt es Goethe*f* die Tafel aufheben (S. 420) und seine Gäste dann nach einer »recht langweiligen« (S. 421), sie und ihn selbst quälenden Dreiviertelstunde entlassen. Mit Charlotte nimmt das Kapitel schließlich rückblickend die Idealisierung des Großen und damit die moralischen Ansprüche an ihn ein gut Teil zurück – und so auch dessen Verurteilung; er muss ihnen nun ja nicht mehr genügen:

> ›Er ist ein großer und guter Mensch‹, sagte Amalie Riedel, und ihr Mann bestätigte: ›Das ist er.‹
> Charlotte dachte oder träumte:
> ›Er ist groß, und ihr seid gut. Aber ich bin auch gut, so recht von Herzen gut und will es sein. Denn nur gute Menschen wissen die Größe zu schätzen.‹
> (S. 427)

›Größe‹ schätzt, wer ihr gegenüber sich seinen Ambivalenzen nicht ausliefert. Der ›große Mensch‹ muss für Charlotte, die hier »nicht urteilen« (S. 409) oder gar verurteilen will, kein ›guter Mensch‹ sein, das mag den Kleinen vorbehalten bleiben. So kann sie sich mit Goethe*f* versöhnen, obwohl er sie seiner Größe aufgeopfert hatte.

Solch eine Versöhnung inszeniert **das neunte Kapitel**, ein ins Imaginäre reichendes Nachspiel: Charlotte spricht, aus dem Theater kommend und dessen Jamben in einer Art Tagtraum weitertragend, mit Goethe*f*, der sie, so imaginiert sie, in seiner

Kutsche zum Hotel begleitet – eine Fiktion in der Fiktion,[15] die es dem Leser, der so recht nicht weiß, für wie realistisch oder phantastisch er dies halten soll, erlaubt, der realitätsfernen Versöhnung von Klein und Groß, ja von Trennungsschmerz und Zuwendung ins lustspielheitere Happy End zu folgen. Freilich, hier ganz am Ende des Romans, wo die emotionalen Ambivalenzen, auf deren Sog er spielt, sich auflösen, gerade hier findet, wenn auch ausbalanciert, ja von Opfer-, Sühne-, Metamorphose- und Wiedergeburtsphantasien nahezu übertönt, die zentrale Trennungsangst, die, so dürfen wir annehmen, auch in die Trennungsphantasie des latenten Szenarios eingeht, durch Goethe*f* zur Sprache: Die Angst vor dem Tode:

> ›[...] Dann wird das Verlassen nur noch Abschied, Abschied für immer sein, Todeskampf des Gefühls, und die Stunde gräßlicher Schmerzen voll, Schmerzen wie sie wohl dem Tod um einige Zeit vorangehn, und die das Sterben sind, wenn auch noch nicht der Tod. Tod, letzter Flug in die Flamme [...] und welch ein freundlicher Anblick wird es sein, wenn wir dereinst wieder zusammen erwachen.‹
> Die frühvernommene Stimme verhauchte. ›Friede deinem Alter!‹ flüsterte sie noch. (S. 445)

Der Trennungsschmerz, der das Szenario um Klein und Groß angetrieben hatte, tritt an die Oberfläche. So verliert dieses Szenario an Kraft und Versöhnung wird möglich. Nun kann der Roman mit Mager, der wieder einmal gar nichts verstanden hat, als Lustspiel einlaufen in sein Happy End:

> Guter Himmel, Frau Hofrätin, ich muß es sagen: Werthers Lotte aus Goethe's Wagen zu helfen, das ist ein Erlebnis – wie soll ich es nennen? Es ist buchenswert. (S. 446)

Ein ganzes Romanbuch könnte man hierüber schreiben.

Das psychodynamische Szenario des ganzen Romans, d. h. der Roman als Prozess zahlreicher sich in Szenen zueinander verhaltender psychischer Szenen, vollzieht sich, so zeigt es die Rückschau, zwischen einer latenten Phantasie schmerzender Trennung, phantasmatischen Versuchen, diesen Schmerzen zu entkommen, sowie mannigfachen Verfahren, diese Phantasien abzuwehren und dennoch so zuzulassen, dass Autor und Leser sich ihnen emotional zu öffnen vermögen.

Auf welcher Art Trennung diese Trennungsphantasie gründet, lässt sich – sie ist ja unbewusst – nur schwer bestimmen. Die Glaskuss-Szene zwischen schmachtend lockender Frau und zurückgewiesenem Mann lässt jedoch vermuten, dass uns hier eine Szene zwischen dem frühen Bild einer anziehend-abweisenden Mutter einerseits und einem frühen männlichen Selbstbild begegnet. Hierfür spricht auch der Befund Wolf Wucherpfennigs,[16] wonach Thomas Manns frühe Erzählungen relativ offen die Imago einer anziehend-abweisenden Mutter bearbeiten und hierbei versuchen, deren Übermacht in die Autarkie der Kunst zu entkommen und den Frauenkörper zu eliminieren – was Wucherpfennig zu Recht als Moment ihrer narziss-

[15] Hierzu: K, S. 753-759, 770.
[16] Oben in diesem Band.

tisch-homoerotischen Grundierung versteht. Das Bild der anlockend-abweisenden Mutter verschwindet dann von der Oberfläche der Texte Thomas Manns, wirkt jedoch – so die These – sublimiert in der Kunst-Leben-Thematik fort und in der Ironie des Erzählens. In *Lotte in Weimar*, wo sich dem Trennungsdrama zwischen mütterlichem Objektbild und männlichem Selbstbild die auch zuvor schon spürbare Todesangst als Trennungsangst verstärkend hinzugesellt, gewinnt die Trennungsphantasie im Bild der anziehend-abweisenden Mutter der Glaskuss-Anekdote wenigstens andeutend erneut Gestalt, wohl auch weil das Selbstbild des Zurückgewiesenen auf manifester Ebene Charlotte, einer Frau also, zugesprochen wird und der manifeste Part des Zurückweisenden einem Mann – und dann auch noch dem hier denkbar größten.

Die Versuche, den Schmerzen der Trennungsphantasie zu entkommen, werden, außer im Fall von Goethe*f*, in dem aller anderen Figuren im narzisstischen Szenario mit Verschmelzungs-, Spiegelungs-, Größen-, Entwertungs-, Idealisierungs- und Aggressionsphantasien mit der Fülle jener Ambivalenzen inszeniert, auf und mit deren Sog der Text sein heiter-trauriges Spiel treibt. Im Fall Goethe*f*s hingegen sind dies – gleichfalls im narzisstischen Szenario –: Auflösung harter Konturen im Übergangsraum, nur flüchtige Berührung einzelner Objekte, die zum Bild, ja zum Typus phantasiert werden, Fügung des Getrennten zur Einheit im Kunstwerk, das seinerseits getrennt ist von Mensch und Welt, und im Alltag dann seine »Schutzvorrichtungen« (S. 325), zeremonielle Steifheit so gut wie pedantisches Sammeln oder patriarchales Monologisieren.

Die Verfahren, welche die verlockenden, peinlichen und schmerzenden Phantasien abwehren, ihnen als literarische zugleich aber Zugang verschaffen zur bewussten Wahrnehmung, lassen sich wohl alle unter dem Begriff des ›Polyperspektivismus‹ versammeln. Es gibt nichts, was hier nicht zumindest aus zwei Perspektiven wahrgenommen würde, Emotionen weckte und zugleich distanziert, kritisiert oder gar entwertet würde. Das Verfahren der Verschachtelung in der Szene-in-der-Szene-in-der-Szene schafft Binnenräume, wo unmittelbare Wahrnehmung, Einfühlung, ungebrochene Emotionalität und klares Urteil möglich wären, lässt auf sie jedoch über scheidende Grenzen hinweg von ihnen äußeren Szenen her blicken. Die Konfiguration inszeniert einen Reigen sich zueinander verhaltender und einander beurteilender Figuren, von denen keine, auch Goethe*f* nicht und nicht einmal der Erzähler, die Perspektiven aller anderen unter der eigenen bündelt. Dieser Erzähler wechselt eine kaum zu überschauende Vielzahl von Positionen, kriecht z. B. beinahe hinein in einen Vorgang oder eine Figur, schaut dann wieder aus jahrhundertefernem Abstand auf sie, hebt trennende Grenzen auf und errichtet Grenzen, scheint gelegentlich überhaupt nicht vorhanden. »Es gibt keinen festen Punkt, von dem aus sich die perspektivische Realität aus den Angeln heben ließe«[17], keinen Ort, wo eindeutige Emotionalität und eindeutiges Urteil sich einstellen könnten.

Anlocken und Zurückweisen, das latente Szenario also, das diese formgebenden Verfahren abwehren, zugleich aber zulassen, kehren mit ihnen als ihre eigenen Wesenszüge wieder. Besonders sichtbar wird das an der Ironie. Sie lässt Emotionen und Vorstellungen, die dem latenten Szenario entstammen, Idealisierungen zum

[17] Michael Neumann: *Thomas Mann. Romane*, Berlin 2001, S.141.

Beispiel, unmittelbar erfahren, lockt zur Einfühlung, zu »einer blutwarmen [...] Zärtlichkeit«, und weist sie »eisig-unerwidernd« (S. 420) zurück. Meist geschieht das nicht mit solch radikaler Schärfe, sondern eher spielerisch, gewiss aber in struktureller Entsprechung. So auch, wenn die Parodie als ironisches Verfahren den Text mit einer Vielzahl von Goethezitaten als einen Blumenteppich auslegt, dem sich andächtig zu nähern sie die bildungsbürgerliche Prozession verehrungsbereiter Leser lockt, bis diese nach mannigfachen Distanzierungen erkennen müssen, dass sie ihr Haupt vor Requisiten eines Lustspiels beugten. So mag es ihnen sogar noch mit dem Schlusszitat aus den *Wahlverwandtschaften* ergehen: »und welch ein freundlicher Anblick wird es sein, wenn wir dereinst wieder zusammen erwachen« (S. 445), – eine emotional bewegende, feierlich ernste Beglaubigung liebender Einheit. Doch sie erfolgt in einer von Charlotte imaginierten Szene: Sie träumt sie Goethe*f* in den Mund; lässt ihn eine Einheit aussprechen, die der ganze Roman bereits negiert hat, und sie verändert das Zitat in peinlich-egozentrischer Usurpation: »sie« hieß es dort vom distanzierten Erzähler, Charlotte aber erträumt sich ein vereinigendes Wir: »wenn wir dereinst«. Spätestens, wenn der alsbald folgende Lustspielschluss – »Werthers Lotte, aus Goethes Wagen« (S. 446) – hierauf zurückstrahlt, könnten selbst naivere Leser an solch feierlich-ernster Beglaubigung zweifeln. Doch, so sehr Parodieren hier die Goethezitate negiert, sie lässt sie eben doch auch noch einmal aufleuchten:

> Parodie [...] von allen Besinnlichkeiten, die die Kunst begleiten ist diese die seltsamst-heiterste und zärtlichste. Fromme Zerstörung, lächelnd Abschiednehmen... Bewahrende Nachfolge, die schon Scherz und Schimpf. (S. 352)

– so lässt der implizite Autor sein Verfahren von seiner Figur Goethe*f* aus reflektieren.

Lotte in Weimar vollzieht sich als narzisstisch-heiteres Spiel mit und über dem Sog von Ambivalenzen, die dem Trennungsszenario entstammen. Dieses Spiel lässt ein lustvolles Erzählen genießen, das auf der Ebene der Form das wiederholt, wovon es handelt: lockende Anziehung und kalte Zurückweisung. Aus der Perspektive von *Lotte in Weimar* ist dieser Roman ein »flüchtiger«, ein »geistiger Kuss auf die Himbeerlippen der Welt« (S. 316), die ›Himbeerlippen‹ der Welt des historischen Goethe.

Literaturverzeichnis

Elsaghe, Yahya: »Zu Thomas Manns ›mythischer‹ Selbstidentifikation mit Goethe in ›Lotte in Weimar‹, in: *Jahrbuch des Wiener Goethe-Vereins* 102/103 (1998/99), S. 157-177.

Elsaghe, Yahya: *Die imaginäre Nation. Thomas Mann und das ›Deutsche‹*, München 2000.

von Goethe, Johann Wolfgang: *Goethes Sämtliche Werke*, Tempelausgabe, Berlin / Leipzig 1909-1910.

Kernberg, Otto: *Borderline-Störungen und pathologischer Narzissmus*, Frankfurt a. M. 1978.

Köhler, Lotte: »Über einige Aspekte der Behandlung narzisstischer Persönlichkeitsstörungen im Lichte der historischen Entwicklung«, in: *Psyche* 32 (1978), S. 1001-1058.

Köhler, Lotte: »Die amerikanische Psychoanalyse zwischen Ich-Psychologie und Selbstpsychologie«, in: *Psyche* 36 (1982), S. 343-354.

Kohut, Heinz: *Narzißmus. Eine Theorie der psychoanalytischen Behandlung narzisstischer Persönlichkeitsstörungen*, Frankfurt a. M. 1976.

Lorenzer, Alfred: »Tiefenhermeneutische Kulturanalyse«, in: Ders. (Hg.): *Kultur-Analysen*, Frankfurt a. M. 1986.

von Matt, Peter: »Zur Psychologie des deutschen Nationalschriftstellers. Die Bedeutung der Hinrichtung und Verklärung Goethes durch Thomas Mann«, in: Ders.: *Das Schicksal der Phantasie. Studien zur deutschen Literatur*, München 1994.

Mann, Thomas: *Lotte in Weimar. Roman*, hg. und textkritisch durchgesehen von Werner Frizen, in: Ders.: *Große kommentierte Frankfurter Ausgabe. Werke – Briefe – Tagebücher*, hg. von Heinrich Detering u. a., Bd. 9.1, Frankfurt a. M. 2003.

Mertens, Wolfgang: *Psychoanalyse*, Stuttgart / Berlin / Köln 1996.

Neumann, Michael: *Thomas Mann. Romane*, Berlin 2001.

Renner, Rolf Günter: *Lebenswerk. Zum inneren Zusammenhang der Texte von Thomas Mann*, München 1985.

Rudloff, Holger (in Verbindung mit Helmut Liche): »Wer hat das Bild der Charitas geküsst? Die ›heiter-criminologische Angelegenheit‹ in Thomas Manns ›Lotte in Weimar‹«, in: *Wirkendes Wort* 53 (2003), S. 59-83.

Theilhaber, Felix Aaron: *Goethe. Sexus und Eros*, Berlin 1929.

Winnicott, Donald W.: »Übergangsobjekte und Übergangsphänomene«, in: Ders.: *Vom Spiel zur Kreativität*, Stuttgart 1953, S. 10-36.

Wysling, Hans: *Narzißmus und illusionäre Existenzform. Zu den Bekenntnissen des Hochstaplers Felix Krull*, Bern / München 1982.

Zimmermann, Jörg: *Selbstbefangenheit. Thomas Mann und das Narzißmusproblem*, Aachen 1994.

Ulrike Prokop

DER UNHEIMLICHE DOKTOR FAUSTUS

Zur Auseinandersetzung mit dem Nationalsozialismus im Faust-Roman

Vorbemerkung

Thomas Mann formuliert in den Arbeitsnotizen zum Faust-Roman seine politische Intention: »Die Sprengung des Bürgerlichen, die auf pathologisch-infektiöse und desintegrierende Weise vor sich geht, zugleich politisch. Geistig-seelischer Fascismus.«[1]

Trotz der klaren Positionsbestimmung ist der Text ambivalent: Der *Doktor Faustus* belässt es nicht bei einer klaren, distanzierten Abgrenzung. Vielmehr erfolgt eine bedrängende Verwicklung, eben weil der Autor in der Figur Leverkühn keinen Helden des Widerstands, sondern, im Gegenteil, einen von den gewalttätigen Tendenzen Berührten vor uns stellt und weil er diese Figur zugleich idealisiert.
Nur ganz Entschlossene wie Georg Lukács vermochten 1947 in diesem Roman eine eindeutige politische Haltung auszumachen:

> Der tragische Held Thomas Manns hat hier [zum Schluss; U. P.] den Weg, der zu Marx führt, gefunden, hat wenigstens in seinen letzten klaren Worten mit der teuflisch-tragischen Vergeblichkeit seines eigenen Weges [des Weges der bürgerlichen Kultur und Kunst; U. P.] gebrochen und den neuen Weg bezeichnet, den Weg zu einer neuen ›grossen Welt‹, in welcher wieder eine neue volksverbundene, nicht mehr teuflisch große Kunst möglich sein wird.[2]

Eine so optimistische Lesart setzt eine starke Immunisierung gegen Leseerfahrungen voraus. Hans Mayer war zunächst der Interpretation von Lukács gefolgt.[3] Zehn Jahre später formulierte er jedoch seine Ambivalenz als Leser des Faust-Romans unter dem Titel *Für und Wider*: »Fremdes Leben wird nur ernst genommen, wenn Sterben geschildert werden muss. Bloß dem Knaben Nepomuk-Echo bleibt die Kälteregion erspart, die alles andere umgibt, einschließlich der Protagonisten.«[4] Und an anderer Stelle zur politischen Intention:

> Thomas Mann bekennt sich zur Weimarer Verfassung und parteipolitisch, vor allem in den Reichtagswahlen von 1930 bis 1932, zur Sozialdemokratie.

---

[1] Blatt 2 der Notizen zur Entwicklung des Faust-Romans aus dem Jahr 1943; Lieselotte Voss hat als erste das etwa 200 Seiten umfassende Notizen-Konvolut zur Entstehung des Faust-Romans vorgestellt; zitiert nach Lieselotte Voss: *Die Entstehung von Thomas Manns Roman »Doktor Faustus«*, Tübingen 1975, S. 16.
[2] Georg Lukács: *Faust und Faustus*, Reinbek 1967, S. 278.
[3] Hans Mayer: *Thomas Mann*, Frankfurt a. M. 1984, S. 270 ff.
[4] Hans Mayer: »Für und Wider«, in: Ders: Thomas Mann, S. 331-449, hier: S. 367.

> Gleichzeitig wird trotzdem versucht, dadurch Kontinuität zu dokumentieren, dass abermals die deutsche Romantik [...] dazu dienen soll die geistige Substanz der einstigen ›Betrachtungen‹ mit den neuen politischen Positionen zu versöhnen. Das konnte nicht gelingen.[5]

Hans Mayer betont die Kontinuität (Romantik) und den Bruch (Antifaschismus) im Denken Thomas Manns.[6] 1938 schrieb Thomas Mann im Rückblick:

> Ich war nicht ohne Kontakt mit den Hängen und Ambitionen der Zeit, mit dem, was kommen wollte und sollte, mit Strebungen, die zwanzig Jahre später zum Geschrei der Gasse wurden. Wer wundert sich, daß ich nichts mehr von ihnen wissen wollte, als sie auf den politischen Hund gekommen waren und sich auf einem Niveau austobten, vor dem nur primitivitätsverliebte Professoren und literarische Lakaien der Geistfeindlichkeit nicht zurückschrecken.[7]

Die persönlichen Erfahrungen Thomas Manns sind in die Künstlerbiographie des Adrian Leverkühn eingeschrieben. Ich verstehe den *Doktor Faustus* als eine radikale Selbsterforschung des Autors.

Geschrieben wurde der Roman 1943-1945. Es geht um die Erfahrungen jener Generation, die beteiligt war und verwickelt wurde, ohne das Ende jenes Aufbruchs, als den sich der Nationalsozialismus ausgab, zu kennen. Thomas Mann konzipiert seine Figuren im Faust-Roman in der Auseinandersetzung mit dem Erbe der Aufklärung und des Humanismus, zeigt die Hinwendung zu den Positionen des aufkommenden Faschismus in den Jahren 1910-1930.

Für meinen Zugang war die Frage entscheidend: Warum benutzt Thomas Mann für seine Darstellung im Faust-Roman die Schemata des romantischen Irrationalismus als Erzählkosmos – denn das ist das Schnittmuster für seine Figuren: das Genie Leverkühn und der Wahnsinn, in der Figur Zeitblom die dienende Treue. In dieses Schema gehören auch die Nebenfiguren: die gefährlichen Frauen – die Hetären und die verschlingenden Mütter; weiter der Jude als international erfolgreicher, weltläufiger Geschäftsmann und als Intellektueller. Das heißt, die Figurenkonstellation folgt einer bestimmten Linie. Es geht nicht um die soziale und politische Realität in Deutschland 1910-1945. Der Roman formt diese Realität vielmehr um, so dass sie in den spätromantischen Phantasieraum hineinpasst – dafür steht im Roman die imaginäre Stadt Kaisersaschern. Gegenstand der Selbsterforschung ist die innere Welt des bürgerlich-spätromantischen Irrationalismus in seiner Nähe zum Nationalsozialismus.

Was nicht in diesen Phantasieraum gehört, erscheint nicht im Text – keine politischen Gruppen, keine Arbeiter, keine anders denkenden Intellektuellen. Aus Zeitbloms Schreibzeit 1943-1945 ragen nur die militärische Niederlage und die Zerstö-

---

[5] Mayer: Thomas Mann, S. 355.

[6] Vgl. auch: Hans Wißkirchen: »Nietzsche Imitatio. Zu Thomas Manns politischem Denken in der Weimarer Republik«, in: Eckhard Heftrich / Hans Wysling (Hg.): *Thomas-Mann-Jahrbuch*, Bd.1, Frankfurt a. M. 1988, S. 65.

[7] Thomas Mann: »Bruder Hitler«, in: Ders: *Gesammelte Werke in dreizehn Bänden,* hier: Bd. XII: *Reden und Aufsätze*, Frankfurt a. M. [2]1974, S. 845-853, hier: S. 850.

rung der alten deutschen Städte in die Chronik hinein. Beschrieben wird die Zerstörung des alten Deutschland in seiner Erscheinung als romantische Stadtlandschaft.

Ich werde folgenden Fragen nachgehen: Wie wird das Romantisch-Irrationale dargestellt und was ist hier eingebunden, das sonst keinen Ausdruck finden kann? Wie wird die Verbindung des spätromantischen Lebensentwurfs zum Nationalsozialismus hergestellt? Wie wird die Abgrenzung zum Nationalsozialismus vollzogen?

Irritationen: Hierarchien, Zeitbloms Kriegskommentare 1943-1945, Stereotype des Jüdischen

Zunächst zu den Irritationen, die sich aus Lesererwartungen ergaben, die nicht eingelöst wurden, die bis heute in der Debatte sind. Der Faust-Roman wurde 1947 als moralisches und politisches Manifest des Emigranten und Hitler-Gegners Thomas Mann mit Spannung erwartet. Umso mehr irritierte der Text. Die kritischen Punkte sind bis heute die gleichen geblieben: Die Verwunderung gilt der Konstruktion der Hauptfigur Leverkühn als dem Faschismus nahe. Seine Abwendung, die verhältnismäßig unvermittelt erfolgt, erscheint unmotiviert, nicht überzeugend. Auch die Figur des Serenus Zeitblom entspricht keinem Vorbild des Protests und des Widerstands. Außerdem erstaunt, was der Autor auswählte, um die Berichtszeit Zeitbloms, die Jahre 1943-1945, zu charakterisieren: Die nationalsozialistische Gewalt wird wesentlich als militärisches Ereignis und als Zerstörung der Städte beschrieben. Weiter gelten Verwunderung und Kritik der Darstellung der jüdischen Figuren in der Romanerzählung, die vielfach als negativ aufgefasst wird. Es sind Irritationen, die sich über mehrere Lesegenerationen bis heute durchgehalten haben.[8] Im Folgenden gehe ich diesen Positionen nach.

Zunächst zu dem Eindruck »der Kälte« auf den schon Hans Mayer hingewiesen hat.[9] Diese vermittelt sich über den Erzählstil des Chronisten Zeitblom. »Kälte« gehört zu den Attributen der Zentralfigur Leverkühn. Das Unzugängliche und Mörderische der Leverkühn-Figur wird von Thomas Mann hervorgehoben. Die Dämonisierung des einsamen Genies Leverkühn könnte die Leser ermüden, aber die Kommentare und die Erzählweise des Chronisten Zeitblom wirken als Gegenpol. Über das Zusammenspiel der beiden äußerte sich Thomas Mann:

> Das Dämonische [die Figur Leverkühn; U. P.] durch ein exemplarisch undämonisches Mittel gehen zu lassen [den Erzähler Zeitblom; U. P.] erlaubte mir,

---

[8] Klaus Harpprecht: *Thomas Mann, eine Biographie*, Bd. 2, Reinbek bei Hamburg 1996, S. 1380-1439 u. S. 1538-1667. Harpprecht gibt einen ausgezeichneten Eindruck von den ambivalenten Lesereaktionen bis heute. Vgl. auch: den Kommentar zur Rezeption von Ruprecht Wimmer in: Thomas Mann: *Thomas Mann Doktor Faustus. Das Leben des deutschen Tonsetzers Adrian Leverkühn erzählt von einem Freunde*, in: Ders.: *Große kommentierte Frankfurter Ausgabe. Werke – Briefe – Tagebücher,* Bd. 10.2, Kommentar von Ruprecht Wimmer unter Mitarbeit von Stephan Stachorski, Frankfurt a. M. 2007, S. 100-169.

[9] Mayer: Thomas Mann, S. 367.

> die Erregung durch alles Direkte, Persönliche, Bekenntnishafte, das der unheimlichen Konzeption zugrunde lag, ins Indirekte zu schieben.[10]

In seiner skurrilen Umständlichkeit, in der Redlichkeit, im Glauben an die Werte von Wahrheit und Gerechtigkeit und in seinen inbrünstig exerzierten bürgerlichen Verkehrsformen stellt Zeitblom ein oft ins Komische spielendes Gegengewicht zu der heroischen Leverkühn-Figur dar. Hier kann sich der Leser erholen und überlegen fühlen. Zum Beispiel der Hochmut Leverkühns, seine Einsamkeit, seine Ablehnung menschlicher Nähe. Der Autor nimmt die Bedenken des Lesers auf und in den Text hinein: Auch Zeitblom leidet unter der unerwiderten Liebe zu Leverkühn und beschreibt sich als Teil der Gemeinde der treuen Verehrer. Da waren zum Beispiel »zwei weibliche Wesen«, die

> sich ihm [dem Adrian Leverkühn; U. P.] genähert und sich, ganz unabhängig von einander, zu seinen fürsorgenden Freundinnen aufgeworfen hatten. Es waren dies die Damen Meta Nackedey und Kunigunde Rosenstiel, – Klavierlehrerin die eine, die andere tätige Mit-Inhaberin eines Darmgeschäftes, will sagen: eines Betriebes zur Herstellung von Wursthüllen.[11]

Die Beschreibung wird als Karikatur der komischen Verehrerin fortgesetzt. Der Abschnitt schließt mit der Bemerkung von Serenus Zeitblom: »[...] in gewissem Sinn war ich von ihrer Gilde und hätte Grund gehabt, durch die herabgesetzte und verjungferte Wiederholung meines eigenen Verhältnisses [der unerwiderten Liebe, U.P.] irritiert zu sein« (S. 458).

Dadurch, dass Thomas Mann – wie hier geschehen – zahlreiche Einwände und kritische Empfindungen, die im Lesen auftauchen, dem Serenus Zeitblom zuschreibt, werden diese Einwände in den Text integriert. Aber weil Zeitblom sie in der Maske des altertümlich-skurrilen Altphilologen vorträgt, sind sie zugleich entschärft. Der Autor leitet den Leser so zur Unterwerfung unter die Faszination von Leverkühn und veranlasst uns, dessen »Kälte« zu respektieren und zu bestaunen, jedenfalls dieses Ideal unangetastet zu lassen und nicht zu revoltieren, uns aber auch nicht gelangweilt von einer solchen Kunstfigur abzuwenden. Das Zusammenspiel von Serenus Zeitblom, dem skrupelhaften Altphilologen und Adrian Leverkühn, dem Genie, funktioniert, indem es gegen Kritik immunisiert und zu Bewunderung führt.

Die Liebe Zeitbloms wird als Einsamkeit vorgestellt. Er breitet den Mantel des Schweigens, selbst über den Mord, den Leverkühn begeht. Die liebende Treue Zeitbloms schafft eine prekäre Gemeinschaft. Die Verpflichtung auf Auseinandersetzung, klärendes Sprechen und Verantwortung, die jede Person – auch sich selbst gegenüber – hat, erscheint im Faust-Roman als Unvollkommenheit, als Welt des Gere-

---

[10] Thomas Mann: *Die Entstehung des Doktor Faustus. Roman eines Romans*, Frankfurt a. M. 1992, S. 24.

[11] Thomas Mann: *Thomas Mann Doktor Faustus. Das Leben des deutschen Tonsetzers Adrian Leverkühn erzählt von einem Freunde*, in: Ders.: GKFA, Bd. 10.2, hg. und textkritisch durchgesehen von Ruprecht Wimmer unter Mitarbeit von Stephan Stachorski, Frankfurt a. M. 2007, S. 455. Dieser Band wird künftig im fortlaufenden Text mit einfacher Seitenangabe zitiert.

des und der kleinbürgerlichen Norm.[12] Hans Mayer schreibt über die idealen Figuren bei Thomas Mann:

> Da seine Kunst von Anfang an danach strebte, menschliche Schwäche und Einsamkeit gleichzeitig zu heroisieren und zu ironisieren, kann es für diesen Schriftsteller keine Gemeinschaft geben. Damit im Grunde auch keine Politik.[13]

Es ist deutlich, dass der Autor die Leverkühn-Figur radikal und idealisierend in ihrer Grandiosität und in ihrer Unmenschlichkeit inszeniert.

An dieser Frage polarisieren sich Leseerfahrungen. Zu den kritischen Lektüren des Faust-Romans, über die Zeit hinweg, gehört der Eindruck der Menschenverachtung und der Betonung der Hierarchie. Es gibt eine Rangordnung vom Grandiosen bis zur Bedeutungslosigkeit herunter. Die Distanz zwischen dem großen Einsamen und den anderen Menschen ist unüberbrückbar. Sehen wir den Roman als Erzählung der romantisch-irrationalen Traditionen, so stellt sich die Hierarchie ebenso wie das Genie und die Grandiosität nicht als Entwürdigung von Menschen sondern im Gegenteil als eine Ordnung anderer Art dar, die Würde nicht an Gleichheit, sondern an Differenz bindet.

Für die Romanerzählung gilt: Die Figuren um Leverkühn haben dann Würde, wenn sie in ihm die herausgehobene mythische Gestalt erkennen und wenn sie selbst sich dieser dienend zuordnen. Dann haben auch sie Teil am mythischen Geschehen. Auch die Figur der Dienenden ist in diesem Sinn eine respektable Figur. Der Name »Mutter Schweigestill« bezeichnet in diesem Sinn das Positive einer Frauenfigur. Ihre stille Treue und ihr stummer Dienst an dem leidenden Künstler Leverkühn zeichnen sie aus. Sie nimmt eine Rolle ein, wie sie den treuen Frauen unter dem Kreuz und am Grabe Christi zukommt.

In diesem Sinn gilt im Faust-Roman: Wer seine eigene mythische Figur verfehlt, oder sie nicht erkennt, bleibt gestaltlos – das bedeutet: ohne Identität – in Selbstverkennung und Abhängigkeit von Moden und Mitwelt, in einem tieferen Sinn hässlich. In den hier skizzierten Positionen wird der Erzählkosmos der Romantik deutlich: Die Einsamkeit und das Leiden des Genies, die Hierarchie und zugleich die Umdeutung von Hierarchien in Treueverhältnisse. Die dienende Haltung in Würde repräsentiert an erster Stelle »der Chronist« Serenus Zeitblom. Selbstentfaltung und Gleichrangigkeit im modernen Sinn kommen hier nicht in den Blick. Aufrührer gegen das mythisch Vorgezeichnete (die Rangordnung) machen sich – so der Text – lächerlich.

Kommen wir zum zweiten Komplex der Leseirritationen, zu Zeitbloms innerer Emigration in der Schreibzeit 1943-1945.

Der direkte Kommentar des Faust-Romans zu Politik und deutscher Gegenwart im Krieg hat auf den ersten Blick etwas Zitathaftes, Affektleeres. Der Kommentar zum Nationalsozialismus erfolgt durch Zeitblom im Fortgang seiner Chronistentätigkeit als Biograph Leverkühns in den Jahren 1943-1945. Szenisch erzählt wird hier nicht. Das ist der Lebensgeschichte Leverkühns – also der Berichtszeit 1890-1930 –

---

[12] Die Auseinandersetzung um das Ideal der Distanz führt – selbst fasziniert – Helmut Lethen: *Verhaltenslehren der Kälte. Lebensversuche zwischen den Kriegen*, Frankfurt a. M. 1994.

[13] Mayer: Thomas Mann, S. 358.

vorbehalten. Den politischen Bemerkungen Zeitbloms entsprechen keine Handlungsszenen; sie sind als Einsprengsel in die voranschreitende Leverkühn-Biographie eingefügt.

In dem folgenden Ausschnitt wird der Stil jener Passagen deutlich. Die Stelle macht die charakteristische Sprechweise Zeitbloms sichtbar: In der Sprache der Bewunderung wird dem Leser das Abscheuliche dargestellt. Zeitblom schreibt im Jahr 1943:

> [L]as ich im Blatt von dem glückhaften Wiederaufleben unseres Unterseeboot-Krieges, dem binnen 24 Stunden nicht weniger als zwölf Schiffe, darunter zwei große Passagierdampfer, ein englischer und ein brasilianischer, mit 500 Reisenden zum Opfer gefallen sind. Wir verdanken diesen Erfolg einem neuen Torpedo von fabelhaften Eigenschaften, das der deutschen Technik zu konstruieren gelungen ist, und ich kann eine gewisse Genugtuung nicht unterdrücken über unseren immer regen Erfindungsgeist, die durch nochsoviele Rückschläge nicht zu beugende nationale Tüchtigkeit, welche immer noch voll und ganz dem Regime zur Verfügung steht, das uns in diesen Krieg geführt hat und uns tatsächlich den Kontinent zu Füßen gelegt, den Intellektuellentraum von einem europäischen Deutschland durch die allerdings etwas beängstigende, etwas brüchige, und, wie es scheint, der Welt unerträgliche Wirklichkeit eines deutschen Europa ersetzt hat. (S. 251)[14]

Die Jahre 1943-1945 erscheinen – wie in dieser typischen Sequenz – als Lagebericht zur Kriegsführung. Hinzu kommt die Beschreibung der Bombardierung deutscher Städte – von Zeitblom als roter Schein aus der Ferne wahrgenommen. In der zitierten Textpassage ist die Sprechweise charakteristisch. Es ist unklar, ob Zeitblom so beschränkt ist oder ob der Autor voller Häme ironisierend in die Figur hineinspricht.

Ich zitiere zwei Kritiken, die auch meinem Eindruck entsprechen. Susan Sontag fragt sich, warum Zeitblom umständlich ist bis zum Unerträglichen und wo er seinen Verstand gelassen hat:

> Die Begriffsstutzigkeit des Erzählers ist ein wenig zu dick aufgetragen. Serenus Zeitbloms albern-penetrantes Bescheidentun, wenn es um Einsicht und Begreifen geht, wirkt wie ein Eingeständnis des Versagens auf Seiten des Autors, ein Bekenntnis seiner Unfähigkeit, seelischem Leiden unverhüllt Ausdruck zu geben.[15]

Peter Dettmering hebt vor allem die affektive Sperre hervor. Zeitblom macht ihn deshalb wütend:

> Sonderbar mutet es an, dass der erklärte Humanist Zeitblom gelegentlich in einen Jargon verfällt, der wohl nicht zufällig an deutsche Sondermeldungen jener Zeit erinnert [...] Der mindere Rang der aktuellen Passagen geht [...] so weit,

---

[14] Vgl. auch: S. 488 ff.

[15] Susan Sontag: *Im Zeichen des Saturn. Essays*, München 1981, S. 161.

> dass der Autor die menschliche Glaubwürdigkeit seines zwischengeschalteten Narrators hier und da untergräbt.[16]

Betrachtet man die Szenen genauer, so fällt jedoch auf, dass sie durchaus nicht affektleer sind, dass sie aber zu der Persönlichkeit der Figur Zeitblom nicht recht passen wollen. Die Rhetorik ist durchgehend höhnisch, von einer Ironie, die den Erzählrahmen sprengt, was Hans Mayer veranlasste, sich vorzustellen, Zeitblom schreibe in einer Tarnsprache, damit seine Nazi-Söhne ihn nicht anzeigen könnten:

> [Zeitblom] schreibt überdies in der Furcht vor der Gestapo und in Besorgnis vor den hitlertreuen eigenen Söhnen. Das legt seiner Darstellung gewisse Rücksichten auf, die er im Verlauf der nahenden Katastrophe immer mehr fallen lässt. Gegen Ende des Buches, wenn der Zusammenbruch des Hitlerreichs eintritt und auch den erzählenden Zeitblom in seiner kleinen Stadt an der Isar äußerlich einbezieht, äußert er sich offen.[17]

Für eine solche Konsistenz der Fabel von Zeitblom und seinen Söhnen gibt es im Roman keinen Beleg. Ich glaube vielmehr, dass Mayer auf das Verstellte reagiert, das für diese Textteile kennzeichnend ist. Aber was bedeutet das? Warum geschieht es und was passiert mit der Konstruktion der Figur Zeitblom? Ist es ein »Fehler im konsistenten Erzählen«? Jedenfalls: Zeitblom ist nicht weniger irritierend als Leverkühn.

Für die Berichtszeit Zeitbloms existieren in den vorbereitenden Notizen Thomas Manns »drei Zeittafeln, die jeweils für einen bestimmten Zeitabschnitt die Kriegsereignisse von Tag zu Tag festlegen«[18]. Lieselotte Voss kommentiert den eklatanten Unterschied zu den Vorbereitungen für die Zeitabschnitte der Leverkühn-Episoden: »Zu Zeitbloms Schreibzeit bedurfte es keiner besonderen Studien.«[19] Keine weitere Auseinandersetzung mit den aktuellen Vorgängen in Deutschland wird in den Notizen sichtbar. Für uns ist an dieser Information interessant, dass den Autor offensichtlich nur ein ganz spezifischer Aspekt interessiert hat – das Voranschreiten des Krieges und die Niederlage des Dritten Reiches. Ich habe schon angemerkt, dass es sich bei Zeitbloms Kommentaren zum Kriegsverlauf nur auf den ersten Blick um gefühlsarme Passagen handelt. Dass Zeitblom »aus der Rolle fällt« wird uns noch weiter beschäftigen. Zunächst zu einem weiteren Thema der kritischen Lektüre des Faust-Romans.

Stereotype des Jüdischen

Es ist erstaunlich, welche Figurenkonstellationen Thomas Mann für seine kritische Darstellung »des deutschen Schicksals« gewählt hat: Die Polarität: Einerseits Treue, Schweigen, Einsamkeit und tiefe Gelehrsamkeit – repräsentiert im Meister Lever-

---

[16] Peter Dettmering: »Grandiose Zerstörungsphantasien: Von Nietzsche bis Gottfried Benn«, in: *Psyche – ZPsychoanal* 56 (2002), S. 790-800.
[17] Mayer: Thomas Mann, S. 274 u. S. 321.
[18] Voss: Die Entstehung von Thomas Manns Roman »Doktor Faustus«, S. 166.
[19] Ebd.

kühn –, andererseits Debatten, Diskurs, Eleganz im Sinn des Zeitgeistes, Herrschaft des Marktes über die Kultur. Diese Gegensätze werden im Text immer wieder hinterfragt, aber nicht ernstlich aufgehoben. Der nationale Mythos von Innerlichkeit, Tiefe und Einsamkeit, wie er in Leverkühn eine ideale Gestalt erhält, bleibt das faszinierend Großartige. Die Intellektuellen, die beschrieben werden, haben demgegenüber immer geschwätzige, machtbesessene und zugleich kleinliche Züge. In der Figur des Kulturmaklers Saul Fitelberg charakterisiert Thomas Mann den Kontrast zwischen dem deutschen Genie, das die Musik als »Gottesdienst« und »Offenbarung höchster Erkenntnisse« auffasst, und dem jüdischen Impresario, der »die Gesellschaft«, das »künstlerische Ereignis«, die Vermarktung, vertritt (S. 575 ff.).

Es ist unübersehbar, dass der Autor auf das politisch Angesagte keine Rücksicht nimmt, da er vorurteilsgeladene Bilder vom jüdischen Kultur- und Kunstmakler verwendet, so als existiere 1943 keine neue Situation, so als seien aus Worten nicht Taten geworden. Den ersten Lesern des Werkes fiel das natürlich besonders auf. Gegenüber Agnes Meyer erläuterte Thomas Mann die Figur Fitelberg in einem Brief vom 7. September 1948:

> Merkwürdig! Die Besorgnis, die sie wegen Fitelbergs äußern hat mir zuerst unser Klaus zu bedenken gegeben, als ich das Kapitel ganz frisch im Familienkreise vorlas. Er meinte, die Figur könnte antisemitisch wirken. Andere, auch Juden, wollten das durchaus nicht zugeben, und wirklich ist Saul ja ein reizender, gescheiter Kerl, der über die Parallelität des deutschen und des jüdischen Schicksals viel richtiges zu sagen weiß. Freilich ist er nur *ein* jüdischer Typ; es gibt weiß Gott ernstere und würdigere. Und das Schlimme ist, daß das Judentum auch in seinem anderen Vertreter, dem Fascisten Breisacher, so schlecht wegkommt. Aber das ist nun nicht mehr zu ändern. Das Buch hat es so gewollt.[20]

Ich möchte an diesem Brief besonders hervorheben, dass Thomas Mann erklärt: »Das Buch hat es so gewollt.« Das ist mehr als eine Phrase. Der Satz verweist auf den Konsistenzzwang der Autorphantasie. Und die Frage ist: Was ist das innere Gesetz dieser Stimmigkeit? In den Worten des Autors: »Was will das Buch?«

Für die Beantwortung dieser Frage ist interessant, was die Kritikerin Ruth Klüger irritierte. Sie schreibt in ihrem Essay »Thomas Manns jüdische Gestalten« über den Intellektuellen Chaim Breisacher, eine Figur des rechten Münchner Intellektuellenzirkels, im Faust-Roman:

> [...] geistige Eigenschaften: Verachtung für die Idee des Fortschritts, der Hang zu einer arroganten Widersprüchlichkeit und Bewunderung für alles Primitive und Attavistische. Doch das Unangenehmste an Breisacher ist der Prä-

---

[20] Zitiert nach: Thomas Mann: *Selbstkommentare: »Doktor Faustus« und »Die Entstehung des Doktor Faustus«*, hg. von Hans Wysling unter Mitarb. v. Marianne Eich-Fischer, Frankfurt a. M. 1992, S. 222; im Brief heißt es weiter: »Und schließlich, wie steht es denn um die anderen Leute darin? Es ist ja ein Aquarium voll phantastisch geformter Fische, und wirklich sympathisch sind eigentlich nur Frau Schweigestill und Serenus Zeitblom«. Im gleichen Sinn an Susi Oppenheimer (12.12.1948), in: Thomas Mann: Selbstkommentare, S. 249. Der Bruch mit Käte Hamburger hat ebenfalls mit diesem Themenkomplex zu tun. Vgl. Thomas Mann: »Brief an Käte Hamburger« v. 2.2.1948, in: Thomas Mann: Selbstkommentare, S. 158 f.

> Nazismus seiner Ansichten, seine Ablehnung von Ethik und seine Aufwertung der Rituale der Gewalt. [...] Zeitblom, der Allerweltsdeutsche, läßt seiner Antipathie für Breisacher freien Lauf. Ja, er behauptet sogar, daß er durch Breisacher überhaupt erst die neue Welt der Anti-Humanität – womit er den Nazismus meint – kennengelernt habe, von dem er dank seines lauteren Gemütes vorher keine Ahnung gehabt hatte. Diese Passage, in der der Jude als Proto-Nazi fungiert und der deutsche Humanist sich Vorwürfe macht, weil er dem Juden nicht rechtzeitig widersprochen habe, weil er der Unmenschlichkeit in jüdischer Gestalt nicht beizeiten die Stirn geboten habe, ist keineswegs ironisch gemeint.[21]

Und:

> Dabei wusste er [Th. Mann; U. P.] um die jüdische Katastrophe, als er den Roman schrieb, doch statt etwas über das große Verbrechen an den Juden einfließen zu lassen, führt er einen faschistischen Juden vor und macht so das Opfer zum Schuldigen. Der schwarze Peter wird unter dem Deckmantel hoher Kunst weitergegeben.[22]

Klüger hat recht: Stereotype des Jüdischen ziehen sich durch den Text.[23] Aber das ist gerade die Frage: Was bedeutet die Wiederholung der alten Stereotype – jetzt geschrieben, 1943-1947?

Thomas Mann hätte leicht einen anderen Weg gehen können. Warum ihm das nicht angemessen schien, das ist die Frage – in seinen eigenen Worten: »Das Buch hat es so gewollt.« Der Autor, der Deutschland verlassen und den Nationalsozialismus öffentlich herausgefordert hatte, er brach geradezu eine Leseerwartung in seinem Roman, der sich so unpolitisch, so sehr als nicht auf der Höhe der Zeit gebärdete.

Eine vergleichbare Irritation formuliert Klaus Harpprecht:

> Im Tagebuch sagte Thomas Mann nach dem Abschluss der Niederschrift im Februar 1945, das stärkste im Teufelsgespräch sei wohl die ›Beschreibung der Hölle‹. Ausdrücklich vermerkte er, daß die Leser bei jener Schilderung mit den Schrecken eines Gestapokellers konfrontiert werden sollten.[24]

Harpprecht schließt:

---

[21] Ruth Klüger: »Thomas Manns jüdische Gestalten«, in: Dies: *Katastrophen. Über deutsche Literatur*, Göttingen 1994, S. 39-58, hier: S. 41.
[22] Klüger: Katastrophen, S. 41.
[23] Am Beispiel von *Wälsungenblut* wird dieser Gedankengang entwickelt, in: Hermann Kurzke: *Thomas Mann. Das Leben als Kunstwerk. Eine Biographie*, München 1999, S. 207; zur aktuellen Auseinandersetzung mit dem Jüdischen sei auf zwei weiterführende Arbeiten verwiesen: Heinrich Detering: *Juden, Frauen und Literaten. Eine Denkfigur beim jungen Thomas Mann*, Frankfurt a. M. 2005 und zum Umgang mit dem Jüdischen in der Familie Mann hat Viola Roggenkamp eine differenzierte Analyse vorgelegt, die sich explizit gegen Strategien der Entdramatisierung der Bedeutung der antisemitischen Stereotype im Werk Thomas Manns wendet, wie dies Kurzke und Andere versuchen: Viola Roggenkamp: *Erika Mann. Eine jüdische Tochter. Über Erlesenes und Verleugnetes in der Familie Mann-Pringsheim*, Zürich 2005.
[23] Vgl. Kurzke: Thomas Mann, passim.
[24] Harpprecht: Thomas Mann, S. 1436.

> Der teuflische Wink mit der ›Wollust der Hölle‹ war sowenig wie das Wortgepolter geeignet, einen Begriff von den Leiden in der Gestapo- (oder KGB-Haft) zu vermitteln, auch keinen Begriff von der Mentalität der Schergen [...] Deutschland war nicht Kaisersaschern.[25]

Hier wird die Enttäuschung an »dem Fehlenden« formuliert: Thomas Mann beschreibt keine politische oder soziologische Realität des Nationalsozialismus. Er hat hierfür auch kein Interesse aufgebracht. Interessant ist nun, wofür sich der Autor interessiert hat. Offensichtlich nicht für die politischen und soziologischen Realitäten und Entwicklungen in Deutschland. Was ihn interessiert, ist – wie schon bemerkt – ausschließlich die Innenwelt der romantisch-irrationalen Position.[26]
Welche Konsequenzen kann man aus den Leseirritationen ziehen?

Die inneren Widersprüche des romantischen Lebensentwurfs werden im *Doktor Faustus* ausgelotet. Man könnte sagen, dass der Autor gezwungen ist, seine innere Bilderwelt gegen die Besetzung durch den Nationalsozialismus zu verteidigen. Es geht also um eine Reinszenierung dieser Bilderwelt in bestimmter Absicht. Dies bedeutet hier zunächst einmal: Der Roman *Doktor Faustus* steht unter dem inneren Thema der Auseinandersetzung mit dem Nationalsozialismus und zwar einer Auseinandersetzung um das Erbe der Bilder. Leverkühn ist als Figur dazu bestimmt, den Schatten, den Hitler auf die Entwürfe des Romantischen wirft, magisch zu bannen. Leverkühn ist eine Gegenbewegung.

Wenn in der Sicht von Thomas Mann der Nationalsozialismus als Plagiat, Fälschung und Verhunzung der konservativen Romantik erscheint, so ist doch zugleich die Verwandtschaft eingestanden. So lässt er Zeitblom eine Frage stellen, die eigentlich keine ist:

> Denn ist es bloße Hypochondrie, sich zu sagen, daß alles Deutschtum, auch der deutsche Geist, der deutsche Gedanke, das deutsche Wort von dieser entehrenden Bloßstellung mitbetroffen und in tiefe Fragwürdigkeit gestürzt worden ist? (S. 697)

Das Eigentum an der Tradition steht sozusagen in Frage und damit die Tradition selbst, denn wenn diese Teil des Verderbens ist, müsste dann nicht alles aufgegeben und neu gedacht werden? Thomas Mann will das nicht. Er will zeigen, dass der Nationalsozialismus als geistige Bewegung nichts ist als ein Plagiat der wahren Romantik. Wie aber den Beweis für die Differenz antreten? Das Verfahren im Roman ist klar, radikale Vergegenwärtigung des Konservativ-Romantischen bis in die problematischen und abstoßenden Dimensionen. Es darf nichts beschönigt werden, es muss geradezu zwanghaft ausbuchstabiert werden, soll das tiefere Ziel der Selbstverständigung erreicht werden. Vor diesem Hintergrund wird verständlich, dass Thomas Mann auch die Schemata und Erzählstereotype bis hin zu den Klischees des

---

[25] Ebd.

[26] Vgl. dagegen bei Lieselotte Voss die zahlreichen von Thomas Mann benutzten Quellen zur Reformationszeit und das biographische Material über syphillitische Künstler sowie über Nietzsche. Voss: Die Entstehung von Thomas Manns Roman »Doktor Faustus«, S. 226 f.; die Selbstaussage Thomas Manns zu seiner Lektüre entspricht diesem. Vgl. Mann: Die Entstehung, S. 19 ff.

Jüdischen verwandte. Untersuchen wir nun genauer, wie Thomas Mann die Innenwelt der Spätromantik auslegt, welche Konflikte er in Szene setzt, wie er die Abgrenzung vom Nationalsozialismus vollzieht.

Die grotesken Figuren: Mentalitätsgeschichte der konservativen Intelligenz in der Zwischenkriegszeit

Thomas Mann beschrieb 1943 die Verbindung des Faust-Motivs mit dem Faschismus in Stichworten:

> Eine Teufelsverschreibungsgeschichte mit einem leichten Anstrich von 16. Jahrhundert, obgleich modern, das Thema des aus Intellektualismus begehrten Rausches, sehr aktuell, sehr deutsch –.[27]

Und an anderer Stelle:

> Es ist aber die Idee des Rausches überhaupt und der Anti-Vernunft damit verquickt, dadurch auch das Politische, Faschistische, und damit das traurige Schicksal Deutschlands.[28]

Mit dem Rausch ist das Phantasma der ins Grandiose überhöhten Volksgemeinschaft gemeint. Was dieser Lebensentwurf der nationalen Einheit und Größe für wichtige Teile der bürgerlichen Intelligenz bedeutete, was hier ersehnt und verleugnet wurde – das wird im Faust-Roman deutlich: Die Innenwelt der antidemokratischen Intelligenz wird in exemplarischen grotesken Typen kritisch gestaltet.[29] Thomas Mann schildert die Kontinuität der antidemokratischen Haltung von Teilen der bürgerlichen Jugend und der konservativen Intelligenz von 1910 bis in die dreißiger Jahre.[30] Er charakterisiert in der Darstellung einer Abendgesellschaft um 1923 die Denkakrobatik der »konservativen Revolution«[31], die den überkommenen autoritären Untertanengeist mit etwas völlig Neuartigem konfrontierte: mit dem Glauben an das Kollektiv und der Idealisierung der Gewalt aus einer nihilistischen, glaubensfeindlichen Grundhaltung heraus. Eine Gruppe von gebildeten Zynikern und Anti-Demokraten – der »Kridwiß-Kreis« – repräsentiert die zugleich lächerliche und gefährliche Entgleisung des Romantisch-Irrationalen in der Zwischenkriegszeit. Der »Kridwiß-Kreis«

---

[27] Thomas Mann an Jonas Lesser am 13.12.1943, in: Mann: Selbstkommentare, S. 19.
[28] Brief an Klaus Mann v. 27.4.43, zitiert nach: Mann: Selbstkommentare, S. 8.
[29] Vgl. Kurt Sontheimer: *Antidemokratisches Denken in der Weimarer Republik*, München 1978.
[30] Szenen der »christlichen Verbindung Winfried«, S. 164-186.
[31] Kurt Sontheimer hat diese einflussreiche Richtung des spätromantischen Irrationalismus charakterisiert. Er ordnet sie dem antidemokratischen Denken der Weimarer Zeit zu: »Im Mittelpunkt ihrer politischen Haltung steht die Erfahrung des Weltkrieges und die soziale Frage. Sie sind überzeugt von der Notwendigkeit eines Volksstaates, in dem alle Teile der bisher in Klassen gespaltenen Nation ihren Platz haben. Sie sind ebenso überzeugt von einer großen Wende der Zeiten, die das liberale nationalstaatliche Zeitalter beendet und in eine neue Epoche mit neuen Werten, neuen Menschen und neuen politischen Institutionen führen wird. Die Publizisten der Konservativen Revolution sind die Propheten und Deuter der neuen Zeit.« Sontheimer: Antidemokratisches Denken, S. 119.

ist ein Treffen von einflussreichen Meinungsmachern. Neue Ideen werden durchgesprochen und ausprobiert. Es ist eine Gesellschaft, die sich seismographisch auf das *Frondieren gegen bürgerlich-liberale Wertsetzungen* (S. 405) einstellt – während Zeitblom dazu schweigt, was er so begründet:

> [...] dem zarter empfindenden Menschen widersteht es, zu stören; es widersteht ihm, mit logischen oder historischen Gegenerinnerungen in eine erarbeitete Gedankenordnung einzubrechen, und noch im Anti-Geistigen ehrt und schont er das Geistige. Heute sieht man wohl, daß es der Fehler unserer Zivilisation war, diese Schonung und diesen Respekt allzu hochherzig geübt zu haben, – wo sie es doch auf der Gegenseite mit barer Frechheit und der entschlossensten Intoleranz zu tun hatte. (S. 413)

Zu dieser Gesellschaft gehört das Paar Helmut Institoris und Ines Rodde. Der Kunsthistoriker Institoris ist ein vorsichtiger Aufsteiger, der umsichtig seine Lebens- und Karrieresicherung betreibt und sich dabei mit den Gewaltmenschen der Renaissance identifiziert. Dabei ist er physisch von zarter Konstitution. »[E]r sprach vielmehr leise und lispelnd, selbst wenn er die italienische Renaissance als eine Zeit verkündete, die ›von Blut und Schönheit geraucht‹ habe« (S. 418). Diese großbürgerliche Selbstinszenierung zeigt der Roman als die lächerliche Imitation einer Welt der Machtmenschen und Krieger. Ines Rodde, das weibliche Pendant, ist vor dem selbstständigen Leben in die hohle bürgerliche Repräsentationskultur an der Seite des gut gestellten Universitätsdozenten Institoris geflüchtet. Der ängstliche Dozent mit leidenschaftlicher Neigung zu den Gewalttätern der Renaissance – und vielleicht zu der politischen Tathandlung, die kommen wird – ist eine komische Figur und das gilt für die gesamte Szenerie jener Leute, die – bezogen auf die sozialen Probleme – auf dem Prinzip bestehen, dass man »Zähne mit abgestorbenem Nerv kurzerhand auszureißen« habe (S. 537) – wobei Zeitblom erschreckt das neue Ideal *des Aushaltens* und des radikalen Schnitts geradezu körperlich fühlt. Das Kapitel schließt:

> [...] es war namentlich Dr. Breisacher, der dies scharfsinnig und unter allgemeiner Zustimmung anmerkte: Der hygienische Gesichtspunkt hatte dabei mehr oder weniger als eine Rationalisierung der primär vorhandenen Tendenz zum Fallenlassen, Aufgeben, Abkommen und Vereinfachen zu gelten, – bei hygienischen Begründungen war jeder Ideologie-Verdacht am Platze. Zweifellos würde man auch die Nicht-Bewahrung des Kranken im größeren Stil, die Tötung Lebensunfähiger und Schwachsinniger, wenn man eines Tages dazu überging, volks- und rassehygienisch begründen, während es sich in Wirklichkeit – man wollte das gar nicht leugnen, sondern betonte es im Gegenteil – um weit tiefere Entschlüsse, um die Absage an die humane Verweichlichung handeln würde, die das Werk der bürgerlichen Epoche gewesen war: um ein instinktives Sich-in-Form-bringen der Menschheit für harte und finstere, der Humanität spottende Läufte, für ein Zeitalter umfassender Kriege und Revolutionen, das wohl hinter die christliche Zivilisation des Mittelalters weit zurückführen und eher die dunkle Epoche vor deren Entstehung, nach dem Zusammenbruch der antiken Kultur zurückbringen werde ... (S. 537 f.)

Betrachten wir das Resultat bisher. Wir können die Dramaturgie des Romans so bestimmen: Es geht um die Vergegenwärtigung der Bilder des Romantisch-Irrationalen. Die Inszenierung der Stereotypen erfolgt als Selbstvergewisserung mit dem Impuls der Abgrenzung und Reinigung. Wie geschieht die Abgrenzung? In der Szenerie des *Doktor Faustus* ist nicht der Antisemitismus das Motiv, das zum Faschismus treibt, sondern die Idee der Volksgemeinschaft. Der Antisemitismus wird auch in den sozialrealistischen Passagen nicht Gegenstand der Kritik. An dieser Stelle hat man den Eindruck eines blinden Flecks, denn es besteht sehr wohl ein antisemitischer Affekt im romantischen Irrationalismus. Die Auseinandersetzung und die kritische Perspektive sind nicht ausgearbeitet.[32]

Der Faust-Roman konzentriert sich auf die Absage der bürgerlichen Intelligenz an die Werte der bürgerlichen Aufklärung und der Humanität und auf die Sehnsucht nach der Volkgemeinschaft. Zivilisationskritik und Ästhetizismus werden bei den Protagonisten des »Kridwiß-Kreises« zum rechtskonservativen politischen Programm. Treffend charakterisiert Thomas Mann damit die geistige Situation der Zwischenkriegszeit. Manfred Frank spricht von der:

> [...] krypto-ästhetischen Basis, die von diesen Typen [gemeint sind Hitler, Speer, Rosenberg und Goebbels, die sich alle als Künstler definiert hatten; U. P.] später in die Politik eingebracht worden ist; denn genau das kennzeichnet ja in hohem Maße die Wirkungsgeschichte der Romantik im 19. Jahrhundert, dass die Gesellschaftsanalyse in Termini der Kunst-Theorie und der Kunst-Religion vorgenommen wird.[33]

Und direkt zu der Gesellschaftsanalyse im Faust-Roman heißt es weiter:

> Wer mit Thomas Manns ›Doktor Faustus‹ bekannt ist, kann sich vom Charakter der Münchener (Schwabinger) Zirkel und vom Inhalt der dort geführten Gespräche ein ziemlich genaues Bild machen, zumal, wenn er daran denkt, was über den Kridwiß-Zirkel und seine konservativ-revolutionären Debatten erzählt ist. Sie heißen konservativ, weil sie die Gegenwart ablehnen zugunsten der Vergangenheit; revolutionär aber darum, weil sie die Überwindung der kapitalistisch-liberalistischen Gegenwart nur von einer Revolution erwarten, wie ja auch der Faschismus sich als Revolution bezeichnete.[34]

Wie schon gesagt, haben diese kritischen Partien im Faust-Roman die Form der Groteske. Es ist deutlich, dass die Abgrenzung von der rechten Intelligenz dem Autor

[32] Es reicht einfach nicht, wenn der Autor abschließend seine negative Zeichnung von Chaim Breisacher durch Zeitblom relativiert: »als ich gleich am Beginn dieser Aufzeichnungen das Bekenntnis meiner Judenfreundlichkeit durch die Bemerkung einschränkte, daß mir auch recht ärgerliche Beispiele dieses Geblüts über den Weg gelaufen seien [...] Kann man es übrigens dem jüdischen Geist verargen, wenn seine hellhörige Empfänglichkeit für das Kommende, Neue sich auch in vertrackten Situationen bewährt, wo das Avantgardistische mit dem Reaktionären zusammenfällt? Jedenfalls habe ich die neue Welt der Anti-Humanität, von der meine Gutmütigkeit gar nichts wußte [...] durch eben diesen Breisacher zuerst zu spüren bekommen.« (S. 413 f.).

[33] Manfred Frank: *Gott im Exil. Vorlesungen über die Neue Mythologie*, Frankfurt a. M. 1988, S. 105 f.

[34] Frank: Gott im Exil, S. 105.

leicht fällt. Hier gibt es keine Ambivalenzen, nur scharfe Beobachtung und die Herausarbeitung als Karikatur. Ganz anders verhält es sich bei der Figur des romantischen Traums Faust-Leverkühn, denn Leverkühn ist als tragische Figur konzipiert. Hier gibt es keine Komik wie bei Institoris. Die Darstellung der Idealfiguren Leverkühn und Zeitblom kommentiert Thomas Mann:

> [Es war] ein Verbot hier einzuhalten – oder doch dem Gebot größter Zurückhaltung zu gehorchen bei einer äußeren Verlebendigung, [...] Romanfiguren im pittoresken Sinn durften nur die dem Zentrum ferneren Erscheinungen des Buches sein, nicht seine beiden Protagonisten.[35]

Wir nähern uns also dem Zentrum, vom Autor mehrfach als dämonisch und unheimlich bezeichnet.

Die Figur Leverkühn: Das Heroische, das Selbstopfer, die Autarkie

Leverkühn wird mit den präfaschistischen Tendenzen direkt in Beziehung gebracht. Zeitblom vernimmt des Freundes Komposition *Apocalypsis cum figuris* mit Beklemmung. Er bleibt stumm, obgleich er die zeitgemäßen Tendenzen der Vernichtung des Humanen erkennt:

> Nie hätte ich mir jene Redereien am runden Tisch [beim rechtsrevolutionären Kridwiß-Kreis, U.P.] zu Herzen genommen, wie ich es tat, hätten sie nicht den kaltschnäuzig-intellektuellen Kommentar gebildet zu einem heißen Erlebnis der Kunst und der Freundschaft, – ich meine: zu dem Erlebnis der Entstehung eines befreundeten Kunstwerks – befreundet mir durch seinen Schöpfer, nicht durch sich selbst, das darf ich sagen, dazu eignete ihm zu viel für meinen Sinn Befremdendes und Ängstigendes [...]. (S. 539)

Zu Leverkühns Positionen äußert sich Zeitblom:

> [...] mein Fragen, Sorgen und Bangen, ging darüber hinaus und galt in der Stille meines Herzens geradezu der Legitimation seines Tuns [...] kurz, es bestand in dem liebenden und angstvollen Verdacht eines Ästhetizismus, der meines Freundes Wort: Das ablösende Gegenteil der bürgerlichen Kultur sei *nicht* Barbarei, sondern die Gemeinschaft, dem quälendsten Zweifel überlieferte. (S. 541)

Zeitblom beschreibt den intellektuellen Umschwung zur »nationalen Erhebung« und zieht die Verbindung zu Leverkühns neuesten musikalischen Entwürfen. Abschließend wird die Komposition *Apocalypsis cum figuris* charakterisiert als die »zum Geheimnis erhobene Berechnung« (ebd.). Thomas Mann lässt Serenus Zeitblom den Vorwurf gegen das Werk referieren: »blutigen Barbarismus sowohl wie blutlosen Intellektualismus« (ebd.). Und er lässt Zeitblom sagen: »Hier kann niemand mir fol-

---

[35] Mann: Die Entstehung, S. 62.

gen, der nicht die Nachbarschaft von Ästhetizismus und Barbarei, den Ästhetizismus als Wegbereiter der Barbarei in eigener Seele, wie ich, erlebt hat [...].« (ebd.)

In den Worten des Adrian Leverkühn über die Sehnsucht nach der idealen Verbindung von Kunst und Leben wird zugleich die Identifizierung des Ästhetischen mit politischen Begriffen, vor allem mit dem Ideal der Volkseinheit, deutlich:

> Wenn also der *Durchbruch* gelänge aus geistiger Kälte in eine Wagniswelt neuen Gefühls, ihn sollte man wohl den Erlöser der Kunst nennen. Erlösung [...] ein romantisches Wort; und ein Harmoniker-Wort. [...] Ist es nicht komisch, daß die Musik sich eine Zeitlang als ein Erlösungsmittel empfand, während sie doch selbst, wie alle Kunst, der Erlösung bedarf, nämlich aus einer feierlichen Isolierung [...] aus dem Alleinsein mit einer Bildungselite, ›Publikum‹ genannt, die es bald nicht mehr geben wird, die es schon nicht mehr gibt, so daß also die Kunst bald völlig allein, zum Absterben allein sein wird, es sei denn, sie fände den Weg zum ›Volk‹, das heißt, um es unromantisch zu sagen: zu den Menschen. (S. 469)

Das Zitat zeigt die Ambivalenz der Haltung Leverkühns. Entscheidend ist die Frage: Welches »Volk« ist mit den Worten Leverkühns gemeint? Und: Was bietet diesem Volk die Kunst? Folgen wir der Interpretation von M. Frank. Er schreibt: »Leverkühns Frage ist: Wie lässt sich unter Bedingungen einer autonom aber illegitim gewordenen Subjektivität die Wiedergewinnung [...] der überindividuellen, der mythischen Verbindlichkeit – betreiben?«[36]

Das ist die Angst, die Leverkühn umtreibt: Das Publikum ist nur mehr Markt. Die Kunst ist um ihren Sinn gebracht. Es droht die Sterilität – kulturell und politisch. Die Rettung heißt »Erlösung«, »Weg zum Volk«, unromantisch gesagt: »zu den Menschen«.

Diese Verbindung des Einzelnen zur Gemeinschaft kann als Regression vorgestellt werden – oder als Utopie. Regression heißt in diesem Fall: Überwindung der Vereinzelung und der Gefühle der Entfremdung durch die Auslöschung des Ich – der Rausch, die Intoxikation und das Massenerlebnis: Es wird eine Gemeinschaft erschwindelt, die auf der Ausblendung der konkreten Anderen beruht, so wie es Freud kritisch in »Massenpsychologie und Ich-Analyse« beschrieben hat. Die autoritäre Führerliebe eint die vielen und wird zum kollektiven Liebesrausch. Utopie heißt dagegen: Die Einzelerfahrung, die Differenz festhalten und aushalten, Gemeinschaft wird zu einer regulativen Idee der Solidarität der Menschen, nicht zu einem Erlebniszustand. Welche Position Leverkühn zugeordnet wird, ist nicht leicht zu sagen. Er wird mit zwei gegensätzlichen Entwürfen vorgestellt.

Um den regressiven nationalen Rausch geht es in den Szenen des Teufelsgesprächs. Es geht um die Verführbarkeit, »die Intoxikation«. Der Teufelspakt (datiert auf die Zeit unmittelbar vor 1914) spielt in der Rede über Musik auf die politische Dimension an, da der Teufel verspricht, woran die aktuelle Kultur verzweifelt: Lebenswirksamkeit und Authentizität.[37] In der Figur Leverkühn beschreibt der Autor

---

[36] Frank: Gott im Exil, S. 354.

[37] »Es ist da in musikalischen Dingen ein Aufgebot an Schein-Exaktheit, das nur als künstlerische Fiktion, Täuschungsmittel allenfalls entschuldbar ist, und zwar, weil die Musik nur als Paradigma und Gleichnis für die verzweifelte Situation der Kunst, der Kultur überhaupt steht: eine intellektuel-

nicht nur die Erfahrung des Künstlers, sondern paradigmatisch das Leiden an der Moderne, die gesteigerte Reflexivität und die Ohnmacht in der Wirklichkeit. Vor diesem Hintergrund wird der Teufelspakt mehr als die Episode eines Künstlerromans. Vielmehr geht es um die Analyse der allgemeinen geistigen Krise. Die Krise nach dem Ersten Weltkrieg in Zeitbloms Worten:

> [...] der ungeheure Wertverlust, den durch das Kriegsgeschehen das Individuum als solches erlebt hatte, die Achtlosigkeit, mit der heutzutage das Leben über den Einzelnen hinwegschritt, und die sich denn auch als allgemeine Gleichgültigkeit gegen sein Leiden und Untergehen im Gemüte der Menschen niederschlug [...] wie in manch anderer Hinsicht hatte auch hier der Krieg nur vollendet, verdeutlicht und zur drastischen Erfahrung gemacht, was längst vorher sich angebahnt, einem neuen Lebensgefühl sich zugrunde gelegt hatte.
> (S. 529 ff.)

Die Entwertung des einzelnen Menschenlebens ist bestimmend für das neue Lebensgefühl. Man ersetzt die Versprechen bürgerlicher Humanität durch die »Regeneration zur Gemeinschaft«.[38] Diese wird durch den unbezweifelbaren, unverletzlichen Glauben konstituiert, der durch »massengerechte Mythen« (S. 532) gestiftet wird. »Auf Diktatur, auf Gewalt lief ohnehin alles hinaus« (S. 531). In diesen Prozess soll und kann sich die Kunst als mythenbildnerische Kraft einschalten. Das ist das Teufelsversprechen.

Die Musik Leverkühns kann, so berichtet Zeitblom, im Dritten Reich nicht zur Aufführung gebracht werden. Sie ist modern und radikal. Dennoch wird eine innere Verbindung der Entwürfe Leverkühns zur konservativen Revolution hergestellt.

Die Verführbarkeit Leverkühns ist – folgen wir dem Text – die Folge der Verzweiflung. Er nähert sich dem »faschistischen Durchbruch«. Die Rede des Teufels ist immer ebenso auf die Musik wie auf die politischen und kulturellen Prozesse bezogen. Als Mythenproduktion ist die Kunst in beiden Feldern zu Hause, die Prozesse sind analog.

Beglückende Erfüllung verspricht der Teufel dem Adrian Leverkühn, der zu Beginn von sich sagt: »Warum müssen fast alle Dinge mir als ihre eigene Parodie erscheinen? Warum muß es mir vorkommen, als ob fast alle, nein, alle Mittel und Konvenienzen der Kunst *heute nur noch zur Parodie taugten*?« (S. 197)
Das kommentiert der Teufel, als er gerade als Musikkritiker auftritt:

> Eine wahrhaft beglückende, entrückende, zweifellose und gläubige Inspiration, eine Inspiration, bei der es keine Wahl, kein Bessern und Basteln gibt, bei der

---

le Verzweiflung, über die hinweg zu helfen, zur Produktion zu verhelfen, nur der Bund mit dem Teufel noch taugt. Der Teufelsbund, nicht die Musik, ist das eigentliche Thema des überall mit einem Fuß im 16. Jahrhundert stehenden Buches. Darum sollten die Musiker ein Auge zudrücken, – wenn sie sich nicht gar, trotz allem, ein bisschen geschmeichelt fühlen, weil die Musik zur Repräsentantin der großen Heillosigkeit erwählt ist. Es geschieht dies aber, weil sie die deutsche Kunst, ja die deutsche Natur ist, und weil es sich bei diesem schmerzhaften Buch zuerst und zuletzt um den Roman Deutschlands handelt«; schreibt Thomas Mann an Hans Ulrich Staeps am 8.10.1947. Thomas Mann: Selbstkommentare, S. 120.

[38] Vgl. Frank: Gott im Exil, S. 342.

> alles als seliges Diktat empfangen wird, der Schritt stockt und stürzt, sublime Schauer den Heimgesuchten vom Scheitel zu den Fußspitzen überrieseln, ein Tränenstrom des Glücks ihm aus den Augen bricht, – die ist nicht mit Gott, der dem Verstande zuviel zu tun übrig läßt, die ist nur mit dem Teufel, dem wahren Herrn des Enthusiasmus möglich. (S. 347)

An Stelle des Abwägens und der Zweifel verspricht der Verführer die beglückende Unmittelbarkeit. Dazu bedarf es des Tabubruchs. Gewalt erschafft eine neue Wirklichkeit; sie bedeutet den Mut zum Neuanfang und schafft ein neues Recht:

> Verstehst Du? Nicht genug, daß Du die lähmenden Schwierigkeiten der Zeit durchbrechen wirst, – die Zeit selber, die Kulturepoche, will sagen, die Epoche der Kultur und ihres Kultus wirst Du durchbrechen und dich der Barbarei erdreisten, die's zweimal ist, weil sie nach der Humanität, nach der bürgerlichen Verfeinerung kommt. (S. 355)

Das Leben hier und jetzt, aus dem unbezweifelbaren Gefühl, »prangende Unmittelbarkeit«, soll an die Stelle der lähmenden Erörterung von Perspektiven und Traditionen treten. An die Stelle der Humanität »tritt der Exzeß, das Paradox, die mystische Leidenschaft, die völlig unbürgerliche Aventüre« (ebd.) »daß du [...] Dinge machen sollst, daß Dich das heilige Grauen davor ankommen soll« (S. 325).

Das Angebot des Bösen an den Künstler, den »deutschen Tonsetzer Adrian Leverkühn« ist nicht allein das Versprechen rauschhafter Produktivität. Es geht ebenfalls und wesentlich um »Lebenswirksamkeit«:

> So wisse: wir stehen dir für die Lebenswirksamkeit dessen, was du mit unserer Hilfe vollbringen wirst. Du wirst führen, du wirst der Zukunft den Marsch schlagen, auf Deinen Namen werden die Buben schwören, die dank Deiner Tollheit es nicht mehr nötig haben, toll zu sein. (S. 355)

Und:

> Vor dem Faktum der Lebenswirksamkeit, mein Guter, wird jeder Unterschied von Gesundheit und Krankheit zunichte. Eine ganze Horde und Generation [...] stürzt sich auf das Werk des kranken Genius, des von Krankheit Genialisierten, bewundert, preist, erhebt es, führt es mit sich fort, wandelt es unter sich ab, vermacht es der Kultur, die nicht vom hausbackenen Brote allein lebt, sondern nicht weniger von Gaben und Giften [...]. (S. 354 f.)

Obgleich Thomas Mann seinen Helden Leverkühn unter Verdacht stellt, wird dieser zuletzt als Retter des Humanen inthronisiert. Mit den folgenden Worten beschreibt Zeitblom die Distanz zum prä-faschistischen Entwurf im letzten Werk *Dr. Fausti Weheklag* – in jenem musikalischen Ausdruck, der alles ändert:

> Hört nur den Schluß, hört ihn mit mir: [...] was übrig bleibt, womit das Werk verklingt ist das hohe g eines Cellos, das letzte Wort, der letzte verschwebende Laut, im pianissimo-Fermate langsam vergehend. Dann ist nichts mehr – Schweigen und Nacht. Aber der nachschwingend im Schweigen hängende Ton,

> der nicht mehr ist, dem nur die Seele nachlauscht [...] wandelt den Sinn, steht als ein Licht in der Nacht. (S. 711)

Und er kommentiert, allerdings im Konjunktiv: »Es wäre die Hoffnung jenseits der Hoffnungslosigkeit, die Transzendenz der Verzweiflung, – nicht der Verrat an ihr, sondern das Wunder, das über den Glauben geht« (ebd.).

Theodor W. Adorno, der Thomas Mann in den musiktheoretischen Fragen beriet, hat sich in der Diskussion über die Wende des Protagonisten Leverkühn gegen eine eindeutige rettende Lösung – die Gnade im Faust-Motiv – ausgesprochen. Thomas Mann berichtet:

> Als ich fertig war, oder damit fertig zu sein glaubte, gab ich [den Schluß; U. P.] Adorno eines abends bei mir im Zimmer zu hören. Er fand im musikalischen nichts zu erinnern, zeigte sich aber grämlich des Schlusses wegen, der letzten vierzig Zeilen, in denen es nach all der Finsternis um die Hoffnung, die Gnade geht und die nicht dastanden, wie sie jetzt dastehen, sondern einfach mißraten waren. Ich war zu optimistisch, hatte zu viel Licht angezündet, den Trost zu dick aufgetragen.[39]

Trotz der hier angesprochenen Abmilderung, die Thomas Mann vornahm, bleibt der rettende Schluss, der Adorno irritiert hatte, bestehen.[40]

Thomas Mann legt seine Figur eben so an. Wie kann er das mit seinem inneren Gesetz der Stimmigkeit vereinbaren? Es wird ja gezeigt, dass der Held Leverkühn auf die Probleme der Zeit ebenso reagiert wie der »Kridwiß-Kreis« – sprich, die kommenden Machthaber. Es wird auch gezeigt, dass er gefährlich und gewalttätig ist, aber er wird letztlich freigesprochen. Er findet in seinem Werk den Ausdruck des Schmerzes und damit wird er zur Stimme derer, die leiden müssen. Warum geht Thomas Mann diesen Weg der Inszenierung der Nähe zum Faschismus und wie gelingt ihm die Grenzziehung? Er entschuldigt seinen Helden – trotz allem – trotz seiner Grausamkeit, trotz der Destruktion, trotz der Affinität zum Faschismus.[41]

Es ist kein Zufall, dass es hier zu einem angedeuteten Dissens zwischen Thomas Mann und Theodor W. Adorno kam. Thomas Mann will die Grenzziehung: In seiner letzten Komposition erreicht Leverkühn tatsächlich »den Durchbruch«, den Ausdruck des Gefühls der Verbundenheit, ungeachtet des Wissens darum, dass es keine rational begründete Hoffnung auf diese Grenzziehung geben kann – und doch hoffend. In die Szene der Aufführung dieser letzten Komposition legt der Autor den geistigen Zusammenbruch des Protagonisten. Für die Anwesenden, die der Aufführung der Komposition entgegensehen, bleibt Leverkühns Versuch, sich in der Rede mitzuteilen, unverständlich. Seine Rede ist hermetisch. Nicht die Musik erklingt, sondern die Sprache eines Verzweifelten, der die Anwesenden nicht als versammeltes Publikum erkennt, sondern als die Brüder einer frommen Gemeinde anspricht,

---

[39] Mann: Die Entstehung, S. 106.

[40] Vgl. die Beschreibung dieser Szene durch Theodor W. Adorno, in: Theodor W. Adorno: »Zu einem Porträt Thomas Manns«, in: Ders: *Noten zur Literatur III*, Frankfurt a. M. 1966, S. 19-29, hier: S. 26.

[41] An dieser Stelle vermag ich der Lesart von M. Frank nicht zu folgen, der diese Wendung musiktheoretisch diskutiert. Vgl. Frank: Gott im Exil, S. 344 ff.

vor denen er die Sünden des Teufelspakts zu bekennen sucht. Er hat dabei nur noch wenige verständige Zuhörer: Zeitblom und wenige Frauen. Die anderen Gäste ertragen ihn nicht und flüchten. Ein musikalisches Ereignis ist nicht der Ort für Geständnisse und das Verlangen nach Buße und Vergebung. Die Menge erklärt den Komponisten für wahnsinnig und verlässt den Saal. Nur wenige Getreue bleiben um ihn. Hier klingt das Christus-Thema des Selbstopfers an. Auf diese Weise inszeniert Thomas Mann das Unwahrscheinliche: Er zeigt die innere Lösung Leverkühns von der Anziehung durch die kommende Macht, durch die heidnischen Verlockungen zu Schicksal, Tat und Gemeinschaft. Die Ohnmacht und der Ausbruch des Wahnsinns zeigen an, dass, was Leverkühn widerfährt, ihm nicht als Entscheidung zugerechnet werden kann. Andererseits funktioniert darüber aber die Logik der Grenzziehung, die dem Autor so wichtig ist.

> Aber wie, wenn der künstlerischen Paradoxie, daß aus der totalen Konstruktion sich der Ausdruck – der Ausdruck als Klage – gebiert, das religiöse Paradoxon entspräche, daß aus tiefster Heillosigkeit, wenn auch als leiseste Frage nur, die Hoffnung keimte? (S. 711)

Das ist das Problem des Autors: Warum Leverkühn eigentlich nicht zur inneren Welt der »konservativen Revolution« gehört, ist aus der Sache heraus nicht einfach zu begründen. Für Leverkühn als konsequent durchgeführte Figur gilt eher das, was K. Löwith zu Nietzsche formulierte:

> Nietzsches Gedanken haben geistig den Weg zum Dritten Reich bereitet, wenngleich die Wegbereiter stets *Andern* Wege bereiteten, die *sie selber* nicht gingen. [...] Das änderte jedoch nichts an der geschichtlichen Tatsache, dass sich Nietzsche [...] im Umkreis des Willens zur Macht von Bismarck und Wagner befand und als ein Unzeitgemäßer auch zeitgemäß war und es blieb.[42]

Aber der Autor spricht dem Adrian Leverkühn zu, dass er sich für die Hoffnung entscheide – »der nachschwingend im Schweigen hängende Ton [...] wandelt den Sinn, steht als ein Licht in der Nacht.« (S. 711) –, dass er diese objektiv in seiner Musik zum Ausdruck bringe. Für Thomas Mann ist das denkbar. Er hat dafür folgende Konstruktion, die sich in der eben beschriebenen Szene des geistigen Todes ausdrückt: Leverkühn gibt sein Leben hin. Vor allem diese Kategorie des Lebensopfers ist es, woran die Differenz gegen den Faschismus geknüpft wird.

Die Behauptung ist, dass der große Künstler Leverkühn nichts mit dem Geist des Nationalsozialismus zu tun habe. So will es der Roman: Leverkühn büßt für die Teilhabe am außerordentlichen Ereignis. Er wird entrückt in die Geschichte der Kunst, aber um den Preis des Kreuzes. Leverkühn wird entworfen als Heros und Stifter. Beglaubigt wird das durch die absolute Diskrepanz zwischen dem Rang des Werkes, dem Triumph des Schaffens und – auf der anderen Seite – der Askese und dem elenden Tod.

[42] Karl Löwith: *Der Mensch inmitten der Geschichte. Philosophische Bilanz des 20. Jahrhunderts*, Stuttgart 1990, S. 84.

Damit formuliert Thomas Mann in Leverkühn das Fortbestehen des Heroischen in einer modernen Welt ohne verpflichtende Moral und ohne verbindliche Instanz der kollektiven Erinnerung. Das Heroische ist nur mehr der selbst gewählte Maßstab, die selbst aufgelegte Verpflichtung: Heroismus und Selbstopfer – also Kategorien der persönlichen Ehre – markieren die Grenze zum Faschismus.

Die Selbstvergiftung zum Zweck der Leistungssteigerung wandelt sich von der Nachfolge des Satans zum Martyrium. Leverkühn erhält Züge der Christusfigur – mit den Augen Zeitbloms gesehen. Das Antlitz Leverkühns habe »etwas Vergeistigt-Leidendes, ja Christushaftes« (S. 700), heißt es im letzten Abschnitt des Buches ganz direkt und die *Weheklag Doktor Fausti* sei »eine immerwährende, unerschöpflich akzentuierte Klage von schmerzhaftester Ecce homo-Gebärde« (S. 703).

Ohne Zweifel ist diese Art der Grenzziehung überraschend, bleibt sie doch ganz in der traditionellen Linie der Romantik, in der Sakralisierung des Künstlers. Der Kern der zugehörigen Moral ist »die Ehre«. Das unsterbliche Werk, errungen um den Preis des Selbstopfers – das ist das Ideal und zugleich die Markierung der Grenze.

Die unbewusste Rivalität um Zeugung und Unsterblichkeit

Es muss der Preis der Entsagung und der Zerstörung des Körpers gezahlt werden. Adrian Leverkühn nimmt das Leiden auf sich. Daran ist die Idealisierung der Figur geknüpft. Das Selbstopfer entsühnt. Das Thema des Selbstopfers führt zu Aspekten, die bisher nicht zur Sprache kamen: zu den Frauen und dem Körper.
Ich komme damit zu der Ebene latenter Strukturen.

Die Konstruktion des Weiblichen ist im Faust-Roman eng mit dem Phantasma der Unsterblichkeit verknüpft. Es gibt zwei Wege, »sich selbst zu überleben«: das Weiterleben in den Kindern und das Weiterleben in den Werken. Im *Doktor Faustus* werden diese beiden Wege *weiblich* beziehungsweise *männlich* konnotiert. Sie werden nicht als einander ergänzend, sondern als einander feindlich vorgestellt. Nur das Werk wird hier weiterleben. Das trägt zum Unheimlichen bei. Fassen wir das Thema dieser Rivalität zusammen: Wer schafft die bedeutsame und bleibende Überlieferung? Das Paar – und ganz besonders ist die Mutter angesprochen – oder der Werke hervorbringende Genius, der im Grunde vater- und mutterlos ist?[43] Die Abwertung des Weiblichen ist intensiv. Zeitblom kommentiert das Lebensende des Freundes:

> Schauerlich Rührenderes und Kläglicheres ist nicht zu denken, als wenn ein von seinen Ursprüngen kühn und trotzig emanzipierter Geist, nachdem er einen schwindelnden Bogen über die Welt hin beschrieben, gebrochen, ins Mütterliche zurückkehrt. Meine Überzeugung aber, die auf unmißverständlichen Eindrücken beruht, ist es, daß dieses, das Mütterliche, solche tragische Heimkehr bei allem Jammer nicht ohne Genugtuung, nicht ohne Zufriedenheit erfährt. Einer Mutter ist der Ikarusflug des Helden-Sohnes, das steile Mannesabenteuer des ihrer Hut Entwachsenen, im Grunde eine so sündliche wie unverständliche Verirrung, aus der sie auch immer das entfremdet-geistesstrenge ›Weib, was

[43] Zur Autarkie in der literarischen Tradition vgl. Carl Pietzcker: »Goethes Prometheus-Ode«, in: Ders: *Trauma, Wunsch und Abwehr*, Königshausen 1985, S. 9-64.

> habe ich mit dir zu schaffen!‹ mit heimlicher Kränkung vernimmt, und den Gestürzten, Vernichteten, das ›arme, liebe Kind‹, nimmt sie, alles verzeihend, in ihren Schoß zurück, nicht anders meinend, als daß er besser getan hätte, sich nie daraus zu lösen. (S. 732 f.)

Die Liebesepisoden des erwachsenen Adrian Leverkühn heben die kritische Distanz zum Weiblich-Mütterlichen nicht auf. Liebe wird in drei Gestalten vorgeführt: Haetera Esmeralda, die Prostituierte und erste Liebe, ist dazu da, das Gift (die Syphillis) beizubringen und so den genialen Höhenflug der Künstlers zu ermöglichen. Die Figur der Braut Marie spielt nur eine Rolle als Schema, das der Lotte aus den »Leiden des jungen Werther« nachgebildet ist. Wie diese ist sie unschuldige Verräterin und steht im Kontext des Todes. Auch die homosexuelle Liebesbeziehung zu dem Musiker Schwerdtfeger reiht sich hier ein, eine im Mord endende Liebesbeziehung.

In der Figur Leverkühn wird das Bestreben nach Entfernung von den Objekten dargestellt, nach Bedürfnislosigkeit, nach Selbstgenügsamkeit – in der Askese der Arbeit, in der Einsamkeit. Die Arbeit und vor allem das Hervorbringen des künstlerischen Werkes erhalten in diesem Phantasma eine besondere Bedeutung. Sie stehen in Rivalität zum biologischen Schöpfungsakt, für den die Frau / Mutter steht – ein Schöpfungsakt, der eine physische Vereinigung mit dem Anderen einschließt. Die Frau wird in der Romanerzählung zugleich idealisiert und vernichtet – als Repräsentantin des unerfüllbaren männlichen Begehrens, der Abhängigkeit. Die Frau wird definiert als das Niedrige, das Ungeistige, als erstickende Gewalt:

> Für diese triebhafte Empörung und den Drang zur Flucht vor der Mutter spricht, wenigstens zum Teil der Selbstmordversuch, den er [Leverkühn; U. P.] beging, als wir ihm zu verstehen gegeben hatten, Elsbeth Leverkühn sei von seiner Unpäßlichkeit benachrichtigt und befinde sich auf dem Weg zu ihm. [...] Sie kam, Jonathan Leverkühns braunäugige Witwe im weißen und straffen Scheitel, entschlossen, ihr verirrtes Kind in die Kindheit zurückzuholen. Beim Wiedersehen lag Adrian lange bebend an der Brust der Frau, die er Mutter und Du nannte, da er die andere [Mutter Schweigestill; U. P.] hier, die sich fernhielt, Mutter und Sie genannt und sie sprach ihm zu mit ihrer immer noch melodischen Stimme, der sie ihr Leben lang das Singen verwehrt hatte. (S. 733 ff.)

Das Mütterliche repräsentiert die Grenze der Selbstverfügung. Die Revolte ist jedoch aussichtslos. Die Angst vor dem überwältigenden Mütterlichen steht im Zusammenhang mit dem Phantasma von der Überwindung des Körpers und des Begehrens zugunsten einer grandiosen Autarkie. Für die Paradoxie dieses Bestrebens fand André Green die Formulierung: »Keiner ist der, der ohne Objekt ist«[44]. In einer Charakterisierung des Narzissmus schreibt Green:

> [D]ie Hölle, das ist der Körper. Der Körper ist der Andere, der trotz aller Versuche, seine Spur zu tilgen, immer wieder aufersteht. Der Körper ist Begrenzung, Knechtschaft, Endlichkeit.[45]

---

[44] André Green: »Der moralische Narzißmus«, in: *Psyche – ZPsychoanal* 5 (1998), S. 415-449, hier: S. 430.

[45] Green: Der moralische Narzißmus, S. 431.

Das Unwahre der Autarkie bildet eine dauernde Bedrohung und wird in einer Gegenbewegung immer wieder thematisiert.

Zu der Bearbeitung dieser Thematik zählt auch die phantastische Erzählung von der Vervielfältigung der Eltern. Adrian Leverkühn findet in seinem fünfundzwanzigsten Jahr eine Bleibe, die samt Vater und Mutter, samt Baum und Hund topographisch und atmosphärisch die komplette Wiederholung seiner Familie und seiner Heimat darstellt. Allerdings ist die Mutterfigur durch den Gegentyp zur beherrschenden Mutter ersetzt. Es ist *Mutter Schweigestill*, deren Name für die selbstlose Sorge aus der Distanz steht. Zentral aber ist, dass hier das, was ganz einzigartig ist, als Vervielfältigtes auftritt. So als gäbe es Reihen von Eltern-Paaren. So heißt es über die parallelisierten Väter: »Aber die Knasterwürze der Pfeife des Hauswirts schwängerte hier wie dort die Atmosphäre der unteren Räume« (S. 44). Und ganz beiläufig vernehmen wir:

> Gleichzeitig nämlich, fast auf den Tag – es ist sonderbar zu sagen – segneten gegen Ende des Jahres Max Schweigestill und Jonathan Leverkühn, beide 75jährig, das Zeitliche, – der Vater und Vorsteher von Adrians langjährigem oberbayerischem Gast-Haushalt und sein eigener Vater droben auf Hof Buchel. Das mütterliche Telegramm, das ihm das sanfte Verscheiden des ›Spekulierers‹ meldete, traf ihn an der Bahre des ebenfalls still-gedankenvollen Schmauchers […]. (S. 659)

Der Autor lässt beide Väter am gleichen Tag sterben und betont so noch einmal die Vervielfältigung des Unwiederholbaren. Die Herkunft, das Gezeugt-Sein, wird durch Vervielfältigung zumindest in der Bedeutung gemildert.

Die Abwertung des Weiterlebens durch Kinder gehört in den Zusammenhang der Rivalität um Unsterblichkeit und wird im Text breit ausgeführt: Niemand darf darauf hoffen, sich in seinen Kindern wieder zu erkennen und über diese etwas weiter zu geben. Dass der Autor das Paar Helmut und Inez Institoris mit Zwillingen vervollständigt, die als lebensunfähig und dümmlich bezeichnet werden, mag noch die Fortführung der Parodie sein. Aber warum fällt es ihm ein, dem Ich-Erzähler Serenus Zeitblom missratene Kinder zu geben, die so entworfen sind, dass sie aus der Perspektive des Erzählers besser nicht hätten sein sollen? Die Beziehung Zeitbloms zu seinen Kindern ist entfremdet. Die Söhne sind Nazis, vor denen Zeitblom sich in Acht nehmen muss. In diesen Zusammenhang gehört auch der Tod von Nepomuk, genannt Echo. Dieser geliebte Neffe, das Wahlkind des Adrian Leverkühn, wird vom Autor auf grausame Weise zu Tode gebracht. Der Bericht wütet hier in Zerstörungsphantasien.

Paare und Kinder dürfen in diesem Roman nicht gelingen. Sie stehen latent im Kontext der Rivalität um das Weitergeben von Tradition. Der Ehefrau von Zeitblom gibt Thomas Mann den Mädchennamen Ölhafen (was er sehr komisch fand). Über sie berichtet er uns, dass sie offensichtlich ein Leben am Rande des Schwachsinns führt, wenn er Zeitblom berichten lässt, wie er ihr aus seinen Papieren vorliest: »Ich bin allein mit meiner alten Helene, die für mein Leibliches sorgt, und der ich zuweilen Abschnitte, denen ihre Schlichtheit gewachsen ist, aus diesem Schreibwerk vorlese« (S. 656). Das Lebendige – und dafür stehen das Paar und die Frau – ist niederen Ranges.

Fassen wir das Thema der Rivalität auf der Ebene, die ich hier anspreche, zusammen: Das Paar, und ganz besonders geht es um die Mutter, schafft keine bedeutsame und bleibende Überlieferung. Das ist allein dem schöpferischen Genius vorbehalten, der im Grunde vater- und mutterlos ist.

Paradoxien der Autarkie

Das Streben nach Autarkie, auf Selbstzeugung, bezieht sich auch auf die geistige Gemeinschaft. Die Anderen werden als Spiegel der Grandiosität des Subjekts dringend gebraucht, aber das Subjekt löscht sie zugleich aus, weil es nichts Fremdes als Macht zulässt.

Die Ablehnung der Gemeinschaft – auch mit den »Geistesverwandten« – legt der Faust-Roman dem scharfsinnigen Fitelberg in den Mund. Dieser wendet sich an Leverkühn:

> Sie verabscheuen das Herabsetzende aller Generalisierung, Einreihung, Subsumierung. Sie bestehen auf der Unvergleichlichkeit des persönlichen Falles. Sie huldigen einem personalistischen Einsamkeitshochmut, der seine Notwendigkeit haben mag. (S. 587)

Er schließt mit ironischem Verweis auf Goethe:

> ›Lebt man denn, wenn andere leben?‹ Ich habe die Frage irgendwo gelesen [...] es war bestimmt an sehr prominenter Stelle. Ausdrücklich oder im Stillen fragt ihr alle so, aus bloßer Höflichkeit und nur zum Schein nehmt ihr voneinander Kenntnis – *wenn* ihr Kenntnis nehmt voneinander. (Ebd.)

»Lebt man denn, wenn andere leben« das bekannte Goethe-Zitat steht hier für die Autarkie, für ein Ich in grandioser Isolation. Das Thema der tödlichen Rivalität ist mit dem Streben nach Autarkie unmittelbar gegeben. Es geht darum, allein die Bühne zu beherrschen – und dabei auf den göttlichen Anderen zu warten, der zugleich ersehnt und immer aufs Neue zerstört wird. Dieser Andere ist nicht primär als Person zu denken. Es geht vielmehr um den Spiegel der Grandiosität. Ich verweise in diesem Zusammenhang auf Überlegungen von Peter von Matt, der sich fragt: Was bedeutet es für Thomas Mann, »einen Faust« zu schreiben – zumal für einen Autor, der sich der Tradition jederzeit bewusst ist? Goethes Faust ist das Meisterwerk der deutschen Literatur und wenn Thomas Mann seinen Faust schreibt, so ist damit ein grandioser Anspruch verbunden. Peter von Matt formuliert das so:

> Abgekürzt gesprochen: Einen Faust schreiben, heißt gleichzeitig Goethe entthronen und Goethe werden – das ist ein Widerspruch, aber er ist signifikant –

> und Goethe werden, heißt für den deutschen Poeten: Deutschland in sublimierter Weise angetraut bekommen.«[46]

Führen wir diesen Gedanken weiter, verbinden wir ihn mit dem Thema der unbewussten Rivalität, die den Faustroman latent bestimmt. Dass Thomas Mann eben jene Hochzeit für sich in Anspruch nimmt, das bringt ihn, den Autor im Exil, in eine bestimmte Position, zu jenem Mann, der Deutschland de facto in Besitz genommen hatte, zu Hitler.

Es gab etwas Schambesetztes, das den Autor antrieb und das er verschwieg. Thomas Mann hat eine grandiose Spiegelung als Autor erfahren – durch seinen kometengleichen Aufstieg zum Liebling des deutschen Publikums. Aber dieses Publikum verwandelte sich in eine Horde von Opportunisten und in fanatische Anhänger Hitlers, der mit den mythischen Bildern der deutschen Tradition verfälschend und zerstörend umging. Hitler schuf ein Plagiat des romantischen Deutschland – der Volkseinheit, des selbstlosen Führers, der nationalen Tugenden von Ehre und Treue – und das Publikum fand Gefallen daran. »Wo ich bin, ist Deutschland« sagte Thomas Mann, als er ins amerikanische Exil ging. Aber zu jener Zeit fanden das mit ihm nur wenige. Hitler hatte ihm »sein Volk« genommen. Solche Phantasien sind notwendig schambesetzt und die Annäherung erfolgt über Umwege, vor allem solange der Triumph des Gegners den eigenen Anspruch als lächerliche Selbstüberschätzung erscheinen lässt.

»Bruder Hitler« und die Rivalität um »Lebenswirksamkeit«

Diese Rivalität, um die es im *Doktor Faustus* auch geht, wird im Roman nirgends genannt. Aber wenn wir dieses Thema einfügen, klären sich wesentliche Irritationen. Dazu zählt auch die Zeitachse des Romans. Die Jahre 1930-1942, der Aufstieg Hitlers zum anerkannten Volksführer der Deutschen bleibt ausgeschlossen. 1930 schließt Zeitbloms Bericht über den Freund. 1942 beginnt Zeitblom zu schreiben. Die Zeit von 1930-1942 bildet eine Erzähllücke. Das ist die Phase des siegreichen Gegners, unerträglich für Thomas Mann. Das bezog sich nicht auf eine politische Auffassung, sondern auf einen ganz konkret-persönlich aufgefassten Kampf auf Leben und Tod. In der *Entstehung des Doktor Faustus* schreibt Thomas Mann:

> Genugtuung liegt im physischen Überleben. Nach dem Falle Frankreichs vor fünf Jahren ließ Goebbels meinen Tod melden. Er konnte es sich nicht anders denken. Und hätte ich Hitlers Falschsieg ernst, hätte ich ihn mir zu Herzen genommen, so wäre mir in Wahrheit nichts anderes übrig geblieben, als einzugehen. Überleben hieß: siegen.[47]

Der Roman konnte nur geschrieben werden, nachdem die Zeichen des Erfolgs gegen den Diktator sprachen. Die Triumphe Hitlers hatten für Thomas Mann unbewusst

---

[46] Peter von Matt: »Zur Psychologie des deutschen Nationalschriftstellers. Die Bedeutung der Hinrichtung und Verklärung Goethes durch Thomas Mann«, in: Ders: *Das Schicksal der Phantasie. Studien zur deutschen Literatur*, München 1994, S. 242-256, hier: S. 245.

[47] Mann: Die Entstehung, S. 16.

eine magische, bannende Bedeutung. Die Zeitachse des Doktor Faustus bildet der Triumph Leverkühns über das Werk »des Anderen«. Leverkühn verschwindet 1930 von der Bühne des Geschehens. Er geht unter wie die Gestalten des Mythos, die sterben um wiederzukehren. Sein Tod bedeutet das Weiterleben in anderer Gestalt, in der Chronik Zeitbloms. Sein Werk wird bleiben, seine Linie ist aufsteigend, während das Werk des Anderen vernichtet wird.

Die Figur, der Thomas Mann den Triumph über Hitler einschreibt, ist ausgerechnet der jeder Aggression unfähige Zeitblom. Bei ihm kann der Autor allen Hass deponieren, ohne sich zu exponieren. Ich habe schon darauf hingewiesen, dass Zeitbloms Mitteilungen nur scheinbar gefühlsarm sind. Betrachtet man seine Äußerungen genauer, so triefen sie von Hohn. In den Äußerungen über die militärischen Aktionen der Nazis und ihren ruhmlosen Untergang bündelt sich die totale Vernichtungswut, aber sonderbar verstellt. Auch diese Irritation fügt sich in den Zusammenhang des Unheimlichen, der verschwiegenen vernichtenden Abrechnung mit Hitler als Rivalen. Ausgerechnet der gehemmte Zeitblom wird zum Träger der großen Abrechnung. Darauf verweist ironisch Zeitbloms Herkunft aus der Apotheke *Zu den Seligen Boten* zu Kaisersaschern. Zeitblom wird in der Schreibzeit 1943-1945 für den Autor zum Seligen Boten, der die guten Botschaften bringt von der kriegerischen Überwältigung des Ungeheuers.

Wie wird der Rivale im Faust-Roman vernichtet? Es geht um zwei Kategorien aus den Traditionen der Spätromantik: um die Ehre des Kriegers und um das Genie. Das Fazit der Abrechnung: Der Rivale ist ehrlos und ein Plagiator.

Von hier aus wird auch die Auswahl der Kriegskommentare Zeitbloms, die Anlass zu zahlreichen Kritiken gab, verständlich. In den Szenen, die in den Bericht Zeitbloms einfließen, geht es um einen vollkommen ruhmlosen militärischen Untergang der deutschen Wehrmacht. Das heißt um ein Ende, bei dem alle nationalen Krieger-Tugenden in ihr Gegenteil verkehrt werden: Das Bombardieren von Passagierschiffen und der Verlust jeder Großmut.[48] So zeigt der Roman an den eingeblendeten Kriegshandlungen der deutschen Wehrmacht: Feigheit, dumpfe Gewalt und Verrat. Ein weitergehender Vorwurf zielt auf den Selbstbetrug der Nazis. Es war Betrug, die schicksalhafte Gemeinschaft zu schaffen, indem man eigenmächtig den Krieg zur Realität machte. Das heroische Schicksal ist erschlichen, durch Betrug hervorgebracht. Das verantwortungslose Abenteuer des Krieges bedeutet für die Teilnehmer: Die Gemeinschaft, die schicksalhafte Verbundenheit der Deutschen ist da – angesichts des Todes, vor allem des Todes der Nächsten, aber es gibt keinen Sinn, denn es gibt kein legitimes Kriegsziel. »Das deutsche Schicksal« ist eine Fälschung – ein Plagiat. Die Leseirritationen gerade der politisch orientierten Leserinnen und Leser sind eine Folge des merkwürdigen Ehrenkodex, an dem die Nazis im *Doktor Faustus* gemessen werden. Der Maßstab ist die Ehre des Kriegers und das Genie des Führers.

Die Ehrlosigkeit der Nazis wird dem Selbstopfer Leverkühns parallelisiert.

Keine weitere Auseinandersetzung mit den aktuellen Vorgängen in Deutschland wird im Faust-Roman sichtbar.

---

[48] Vgl. S. 488.

Für uns wird nun das Ergebnis von L. Voss verständlich, dass Thomas Mann sich bei den Vorüberlegungen offensichtlich nur für einen ganz spezifischen Aspekt interessiert hat – das Voranschreiten des Krieges und die Niederlage des Dritten Reiches. Man könnte sagen: Die Antipoden des Textes sind Hitler und Leverkühn, letzterer in seinem Weiterleben dank Zeitblom. Während Hitler vom Triumph zum Zusammenbruch gelangt, erfolgt parallel der Aufstieg Leverkühns aus der Vergessenheit. Die Leser zweifeln nicht daran, dass Leverkühns Werk überdauern wird. Diese Linienführung vom Triumph versus Vernichtung ist eine latente Struktur, während manifest eine zwanghafte Versachlichung in der Figur Zeitblom dominiert. Es ist die ganz persönliche Abrechnung des Autors mit dem Rivalen Hitler in den Text eingeschrieben.

Immer wieder hat Thomas Mann den Faust- Roman als »unheimlich« beschrieben. Das entschlüsselt sich uns als das geheime Motiv der Rivalität und des Vergleichs »der Verwandten«. Unheimlich ist auch die Verknüpfung von Grandiosität und Selbstauslöschung

Hitler besetzt, wie der Essay *Bruder Hitler* belegt, für Thomas Mann zentrale Bereiche innerer Bilder – der Künstler, das Deutsche, vor allem aber das Verhältnis von Kunst und Macht in der Wirklichkeit. Hitler stellt eine Bedrohung dar, weil er sehr nahe an die Bereiche herankommt, die den inneren schöpferischen Phantasie-Raum und das Selbstbild des Autors Thomas Mann bestimmen – grandiose Phantasien der Erwähltheit und romantische Bilder von Volk, Genie und Schicksal. Auch die große öffentliche Bedeutung und die Rolle des Mentors und Führers.[49]

Hitler als finsteres Genie und als Künstler – die Bedrohung durch Nähe ging also weit. Die Verbindung beruhte auf der Tatsache, dass Hitler mit demselben Material arbeitete, wie er selbst, der Dichter Thomas Mann – mit der Organisation von Phantasien. Deshalb war der Titel des *Künstlers*, den Thomas Mann probeweise als Alternative zum *Bruder* einsetzte, wesentlich. Das Typoskript war 1938 zunächst überschrieben »Hitler als Künstler oder Gegenkünstler Antichrist«[50]. Er bezeichnet

---

[49] Faszination und Ekel hielten sich in »Bruder Hitler« die Waage. Mann schreibt in »Bruder Hitler«: »Der Bursche ist eine Katastrophe; das ist kein Grund, ihn als Charakter und Schicksal nicht interessant zu finden [...] wie das Glück sich ihm fügt, Mauern lautlos vor ihm niedersinken und der trübselige Nichtsnutz von einst [...] nun im Begriffe scheint, sich Europa, Gott weiß es, vielleicht die Welt zu unterwerfen: das alles ist durchaus einmalig, dem Maßstabe nach neu und eindrucksvoll; man kann unmöglich umhin, der Erscheinung eine gewisse angewiderte Bewunderung entgegen zu bringen. Märchenzüge sind darin erkenntlich, wenn auch verhunzt [...] das Thema vom Träumerhans, der die Prinzessin und das ganze Reich gewinnt, vom ›hässlichen jungen Entlein‹, das sich als Schwan entpuppt, vom Dornröschen, um dessen Schlaf die Brünhilden-Lohe zu Rosenhecken geworden ist, und das unter dem weckenden Kusse des Siegfriedhelden lächelt. ›Deutschland erwache!‹ Es ist abscheulich, aber es stimmt. Dazu der ›Jude im Dorn‹ – und was nicht noch alles an Volksgemüt vermischt mit schändlicher Pathologie. Wagnerisch auf der Stufe der Verhunzung ist das Ganze.« Thomas Mann: Bruder Hitler, S. 308.

[50] Thomas Mann zögerte mit der Veröffentlichung und bearbeitete das Typoskript weiter, das nach einiger Zeit den Titel erhielt »Der Bruder«. Der Text sollte nun als Schlusskapitel in dem Essay-Band »Achtung, Europa!« erscheinen, der aber aus Furcht, Hitlers Wut zu erregen, aufgrund eines Schreibens der schwedischen Regierung an die großen Verlage, ungedruckt blieb. Der Text konnte also nicht erscheinen und wurde erst 1939 publiziert unter dem Titel »Bruder Hitler«. Der Autor selbst nannte den Titel »schlecht«. Dennoch erschien die Erstveröffentlichung in englischer Sprache ebenfalls 1939 unter einem ähnlichen Titel »That Man Is My Brother«. Ich folge hier der

nicht nur die geheime Verwandtschaft, »den Bruder«, sondern es deutet sich die – vielleicht unbewusste – Dimension der Rivalität an. Bei dem »finsteren Genie« kommt noch etwas hinzu: Hitler arbeitete nicht nur mit demselben Material – dem Wort –, sondern er verwandelt dieses in Taten und besetzt damit das Feld der Beziehung zwischen Symbolproduktion und Leben. Hitler stellt Wirklichkeit her, nicht Fiktion in den Worten des Romans »Lebenswirksamkeit«.

Der Triumph des Autors Thomas Mann – auch diesen spiegelt das Buch – besteht im Sich-Behaupten, im Medium der Überlieferung. In der Erzählung heißt das: Serenus Zeitbloms Schrift wird bleiben und ebenso die Musik Leverkühns mit ihrem Ausdruck des Ich in einer Zeit, wo kein Ich mehr als authentisches seinen Platz hat. Die Welt Hitlers ist in Trümmer versunken. Das ruhmlose Ende der Nazi-Oberen im Selbstmord schließt den Fall ab. Die äußere Welt als Stätte des romantischen Traums, dessen sinnliche Wirklichkeit in den deutschen Bauten und Stadtlandschaften, ist dahin. Nur diesen Verlust beschreibt das Buch. In der Welt des *Doktor Faustus* geht es um die Übermittlung der Tradition durch die Medien der Kultur, durch Musik, Schrift und Architektur. Die Menschen sind demgegenüber nur Schatten.

Das bedeutet ein Vermeiden, in die Identifikation einzutreten mit dem Nichtgeistigen, mit Schutzlosigkeit. Es mag wohl sein, dass das im Körper des Schreibenden rumorte, dass finstere Gedanken und Angst es waren, von denen Thomas Mann sich beim Schreiben verfolgt fühlte, eine Angst, die er in seinen Briefen und Kommentaren wieder geradezu beschwörend äußert, der er aber den Auftritt in seinem Buch verweigerte: » [...] das Ganze ist mir selber oft recht unheimlich – oder war es; denn nun hab' ich's hinter mir und treibe leichtsinniges Zeug. Das Verlangen nach Komik habe ich mit Leverkühn gemeinsam.«[51]

Fazit

Die tiefenhermeneutische Interpretation stellt folgende Besonderheiten der Romankonstruktion in den Mittelpunkt:

– Die Vermeidung der szenischen Konfrontation Leverkühns mit der Zeit des NS
– Die Erzähllücke 1930-1943
– Die Verengung des Problems des Widerstands gegen den Nationalsozialismus auf einen schablonenhaften Katalog: Selbstopfer und Kriegerehre

Das bedeutet: Die kritische Vergegenwärtigung der spätromantischen Mythen, des eigenen Weltbilds gegen die Verfälschung durch den Nationalsozialismus bricht an entscheidender Stelle ab. Das Thema des Terrors, der Verfolgung und Ermordung bleibt bei der Überprüfung der spätromantischen Mythen ausgespart und damit der brutale Zusammenhang, in dem die romantischen Stereotypen wieder auftauchten – furchtbar verwandelt in bürokratische Kategorien der Erfassung von Menschen im totalitären Staat. Um die romantisch-irrationale Bilderwelt zu schützen, umgeht der Autor alle Themen, die diese in einen solchen Zusammenhang rücken würden und

Kommentierung des Aufsatzes »Bruder Hitler«, in: Ders: *Essays*, Bd. 4: *Achtung Europa! Essays 1933-1938,* nach dem Erstdr., textkritisch durchges., kommentiert und hg. von Hermann Kurzke und Stephan Stachorski, Frankfurt a. M. 1995, S. 432-438.

[51] Thomas Mann an Jonas Lesser am 1.5.1948. Mann: Selbstkommentare, S. 195.

konzentriert sich auf ein romantisches Thema: die Ehre des Kriegers. Das latente Muster ist die Auseinandersetzung mit Hitler als imaginärem Rivalen. Dieser Aspekt ist vollständig tabuiert, schafft aber doppeldeutige Muster im Text. Aus der unbewussten Rivalität (der gute und der böse Führer der Deutschen) erwächst keine lebendige Alternative.

Der gesellschaftskritische Impuls des Faust-Romans gerät in Spannung zu der Gegenbewegung, den romantischen Erzählkosmos zu retten. In der Auseinandersetzung mit dem Teufelsversprechen gelingt die Darstellung der Verführbarkeit und der Nähe der Idealfigur Leverkühn zu der faschistischen Lösung, jedenfalls soweit der Satan das Außerordentliche, die Lebenswirksamkeit der großen Kunst in der Volksgemeinschaft und die Grandiosität verheißt. Die Grenze zur Tat wird aber nicht zufällig nur äußerlich konstruiert – durch das Lebensdatum gesetzt. 1930 bricht Leverkühns bewusstes Leben ab.

Literaturverzeichnis

Adorno, Theodor W.: »Zu einem Porträt Thomas Manns«, in: Ders: *Noten zur Literatur III*, Frankfurt a. M. 1966, S. 19-29.

Detering, Heinrich: *Juden, Frauen und Literaten. Eine Denkfigur beim jungen Thomas Mann*, Frankfurt a. M. 2005.

Dettmering, Peter: »Grandiose Zerstörungsphantasien: Von Nietzsche bis Gottfried Benn«, in *Psyche – ZPsychoanal* 56 (2002), S. 790-800.

Frank, Manfred: *Gott im Exil. Vorlesungen über die Neue Mythologie*, Frankfurt a. M. 1988.

Freud, Sigmund: *Massenpsychologie und Ich-Analyse. Die Zukunft einer Illusion*, Frankfurt a. M. 1991.

Green, André: »Der moralische Narzißmus«, in: *Psyche – ZPsychoanal* 5 (1998), S. 415-449.

Harpprecht, Klaus: *Thomas Mann, eine Biographie*, Bd. 2, Reinbek bei Hamburg 1996.

Klüger, Ruth: »Thomas Manns jüdische Gestalten«, in: Dies.: *Katastrophen. Über deutsche Literatur*, Göttingen 1994, S. 39-58.

Kurzke, Hermann: *Thomas Mann. Das Leben als Kunstwerk. Eine Biographie*, München 1999.

Lethen, Helmut: *Verhaltenslehren der Kälte. Lebensversuche zwischen den Kriegen*, Frankfurt a. M. 1994.

Löwith, Karl: *Der Mensch inmitten der Geschichte. Philosophische Bilanz des 20. Jahrhunderts*, Stuttgart 1990.

Lukács, Georg: *Faust und Faustus*, Reinbek 1967.

Mann, Thomas: *Die Entstehung des Doktor Faustus. Roman eines Romans*, Frankfurt 1992.

Mann, Thomas: *Selbstkommentare: »Doktor Faustus« und »Die Entstehung des Doktor Faustus«,* hg. von Hans Wysling unter Mitarb. von Marianne Eich-Fischer, Frankfurt a. M. 1992.

Mann, Thomas: »Bruder Hitler«, in: Ders.: *Essays*, Bd. 4: *Achtung Europa! Essays 1933-1938,* nach dem Erstdr., textkritisch durchges., kommentiert und hg. von Hermann Kurzke und Stephan Stachorski, Frankfurt a. M. 1995, S. 432-438.

Mann, Thomas: »Bruder Hitler«, in: Ders.: *Gesammelte Werke in dreizehn Bänden,* Bd. XII: *Reden und Aufsätzen*, Frankfurt a. M. ^{2}1974, S. 845-853.

Mann, Thomas: *Doktor Faustus. Das Leben des deutschen Tonsetzers Adrian Leverkühn erzählt von einem Freunde*, in: Ders.: *Große kommentierte Frankfurter Ausgabe. Werke – Briefe – Tagebücher*, Bd. 10.1 u. Bd. 10.2, hg. und kommentiert von Ruprecht Wimmer unter Mitarbeit von Stephan Stachorski, Frankfurt a. M. 2007.

Mann, Thomas: *Essays*, Bd. 4: *Achtung Europa! Essays 1933-1938,* nach den Erstdr., textkritisch durchges., komm. und hg. von Hermann Kurzke und Stephan Stachorski, Frankfurt a. M. 1995.

Matt, Peter von: »Zur Psychologie des deutschen Nationalschriftstellers. Die Bedeutung der Hinrichtung und Verklärung Goethes durch Thomas Mann«, in: Ders: *Das Schicksal der Phantasie. Studien zur deutschen Literatur*, München 1994, S. 242-256.

Mayer, Hans: »Für und Wider«, in: Ders.: *Thomas Mann*, Frankfurt a. M. 1984, S. 331-449.

Mayer, Hans: *Thomas Mann*, Frankfurt a. M. 1984.

Pietzcker, Carl: »Goethes Prometheus-Ode«, in: Ders: *Trauma, Wunsch und Abwehr*, Königshausen 1985, S. 9-65.

Roggenkamp, Viola: *Erika Mann. Eine jüdische Tochter. Über Erlesenes und Verleugnetes in der Familie Mann-Pringsheim*, Zürich 2005.

Sontag, Susan: *Im Zeichen des Saturn. Essays*, München 1981.

Sontheimer, Kurt: *Antidemokratisches Denken in der Weimarer Republik*, München 1978.

Voss, Lieselotte: *Die Entstehung von Thomas Manns Roman »Doktor Faustus«*, Tübingen 1975.

Wißkirchen, Hans: »Nietzsche Imitatio. Zu Thomas Manns politischem Denken in der Weimarer Republik«, in: Heftrich, Eckhard / Wysling, Hans (Hg.): *Thomas-Mann-Jahrbuch*, Bd.1, Frankfurt a. M. 1988.

Alexandra Pontzen

INDISKRETE ZEUGENSCHAFT:

Die Betrogene als strukturell peinvolle Lektüreerfahrung

Dass Thomas Manns letzte Erzählung *Die Betrogene* (1953)[1] als Deckerzählung zu lesen sei, deren Heldin Rosalie von Tümmler eine weibliche »Maske« des Autors darstelle, so dass das Begehren der alternden Frau ein männlich homoerotisches Begehren camoufliere, war bereits Handbuchwissen,[2] bevor Heinrich Detering mit seiner Studie *Zur literarischen Produktivität eines Tabus von Winckelmann bis zu Thomas Mann* theoretische Begründung und analytisches Instrumentarium zur männlichen Homoerotik als »*[o]ffene[m] Geheimnis*«[3] in der literarischen Camouflage geliefert hat. Paradoxerweise sind plausible Deutungstradition und elaborierte Theorie nicht wirklich miteinander vereinbar. *Die Betrogene* erfüllt weder die werkchronologischen oder biographischen noch die intentionalen oder strukturellen Voraussetzungen, von denen das Konzept homoerotischer Camouflage als »Maske und Signal«[4] ausgeht. Warum das so ist und wieso sich von diesem Nebenschauplatz aus ein interessanter Seitenblick auf den reichlich ausgespähten Text werfen lässt, erläutere ich zu Beginn (I).

Das Konzept der (biographischen) Maske geht wie andere einschlägige Deutungen von einem Ersetzungsmuster aus, dem zufolge die textlichen Signifikanten für Signifikate stehen, die entweder vom Autor ›eigentlich‹[5] gemeint sind oder sich, unabhängig von bewusster Autorintention, sinnvoll einsetzen lassen und der Erzählung eine ›tiefere‹ Bedeutung, einen biographischen, kunstphilosophischen, gendertheoretischen, politikgeschichtlichen usw. Subtext oder gar ideologischen Be-

---

[1] Thomas Mann: »Die Betrogene«, in: Ders.: *Gesammelte Werke in 13 Bänden*, Bd. VIII: *Erzählungen / Fiorenza / Dichtungen*, Frankfurt a. M. ^{2}1974 ff., S. 857-950. Dieser Band wird künftig im fortlaufenden Text mit einfacher Seitenangabe nachgewiesen.

[2] Vgl. etwa Vagets Überblicksdarstellung zur Erzählung und die geläufige Formulierung: »Selbstdarstellung [des Autors; A. P.] in der Maske Rosalie von Tümmlers«, Hans Rudolf Vaget: »Die Betrogene«, in: Helmut Koopmann (Hg.): *Thomas-Mann-Handbuch*, Stuttgart 1990, S. 610-618, hier: S. 614.

[3] Heinrich Detering: *Das offene Geheimnis. Zur literarischen Produktivität eines Tabus von Winckelmann bis zu Thomas Mann*, Göttingen 2002.

[4] So der Titel eines der Aufsätze von Marita Keelson-Lauritz, an deren Arbeiten zu George sich Detering in wesentlichen Punkten orientiert. Marita Keelson-Lauritz: »Maske und Signal. Textstrategien der Homoerotik«, in: Maria Kalvera / Wolfgang Popp (Hg.): *Homosexualitäten literarisch. Beiträge zum Internationalen Kongress »Homosexuality, which Homosexuality?« Amsterdam 1987*, Essen 1991, S. 63-76.

[5] Franziska Schößler wertet diese, von ihr an Reinhard Baumgart beobachtete, Tendenz als »Geste des Ausschlusses«, Franziska Schößler: »›Die Frau von funfzig Jahren‹. Zu Thomas Manns Erzählung *Die Betrogene*«, in: *Sprachkunst* 31(2000), H. 2, S. 289-306, hier: S. 292.

kenntnischarakter verleihen.[6] Das hat der zur Zeit ihrer Erstveröffentlichung wenig geschätzten und lange wenig beachteten Erzählung in den letzten Jahren immer neues Interesse und 2010 mit Yahya Elsaghes Monographie[7] *Krankheit und Matriarchat. Thomas Manns »Betrogene« in den Kontexten des Spätwerks* gar den Rang eines Schlüsseltextes und »letzte[n] literarische[n] Wort[s]«[8] zu Autor und Werk eingetragen.

Die vorliegenden Arbeiten sind so anregend wie entmutigend; sie beeindrucken durch Gelehrsamkeit und Quellenkenntnis auf der einen und Deutungsfuror auf der anderen Seite; wer sie liest, gerät in den Sog einer Ersetzungslogik – mit Tendenz zum Systemischen.[9] Das illustriert der zweite Teil (II) meiner Überlegungen beispielhaft an der Frage nach dem emanzipatorischen oder misogynen Charakter des Textes – einer Frage, die ihn verfehlt, weil sie versucht, ein strukturell bedingtes Dilemma inhaltlich zu lösen. Gleichzeitig wiederholen die Bemühungen der Forschung ein Projekt der Transzendierung und Überhöhung des Konkreten zum Abstrakten, des (weiblichen) Körperdiskurses zum (männlichen) Kunstdiskurs,[10] das der Erzählung einerseits eingeschrieben ist, ihr andererseits vom Autor nachträglich als Leseanweisung mit auf den Rezeptionsweg gegeben werden musste, nachdem die spontane Erstrezeption der *Betrogenen* ein »schriller Misserfolg«[11] gewesen war. Ein dritter (III) erzähltheoretisch-textanalytischer Teil widmet sich der Kalamität, in die der Vorwurf der Geschmacklosigkeit den Autor brachte und der Mann sich zu entziehen suchte, indem er für seine Erzählung eine Poetik behauptete, die darauf abziele, »es mit dem Peinlichen aufzunehmen«[12] und »den delikaten oder vielmehr un-

---

[6] Yahya Elsaghe: »Nostalgie und Modernitätskritik. *Die Betrogene* als Thomas Manns ideologisches Vermächtnis«, in: Thomas Sprecher (Hg.): *Lebenszauber und Todesmusik. Die 5. Davoser Literaturtage 2002*, Frankfurt a. M. 2004, S. 159-170.

[7] Yahya Elsaghe: *Krankheit und Matriarchat. Thomas Manns »Betrogene« im Kontext,* Berlin / New York 2010.

[8] Gary Schmidt: »Auf der Suche nach dem reaktionären Mann«. (Rezension über: Elsaghe: Krankheit und Matriarchat), in: *IASLonline* [12.04.2011]
URL:<http://www.iaslonline.de/index.php?vorgang_id=3348 (17.4.2011).

[9] Dieser Zug mag erklären, dass dieselben Bilder und Belegstellen zum Teil diametral gegensätzlich gedeutet oder auch schon beschrieben werden: So urteilt Schößler im Kontext der Mann'schen Verarbeitung der *Amor-Psyche*-Erzählung von Apuleius: »In Manns Erzählung wird vornehmlich das Spiel mit Licht und Finsternis übernommen, nun aber in übertragener Bedeutung.« Schößler: Die Frau von funfzig Jahren, S. 303. Elsaghe hingegen kommt, im Zusammenhang seiner auf Thomas Manns Bachofen-Lektüre gestützten Interpretation, zu dem Schluss: »Licht und Sehen hat Thomas Mann also aus seinen mythologischen Reminiszenzen systematisch herausgehalten und durch Geruch und Riechen ersetzt, und das von der ersten einschlägigen Stelle an.« Yahya Elsaghe: »›Vom Moschusgeruch des Exkrementhaufens‹. Mythos und Ideologie in Thomas Manns *Die Betrogene*«, in: *Deutsche Vierteljahrsschrift für Literaturwissenschaft und Geistesgeschichte* 73.4 (1999), S. 692-709, hier: S. 698.

[10] Dass jenseits der historischen Genderisierung von Stoff-Form-Diskursen die abstrakte Kunst im engeren Sinne als ›männliche Domäne‹ galt, in die Anna einbricht, erläutert Elsaghe mit Bezug u. a. auf Worringers *Abstraktion und* Einfühlung. Vgl. Elsaghe: Krankheit und Matriarchat, S. 51.

[11] Hans Mayer: »Der Tod in Düsseldorf (*Die Betrogene*)«, in: Ders.: *Thomas Mann*, Frankfurt a. M. 1980, S. 408-426, hier: S. 410.

[12] Brief vom 10.3.1954 an Klaus Mampell, zit. in Hans Wysling (Hg.): *Thomas Mann. Dichter über ihre Dichtungen*, Bd. III: *1944-1955*, München 1981, S. 525.

delikaten Stoff, durch die Form [zu] verzehren, wie es beim alten Schiller heißt«[13]. Entstehungsgeschichtlich deutet wenig auf ein solches Projekt hin, vieles aber darauf, dass die *Poetik der Peinlichkeit,* aus der Defensive entwickelt, ein rezeptionsgeschichtliches Scheitern nachträglich als psychoästhetische Herausforderung stilisieren und einen literarästhetischen Fauxpas zu einem Experiment umschreiben soll.

Folgt man der Leseanweisung des Autors und betrachtet die erzählerische Präsentation des ›undelikaten‹ Stoffs, werden narrative Strategien erkennbar, die in der Tat im Kontext einer *Poetik der Peinlichkeit* zu verorten sind, wenn auch in anderer als der von Mann nahegelegten ›klassischen‹ Weise, nicht als formale Verzehrung des Peinlichen, sondern als seine psychoästhetische Kommunikation, d. h. ansteckende Weitergabe einer ›emotionalen Last‹ qua Text. Der Deutungseifer der Interpreten ließe sich dann ihrerseits als Abwehrbemühung einer peinlich berührenden Leseerfahrung deuten.

I Zur Problematik des Plausiblen

Vor dem Hintergrund von Deterings Konzept von männlicher Homosexualität als literarisch kodiertem »offenem Geheimnis« stellt Thomas Manns letzte vollendete Erzählung *Die Betrogene* (1953) anscheinend einen eindeutigen Fall dar. Das männliche homosexuelle Begehren scheint geradezu exemplarisch in ein weiblich heterosexuelles Begehren transponiert, die alternde Heldin Rosalie von Tümmler also als camoufliertes, gender-crossendes *Alter ego* des Autor-Subjekts Thomas Mann lesbar, als eine seiner »weibliche[n] Maske[n]«[14] – eine Strategie der Transponierung von Rollen, bei der »einer der beiden ›eigentlich‹ gemeinten Männer [...] im Text als Frau«[15] erscheint. Die in der Erzählung thematisierte Liebesgeschichte zwischen der 50-jährigen Düsseldorfer Offizierswitwe Rosalie von Tümmler, Mutter einer annähernd 30-jährigen Tochter und eines 18-jährigen Sohns, und dem 24-jährigen amerikanischen Hauslehrer ihres Sohns, Ken Keaton, lässt sich auf dieser Folie biographisch in ein Verhältnis zu Manns »letzter Liebe«[16], der homoerotischen Leidenschaft für den 19-jährigen Kellner Franz Westermeier im Züricher Hotel Dolder im

---

[13] Brief an Erich Drucker vom 19.10.1953; zit. in Wysling: Thomas Mann, Bd. III, S. 521.

[14] Von Schirnding unterscheidet unter der Überschrift »Welche Rolle spielen die Frauen in Thomas Manns Werk?« Frauen-Figuren, die ihre Existenz »keinerlei Camouflage-Absichten des Dichters, sondern ausschließlich seiner Gestaltungskraft verdanken«, und »weibliche Masken«. Er unterläuft diese Unterscheidung aber, wenn er Rosalie von Tümmler sowohl zur einen wie zur anderen Gruppe zählt, was sich im Sinne der von der Freiburger Tagung initiierten Frage nach Erzähl-Beziehungen und Sympathie-Ökomomie als Indiz für die ästhetische Komplexität der Figur resp. der erzählerischen Haltung zu ihr deuten lässt. Albert von Schirnding: *Die 101 wichtigsten Fragen. Thomas Mann*, Nördlingen 2008, S. 72.

[15] So Deterings Kurzreferat von Keilson-Lauritz' Modell von »Maske und Signal« (S. 69 ff.). Vgl. Detering: Offenes Geheimnis, S. 23; von Schirnding präzisiert, dass in »zahlreiche[n] Liebesverhältnissen zwischen Frauen und jungen Männern [...] die *ältere* Frau als Identifikationsfigur des Autors, der junge Mann als Objekt ihrer (seiner) Passion erkennbar sind« (Hervorh. A. P.), in: von Schirnding: Die 101 wichtigsten Fragen, S. 69.

[16] Tagebucheintrag vom 16. Juli 1950, in: Thomas Mann: *Die Tagebücher 1949-1950*, hg. v. Inge Jens, Frankfurt a. M. 2003, S. 220 f.

Jahr 1950 setzen.[17] Zur verschleiernd-beschönigenden Transposition gehört, auf den ersten Blick, auch die Verjüngung der stellvertretenden Figur gegenüber ihrem Autor. Seit Goethes *Mann von funfzig Jahren* kennzeichnet sie die literarische Verarbeitung von Altersproblematik im Motiv-Gewand des »ungleichen Paares«, indem die Altersproblematik des Protagonisten durch die motivische Verbindung mit einer jungen Geliebten zwar betont, im Verhältnis zum wahren Alter des empirischen Autors aber entschärft erscheint.[18] Das gilt auch für Manns Erzählung, deren Heldin mehr als fünfundzwanzig Jahre jünger ist als ihr Autor. Zugleich aber greift hier eine gleichsam dialektische Altersdynamik, ausgelöst durch das gender-crossing: Denn Rosalie von Tümmler erweist als »Frau von funfzig Jahren«[19] nicht nur Goethes Erzählung intertextuelle Referenz, sondern spielt auch, sogar explizit, auf den Umstand an, dass mit Fünfzig für Männer die ›besten Jahre‹ beginnen – »Was sind auch fünfzig Jahre für einen Mann?« (S. 892) –, während sie für Frauen dann lange vorbei seien: »Wenn wir fünfzig sind, da sind wir ausgedient.« (S. 892) Kurz: Mit der Geschlechter-Camouflage geht auch eine Transposition des biologischen zum sozialen Alter einher. Sie lässt die Protagonistin im Verhältnis zum mehr als 25 Jahre älteren Autor gleichwohl ›alt aussehen‹ und erklärt sie, qua fortpflanzungsbiologischem Diskurs, für ›invalide‹ – im Unterschied zum greisen Autor. Der spezifische zweifache Mehrwert einer verjüngten weiblichen Maske für das männliche Autorsubjekt ist also evident.[20]

Die Camouflage-Lesart der *Betrogenen* hat sich, unterschiedlich (gendertheoretisch, feministisch, psychoanalytisch, intertextuell-motivgeschichtlich, biogra-

---

[17] Vgl. von Schirnding: Die 101 wichtigsten Fragen, S. 66-67. Das Figurenlexikon von Eva D. Becker, aufrufbar über die Thomas-Mann-Seite des S. Fischer Verlages, verweist für die Figur Ken Keaton auf das »biographische[ ] Muster«, dass »Klaus Heuser, der Thomas Mann nach dem ersten Kennenlernen auf Sylt 1927 und dem mehrmaligen Wiedersehen in Düsseldorf das Selbstbewusstsein eines ›glücklichen‹ und ›belohnten Fünfzigers‹ schenkte. Vgl. den Tagebucheintrag vom 14.9.1935)«. Vgl. http://www.thomasmann.de/thomasmann/werk/figuren/#spaete_erzaehlungen [17.4.2011]. In der Alterskonstellation würde dann in der Tat ein vergangenes Erlebnis eines zwar alternden, aber noch nicht alten Thomas Mann zitiert. Auch der Schauplatz Düsseldorf wird etwa von Vaget, mit Bezug auf Hans Mayer (Mayer: Der Tod in Düsseldorf), als Hinweis auf die Klaus-Heuser-Episode als Vorlage gedeutet. Vgl. Vaget: Die Betrogene, S. 614.

[18] Das kulturelle Muster wird besonders deutlich im Werk Martin Walsers (*1927), den das ungleiche Paar seit über zwanzig Jahren beschäftigt, wobei die alten Liebhaber junger Frauen deutlich jünger sind als der alte Autor: Noch Walsers gewollt skandalöse Transposition der Marienbader Ereignisse kommen einer Verharmlosung von Altersdifferenzen gleich, denn sie zeigen die Figur des dreiundsiebzigjährigen Goethe als Alter ego eines empirischen Autor-Subjekts, das zu diesem Zeitpunkt bereits über achtzig Jahre alt ist. Vgl. Alexandra Pontzen: »Elke Heidenreich ist seine Muse. Über Martin Walsers Roman *Ein liebender Mann*«, in: *literaturkritik.de* 4 (April 2008) (http://www.literaturkritik.de/public/rezension.php?rez_id=11756).

[19] Unter dieser intertextuellen Perspektive wurde der Text schon bei seinem Erscheinen aufgenommen. Vgl. Hermann Missenharter: »Die Frau von 50 Jahren«, in: *Stuttgarter Nachrichten* vom 28.11.1953, zit. in Hans Rudolf Vaget: *Thomas-Mann-Kommentar zu sämtlichen Erzählungen*, München 1984, S. 306; unter diesem Titel erschien auch Schößlers: Die Frau von funfzig Jahren.

[20] Zugleich deutet sich aber etwas anderes an: Ein ausschließlicher Geschlechterwechsel hätte nur ein Skandalon camoufliert, das homosexuelle, das andere, das Begehren im Alter, aber nicht; dieses wäre im Gegenteil, illustriert an einer alten – nicht nur alternden – Frau, unvorstellbar und nicht darstellbar, und das liegt nicht nur daran, dass der Plot der zweideutigen Blutung aus Wahrscheinlichkeitsgründen entfiele.

phisch) akzentuiert, als *opinio communis* durchgesetzt.[21] Gleichwohl ist sie problematisch, zumindest insofern, als die Erzählung sich nicht in das Konzept von »Maske und Signal« als Funktionen der Tarnung fügt, wie Detering es in Anlehnung an Marita Keilson-Lauritz' Arbeiten zu George erläutert: Werkchronologisch und im ›Telos‹ der Entwicklung zum Selbstbekenntnishaften liegt diese letzte Erzählung weit nach dem von Detering als »*coming out* der deutschen *mainstream* Literatur«[22] gewerteten *Tod in Venedig* (1912); und, so Detering weiter, »Thomas Manns erste offene Darstellung von Homosexualität im vollen Wortsinne markiert die Grenze, an der die homoerotische Camouflage endet – und damit auch die Zuständigkeit dieser [seiner; A. P.] Studien.«[23]

Damit stellt sich die Frage nach Manns Beweggründen für einen persönlichen und sachlichen Rückschritt nach dem »*coming out*« – zumal dieses eben nicht skandalträchtig oder gesellschaftlich sanktioniert worden war und Camouflage ja als defensive Strategie zur Vermeidung von Aufsehen und Skandal unter gesellschaftlichem Sanktionierungsdruck verstanden wird.[24] Erreicht wird sie zudem, wieder Detering, durch »intentionale Differenz zwischen (unanstößigem) Oberflächentext und (hier homoerotischem) Subtext«[25]. Schwer verständlich bleibt demnach, dass die Tarnungs-Absicht, sollte sie existiert haben, derart verfehlt, ja, betrachtet man die jüngere Forschung, in ihr Gegenteil verkehrt wurde:[26] Rezeptionsgeschichtlich erweist sich die angeblich camouflierende Erzählung *Die Betrogene* als eine der »beiden Skandalgeschichten Thomas Manns«[27] (die erste ist *Wälsungenblut*) und löst – im Unterschied zum nicht camouflierenden *Tod in Venedig* – eben jenes Aufsehen aus, das sie per definitionem vermeiden soll.[28]

Der Skandal erstreckt sich insofern auf den Autor, als die moralischen Vorbehalte der Kritik sich den Anschein ästhetischer Einwände geben[29] und die literari-

---

[21] Vgl. etwa Vagets Überblicksdarstellung zur Erzählung und die geläufigen Formulierungen »Selbstdarstellung [des Autors; A. P.] in der Maske Rosalie von Tümmlers«. Vaget: Die Betrogene, S. 614.

[22] Detering: Das offene Geheimnis, S. 34.

[23] Ebd., S. 290.

[24] Hier ließe sich allenfalls argumentieren, dass der gesellschaftliche Sanktionierungsdruck von Thomas Mann in den 1950er Jahren stärker empfunden wird als zuvor, gerade weil mit seinem Erfolg und Alter eine größere Fallhöhe, im Zusammenhang mit der Sexualitätsthematik auch mehr Angriffsfläche verbunden ist. Anders argumentiert Elsaghe, der indirekt Manns ökonomisches und symbolisches Kapital für die Offenheit des *Tod in Venedig* verantwortlich macht; die spätere Rückwendung zu Fragen der Geschlechterrollen aber aus der Kriegsniederlage erklärt, in deren Kontext die Gedankenfigur des *mundus inversus* prägend werde, bis dann der Einfluss Bachofens Mann nachhaltig von der historischen Wandelbarkeit der Geschlechteridentität und Sexualität überzeuge. Vgl. Elsaghe: Krankheit und Matriarchat, S. 5 f.

[25] Detering: Das offene Geheimnis, S. 30.

[26] Unter der Maske der alternden Frau, die einen jungen Mann begehrt, einen Literaturnobelpreisträger zu erkennen, der einen jungen Mann begehrt, scheint auf die Interpreten eine ebenso euphorisierende wie beruhigende Wirkung auszuüben; der Subtext ist offenbar weniger tabuisiert als der anstößige Oberflächentext: Unter vielen Formen peinlichen Begehrens scheint die der männlichen Homosexualität – heute – weniger verstörend als die der ›lüsternen Greisin‹.

[27] Hans Rudolf Vaget: »Wälsungenblut«, in: Koopmann: Thomas-Mann-Handbuch, S. 576-580, hier: S. 576.

[28] Vgl. Detering: Das offene Geheimnis, S. 9-20.

[29] Vgl. Vaget: Die Betrogene, S. 610. Vgl. auch: Vaget: Thomas-Mann-Kommentar, S. 305-315.

sche Satisfaktionsfähigkeit des 78-jährigen Nobelpreisträgers zur Disposition stellen. *Ageism* klingt bis heute nach, wenn etwa Vaget *Die Betrogene* einen »Akt von Greisenavantgardismus«[30] nennt. Der zeitgenössische Rezensent der *New York Times Book Review* exponiert seine Zweifel am literarischen Vermögen des (einst) geschätzten Autors mehr, als er sie verbirgt, unter dem vermeintlich wohlwollenden Mantel schmerzlicher Enttäuschung: »There is no more painful task for the critic than to be confronted with a disappointing work by a writer of the first magnitude.«[31]

Provoziert hat diese Enttäuschung indes nicht der camouflierte – damals nirgendwo explizierte[32] – Subtext, sondern der camouflierende Oberflächentext der »späten erotischen Erzählung«[33]. Auch entzünden sich die Diskussionen nur zu einem Teil am thematischen Kernbeststand, der in einen homoerotischen Plot übersetzbar wäre (s. II), dem gesellschaftlich nicht anerkannten Begehren, zum anderen an dessen Verbindung mit den Motiven von Alter, Krankheit und Tod. Da letztere auch – titelgebend – im *Tod in Venedig* im Zentrum stehen, ohne vergleichbare Geschmacksdiskussionen ausgelöst zu haben, liegt die Vermutung nahe, dass literarische Gestaltung und gender-Bezug, vorgeführt in der »Thematisierung des Gebärmutterkrebses«[34] als pathographische Innenansicht der Titelheldin, den Ausschlag für die ethisch-ästhetische Verurteilung geben. Damit wäre gerade die camouflierende Deckerzählung anstößiger als ihr homoerotischer Subtext, was Camouflage als primäre Textintention einigermaßen absurd werden lässt.

Spätestens hier wird ein Problem der Camouflage-Technik und Intention deutlich, das so banal ist, dass es, soweit ich sehe, bisher nicht benannt wurde: Sie muss einerseits mit übersetzbaren ›Zeichen‹ arbeiten, die heterosexuelles weibliches und homosexuell männliches Begehren und seine Objekte austauschbar erscheinen lassen, ohne dass, andererseits, der Deck-Diskurs anstößiger wird als sein Subtext – in Josephs erotischer Verfolgung durch Potiphars Frau Mut-em-enet war das gelungen, ebenso in Felix Krulls Begegnung mit Madame Houpflé, hier wie dort eine Konstellation, in der eine ältere, sozial überlegene Frau einem jüngeren Mann nachstellt.[35]

---

[30] Vaget: Die Betrogene, S. 610; ohne diese Ambivalenz (mit Bezug auf das Gesamtwerk) jüngst: Stefan Börnchen / Claudia Liebrand (Hg.): *Apokrypher Avantgardismus. Thomas Mann und die Klassische Moderne*, München 2008.

[31] Richard Plant in *New York Times Book Review* vom 6.6.1954, S. 6; zit. nach Hans Wagener: »Thomas Mann in der Amerikanischen Literaturkritik«, in: Koopmann: Thomas-Mann-Handbuch, S. 925-940, hier: S. 938.

[32] Dazu mag auch beitragen, dass der Camouflage, gedeutet als ›Flaschenpost‹, eindeutige Adressaten fehlen, die zur Demaskierung des Maskierten in der Lage wären, weil sie über (Text-)Zeugnisse verfügen, die für die Dekodierung des literarisch Verschlüsselten nötig wären. Zu den unterschiedlichen Verfahren der Adressierung vgl. Detering: Das offene Geheimnis, S. 26 f.

[33] Hans Rudolf Vaget: »Schlechtes Wetter, gutes Klima: Thomas Mann in Amerika«, in: Koopmann: Thomas-Mann-Handbuch, S. 68-77, hier: S. 72.

[34] So resümiert Vaget mit Rückgriff auf Johannes Pfeiffer (»Über Thomas Manns Erzählung *Die Betrogene*«, in: *Wirkendes Wort* 8 (1957), S. 30-33); Vaget: Die Betrogene, S. 610.

[35] Vorderhand sind diese Frauen indes auch attraktiver als Rosalie von Tümmler, deren körperliche Attraktivität als eine nur relative – »wohlerhalten[e]« – im Übergang befindliche, beschrieben wird. Allerdings macht eigenständiges Begehren in Manns Erzähltexten die Frau per se alt oder lässt sie ›alt aussehen‹ – die schöne Mut im *Josephs*-Roman wird, als sie begehrt, zur »Vettel«, zur alten Frau. Neben dieser Verhässlichung der begehrenden Frau fällt ihre (diskursive) Vermännlichung

Dass es in der *Betrogenen* nicht gelingt, liegt m. E. daran, dass der ›sekundäre produktive Effekt‹[36] homoerotischer Camouflage, der sich aus der Wahl der Verschiebungs- und Übertragungsbereiche ergibt, über die primäre Funktion überhand gewinnt: Indem das gender-crossing dem Begehren einer alternden Frau Subjektstatus zugesteht und das begehrte Objekt, anders als in den früheren Texten, auf ein Mittel zum Darstellungszweck reduziert,[37] erhält der Oberflächentext im vexierbildartigen Wechselspiel mit dem Subtext und durch Überschneidungen mit dessen Bild- und Vorstellungsbereich innovative, inhaltlich emanzipatorische Elemente. Die Frage, inwiefern dieser positive sekundäre Effekt unfreiwilliger Natur ist, was in Thomas Manns Diktum von der »Frauengeschichte, die nichts für Frauen ist«[38], schon anklingt, verfehlt den Text ebenso wie die Frage nach dessen emanzipatorischem oder misogynem Charakter.[39] Denn sie unterstellt dem Text und der Autorintention eine Eindeutigkeit, die sie nicht haben und, wie ich zeigen möchte, aus konzeptionellen Gründen nicht haben können, insofern das Weibliche strukturell die Doppelfunktion einnimmt, zum einen exemplarisch das Allgemein-Menschliche, zum anderen das inkommensurable ›Andere‹ zu vertreten. Letzteres zeichnet sich auch durch eine spezifische Affinität zur Peinlichkeitsthematik aus (s. III).

II Vexierspiele

Einerseits gehorcht die Fabel den Notwendigkeiten des ›Übersetzungsdiskurses‹, deshalb ist der Aspekt des Alters für die camouflierende Einkleidung der homoerotischen Fabel insofern unabdingbar, als erst das Alter der Frau resp. ihr Übertritt in die Wechseljahre mit dem Wegfall einer Fortpflanzungsoption der (Hetero-) Sexualität jene ›Mangelhaftigkeit‹ bescheinigt, die sie dem Topos ›steriler‹ Homoerotik analogisierbar macht: Die Homoerotik als unfruchtbare Neigung charakterisiert Mann, durchaus traditionell, schon in seinem ›Ehe-Essay‹[40] (1925), wenn er ausführt, der Homoerotik fehle der Segen der Natur, auf ihr liege der Fluch der Unfruchtbarkeit – und als Neigung wider die Natur empfindet auch die alternde unfruchtbare Heldin ihr erotisches Verlangen, in dem Sexualität von Fortpflanzung

auf, die – liest man sie nicht als camouflierende Strategie, sondern im gängigen Geschlechter-Diskurs – ebenfalls zur erotischen Disqualifikation beiträgt: Spricht sie die Sprache des Begehrens, wird die Frau zum Mann – als die alternde Madame Houpflé Felix Krull sexuell bedrängt, legt der Autor der Frau eben die Worte in den Mund, mit denen in Victor Hugos *Hernani* ein Greis (›le vieillard‹) eine junge Frau bedrängt. Vgl. Mann, zit. in Hans Wysling (Hg): *Thomas Mann. Dichter über ihre Dichtungen*, Bd. I: *1889-1917*, München 1975, S. 375 f. und stellt so die Maskulinisierung des Begehrensdiskurses als frivole Travestie zur Schau.

[36] Detering: Das offene Geheimnis, S. 30.

[37] Denn anders als die Titelhelden Joseph und Felix Krull ist Ken Keaton eine in Richtung Lächerlichkeit (vgl. Elsaghe: Krankheit und Matriarchat, S. 46 f.) markierte Figur, deren Unerheblichkeit mehrfach expliziert wird und sogar genuin zum von ihr ausgelösten Begehren gehört (in demütigender Weise, wie Elsaghe meint. Vgl. Elsaghe: Vom Moschusgeruch des Exkrementhaufens, S. 694).

[38] Mann, zit. in Vaget: Thomas-Mann-Kommentar, S. 302.

[39] Meine verkürzte Antwort wäre: thematisch in weiten Teilen emanzipatorisch; diskursiv misogyn.

[40] Vgl. Thomas Mann: »Über die Ehe«, in: Ders.: GW, Bd. X: *Reden und Aufsätze 2*, S. 191-207; vgl. ebenso von Schirnding: Die 101 wichtigsten Fragen, S. 59.

entkoppelt ist. Aus dieser real-biologischen Zukunftslosigkeit einer Verbindung von Rosalie und Ken ergibt sich die soziale Ortlosigkeit der Beziehung als a-sozialer, auf Lust resp. weiblichem Begehren gegründeter Affäre ohne Anspruch auf gesellschaftliche Verstetigung oder Anerkennung in einer Ehe, worin der im ›Ehe-Essay‹ entwickelte Antagonismus von Homoerotik und Ehe ebenso fortgeschrieben wird wie in Rosalies Krankheit und Tod der Topos von der Todesnähe der Homoerotik, die im Essay mit dem Gegensatz von Geist versus Leben korreliert.[41]

Zudem entspricht Rosalies Bekenntnis zur reinen Lust (im kontroversen Gespräch mit ihrer konventionellen, d. h. eine eheliche Verbindung der Mutter mit dem jungen Amerikaner fürchtenden Tochter Anna [vgl. S. 926]) und ihre Reduzierung des jungen Amerikaners auf seine körperliche Attraktivität, in der Elsaghe und andere einen Ausweis emanzipatorischen Rollentauschs sehen,[42] einem Stereotyp homosexuellen Verlangens, dem, soweit es die Tagebücher offen legen, auch Thomas Mann folgte: dem Interesse an körperlich anziehenden, deutlich jüngeren Männern, die mit zunehmendem Alter und steigendem Sozialprestige des Autors strukturell notwendig im sozialen Gefälle weit unter ihm standen, während Jugend und Körpervitalität sie symbolisch in einer gegenläufigen Begehrensdynamik über den greisen Autor erhöhten. Ähnliches gilt für Rosalie von Tümmler, die, obgleich selbst keineswegs eine Intellektuelle – was indes den strukturimmanenten Notwendigkeiten ihrer Antipodenstellung zur Tochter gehorcht –, gleichwohl im Vergleich zu Ken die, auch kulturell bedingt, gesellschaftlich sicherere Figur abgibt, was exemplarisch an Kens Fauxpas an der von Tümmler'schen Mittagstafel illustriert und in den Kontext einer grundsätzlicheren national-stereotypen Verankerung in der ›Neuen Welt‹ Amerika gerückt wird.[43] Die soziale, ökonomische und tendenziell auch kulturelle Überlegenheit der begehrenden Frau über das männliche Objekt ihrer Begierde reflektiert damit auch Asymmetrie und soziales Gefälle innerhalb der Begehrensökonomie zwischen dem alten wohlsituierten Homosexuellen und dem jüngeren Geliebten, dessen einziges symbolisches Kapital seine an Jugend gebundene physische Attraktivität darstellt.

Die so strukturierten Analogien ermöglichen es, auf der Ebene einer Übersetzung von Gesagtem zu (eigentlich) Gemeintem die ›Mängel‹ der alternden Frau und ihr gesellschaftlich (und innerpsychisch) sanktioniertes Begehren als Form devianter und defizitärer (Hetero-)Sexualität symbolisch mit dem männlichen homosexuellen Begehren zu verrechnen – soweit der, im Sinne Deterings, positive sekundäre Effekt der Camouflage, der beide in eroticis gesellschaftlich benachteiligten Gruppen in ein

---

[41] Zur Positionierung der Homoerotik auf der Seite des Todes vgl. Mann: Ehe im Übergang sowie die entsprechenden Belegstellen bei Detering: Das offene Geheimnis, S. 286 und von Schirnding: Die 101 wichtigsten Fragen, S. 59.

[42] So urteilt Elsaghe, Ken Keaton werde »tendenziell in einer Weise auf seine Körperlichkeit reduziert, wie man es sonst eben gerade von der Repräsentation und Prostituierung weiblicher Körper kennt«. Elsaghe: Krankheit und Matriarchat, S. 14.

[43] »Obgleich es ihr nicht ganz gefallen wollte, dass er, wenn er beim Essen und Sprechen aufstoßen musste, die Hand vor den Mund legte und ›pardon me!‹ sagte, was manierlich gemeint war, aber auf den Zwischenfall ganz unnötig aufmerksam machte.« (S. 895; vgl. auch S. 899) Ergänzt wird diese wiederholte und verallgemeinerte Beobachtung durch andere, als amerikanisch gedeutete Tischsitten Kens, die er beibehält, weil sie von den Mitgliedern der Düsseldorfer Gesellschaft mit »großem Interesse beobachtet[]« werden (vgl. S. 908).

Austauschverhältnis setzt, so dass ein emanzipatorischer Diskurs unterschiedslos für beide eintreten könnte – jedenfalls scheint dies so.

Die vorgeblich analogisierende, auf Übersetzung hin transparente Darstellung setzt sich indes dort Grenzen, wo allegorische Bezüge auf ein misogynes Frauenbild und Körperkonzept zurückgreifen, das weibliches Alter und (tödliche) Krankheit so in eins setzt, dass das *Gendering*[44] des Gebärmutterkrebses, »den ein ›Mann‹ gar nicht bekommen und der dessen ›Männlichkeit‹ keinesfalls überfordern kann«[45], die Übersetzbarkeit außer Kraft setzt.[46]

Was in der Unübersetzbarkeit der Krankheit als Plot signifikant wird, eine im Letzten doch exklusiv weibliche Lesart,[47] kennzeichnet auch die bildhaften, d. h. auf intra- und intertextuelle Übersetzung hin angelegten Darstellungsverfahren, die Allegorisierungen und Metaphern mit offen oder verdeckt misogynem Gehalt, der gesamten Erzählung:

- die Darstellungsverfahren für den Ort des Begehrens im weiblichen Körper, der als Schoß der Natur allegorisiert und dann als morbider Unterleib der alternden Frau denunziert wird;[48]
- die Allegorisierung des alternden weiblichen Körpers mit einem verfallenden Rokokoschlösschen, dessen Äußeres über Dunkelheit und Moder der inneren Gruft hinwegtäuscht – was nicht nur strukturell auf das Bild der Frau Werlde anspielt und, dem misogynen Stereotyp zufolge, den verführten Mann als eigentliches Opfer der Täuschung zeigt;[49]

---

[44] Zum Verfahren der Verschiebung von Krankheit auf weibliche Figuren als Entlastung des männlichen Autors vgl. mit Blick auf den Autor Martin Walser Sigrid Löffler: »Es gibt kein Glück ohne Unglück. Wie Martin Walser eine Ehehölle vorschiebt, um dahinter das Nächstliegende zu verbergen«, in: *Literaturen* 9 (2001), S. 63 f.

[45] Elsaghe: Krankheit und Matriarchat, S. 106.

[46] Inwiefern dies ein rein diskursives Phänomen ist oder mit einem biologischen Fakt korreliert, tut hier nichts zur Sache. Eine rein männliche, mit Sexualität resp. Geschlechtsorganen unmittelbar konnotierte tödliche Krankheit stellt zwar der Prostatakrebs dar, doch finden sich in den 1950er bis 1990er Jahren, soweit ich sehe, keine Belege für dessen Literarisierung im Sinne einer »Prostata-Prosa«. Letztere kreist auch heute deutlich mehr um Fragen der Potenz als um Todesbedrohung im engeren, konkreten Sinne; Ausnahmen mag man in der angloamerikanischen Literatur, etwa bei Philipp Roth (*Der menschliche Makel*) finden.

[47] Franziska Schößler weist, mit Blick auf die literarische Tradition, auf die implizite Wertung der Krankheit als Strafe hin, zurecht: dieser Strafcharakter ließe sich, zumindest als eine mögliche Lesart, indes auch über die Perspektivierung und Pointierung der Erzählung selbst nachweisen, vgl. Schößler: Die Frau von funfzig Jahren, S. 300 f.

[48] Liest man die Allegorie »vom Moschusgeruch des Exkrementhaufens« als »kleine« Allegorie in der »großen«, wie es Adorno voller Bewunderung tut, dann meint die verführerisch duftende Verwesung den äußerlich noch verlockenden Körper der innerlich durch Krankheit verderbten Rosalie von Tümmler; die »zweideutige Übergängigkeit« entspricht der attraktiven Reife und morbiden Fäule der 50-jährigen Frau, und die »Ambivalenz« des Duftes, der zur Begattung verlocken soll und von Verwesung herrührt, verweist auf die Doppeldeutigkeit der Blutung. Sie ist Zeichen für Fruchtbarkeit und Krankheit, die aus demselben Schoß kommen. In ihm wohnen bei Rosalie Leben, Lust und Tod.

[49] Die Perfidie liegt darin, dass der Kontrast von Wirkung und Wirklichkeit eine Täuschung thematisiert, die vom äußerlich vermeintlich jugendlichen Frauenkörper für den Mann ausgeht. Er erscheint als Opfer eines Betruges und der Kampf der Frau um ihre Attraktivität als Teil einer Täuschungsstrategie. Während vorderhand der Titel die Heldin als »Betrogene« charakterisiert, um-

- die von Adorno so geschätzte Duft-Allegorie, die olfaktorische Ekel-Affekte mobilisiert, die historisch und ikonographisch ihrerseits weiblich konnotiert sind.[50]

Die Uneindeutigkeit im Hinblick auf Übersetzbarkeit versus Unübersetzbarkeit wiederholt sich im Hinblick auf die Zeichnung der Figur als eindeutig männlich resp. weiblich. Während die in der Erzählerrede hervorgehobenen Körpermerkmale – Figur, Haare, Hände, Augen (vgl. S. 878) –, an denen Alter bei gleichzeitiger relativer Attraktivität illustriert wird, einerseits gender-unspezifisch wirken und weniger als realistische Detailbeschreibungen denn als Metaphern, die auf anderes verweisen, wirken, treten im weiteren Verlauf zwei Körperpartien in den Vordergrund – die grauen Haare[51] und die ›guten‹ Zähne –, die kulturell und intertextuell als Symptome der männlichen Altersangst und des Potenzverlustes markiert sind[52] und die so der exklusiv weiblichen und nicht universell-unübersetzbaren (vermeintlichen) Menstruation gegenüberstehen.

Man kann diesen Mischdiskurs wie auch die gender-theoretischen Reflexionen der Figur avant-la-lettre[53] mit Manns Konzept des mannweiblichen Charakters von

---

spielt der Text den (Be-)Trug, dem der junge Mann zum Opfer fällt; vgl. Alexandra Pontzen: »Sex, gender und Altersdiskurs in Thomas Manns *Die Betrogene*: Peinliches Begehren«, in: Marlen Bidwell-Steiner / Karin S. Wozonig (Hg.): *Gender & Generation. Gendered Subject*, Bd. 2, Innsbruck / Wien / Bozen 2005, S. 258–276.

[50] Das gesellschaftlich Peinliche einer alternden Frau, die im körperlichen Begehren mit dem eigenen Seelenhaushalt in Konflikt gerät und Würde und Scham verliert, wird durch die Allegorie auf ein physisch Ekelhaftes hin verschoben, das elementare Abwehrreaktionen bewirkt. Dazu nutzt die misogyne Tradition, der zufolge »ein sehr sinnliches Frauenzimmer [...] in unseren Augen ein Gegenstand des Ekels« wird (Pockels 1788, S. 43; zit. in: Gerhard Sauder: *Theorie der Empfindsamkeit*, Stuttgart 2003, S. 87), das Olfaktorische, das die »Psychoanalyse des Stinkens« als primären Auslöser des Ekelgefühls identifiziert. Winfried Menninghaus: *Ekel. Theorie und Geschichte einer starken Empfindung*, Frankfurt a. M. 1999, S. 275 f. Die Verschiebung von der psychischen Abwehr zum physischen Affekt macht sich die Überlagerung von Peinlichkeit und Ekel im Gefühlshaushalt zunutze, insofern Scham als psychischer Selbstekel und Peinlichkeit als psychisch-sozialer Ekel vor anderen interpretierbar werden. Zur Allegorie vgl. Elsaghe: Vom Moschusgeruch des Exkrementhaufens.

[51] In Rosalies Überlegung, die Haare zu färben (vgl. S. 925), liegt ein Reflex auf zwei prominente Texte über alternde Männer, die ihre Haare färben, um durch Verjüngung den jugendlichen Geliebten näher zu kommen, der schon erwähnte *Mann von funfzig Jahren* in Goethes Erzählung und der Künstler Gustav von Aschenbach in Thomas Manns Erzählung *Der Tod in Venedig*. Dass Rosalie der Versuchung aus durchaus vernünftigen Erwägungen widersteht, mag man als einen Triumph praktischer weiblicher Lebenserfahrung werten – beide Männer besiegeln mit dem Färben ihrer Haare nicht nur ihren Untergang, sondern machen sich auch lächerlich. Die weibliche Hauptfigur tritt hier in ein implizites Vergleichs- und Gleichrangigkeitsverhältnis zu älteren Männern, die jüngere Frauen (resp. Knaben) begehren.

[52] Die Zähne sind nicht nur ein versteckter Hinweis auf ›Potenz‹ zur Lust, sondern wiederum eine innerliterarische Anspielung auf Goethes *Mann von funfzig Jahren*. Dessen alternder Held begehrt ein junges Mädchen und wird durch den Verlust eines Zahnes an seine ersterbende Männlichkeit gemahnt, was den Anlass zur Entsagung gibt. Der Zahn resp. sein Verlust ist sowohl ein psychoanalytisch bedeutsames Requisit als auch eine textgeschichtlich kanonisierte Metonymie. In ihr erweist sich die alternde Frau – wenigstens einen poetischen Moment lang – als ihren männlichen Altersgenossen ebenbürtig, insofern sie die Rolle des erotischen Angreifers übernimmt, und sogar überlegen, insofern sie keine körperlichen Zeichen zur Entsagung aufrufen.

[53] »Ich begehre ihn – habe ich denn je schon begehrt? Tümmler begehrte mich, als ich jung war, und ich ließ mir's gefallen, willigte in sein Werben [...] und wir pflegten der Wollust auf sein Begehren. Diesmal bin ich's die begehrt, von mir aus, auf eigene Hand, und hab mein Auge auf ihn

Künstler und Künstlertum kurzschließen, wie Detering ihn in anderem Zusammenhang nachgezeichnet hat.[54]

Die Theorie-Kompatibilität der Figur sollte indes nicht über Brüche und Unwahrscheinlichkeiten in ihrer Konzeption und Beschreibung hinwegtäuschen, die weniger konsequent als ›verräterisch‹ erscheinen. So geht man in der Forschung einhellig und in Ermangelung empirischer Untersuchungen davon aus, dass sich das männliche Objekt der Begierde, Ken, dem Blick der heterosexuell begehrenden Frau genauso präsentiert wie dem eines homoerotisch begehrenden Mannes. Hier seien Zweifel angemeldet. Besonders eine Darbietung des gut gebauten Körpers des jungen Amerikaners, die in der Erzählung schon als bloße Evokation im Gespräch Rosalies Phantasie anregt, scheint mir ein eindeutig homosexuell-schwules Phantasma zu bedienen: das Bild des jungen Mannes, der »bei grober Arbeit [...] Handschuhe« trägt, »kurze Polohemdärmel wohl, oder auch gar nichts am Oberkörper, aber Handschuhe« (vgl. S. 896) – ein aus weiblicher Sicht eher lächerliches als im pornographischen Sinne anregendes Arrangement. Was also zur ›Übersetzung‹ geradezu einlädt – und vielleicht als ›Signal‹ wirksam sein mag –, bringt die ›Maske‹ insofern in Gefahr, als es sie unglaubwürdig macht. Deutlich wird, dass in dieser Konzeption eine Doppel-Strategie am Werke ist, die Analogien stiftet und zur ›Übertragung‹ einlädt, diese Übertragung aber auch immer wieder ausbremst, indem sie statt der zur Eindeutigkeit einladenden Nähe Distanz qua Befremden schafft.

III Peinliche Lektüre

Deswegen gilt das Augenmerk im Folgenden nicht der Transparenz des Textes im Hinblick auf einen möglichen Subtext, sondern seiner Oberflächengestalt, dem *discours*, also den mehrfachen Brechungen, durch die hindurch die *histoire* sich präsentiert[55] – und zwar so, dass die Präsentationsart die Rezeption der Gegenstände und damit diese selbst konturiert. Das gilt wesentlich für die Hauptfigur, deren Präsentation sie ungeachtet ihres tragischen Schicksals nicht als Heldin im emphatischen Sinne erscheinen lässt. Das hat mit stofflichen Veränderungen zu tun, die Mann an der zugrunde liegenden Erzählung seiner Frau[56] vornimmt und die bestimmte, dem

geworfen wie ein Mann auf das junge Weib seiner Wahl – das machen die Jahre, mein Alter macht es und seine Jugend. Jugend ist weiblich und männlich ist das Verhältnis des Alters zu ihr, aber nicht froh und zuversichtlich in seinem Begehren, sondern voll Scham und Zagen vor ihr und der ganzen Natur, seiner Untauglichkeit wegen.« (S. 902).

[54] Vgl. Heinrich Detering: *Juden, Frauen und Litteraten. Zu einer Denkfigur beim jungen Thomas Mann*, Frankfurt a. M. 2005.

[55] Das ignoriert Elsaghe, wenn er – um zu einer konsistenten Deutung des Gesamttextes zu gelangen – die einzelnen Belege gleichordnet und, unabhängig von der (personalen) Wahrnehmungsperspektive, ihrer Zuverlässigkeit und Wertung, als gleichermaßen tatsächliche Gegebenheiten behandelt, so etwa wenn er Äußerungen Annas, etwa über Ken Keatons Auszeichnung bei der Armee, als Faktum behandelt. Vgl. Elsaghe: Krankheit und Matriarchat, S. 47).

[56] Die Tagebuchnotiz vom 6.4.1952, in der Mann die am Frühstückstisch von seiner Frau Katia gehörte Anekdote als möglichen Stoff notiert, ist frei von Geschmackserwägungen. Das fügt sich einerseits in die Regeln der Textsorte des Tagebuchs und die nüchterne Produktionsökonomie des Autors, andererseits bestärkt es die These, dass Mann erst durch die Leserreaktionen für das Heikle seines Stoffes sensibilisiert wurde: »Beim Früh-Kaffee Erinnerung K.'s an eine ältere Münchener

tragischen resp. zynischen Plot inhärente Züge vereindeutigen, sowie mit den sich daraus ergebenden Wirkungen. Diese sind an die Figur der Tochter bzw. an deren Funktion für Text und Rezeption gebunden, insofern der töchterliche Blick auf die Mutter deren Präsentation dominiert und dabei verhindert, dass Rosalie, die in zweideutiger Weise als begehrendes Subjekt portraitiert wird, als Objekt des männlichen Begehrens (Kens) plausibel werden könnte. Die für den Plot unabdingbare Erwiderung der erotischen Attraktion durch den jungen Amerikaner hat, als reines *telling*-Phänomen, eher Behauptungscharakter als nachhaltige Gestaltungsmacht: die Figur der Rosalie kann im Text nicht als ältere erotisch-ansprechende Frau Gestalt und Wirkungsmacht entfalten, weil sie sich dominant aus der weiblichen Perspektive einer liebend nahestehenden, in eroticis aber gehemmten und auch aus anderen Gründen peinlich berührten Tochter darbietet. Insofern bewegt Rosalie sich unter einem entsexualisierten und intentional entsexualisierenden Blick, der ihr Begehren von vornherein als deviant unangemessenes Verhalten markiert, auch indem er der Begehrenden den Status des Begehrt-Seins vorenthält. Inwiefern die Figur der Tochter mit dem Darstellungsmodus die Tonart von Erzählung und Plot verändert, erhellt der Vergleich mit dem ursprünglichen Stoff.

Das Schicksal der »ältere[n] Münchener Aristokratin, die sich leidenschaftlich in den jungen Hauslehrer ihres Sohnes verliebt«[57], weist je nach Sichtweise tragische oder komische Elemente auf:

> Wunderbarer Weise tritt, nach ihrem entzückten Glauben kraft der Liebe, noch einmal Menstruation ein. Ihr Weibtum ist ihr zurückgegeben – es war im Grunde noch nicht tot, denn wie hätte sonst auch dies junge mächtige Gefühl sie ergreifen können? Zu diesem faßt sie unter dem Eindruck der physiologischen Segnung, Verjüngung, Auferstehung, frohen und kühnen Mut. Alle Melancholie, Scham, Zagheit fällt davon ab. Sie wagt zu lieben und zu locken. Liebesfrühling, nachdem schon der Herbst eingefallen. Dann stellt sich heraus, dass die Blutung das Erzeugnis von *Gebärmutterkrebs* war. [...][58]

Demgegenüber verschiebt Mann die komischen Züge auf die Figur selbst, was das Verhältnis des Lesenden zu ihr notwendig uneindeutig codiert. Diese Codierung verfährt (literar-)ästhetisch und wirkt in ihrem Ergebnis psycho-ästhetisch, indem sie ein Gefühl evoziert und einübt, das als Mischemotion bezeichnet werden kann, das Gefühl der Peinlichkeit, für das die Figur der Rosalie – im Unterschied etwa zu Gustav Aschenbach – qua Namen, Geschlecht und Darstellungsweise tendenziell affin ist.

Peinlichkeit bezeichnet ein Gefühl, das sowohl auf der Figurenebene erlebt, beschrieben und / oder thematisiert wird, von Rosalie als Scham, von der Tochter als Peinlichkeitsempfinden, als auch ein Gefühl, das vom Text zum Leser transportiert und auf ihn übertragen werden kann – hierin liegt ein zentraler Unterschied zu Dete-

---

Aristokratin, [...] Tod oder Selbstmord aus tiefster Beleidigung durch die Natur oder Verzicht und Grabesfriede.« Thomas Mann: *Die Tagebücher 1951-1952*, hg. von Inge Jens, Frankfurt a. M. 1993, S. 198 f. (extreme Kürzung innerhalb des Zitats).

[57] Ebd., S. 198.

[58] Ebd., S. 198 f.

rings Arbeiten über die Emotionen Stolz und Ekel als Schlüssel zu den Stigma-Erfahrungen der Figuren im Frühwerk Manns.[59]

Peinlichkeit lässt sich als eine an erhöhte Selbstwahrnehmung gebundene Mischemotion erklären, die beide Pole von Selbsterhöhung und -erniedrigung, also Stolz und Scham bzw. Selbstekel, verbindet, indem das Subjekt sich selbst wie einen Dritten resp. einen Dritten wie sich selbst wahrnimmt und dabei schmerzlich die Differenz von intendiertem *Ich-Ideal* und realem Fehlverhalten empfindet. In diesem Element der Selbstbeobachtung als einer Beobachtung zweiter und dritter Ordnung – denn in der imaginären Selbstbeobachtung hat man es nicht allein mit einer Aufspaltung des Ichs in Objekt und Subjekt zu tun, sondern muss (mindestens) von einer dritten Instanz ausgehen, die übergeordnet den Akt der Selbstbeobachtung ihrerseits beobachtet und so die Diskrepanz zwischen erwartetem und tatsächlichem Handeln erleidet – in dieser Beobachtungs-Potenzierung liegt, so mein Ansatz, die besondere Eignung der Emotion für ihre Evokation qua Narration und damit für eine narrationsstrategische Analyse. In ihr geht es wesentlich auch um die emotionale Sozialisation des Lesers.

Neben den Abweichungen vom vorgegeben Stoff, dem Namen, der Situierung und Charakterisierung der Hauptfigur sowie ihrer ›Erweiterung‹ um die Tochter Anna, ist es die spezifische Funktion der Mutter-Tochter-Konstellation, die für die Peinlichkeitsthematik wirksam wird.

Der Name der Heldin, Rosalie,[60] ist aus Sicht des Autors »ein absichtlich komischer Name« und macht »die Figur [...] halb komisch«[61]. Er trägt ebenso wie der Schauplatz Düsseldorf und der dort gebräuchliche rheinische Dialekt, der zu den eher volkstümlich-derben Dialekten mit geringem Sozialprestige gehört, dazu bei, die Hauptfigur dem Humorigen oder Schwankhaften anzunähern. Darin kann man einen Anklang an eine Tradition entdecken, in der die alte begehrende Frau als lüsterne Greisin eine komische Figur abgibt, eine Tradition, die der Heldin selbst bekannt ist und vor deren Hintergrund sie *sich selbst,* wenn auch rhetorisch fragend, *sieht*: »Bin ich eine schamlose Alte?« (S. 901) In der Aufrechterhaltung dieses Fragezeichens liegt die (psycho-)ästhetische (dezidiert nicht moralische!) Spannung der Erzählung als Text. Das lässt sich exemplarisch am Dialektgebrauch zeigen.

Die Verlegung der Handlung von Bayern ins Rheinland[62] und die regionale Ethnisierung (und Apostrophierung) der Heldin als Rheinländerin schon ganz zu Beginn (vgl. S. 887) stehen im größeren Kontext eines anti-rheinischen Affekts, den

---

[59] Catani resümiert in ihrer Rezension die ambivalente Kernerfahrung des Stigmatisierten als »konsequente[s] Schwanken zwischen dem Ekel vor sich selbst als Gezeichneter [sic] und dem gleichzeitigen Stolz des Ausgezeichneten«. Stephanie Catani: »Ja, der Ekel vor dem, was man ist« (Rezension über: Detering: Juden, Frauen und Litteraten, in: *IASLonline*
URL: http://www.iaslonline.de/index.php?vorgang_id=1697 [18.4.2011].

[60] Vgl. dazu auch Elsaghe: Krankheit und Matriarchat, S. 170 sowie generell die Ausführungen zu den Apuleius-Reminiszenzen; ebd., S. 170-182.

[61] Zit. in Wysling: Thomas Mann, S. 525.

[62] Elsaghe hat sich mit dieser Ortsverlegung ausführlich beschäftigt und sie im Kontext seiner (national-)politischen Lesart der Erzählung mit Blick auf Manns Verhältnis zur Republik gedeutet. Vgl. Elsaghe: Krankheit und Matriarchat, S. 117-142. Psychoästhetische, regionalpsychologische und soziolektale Aspekte gehören nicht zu den von ihm beleuchteten »mentalitätsgeschichtlichen Implikationen der Ortsverschiebung«.

Thomas mit seinem Bruder Heinrich teilt und auch einige der Mann'schen Kinder übernehmen: Felix Krull stammt aus dem Rheingau und ist wie Andreas Zumsee (in Heinrich Manns *Schlaraffenland*) ein wenig seriöser Aufsteiger und Hochstapler, wenn auch mit mehr Geschick; als Düsseldorferin ist Rosalie von Tümmler nur folgerichtig eine etwas laute Heldin und als solche ebenso zweifelhaft wie der Rheinländer Hendrik Höfgen in Klaus Manns Roman *Mephisto*, in dem kaum verhüllt Erikas Ehemann Gustaf Gründgens portraitiert wird; über letzteren wiederum sagt Monika Mann in Heinrich Breloers Dokumentation *Die Manns*[63] leicht verächtlich, er sei eben Rheinländer gewesen – als sei damit alles gesagt. In der Tat dient die Assoziation von Peinlichkeit mit einer bestimmten landschaftlich, dialektal oder kulturell geprägten Gruppe als subtile Entwertungs- und Ausgrenzungsstrategie und als Degradierung jenseits aller faktisch, materiell oder intellektuell einzuholenden Kategorien.[64]

Konkret schaffen ihre rheinische Einkleidung sowie der gelegentliche Dialektgebrauch einen Vorbehalt gegen die Heldin,[65] der zwar nur ästhetischer, d. h. geschmacklicher Natur ist, dadurch aber, gerade weil er sich dem Diskursiv-Argumentativen entzieht, umso anhaftender und wirkmächtiger bleibt. Zumal über den Inhalt ihrer Reden und deren intertextuelle Anklänge an Goethe'sche Naturphilosophie[66] ein Form-Inhalt-Gefälle geschaffen wird, das den Irritationseffekt verstärkt. Die Erzählung führt das geradezu leitmotivisch vor, wenn sie die Heldin über natürliche, d. h. körperliche Vorgänge sprechend, in den Dialekt verfallen lässt, um mit dem Diktum: »Da is wat am kommen« (S. 882) Schwangerschaften schon im

[63] Heinrich Breloer: *Die Manns – Ein Jahrhundertroman – Die Geschichte der Familie Mann*, Dokudrama 2001.

[64] Elsaghe bezeichnet den Dialekt im Verhältnis zur Standardsprache als »nächstes Fremdes« (Elsaghe: Krankheit und Matriarchat, S. 120), um daraus auf die Assoziation der Krebskrankheit mit dem »räumlich und kulturell Anderen«, einem »national beziehungsweise regional und dialektal Differenten« (ebd.) zu schließen. Im Kontext der hier vorgestellten Überlegungen ist die Bedeutung des »nächsten Fremden« für das Peinlichkeitsempfinden relevant, insofern sich in ihm (ungewollte) Nähe und (gesuchte) Distanz zum auslösenden Gegenstand oder Menschen verbinden.

[65] Neuere dialektologische Untersuchungen verweisen auf den grundsätzlich ambivalenten soziolektalen Wert von Dialekt, der als Prestige- oder Stigma-Faktor gewertet werden kann, in »unmittelbarer Konkurrenz zur Hochsprache« aber negativ behaftet ist. Vgl. Heinrich Löffler: »Gegenstandkonstitution in der Dialektologie: Sprache und ihre Differenzierungen«, in: *Dialektologie. Ein Handbuch zur deutschen und allgemeinen Dialektforschung*, hg. von Werner Besch u. a., Erster Halbband, Berlin / New York 1982, S. 441-463, hier: S. 457.

[66] Walter Schmitz verzeichnet hier einen »Umschlag Goethescher Alterswürde ins Lächerliche«. Walter Schmitz: »Geburt und Wiedergeburt: Politisch-ästhetische Mythologie der Weiblichkeit in der deutschen Gegenwartsliteratur«, in: Mona Kapp / Gert Labroisse (Hg.): *Frauenfragen in der deutschsprachigen Literatur seit 1945*, Amsterdam 1989, S. 53-82, hier: S. 71. Er konstruiert dabei eine Fallhöhe, die die Figur der Rosalie von Tümmler nicht erreicht. Deshalb ist m. E. auch nicht von einem Umschlag auszugehen, wie ihn die komplementären Effekte von Würde und Lächerlichkeit implizieren. »Würde« wird in der Erzählung lediglich beschworen (s. u.), sie bezeichnet weniger die Fallhöhe als eine Ideal-Folie, auf der die Realität der Figur als konstante Abweichung markiert ist. Die weibliche Figur Rosalie bewegt sich, im Unterschied zum männlichen Pendant Aschenbach, von vornherein in einer uneindeutigen Sphäre ambivalenter Ausstrahlung und Wirkung, was ihre Affinität zur Peinlichkeit erklärt.

Frühstadium zu diagnostizieren.[67] Die variierende Wiederholung des Ausspruchs hat nicht nur textstrukturelle Funktion, sondern konditioniert und sozialisiert auch den Leser psycho-ästhetisch, wobei Anna die Rolle übernimmt, Leserreaktionen antizipierend auszuagieren und zugleich einzuüben, da sich in Annas Verhältnis zur Mutter jene Ambivalenzen verdichten, die von der Figur Rosalie als *Effekte* ausgehen. Die mütterliche Erinnerung an ihre erste Schwangerschaft, die sie ihrem Mann mit den Worten mitteilt »bei mir, da is wat am kommen« (S. 890), berührt Tochter Anna in mehrfacher Hinsicht unangenehm: »Liebe Mama, tu mir die einzige Liebe und sprich nicht so rheinisch, es irritiert mich im Augenblick.« (S. 891) Der unbewusste Fall in den Dialekt offenbart zum einen den sprachlichen Kontrollverlust, der im Kontext der Mitteilung den körperlich-sexuellen Akt der Schwangerschaft als analog willensenthobenen kreatürlichen substituiert, und er erinnert die rational beherrschte Tochter zum anderen an ihre eigene Herkunft aus eben jenem Bereich des Kreatürlich-Sinnlichen, den sie aus Kränkung und Überlegenheit aus ihrem Leben ausgeschlossen hat. Neben der grundsätzlich schmerzlichen, weil narzisstisch kränkenden Erinnerung an den non-personalen Objekt-Status eines »wat« (= etwas) und die genuine Abhängigkeit von der Mutter, die aller (vermeintlichen) Unabhängigkeit und Autonomie des Subjekts vorausgeht, kommt hier die das Subjekt Anna kränkende Erinnerung hinzu, dass die Mutter als konkurrierende Frau ihr die Erfahrung der Sexualität und Mutterschaft voraus hat, zusätzlich aber – in fast schon Jelinek'scher Manier – im beiderseitigen Verhältnis den patriarchalen Part einnimmt, indem sie »die Tochter lieber als Hausgenossin und Lebensgefährtin behielt, als sie einem Manne abzutreten« (S. 879).

»Da is wat am kommen« bedeutet deshalb an dieser zweiten (von insgesamt vier [vgl. S. 937]) dialektalen, genauer pseudo-dialektalen Ausfällen in der Erzählung einen potenzierten Fauxpas:

1. das Thematisieren von Vorgängen, die im gesellschaftlichen Comment als Gesprächsgegenstände nicht vorgesehen sind und in den Bereich des intimen Frauengesprächs resp. weiblichen Klatschs verweisen;
2. das Thematisieren in einer nicht gesellschaftsfähigen, weil volkstümlich-vulgären Weise, die das Allgemein-Artgemäße hervorhebt und das Individuelle als kulturelle Leistung und Schöpfung negiert;
3. das Thematisieren der eigenen Schwangerschaft, d. h. die explizite Erinnerung daran, dass die Mutter ein sexuelles Wesen war;
4. das Thematisieren von Annas Zeugung und Geburt als narzisstische Kränkung und Erinnerung daran, dass sie selbst als Erwachsene kein sexuelles Wesen ist;[68]

---

[67] Dass diese Fähigkeit sich in den Textentwürfen auch darauf erstreckte, menstruierende Frauen zu erkennen (worauf Elsaghe: Krankheit und Matriarchat, S. 209 hinweist), verdeutlicht die prekäre Nähe der Figur zum Geschmacklich-Heiklen. Die tragisch-zynische Pointe, dass Rosalies diagnostische Voraussicht für künftiges Leben bzw. Fruchtbarkeit der Blindheit resp. Fehldiagnose eigener Krankheit zum Tode gegenübersteht, funktioniert auch in der letztlich gewählten Variante ihres Scharfblicks für Schwangerschaften, der, obgleich ähnlich kreatürlich, geschmackvoller erscheint, indem das Element des Exkrementhaften, das strukturell mit der Menstruation verbunden ist, ebenso getilgt ist wie die Dominanz olfaktorisch unangenehmer Assoziationen.

[68] In den Vorarbeiten sollte Anna noch als junge Witwe firmieren (vgl. hier Elsaghe: Krankheit und Matriarchat, S. 51) – die Veränderung macht sie nicht nur zur sexuell inaktiven, sondern auch grundsätzlich unerfahrenen Frau.

5. das Fokussieren der Intimität von Mutter-Tochter auf das Sujet Sexualität, innerhalb dessen die Mutter eine mehrfache, empirisch gestützte Überlegenheit aufweist, die sie auf matriarchalem und patriarchalem Feld über die Tochter ausübt.

Insofern evoziert der gelegentliche Dialektgebrauch, durch den Rosalie sich von allen anderen Figuren der Erzählung unterscheidet und dessen Marker-Funktion (unfreiwillig) geradezu anti-naturalistische Züge trägt, sowohl ein Gefühl peinlichen Berührt-Seins, weil unter dem Firnis zivilisatorisch-gesellschaftlicher Konvention ein kreatürlich Unbeherrschbares performativ wie thematisch durchbricht, als auch, damit eng verquickt, ein ambivalentes Gefühl gegenüber der diese Peinlichkeit verursachenden Figur: Ihr fühlt sich Anna (und mit ihr der implizite Leser, auf den hin sie mindestens so sehr konzipiert ist wie auf ihre Mutter) einerseits verbunden, andererseits aber so weit überlegen, dass das Gefühl der Überlegenheit mit einer Beschämung einhergeht, insofern die Mutter-Figur sich, weder familiär-konkret (auf der Handlungsebene) noch ikonographisch (auf der Ebene von *discours* und Rezeption) ihrer Rolle konform, d. h. würdig, darstellt – wofür diskursiv das Bild der Matrone eingesetzt wird.[69] Es ist ganz zentral die Wahrnehmung dieser Differenz zwischen Ideal-Bild bzw. gesellschaftlicher Norm und Realität, die den Betrachter, der sie ja produziert, in den Vorgang einbezieht, indem er an der durch die Differenzwahrnehmung entstehenden Peinlichkeit produktiv beteiligt ist. Das verweist auf ein Proprium des Peinlichen, das ja letztlich nicht gegenstandsbezogen auftritt – nichts ist zwangsläufig naturgegeben, d. h. kontext- und kulturunabhängig, peinlich –, sondern das Peinliche ist Effekt einer Modalität; es leitet sich aus dem Offenbar-Werden des an sich Verborgenen ab und wird moduliert von der Art und Weise dieser Preisgabe in der Wahrnehmung des Zeugen.

Als dessen Stellvertreter im Text fungiert hauptsächlich die Tochter Anna. Die Erfindung einer erwachsenen Tochter, die als Freundin und Spiegelfigur der Mutter dient, erlaubt es dem Erzähler, eine durch die intime Aussprache motivierte Innenperspektive der Heldin zu zeigen, ohne das Moment des inneren Monologes überzustrapazieren. Auch dient Annas Perspektive als Korrektiv der Handlung resp. ihrer Bewertung und dies in mehrfacher Hinsicht: Zum einen erweisen sich Wertungen, die der Leser spontan dem Erzähler zurechnen und also unbefragt übernehmen würde, als Elemente *Erlebter Rede* von Anna, was ihren Anspruch relativiert. Denn Annas zentrale Funktion, die sie qua Existenz, Handlungs- und expliziter Redeweise erfüllt, ist ja der Gegenentwurf zu Rosalies naturliebend-naiver sinnlicher Weiblichkeit. Darüber hinaus nimmt Anna im Verlauf der Erzählung gerade in ihren kritisch ablehnenden Urteilen und Reaktionen solche der Leser vorweg, dergestalt, dass sie als textinterne Spiegelfigur des Leserurteils fungieren kann und dieses auf seine etwaig ressentimentgebundene Entstehung hin befragt und letztlich neutralisiert.

---

[69] So beschwört Anna die Verknüpfung von Würde und Matronenstand als wünschenswerte Norm: »[J]edenfalls haben alle gesitteten Völker immer der Matrone die ausgesuchteste Ehrerbietung entgegengebracht, haben sie geradezu heiliggehalten, und heilighalten wollen wir dich in deiner lieben, reizenden Alterswürde« (S. 892); eine Formulierung, die die Mutter aufgreift, um sie als Wunschglauben einer Tochter zu ironisieren, die aus den »Wolken [ihr]es Glaubens an die Matronenwürde [ihr]er Mutter« »fallen müss[t]e« (S. 912). Auch sonst begegnet fast stereotyp die Verbindung von Würde und Matronenstand (vgl. etwa S. 901, 903).

Strukturell vertritt Anna die wesentliche Beobachterinstanz im Text. Ihre Wahrnehmung der Ereignisse ist untrennbar mit dem Leiden an ihnen verbunden: »[G]anz deutlich wurde der gequälten Anna die Lage der Dinge an einem sehr sommerlich warmen Septemberabend, als Ken zu Tische geblieben war« (S. 900).

Wenn andere Beobachter hinzutreten, dann hauptsächlich als von Anna beobachtete Beobachter, d. h. potentielle Zeugen von Rosalies psycho-physischer Veränderung: »Anna, die wohl wusste, dass von gewissen Beziehungen und Gefühlsspannungen fast unabwendbar ein Fluidum von Auffälligkeit ausgeht gerade auf ganz Fernstehende, beobachtete die Gäste scharf« (S. 920). Die Anwesenheit dieser Zeugen intensiviert durch die bloße Möglichkeit ihres (kritisch erkennenden) Blicks auf Rosalie die auf sie gerichtete Aufmerksamkeit (vgl. S. 902). Das fokussiert einerseits den Blick und vergrößert andererseits die Distanz zu Rosalie, die der Erzählung in mehrfacher Hinsicht zum Objekt wird: Objekt der von ihr nicht zu kontrollierenden Gefühle und Objekt des sie kontrollierenden Blicks der Tochter, der zugleich Blicke Dritter besorgt antizipiert.

Wenn es heißt: »die Erschütterung, die ihr Anblick [der von Kens nackten Armen; A. P.] der Hausfrau zufügte, war er sicher weit entfernt zu bemerken, und auch Eduard hatte kein Auge dafür, aber Anna beobachtete diese Erschütterung mit Pein und Erbarmen« (S. 900), so resultiert Annas gemischtes Gefühl nicht nur aus der Beobachtung der Mutter, sondern auch aus der der anderen Zeugen. Mit ›großer Pein‹ hört Anna auch das Geständnis der Mutter, Lust zu empfinden, ihre »hemmungslosen, berauschten Worte« (S. 919) – worin man eine gesteigerte Variation früherer mütterlicher Mitteilungshemmungslosigkeit (»Da is wat am kommen«) und ihrer Wirkung auf die Tochter sehen kann. Wortgeschichtlich bewegt sich die Semantik von »Pein« und »peinvoll« zwischen dem konkreten physischen und dem psychischen Schmerz, der heute durch »peinlich« ausschließlich aufgerufen wird. Dass die Erzählung dabei das psychische Moment fokussiert und es, ganz im Sinne der traditionellen Schamtopik, an den Blick bindet, wird explizit, wenn es heißt, dass Rosalies Verhalten Ken Keaton gegenüber »auf den Sehenden, auf Anna *also*, peinvoller wirkte als alle anfängliche Lebhaftigkeit und Überheiterkeit des Gebarens« (S. 904; Hervorh. A. P.).

Anna verkörpert hier, im Sinne einer auch rezeptionsästhetisch orientierten Poetik der Peinlichkeit, bereits eine emotionspsychologische Wirkungsinstanz. Sie illustriert den emotionalen Effekt dessen, was sie sieht oder auch nur, imaginierend, als Wirkung auf beobachtende Dritte antizipiert: »[…] da der Unterschied euerer Jahre dem zwischen Mutter und Sohn gleichkommt, fürchte ich etwas das Befremden, das dieser Schritt [eine Hochzeit; A. P.] erregen würde« (S. 926).

Der Konjunktiv markiert ein strukturelles Merkmal von Peinlichkeitsempfindung und -erfahrung, die Imagination und Vorwegnahme einer Wahrnehmung durch Dritte aus deren Perspektive und ihr sich daraus vermeintlich ableitendes vernichtendes Urteil.

Dieser gesellschaftlich konventionellen Sicht auf die Dinge, die nicht moralisch, sondern gesellschaftlich, d. h. sozio-ästhetisch wahrnimmt, schließt sich die Erzählinstanz an, wenn sie den Auftritt Kens und damit den Beginn der eigentlichen Fabel mit den Worten einleitet »verlegenheitsträchtige Entwicklungen hatten sich angebahnt, die Annas stiller, besorgter Beobachtung nicht entgingen« (S. 893).

Katja Mellmann hat in ihrem Modell literarpsychologischer Wirkmechanismen[70] plausibel dargestellt, dass die qua Sprache aufgerufene fiktionale Wirklichkeit beim Lesen gleichsam als affektauslösende Attrappe wirksam wird. Dazu muss keine detaillierte Beschreibung der affektauslösenden Situation geliefert werden, sondern es reicht eine Beschränkung auf »auslöserelevante Merkmale«[71]. Zu diesen Merkmalen gehören in der *Betrogenen* auch emotionale Wirkungen. Sie begünstigen eine »emotionale Ansteckung«[72] des Lesenden, wenn die Vorgänge, erzählerisch verschleiert, aus Annas Sicht dargestellt werden, wie an der nachträglichen, zudem nur leichten Markierung der emotionspsychologischen Klassifizierung »verlegenheitsträchtige Entwicklungen« (S. 893) als *Erlebte Rede* Annas deutlich wird.

Die Wirkung potenziert sich dadurch, dass Anna als Figur gleichsam relativ und reaktiv im Verhältnis zu Rosalie konzipiert ist: »Höher gewachsen als ihre Mutter, hatte Fräulein von Tümmler dieselben kastanienfarbenen Augen wie jene, – und dieselben doch nicht, da ihnen die naive Lebendigkeit der mütterlichen fehlte, ihr Blick vielmehr von sinnender Kühle war.« (S. 879) Zur Ähnlichkeit bei gleichzeitiger Kontrastierung dient auch die Intellektualisierung und, fast im Kausalnexus, Entsexualisierung der Tochter als kühles »Fräulein«.[73]

Vaget hat Anna als *Alter ego* der Mutter betrachtet,[74] Elsaghe weist im Zusammenhang des im Laufe der Textentstehung von der Mutter auf die Tochter übergegangenen Namens »Anna« darauf hin, dass Mann die Idee der »Identitätsbeziehung der Tochter zur Mutter« in den Schriften des Tiefenpsychologen Erich Neumann »beifällig rezipiert« habe.[75]

Im hier interessierenden Zusammenhang verweist die Konstellation auf das spezifische Nähe-Verhältnis als Grundlage des Peinlichkeitsgefühls. Sie wiederholt nämlich in zentralen Elementen – auf der Ebene der *histoire*: emotionspsychologischen; auf der des *discours*: psycho-ästhetischen – die Mutter-Tochter-Konstellation aus *Lotte in Weimar*, in der die vernünftige, physisch wenig attraktive, unverheiratete und erotisch unerfahrene Tochter unter den erotischen Wünschen der alten Mutter und mehr noch unter deren Zu-Tage-Treten leidet. Mir scheint diese Art des zum Teil anteilnehmenden Mit-Leidens *mit* der alternden Frau und gleichzeitigen um Distanz bemühten Leidens *an* der Mutter vor den Augen der Gesellschaft eine Art des Fremd-Schämens zu sein, eine spezifische Art von Herkunfts-Scham und Gesellschafts-Peinlichkeit, wie sie sich im Verhältnis der Geschlechter und in den Konstellationen der Familie weder am Vater-Sohn-Verhältnis (das von Autoritätskämpfen geprägt ist) noch an den libidinösen Mutter-Sohn oder Vater-Tochter-

---

[70] Katja Mellmann: *Emotionalisierung – Von der Nebenstundenpoesie zum Buch als Freund. Eine emotionspsychologische Analyse der Literatur der Aufklärungsepoche*, Paderborn 2006.
[71] Vgl. ebd., S. 52.
[72] Gefühlsansteckung ist eine besondere Form der Emotionsauslösung – im Unterschied zum komplexen mentalen Vorgang der »Empathie« oder der sehr speziellen »Gruppe von jeweils sehr eng definierten neuronalen Vorgängen«, die, verkürzend, im Interdiskurs als »Spiegelung« firmiert (vgl. ebd., S. 120) – und stellt ein Spezifikum des Peinlichkeitsgefühls dar.
[73] Zur Funktion der Mutter-Tochter-Konfiguration im Kontext von Judentums- und Assimilationsdarstellungen bei Thomas Mann vgl. das Kapitel »Mütter und Töchter« in Elsaghe: Thomas Mann und die kleinen Unterschiede, S. 201-223.
[74] Vgl. Vaget: Thomas-Mann-Kommentar, S. 319.
[75] Elsaghe: Vom Moschusgeruch des Exkrementhaufens, S. 692.

Konstellationen zeigen lässt und auch im Verhältnis der Geschwister schwerlich jene Fallhöhe erreichen kann, die Herkunfts- und Generationendiskurs hervorbringen, wenn sie mit Intimität, Weiblichkeit und Mutterschaft in der spezifisch Frauen zugeschriebenen Schamhaftigkeit einhergehen.[76]

Insofern veräußerlicht und objektiviert sich im Blick der Tochter auf die Mutter deren Blick auf sich selbst (»Bin ich eine schamlose Alte?« [S. 901] – eine Frage, die ja neben der Person auch der Figur und damit der Gattung ihrer Erzählung gilt) und verstetigt die dem Scham- und Peinlichkeitsempfinden zu Grunde liegende Konstellation der Selbstbeobachtung. Zugleich werden die psychischen Prägungen und sozialen Zurichtungen dieses Blicks vorgeführt, indem der Ressentiment-Anteil Annas von ihr selbst reflektiert und vom Erzähler durch die auffallende Rückblende (vgl. S. 880 f.) auf Annas emotionale Vorgeschichte zumindest strukturell bestärkt wird, was der angeborene Klumpfuß als überdeterminiertes Motiv leitmotivisch ins Bild setzt.

Diese intensive emotionale Dichte lädt die Tochter weit über ihre Rolle als Figur hinaus als Faktor der erzählenden Präsentation auf, indem ihre häufig als *Erlebte Rede* im Ungewissen zwischen personaler und auktorialer Perspektive präsentierten Eindrücke eben nicht nur die Mutter als Beobachtete oder sie selbst als Beobachterin charakterisieren, sondern das Verhältnis insgesamt. Sie versetzen den Leser in die Rolle eines Beobachters zweiter resp. dritter Ordnung (sofern man die berichtende Erzählinstanz mit einrechnet) und machen seine Reaktionen und Urteile zu wirkungsästhetisch generierten, d. h. ihrerseits aus Wirkungen und Reaktionen abgeleiteten.

Insofern kann man in der Funktion Annas ein zentrales Element jener Poetik der Peinlichkeit sehen, die den Stoff kommensurabel machen soll, etwa indem sie dem anstößigen Begehren der Mutter ein permanentes kritisches und reglementierendes Korrektiv an die Seite stellt, das im weitesten Sinne allgemeine Moralvorstellungen vertritt. Zugleich aber gewährleistet sie als strukturell-performativer Faktor die Evokation eben dieses Peinlichkeitsgefühls beim Leser, indem der leutselig mitleidige Ton, der die Erzählerrede beim Blick auf Rosalie prägt, wenn sie als »die liebe Frau« (S. 903), »die Gute« (S. 883) oder »die gute Seele« (S. 931) apostrophiert wird, als personal affizierte Perspektive einer ambivalenten Grundhaltung zur Figur deutlich wird, in der Sympathie, Mitleid, Schmerz und Scham zu einem Gefühl amalgamieren, das tendenziell Peinlichkeitsempfindungen begünstigt. Deren Ursache ist dezidiert nicht ethisch-moralischer Natur, sondern gilt der Zeugenschaft bei einem ästhetisch Unerfreulichen.

---

[76] Vgl. Alexandra Pontzen: »(Poetisches) Rederecht und Gender-Konstruktion in Schamfragen«, in: Heribert Tommek / Michael Bogdal (Hg.): *Transformationen des literarischen Feldes in der Gegenwart: Sozialstruktur – Diskurse – Medien –Ökonomie – Autorpositionen*, Heidelberg 2011 (im Druck).

Literaturverzeichnis

Adorno, Theodor: »Aus einem Brief über die *Betrogene*«, in: *Akzente* 2 (1955), H. 3, S. 284-287.

Aust, Hugo: »›Wat et nit all jibt!‹ Thomas Manns *Die Betrogene* oder: Zur Lage der Novelle in der Adenauerzeit«, in: Braun, Michael (Hg.): *Man erzählt Geschichten, formt die Wahrheit. Thomas Mann - Deutscher, Europäer, Weltbürger*, Frankfurt a. M. [u. a.] 2003, S. 225-240.

Bade, James N.: *Die Betrogene aus neuer Sicht: der autobiographische Hintergrund zu Thomas Manns letzter Erzählung*, Frankfurt a. M. 1995.

Behl, Carl Friedrich Wilhelm: »Das gefährliche Alter«, in: *Deutsche Rundschau* 80 (1953), S. 86-88.

Blick, Jürgen: *Dimensionen der menschlichen Geschlechtlichkeit im Prozeß des Alterns. Ein Beitrag zur anwendungsbezogenen und handlungsorientierten Gerontagogik*, Aachen 1995.

Börnchen, Stefan / Liebrand, Claudia (Hg.): *Apokrypher Avantgardismus. Thomas Mann und die Klassische Moderne*, München 2008.

Daimler, Renate: *Verschwiegene Lust. Frauen erzählen von Liebe und Sexualität im Alter*. München 1995.

Detering, Heinrich: *Das offene Geheimnis. Zur literarischen Produktivität eines Tabus von Winckelmann bis zu Thomas Mann*, Göttingen 2002.

Detering, Heinrich / Stachorski, Stephan (Hg.): *Thomas Mann. Neue Wege der Forschung,* Darmstadt 2008.

Detering, Heinrich: *Juden, Frauen und Litteraten. Zu einer Denkfigur beim jungen Thomas Mann*, Frankfurt a. M. 2005.

Dietl, Johannes: »Thomas Mann und die Frauenheilkunde: ›Nenne ich ausgedehnten Befund‹«, in: *Deutsches Ärzteblatt* 2002; 99 (14): A-952 / B-795 / C-742 (zit. nach: http://www.aerzteblatt.de/archiv/31105/ [19.4.2011]).

Elias, Norbert: *Über den Prozeß der Zivilisation. Soziologische und psychogenetische Untersuchungen*, (Bd. I: *Wandlungen des Verhaltens in den westlichen Oberschichten des Abendlandes*, Bd. II: *Wandlungen der Gesellschaft. Entwurf zu einer Theorie der Zivilisation*), Frankfurt a. M. [13]1988.

Elsaghe, Yahya: »›Vom Moschusgeruch des Exkrementhaufens‹. Mythos und Ideologie in Thomas Manns *Die Betrogene*«, in: *Deutsche Vierteljahrsschrift für Literaturwissenschaft und Geistesgeschichte* 73.4 (1999), S. 692-709.

Elsaghe, Yahya: *Krankheit und Matriarchat. Thomas Manns »Betrogene« in den Kontexten des Spätwerks*, Berlin 2010.

Elsaghe, Yahya: »Nostalgie und Modernitätskritik. *Die Betrogene* als Thomas Manns ideologisches Vermächtnis«, in: Sprecher, Thomas (Hg.): *Lebenszauber und Todesmusik. Die 5. Davoser Literaturtage 2002*, Frankfurt a. M. 2004, S. 159-170.

Elsaghe, Yahya: *Thomas Mann und die kleinen Unterschiede. Zur erzählerischen Imagination des Anderen*, Köln u. a. 2004.

Felder, Paul: »*Die Betrogene*, ›Unverkennbar von mir‹«, in: *Thomas-Mann-Jahrbuch* 3 (1990), S. 118-138.

Fukumoto, Keita: »*Die Betrogene* und das Problem der Homosexualität: ›späte Liebe‹ bei Thomas Mann und Goethe«, in: *Goethe-Jahrbuch* 34 (1992), S. 157-174.

Gerigk, Horst-Jürgen: »Liebe, Krankheit und Tod in Thomas Manns Erzählung *Die Betrogene* und Philip Roths Kurzroman *The Dying Animal*«, in: von Jagow, Bettina / Steger, Florian (Hg.): *Repräsentationen. Medizin und Ethik in Literatur und Kunst der Moderne*, Heidelberg 2004, S. 41–50.

Herwig, Henriette: »›Ende und Anfang – man könnte sie verwechseln‹. Thomas Manns letzte Novelle *Die Betrogene* im Vergleich zu *Der Tod in Venedig*«, in: Dies. (Hg.): *Alterskonzepte in Literatur, bildender Kunst, Film und Medizin*, Freiburg i. Brsg. 2009, S. 167-194.

Jens, Inge: »Thomas Mann. Auszeichnung durch Krankheit«, in: Sprecher, Thomas (Hg.): *Literatur und Krankheit im Fin-de-Siècle (1890-1914). Thomas Mann im europäischen Kontext. Die Davoser Literaturtage*, Frankfurt a. M. 2002, S. 233-251.

Keelson-Lauritz, Marita: »Maske und Signal. Textstrategien der Homoerotik«, in: Kalveram, Marie / Popp, Wolfgang (Hg.): *Homosexualitäten literarisch. Beiträge zum Internationalen Kongress »Homosexuality, which Homosexuality?« Amsterdam 1987*, Essen 1991, S. 63-76.

Koopmann, Helmut (Hg.): *Thomas-Mann-Handbuch*, Stuttgart 1990.

Latta, Alan D.: »The reception of Thomas Mann's *Die Betrogene*: Tabus, Prejudices, and Tricks of Trade«, in: *Internationales Archiv für Sozialgeschichte der deutschen Literatur* 12 (1987), S. 237-272.

Löffler, Sigrid: »Es gibt kein Glück ohne Unglück. Wie Martin Walser eine Ehehölle vorschiebt, um dahinter das Nächstliegende zu verbergen«, in: *Literaturen* 9 (2001), S. 63 f.

Mann, Thomas: »Die Betrogene«, in: Ders.: *Gesammelte Werke in dreizehn Bänden*, Bd. VIII, Frankfurt a. M. ^{2}1974, S. 857-950.

Mann, Thomas: »Über die Ehe« [»Die Ehe im Übergang« (1925)], in: Ders.: GW, Bd. X, S. 191-207.

Mann, Thomas: *Die Tagebücher 1949-1950*, hg. von Inge Jens, Frankfurt a. M. 2003.

Mann, Thomas: *Die Tagebücher 1951-1952*, hg. von Inge Jens, Frankfurt a. M. 1993.

Mayer, Hans: »Der Tod in Düsseldorf (*Die Betrogene*)«, in: Ders.: *Thomas Mann*, Frankfurt a. M. 1980, S. 408-426.

Menninghaus, Winfried: *Ekel. Theorie und Geschichte einer starken Empfindung*, Frankfurt a. M. 1999.

Missenharter, Hermann: »Die Frau von 50 Jahren«, in: *Stuttgarter Nachrichten* vom 28.11.1953 (zit. in: Vaget, Hans Rudolf: *Thomas-Mann-Kommentar zu sämtlichen Erzählungen*, München 1984, S. 306)

Neckel, Sighard: *Status und Scham. Zur symbolischen Reproduktion sozialer Ungleichheit*, Frankfurt a. M. 1991.

Northcote-Bade, James: »›Noch einmal also dies‹: Zur Bedeutung von Thomas Manns ›letzter Liebe‹ im Spätwerk«, in: *Thomas-Mann-Jahrbuch* 3 (1990), S. 139-148.

Pfeiffer, Johannes: »Über Thomas Manns Erzählung *Die Betrogene*«, in: *Wirkendes Wort* 8 (1957), S. 30-33.

Pontzen, Alexandra: »›Beredte Scham‹ – zum Verhältnis von Sprache und Sexualität bei Elfriede Jelinek und Marlene Streeruwitz«, in: Gruber, Bettina / Preußer, Heinz-Peter (Hg.): *Weiblichkeit als politisches Programm? Sexualität, Macht und Mythos*, Würzburg 2005, S. 21-40.

Pontzen, Alexandra: »Lust – keine Lust: Der weibliche Körper im erotischen Roman von Ulla Hahn bis Elfriede Jelinek«, in: Freund, Wieland und Winfried (Hg.): *Der deutsche Roman der Gegenwart*, München 2001, S. 53-76.

Pontzen, Alexandra: »Sex, gender und Altersdiskurs in Thomas Manns *Die Betrogene*: Peinliches Begehren«, in: Bidwell-Steiner, Marlen / Wozonig, Karin S. (Hg.): *Gender & Generation. Gendered Subjects*, Bd. 2, Innsbruck / Wien / Bozen 2005, S. 258–276.

Runge, Doris: »*Die Betrogene*«, in: *Thomas-Mann-Jahrbuch* 4 (1991), S. 109-118.

Schirnding, Albert von: *Die 101 wichtigsten Fragen. Thomas Mann*, Nördlingen 2008.

Schlaffer, Hannelore: *Das Alter. Ein Traum von Jugend*, Frankfurt a. M. 2003.

Schmidt, Gary: »Auf der Suche nach dem reaktionären Mann« (Rezension über: Elsaghe: *Krankheit und Matriarchat*), in: *IASLonline* [12.04.2011] URL: <http://www.iaslonline.de/index.php?vorgang_id=3348 [17.4.2011].

Schmitz, Walter: »Geburt und Wiedergeburt: Politisch-ästhetische Mythologie der Weiblichkeit in der deutschen Gegenwartsliteratur«, in: Kapp, Mona / Labroisse, Gert (Hg.): *Frauenfragen in der deutschsprachigen Literatur seit 1945*, Amsterdam 1989, S. 53-82.

Schonlau, Anja: »Altersliebe im Alterswerk. Thomas Manns Novelle *Die Betrogene* aus der Perspektive des ›Michelangelo-Essays‹«, in: *Thomas-Mann-Jahrbuch*, 20 (2007), S. 27–42.

Schößler, Franziska: »›Die Frau von funfzig Jahren‹. Zu Thomas Manns Erzählung *Die Betrogene*«, in: *Sprachkunst* 31.2 (2000), S. 289–306.

Szendi, Zoltán: »Die ›Mutter Natur‹ im Zwielicht der Ironie: Philologische Erwägungen zu Thomas Manns Erzählung *Die Betrogene*«, in: *Studien zur Germanistik* 1 (1993), S. 131-143.

Vaget, Hans Rudolf: »Die Betrogene«, in: Koopmann, Helmut (Hg.): *Thomas-Mann-Handbuch*, Stuttgart 1990, S. 610-618.

Vaget, Hans Rudolf: »Schlechtes Wetter, gutes Klima: Thomas Mann in Amerika«, in: Koopmann, Helmut (Hg.): *Thomas-Mann-Handbuch*, Stuttgart 1990, S. 68-77.

Vaget, Hans Rudolf: »Wälsungenblut«, in: Koopmann, Helmut (Hg.): *Thomas-Mann-Handbuch*, Stuttgart 1990, S. 576-580.

Vaget, Hans Rudolf: *Thomas-Mann-Kommentar zu sämtlichen Erzählungen*, München 1984.

Wagener, Hans: »Thomas Mann in der Amerikanischen Literaturkritik«, in: Koopmann, Helmut (Hg.): *Thomas-Mann-Handbuch*, Stuttgart 1990, S. 925-940.

Wagner, Beatrice: »Sex im Alter. Lust auf Liebe rostet nicht«, in: *Der Hausarzt* 17 (1999), S. 41-42.

Wieland, Klaus: »Die Konstruktion von männlichen Homosexualitäten im psychiatrisch-psychologischen Diskurs um 1900 und in der deutschen Erzählliteratur der frühen Moderne«, in: *Scientia poetica* 9 (2005), S. 216-262.

Wysling, Hans (Hg.): *Thomas Mann. Dichter über ihre Dichtungen*, Bd. I: *1889-1917*, München 1975.

Wysling, Hans (Hg.): *Thomas Mann. Dichter über ihre Dichtungen*, Bd. III: 1944-1955, München 1981.

Joachim Pfeiffer

BEKENNTNISSE DES HOCHSTAPLERS FELIX KRULL – NARZISSMUS, TRAVESTIE, PERFORMANZ?

Der Roman *Bekenntnisse des Hochstaplers Felix Krull* ist Thomas Manns spätestes Werk; die Arbeit daran reicht jedoch bis ins Jahr 1904 zurück. Mehr als fünfzig Jahre begleitet ihn dieses Vorhaben, das er immer wieder wegen anderer Projekte unterbricht, das er aber nie der Vergessenheit anheimfallen lässt. Die erste Unterbrechung erfolgt 1911 zugunsten des *Tod in Venedig*, also nach sieben Jahren Arbeit. Thomas Mann begründet diese Zäsur – wenig überzeugend – mit der Schwierigkeit, den Krullschen »Memoirenton« lange durchzuhalten und dem »Wunsch, davon auszuruhen«[1]. Dies überzeugt umso weniger, als er im »Lebensabriß« an anderer Stelle betont, er habe an Krulls Buch der Kindheit »mit soviel Lust« geschrieben, »daß es mich nicht wunderte, als Kenner das Fragment für das Glücklichste und Beste erklärten, was ich gemacht hätte«[2]. Wenn ein Schriftsteller über fünfzig Jahre ein Projekt verfolgt, von dem er nicht loskommt, das er aber auch nicht vollenden kann, obwohl das Publikum Beifall spendet, dann kann man vermuten, dass der Text einerseits in besonderem Maß etwas von ihm zum Ausdruck bringt, dass er andererseits hartnäckige Abwehrreaktionen in ihm hervorruft.

Thomas Mann beschreibt selbst, was ihn am Krull-Projekt so sehr »bezauberte«: »die noch nie geübte autobiographische Direktheit, die mein grobes Muster [d. h., die Memoiren des Hochstaplers Manolescu; J. P.] mir nahelegte«[3]. Zugleich sei ein phantastischer Reiz von der »parodistischen Idee ausgegangen, ein Element geliebter Überlieferung, das Goethisch-Selbstbildnerisch-Autobiographische [...] ins Kriminelle zu übertragen«[4]. Der Anspruch des Autobiographischen auf Authentizität und die Idee des Parodistischen scheinen hier in seltsamem Widerspruch zu stehen. Helmut Koopmann vertritt im *Thomas-Mann-Handbuch* die Auffassung, es sei »kein Roman direkter, autobiographischer, bekenntnishafter als Thomas Manns letztes Werk«; der Autor habe sich im Alter noch einmal an der »Fertigstellung eines Selbstportraits versucht, das für ihn bezeichnender ist als jedes andere Werk«[5]. Diese Meinung überrascht insofern, als sie dem verzerrenden Verfahren der Parodie die größtmögliche biographische Nähe zuspricht. Könnte es sein, dass gerade die parodistische Gestaltung dieser fiktiven Autobiographie das Autobiographischste wäre,

[1] Thomas Mann: »Lebensabriß«, in: Ders.: *Gesammelte Werke in dreizehn Bänden*, Bd. XI: *Reden und Aufsätze 3*, Frankfurt a. M. 1990 (Neuauflage), S. 98-144, hier: S. 123; der vollständige Satz lautet hier: »Den Krull'schen Memoirenton, ein heikelstes Balancekunststück, lange festzuhalten, war freilich schwer, und der Wunsch, davon auszuruhen, leistete wohl der Konzeption Vorschub, durch die im Frühjahr 1911 die Fortsetzung unterbrochen wurde.«

[2] Mann: Lebensabriß, S. 122.

[3] Ebd.

[4] Ebd.

[5] Helmut Koopmann (Hg.): *Thomas-Mann-Handbuch*, Frankfurt a. M. 2005, S. 516.

das Thomas Mann geschrieben hat? Dass die Parodie selbst zum Wesen des Textes wie des Lebens wird?

Parodistisch scheint schon die Emphase zu sein, mit der Krulls Autobiographie beginnt. Nach dem Beispiel Rousseaus schwört sich der Betrüger (!) auf die größte Wahrhaftigkeit ein: Er sei »entschlossen, bei meinen Aufzeichnungen mit dem vollendetsten Freimut vorzugehen und weder den Vorwurf der Eitelkeit noch den der Schamlosigkeit dabei zu scheuen. Welcher moralische Wert und Sinn wäre auch wohl Bekenntnissen zuzusprechen, die unter einem anderen Gesichtspunkte als demjenigen der Wahrhaftigkeit abgefaßt wären!«[6] Rousseau hatte wie kein anderer die Einmaligkeit und Unvergleichlichkeit des neuzeitlichen Subjekts bekräftigt, wenn er zu Beginn seiner *Bekenntnisse* schreibt: »Je veux montrer à mes semblables un homme dans toute la vérité de la nature, et cet homme ce sera moi. [...] J'ai dit le bien et le mal avec la même franchise. Je n'ai rien tu de mauvais, rien ajouté de bon.«[7] Rousseau steht zweifellos im Hintergrund der Krullschen *Bekenntnisse*, die sich ja auch im Titel an Rousseaus Autobiographie anlehnen. Der emphatische Beginn bei Rousseau stellt die stolzeste Beglaubigung des neuzeitlichen Individuums dar, das sich in der autobiographischen Selbstreflexion zugleich schafft und bekräftigt. Thomas Mann treibt sein parodistisches Spiel zuallererst mit Rousseaus *Bekenntnissen* – mehr als mit Goethes *Dichtung und Wahrheit*, mit dem die Bekenntnisse Krulls immer wieder in Verbindung gebracht werden. Inwiefern der Anspruch auf absolute Wahrheit und Wahrhaftigkeit, den Rousseau erhebt, parodistisch gebrochen wird, wird noch zu sehen sein.

Gleich der Romanbeginn schwelgt in Inkongruenzen und Widersprüchen: Krull will sein »ganzes trügerisches Leben« (S. 266) in die untrügliche Gestalt einer Autobiographie fassen; er stammt »aus feinbürgerlichem, wenn auch liederlichem Hause«; der Vater, »wiewohl dick und fett, besaß viel persönliche Grazie« (S. 265); der Schaumwein, »Lorley extra cuvée« (S. 268), Existenzgrundlage der Familie, trägt ein goldenes, vom Paten Schimmelpreester künstlerisch gestaltetes Etikett, ist aber von miserabler Qualität: »Übrigens scheint es, daß die Beschaffenheit des Weines dieser blendenden Aufmachung nicht vollkommen entsprach.« Der Pate bezeichnet den Inhalt als »Petroleum oder Fusel« (ebd.), als »Krätzer« und als Produkt der »Giftmischerei« (ebd.). Komische Wirkungen werden hier haufenweise durch Inkongruenzen erzeugt.

Dieser dekonstruktive Charakter des Beginns (wie des ganzen Textes) wird bei den bisherigen psychoanalytischen Interpretationen kaum berücksichtigt. Die zentrale These solcher Interpretationen lautet: Der Text nimmt Freuds Erkenntnisse über den Narzissmus vorweg bzw. gestaltet diese – in den später entstandenen Kapiteln – nach.[8] Da diese Position zur Grundlage vieler weiterer Interpretationen geworden ist, will ich ausführlicher auf sie eingehen, bevor ich zu meiner These komme.

---

[6] Thomas Mann: *Die Bekenntnisse des Hochstaplers Felix Krull. Der Memoiren erster Teil*, in: Ders.: GW, Bd. VII, S. 265-661, hier: S. 266. Dieser Band wird künftig im fortlaufenden Text mit einfacher Seitenangabe zitiert.

[7] Jean-Jaques Rousseau: *Les Confessions*, Chronologie, introduction, note bibliographie par Michel Launy, Paris 1968, S. 43.

[8] So Hans Wysling: »Krull als Narziss und Prospero«, in: *Text & Kontext* 6.1/6.2 (1978), S. 275-299. Dieser Aufsatz ist später als eigenes Kapitel in eine umfangreiche Untersuchung eingegangen,

Psychoanalytische Interpretationen: Narzissmus als illusionäre Existenzform

Freuds »Einführung in den Narzißmus« ist 1914 erschienen, also *nach* der Beendigung der ersten Schaffensperiode am *Krull*. Wenn Thomas Mann seinen Roman zum ersten Mal im Jahr 1911 unterbricht, hat er ihn bis zum 2. Buch / Kap. VI geschrieben (bis zur Geschichte der Prostituierten Rosza). Zu dem frühen Text gehört auch die Musterungsepisode (Kapitel V/ 2. Buch), ein wahres literarisches Kabinettstückchen, in dem Krulls grandiose inszenatorische Begabung zum Ausdruck kommt. Schauen wir uns den Beginn von Wyslings Narzissmus-These näher an:

> Dem Narzissmus kommt in den *Bekenntnissen*, aber auch in Thomas Manns ganzem Werk eine zentrale Bedeutung zu. Mit ihm hängt Thomas Manns eigenste Thematik zusammen, jener Komplex von Auserwähltheit, Andersartigkeit und Isoliertheit. Mit ihm jene aus prinzlicher Lebensängstlichkeit stammende Kontaktscheu und Beziehungslosigkeit, die allenfalls zu homoerotischen und inzestuösen Neigungen führt. Mit ihm der Komplex von Ästhetizismus, Asozialität und Apolitie. Mit ihm der mit der prinzipiellen Unfähigkeit zur Objektliebe verbundene »Liebesanspruch« (IX, 69) an alle Welt. Mit ihm der Versuch, die verhängte Liebelosigkeit durch Menschheitsliebe zu transzendieren, sei es durch die eigene Person (Krull) oder durch das ›Sprachwerk‹ (Thomas Mann).[9]

Bei Wysling wird also von Anfang an der Narzissmus im Werk mit dem Narzissmus in Thomas Manns Leben enggeführt. Dabei orientiert sich der Autor an dem Konzept des »sekundären Narzißmus«, den Freud triebpsychologisch als Regression auf frühere Entwicklungsphasen versteht.[10] Die autoerotische Besetzung des Ichs ist nach Freud zunächst ein »normaler« Entwicklungsschritt, bei dem Ichtriebe und Sexualtriebe noch nicht voneinander geschieden sind. Beim sekundären Narzissmus wird die Libido, die sich inzwischen auf Objekte gerichtet hat, wieder auf das Ich als Liebesobjekt zurückgenommen. Diese sekundäre Wiederbesetzung des Ichs erklärt das großartige Hochgefühl und die Grandiosität, die mit narzisstischen Besetzungen einhergehen. Es handelt sich hier im Freudschen Sinn also um eine regressive Neubesetzung mit einer Verschiebung der Libido vom Objekt auf das Ich, d. h. um eine Störung, auf jeden Fall um eine Form der Regression. Die pathologische ›Verbiegung‹ dieses Vorgangs wird noch gesteigert durch die mit dem sekundären Narzissmus einhergehende Ichidealbildung, die (im Unterschied zur Sublimierung) die *Verdrängung* begünstigt:

> Freud unterscheidet [...] Idealbildung und Sublimierung. Während letztere ein Prozeß ist, der sich an der Objektlibido abspielt und der Trieb auf ein anderes, nicht direkt sexuelles Ziel verschoben wird, ist die Idealbildung ein Vorgang

die als Buch veröffentlicht wurde: Hans Wysling: *Narzißmus und illusionäre Existenzform. Zu den »Bekenntnissen des Hochstaplers Felix Krull«*, Bern / München 1982. Der Ausdruck »illusionäre Existenzform« stammt von Thomas Mann selbst, der ihn in seinem »Lebens-abriß« auf den *Krull* anwendet. Mann: Lebensabriß, S. 122.

[9] Wysling: Krull als Narziss und Prospero, S. 275.

[10] Sigmund Freud: »Zur Einführung des Narzißmus«, in: Ders.: *Gesammelte Werke*, hg. v. Anna Freud, Bd. X, Frankfurt a. M. 1999, S. 137-170.

> am Objekt, das hierdurch vergrößert und erhöht wird. Die Umwandlung des Narzißmus in Idealbildung muß nicht mit Sublimierung einhergehen. Auch wenn diese gefordert werde, kann das Idealich sie nicht erzwingen. Während die Sublimierung einen Ausweg weise, wie die Anforderungen der Triebe eingelöst werden können, ohne daß eine Verdrängung zur Erreichung des Triebziels herbeigeführt werden muß, steigere die Idealbildung die Anforderungen an das Ich und begünstige die Verdrängung.[11]

Die Verwendung solcher Theorien und Konzepte rückt den Krull in die Nähe des Pathologischen – eine zweifellos problematische Form psychoanalytischer Textinterpretation.

Wyslings Argumentationsgang konzentriert sich im Wesentlichen auf drei Punkte, die hier kurz nachvollzogen werden sollen. Zunächst macht er den ›sekundären Narzissmus‹ auf der Figurenebene fest. Es ist keine Frage, dass es im *Krull* zahlreiche Textstellen gibt, die man als Beschreibung eines in sich selbst verliebten Narziss verstehen kann, so z. B. die folgende aus dem ersten Buch (Krulls Kindheit betreffend):

> Ich aber besaß seidenweiches Haar, wie man es nur selten beim männlichen Geschlechte findet, und welches, da es blond war, zusammen mit graublauen Augen, einen fesselnden Gegensatz zu der goldigen Bräune meiner Haut bildete: so, daß es gewissermaßen unbestimmt blieb, ob ich nun eigentlich blond oder brünett von Erscheinung sei, und man mich mit gleichem Rechte für beides ansprechen konnte. Meine Hände, auf die ich frühe achthatte, waren, ohne überschmal zu sein, angenehm im Charakter, niemals schweißig, sondern mäßig warm, trocken, mit geschmackvoll geformten Fingernägeln versehen und sich selbst ein Wohlgefallen; und meine Stimme hatte, schon bevor ich sie wechselte, etwas Schmeichelhaftes für das Ohr, so daß ich sie, wenn ich allein war, gern in glücklichen, gebärdenreichen, übrigens sinnlos kauderwelschen und nur täuschend angedeuteten Plaudereien mit meinem unsichtbaren Gouverneur erklingen ließ. [...] Jedenfalls konnte mir nicht verborgen bleiben, daß ich aus edlerem Stoffe gebildet oder, wie man zu sagen pflegt, aus feinerem Holz geschnitzt war als meinesgleichen, und ich fürchte dabei durchaus nicht den Vorwurf der Selbstgefälligkeit. Das ist mir ganz einerlei, ob dieser oder jener mich der Selbstgefälligkeit anklagt, denn ich müßte ein Dummkopf oder Heuchler sein, wollte ich mich für Dutzendware ausgeben, und der Wahrheit gemäß wiederhole ich, daß ich aus dem feinsten Holze geschnitzt bin. (S. 273)

Immerhin reflektiert hier das autobiographische Subjekt sein Wohlgefallen an sich selbst und auch den möglichen Vorwurf der Selbstgefälligkeit.

Ein weiterer Schritt in Wyslings Argumentationsgang stützt sich auf die Anschauung, dass der narzisstische Jüngling nicht zur ödipalen Objektliebe gefunden habe: »Krull wie Joseph rechnen mit der Liebe aller Welt. [...] Die Liebe des Narziss sucht nicht die Liebe zu einem bestimmten Partner, sondern die Liebe zu aller Welt. Die Weltliebe soll den Narziss in seinem Gefälligkeitszauber bestärken. Sie

[11] Michael Giefer: »Zur Einführung des Narzißmus« [1914], in: Hans-Martin Lohmann / Joachim Pfeiffer (Hg.): *Freud-Handbuch. Leben – Werk – Wirkung*, Stuttgart 2006, S. 154-158, hier: S. 157.

hat dem Ich-Kult zu dienen.«[12] In diesem Sinn interpretiert der Autor auch den Begriff der »Allsympathie«, den Professor Kuckuck auf der Zugfahrt nach Lissabon entwickelt (vgl. S. 548) und der von Krull später bereitwillig wieder aufgegriffen wird (vgl. S. 573). Diese »Allsympathie« hat im Roman eine mystische Komponente: Auf einem Notizblatt zum *Krull* findet sich folgender Eintrag: »Fortwährendes Bedürfnis, sich aeußerlich zu verändern. [...] Die Langeweile, immer das selbe ›Ich‹ zu sein, ist tötlich [sic]. Kunst. Metaphysik. Erotik. In einer Rolle geht eine mystische Vereinigung mit einem Stück Welt vor sich.«[13] Die proteischen Verwandlungen des Krull, die in einem völligen Rollentausch kulminieren, sind in diesem Sinn immer auch Aneignungen von Welt, für die das Subjekt sich in besonderer Weise öffnet. (Im Sinn der Selbstpsychologie könnte man sagen: Es findet hier eine lustvolle Regression auf Positionen statt, auf denen sich die Grenzen des Selbst noch nicht ausgebildet haben und das Selbst noch durchlässig ›nach allen Seiten hin‹ ist.)

Eine dritte Argumentationsfigur stützt sich auf das bei Thomas Mann so häufig wiederkehrende Inzestmotiv, das für Wysling wiederum regressiven Charakter hat. Freud weist darauf hin, »daß die erste sexuelle Objektwahl des Knaben eine inzestuöse ist, den verpönten Objekten, Mutter und Schwester, gilt«. Die spätere inzestuöse Fixierung ist für Freud ein neurotisches Symptom:

> Der Neurotiker repräsentiert uns aber regelmäßig ein Stück des psychischen Infantilismus, er hat es entweder nicht vermocht, sich von den kindlichen Verhältnissen der Psychosexualität zu befreien, oder er ist zu ihnen zurückgekehrt [...]. In seinem unbewußten Seelenleben spielen darum noch immer oder wiederum die inzestuösen Fixierungen der Libido eine Hauptrolle.[14]

Die häufigen inzestuösen Liebesverhältnisse in Thomas Manns Werk sind für Wysling nichts weniger als Dispositive narzisstischer Konfigurationen. Die Faszination Krulls für den Inzest (Bruder/Schwester, Mutter/Tochter) ist in der Tat auffällig: Auf einem Balkon der Beletage des Hotels »Frankfurter Hof« erblickt er ein Geschwisterpaar, »möglicherweise« ein Zwillingspaar, dessen lachende Zuneigung füreinander ihn mit größter Sympathie erfüllt:

> Aber noch lange stand ich und blickte, aufrecht an einem Laternenpfahl, zu ihrem Balkon empor, indem ich ihr Dasein im Geist zu durchdringen suchte; und nicht nur diese Nacht, sondern in so mancher folgenden noch, wenn ich ermüdet vom Wandern und Schauen auf meiner Küchenbank lag, handelten meine Träume von ihnen.
> Liebesträume, Träume des Entzückens und des Vereinigungsstrebens – ich kann sie nicht anders nennen, obgleich sie keiner Einzelgestalt, sondern einem Doppelwesen galten, einem flüchtig-innig erblickten Geschwisterpaar ungleichen Geschlechtes – meines eigenen und des anderen, also des schönen. Aber die Schönheit lag hier im Doppelten, in der lieblichen Zweiheit, und wenn es mir mehr als zweifelhaft ist, daß das Erscheinen des Jünglings allein auf dem Balkon mich, abgesehen vielleicht von den Perlen im Vorhemd, im geringsten entzündet hätte, so habe ich fast ebenso guten Grund, zu bezweifeln, daß das

[12] Wysling: Krull als Narziss und Prospero, S. 281.
[13] Notizblatt 579a; zit. n. Wysling: Krull als Narziss und Prospero, S. 414.
[14] Sigmund Freud: *Totem und Tabu* [1912/13], in: Ders.: Gesammelte Werke, Bd. IX, S. 24.

> Bild des Mädchens allein, ohne ihr brüderliches Gegenstück, vermögend gewesen wäre, meinen Geist in so süße Träume zu wiegen. Liebesträume, Träume, die ich liebte, eben weil sie von – ich möchte sagen – ursprünglicher Ungetrenntheit und Unbestimmtheit, doppelten und das heißt doch erst: ganzen Sinnes waren, das berückend Menschliche in beiderlei Geschlechtsgestalt selig umfaßten. (S. 346)

In Lissabon spricht er in Bezug auf Mutter (Maria Pia) und Tochter (Zouzou) immer von dem »Doppelbild« (S. 630, 635, 645), das ihn fasziniert und das sich mit der Vorstellung einer ursprünglichen »Ungetrenntheit« bzw. mit Verschmelzungsphantasien (»Vereinigungsstreben«) verbindet.[15] So ist es nur folgerichtig, dass auf die erste leidenschaftliche Umarmung mit der Tochter die mit der Mutter auf dem Fuße folgt (damit endet das Romanfragment). Inzest erscheint bei Thomas Mann als Phantasie eines präödipalen Liebesverhältnisses, einer All-Einheit mit der Mutter, in die noch kein Dritter triangulierend eingegriffen hat.

Es erscheint jedoch heute als problematisch, die Interpretation des *Krull* zu eng an Freuds Narzissmus-Konzept anzulehnen. Zum Problem der Pathologisierung, die Freud dem sekundären Narzissmus angedeihen lässt, kommt noch ein weiteres: Die gegenwärtige psychoanalytische Theoriebildung geht nicht mehr von einer triebtheoretischen Fassung des Narzissmus-Begriffs aus. Die Weiterentwicklung der Narzissmustheorie etwa durch Kohut führt den Narzissmus nicht mehr auf libidinöse Strebungen und deren Konflikte zurück,[16] sondern auf Regulierungsmechanismen des ›Selbst‹, denen primär keine Triebkonflikte zugrunde liegen.[17] Das Bedürfnis nach ›Spiegelung‹ durch die Augen eines guten Objekts oder nach Grandiosität sind wohl Ausdruck des Begehrens nach innerem Gleichgewicht, nicht aber nach libidinöser Befriedigung – auch wenn dieses sich *sekundär* einstellen kann.

Interessanter scheint mir in unserem Zusammenhang die Einsicht (die bei Wysling in Ansätzen vorhanden ist[18]), dass Krull sich wie ein Dichter verhält: Er schafft

---

[15] Für Kohut dient neben der Verschmelzungsphantasie auch die Zwillings- und die Spiegelphantasie der Selbstkohärenz. Entsprechend tragen auch »drei Formen der therapeutischen Wiederbelebung des Größen-Selbst« zum Aufbau der Selbstkohärenz bei: die Verschmelzungs-, Spiegel- und Zwillingsübertragung, die wiederum drei verschiedenen Entwicklungsstufen des Größen-Selbst entsprechen. Heinz Kohut: *Narzißmus. Eine Theorie der psychoanalytischen Behandlung narzisstischer Persönlichkeitsstörungen*, Frankfurt a. M. 1973, S. 147 ff.

[16] Vgl. Kohut: Narzißmus u. Ders.: *Die Heilung des Selbst*, Frankfurt a. M. 1981.

[17] Kohut begründet seinen Versuch, neben die Triebpsychologie eine Psychologie des Selbst zu stellen, u. a. folgendermaßen: »Meine klinische Erfahrung mit Patienten, deren schwere Persönlichkeitsstörungen ich ehemals einer Fixierung auf die Trieborganisation eines frühen Entwicklungsstadiums (Oralität) und den damit einhergehenden chronischen Infantilismus ihres Ich zurückgeführt hätte, hat mich immer mehr zu der Einsicht gebracht, daß die Triebfixierung und die weitreichenden Defekte des Ich weder genetisch der primäre noch dynamisch-strukturell der zentralste Brennpunkt der Psychopathologie sind. Es ist das Selbst des Kindes, das infolge der schwer gestörten empathischen Reaktionen der Eltern nicht sicher etabliert wurde, und es ist das schwache und von Fragmentierung bedrohte Selbst, das (in dem Versuch, sich selbst zu vergewissern, daß es lebendig ist, ja, daß es überhaupt existiert) sich auf defensive Weise durch die Stimulierung erogener Zonen Lustzielen zuwendet und dann, sekundär, die orale (und anale) Triebfixierung und die Versklavung des Ich an die mit den stimulierten Körperzonen verbundenen Triebziele herbeiführt.« Kohut: Narzißmus, S. 75.

[18] Vgl. Wysling: Krull als Narziss und Prospero, S. 289.

sich die Welt nach seinen Vorstellungen, erfüllt sich seine Wünsche zunächst in der Phantasie – und gleicht insofern dem Dichter, wie Freud ihn in »Der Dichter und das Phantasieren« beschrieben hat.[19] In der sog. »Düsing-Episode« gelingt es dem Schüler Krull, dem Sanitätsrat Düsing Krankheitssymptome so überzeugend vorzuspielen, dass dieser ihn vom Schulbesuch befreit. Dabei ist sein Rollenspiel so authentisch, dass die Identifikation mit der Krankheit die Symptome buchstäblich hervorbringt (trübe Augen, Schlaffheit der Lippen, Kurzatmigkeit, Brechkrampf, vgl. S. 303). Krull erreicht dadurch eine »solche Erhöhung und Steigerung seines Wesens«, dass »der Sanitätsrat sie tatsächlich von seinem Fieberthermometer ablesen konnte« (S. 305). Krulls kreative Umgestaltung der Realität ähnelt der Imaginationskraft des Dichters, wie Freud sie verstanden hat. Freud vergleicht in dem genannten Essay die Dichtung mit dem kindlichen Spiel und dem Tagtraum, in denen sich die Phantasie eine eigene Wirklichkeit erschaffe und zur Wunscherfüllung beitrage. Diese ›dichterische‹ Begabung findet sich immer wieder bei Krull, der seine Wünsche nicht nur in Phantasien umgestalten, sondern sogar in »wirksame Wirklichkeit« verwandeln kann:

> Ich hatte die Natur verbessert, einen Traum verwirklicht, – und wer je aus dem Nichts, aus der bloßen inneren Kenntnis und Anschauung der Dinge, kurz: aus der Phantasie, unter kühner Einsetzung seiner Person eine zwingende, wirksame Wirklichkeit zu schaffen vermochte, der kennt die wundersame und träumerische Zufriedenheit, mit der ich damals von meiner Schöpfung ausruhte. (S. 302)

Insofern ist Krull wie ein Dichter, der sich die Welt nach seinen Vorstellungen bildet. Insofern kann sich auch Thomas Mann in ihm spiegeln wie in einem glücklicheren Doppelgänger. Immer wieder ist Krull erfolgreich in dem Bemühen, die Welt zur Bühne zu machen, auf der er sich in Szene setzen kann. So weit Thomas Mann die Romanhandlung vorangetrieben hat, so weit strahlt das Glückskind Krull und vollbringt Glanzleistungen – der Sprache, der brillanten Rhetorik, der Imitation, der Mimikry. Die Fortsetzung des Romans hätte die Figur, nach Manns eigenen Entwürfen, unweigerlich in den Absturz führen müssen. Schon am Beginn der *Bekenntnisse* begegnen wir einem Krull, der sich gegen Ende seines Lebens als »müde, sehr müde« (S. 265) beschreibt. Wysling hat die Arbeits- und Notizblätter Thomas Manns im Detail abgedruckt; darin gibt es rudimentäre Skizzen zum Plan der weiteren Handlung: Nach längerer Reise sollte Krull im Spielcasino Geld verlieren, dann, »vollständig ausgebeutelt«[20], dem Juwelendiebstahl verfallen, was ihn wiederum zum Spiel treibt, bei dem er erneut sein gesamtes Vermögen verliert. Schließlich landet er im Zuchthaus. Hierzu findet sich im Notizblatt 597a ein Text, den Thomas Mann bei der Wiederaufnahme des Romans besonders anstreicht: »Im *Zuchthaus* gehen seine *Zähne* zu Grunde. Er hat nachher viel beim *Zahnarzt* zu tun. Bekommt Ersatzteile, ganze Goldpartien«[21]. Ein Krull im Zuchthaus mit verdorbenen Zähnen

---

[19] Sigmund Freud: »Der Dichter und das Phantasieren« [1908], in: Ders.: Gesammelte Werke, Bd. VII, S. 211-240.
[20] Wysling: Narzißmus und illusionäre Existenzform, S. 471.
[21] Ebd., S. 472.

und Zahnlücken: ein starkes Kontrastbild zum strahlenden Jüngling der ersten Bücher. Und weiter notiert sich Thomas Mann zum Gefängnisaufenthalt:

> *Gefängniszelle.* Motion: Hin und her gehen, die Arme im Rücken verschränkt, Fenster offen (Winter), jedesmal wenn am Fenster (oder Luftloch) angelangt, gymnastischer Atemzug tief in die Lunge mit Ausstoßen durch den Mund.
> Beim häufigen Auf und ab in engem Raum bekommt das Wenden an der Wand etwas vollkommen Tierisches, ähnelt sich genau dem stereotypen Wenden des Raubtiers im Käfig an: unruhig, mechanisch, ein Ausdruck für die so viel größere innere Weite und für das Unnatürliche der Gefangenschaft.[22]

Wenn man den Text bis zur Lissabon-Episode liest, nach der er abbricht, können wir uns schwer Krulls Scheitern und seine Gefangenschaft vorstellen, sein raubtierhaftes Hin und Her in einer engen und kahlen Gefängniszelle, ohne den Luxus, der doch so grundlegend seinem Lebensprogramm entsprach – und Thomas Mann offensichtlich auch nicht. Krull ist nicht »des Lebens Sorgenkind« wie Hans Castorp, sondern ein Glückskind, das im Rheingau das Licht der Welt erblickt, also jenem ›begünstigten Landstrich‹, der – »fröhlich bevölkert« – »wohl zu den lieblichsten der bewohnten Erde gehört« (S. 266). Hierin liegt vielleicht ein Grund, warum der Verfasser das Weiterschreiben immer wieder hinauszögert und seine Romanproduktion unterbricht: Er will dem komischen Genre verhaftet bleiben, das die finale Katastrophe nicht kennt. Er will seinen gutaussehenden Helden auf der Sonnenseite des Lebens halten.

Krull kennt nicht die Selbstqual, die Ausgeliefertheit und Isoliertheit von Tonio Kröger, Aschenbach oder Leverkühn. Fast alles, was er anfängt, gelingt ihm, und wie im Film *Teorema* von Pasolini verlieben sich alle in ihn, die in seine Nähe kommen: Mädchen (Eleanor Twentyman), Frauen (das Zimmermädchen Genovefa, Rosza, Madame Houpflé alias Diane Philibert, Zouzou ebenso wie ihre Mutter Maria Pia), Männer (Lord Kilmanrock). Krull ist erfüllt von einem »Magnetismus«, »der, ob ich wollte oder nicht, ausging von meinem Sein auf jedes nicht völlig stumpfe Mitwesen« (S. 476). Die Fallhöhe, die Thomas Mann in den späteren Kapiteln hätte gestalten müssen, hätte die Komödie in eine Tragödie verwandelt.

So narzisstisch die Verliebtheit des Autors in seine eigene Figur auch erscheinen mag: man darf nicht das augenzwinkernde ironische Lächeln übersehen, das die Charakterisierungen Krulls begleitet. Mann charakterisiert ihn nicht als verzweifelten, selbstverliebten Snob, sondern als (Lebens-)Künstler, der souverän auf der Klaviatur seiner Ausdrucksmöglichkeiten spielt und diese Fähigkeiten bewusst und reflektiert einsetzt (z. B. bei der Musterung oder als Doppelgänger des Marquis de Venosta). Seine Mimikry ist so überzeugend, dass er mitunter besser wirkt als das Original. Seine Begabung zu willentlicher Lebensgestaltung beinhaltet nicht nur raffinierte Selbstinszenierungen, sondern auch vollendete Schauspielkunst.

---

[22] Ebd., (Notizblatt 598), S. 473.

Travestie und Performanz: Krulls Maskeraden

Die Fähigkeit zur Inszenierung und Maskerade ist ein entscheidendes Merkmal Krulls. Inszenierungen faszinieren ihn, und seine Selbstinszenierungen erscheinen so perfekt, dass die Inszenierung selbst zur »Wahrheit« wird. Das zeigt sich schon früh in seinen Kindheitserfahrungen: Wenn er den Kranken mimt, um den Schulbesuch zu vermeiden, verleiht er seinen »Vorspiegelungen« einen »Grund von solider Wahrheit« (S. 298); denn: »Nur der Betrug hat Aussicht auf Erfolg [...], der den Namen des Betrugs nicht durchaus verdient, sondern nichts ist als die Ausstattung einer lebendigen [...] Wahrheit« (ebd.). Das klingt verwirrend, und es ist in der Tat der Auftakt zu einem Verwirrspiel, das sich durch die ganzen *Bekenntnisse* zieht.

Schon bei einem ›Circusbesuch‹, zu dem sich Krull mit seinem Arbeitskollegen Stanko aufmacht, stellt er fest, dass sich in den ›Performanzen‹ der Clowns generische und essenzielle Zuschreibungen auflösen: Die Clowns sind für ihn »Masken, welche in einem sonst nie vorkommenden Widerspruch stehen zu der Herrlichkeit ihrer Kostüme«, sie sind »kobolzende Zwitter aus Mensch und närrischer Kunst« (S. 457 f.).

Bei der Hochtrapez-Artistin Andromache, die Krull besonders bewundert, verwirren und vermischen sich die Attribute noch mehr: Sie ist, als »Tochter der Lüfte«, jenseits aller Gattungsdefinitionen, ein nicht mehr natürliches Produkt ihrer perfekten Inszenierung:

> Sie war kein Weib; aber ein Mann war sie auch nicht und also kein Mensch. Ein ernster Engel der Tollkühnheit war sie mit gelösten Lippen und gespannten Nüstern, eine unnahbare Amazone des Luftraumes unter dem Zeltdach, hoch über der Menge, der vor starrer Andacht die Begierde nach ihr verging. (S. 460)

Die Bestimmung ihres Geschlechts fällt so uneindeutig aus, dass jeder Definitionsversuch, jede begriffliche Fixierung ins Leere laufen:

> Ihre Brust war geringfügig, ihr Becken schmal, die Muskulatur ihrer Arme [...] stärker ausgebildet als sonst bei Frauen, und ihre greifenden Hände zwar nicht von männlicher Größe, aber doch auch nicht klein genug, um die Frage ganz auszuschalten, ob sie, in Gottes Namen, denn vielleicht heimlich ein Jüngling sei. (S. 458 f.)

Der Ich-Erzähler gerät hier an die Grenzen seiner Rhetorik; die Geschlechtszugehörigkeit verwischt sich und ist begrifflich nicht mehr recht zu fassen (»war nicht ..., aber doch auch nicht ...« [ebd.]). Dies gilt auch für die Klassifikation in Mensch und Tier, Natur und Kultur, Innen und Außen, Sein und Schein. Die begriffsauflösende Kunst inspiriert Krull selbst immer wieder dazu, seine Identität durch Kostüme, Schriftzüge, sprachliche Ausdrucksformen, Rhetorik und Maskenspiel zu transformieren – eine Praxis, die er schon früh bei seinem Patenonkel Schimmelpreester einüben kann. Dieser lässt ihn Modell sitzen, und Krull findet Gefallen daran, »nackend« gemalt zu werden. Besonders jedoch sagt ihm das Spiel mit Verkleidungen zu:

> Die Sitzungen bilden immerhin eine eigenartige Erinnerung. Aber noch unterhaltender, meine ich, war es doch, wenn ich mich verkleiden durfte, was nicht nur in meines Paten Werkstatt geschah. Oft nämlich, wenn er gedachte, das Abendbrot bei uns einzunehmen, schickte er einen Ballen voll bunter Garderobe, Perücken und Waffen vor sich her, um sie mir nach Tische nur zum Vergnügen anzuprobieren und meine Erscheinung auch wohl, wie sie ihm am besten gefiel, auf einen Pappendeckel zu werfen. »Er hat einen Kostümkopf«, pflegte er zu sagen und meinte damit, daß alles mir zu Gesichte stünde, jede Verkleidung sich gut und natürlich an mir ausnähme. Denn, wie ich auch hergerichtet war – als römischer Flötenbläser in kurzem Gewande, das schwarze Kraushaar mit Rosen bekränzt; als englischer Edelknabe in knappem Atlas, mit Spitzenkragen und Federhut; als spanischer Stierfechter mit Glitzerjäckchen und Kalabreser; als jugendlicher Abbé der Puderzeit mit Käppchen, Beffchen, Mäntelchen und Schnallenschuhen [...]: jedesmal schien es, und auch der Spiegel versicherte mich dessen, als ob ich gerade für diesen Aufzug recht eigentlich bestimmt und geboren sei; jedesmal gab ich, nach dem Urteile aller, ein vortreffliches Beispiel der Menschenart ab, die ich eben vertrat [...]. Ach, das waren herrliche Stunden! (S. 284 f.)

Wenn Krull nach diesen Kostümierungen seine »schale und nichtige Alltagskleidung« wieder anlegen muss, beschleicht ihn ein Gefühl unbezwinglicher Trauer – und unendlicher Langeweile (S. 284). Das Eigentliche ist für ihn die Inszenierung, das Uneigentliche das alltägliche Leben. Das Eigentliche ist die Maskerade, könnte man sagen: Krull wird zu einem Wesen, das erst in der Maske zu sich selber kommt. Solche literarischen Phantasien scheinen (post-)feministischen Konzepten nahe zu stehen, die im Bereich der Gender Studies von der diskursiven Konstruiertheit des Geschlechts (gender) und von der Auffassung des Geschlechts als Travestie und »Maskerade« ausgehen.[23] Thomas Mann gestaltet konstruktivistische Konzepte von Identität *avant la lettre*, und er geht in seinem *Krull* auf radikale Weise noch darüber hinaus.

Das Maskerade-Konzept betont das Spielerische und Parodistische in der Konstruktion von Gender. Der Begriff der ›Maskerade‹ geht ursprünglich auf eine Fallstudie der Psychoanalytikerin Joan Riviere aus dem Jahr 1929 zurück (»Womanliness as a Masquerade«[24]), in der sie eine Theorie der weiblichen Maskerade entwickelt: Frauen maskieren sich, so ihre These, *sekundär* als weiblich, um eine zuvor angeeignete Männlichkeit zu verbergen (Riviere schildert den Fall einer sehr erfolgreichen intellektuellen Frau, die nach öffentlichen Vorträgen immer an irrationaler Furcht leidet und sich dann traditionell weiblichen Verhaltensweisen hingibt)[25]. Sie

---

[23] Vgl. z. B. Claudia Benthien / Inge Stephan (Hg.): *Männlichkeit als Maskerade. Kulturelle Inszenierungen vom Mittelalter bis zur Gegenwart*, Köln / Weimar / Wien 2003.

[24] Joan Riviere: »Weiblichkeit als Maskerade«, in: Liliane Weissberg (Hg.): *Weiblichkeit als Maskerade*, Frankfurt a. M. 1994, S. 34-47.

[25] Vgl. hierzu: Claudia Benthien: »Das Maskerade-Konzept in der psychoanalytischen und kulturwissenschaftlichen Theoriebildung«, in: Benthien / Stephan: Männlichkeit als Maskerade, S. 36 f. Judith Butler geht in ihrem Buch *Unbehagen der Geschlechter* in einem eigenen Kapitel (»Lacan, Riviere und die Strategien der Maskerade«) darauf ein. Judith Butler: *Das Unbehagen der Geschlechter*, Frankfurt a. M. 1991, S. 75 ff.

tun dies, um die Vergeltung, die sie von den Männern fürchten, abzuwehren.[26] Das Interessante daran ist, dass die Geschlechtlichkeit hier schon sehr früh als Ergebnis komplexer Inszenierungsstrategien erscheint.

Für Judith Butler sind zwar Männlichkeit und Weiblichkeit auch Produkte diskursiver Praktiken und performativer Akte; sie unterwirft aber das Maskerade-Konzept, das sie bei Riviere und Lacan findet, einer grundlegenden Kritik: Lacan verstehe die »Maskerade« (ähnlich Riviere) als Schutzfunktion, die den Frauen helfe, ihren »Mangel« zu maskieren. Dieses Konzept suggeriere, »daß es ein ›Sein‹ oder eine ontologische Bestimmung der Weiblichkeit *vor* der Maskerade gibt, d. h. ein weibliches Begehren oder einen Anspruch, der zwar maskiert ist, aber wieder enthüllt werden kann und einen möglichen Bruch bzw. eine Verschiebung der phallogozentrischen Bedeutungs-Ökonomie verspricht«[27]. Die Maske legt also nahe, dass sich hinter ihr ein Original verbirgt und hinter dem Uneigentlichen das Eigentliche zum Vorschein kommen kann – während Butler bestreitet, dass es hinter der Performanz eine wie immer geartete Natur (Sein, Essenz) gebe.

Wie steht es nun mit der Konstruktion von Krulls Figur im Roman? Zunächst mag es so scheinen, als ob Krull mit seinen Verwandlungskünsten eine Fassade aufbaue, hinter der sich sein wahres Ich verbirgt. Aber raffinierterweise dekonstruiert Thomas Mann diesen Zusammenhang von Außen und Innen, Schein und Sein, Uneigentlichkeit und Eigentlichkeit mit letzter radikaler Konsequenz. Das beginnt mit dem Gedanken der ›Vertauschbarkeit‹, den Krull als Kellner im Hotel Saint James and Albany entwickelt und der ihm die Kontingenz und Austauschbarkeit von allem und jedem bewusst macht:

> Den Anzug, die Aufmachung gewechselt, hätten sehr vielfach die Bedienenden ebensogut Herrschaft sein und hätte so mancher von denen, welche, die Zigarette im Mundwinkel, in den tiefen Korbstühlen sich rekelten – den Kellner abgeben können. Es war der reine Zufall, daß es sich umgekehrt verhielt – der Zufall des Reichtums; denn eine Aristokratie des Geldes ist eine vertauschbare Zufallsaristokratie. (S. 491 f.)

Diese Relativierung von Status, gesellschaftlicher Stellung und Rang, die einem sozialrevolutionären Programm gleichkommt, führt Krull zu der Phantasie eines »Rollentauschs« (S. 495), der ihm vom Marquis von Venosta bald darauf vorgeschlagen wird.

Das Doppelleben, das der kleine Kellner aus dem Saint James and Albany führt, macht Sein und Schein mehr denn je ununterscheidbar:

> Es lief dies, wie man sieht, auf eine Art von Doppelleben hinaus, dessen Anmutigkeit darin bestand, daß es ungewiß blieb, in welcher Gestalt ich eigentlich ich selbst und in welcher ich nur verkleidet war: wenn ich als livrierter Commis de salle den Gästen des Saint James and Albany schmeichlerisch aufwartete, oder wenn ich als unbekannter Herr von Distinktion, der den Eindruck machte, sich ein Reitpferd zu halten, und gewiß, wenn er sein Diner eingenommen, noch mehrere exklusive Salons besuchen würde, mich bei Tische von Kellnern

[26] Vgl. Benthien: Das Maskerade-Konzept, S. 37.
[27] Butler: Das Unbehagen der Geschlechter, S. 79.

> bedienen ließ, deren keiner, wie ich fand, mir in dieser meiner andern Eigenschaft gleichkam. Verkleidet also war ich in jedem Fall, und die unmaskierte Wirklichkeit zwischen den beiden Erscheinungsformen, das Ich-selber-Sein, war nicht bestimmbar, weil tatsächlich nicht vorhanden. (S. 498)

Interessant ist, dass an dieser Stelle die Syntax fast aus den Fugen zu geraten scheint und man Mühe hat, der Satzkonstruktion zu folgen. Die Erkenntnis, dass es zwischen den Verkleidungen kein ›Ich-selber‹ mehr gibt, ist offensichtlich so erregend, dass der Satzbau nahezu verunglückt: »Verkleidet also war ich in jedem Fall«. Entweder ist alles Verkleidung, oder nichts. Hinter der Maske gibt es kein ›Ich-selber-Sein‹ mehr. Der Schauspieler Krull ist immer das, was er darstellt, nicht er selber. In zeichentheoretischer Diktion könnte man sagen: Die Signifikanten bestimmen das Signifikat und nehmen die Toplage ein.

Der Marquis de Venosta wird durch eine Art Versprecher zum Ausdruck bringen, dass sich hinter dem Spiel wieder ein Spiel verbirgt, hinter dem Namen wieder ein Name und so fort: »Dein Wohl denn, Armand – ich meine Felix – ich meine Loulou« (S. 520). Armand wurde Krull im Hotel genannt, Felix ist sein Taufname, Loulou der Name des Marquis: Hinter dem Namen steht wieder ein Name, hinter der Maske kommt wieder eine Maske zum Vorschein, während das Eigentliche sich verflüchtigt. Felix Krull kann in seiner Spielfreude alle Identitäten annehmen, alle Lebensformen in sich aufnehmen. Er ist weder Mann noch Frau, sondern »etwas Wunderbares dazwischen« (S. 374).

Krull treibt die Meisterschaft des Spiels im Spiel immer weiter. Zunächst ist er noch ein naiver Anfänger, der die Raffinessen der Inszenierung nicht durchschaut: Als Madame Houpflé ihn mit auf ihr Zimmer nimmt und ihn im Rahmen eines erotischen sadomasochistischen Spiels beschimpft (sie bezeichnet ihn als Dieb und lässt sich dann lustvoll von ihm bestehlen), ist er noch empört über das Verhalten dieser in »Pelzwerk« (S. 438) gekleideten Dame (die Anspielung auf Sacher-Masochs Roman versteht Krull an dieser Stelle nicht, wohl aber der Autor). Er kann den Spielcharakter der Mise en scène noch nicht richtig fassen: »Leicht gekränkt, wie ich zugebe, durch ihre immer wiederholte Erwähnung und Betonung meines niedrigen Standes – was hatte und wollte sie nur damit? – neigte ich mich statt aller Antwort vollends zu ihr hinab und senkte meine Lippen auf ihre.« (S. 441) Houpflé enthüllt sich als Schriftstellerin Diane Philibert (auch hinter ihrem Namen verbirgt sich ein anderer), die Romane »voll Seelenkunde« schreibt (S. 442): fiktive Umgestaltungen der Wirklichkeit, Inszenierungen von Leidenschaft und Tod, Tableaus immer neuer Masken des Begehrens.

Am Ende wird Krull selbst ein Meister der Inszenierung sein, der Sein und Schein ununterscheidbar macht und der die Wahrheit erblicken wird »in Form und Schein und Oberfläche« (S. 634). Thomas Mann führt uns einen Helden vor, der mehr denn je nur Maskierungen kennt, dessen Identität sich gerade im Wechsel der Maskierungen herstellt, auflöst und neu gestaltet.

Man kann dies als »illusionäre Existenzform«[28] bezeichnen. Man kann es auch als radikale Entsubstanzialisierung des Ichs, als Zerstörung letzter metaphysischer Reste, als Vernichtung der bürgerlichen Illusion eines sich selbst bekräftigenden und

---

[28] Vgl. den Titel des Buches von Hans Wysling: *Narzißmus und illusionäre Existenzform.*

beglaubigenden Individuums sehen. Dann wäre Thomas Mann mit seinem Vorgriff auf modernste Subjekt- und Gendertheorien (indem er lustvoll seinen narzisstischen Phantasien folgt) ein radikaler Moderner, der alle Illusionen der Beständigkeit, der Dauer und der Substanz zerstört und Rousseaus emphatischen Subjektbegriff parodistisch verabschiedet.

Literaturverzeichnis

Benthien, Claudia / Stephan, Inge (Hg.): *Männlichkeit als Maskerade. Kulturelle Inszenierungen vom Mittelalter bis zur Gegenwart*, Köln / Weimar / Wien 2003.

Benthien, Claudia: »Das Maskerade-Konzept in der psychoanalytischen und kulturwissenschaftlichen Theoriebildung«, in: Claudia Benthien / Inge Stephan (Hg.): *Männlichkeit als Maskerade. Kulturelle Inszenierungen vom Mittelalter bis zur Gegenwart*, Köln / Weimar / Wien 2003, S. 36-59.

Butler, Judith: *Das Unbehagen der Geschlechter*, Frankfurt a. M. 1991.

Freud, Sigmund: *Gesammelte Werke*, hg. v. Anna Freud, Frankfurt a. M. 1999.

Freud, Sigmund: »Der Dichter und das Phantasieren« [1908], in: Ders.: Gesammelte Werke, Bd. VII, S. 211-240.

Freud, Sigmund: *Totem und Tabu* [1912/13], in: Ders.: Gesammelte Werke, Bd. IX.

Freud, Sigmund: »Zur Einführung des Narzißmus« [1914], in: Ders.: Gesammelte Werke, Bd. X, S. 137-170.

Giefer, Michael: »Zur Einführung des Narzißmus« [1914], in: Hans-Martin Lohmann / Joachim Pfeiffer (Hg.): *Freud-Handbuch. Leben – Werk – Wirkung*, Stuttgart 2006, S. 154-158.

Janz, Rolf-Peter: »Die doppelte Lust an der Verstellung. Thomas Manns *Felix Krull* und Steven Spielbergs *Catch me if you can*«, in: Claudia Benthien / Inge Stephan (Hg.): *Männlichkeit als Maskerade. Kulturelle Inszenierungen vom Mittelalter bis zur Gegenwart*, Köln / Weimar / Wien 2003, S. 178-192.

Kohut, Heinz: *Narzißmus. Eine Theorie der psychoanalytischen Behandlung narzißtischer Persönlichkeitsstörungen*, Frankfurt a. M. 1973.

Kohut, Heinz: *Die Heilung des Selbst*, Frankfurt a. M. 1981.

Koopmann, Helmut (Hg.): *Thomas-Mann-Handbuch*, Frankfurt a. M. 2005.

Mann, Thomas: *Die Bekenntnisse des Hochstaplers Felix Krull*, in: Ders.: : *Gesammelte Werke in dreizehn Bänden*, Bd. VII: *Der Erwählte / Bekenntnisse des Hochstaplers Felix Krull*, Frankfurt a. M. 1990, S. 265-661 (Neuauflage).

Mann, Thomas: »Lebensabriß«, in: Ders.: GW, Bd. XI, S. 98-144.

Riviere, Joan: »Weiblichkeit als Maskerade« [1929], in: Weissberg, Liliane (Hg.): *Weiblichkeit als Maskerade*, Frankfurt a. M. 1994, S. 34-47.

Rousseau, Jean-Jacques: *Les Confessions*, Chronologie, introduction, note bibliographique par Michel Launy, Paris 1968.

Wysling, Hans: »Krull als Narziss und Prospero«, in: *Text & Kontext* 6.1/6.2 (1978), S. 275-299.

Wysling, Hans: *Narzißmus und illusionäre Existenzform. Zu den »Bekenntnissen des Hochstaplers Felix Krull«*, Bern / München 1982.

Rezensionen[1]

Redaktion: Astrid Lange-Kirchheim

Sigmund Freud: *»Unterdeß halten wir zusammen«. Briefe an die Kinder*, hg. von Michael Schröter unter Mitwirkung von Ingeborg Meyer-Palmedo und Ernst Falzeder, Berlin: Aufbau-Verlag 2010. – 683 S., € 34,00.

Dieses Buch handelt von Sigmund Freud, aber nur ganz nebenbei von Psychoanalyse. Zwar tauchen die Namen prominenter Analytiker auf – so weit es deren Gaststatus in der Berggasse betrifft –, aber wo Freud sich über seine Arbeit äußert, geht es nicht über das hinaus, was auch andere Ärzte und Psychotherapeuten über ihre Berufstätigkeit sagen könnten: »Meine Arbeit wird ja auch nur dadurch interessant, daß mir die Leute soviel aus den verschiedensten Berufen und Gesellschaftsklassen zutragen« (S. 39). Auch Literarisches erfährt man nur nebenbei, so von einem Buch, das unter dem Titel »Die Aufzeichnungen des Malte Laurids Brigge« gerade herausgekommen ist (S. 73), oder es ist die Rede vom Auszug der Kinder Israels nach Ägypten, »wie uns Thomas Mann im nächsten Roman schildern wird« (S. 442). Die Wehmut, die sich für Freud mit dieser Vorstellung verband (wie der Herausgeber in einer Fußnote erläutert), ist verständlich: Freud sollte das Erscheinen des erst fünf Jahre später veröffentlichten vierten Bandes nicht mehr erleben.

Das Buch enthält Briefe, die Sigmund Freud zwischen 1898 und seinem Tod an fünf seiner (erwachsenen) Kinder schrieb, von Zeit zu Zeit finden sich auch deren briefliche Antworten auf seine Briefe. Dass von Freuds Kindern Anna unberücksichtigt geblieben ist, erklärt sich daraus, dass der Briefwechsel mit ihr, der mehr ›Psychoanalyse‹ enthält, bereits 2006 veröffentlicht wurde. Hier hingegen handelt es sich um reine Privat- und Familienbriefe, in denen viel vom Wetter, von Urlauben, aber auch von Krankheit und Tod die Rede ist. Alle falsche Beschaulichkeit ist den Briefen fremd. Anlässlich eines Todesfalles in der Familie schreibt Freud an die erstgeborene Tochter Mathilde:

> Du armes Kind hast nun zum ersten Mal den Tod in eine Familie einbrechen gesehen oder davon gehört u vielleicht bei der Idee gezittert, daß das Leben keines von uns besser gesichert ist. Das wissen wir alten Leute alle u darum hat es für uns besonderen Wert zu leben. Wir haben vor, uns in heiterer Thätigkeit durch das unvermeidliche Ende nicht beirren zu lassen. Gesteh nur zu, daß Du, die Du so jung bist, noch gar keinen Grund zu Verstimmung hast. (S. 50 f.)

Freud wird als *pater familias* gezeigt, der jedem der Kinder mit gleicher Fürsorge und dem gleichen Respekt begegnet. Unterschiede hinsichtlich der Empfänger gibt es gleichwohl: Während die Söhne ziemlich freie Hand hatten, welchen Weg sie einschlugen und mit welchen Partnerinnen sie sich verbanden, herrschte hinsichtlich

[1] Die Ausführungen der einzelnen Rezensenten stellen keine redaktionellen Meinungsäußerungen dar.

der Töchter mehr Sorge. Da sie noch nicht die gleichen Chancen der Schul- und Berufsausbildung hatten wie die Söhne, versuchte der Vater, ihre Partnerwahl in die richtigen Bahnen zu lenken: Der künftige Ehemann sollte über die nötige Wirtschaftskraft verfügen, keine Geisteskranken in seiner Aszendenz aufweisen und – das Bemerkenswerteste – jüdischen Ursprungs sein. Ein gravierender Unterschied: in Bezug auf die Psychoanalyse begrüßte Freud den Zustrom nichtjüdischer Mitglieder, nicht jedoch im Hinblick auf die Zukunft der Töchter. Nachdem sich der erste künftige Schwiegersohn im Hause Freud vorgestellt hatte, wurde seine Eignung oder Nichteignung mit Mathilde brieflich erörtert. Freud hielt nicht hinter dem Berg:

> Die Existenz einer geisteskranken Mutter lässt mich auch als Arzt nicht ganz kalt; welchen Druck dies auf eine Familie übt, kannst Du Dir natürlich nicht vorstellen. (S. 60)

Mathildes Sorge, sie könne für einen Mann nicht begehrenswert genug sein, wird mit dem Argument beschwichtigt, »daß in Wirklichkeit längst nicht mehr die Formenschönheit über das Schicksal des Mädchens entscheidet, sondern der Eindruck ihrer Persönlichkeit« (S. 50).

Es mögen diese so ausdrücklich in Worte gefassten Besorgnisse Freuds sein, die dem Leser die beiden Töchter fast stärker ans Herz wachsen lassen als die Söhne, die wie ein für sich stehender Block die Teilnahme am ersten Weltkrieg und die Kriegsgefangenschaft unbeschadet überstanden. Man weiß aus Freuds Arbeiten bzw. Briefen, dass er mit dem Tod zumindest eines Sohnes rechnete und sogar davon träumte, und dass es stattdessen dann die mittlere Tochter Sophie war, die der Influenza der unmittelbaren Nachkriegszeit zum Opfer fiel. Das Foto auf dem Cover zeigt Freud zusammen mit Sophie: ein Bild, das für sich spricht. Die Verbundenheit mit ihr setzte sich über ihren Tod hinaus fort: Den Schwiegersohn Max Halberstadt (von dem viele der uns geläufigen Freud-Porträts stammen) rechnete Freud nach wie vor unter die Seinen. Etliche der Briefe richten sich darum auch an ihn, aber der letzte im Band enthaltene Brief ging an den behandelnden Internisten des Hamburger Krankenhauses, in dem Sophie an einer Komplikation der Influenza starb, die sie sich offenbar erst in der Klinik zugezogen hatte. Einweisungsgrund war ursprünglich eine in sorgenvoller Zeit unerwünschte dritte Gravidität gewesen, und man merkt dem Brief an, dass Freud versucht, diesem ihm sinnlos erscheinenden Tod einen Sinn abzuringen:

> In anderer Hinsicht scheint mir aber das unglückliche Schicksal meiner Tochter eine Mahnung zu enthalten, die von unserem Stande oft nicht ernst genug genommen wird. Angesichts eines inhumanen und einsichtslosen Gesetzes, welches auch der unwilligen Mutter die Fortsetzung der Schwangerschaft aufzwingt, wird es offenbar Pflicht des Arztes, die geeigneten unschädlichen Wege zur Verhütung unerwünschter – ehelicher – Schwangerschaften zu weisen [...] Hier ist denn doch etwas nicht Richtiges geschehen. (S. 643)

Was den Band über den Wortlaut der Briefe hinaus auszeichnet, ist Michael Schröters umsichtige, kompetente Edition. Indem die Briefe an die einzelnen Kinder in aufeinanderfolgenden Kapiteln zum Abdruck kommen, begegnet man Freud in jedem Kapitel auf den verschiedenen Zeitstufen ein zweites, drittes, viertes und fünftes Mal, und dieses literarische Verfahren macht die Lektüre äußerst reizvoll. Dass Michael Schröter als gestandener Literat jedem Kapitel eine biographische Skizze voranstellt, stimmt den Leser auf die folgenden Briefe ein. Sachkenntnis und Detailgenauigkeit sind bemerkenswert, und auch die Auswahl der Fotos ist so, dass man immer genau weiß: es geht vor allem um den *Text*. Man meint die fünf bzw. sechs Briefempfänger in ihrer individuellen Abstufung nach der Lektüre genau zu kennen.

Ein Nachtrag: Als Thomas Mann-Leser konnte ich nicht umhin, Vergleiche zu ziehen, oberflächliche Parallelen drängten sich auf. Hier wie dort sechs Kinder, und ebenfalls Briefe an inzwischen erwachsene Kinder, die Erika Mann in den 1961 erschienenen ersten Briefband (1889-1936) aufnahm. Welch ein Unterschied im Tonfall und im menschlichen Miteinander! Da hat »der Greis vor Freude gezittert« (16. 8. 1925 an Erika)[1] und der gerade fertiggestellte »Ehe«-Aufsatz für Graf Hermann Keyserling wird in intimer Weise kommentiert: »Es ist ein ziemlich umfangreiches Dokument geworden, hochmoralisch, und enthält auch eine prinzipielle Auseinandersetzung mit der Homoerotik, ei, ei. Es hat Mielein sehr gefallen.«[2]

Indem Thomas Mann hier (wie schon im Aufsatz selbst) die zwei Gesichter seiner Triebausrichtung agiert, macht er die Tochter zur *Komplizin* – mit weitreichenden Folgen für beide bis in seine letzte Lebenszeit. Dergleichen »Verführung« wäre bei Freud undenkbar: Die Generationenschranke wird von ihm immer im Auge behalten. Eben dies macht (unter anderem) seine »Briefe an die Kinder« so bemerkenswert.

Peter Dettmering

Kerstin Decker: *Lou Andreas-Salomé. Der bittersüße Funke Ich*, Berlin: Propyläen 2010. – 363 S., € 29,95.

Bücher über das Leben Lou Andreas-Salomés gibt es schon so einige. Manche mit dem Anspruch fast wissenschaftlicher Akkuratesse und etlichen Fußnoten, andere narrativ und eher literarisch. Zu letzteren zählt Kerstin Deckers – man darf wohl sagen – ›Biografieroman‹ mit dem Titel *Der bittersüße Funke Ich*. Das Buch über die »Generalstochter«, die »keine Frauenemanzipation [braucht,] um wollen zu wollen« (S. 29), ist gut, glänzend fast geschrieben und seine Lektüre ein Vergnügen, das einem immer wieder ein Schmunzeln auf die Lippen zaubert. Etwa wenn Decker Mendelssohns Kant-Lob, dieser sei ein ›Alleszermalmer‹, abwandelt und Nietzsche spöttisch als »Allesdurchschauer« (S. 28) apostrophiert. Oder wenn die Autorin angesichts von Salomés Auskunft im *Lebensrückblick*, sie wisse nicht mehr, ob Nietzsche sie auf dem Monte Sarco geküsst habe, räsoniert, ob »eine Gesichtshaartracht, wie Nietzsche sie bevorzugte, Annäherung dieser Art nicht von vornherein aus[geschlossen]« (S. 50) habe. »Und wenn sie doch möglich gewesen sein sollte, müsste dieser Vorgang den Beteiligten nicht für alle Zeit im Gedächtnis geblieben

---

[1] Thomas Mann: *Briefe*, hg. von Erika Mann, 3 Bde., Frankfurt a. M. 1961-1965, hier: Bd. 1 (1889 bis 1936), S. 246.
[2] Ebd., S. 247.

sein?« (S. 50). Dabei unterläuft ihr nur ganz gelegentlich mal ein misslungener Scherz, etwa wenn sie angesichts des trotz eines »Zimmers mit Kamin« in Rapallo frierenden Nietzsche witzelt, »aber in seinen Briefen findet eine Klimakatastrophe statt« (S. 89). Allerdings ermüden die allzu häufigen Ironisierungen trotz Deckers immer mal wieder luzide-aphoristisch ins Wort gesetzter Erkenntnisse auf Dauer doch etwas. Auch erschließt sich nicht immer jeder Scherz. Warum ist zum Beispiel Königsberg die »Stadt, die Kant erfunden hat«? (S. 310).

Decker erzählt die Biografie Salomés keineswegs strikt chronologisch nach, sondern setzt mit der Begegnung zwischen ihrer Protagonistin und Nietzsche ein und bewegt sich von dort zu den anderen ›berühmten Männern‹, mit denen Salomé mal weitläufigere, oft aber nähere, und gelegentlich intime Bekanntschaft schloss. Rückblicke etwa in Salomés Kindheit und Jugend sind an passender Stelle mit der leichten Hand einer routinierten Autorin eingeflochten. Auf dem Weg durch Salomés Lebensstationen scheut die Autorin auch nicht die allertiefsten Einblicke in die Seelen ihres Personals. Mehr noch: Beinahe schon empathisch denkt sie die Gedanken Salomés, Nietzsches, Rées und anderer. Gebrochen allerdings wird die Empathie immer wieder durch die häufig mitklingenden ironisierenden Obertöne, die wiederum den Eindruck erwecken, Decker nehme weder Salomé, noch Nietzsche, noch Rée, noch irgendeinen der anderen Menschen, die Salomé auf ihrem Lebensweg ein Stückweit begleiteten, wirklich richtig ernst.

An einigen der biografischen Stationen Salomés verweilt die Autorin länger, an anderen huscht sie fast vorbei. Zu ersteren zählt insbesondere Salomés verhältnismäßig kurze Bekanntschaft und noch kürzere Freundschaft mit Nietzsche. Natürlich sind Rilke und Freud ebenfalls prominent vertreten und auch Salomés von Decker mit etwas blassen Pinselstrichen gemalter Ehemann Friedrich Carl Andreas wird nicht vergessen. Dem »Ledebour-Jahr« (S. 167) wird die Ehre eines kurzen Intermezzos zuteil. Friedrich Pineles, »mit dem sie fast ein Jahrzehnt lebte, der fast ein Jahrzehnt nur für sie lebte« (S. 258), dem Salomé allerdings »nicht mit ihrer ganzen Seele entgegenkommen [muss], der Körper genügt« (S. 236), wird verständlicherweise sogar mit einem etwas längeren Abschnitt gewürdigt. Immerhin teilten sie Anfang 1900 acht Jahre. Auch die langjährige Freundin Frieda von Bülow kommt zu ihrem Recht. Es war dies Salomés erste nähere Bekanntschaft mit einem Wesen gleichen Geschlechts, denn »[b]is zu diesem Zeitpunkt hätte sie wohl kaum gewusst, wie und worüber man mit Frauen sprechen soll« (S. 179).

Das Verhältnis der jungen Intellektuellen mit dem »unbedingten Erkenntnisdrang« (S. 32) und der »besondere[n] Begabung für nicht vorsätzliche seelische Grausamkeit« (S. 72) zu dem älteren Altphilologen namens Nietzsche, der begann, sich an der Philosophie zu versuchen, wird zwar bereits zu Beginn des Buches in den Blick genommen, steht jedoch gleichwohl in dessen Zentrum – mit Paul Rée als Drittem im Bunde. Dabei steht nicht immer das »Übermädchen« (S. 96) Lou von Salomé (wie sie damals noch hieß) im Fokus des Interesses der Autorin, sondern über einige Seiten hinweg auch schon mal Nietzsche (vgl. S. 101-106). Selbstverständlich findet dessen Schwester Elisabeth als zu dem eh schon unglücklichen Kleeblatt hinzutretende Vierte ebenfalls die ihr gebührende Würdigung. Die »lebenspraktische, moralische und geistige Kleinstädterin« (S. 63) mochte ihren Konterpart Salomé, die »stark, fast gewissenlos scheinend, instinktsicher und schön in all [ihrer] gott- und mitmenschenvergessenen Geradlinigkeit« war und somit »geradezu als Inkarnation seines Übermenschenideals gelten« konnte (S. 96), von Anfang an nicht. Und noch zur Zeit des Nationalsozialismus versuchte die hasserfüllte Antisemitin Andreas-Salomé zu vernichten, indem sie die Russin als finnische Jüdin denunzierte (vgl. S. 329). Doch auch diesem Angriff auf Salomé, die schon »zeitlebens wenig Begabung [...] für das Rollenfach ihres Geschlechts« hatte (S. 95 f.), Opfer zu sein, war kein Erfolg beschieden. Noch immer ist Lou Andreas-Salomé nicht nur als eine der bedeutendsten Literat/inn/en ihrer Zeit bekannt, sondern zudem als Autorin eines »großen Nietzsche-Buch[es]«, das auch »noch nach über einhundert Jahren ein Meisterstück« ist (S. 153). Und nicht zuletzt wird ihr nach wie vor Anerkennung dafür gezollt, eine der frühen Psychonalytiker/inn/en aus dem Kreise Freuds gewesen zu sein, die durchaus eigene Ideen entwickelte und verfolgte.

Ausführlich widmet sich Decker Salomés »eigenen Unzeitgemäßen Betrachtungen« (S. 213) und lobt deren Schrift *Der Mensch als Weib* als »große antifeministische Studie« (S. 213) und »eindrucksvollen Essay« (S. 214). Dass Feministinnen wie Hedwig Dohm Salomé zu den Antifeministen rechnete,[1] versteht sich. Auch Salomés Text *Die Erotik* habe »die Frauenbewegung einmal mehr enttäuscht« (S. 262 f.), da »Lou weiß, dass es keine Generallösung für die Konflikte des modernen Frauenlebens gibt« (S. 262). Der Text *Die Erotik* bekommt ein ganzes Kapitel gewidmet (vgl. S. 258-266). Noch umfangreicher fällt das Kapitel über »Die Schülerin Freuds« aus (S. 267-286). Dabei war Salomé natürlich weit mehr als nur eine solche, sondern vielmehr eine eigenständige Denkerin und Theoretikerin der Psychoanalyse. Das weiß auch Decker, die konstatiert, Salomé habe »den Befunden dieser neuen Psychologie, die sich da Psychoanalyse nennt, nicht vorbehaltlos zustimmen« können (S. 269). In die Tiefen der psychoanalytische(n) Theorie(n) und die Differenzen zwischen den diversen Schulen dringt Decker allerdings nicht wirklich vor. Das aber ist wohl auch nicht die Aufgabe einer Biografie.

Beschlossen sei die Besprechung dieses insgesamt durchaus lesenswerten Buches mit einigen kritischen Bemerkungen. Die beginnen allerdings selbst wieder mit einer Anerkennung, dafür nämlich, dass das Buch kaum Redundanzen enthält. Ganz gelegentlich aber – und das ist die erste Kritik – wiederholt sich Decker bis in die Formulierung hinein. So lässt sie die Lesenden gleich zweimal wissen, dass Salomé »Wien für die erotischste Stadt weit und breit« gehalten habe (S. 183 und S. 271). Eine zweite Kritik gilt einer von vielen, so auch von Decker geteilten, darum aber nicht plausibleren Interpretation der wohl berühmtesten Sentenz Nietzsches: »›Du gehst zu Frauen? Vergiss die Peitsche nicht‹«. Vielleicht wäre diese böse Handlungsanleitung für gekränkte frauenbesuchende Männer nie geschrieben worden (S. 11), wenn er nicht Lou von Salomé getroffen hätte, mutmaßt Decker. Die Vermutung, Nietzsche hätte die Zeile vielleicht nie geschrieben, hätte er Salomé nicht kennengelernt, liegt zwar tatsächlich nahe. Es ist jedoch keineswegs ausgemacht, dass er in ihr eine Handlungsanweisung formuliert hat. Es könnte genauso gut eine Warnung sein, zu bedenken, dass die Frau eine Peitsche besitzt, wofür etwa das nicht weniger berühmte, kurz vor der Niederschrift aufgenommene Foto spricht, das

[1] Vgl. Hedwig Dohm: *Die Antifeministen. Ein Buch der Verteidigung*, Frankfurt a. M. 1976, S. 119-137 (Reprint der Erstausgabe 1902).

Lou von Salomé auf einem Leiterwagen spielerisch eine Peitsche schwingen lässt, vor dem die beiden unglücklich in sie verliebten Herren Nietzsche und Rée gespannt sind. Zudem war es nicht erst Nietzsche, der auf die Idee der mit einer Peitsche ausgerüsteten Frau kam. Leopold von Sacher-Masochs *Venus im Pelz* mit der peitschenschwingenden Wanda war beispielsweise bereits 1866 in *Westermanns illustrirten Monatsheften* erschienen, mithin nicht weniger als 16 Jahre bevor die berühmte Fotografie mit dem Leiterwägelchen aufgenommen wurde und ein weiteres Jahr bevor Nietzsche im ersten Teil seines *Zarathustra* einem »alten Weiblein«[2] die entsprechende Warnung in den Mund legt.[3] »Zwei Philosophen, vor den Karren eines jungen Mädchens gespannt. Das Bild mag geschmacklos sein, wahr ist es« (S. 54), kommentiert Decker sie. Wahrer jedenfalls als die Anekdote über die auf Aristoteles reitende Phryne. Nun zur letzten und gewichtigsten Kritik: So wie sie selbst literarische Dichtung (etwa über die Innenwelten der Personen) und biografische Wahrheit gelegentlich ununterscheidbar ineinander fließen lässt, unterscheidet Decker auch nicht immer hinreichend zwischen Salomés Dichtung und deren Leben; etwa, wenn sie erklärt, dass Salomés Roman *Ruth* eine »genaue [...] Schilderung [ihrer] ersten Begegnung« (S. 34) mit Hendrik Gillot enthält.

Rolf Löchel

Werner Felber / Albrecht Götz von Olenhusen / Gottfried Maria Heuer / Bernd Nitzschke (Hg.): *Psychoanalyse & Expressionismus. 7. Internationaler Otto Gross Kongress*. Dresden, 3. bis 5. Oktober 2008, Marburg an der Lahn: Verlag Literatur-Wissenschaft.de 2010. – 569 S., € 29,90.

Seit nunmehr einer ganzen Reihe von Jahren hält die Otto Gross-Gesellschaft in mehr oder weniger regelmäßigen Abständen ihre *Internationalen Kongresse* ab. Sie verdienen ihren Namen nicht nur, weil sie bereits in diversen europäischen Metropolen tagten, sondern auch aufgrund der internationalen Zusammensetzung der Vortragenden. Der siebte und bislang letzte dieser Kongresse wurde 2008 in Dresden abgehalten. Die für ihre Expressionist/inn/en-Kolonie bekannte Stadt war mit Bedacht als Veranstaltungsort gewählt worden. Denn das Thema der diesmaligen Tagung lautete *Psychoanalyse und Expressionismus*. Zu den Referent/inn/en zählten Gross-Forschende nicht nur aus den deutschsprachigen Ländern, sondern auch aus Ungarn und Belgien sowie aus den USA.

---

[2] Friedrich Nietzsche: *Also sprach Zarathustra*, in: ders.: *Sämtliche Werke*. Kritische Studienausgabe, München/New York 1980, Bd. 4, S. 86.

[3] Erinnert sei auch daran, dass die Aristoteles reitende Phyllis bereits auf Stichen der Renaissance gerne mit einer Peitsche dargestellt wurde, die sie über dem Kopf schwingt. Vgl. etwa die Abbildung eines (heute verschollenen) florentinischen Stiches aus dem 15. Jahrhundert in Miriam Sarah Marotzki: »Volupta und dispiacere. Gender-Aspekte in Leonardo da Vincis Zeichnung ›Aristoteles und Phyllis‹«, in: Ann-Kristin Düber und Falko Schicke (Hg.): *Perspektive – Medium – Macht. Zur kulturellen Kodierung neuzeitlicher Geschlechterpositionen,* Würzburg 2010, S. 87-114, Abb. 3, S. 95.

Wie bislang sind die Vorträge des Symposiums zusammen mit etlichen anderen Beiträgen und Dokumenten in einem Tagungsband nachzulesen. Er bietet gut vierzig Texte unterschiedlicher Sorten und Qualität. Darunter neben den Vorträgen die obligaten Begrüßungs- und Dankesreden, Grußworte, Literaturhinweise, eine Laudatio, den Kongressbericht und eine denkbar knapp gehaltene »Einführung zur Vorführung des Dokumentarfilms von Sandra Löhr über und mit Sophie Templer-Kuh« (S. 104-108).

Zu den instruktivsten Beiträgen zählt erwartungsgemäß der Aufsatz von Walter Fähnders, in dem sich der Literaturwissenschaftler anhand von Texten Walter Hasenclevers, Franz Werfels, Mela Hartwigs und anderer mit dem literarischen Thema Vatermord befasst (vgl. S. 413-435). Piet Tommissen betrachtet den »Fall Otto Gross aus flämischer Sicht« (S. 494-518), André Karger fasst »Otto Gross und die Befreiung des Lebens« ins Auge (S. 436-442), und Huub Engels macht sich »Gedanken über den Monte Verità und Otto Gross« (S. 443-451). Simone Hoffmann geht hingegen dem »ambivalente[n] Verhältnis« nach, das Gross mit der »sozialdarwinistische[n] Degenerationstheorie« verband (S. 154-179). Bernd Nitzschke schlägt unter dem Titel »Der Wille zur Macht. Die Sehnsucht nach Liebe« einen Bogen von Gross über Wilhelm Reich zu Erich Fromm (S. 32-61). Gerhard Dienes bietet einen recht kursorisch ausfallenden »Überblick« über »Otto Gross, die Kunst und ihre Zentren« (S. 238-248).

Etliche der Beitragenden sind nicht zum ersten Mal in einem der Tagungsbände vertreten. So auch Erdmute Wenzel White, die diesmal einen Aufsatz über »Otto Gross und die Kunst« beisteuert (S. 271-296). Die Amerikanerin lässt ihren Blick über ein weites Feld schweifen, indem sie Gross über die Jahre hinweg verschiedenen Wandlungen unterworfenes Kunstverständnis und seine Vorlieben und Abneigungen gegenüber bestimmten Erzeugnissen und Stilrichtungen der Bildenden Künste sowie der Literatur (weniger der Musik) offenlegt. Gross erweist sich in dieser Hinsicht als wenig revolutionär. So »bevorzugte« er »eine wohlproportionierte überschaubare Kunst«, die ein »messbare[s] Niveau des Harmonieempfindens« evoziere (S. 274). Weniger zugetan war er der Autorin zufolge hingegen den Expressionisten und den Futuristen, die mit ihren »reißerischen Konzepten« überhaupt als »ganz gefährliche Leute« galten (S. 277). Dabei habe Gross der Kunst »größte Bedeutung als Instrument der zu klärenden Gefühlsstörungen« beigemessen (S. 292). So verbinde sich in seiner »Lehre« »ein konservativer Horizont der Künste« mit einer »soziale[n] Utopie der Freiheit und Heilung des menschlichen Lebens« (S. 280).

Auch wenn Gross den Expressionismus Wenzel White zufolge nicht sonderlich schätzte, so war er, folgt man dem Beitrag von Jennifer Michaels (vgl. S. 249-270), doch nicht ohne Einfluss auf einzelne Expressionisten, namentlich auf Georg Schrimpf. Dass der Künstler sein fünf unbekleidete Frauen zeigendes Bild *Kameraden* nannte und ihm somit den Namen eines Romans von Franz Jung gab, gilt der Autorin als »Beweis für seine damalige enge Verbindung zu wichtigen Ideen von Gross« (S. 259). Überhaupt hätten die Theorien des anarchophilen Psychoanalytikers »einen tiefen Endruck auf Schrimpfs Kunst in seiner expressionistischen Periode ausgeübt« (S. 268). So sei der Künstler Gross in der Befürwortung des »matriarchalische[n] Prinzip[s]« gefolgt und habe sich während dieser Phase seines Schaffens für die »Befreiung der Frau« eingesetzt, indem er »starke, mütterliche, matriarchalische Frauenfiguren« darstellte (ebd.).

Auch das Interesse von Kristina Kargl und Albrecht Götz von Olenhusen gilt dem Expressionismus. Genauer gesagt, der expressionistischen Lyrikerin Bess Brenck Kalischer. Doch beschränken sie sich oft auf vage Vermutungen über mögliche Ereignisse. So sei eine Begegnung zwischen Bess Brenck Kalischer und Otto Gross »in Dresden, Hellerau oder anderwärts« zwar »wenig[..] wahrscheinlich, aber auch nicht ausgeschlossen« (S. 26). Denn Bess Brenck Kalischer habe »wohl seit 1917/1918 für eine kürzere Zeitspanne in Hellerau bei Dresden in der dortigen Künstlerkolonie« gelebt (ebd.). Allerdings widmet sich das Autor/inn/en-Duo nicht nur Gross' Beziehung zu Brenck-Kalischer, sondern auch dessen Verhältnis mit Regina Ullmann, deren »Genius« er, Kargl und von Olenhusen zufolge, »durch Analyse entfesseln wollte«, wobei »ein neuer Mensch [...] entstand[en]« sei (S. 31). Esther Bertschinger-Joos meint in ihrem Beitrag ganz ähnlich, Gross habe »die etwas lebensfremde Schweizer Dichterin [...] bei seinem Versuch, sie aus ihren Zwängen zu befreien [geschwängert]« (S. 191). Doch habe die Schriftstellerin, so nun wieder Kargl und von Olenhusen, »[s]chnell erkennen« müssen, »dass die paternalistische Gesellschaftsordnung immer noch Gültigkeit besaß und keine idealisierte und imaginierte neue Gemeinschaft ihr beistehen mochte oder konnte, das Kind groß zu ziehen« (S. 31). Das ist schon beinahe zynisch formuliert und klingt zudem so, als trage nicht etwa Gross selbst die Verantwortung für seine Weigerung, Alimente zu zahlen, sondern einzig und allein die Gesellschaftsordnung.

Zwischen Obskurantismus und Esoterik bewegt sich Gottfried Heuer in seinem hagiographischen Beitrag »›Die Heiligkeit der Liebe‹ oder: ›Beziehung als Drittes, als Religion‹« (S. 109-153). Dabei teilt Heuer mit der »Jungianerin Cedrus Monte« die Auffassung, »daß subatomare Teilchen viele außerordentliche Eigenschaften besitzen, die denen ähneln, die man dem Spirituellen zuschreibt« (S. 118), und fischt ansonsten in den oft trüben Gewässern der »Neurobiologie und Verhaltensforschung«, »der Wissenschaft menschlicher Reifungsprozesse« sowie der »philosophisch-analytischen Beziehungstheorie« nach Belegen dafür, dass Gross' Werk noch heute nicht nur »hochaktuell« und »zukunftsweisend« sei, sondern »weit über Moderne und Postmoderne hinaus auf eine post-postmoderne Revolutionierung« ziele (S. 110). Jedenfalls habe Gross »eine der wichtigsten geistesgeschichtlichen Strömungen der letzten 100 Jahre« initiiert (S. 113).

Esther Bertschinger-Joos' in Zusammenhang mit Regina Ullmann bereits erwähnter Beitrag stellt nicht Gross' Verhältnis zu der Schweizer Schriftstellerin, sondern »Ernst Frick und seine Beziehung zu Frieda und Otto Gross« ins Zentrum (S. 180-205). Die Autorin, eine Bekannte von Frieda Gross' Tochter Eva, hat einen Text verfasst, der eher durch Pathos denn durch Wissenschaftlichkeit hervorsticht. So berichtet sie von dem »heimwehkranke[n] Jüngling« Frick, der »uns [...] auf seinem Lebensweg entgegen[kommt], der tapfer versucht, seinen Alltag zu bestehen, dabei aber einsam und unglücklich bleibt« (S. 184). Bertschinger-Joos' Emphase und ihr Verständnis gelten überhaupt eher den Männern ihrer Geschichte als den Frauen. »[D]ass die Vaterschaft in Ottos Weltbild ohnehin ihre Rolle zugunsten des alleinigen Mutterrechts verloren« habe, ist etwa eine beschönigende Darstellung dafür, dass er sich nicht um seine Kinder zu kümmern pflegte. Stattdessen legte er von ihm geschwängerten Frauen lieber den Suizid nahe. Auch darüber schreibt die Autorin in euphemistischer Weise und lässt Sofie Benz einfach »an einer schweren Kokainvergiftung« sterben (S. 195), wobei sie verschweigt, dass es sich um einen Suizid handelte, bei dem Gross die treibende Kraft war. Statt dessen betont sie, dass er »vom Ausgang dieses Dramas tief betroffen« gewesen sei (S. 196). Interessant aber ist ihr Beitrag trotz alledem aufgrund der sehr ausführlichen Wiedergaben ganzer Passagen aus bislang unveröffentlichten Briefen von Frick.

Weit genauer als Bertschinger-Joos hat Thomas Reuster hingeschaut. Überhaupt zählt sein Beitrag über »Otto Gross' Suizidassistenz in medizinethischer Perspektive« (S. 206-222) nicht nur zu den lesenswerteren, sondern auch zu den wenigen Gross-kritischen Texten des Bandes. Gross' eigene Einlassungen zu den Suiziden von Lotte Chattemer und Sophie Benz hält Reuster nicht für sonderlich glaubwürdig. Sie seien »zur Erhellung seiner Rolle bei den in Rede stehenden Selbsttötungen wenig hilfreich, sondern eher irreführend« (S. 209) und zudem »unter moralischem Aspekt so dubios, dass man bei der Frage, ob man diesem Mann sein Leben anvertrauen wollte – man stelle ihn sich als Führer durch die Wüste vor oder als chirurgischen Operateur – doch sehr skeptisch reagiert« (S. 210). Statt sich auf die Aussagen und die Selbstdarstellung von Gross zu verlassen, hält Reuster sich aus guten Gründen lieber an dessen tatsächliches Verhalten. Aus diesem allerdings gleich die »Conclusio« zu ziehen, die »Zurückhaltung der Bundesärztekammer bezüglich der Mitwirkung von Ärzten am ärztlich assistierten Suizid« sei »begründet« (S. 221), erscheint dann doch etwas kurz geschlossen. Die von Reuster nahegelegte Überlegung, ob für Suizidassistenz statt eines Arztes nicht vielleicht eher »ein naher Freund« (S. 221) infrage kommen sollte, ist hingegen berechtigt. Nur macht es die Gesetzeslage diesem noch sehr viel schwerer als dem Arzt.

Manche Beiträge unterminieren ihren eventuellen Anspruch auf wissenschaftliche Dignität durch einzelne Bezugnahmen und Hinweise auf die bekanntermaßen proteische Quelle Wikipedia. In dem allerdings kaum auf Wissenschaftlichkeit abhebenden Beitrag über Bess Brenck Kalischer mag das kaum weiter ins Gewicht fallen (vgl. S. 27). Schwerer wiegt ein solcher Lapsus jedoch in dem ansonsten wissenschaftlich durchaus skrupulösen Aufsatz von Thomas Reuster (vgl. S. 222). Ein weiteres Manko einiger Beiträge besteht darin, dass gelegentlich wichtige Belege fehlen. So hätte man – wiederum im Artikel über Brenck Kalischer – doch gerne gewusst, wo Thomas Anz »zeigt«, dass die »Männerbewegung« Expressionismus »ausgeprägte Sympathien für antipatriarchalische Matriachatsmythen und geheiligte Utopien« pflegte (S. 30).

Insgesamt hat der Band für den kleinen Kreis der Gross-Forschenden sicher einiges zu bieten. Dies allerdings nicht so sehr, weil er mit der einen oder anderen neuen Erkenntnis aufwartet, sondern vielmehr selbst als ein Objekt der Gross-Forschung Von allgemeinerem Interesse ist er hingegen (abgesehen vielleicht von Fähnders Beitrag) kaum.

Rolf Löchel

Volkmar Sigusch: *Auf der Suche nach der sexuellen Freiheit. Über Sexualforschung und Politik*, Frankfurt a. M. / New York: Campus 2011. – 294 S., 24,90 €.

Ein kurzer Überblick über aktuell wichtige Aspekte der Sexualforschung, ein Essaybuch über gesellschaftliche Problemfelder, ein Requiem dem *Frankfurter Institut für Sexualwissenschaft*, eine bittere Wahrheit über den deutschen Kapitalismus und die Desavouierung des wissenschaftlichen Betriebs – alles trifft auf diese neueste Monografie des bekanntesten, mittlerweile emeritierten Sexualwissenschaftlers Deutschlands, Volkmar Sigusch, zu. Aus der höchst interessanten, thematisch breit angelegten Sammlung von Abhandlungen, Interviews, Briefen, Überlegungen und Berichten verschiedener Jahre wird die Bedeutung dieser Fachrichtung für die gesellschaftliche Analyse ersichtlich, denn die Kapitel des Buches – von denen hier einige genannt seien – umreißen wichtige soziale und identitätspolitische Fragen: »Mundus Sexualis« bespricht unter anderem den klerikalen Kindesmissbrauch; »Homosexuelle und Homosexualitäten« dokumentiert den Kampf für die Entkriminalisierung der Schwulen in Deutschland; »Neosexualitäten und Neogeschlechter« fasst aktuelle Diversifizierungen sexueller Formen zusammen, die Sigusch in seiner 2005 erschienenen, aufschlussreichen Studie *Neosexualitäten* ausführlich beschrieben hat; »Sexualität und Politik« setzt sich mit den Problemen von Sexualfreiheit, AIDS, Viagra, Prostitution und kapitalistischer Verdinglichung der Individuen auseinander. Kurz und gut: Volkmar Sigusch zeigt in Anlehnung an Foucaults Machttheoreme, wie die Sexualität neben ihrer Durchökonomisierung und Fetischisierung an weitere wichtige institutionelle und strukturelle Funktionsstellen unserer Gesellschaft wie Religion, Familie, Ausbildung, Gesundheitswesen, Politik, Legislative und Exekutive usw. geknüpft ist, sodass die Sexualität als Forschungsgegenstand in vielen Fällen kaum von den sozialen Einrichtungen getrennt werden kann. Und umgekehrt: Sexualität als eine private, physische oder psychische Angelegenheit des Einzelnen zu betrachten wäre unzureichend, weil sexuelle Handlungen komplexe Fragen nach den Formen der Gesellschaft, nach den Orten und Mechanismen sozialer Kontrolle sowie nach den herrschenden Identitätsdiskursen aufwerfen. Die von Volkmar Sigusch begründete kritische Sexualwissenschaft vereinigte als einzige wissenschaftliche Disziplin ihrer Art medizinische und soziologische Kompetenzen, um gerade diesen konstitutiven Wechselbezug von sexuellen Praktiken des Individuums, von dominierenden geschlechtsidentitären Dispositiven und von kulturellen Machtmechanismen zu untersuchen. So reicht ihr Forschungsinteresse von den intimen Sphären des Einzelnen über die sozialen Tabus bis hin zur Kapitalismuskritik.

Diese thematische Breite läuft aber auf einen unheilvollen Schluss hinaus, denn im letzten Kapitel mit der Überschrift »Sexualität und Wissenschaft« wird der Verlust dieser Forschungsrichtung überdeutlich sichtbar: Es ist eine traurige Dokumentation des gescheiterten Kampfes für die Weiterexistenz des weltweit anerkannten *Frankfurter Instituts für Sexualwissenschaft* (IfS), an dem zur kritischen Sexualwissenschaft etwa dreißig Jahre lang geforscht und gelehrt wurde. Trotz der zahlreichen Verdienste des Instituts in Theoriebildung, empirischer Forschung, Krankenversorgung, Weiterbildung der Spezialisten oder Erstellung einer in Europa einzigartigen Fachbibliothek, trotz der zahlreichen Unterstützung durch Ärzte und Massenmedien deutschlandweit, trotz der Protestbriefe angesehener Wissenschaftler aus verschiedenen Fachbereichen gehört der Lehrstuhl für kritische Sexualwissenschaft bereits zur Geschichte: Es ist für Studierende kulturwissenschaftlicher Fächer nicht mehr möglich, einen professionellen Abschluss in Sexualwissenschaft zu bekommen, sei es Diplom, Promotion oder Habilitation, ebenso wie angehenden Ärzten die Möglichkeit genommen ist, aktuelles kulturtheoretisches Wissen im Studium zu erwerben und produktiv in ihre Praxis zu integrieren. Alles, dem sich Volkmar Sigusch mit seiner professionellen Tätigkeit gewidmet hat, wird nach seiner Emeritierung mit dem Beschluss des Direktoriums der Johann Wolfgang Goethe-Universität vom 13. Juli 2006 zurückgenommen: die Sexualwissenschaft wird zurück in die Psychiatrie eingegliedert und nicht mehr als eigenständiges Fach anerkannt.

Die Notwendigkeit, die Sexualwissenschaft von der Psychiatrie abzukoppeln, resultierte aus dem Streben, der institutionellen Pathologisierung und Kriminalisierung der nicht heteronormativen Sexualpraktiken ein Ende zu bereiten. Es ist wohl kein Geheimnis, dass Medizin und Medizinwissenschaft herrschende, diskriminierende Geschlechterdiskurse stabilisieren, wenn sie beispielsweise weiter an der Zusammenstellung internationaler Klassifikationen sexueller Störungen arbeiten. Darauf reagiert Sigusch mit den Worten, die auch von Judith Butler stammen könnten: »Anthropologische Konstanten suggerieren eine durchlaufende Ursprünglichkeit, die es nicht gibt« (S. 44). Erst die Absage an eine »naturhafte« Sexualität erlaubt es, sexuelle Praktiken mit Sozialkritik zu verbinden, sie als veränderbar zu denken und damit geschlechtsspezifische Diversifizierung nicht als pathologisch einzustufen, sondern auf bestimmte kulturelle Phänomene zurückzuführen: »Die Klassifikation sexueller Perversionen oder Deviationen ist noch zeit- und kulturgebundener als die Klassifikation sexueller Funktionsstörungen« (S. 51).

Dass sich die kritische Sexualwissenschaft nicht erübrigt hat, bezeugt allein schon der Fakt, dass der notorische §175 StGB, der den Sexualverkehr zwischen Männern unter Strafe stellte, in Deutschland bis 1994 existierte! Für die Streichung des Paragraphen haben sich die Mitarbeiter des IfS, darunter Volkmar Sigusch, Martin Dannecker und Agnes Katzebach, bereits 1981 mit einem Aufruf an die Öffentlichkeit massiv eingesetzt (S. 65). Ohne ihre Initiative bestünde das diskriminierende Gesetz eventuell bis heute, denn Sigusch legt die Voten bekannter Persönlichkeiten Deutschlands vor – da staunte ich, als ich die Namen las! –, die den Aufruf, wie und aus welchen Gründen auch immer, nicht unterstützt haben. Das heißt, das IfS war ein Knotenpunkt, an dem sich medizinische und kulturkritische Theorien wechselseitig tangiert und bereichert haben, jene Schnittstelle, an der der Wissenstransfer zwischen den Natur- und Geisteswissenschaften möglich gemacht wurde. Dabei interessiert sich Sigusch vor allem für ethische Fragen in der Medizinforschung und -praxis: Wer kann beispielsweise Experimente an Menschen verantworten – nein, es geht nicht um die Zeit des Nationalsozialismus, sondern um die Antibabypille, die in den 1960ern an puertoricanischen Frauen ohne deren Wissen getestet wurde (S. 169), oder um an Syphilis erkrankte Afroamerikaner, die durch US-Forscher für das Studium des Krankheitsverlaufs nicht behandelt wurden (ebd.), oder um die Hirnoperationen an Homosexuellen (S. 59) und Sexualverbrechern, die in Deutschland bis in die 1970er Jahre hinein praktiziert wurden, oder um die Entscheidungsmacht über das Leben und den Tod von Patienten im Wachkoma (S. 176). Die Humanwissenschaft droht nicht nur um des Fortschritts und des Profits willen über Leichen zu gehen, Menschen, so lautet das pessimistische Urteil Siguschs, *sind* längst zum Material geworden (S. 168). An dieser Stelle verknüpft der Autor seine Kritik an medizinischen Forschungsmethoden und -technologien mit der Kritik am Kapitalismus im Sinne der Politischen Ökonomie von Karl Marx und der Kritischen Schule von Adorno/Horkheimer. In seinen Begriffen heißt das Hylomatie, d. i. eine bestimmte Form gesellschaftlicher Strukturen, die auf allen Ebenen Verstofflichung von Menschen und Entstofflichung von Dingen vorantreibt (S. 171). Die Gesellschafts- und Kapitalismuskritik mag in Siguschs Essays an einigen Stellen zu allgemein und zu verkürzt durchgeführt sein, ja manchmal klingt sie auch etwas anachronistisch, denn die aktuelle Wirtschaftsform hat die Kritik am Kapitalismus verunmöglicht, wie Luc Boltanski und Eve Chiapello in ihrer Studie *The New Spirit of Capitalism* (2005) eindrucksvoll gezeigt haben. Dennoch erinnert er – und das ist Siguschs wichtiger Beitrag – an die Inhumanität des kapitalistischen Systems – es sei letztendlich alles ein Geschäft –, aber auch an die Verknüpfung von herrschenden Ökonomieformen und Geschlechtsidentitäten, was beispielweise in der deutschsprachigen im Gegensatz zur US-amerikanischen Gender-Forschung gerne übersehen wird.

Das Buch kann trotz seiner fragmentarischen, an manchen Stellen zu lockeren Struktur als ein wichtiges Dokument, ja eine kritische Zeitdiagnose in Hinsicht auf Sexualforschung, sexuelle »Normen«, die Reflexion gesellschaftlicher Strukturen und institutioneller Gewalt gelesen werden. Es bietet darüber hinaus eine amüsante Lektüre, weil Sigusch zwischendurch mit den vergnüglichen Fakten aus der Sexualforschung unterhält: Kennen Sie die Geheimnisse heterosexueller Paare oder wissen Sie, wie hoch die körperliche Belastung bei einem Geschlechtsverkehr im Vergleich zum Beispiel zum Bügeln ist? Oder was bedeutet die lange Formel 1-[[3-(6,7-dihydro-1-menthyl-7-oxo-3-propyl-1H-razolo[4,3-d]pyrimidin-5-yl)-4ethoxyphenyl] sulfonyl]-4-methylpiperanzincitrat? (den Namen dieses Mittels kennt wirklich jeder!). Die Zeit kommt noch, dass wir diese einzigartige Fachrichtung intensiv vermissen werden. Leider viel zu spät... Volkmar Siguschs spannendes Buch ist auf jeden Fall einem breiten Publikum zu empfehlen.

Irina Gradinari

Petra Gehring: *Traum und Wirklichkeit. Zur Geschichte einer Unterscheidung*, Frankfurt a. M. / New York: Campus Verlag 2008. – 280 S., € 24,90.

Das Thema Schlaf hat Hochkonjunktur. Dies zeigt bereits ein kurzer Blick auf die lange Liste der derzeit auf dem Markt erhältlichen Ratgeberliteratur: Unserem schnelllebigen Zeitalter, in dem wir von einem Termin zum nächsten hetzen, Überstunden anhäufen, neben dem Berufsleben auch das Privatleben pflegen sowie ›Beziehungsarbeit‹ leisten sollen, fällt das Innehalten am ehesten zum Opfer. Das Resultat: Schlafstörungen. Schlafmangel. Eine übermüdete Gesellschaft. Diesem Missstand will die inzwischen mannigfaltig vorhandene Ratgeberliteratur Abhilfe schaffen. Wir sollen wieder lernen besser, gesunder, entspannter und richtiger zu schlafen. Über derlei Versprechen hinaus bietet der Markt eine Fülle an Interpretationshilfen für die Geschichten, die wir uns im Schlaf erzählen: für unsere Träume.

Während zum Themenkomplex Schlaf(störungen) und Traum(deutung) in den vergangenen Jahren etliche Arbeiten aus den Bereichen der Neurowissenschaften, Geschichtswissenschaften, der Psychologie und unlängst von Simon Williams mit *Sleep and Society* (2005) sowie mit *The Politics of Sleep* (2011) auch aus den Sozialwissenschaften publiziert wurden, diagnostiziert der Philosoph Walter Seitter in seiner *Geschichte der Nacht* (1999), wie Petra Gehring zu Beginn ihrer hier vorgestellten Studie anmerkt, »nicht nur eine Vernachlässigung der Dimension der Traumerfahrung, sondern ein Fehlen überhaupt der Nacht und des Schlafes in der Philosophie« (S. 7). Eben diese »Randständigkeit des Themas« (ebd.) ist es, die Petra Gehring zum Anlass nimmt, aus philosophischer Perspektive einen diachronen Beitrag zum »*Verhältnis* von Traum und Wirklichkeit« (S. 11; Hervorh. i. O.) zu liefern. Dabei geht es ihr explizit nicht um ›den‹ Traum an sich, sondern betont um die »Differenz zwischen Traum und Wachwirklichkeit« (S. 11 f.), welche die Autorin anhand ausgewählter philosophischer wie psychoanalytischer Beiträge von der Antike bis in die Gegenwart untersucht.

Bedenkt man, dass sich Gehring mit dem Themenkomplex Traum und Wirklichkeit einem bisher eher marginal behandelten Untersuchungsfeld nähert, fällt zunächst die große Fülle an Quellen auf, die sie heranzieht. Nahezu alle wichtigen (westlichen) Philosophen scheinen sich zum Schlafen, Träumen und Wachen und den damit verbundenen Wirklichkeitskonstitutionen geäußert zu haben: In der Antike Heraklit, Sokrates, Platon und natürlich Aristoteles in seiner Schrift *Über Schlafen und Wachen*. Eine erste »Traum*wissenschaft*« als empirische »*Erfahrungs*wissenschaft« (S. 35; Hervorh. i. O.) lässt sich im *Traumbuch* des Artemidor finden, der unterschiedliche Kategorien von Träumen systematisch klassifiziert. Indem die »Seele [...] dem Individuum im Traum Zukunftswissen an[bietet]« (S. 33), spricht Artemidor der Traumdeutung eine ethische Funktion im Sinne eines aktivierenden Potenzials zu, wie Gehring erläutert. Während in der Antike die Erfahrungsordnungen des Wachens und Träumens noch eng beieinander liegen und die Welt als »eine aus verschiedenen erfahrbaren Feldern zusammengesetzte« (S. 39) wahrgenommen wird, in der »Formen des Übergangs« (S. 49) zwischen Wach- und Traumwahrnehmungen möglich sind, ändert sich dies im Mittelalter auf dramatische Weise. In der christlichen ›Ein-Gott-Welt‹ manifestiert sich eine strikte Trennung zwischen Traum- und Wachwelt. Nicht nur rückt der Schlaf »in die Nähe des Todes« (S. 43), sondern, wie Aurelius Augustinus' »Zwei-Reiche-Logik« (S. 48) zeigt, entstammen Träume nun nur noch drei potenziellen Quellen: Gott, der Seele oder bösen Dämonen. Diese Betrachtung des Traums als etwas Bedrohlichem ist neu.

In der von Gehring mit ›Neuzeit‹ übertitelten Periode, wird der Traum im Anschluss an Descartes seines »Eigensinn[s]« und »Wirklichkeitswert[s]« (S. 60) dann gänzlich beraubt. Im Sinne der Vernunftherrschaft, die mit einer neuen Radikalität dazu tendiert, alles ›Bezweifelbare‹ wie auch insbesondere alles subjektiv Empfundene zu verwerfen, wird der Traum von Descartes als »bloßer Mangel an Zusammenhang« (S. 66), als Inkohärenz, als »Irrtum, Negation, Verworrenheit« (S. 67) definiert. Die von Descartes, Hobbes, Locke und Leibniz vorangetriebenen Tendenzen werden in der Aufklärung mit der endgültigen ›Entmachtung‹ des Träumens noch forciert: In dem Glauben an das »*Prinzip Realität*« (S. 85; Hervorh. i. O.) wird die Traumwelt zugunsten der Wachwelt eliminiert, die sich, so Gehring, »gewissermaßen noch in den Schlaf hinein« erstreckt und »Traumerscheinungen als Illusion und Täuschung« (ebd.) erklärt. Der Traum erscheint nur noch als »Negativfall der Vernunft« (ebd.), dem ein eigenes Sein abgesprochen wird. Gehring zeichnet im Kapitel zur Aufklärung vor allem die Positionen Rousseaus zum Wachträumen und Kants zum Träumen als lebenserhaltender Funktion während des Schlafens nach. Bei Kant erhält der Traum wieder einen funktionalen Sinn: »Wir träumen, damit wir nicht versehentlich im Schlaf sterben, weil wir zu tief eingeschlafen sind« (S. 99) – so bringt Gehring Kants Überlegungen auf den Punkt.

Ganz im Gegensatz zu der »Tag- und Lichtorientierung« (S. 110) der Aufklärung *feiert* die Romantik den Traum, die Nacht und die Dunkelheit, so dass die »Produktivität der Träume« (S. 113) für die Denker dieser Zeit »absoluten Vorrang [...] vor allen anderen Formen des Erkennens« (ebd.) erlangt. Im Kapitel zur Romantik werden die Ausführungen Lichtenbergs, Schlegels, Novalis', Schellings und Hegels besprochen. Insbesondere mit den Arbeiten von Schlegel und mit Novalis' *Hymnen an die Nacht* und deren Betonung der »Gleichrangigkeit der bipolaren Konstellation« (S. 119) von Wachwelt und Traumwelt lösen sich die »Prioritäten der Wachwirklichkeit« (S. 119) wieder auf, konstatiert Gehring. Mit der Popularisierung der Physiognomik und der frühen Gehirnforschung im 19. Jahrhundert weist das Gehirn als ›Ort des Geschehens‹ dem Traum wieder einen konstanteren Platz zu. Unter anderen Karl Friedrich Burdach, Arthur Schopenhauer und Friedrich Nietzsche äußern sich in ihren jeweiligen Arbeiten nun zum *Verhältnis* von Traum und Wirklichkeit. Dies geschieht, wie Gehring darlegt, im Rahmen einer zunehmenden Orientierung an den Naturwissenschaften (S. 146).

So verwundert es auch nicht, dass Freuds wegweisendes Werk *Die Traumdeutung* von diesem explizit als ein medizinisches Buch angelegt war, als »Buch eines Arztes« (S. 148), das den Traum als Zugang zu neuropathologischen Phänomenen verstanden wissen wollte. Das Dechiffrieren von Träumen sollte einen der Schritte zur Behandlung von Nervenkrankheiten darstellen. In den Kapiteln »Neunzehnhundert«, »Nach Freud« und »Heute« findet Gehrings Buch zu seiner größten Stärke: Die Autorin geht ausführlich auf die von Freud genannten Merkmale des Traums ein, wie z. B. die Aufnahme von Tageseindrücken in den Traum, die Hervorhebung von Marginalem oder die »Amoral der Träume« (S. 152), bevor sie Freuds »methodischen Zugang zum Traumphänomen« (S. 154) nachvollziehbar erläutert. Besonders spannend zu lesen sind die Ausführungen zum Traum als Regression und zur Instanz der Zensur bei Freud. Für Gehrings Projekt der Unterscheidung von Traum- und Wachwirklichkeit erlangt die Zensur besondere Wichtigkeit, da sie es zu sein scheint, die »die Trennung der zwei Hemisphären – Wachzustand und Schlaf/Traumzustand – verteidigt und vielleicht sogar errichtet hat« (S. 166). Im Traum wie auch in der Psychose, schreibt die Autorin unter Rekurs auf Freud, wird diese »Zensurschranke« (ebd.) durchbrochen, womit die beiden ›Wirklichkeitsebenen‹ von Wachen und Schlafen nicht mehr klar voneinander trennbar sind.

Für das 20. Jahrhundert gilt, wie Gehring treffend formuliert: »Sei es in der Theoriebildung, sei es in der Populärliteratur, sei es in einschlägigen Witzen – an Freud führt kein Weg mehr vorbei« (S. 173). Selbiges trifft auf die Philosophie ebenso wie auf die Psychoanalyse zu. Im Kapitel »Nach Freud« widmet sich Gehring vor allem der Kritik an Freud und der ›Weiterentwicklung‹ seiner Traumtheorie. Im Mittelpunkt stehen die Ausführungen von Lacan zur Neubetrachtung des Verhältnisses zwischen Arzt und Patient sowie zum Funktionieren des Unbewussten analog zu dem System einer Sprache, von Ernst Bloch, der Tagträumen ein »besonderes utopisches Potential« (S. 191) zuschreibt sowie von Herbert Marcuse, für den sich im Traum laut Gehring »nichts radikal der Wachwirklichkeit Entgegengesetztes [zeigt], sondern im Grunde eine verbesserte Gegenwart – eine Wachwirklichkeit von morgen, die sich aus den Mängeln des Heute ableiten lässt« (S. 193). Deleuze und Guattari schließlich stellen u. a. durch ihr »Lob[ ] des Schizophrenen und der Schizophrenie« (S. 198) Grenzen wie die zwischen ›gesund‹ und ›krank‹ bzw. ›Realität‹ und »Nicht-Realität« (ebd.) viel grundsätzlicher in Frage als es Freud getan hatte. Diesen konstruktivistischen, sprechakt-, prozess- und beziehungsorientierten Ansätzen folgen später phänomenologische Arbeiten wie die von Medard Boss, erkenntnistheoretische wie die Sartres und die Merleau-Pontys, der »den Traum von einer Leiblichkeit her zu begreifen« (S. 211) versucht. Derrida kritisiert die von Freud gewählte Analogie von Traumphänomen und Schrift(sprache). Anders als die Schrift habe der Traum keine wiederholbare, »bestimmte feste Bedeutung[ ]« (S. 215).

Für die Zeit seit den 1960er Jahren macht Gehring zwei Tendenzen aus: Einerseits sei »eine künstlerische, populärpsychologische und popkulturelle Dauerkonjunktur des Träumens zu verzeichnen« (S. 201), für die Gehring bedauerlicherweise keine Beispiele anführt. Andererseits habe mit dem Fokussieren auf eine empirisch-psychologische und neurowissenschaftliche Traumforschung der Faktor ›Messbarkeit‹ beständig an Wichtigkeit gewonnen. Während im 20. Jahrhundert die ärztlich-therapeutische Praxis der Ort der Fragestellung nach dem Verhältnis von Traum und Wirklichkeit war, findet spätestens im 21. Jahrhundert eine Verlagerung in das (Schlaf-)Labor statt. Dennoch scheint der Traum trotz jüngster Forschungsmethoden seine »radikale[ ] Fremdheit« (S. 220) beibehalten zu haben: So ist es noch immer gänzlich unklar, warum der Mensch überhaupt schlafen muss, welche Funktionen Träume haben und warum wir überhaupt träumen (S. 222). Auch lässt sich die Traumerfahrung selbst nicht im Labor messen (S. 224), und der Traumbericht als Textsorte bleibt schwer fassbar, da es sich dabei immer um eine erzählte »Nachkonstruktion« (S. 213) handelt. Der empirische Zugang zum Träumen funktioniert auch deshalb nicht wirklich, weil sich anhand von Hirnbildern »kaum unterscheiden [lässt], ob und ab wann jemand schläft und träumt« (S. 231). Gehring formuliert prägnant: »Die Geräte liefern Daten, sie liefern keine Theorie« (ebd.). Für die Gegenwart ist somit ein Streben nach der (neuro-)wissenschaftlichen Durchdringung der Grenze zwischen Traum und Wirklichkeit symptomatisch. Es geht nicht um »das Träumen selbst, sondern [um] die Grenze, für die es steht. Es ist die Grenze des Wirklichen, die gleichsam sozialisiert und technisiert wird« (S. 237), und dies geschieht »zugunsten der Wachwirklichkeit« (ebd.), schließt die Autorin.

Mit *Traum und Wirklichkeit. Zur Geschichte einer Unterscheidung* hat sich Petra Gehring einem faszinierenden Thema gewidmet und eine längst überfällige Studie vorgelegt. Allerdings bleibt das anspruchsvolle Werk zuweilen schwer zugänglich, was jedoch Teil des Programms sein mag: Einzelne Blitzlichter können die Nacht und den Schlaf niemals voll ausleuchten. Der Traum bleibt im Dunkeln. Er bleibt unzugänglich: für die Philosophie, wie auch insbesondere »für alle im Sinne von Wachwirklichkeit ›wirkliche‹ Empirie« (S. 248). Im Anschluss an Gehrings Werk wünscht man sich eine Untersuchung, die, ähnlich wie Elisabeth Bronfens *Tiefer als der Tag gedacht. Eine Kulturgeschichte der Nacht* (2008) oder Christoph Türckes *Philosophie des Traums* (2008), unter Hinzuziehung literarischen, filmischen, musikalischen und populärkulturellen Materials auch aus kulturwissenschaftlicher Perspektive einen Blick *auf* den Traum und *in* die Traumwirklichkeit*en* wagt.

Jennifer Moos

Peter Widmer: *Der Eigenname und seine Buchstaben. Psychoanalytische und andere Untersuchungen*, Bielefeld: transcript-Verlag 2010 (= Reihe Psychoanalyse). – 292 S., € 26,80.

> *[D]as Kind beim Namen zu*
> *nennen, hat etwas Traumatisches,*
> *hat mit Aufdeckung von Unwahrheit,*
> *mit Schuld und Einsicht in eigene*
> *Verfehlungen zu tun.* (S. 27)[1]

Wir alle haben ihn: einen Namen, der uns identifiziert, mit dessen Unterschrift wir Eigenes (Dokumente, geistiges Eigentum etc.) wie auch unsere Existenz (Pass/Personalausweis) beglaubigen und mit dem wir uns letztlich selbst als die (gesellschaftliche) Person identifizieren lernen, die wir sind. Zugleich verankert uns unser Name sozial: im engen Verband einer Familie sowie zeitlich in einer bestimmten verwandtschaftlichen Genealogie, eventuell gar in der Tradition eines ganzen Familiengeschlechts. Damit kommt dem Eigennamen eine grundsätzliche Bedeutung sowohl im sozialen Gefüge als auch für die Konstruktion unseres Selbst und unserer Identität (Subjektkonstitution) zu. Nach Peter Widmer lässt sich beides auch wie folgt charakterisieren:

> Der Eigenname ist ja überhaupt ein Zeichen der Zugehörigkeit zum Menschsein, zur symbolischen Ordnung als Trägerin der nicht auf Natur rückführbaren Kultur, in der sich Ich und Du unterscheiden, in der es Lüge und Wahrheit, Schuld und Freiheit gibt. [… D]as Hören meines Rufnamens exponiert mich als Angesprochenen, als singuläres Subjekt werde ich in die Pflicht genommen, zu hören und Verantwortung für *mein* Tun zu übernehmen. (S. 27)

Die Doppeltheit des Personennamens, der in den meisten Kulturen aus einem Vor- und einem Zu- bzw. Nachnamen besteht, spiegelt dem Autor zufolge diese zwei Hauptaspekte: Zusätzlich zur spezifizierenden Identifikation mittels des Vornamens wird das Individuum via seines Familiennamens gleichzeitig »intragenerationell« eingebunden wie – diachron –»intergenerationell« verortet (S. 134). Gerade die (ein)bindende Funktion der Namensgebung sieht Widmer derzeit jedoch aufgrund

---

[1] So Widmer am Ende seiner Interpretation des Grimm'schen Märchens vom »Rumpelstilzchen«.

unterschiedlicher Faktoren von Auflösungstendenzen erfasst – mit Wirkung auch für die subjektbildenden Anteile. Seiner aktuellen Studie liegt somit ein (negativer) zeitdiagnostischer Impetus zugrunde, demzufolge sich der Schweizer Lacanianer hier aus psychoanalytischer Sicht pessimistisch-warnend zu Wort meldet.

Anlass seiner Untersuchung, in deren Verlauf der Autor ein eigenes Konzept im Sinne einer ›Psychoanalyse des Eigennamens‹ zu entwerfen versucht, bildet die Feststellung grundlegend geänderter Praxen in Bezug auf die Namensgebung. Zu den auffälligsten Indikatoren des veränderten Umgangs mit dem Eigennamen zählt Widmer die gestiegene Zahl nichtdeutscher, oft geradezu »exotischer« (S. 19) Namen, die Eltern heute ihren Kindern geben, um so seiner Ansicht nach vor allem das Besondere und Einzigartige, »das Einmalige, Singuläre« ihres Kindes und damit seine Unterschiedenheit zu betonen: Seinem Urteil nach geschieht dies um den Preis eines Verlusts an familiärem und gemeinschaftlichem (sowie nationalem?) Zugehörigkeitsempfinden (vgl. S. 30).[2] Ebenso skeptisch beurteilt Widmer die im Zuge der Frauenbewegung einsetzende neue Handhabung und gestiegene Variabilität der weiblichen Nachnamen im Falle einer Heirat, die insbesondere zur Verwendung von Doppelnamen, aber auch zu zahlreichen Varianten bei der Namensgebung der Kinder geführt hat (vgl. S. 17; S. 34 f.). Der Autor konstatiert infolgedessen einen »Verlust an Kontinuität« mit der Gefahr der »Beliebigkeit«, was nicht nur zu »Orientierungslosigkeit« führe, sondern auch der Beförderung narzisstischer Tendenzen diene. In der Konsequenz warnt Widmer daher gar vor einer an dieser Entwicklung ablesbaren »Psychotisierung der Gesellschaft« (S. 31 f.).

Das Feld, das der am Lacan-Seminar Zürich lehrende, praktizierende Psychoanalytiker und Autor Peter Widmer in seiner Monografie bearbeitet: die Frage nach dem Stellenwert des Eigennamens, hat auch vor ihm schon manchen Theoretiker gereizt. Neben Saul Kripke, der in *Name und Notwendigkeit* (1981) eine an Wittgenstein anschließende sprachphilosophische »kausale Namenstheorie« entwickelt hat, und Michel Foucault, der unter Bezug auf den Sprechakttheoretiker John Searle in *Was ist ein Autor?* (1969) aus dem Charakter des Eigennamens seine Überlegungen zur diskursiven »Autor-Funktion« ableitete, hat sich etwa Ernst Cassirer mit der Thematik beschäftigt. Anhand der sprachlichen Entwicklungsprozesse der blind und taubstumm geborenen Laura Bridgeman und Helen Keller hat Cassirer, der bei Widmer unberücksichtigt bleibt, gerade am Beispiel des Symbolcharakters von Namen seine umfassende Theorie zur Symbolfunktion der menschlichen Sprache mitbegründet.[3] Die Thesen des psychoanalytisch geprägten Dekonstruktivisten Jacques Derrida münden zudem in ein eigenes Theorem über die »Signatur«, an das auch

---

[2] Entgegen der verallgemeinerten These vom Verschwinden »traditioneller Vornamen« (vgl. S. 30) muss hier – abgesehen davon, wie immer man »traditionell« in diesem Zusammenhang definieren will – eingewandt werden, dass zumindest in Deutschland derzeit geradezu eine Renaissance ›klassischer‹ (christlicher) Namen wie Maximilian, Alexander, Paul bzw. Sophie, Marie oder Anna/(Jo-)Hanna zu verzeichnen ist (vgl. etwa das Namensranking für 2010 auf www.eltern.de).

[3] Erst indem die beiden Mädchen lernten, dass ein Ding eben *nicht* sein Name ist bzw. »das, als was es bezeichnet wird«, haben sie nach Cassirer den entscheidenden Schritt zur Symbolisierungsleistung vollzogen. Aus den ursprünglichen, singulären Namen sind »abstrakte Namen« geworden, die, losgelöst von ihrer früheren ›primitiv‹-magischen Verknüpftheit, die Grundlage für das Symbolsystem der Sprache bilden (S. 65-66). Vgl. Ernst Cassirer: *Versuch über den Menschen. Einführung in eine Philosophie der Kultur*, Hamburg 1996 [Orig. 1944].

Widmer anschließt.[4] Das Gros dieser Vorgänger streift der Autor jedoch nur überblicksartig. Um den Eigennamen psychoanalytisch auszuloten, zieht er stattdessen Ernst Mach, C. G. Jung, Gottlob Frege, Béatrice Fraenkel und Walter Benjamins namenstheoretische Überlegungen zu Goethes *Wahlverwandtschaften* heran und unternimmt Anleihen bei Hitchcocks Film *Der unsichtbare Dritte* (1959), verschiedenen Schriftstellergrößen und den zahlreichen sprechenden Namen in Mythos und Literatur. In der Hauptsache bezieht er sich aber auf Anschlussstellen bei Sigmund Freud – besonders dessen Ausführungen zur sogenannten Signorelli-Episode (als Beispiel für das Namenvergessen), zum »Kleinen Hans« sowie zum »Wolfs-« und zum »Rattenmann« – und Jacques Lacan. Sich in die Tradition dieser beiden ›Überväter‹ der Psychoanalyse stellend, entwickelt Widmer so unter der Frage, »inwiefern der Eigenname als Agens, als Katalysator« an der subjektiven Realitätskonstitution beteiligt sei (vgl. S. 11), ein konzeptionelles Gerüst, in dessen Zentrum er die subjektkonstituierende Kraft des Eigennamens stellt. Denn wie kaum etwas anderes repräsentiere dieser die Individualität des Subjekts: und zwar nicht nur nach außen, sondern gerade auch im Psychischen, im Unbewussten, demzufolge er dem Namen einen neuen, herausragenden Stellenwert als »Kern der Identität« (S. 18) wie auch des »Seelischen« selbst zuspricht.[5] Dies kulminiert in Widmers These, der Eigenname – wie auch »seine Buchstaben«, besonders die Initialen – fungiere tatsächlich als ein *Körperbild*,[4] genauer »als Körperbild im Symbolischen« (S. 12):

> Der Sachverhalt, dass sich das Spiegelbild als Bild des Eigennamens erweist [...], führt zu der Folgerung, dass der Eigenname als Rufname selbst als Körperbild aufgefasst werden kann – ein Körperbild im Symbolischen [...], dessen Vermittlung notwendig ist, damit die Wahrnehmung des Spiegelbildes als das eigene erfolgen kann. (S. 124)

Anders als Freuds Augenmerk auf Aspekte der (verdrängenden) Entstellung und Tabuisierung von Namen ›analysiert‹ Widmer damit das Faktum von Eigennamen an sich, wofür er zentral am Theoriegebäude Lacans anschließt, dessen Psychoanalyse für ihn hier »wegleitend« ist (S. 12). Widmer stellt danach den Eigennamen auf eine ähnliche Stufe wie das Lacansche Spiegelstadium, ja, bescheinigt ihm eine nahezu vergleichbare Funktion beim Aufbau des »Ich« und seinem »Realen«. Anders als das bei Lacan im *Imaginären* verhaftete Spiegelbild als (zugleich narzisstisches und phantasmatisches) identifikatorisches Selbstbild sieht Widmer jedoch den Eigennamen, der dem Subjekt ja in der Regel »vom Anderen« (Eltern, Freunden, Freud) ver-

---

[4] Das Paradoxon der Unterschrift, die einerseits die Singularität des Augenblicks (der Signatur) verbürgt, andererseits reproduzierbar sein muss, verweist nach Derrida ganz fundamental auf die Vergänglichkeit des »anwesend-*gewesenen*« Unterzeichners, gleichzeitig bleibt damit gerade in der (Unter-)Schrift die Anwesenheit der Person über deren Tod hinaus »präsent«.

[5] Im Interview spricht Widmer so auch vom »Kern des Seelischen«, vgl. www.transcript-verlag.de/ts1620/ts1620.php.

[4] Konzeptionell bezieht sich Widmer hier wie schon in seinem Band *Metamorphosen des Signifikanten. Zur Bedeutung des Körperbilds für die Realität des Subjekts*, Bielefeld 2006 auf Françoise Dolto: *Das unbewußte Bild des Körpers* (1984) und den darin geschilderten »Fall Frédéric« bzw. »Armand«, vgl. ebd., S. 111 ff.

liehen wird[5] (vgl. S. 134; S. 178), sowohl im *Realen* als auch im *Symbolischen* verankert (vgl. S. 164), womit er die strikten begrifflichen Entgegensetzungen bei Lacan aufhebt. Der hatte das Feld in erster Linie mit seinem Konzept vom »Namen des Vaters« als Signifikant für das dadurch autorisierte »väterliche Gesetz« und damit für den Eintritt in die symbolische (Herrschafts-)Ordnung bearbeitet. Unter der von Arthur Rimbaud übernommenen Prämisse »Ich ist ein Anderer« fokussierte Lacan dabei besonders die im Spiegelstadium sichtbar werdende *Verkennung* des »Ich«, die auf einen grundsätzlichen *Mangel* in der Repräsentation des Subjekts und seines Begehrens verweise. Peter Widmer knüpft mit seinen Überlegungen insbesondere daran an, dass nach Lacan auch das Unbewusste »strukturiert ist wie eine Sprache«, also ebenfalls dem Symbolischen unterliegt, das so zum bestimmenden Faktor des Psychischen in der Psychoanalyse wird. Der Eigenname, obwohl »arbiträr« (S. 19), fungiert bei ihm folglich als eine Art lautlicher »Spiegel«, der das Subjekt formiert. Damit postuliert Widmer den Personennamen als einen analogen »Bildner der Ich-Funktion«[6]. Das grundsätzliche Dilemma des Subjekts nach Lacan wiederholt sich dabei: Selbst wenn etwa die von Freud beispielhaft bzw. »symptomatisch« an seine Patienten verliehenen künstlichen Namen wie der »Wolfsmann« einen angemesseneren, sprich »›eigentlicheren‹« Namen suggerieren, vermögen sie Widmer zufolge doch »ebenso wenig das Sein eines Subjekts zu benennen wie Kosenamen, Pseudonyme [...] oder Heteronyme« (S. 178). So spiegele sich nicht nur zuvorderst das »Begehren« der Anderen in der Namensgebung (vor allem als »Phantasma der Eltern« [S. 32] bzw. als *Übertragung*), sondern immer auch die »Lücke«[7] in der Repräsentation des Subjekts selbst. Mit der Folge, dass »[d]as Begehren nach einem wahren, eigentlichen Namen bestehen [bleibt], als unerfülltes, stets noch ausstehendes« (S. 179). Das Subjekt bleibt somit im Lacan'schen Sinne »nicht-identisch« (S. 192), sodass sich nach Widmer auch im Namen letzten Endes nur »die Unlesbarkeit des Subjekts« (S. 257) ausdrückt. – Damit aber kehren wir zurück zum Goethewort bzw. zur Faust'schen Formel von den Namen, die nichts als »Schall und Rauch« sind.

Obwohl es zunächst einen anderen Anschein hat, stellt Widmers Abhandlung keine psychoanalytisch fundierte Kultur- oder Theoriegeschichte des Eigennamens dar. Die kurzen kultur- und philosophiegeschichtlichen sowie soziologischen Exkurse in die Materie sind denn auch nur lose zusammengetragen und bilden wenig systematisierte theoretische Grundlagenstränge. Widmers allzu eigenmächtige Umdeutung der Begriffe »patrilinear« und »matrilinear« entbehrt schließlich jeglicher ethnologischer Basis.[8] Gerade das Faktum (westlicher) patrilinearer Verwandtschafts-

---

[5] Zu berücksichtigen sei dabei, dass der Vorname tatsächlich auf einer *Auswahl* vonseiten der Eltern beruht, während der Nachname mit seinem generationalen Bezug weitgehend vorgegeben ist (vgl. ebd., S. 134).

[6] Vgl. Jacques Lacan: *Das Spiegelstadium als Bildner der Ichfunktion, wie sie uns in der psychoanalytischen Erfahrung erscheint*, *Schriften*, Bd. 1, Olten 1973, S. 61–70 [Orig. 1936].

[7] Widmer weist uns hier quasi »genießend« darauf hin, dass der Name Lacan nicht nur wörtlich »und dennoch! *(et pourtant!)*« bedeutet, sondern in abgewandelter Form auch »*lacune*«: die »[Wissens- oder auch Zeichen-]Lücke« (vgl. S. 185).

[8] Vgl. etwa die kulturvergleichende und gender-analytische Studie von Elisabeth Mense, die die Frage familialer Deszendenzmodelle für die jüngere sozialwissenschaftliche Diskussion neu aufgearbeitet hat: Elisabeth Mense: *Verwandtschaft und Familie im Kontext der neuen Reproduktions-*

beziehungen und die hiermit verknüpfte patrilineare Namensgebung, die nach jahrhundertelanger Gültigkeit heutzutage tatsächlich Risse bekommt und gegenwärtig zumindest ansatzweise zu grundlegenden Neudefinitionen des Familiären führt, findet so bedauerlicherweise keine Berücksichtigung. Stattdessen liegt das Augenmerk fast ausschließlich auf der Kernfamilie und ihrer klassischen (patriarchalen) Triade von Vater, Mutter, Kind(ern). Die modernen »Patchwork-Familien« des neuen Jahrtausends mit ihren zeitlich aufeinanderfolgenden mehrfachen Erziehungsberechtigten und pluralen Formen biologischer und sozialer Elternschaft, auch im Kontext binationaler Ehen und gleichgeschlechtlicher Lebensweisen, finden dagegen keinerlei ernsthafte Behandlung. Eher geben sie nach Darstellung Widmers die Quelle eines ominösen Gefahrenpotenzials ab. Dabei ließe sich mit Widmer auch wie folgt argumentieren: Gerade *weil* das Seelische nicht zuletzt so eng mit dem Eigennamen verknüpft ist, ist es nicht verwunderlich, wenn sich fundamentale gesellschaftliche Umbrüche eben hierin, d. h. in einem veränderten Gebrauch der Namen,[9] spiegeln. Und zwar möglicherweise auch in einem positiven Sinne, etwa als befreiender Akt aus ›unheiligen‹, von Gewalt geprägten Familienverhältnissen. Anstatt diese Praxen einer versuchten symbolischen Selbstbemächtigung und veränderten Selbstrepräsentation[10] – vielleicht gerade auch in ihrem (zwangsläufigen?) Scheitern – zumindest zur Kenntnis zu nehmen, liest Widmer diese durchweg kulturpessimistisch als narzisstische Selbstermächtigung, der eine individualistische Hybris eingeschrieben ist.

Dennoch besitzen die psychoanalytischen Einsprüche gegen die unreflektierten Individualismen einer globalisierten Moderne sicherlich ihre Berechtigung. Problematischer ist, dass den Überlegungen des Autors letztlich ein *geschlossenes Identitätskonzept* zugrunde liegt; Wandelbarkeit und Vorstellungen einer »Identität im Prozess« (Stuart Hall) als einem unablässigen Werden von Identität und Selbstbezug sind hier anscheinend nicht vorgesehen. Damit aber wirkt Widmers Ansatz geradezu antiquiert bzw. anachronistisch. Der fast gänzlich fehlende Gender-Begriff illustriert diese Schwächen in Widmers Argumentation.[11] So muss der Autor zwar notgedrungen auf geschlechtsbezogene emanzipative Veränderungen sowohl in der gesellschaftlichen Realität als auch in den Konzepten verweisen, er tut dies jedoch nur, um anschließend wieder zur tradierten Geschlechterdichotomie zurückzukehren. Vieles klingt daher zu sehr nach einer Wiederholung des Immergleichen. Statt des zu breiten Rundumschlags wäre da wohl die Konzentration auf den eigentlichen thematischen Schwerpunkt ertragreicher gewesen. Fraglich ist auch, ob der enge Bezug zum Theoriegebäude Lacans wirklich notwendig war. Aufschlussreicher und interessanter wäre es gewesen, hätte Widmer eigene aktuelle Praxisbefunde zu konkreten psy-

---

technologien, ausgezeichnete, unveröffentlichte Diplomarbeit, Ruhr-Universität Bochum, Fakultät für Sozialwissenschaft 2002.

[9] Prominentestes Beispiel aus der deutschen Öffentlichkeit ist der ehemalige Grünen-Chef und Bundesaußenminister Joschka Fischer, der statt seines bürgerlichen Vornamens Joseph die aus dem Ungarischen stammende Koseform, die Fischers ungarndeutsche Familienwurzeln betont, als Rufname verwendet. Inwiefern dies auch als Ausdruck des von der 68er-Generation gesuchten Bruchs mit deutscher Identität und geschichtlicher Kontinuität gelten kann, wäre eine interessante Frage.

[10] Insbesondere in ihrer Absage an eine überkommene »väterliche Autorität« und ihre Ordnung.

[11] Ähnlich moniert Bettina Engels in ihrer Rezension die hier vollzogene immer gleiche Tradierung des geschlechtlichen Bias in der (Lacan'schen) Psychoanalyse (vgl. FAZ vom 21.02.2011).

chischen Besetzungen des Namens inklusive neuerer klinischer Beobachtungen aus dem Feld der Neurosen, Phobien und Psychosen eingebracht und vertieft. Wirkt doch Widmers Grundthese durchaus plausibel und anschlussfähig: So, wie er zunächst von eigenen Erfahrungen der Beschämung durch die hämische Abwertung und Verunglimpfung von Namen durch Mitschüler in seiner Schulzeit ausgeht, hätte uns der Autor damit deutlich erfahrungsgesättigter und realitätsnäher vorführen können, wie sehr uns unser Name im Zweifel in die Pflicht nimmt, uns aber auch Halt gibt und einen (wenn auch prekären) Subjektstatus verbürgt. Und wie sehr der Eigenname dabei trotzdem in lebensgeschichtlich sich *wandelnde* »phantasmatische Zusammenhänge« (S. 256) eingebettet bleibt, die die Konstruktion von identitärer ›Kontinuität‹ allererst sichtbar machen.

Annette Vieth

Jens L. Tiedemann: *Die Scham, das Selbst und der Andere. Psychodynamik und Therapie von Schamkonflikten*, Gießen: Psychosozial-Verlag 2010 (= Bibliothek der Psychoanalyse). – 573 S., € 49,90.

Jens Tiedemann legt eine quantitativ und qualitativ voluminöse Monographie über die Scham vor. Sie ist aus seiner Promotionsarbeit (2006) hervorgegangen. Höchst differenziert und bisweilen überdetailliert befasst er sich mit den vielfältigen Facetten der Phänomenologie, Genese, Psychodynamik und Klinik der Scham, um daraus eine reiche Fülle von Konsequenzen für die Therapie von Schamkonflikten abzuleiten.

Wie schon der Titel seines Buches *Die Scham, das Selbst und der Andere* andeutet, geht es ihm vor allem um die *intersubjektive* Perspektive auf Schamkonflikte und ihre Behandlung (besonders S. 491 ff.). Seine zentrale These besagt darüber hinaus, »dass Psychotherapie als interaktives und intersubjektives Geschehen im Sinne der ›Zwei-Personen-Psychologie‹ (Balint 1969[1]) aufgefasst werden kann und sollte [...]. Das Intersubjektivitätsparadigma ist im Begriff, das Triebparadigma abzulösen« (S. 538). Zunächst ist historisch darauf hinzuweisen, dass Balints einschlägiger Artikel *Wandlungen der therapeutischen Ziele und Techniken in der Psychoanalyse* bereits 1949 (!), also vor über 60 Jahren, erschienen ist. Also ist für mich eine Frage, ob Tiedemanns – wie manch anderer – vehementes aktuelles Plädoyer für die ›intersubjektive Wende‹ nicht vielleicht schon länger offene Türen einrennt? »Jeder Patient möchte von uns gefunden und erkannt werden, jeder hat aber auch das Bedürfnis – und das Recht (vgl. Winnicott 1965[2]) –, in seiner ›*Selbstverborgenheit*‹ (Mitscherlich 1946[3]) verbleiben zu dürfen. ›Es handelt sich um ein hochdiffe-

[1] Michael Balint: *Die Urformen der Liebe und die Technik der Psychoanalyse*, Frankfurt a. M. 1969.

[2] Donald W. Winnicott: *The Maturational Process and the Facilitating Environment,* London 1965, S. 179 (deutsch: *Reifungsprozesse und fördernde Umwelt*, München 1974).

[3] Alexander Mitscherlich [1946]: *Einführung in die Psychoanalyse I*, in: Ders., *Gesammelte Schriften*, hg. v. Klaus Menne, Frankfurt a. M. 1983, hier Bd. 9, *Vorlesungen*, hg. v. Max Looser, S. 7 bis 82.

renziertes Such- und Versteckspiel, in dem es ein Vergnügen ist, verborgen zu bleiben, jedoch ein Desaster, nicht gefunden zu werden‹ (Winnicott 1965a, S. 186)«, schreibe ich zum Beispiel bereits 1995.[4]

Die andere Frage ist, ob Tiedemanns konsequente Fokussierung auf die »Relationalität der Scham« (S. 13), so Micha Hilgers in seinem Vorwort, nicht eine neue Einseitigkeit der Perspektive hervorrufen kann? Indem sie nämlich die Komplexität subjektiver und immer schon auch intersubjektiver psychosozialer Gegebenheiten wiederum vereinfacht? Die Scham ist meines Erachtens ein *ebenso* intra- wie intersubjektives Phänomen. In der klinischen Situation muss im konkreten Einzelfall entschieden werden, wo und wann ich sinnvoll und hilfreich welchen therapeutischen Schwerpunkt setzen muss.

Der Wortreichtum und die Gedankenvielfalt Tiedemanns, teilweise inhaltliche Redundanzen, versperren bisweilen den klaren Blick und Durchblick auf die Inhalte der einzelnen Kapitel. Manches erscheint wie ein riesengroßer intellektueller ›Flickenteppich‹, der nicht hinreichend integriert und strukturiert ist, und deswegen auch eine Reihe innerer Widersprüche enthält. Wohl deswegen empfiehlt Micha Hilgers dem Leser mit dem letzten Kapitel des Buches zu beginnen, um sich einen »*leicht lesbaren* Überblick über Tiedemanns Anliegen« zu verschaffen (S. 13; Hervorh. T. A.)! Man kommt sich beim Lesen bisweilen vor, als nehme man in einer Konditorei eine opulente, höchst kalorienreiche Sahnetorte zu sich, die einem zunächst durchaus mundet, man fühlt sich aber dann schnell übersättigt und schließlich wird einem schlecht.

Tiedemann ist zweifellos ein belesener Autor, wie auch sein umfängliches Literaturverzeichnis beweist. Er bevorzugt – was aber natürlich sein gutes Recht ist – beim Zitieren etwas einseitig Autoren, die *seine* Sichtweise auf die psychoanalytische Landschaft unterstützen. Es gibt Passagen in Tiedemanns klinischen Anregungen, denen ich voll zustimmen kann, andere Textstellen wecken dagegen meinen Widerspruch. Seine interessanten, lesenswerten wie auch an vielen Stellen weiterführenden Gedanken zur klinischen Praxis werden allerdings penetrant alle paar Seiten ›garniert‹ mit Seitenhieben auf die ›klassische‹ Psychoanalyse. Bei seinem umfangreichen Werk wirkt das auf die Dauer einfach nervig!

Bisweilen frage ich mich, warum es Autoren immer wieder nötig erscheint, den eigenen wissenschaftlichen Beitrag dadurch aufzuwerten, dass anderes abgewertet wird. Selbstkritisch muss ich allerdings zugestehen, dass auch manche meiner eigenen Arbeiten damit beginnen, dass zu dem jeweiligen Thema von anderen noch wenig erarbeitet worden ist!

Tiedemann betont zwar in seiner Einleitung, dass »Freud-Bashing« ebenso überholt sei wie »unkritische Freud-Vergötterung«, erschließt sich jedoch als neues ›Feind-Bild‹ die ›traditionelle‹ oder ›klassische‹ beziehungsweise ›orthodoxe‹ Psychoanalyse, definiert durch ›Triebtheorie‹ und ›Ein-Personen-Psychologie‹. »Bestimmte Deutungen, die *üblicherweise* in der Psychoanalyse und psychodynamischen Psychotherapie gemacht werden, haben meines Erachtens nicht selten einen *anklagenden* Charakter« (S. 187; Hervorh. T. A.). Die Frage ist, ob dieser ›Pappka-

[4] Thomas Auchter: »Über das Auftauen eingefrorener Lebensprozesse«, in: *Forum der Psychoanalyse* 11 (1995), S. 62-83, hier: S. 79; vgl. Tiedemann 2010, S. 543.

merad‹ ›klassischer Psychoanalytiker‹, gegen den Tiedemann in seinem Buch immer wieder zu Felde ziehen zu müssen glaubt, tatsächlich noch sehr verbreitet ist. Einzelne Restexemplare davon, »übermäßig mit der Korrektheit der therapeutisch-analytischen Technik beschäftigt« (S. 100) und »theoriediktiert« (S. 125), mit der »Tendenz zur ›Besserwisserei‹« (S. 190), mögen sich noch in der weiten psychoanalytischen Landschaft herumtreiben. Als jemand, der den ›relational turn‹ der Psychoanalyse von Anfang an miterlebt und mitgemacht hat,[5] irritiert mich jedoch das rigide Festhalten Tiedemanns an dieser von ihm selbst so bezeichneten »Kunstfigur« (S. 324). Nach 315 Seiten scheint ihm dieses Problem auch selber bewusst zu werden, wenn er formuliert:

> Es soll deshalb im Folgenden auch nicht der Eindruck erweckt werden, dass hier ein *Strohmann* aufgebaut wird, als ob die meisten gegenwärtigen Positionen noch dieser überholten Sicht anhängen, was faktisch kaum mehr der Fall ist. *Dennoch denke ich, dass es im Rahmen meiner Argumentation durchaus Sinn macht* [...].« (S. 315; Hervorh. T. A.)

und ungerührt fährt er entsprechend schon wenige Seiten weiter mit seinen sich ständig wiederholenden Attacken gegen die »klassischen Analytiker« fort (S. 319). Tiedemann kann es sich auch nicht verkneifen, in seinem zusammenfassenden Schlusskapitel gegen die Psychoanalyse das berühmte Diktum von Whitehead anzuführen: »Eine Wissenschaft, die zögert, ihre Gründer zu vergessen, ist verloren« (S. 537). Eine Humanwissenschaft, die geschichtsvergessen ihre eigenen Wurzeln ignoriert, ist meiner Meinung nach ebenso verloren!

Tiedemanns penetrante Phillippika gegen den allwissenden, ›objektiven‹, klassisch deutenden Analytiker ignoriert zum Beispiel die seit vielen Jahren in der Psychoanalyse bestehende Diskussion um die *kreative Funktion* und *Produktivität* des *Nicht-Wissens*, die in Deutschland besonders durch die Arbeiten von Gerhard Schneider vorangetrieben wurde.[6]

Tiedemann neigt zum Polarisieren, was der Sache bisweilen wenig förderlich ist. Dazu zitiert er Reiche: »Der Kampf um das psychoanalytische Paradigma ist ein Kampf von *intra-* gegen *inter-*« (S. 575). Beispiel: »Das Ziel dieser neuen Ansätze ist dabei nicht, die ›richtige Deutung‹ zu geben, sondern eine authentische *Begegnung* zwischen Patient und Therapeut zu ermöglichen« (S. 309). Oder: »In gemeinsamen Enactments, ›Momenten der Begegnung‹ oder ›Now Moments‹ – und *nicht* durch *symbolvermittelnde Interpretation* – wird dieses implizite Beziehungswissen bewusst wahrnehmbar« (S. 498; Hervorh. T. A). So richtig und wichtig es grundsätzlich ist, dass *Beziehung* und *Begegnung* zu den entscheidenden Wirkfaktoren einer gelingenden Psychoanalyse oder Psychotherapie gehören, so sehr kann genau daraus eine ›richtige Deutung‹ entstehen, und genauso kann eine ›richtige Deutung‹ dem Patienten signalisieren, dass er verstanden wird, was wiederum die therapeuti-

---

[5] Vgl. z. B. meine Arbeiten »Struktur und Liebe. Voraussetzungen psychoanalytischer Psychotherapie«, in: *Wege zum Menschen* 35 (1983), S. 462-478 sowie »Über das Auftauen eingefrorener Lebensprozesse« und »Die Bedeutung der Scham für den Umgang mit seelisch kranken Menschen. Eine Einführung«, in: *Wege zum Menschen* 50 (1998), S. 144-160.

[6] Vgl. dazu u. a. Auchter (1995) und (1998), (siehe oben, Anm. 1 und 2).

sche Beziehung fördert. Tiedemann konstruiert hier und an anderen Stellen Widersprüche, die seiner Polemik gegen eine klassische Psychoanalyse bzw. das, was er als solche definiert, dienen, aber meines Erachtens keiner therapeutischen Realität gerecht werden. »Eine Grundbotschaft des vorliegenden Buches ist die, dass eine Therapie, die *nach bestimmten ›Regeln‹* gemacht wird, in ihren Resultaten eher begrenzt sein wird« (S. 345; Hervorh. T. A.; vgl. S. 357, S. 367). Wie ist dieser Gedanke vereinbar mit Tiedemanns enthusiastischem Eintreten für das »hilfreiche *Manual*« (PTD) (S. 382 f.) von Hoffmann? Immer wieder befleißigt sich Tiedemann, besonders, wenn es um ›neue‹ Aspekte von psychoanalytischer Theorie und Technik geht, eines ›Entweder-oder‹, wobei doch an vielen Stellen ein ›Sowohl-als-auch‹ die, meines Erachtens, adäquatere wissenschaftliche Position wäre. Er widerspricht dann seiner eigenen vorhergehenden Argumentation, wenn er schließlich formuliert: »Diese Polarisierungen zwischen Intrapsychisten und Intersubjektivisten sind inzwischen weitgehend überholt, es geht nun um eine konzeptuelle Balance zwischen diesen beiden Richtungen« (S. 494). An solchen Stellen, wird dann vollends unklar, wo Tiedemann sich selbst denn nun eigentlich wirklich verortet!

Wieso Tiedemann die ›Objektbeziehungstheorie‹ – zumindest in Bezug auf die Scham –, obgleich er andererseits an mehreren Stellen Winnicott als Gewährsmann für seine Psychoanalysesicht gebraucht, mit der Triebpsychologie über einen Kamm schert, bleibt zunächst unerfindlich. Nur, wenn man wie Tiedemann die ›Objektbeziehungstheorie‹ mit dem – nach ihm – »führenden Objektbeziehungstheoretiker Otto Kernberg« (S. 441) *gleichsetzt*, wird sein Diktum: »die selbstpsychologische, eher empathisch-spiegelnde und die *objektbeziehungstheoretische, eher konfrontierende und deutende Technik*« (S. 439; Hervorh. T. A.) nachvollziehbar. Objektbeziehungstheorie umfasst – jedenfalls meines Wissens und meiner Meinung nach – aber erheblich mehr als nur Kernberg!

Winnicotts Konzept vom ›*potential space*‹[7], das in Tiedemanns Text immer mal wieder auftaucht, hat er, meines Erachtens, entweder nicht verstanden oder er verzerrt und instrumentalisiert es zugunsten seiner Argumentation.

Einen Satz wie »[e]benso wie einige andere Autoren konzeptualisiert auch Wurmser (1990), der eine klassische psychoanalytische Position vertritt, die Scham als ›negativen Affekt‹. Schamphänomene sind für ihn darum tendenziell krankheitswertig« (S. 371), kann man nicht widerspruchslos stehen lassen. Denn schon in seiner Arbeit von 1986[8], die Tiedemann ebenfalls in seinem Literaturverzeichnis aufführt, aber auch in dem auf S. 47 von ihm selbst angeführten Zitat hebt gerade derselbe Wurmser (1997)[9] die *selbstschützende* und *integritätswahrende* Funktion der Scham als »innere Grenze« hervor, also als einen ›*positiven* Affekt‹.

Des Weiteren ist zu bemängeln, dass Tiedemann die durch Jeffrey M. Masson[10] in die Welt gesetzte These, dass Freud seine »Verführungstheorie bekanntlich wider-

---

[7] Vgl. dazu meine Arbeit: »Psychoanalyse des Möglichkeitsraumes ›Potential Space‹«, in: *Freie Assoziation* 7 (2007), S. 37-58.

[8] Léon Wurmser: »Die innere Grenze: Das Schamgefühl – ein Beitrag zur Überich-Analyse«, in: *Jahrbuch der Psychoanalyse* 18 (1986), S. 16-41, hier S. 18.

[9] Léon Wurmser: *Die verborgene Dimension. Psychodynamik des Drogenzwangs,* Göttingen 1997.

[10] Jeffrey M. Masson: *Was hat man dir, du armes Kind, getan? Siegmund Freuds Unterdrückung der Verführungstheorie,* Reinbek bei Hamburg 1984.

rufen« (S. 451) habe, blind kolportiert. dadurch wird sie auch nicht wahrer. Wer sich der Mühe unterzieht, Freud im Original zu lesen, findet, neben vielen anderen Stellen im gesamten Werk, noch im *Abriss der Psychoanalyse* (1938!), die folgende Formulierung: »Wirkungen gewisser Einflüsse, *die nicht alle Kinder betreffen, obwohl sie häufig genug vorkommen*, wie der *sexuelle Missbrauch von Kindern durch Erwachsene*«[11];›Aufgabe der Verführungstheorie‹?

Wenn Tiedemann »das *moderne* psychoanalytische Verständnis des ›*szenischen Verstehens*‹« mit Autoren wie »Heisterkamp 2002, Streek 2000a« (S. 499; Hervorh. T. A.) in Verbindung bringt, geht er schlicht ahistorisch vor. Dieser Begriff ist unzweifelhaft mit den Namen von Hermann Argelander und Alfred Lorenzer[12] verbunden. Das ›Moderne‹ ist über 40 Jahre alt! Im Literaturverzeichnis Tiedemanns tauchen übrigens beide Namen auf.

Eine ganze Reihe von orthographischen Fehlern mag man dem Werk aufgrund seines Umfanges noch konzedieren. Wenn allerdings eine ganze Passage fast identisch zweimal erscheint (S. 444 und S. 446), fragt man sich dann doch nach der Sorgfalt der Edition.

Darüber hinaus ist es für mich als Psychoanalytiker immer wieder befremdlich und gewöhnungsbedürftig, wenn ein Nicht-Psychoanalytiker sich zum ›Oberlehrer‹ für das Fach ›Psychoanalyse‹ aufschwingt – und auch noch Noten für bestimmte Autoren verteilt!

Tiedemanns Insistieren auf seiner Aversion gegen die klassische oder orthodoxe Psychoanalyse – wie weiland Cato mit seinem ›ceterum censeo ... ‹ – lässt schließlich den Verdacht aufkommen, er verarbeite in seinem Buch unbewusst missglückte Erfahrungen während seiner Ausbildung durch Psychoanalytiker. Darauf verweist beispielsweise das folgende Diktum:

> In psychoanalytisch orientierten Ausbildungsinstituten wird meist noch nach veralteten psychoanalytischen Modellen gelehrt – was besonders für die tiefenpsychologisch fundierte Psychotherapie mit ihrer Stärke in methodischer Flexibilität fatal ist. (S. 193; vgl. auch: S. 284)

und auch eine von ihm kolportierte Bemerkung eines seiner analytischen Supervisoren: Um »eine ›*richtige Deutung*‹ machen zu können, ›braucht es zwanzig Jahre Berufserfahrung – und wenn Sie die dann machen, dann muss die mit einer Bestimmtheit und Sicherheit gebracht werden, *als ob sie aus dem Himmel kommen würde*‹« (S. 127; Hervorh. T. A.)! Ob sich Tiedemann in seinem unermüdlichen Plädoyer für die Intersubjektivität unbewusst vielleicht ein wenig zu sehr mit dem letzten Halbsatz identifiziert?

Thomas Auchter

[11] Sigmund Freud: »Abriß der Psychoanalyse« (1938), in: *G. W.*, Bd. 17, S. 63-138, hier S. 113.

[12] Siehe hierzu deren Schriften: Hermann Argelander: »Die szenische Funktion des Ichs und ihr Anteil an der Symptombildung«, in: *Psyche* 24 (1970), S. 325-345 und Alfred Lorenzer: *Sprachzerstörung und Rekonstruktion. Vorarbeiten zu einer Metatheorie der Psychoanalyse*, Frankfurt a. M. 1970.

Stephan Marks: *Die Würde des Menschen oder Der blinde Fleck in unserer Gesellschaft*, Gütersloh: Gütersloher Verlagshaus 2010. – 240 S., € 19,99.

Das hier vorgestellte Buch des promovierten Sozialwissenschaftlers und Supervisors Stephan Marks ist populärwissenschaftlich im besten Sinne: Sein Thema sind alltägliche Verletzungen der Würde in unserer Gesellschaft, sein großes Programm, »den transgenerationalen Kreislauf« der wiederholten Entwürdigungen »zu durchbrechen«, so der Klappentext. Das Buch gliedert sich in zwei Teile mit zwei bzw. vier Kapiteln. Während der erste Teil eine Arbeitsdefinition der Begriffe Scham und Würde bereitstellt und eine Bestandsaufnahme der deutschen Geschichte und Kultur der Entwürdigung vornimmt, widmet sich der zweite Teil den »Wegen zur Menschenwürde«.

Marks stellt seinem Buch in der *Einleitung* (»Ein Problem wird entsorgt«) Selbstbekenntnisse des Amokläufers von Emsdetten (2006) voran, in denen dieser die andauernden Demütigungen des Schulalltags und seine eigene zunehmende Radikalisierung beschreibt – laut Marks die klare Antwort auf die Frage nach dem Warum der Gewalttaten. Ausgehend davon schildert und analysiert der Autor tägliche Verletzungen der Menschenwürde, etwa durch Bloßstellungen und Herabwürdigungen von Sozialhilfe-Empfängern, alten Menschen und Menschen aus Ostdeutschland.

Im *ersten Kapitel* wird der Scham-Begriff mit Leon Wurmser psychologisch als *der* soziale Affekt gedeutet; Würde entspricht dem, was die Scham behütet: »Das, was einem Menschen wesentlich ist, der Kern seiner Identität, sein einzigartiges Selbst« (S. 44). Schamgefühle werden ausgelöst, wenn »seelische oder körperliche Grenzen verletzt« (S. 33) werden, wenn dem Bedürfnis nach Zugehörigkeit nicht entsprochen wird (S. 35) oder wenn wir selbst »die Werte unseres Gewissens verletzt haben« (S. 36). Um sich vor schmerzhaften Schamgefühlen zu schützen, stehen verschiedene Formen der (pathologischen) Scham-Abwehr zur Verfügung, die sich in destruktiver Weise auf ein externes Objekt oder das Selbst richten können.

Das *zweite Kapitel* behandelt auf schlaglichtartige Weise die Geschichte der Deutschen in Hinblick auf ihr Verhältnis zur Menschenwürde bzw. Scham. Dabei beleuchtet Marks die Rolle des deutschen Militärs und der Bestrafungsmethoden vom Mittelalter über den Nationalsozialismus bis zum Umgang mit der Menschenwürde in der DDR. Bei der Geschichte der Bestrafung würde man den Bezug zu oder mindestens den Verweis auf Michel Foucault erwarten; Marks bleibt jedoch bei einer Skizzierung, die das Das, jedoch nicht das Warum in den Blick nimmt. Die Geschichte der deutschen Würde und Scham endet bei der heutigen »strukturellen Entwürdigung« (S. 102), die der Autor in Anlehnung an den Friedens- und Konfliktforscher Johan Galtung als ein alle Formen der Ausgrenzung und Verachtung »durch Arbeitsabläufe, Institutionen, Werte, Normen, Diskurse, etc.« (S. 102) umfassendes Phänomen definiert. Genannt werden hier diverse Selektionsverfahren insbesondere im mehrgliedrigen Schulsystem, »die triste Architektur vieler Schulgebäude und ihre hässlichen Räume; langweilige und versiegelte Schulhöfe; überfrachtete Lehrpläne; überfüllte Klassenzimmer; pädagogisch unsinnige Zeitstrukturen und Fächergrenzen« (S. 103) und vieles mehr. Trotz dieser recht oberflächlichen und manchmal hastig wirkenden Schilderung der Verletzungen der Würde in der deutschen Geschichte wird Marks seinem Anliegen gerecht, die Wurzeln der heutigen entwürdigenden Denk- und Verhaltensstrukturen aufzuzeigen.

Die Struktur des 120 Seiten umfassenden *zweiten Teils* des Buches basiert auf dem Verfahren der *Themenzentrierten Interaktion* (TZI), begründet von der Psychoanalytikerin und Psychologin Ruth Cohn. Das TZI-Konzept, das zum besseren Funktionieren von Gruppeninteraktion entwickelt wurde, basiert auf dem Verständnis, dass »individuelle« und »gemeinschaftliche« Prozesse als gleichwertig und immer in Bezug zum »Thema«, d. h. zur Sachebene zu betrachten sind. Dieses dynamische Gleichgewicht wird durch die vierte Kategorie, »Kontext«, ergänzt. Dieser Kontext besteht aus der Zeit, dem Ort und den jeweiligen historischen und sozialen Gegebenheiten, innerhalb derer die Gruppenprozesse stattfinden. Entsprechend setzen sich die folgenden vier Kapitel mit den vier Dimensionen der Würde: »Ich«, »Du«, »Thema« und »Kontext« auseinander. Die im ersten Kapitel definierten menschlichen Grundbedürfnisse nach Anerkennung, Schutz, Zugehörigkeit und Integrität werden nun unter diesen Stichworten diskutiert. Zudem gibt der Autor Tipps und Anleitungen für den »Weg zu einer menschenwürdigen Gesellschaft« (S. 112). Diese praxisanleitenden Kapitel enthalten jeweils Stimmen von Seminarteilnehmern zum Thema Menschenwürde und Scham. Die genannten Anregungen sind hauptsächlich auf den Bereich der Pädagogik, aber auch auf die Gesundheits- und Krankenpflege zugeschnitten, zwei Gebiete, die, so Marks, multiplikatorisch auf die Gesellschaft wirken und somit stellvertretend für die Entwicklung neuer Wege zur Menschenwürde stehen könnten. Das *Kapitel fünf*, »Menschenwürde und das ›Thema‹«, stellt alltägliche Entwürdigungen an den Beispielen des Kunst-, Musik- und Sportunterrichts heraus. Diese Schulfächer haben laut Marks zentralen Einfluss auf die individuelle Scham- bzw. Würdeentwicklung der Heranwachsenden. Im letzten Kapitel – zu »Kontext« – werden die strukturellen Bedingungen für einen menschenwürdigen Umgang miteinander betrachtet und Forderungen nach systemischer Veränderung formuliert.

Insgesamt gesehen setzt sich das Buch für eine »Kultur der Menschenwürde« (S. 231), der Höflichkeit und des Takt- und Mitgefühls im Privaten und in der Arbeitswelt ein. Der allzuviel Theorie vermeidende, auch Nicht-Wissenschaftlern zugängliche Schreibstil des Autors fördert ein Leseerlebnis der Akzeptanz und Zustimmung. Durch die Auswahl der Beispiele aus dem pädagogischen und pflegerischen Bereich scheint sich der Autor auf eine spezifische Zielgruppe zu fokussieren. Ein solcher Eindruck würde jedoch seinem gesamtgesellschaftlichen, ethisch-idealistischen Vorhaben nicht gerecht. *Die Würde des Menschen oder Der blinde Fleck in unserer Gesellschaft* empfiehlt sich für alle Menschen, die mit Menschen arbeiten.

Annika Beifuss

Albrecht Koschorke / Nacim Ghanbari / Eva Esslinger / Sebastian Susteck / Michael Thomas Taylor: *Vor der Familie. Grenzbedingungen einer modernen Institution*, München: Konstanz University Press 2010. – 276 S., € 24,90.

Der vorliegende Band nimmt die Familie als moderne Institution in den Blick und fragt nach den Grenzbedingungen und den Randbereichen derselben. Mit dem Attribut »modern« ist allerdings nicht primär das Interesse an der Funktion der Familie im 21. Jahrhundert verbunden, vielmehr liegt der »historische Schwerpunkt [...] auf dem langen 19. Jahrhundert, das heißt auf dem Zeitalter des Bürgertums« (S. 38).

In der Einleitung widmet sich das ›Autorenkollektiv‹ (dazu später mehr) der aktuellen Debatte um die Reproduktionstechnik, die tradierte Vorstellungen davon, was eine Familie ist, durchkreuzt:

> Die Technologien der assistierten Empfängnis verändern die traditionelle Familien- und Verwandtschaftsordnung auf fundamentale Weise. Sie lösen das Leitbild des Vaters als biologischer Stammvater und der Mutter als Gebärerin ihres Kindes auf, greifen in den Code familiärer Intimität ein, schaffen Funktionsdoppelungen und neue, oft konflikthafte Figurationen, die im Skript der Kernfamilie bürgerlicher Prägung nicht vorgesehen sind. Es liegt nahe, aus dieser Entwicklung auf eine tiefe Krise der Familie zu schließen, die ihre beiden Grundmerkmale zu verlieren scheint: ihren Zusammenhalt und ihre Naturwüchsigkeit. (S. 7 f.)

Genau das Gegenteil aber – so die These der Verfasser – sei der Fall. Die Reproduktionsmedizin gehe nicht mit einer Schwächung, sondern vielmehr »mit einer *Stärkung* bürgerlicher Familienwerte einher«: »Der Fortschritt der Medizin befriedigt und *entgrenzt* eine Familiensehnsucht, die sich mit biologischen Beschränkungen nicht mehr abfinden will« (S. 8). Zudem lässt sich das vermeintlich Neue des rezenten Krisendiskurses zur Familie auf lange Traditionslinien zurückführen. »Das Reden von der Familie ist [...] [schon] im ›familialen‹ 19. Jahrhundert ein sentimentalisches Reden, das die Familie bedroht sieht und in ihrem Ideal immer bereits Verfallenem und Verlorenem nachtrauert, gerade darauf aber die Relevanz der Familie gewinnt« (S. 105). Die Rede von der Krise der Institution Familie ist dem Diskurs also von Anfang an eingeschrieben, denn dieser geht von einer Familienidylle aus, die unerreicht bleiben muss und fokussiert auf die Devianzen, auf die Abweichungen vom Ideal. So zeigen sich parallele, sich durch die Jahrhunderte wiederholende Argumentationsmuster: Die im Kontext der Reproduktionstechnik entstandene Diskussion um Leihmütter beispielsweise wird in Bezug gesetzt zur Debatte um das Selbststillen der Mütter im 18. Jahrhundert. Vor allem aber – und das macht den Band für die Literaturwissenschaft interessant – zeigen die Autoren diese Traditionslinie am Beispiel literarischer Texte (in der Einleitung beispielsweise an Diderots *Hausvater* und den Bürgerlichen Trauerspielen Lessings und Schillers). In der Literatur – das hat schon Peter von Matt in seiner wirkmächtigen Studie *Familiendesaster in der Literatur*[1] herausgearbeitet – erscheint die Familie immer wieder als fragi-

---

[1] Peter von Matt: *Verkommene Söhne, mißratene Töchter. Familiendesaster in der Literatur*, München 1995.

le und für das Individuum prekäre Institution. Von dieser Beobachtung ausgehend, konzentrieren sich die Beiträge des Bandes auf die Randbereiche der Familie. Die Autoren gehen davon aus,

> dass sich die Familie nicht von ihrer intimen, gegen die Außenwelt abgeschirmten Mitte her erschließt. Im Gegenteil, diese familiäre Mitte bleibt weitgehend unbesetzt – ein schwarzes Loch von Normierungen, (enttäuschten) Erwartungen, Wunschprojektionen, Vermeidungshandlungen. Wer ihre historischen Konturen zu erfassen sucht, muss den Blick auf ihre Ränder richten: auf die Positionen, die sie einschließt; die Positionen, die sie ausschließt; und schließlich auf diejenigen Figuren und Mächte, die aus- und eingehen, die Schwelle kreuzen und deshalb keinen stabilen Ort im Selbstbildnis der Familie einnehmen können. (S. 14)

Verpflichtet ist der Band einer interdisziplinären Agenda. Es geht den einzelnen Beiträgen darum, Querverbindungen zwischen Medizin, Philosophie, Politik und Literatur herauszuarbeiten. Alle diese Bereiche – der Band orientiert sich implizit an Axiomen, die aus Studien zur Epistemologie der Literatur stammen – produzieren Wissen zur Institution Familie.

Die Bandbreite der von den »Materialstudien« (S. 14) der jeweiligen Verfasserinnen und Verfasser in den Blick genommenen Themen ist groß, gefragt wird stets nach den Grenzziehungen, nach der Etablierung von Schwellen, die die Familie als Gemeinschaft erst konstituieren. Michael Thomas Taylor setzt im ersten Kapitel die gegen Ende des 18. Jahrhunderts geführte Debatte um die Ehe vor die Folie der Theorien der Aufklärung. Analysiert wird beispielsweise die paradoxe Situation des Ehevertrages:

> Der Ehevertrag spricht der Frau einerseits die Befähigung zur Vertragspartnerschaft zu und schließt sie andererseits mit dem Vollzug der Ehe von der bürgerlichen Sphäre aus. So *konstituiert* der Ehevertrag die politische Ordnung als Differenz von ›Freiheit und Unterwerfung‹, die gleichzeitig die Differenz zwischen Mann und Frau darstellt. (S. 56)

Sebastian Susteck analysiert im zweiten Kapitel die »Form der Fortpflanzung und die Form der Familie«. Zwar scheint, so Susteck, die Familie seit dem 19. Jahrhundert von der Sexualität ›befreit‹, weil der sexuelle Verkehr tabuisiert wird, gleichzeitig aber bleibt die Familie der einzige Ort legitimierter Sexualität. Die Fortpflanzung wird damit – das zeigt Susteck an Beispielen von Krafft-Ebings *Psychopathia sexualis* über die Texte Adalbert Stifters bis hin zur modernen Demographie – zur Grenze der familialen Ordnung. Albrecht Koschorke widmet sich im dritten Kapitel der ambivalenten Kategorie des ›Volkes‹ in der Biedermeierzeit am Beispiel der Grimm'schen *Kinder- und Hausmärchen.* Der Bezug des Bürgertums zum Volk sei dabei von einer prinzipiellen Ambiguität gekennzeichnet: Zum einen konstituiert sich die bürgerliche Familie durch die Abgrenzung von dem ›gemeinen Volk‹, zum anderen gibt es ein verstärktes Interesse an einem imaginierten, idealisierten, einem ›poetisierten‹ Volk (S. 131). Eva Eßlinger wiederum sucht eine Antwort auf die Frage »Wie heiratet man eine Magd?«, untersucht also die komplexen Vorgänge von Inklusion und Exklusion in der bürgerlichen Familie, deren ideales

Selbstbild aus Mutter, Vater und Kindern besteht, die aber faktisch diesen intimen Kreis mit zahlreichen Angestellten teilt. Daraus entstehen Konflikte, es kommt aber auch zu intimen Verbindungen zwischen Bürgerlichen und dem Dienstpersonal, die zu partnerschaftlichen ›Modellversuchen‹ führen. Unter anderem an Texten Berthold Auerbachs und Gottfried Kellers zeigt Eßlinger die komplexe Verfasstheit dieser »Erziehungsehen« (S. 185). Der erweiterte Familienkreis ist auch Thema des letzten Kapitels, das Nacim Ghanbari dem Band beisteuert. Auch sie geht von der bürgerlichen Kernfamilie aus, die im Gegensatz zu generationsübergreifenden und den familiären Kreis weiter fassenden Familienkonzepten (beispielsweise desjenigen, das unter dem Begriff des »Hauses« umschrieben wird) Onkel und Tanten und damit auch »ökonomische[] Themen« (S. 48) aus dem idealen Familienverbund ausschließt. Genau darüber aber – das zeigt Ghanbari an Texten Theodor Fontanes –, über die Virulenz des Ökonomischen, kommen Onkel und Tanten als Erbonkel und Erbtanten wieder in den Blick:

> So schließt sich der Kreis. Die Welt *vor* der modernen Familie – im historischen Sinn – bleibt in vielen Strukturen *außerhalb* des intimisierten kleinfamilialen Rahmens bestehen, auf den sich in den letzten 200 Jahren fast alle Aufmerksamkeit richtet. Und sie macht sich auch in der Gegenwart geltend, in der familiäre Bezüge sich verflüssigen und vervielfältigen, ohne darum notwendigerweise in eine Welt *nach* der Familie zu führen. (S. 50)

Besprochen wurde *Vor der Familie* bisher wie ein Sammelband. Dabei handelt es sich um eine bewusste Fehllektüre des Rezensenten, denn eine solche Genrezuschreibung propagiert der vorliegende Band gerade *nicht*: Bezeichnet wird das Projekt von den Autorinnen und Autoren als »Kollektivmonographie« (S. 14), entsprechend erscheinen auf dem Titel gleich fünf Autoren, und auch die einzelnen Kapitel enthalten keine Verfasserangabe. Lediglich gegen Ende der Einleitung werden die Abschnitte den jeweiligen Verfassern zugeordnet. Über die Gründe für dieses doch einigermaßen spezielle Verfahren geben die Autoren leider keine Auskunft. Für den Rezensenten erschließt sich der Band weniger als eine »Kollektivmonographie«, sondern vielmehr – beachtet man, wie eigenständig die einzelnen Kapitel sind – als ein gut strukturierter, äußerst konzise konzipierter Sammelband.

Dieser präzise Fokus ist gleichsam zentrales Qualitätsmerkmal des Bandes. Kann man zahlreichen Sammelbänden vorwerfen, allzu disparat zu sein – unter möglichst weit gefassten Fragestellungen lässt sich schließlich alles subsumieren –, so ist dies hier nicht der Fall. Es gibt eine klare Fragestellung, ein historisch, inhaltlich und auch theoretisch klar umrissenes Thema, dem sich die Autorinnen und Autoren des Bandes jeweils mit ihrer Perspektive und mit ihrer spezifischen Herangehensweise nähern. Vor allem das interdisziplinäre Interesse und der Bezug der in den Texten des 19. Jahrhunderts gemachten Beobachtungen zu aktuellen Diskussionen wissen zu überzeugen und zeichnen die durchgehend gut lesbaren Beiträge aus. *Vor der Familie* zeigt so die Komplexität der uns allen aus eigener Erfahrung so bekannt erscheinenden Institution Familie auf.

Thomas Wortmann

Maximilian Bergengruen / Klaus Müller-Wille / Caroline Pross (Hg.): *Neurasthenie. Die Krankheit der Moderne und die moderne Literatur*, Freiburg i. Br. / Berlin / Wien: Rombach 2010 (= Rombach Wissenschaften, Reihe Litterae, Bd. 175). – 426 S., 52,00 €.

Neurasthenie, auch *American Nervousness*, bedeutet Nervenschwäche oder Nervenleiden und avanciert gegen Ende des 19. Jahrhunderts in Europa zur Krankheit der Moderne schlechthin. Die Literatur suchte immer schon nach Mitteln und Wegen, die Psyche, seelische Regungen und die innere Welt zu erfassen; so ist es kaum verwunderlich, dass um 1900 mit der Neurasthenie einer der mächtigsten Diskurse der Zeit für die literarische und wissenschaftliche Kulturreflexion attraktiv wird: Obwohl die Neurasthenie damals eine Modekrankheit war, wurde sie durch die psychoanalytischen Theorien Freuds fast ganz aus dem heutigen Gedächtnis verdrängt. Die hier besprochene Studie rettet die Nervenschwäche, die, so wird aus den Einzelbeiträgen deutlich, nicht nur Eingang in viele Theorien gefunden, sondern auch das literarische Repräsentationssystem beeinflusst hat, vor der Vergessenheit. Der Sammelband, herausgegeben von den Germanisten Caroline Pross (St. Gallen) und Maximilian Bergengruen (Genf) und von dem Nordisten Klaus Müller-Wille (Zürich), geht auf eine Tagung zurück, die vom 01.-03. Februar. 2007 an der Universität Basel stattfand, und präsentiert kulturwissenschaftliche Beiträge zum Verhältnis von Literatur und Neurasthenie anhand von Textbeispielen aus verschiedenen europäischen Kulturen: Germanisten, Slavisten, Nordisten und Romanisten untersuchen literarische Werke auf ihr Potenzial hin, die Theorie der Neurasthenie ästhetisch umzusetzen. Sie analysieren aber auch theoretische Studien über die Neurasthenie im Hinblick auf ihre literarisch geprägte Argumentationsweise. Die komparatistische Perspektive ermöglicht es dabei, die Nervenschwäche als einen übergreifenden Diskurs Europas zu identifizieren und zugleich die Aufmerksamkeit auf seine Ausdifferenzierung zu lenken. Daher geht es nicht nur um die Darstellung der Neurasthenie in der Literatur, sondern vielmehr um das »Verhältnis von wissenschaftlichem und literarischem Wissen« (S. 10), das die Autoren des Bandes mit Blick auf diskursive Praktiken untersuchen: Inwiefern bedienen sich Literatur und Medizinwissenschaft beieinander, welche Verfahren übernehmen sie voneinander und bringen somit bestimmte Wissensformen hervor. Die Koppelung mit der Neurasthenie erscheint für die Literatur besonders fruchtbar, weil die Beschäftigung mit dem Nervensystem als »Vermittlungsorgan zwischen Innenwelt und Außenwelt sowie als Koordinationsinstanz von Wahrnehmung, Imagination und Denken« (S. 12) zur Revision und Neukonzeptualisierung ästhetischer Kategorien führt. Die Literaten reflektieren durch neues Wissen ihre eigene Schreibweise und somit die Literaturproduktion selbst.

Da die Rezension der Vielfalt der zahlreichen Beiträge nur ansatzweise gerecht werden kann, bedarf es der Lektüre durch die interessierten Leser und Leserinnen, um das Werk in Gänze zu erfassen. Hier werden im Folgenden einige anhand persönlicher Vorlieben ausgewählte Ansätze vorgestellt, ohne dass dabei die übrigen abgewertet werden sollen. Mit dem Fokus auf die ausgewählten Beiträge soll allem voran ein Überblick über die thematische und methodische Breite des Bandes gegeben werden.

Für die analytische Erfassung diskursiver Strategien ist der informationsreiche, höchst reflektierte Beitrag der Medizinhistorikerin *Esther Fischer-Homberger* (Bern) »Die Neurasthenie im Wettlauf des zivilisatorischen Fortschritts. Zur Geschichte des Kampfs um Prioritäten« (S. 23-69) am Anfang des Bandes von Bedeutung. An dieser Stelle müssen die fundierten Kenntnisse der Autorin zum wissenschaftlichen Betrieb, zur Kulturgeschichte und zu den zahlreichen theoretischen Diskursen des 19. Jahrhunderts hervorgehoben werden, mit denen sie die Arbeiten des amerikanischen Neurologen George M. Beard zur Nervenschwäche in den Debatten seiner Zeit situiert und dabei die theoretische, kulturelle und persönliche Prämisse seines Konzepts herausarbeitet. Weiterhin analysiert Fischer-Homberger das Symptombild der Neurasthenie und vor allem die Argumentationsstrategie Beards, mit der er andere, damals aktuelle Konzepte aus verschiedenen Bereichen vereinnahmt, um sich als Entdecker der Neurasthenie zu etablieren. Spannend erscheint in diesem Kontext, dass seine Theorie ihm im wachsenden nationalen USA-Bewusstsein dazu diente, Distinktionen aufgrund rassischer, klassenspezifischer und intellektueller (nicht aber geschlechtsspezifischer) Differenzkategorien vorzunehmen – um etwa den Status der USA als eine in Zukunft weltweit überlegene Nation zu begründen. Beendet wird der exzellente Beitrag mit der Rezeptionsgeschichte Beards in Deutschland; mit ausdrücklicher Gewichtung der Arbeiten Sigmund Freuds, der die Neurasthenie zur Neurose umdeutet, ohne allerdings Beards Leistung für die Entwicklung seines eignen Konzepts anzuerkennen.

Darauf folgen Beispiellektüren, die in drei Teilen untergebracht sind und mithin zentrale Paradigmen, unter denen die Neurasthenie in der und mit der Literatur erfasst werden kann, herausstellen. Im ersten Teil, »Neurasthenische Narrationen«, werden die Wechselwirkungen zwischen literarischer Erzählweise und dem jeweiligen Entwicklungsstand theoretischen Wissens analysiert. Dabei bediene sich die Literatur verschiedener Quellen, um die Neurasthenie, deren Ätiologie bei Beard diffus bleibt, mit anderen Konzepten der Zeit zu verknüpfen und so eine Lücke in der Theorie durch einen Diskurstransfer zu schließen. Zum Beispiel zeigt der Slavist Riccardo Nicolosi (Konstanz/Bonn) mit seinem Beitrag »Nervöse Entartung. Narrative Modelle von Neurasthenie und Degeneration im Russland des ausgehenden 19. Jahrhunderts« (S. 103-138), wie die Literatur die Neurasthenie mit der Degenerationstheorie zusammenführt. Außerdem griff schon der damals führende russische Psychiater Pavel I. Kovalevskij auf literarische Verfahren zurück. Mit Hilfe einer fiktiven und fiktionalisierten Fallstudie präsentierte er das Degenerations- und Neurastheniekonzept selbst als ein Narrativ, so Nicolosi, als eine sinnhafte, linear geordnete Erzählung (vgl. S. 115 f.). Maximilian Bergengruens Beitrag »Fluch der dritten und vierten Generation. Neurasthenie, Vererbung und göttlicher Zorn in Theodor Storms *Der Schimmelreiter*« (S. 73-101) demonstriert ebenfalls die wechselseitige Bereicherung von Wissen unterschiedlicher Genese, hier von medizinischem und theologischem Wissen, wobei der literarische Text die Übertragungen und Komplementierungen anbietet, die schließlich eine andere Ätiologie der Neurasthenie ermöglichen.

Der zweite Teil, »Semiologien des Nervenlebens«, fokussiert »perzeptions- und subjekttheoretische Fragestellungen«, die ästhetische Diskussionen im 19. Jahrhundert produktiv auf eine »anatomische und experimentelle Physiologie« beziehen

(S. 16). Das Neurastheniekonzept verstärkt dabei das »psychophysisch fundierte Interesse am Nervenleben«, wirft jedoch auch die Frage der Pathologie auf, die Frage,

> ob die »nervöse Schwäche« nicht eher als Krisenphänomen innerhalb eines evolutionären Prozesses zu begreifen sei, in dem die immer feiner differenzierten Nerven zu neuen Übertragungs- und Übersetzungsleistungen vorangetrieben und damit zu neuen Formen der Wahrnehmung, des Erinnerns und des Denkens gedrängt würden. (S. 16)

Hier werden Texte zusammengebracht, die das »Interesse an der Eigendynamik der Nervenprozesse mit den Fragen nach den Möglichkeiten einer artifiziellen Beeinflussung und Modifizierung des Nervenlebens selbst verknüpfen« (S. 16). Analysiert werden unter anderem August Strindbergs Roman *I havsbandet* – Erik Østerud (Trondheim)[1] untersucht hier die Korrelation der Nerven mit Elektrizität, damals eine gängige Vorstellung (S. 193-218) –, und Gottfried Benns *Gehirne*-Zyklus: Sandra Janßen (Berlin) stellt dar, wie die Diskussion über die Neurasthenie zur »Psychasthenie« ausgeweitet wird (S. 259-285). Dieser Begriff umfasst die Nervenschwäche in ihrer radikalisierten Form als Unfähigkeit, einen mentalen Bezug zur Außenwelt herzustellen. Gemeinsam ist allen in diesem Teil analysierten literarischen Texten die Tendenz, stabile Identitäten mit den neurologischen Konzepten zu unterlaufen.

Der abschließende dritte Teil vereinigt Beiträge unter dem Titel »Stilfragen – Dezentrierungen und Rezentrierungen«, die sich mit den »Konsequenzen des ›nervösen Zeitalters‹« (S. 18) auseinandersetzen. Hier muss die Studie »Innervation der Moderne. Walter Benjamin *Physiologische Stilkunde*« von Davide Giuriato (Frankfurt a. M.) und Cornelia Zumbusch (München) hervorgehoben werden (S. 361-382). Obwohl Benjamin in seinen Schriften das Wort ›Neurasthenie‹ vermieden hat, können die Diskursreste, so die Lesart der Autoren, in seinen Konzepten zur Kunstproduktion und zum Gedächtnis aufgespürt werden: Benjamin funktionalisiere »Versatzstücke ihrer Symptomatik und Ätiologie zum Instrument einer Deutung der Moderne« um (S. 382). Die Autoren beziehen sich dabei auf den Begriff der ›Innervation‹ in Benjamins *Surrealismus*-Aufsatz, der sowohl einen akuten Reiz, welcher durch die Nerven übertragen wird, als auch die »Nervenversorgung« eines Organs bedeutet (S. 378). Mittels dieses Begriffs führen sie Schock als Erkenntnisprinzip sowie Schock als Therapie bei Benjamin zusammen und kommen zu einem paradoxen Befund:

> Wenn Benjamin mit den Begriffen Schock und Innervation nervöse Relikte an neuralgischen Punkten seiner kritischen Historiographie der Moderne einträgt, dann schweigt Benjamin die Nervosität nicht tot, sondern wendet sie heimlich in eine Therapeutik des *mal du siècle*. (S. 382)

---

[1] Dieser Beitrag wurde aus dem Norwegischen übersetzt. Weder der Übersetzer noch die Herausgeber halten es für notwendig, den deutschen Titel des Romans nachzuweisen. Hier ist er: August Strindberg: *I havsbandet* (1889-90), deutsche Erstausgabe 1893: *An offener See*, Dresden [o. J.].

Insgesamt eröffnet der Sammelband eine weiteren Erkenntnisgewinn versprechende Perspektive auf die Diskursivierung und ästhetische Ausdifferenzierung der Neurasthenie, da bisher nicht gesehene Zusammenhänge zwischen verschiedenen Disziplinen des Wissens und der Literatur aufgedeckt werden. Kritisch anzumerken ist, dass die meisten Beträge eher wissenschaftlich kompliziert formuliert sind und sie trotz beachtenswerter Befunde die Leser insofern disziplinieren, als dass sie zu mehrfachen Lektüren auffordern. Wünschenswert wäre stattdessen eine Strategie der Wissensaufbereitung, die die komplexe Materie zugänglicher macht. In diesem Kontext ist das Namen- und Titelregister, das die Suche nach einer bestimmten Information erleichtert, von Vorteil.

Irina Gradinari

Peter-André Alt: *Ästhetik des Bösen*, München: Verlag C. H. Beck 2010. – 714 S., € 34,00.

»Das Böse ist immer und überall« – das wusste die Austro-Pop-Band *Erste Allgemeine Verunsicherung* bereits 1985. Der Allgegenwart des Bösen nun widmet sich auch die vorliegende Studie Peter-André Alts, allerdings präzisiert sie die Rede von deren Ubiquität und fokussiert die erzählerische Repräsentation des Bösen in Texten unterschiedlicher Provenienz, von der Literatur über die Philosophie bis zur Kulturtheorie.

Der Literaturwissenschaftler, der in den vergangenen Jahren zahlreiche opulente Studien, unter anderem Biographien zu Friedrich Schiller (*Friedrich Schiller. Leben, Werk, Zeit*, München 2000) und Franz Kafka (*Franz Kafka. Der ewige Sohn. Eine Biographie*, München 2005) vorgelegt hat, schlägt dabei einen großen, besser: den ganz großen Bogen. Seinen Anfang nimmt Alts Untersuchung nämlich bei Adam und Eva, in der Schilderung des Sündenfalls im Buch Genesis, um der Repräsentation des Bösen dann bis in die Gegenwart, bis in die Theorien und die großen Romane der Postmoderne zu folgen. Zwischen den beiden Eckpfeilern Sündenfall und Postmoderne werden Texte von Plotin und Augustinus, von Bataille und Foucault, von Jean Paul, Goethe und Hoffmann, über Poe, Baudelaire und Wilde bis zu Krafft-Ebing, Weininger, Freud und Adorno in den Blick genommen. Schon diese Auswahl (bei der bei weitem nicht alle Namen genannt sind) zeigt die Bandbreite des voluminösen Bandes.

Den zentralen Paradigmenwechsel in der Ästhetik des Bösen verortet Alt dabei im Postulat der Kunstautonomie gegen Ende des 18. Jahrhunderts und damit in dem Zeitraum, den Reinhart Koselleck als ›Sattelzeit‹ bezeichnet hat:

> Um 1800 etabliert sich ein Programm, das Kunst als von religiösen, sittlichen und juristischen Regeln unabhängige Instanz zu erfassen sucht. Wenn ästhetische Autonomie im radikalen Sinne ernstgenommen wird, schließt das zwangsläufig die Abkehr von der moralischen Selbstbindung künstlerischer Praxis ein. Unter diesem Gesichtspunkt betrachtet, ist die Ästhetik des Bösen, sofern sie sich über das Konzept der Kunstfreiheit begründet, das Produkt einer mit der Frühromantik einsetzenden, durch Selbstreflexion und Selbstkommentierung

> ihrer Formstrukturen gekennzeichneten, vom Bewußtsein der Vieldeutigkeit ihrer Leitbegriffe getragenen Moderne. (S. 12)

Dieses Produkt der Moderne nun betreffe – so die These Alts – vor allem die Literatur. Sie zeichnet die Verschiebungen im Diskurs des Bösen nicht nur auf, sondern schreibt gleichsam an den Transformationen dieser Modellierungen mit. Die Literatur avanciere zur »zentrale[n] Kunstform«, in der »[n]ach dem Ende der Teufelsmythologie«, die bis dahin für die Repräsentation des Bösen bestimmend war, »eine Ästhetik des Bösen in der Moderne konstituiert [werde]« (S. 13 f.).

Gleichzeitig wird das Böse zum oszillierenden Begriff, dessen Bestimmung und Rekonstruktion problematisch wird. »In der Moderne«, so Alt, »existiert keine Begriffsgeschichte des Bösen mehr, sondern nur eine Vielzahl ästhetischer Formen, die seine Erscheinungsweise reflektieren« (S. 19). Bei der Untersuchung dieser Reflexion geht es in der *Ästhetik des Bösen* um die Narrative, in denen sich das Böse vermittelt. Das ermöglicht es, auch Texte, die nicht genuin literarisch sind, aber ebenfalls narrative Strategien verfolgen (aus Philosophie, Religion und ästhetischer Theorie beispielsweise) in die Argumentation einzubeziehen. Die Lektüre der literarischen Texte wiederum ist einer komparatistischen Agenda verpflichtet. Neben Werken der deutschen Literatur finden auch englische und französische Texte Eingang in die Analyse. Argumentiert wird dabei in einem »ästhetikgeschichtlichen Rahmen« (S. 26):

> Das erfordert die intensive Beschäftigung mit dem Zusammenhang von Imagination und Fiktion, aber zugleich Überlegungen zur textuellen Vermittlung literarischer Entwürfe des Bösen. Dabei werden die erzählerischen Formen seiner Darstellung – in den Grundfiguren der Paradoxie, Entdifferenzierung und Wiederholung, der Transgression und des Exzesses – einen wesentlichen Gegenstand der Untersuchung bilden. (S. 26)

Alt geht es dabei explizit nicht darum, das Böse in der Literatur wertend zu beschreiben, vielmehr tritt an »den Platz von Wertungen und Begriffsbestimmungen [...] die Beschreibung der Phänomene, in denen das Böse als literarisches Ereignis manifest wird« (S. 29). Die Introspektion, die Wiederholung, die Lust an der Transgression und der Exzess geben als »Grundfiguren« den einzelnen Teilen der Untersuchung ihre Titel, abgeschlossen wird die *Ästhetik des Bösen* von einem Kapitel, das sich unter anderem am Beispiel von Adorno, Kertész und Littell den moralischen Implikationen unmoralischer Literatur und der Frage nach der »Kunst des Bösen nach Auschwitz« (S. 482) widmet.

Auch die Psychoanalyse, beziehungsweise deren narrative Strategien, das Böse zu verhandeln, untersucht Alt in einem Abschnitt des Bandes, beispielsweise an einem Essay Freuds zu einer *Teufelsneurose im 17. Jahrhundert.* Die Denkmodelle der Psychoanalyse deutet Alt als »Prozeß der Transformation und Übertragung [...], der das Phänomen des Bösen zu kontrollieren sucht, indem er seinen Sinn neu besetzt« (S. 135). Diese Neubesetzung wird in einer *tour de force* auf Traditionslinien wie etwa den Mesmerismus zurückgeführt:

> Aus dem Teufel des Exorzismus wird im Mesmerismus die Vorstellung einer im Nervensystem verankerten phantastischen Identität, die Krankheiten, Tranceszustände und Bewußtseinskrisen produziert; aus dem mesmerischen Theorem der magnetisch gesteuerten Seelenreaktionen wird in der Hysterielehre die Ätiologie eines in Traumatisierungen manifesten Unbewußten, das Funktionsstörungen der Körpers auslöst und pathogene bzw. pathologische Symptome erzeugt; aus dem Modell der hysterischen Wechselwirkung von Leib und Seele wird in der Psychoanalyse das komplexe System des Unbewußten, das sich in Trieb und Traum offenbaren, in Neurosen krankheitsbildend wirken, in Psychosen zur Zerstörung der Persönlichkeit führen kann. (S. 135 f.)

Aber nicht nur in der metaphorischen Umschreibung pathologischer Symptome rekurriere die Psychoanalyse auf tradierte Narrative des Bösen. Auch die eigene Arbeit versuche sie »mit leitmotivisch eingesetzten Formeln als schwierigen und gefahrvollen Prozeß der Vertreibung irrationaler Triebkräfte auszulegen« (S. 136). Die psychoanalytische Exegese, so erklärt Alt, transformiert den kulturellen Sinn des Bösen, »indem sie ihm eine neue Kausalität zuweist, die sie aus dem Ursprungssystem der Libido ableitet. Ein solcher Vorgang impliziert jedoch keinen Akt der Aufhebung, sondern die Überführung des Teufelsmythos in die Funktion eines Modells zur Darstellung des Unbewußten« (S. 144).

Dieses hier exemplarisch besprochene Kapitel zeigt die Stärken und Schwächen des Bandes auf. Studien, die wie die *Ästhetik des Bösen* einen großen Bogen zu schlagen und gleichzeitig auf die narrativen Strategien der Texte abzuheben versuchen, müssen immer wieder den Konflikt zwischen überblickshafter Darstellung und genauer Lektüre aushandeln, den Gegensatz zwischen Sammeln und Systematisieren, zwischen großen Linien und der pointierten Einzeldarstellung ausbalancieren. So sind die Bezugnahmen auf vorher in der Argumentation Entwickeltes meist überzeugend (wie im besprochenen Freud-Kapitel), wie auch die sprachliche Darstellung der Bezugslinien schlichtweg brillant ist, leider aber bleiben manche Lektüren an der Oberfläche und lesen die Texte zu sehr auf die Agenda des Bandes hin. Der Kritik, das ›große Erzählungen‹ eigentlich nicht mehr möglich seien, entgegnet Alt freilich schon in der Konzeption seiner Studie, indem er nicht mehr von einer Begriffsgeschichte ausgeht, sondern die Formen der Repräsentation, die Narrative des Bösen in den Blick nimmt. Hier hätte man sich allerdings eine präzisere Bestimmung gewünscht: Beschreibt Alt die Paradoxie, die Wiederholung, die Transgression und den Exzess als »Grundfiguren« (S. 26) der erzählerischen Darstellung des Bösen, so lässt sich fragen, ob diese tatsächlich nur für die Umschreibung der Ästhetik des Bösen spezifisch sind. Schließlich wäre es auch vorstellbar, im Rekurs auf genau diese »Grundfiguren«, eine »Ästhetik des Komischen« zu schreiben.

Doch diese Kritik kann den positiven Eindruck nur leicht schmälern: Wer sich in Zukunft mit dem Bösen in der Literatur auseinandersetzen möchte, wird an Peter-André Alts Buch nicht vorbeikommen.

Thomas Wortmann

Tilmann Moser: *Kunst und Psyche. Bilder als Spiegel der Seele*, Stuttgart: Belser Verlag 2010. – 144 S., € 22,95.

Bücher von Tilmann Moser sind seit jeher interessante und spannende geistige Herausforderungen. So auch dieses Werk, in dem er sich mit zwanzig Bildern des 19., vor allem aber des 20. Jahrhunderts mit »psychoanalytisch-therapeutischem Blick« (S. 6) auseinandersetzt.

Psychoanalyse kann keine Wirklichkeit verändern, sondern nur unsere Sichtweise auf die Realität. Die Erweiterung, Bereicherung und Flexibilisierung von subjektiven Perspektiven ist das Ziel jeder psychoanalytischen Arbeit. Besonders wichtig ist dies für Patienten mit tieferen seelischen Verwundungen, die ihren Blick oft stark konzentriert, starr gemacht und verengt haben, um sich gegen weitere Verletzungen zu wappnen.

Auch wenn Sigmund Freud in erster Linie ein ›Mann des Wortes‹ war, faszinierten ihn auch Kunstwerke wie die von Leonardo da Vinci oder Michelangelo, mit denen er sich wissenschaftlich auseinandersetzte. In seiner ›methodischen‹ Einführung benennt Moser die ›Klippen‹ psychoanalytischer Kunstinterpretation wie »Reduktion des Kunstwerks entweder auf eine fertige Theorie oder gar auf die Psyche des Autors« (S. 6) beziehungsweise eine ›Pathologisierung‹ des Künstlers. Moser bevorzugt bei der Kunstbetrachtung eine ›dialogische Herangehensweise‹, welche die Übertragung und Gegenübertragung des Betrachters auf ein Werk mit einbezieht: »Es gibt kein besseres Kriterium für seelische Reaktionen auf ein Werk als den formulierbaren Nachhall im eigenen Inneren« (S. 7). Entsprechend dem psychoanalytischen Vorgehen in einer Therapie schlägt Moser bei der Kunstbetrachtung einen Doppelschritt vor: zuerst eine »primäre affektive Reaktion« und dann eine »rationale Distanzierung«, die den Genuss »analytischer Betrachtung« (S. 8) ausmachen. Mosers Ziel mit seinem Buch ist, beim Betrachter die »Freude und Entdeckerlust an den Kunstwerken zu erweitern« und seine »Beobachtungsgabe zu schärfen« (S. 9).

Bei seiner durchaus subjektiven Auswahl und Interpretation der Bilder interessieren Moser vor allem Werke, die Zeiten der »Bedrohung des Subjekts« entstammen, Bilder, in denen die »Maler als Entdecker und Seismographen ihrer Zeit« (S. 9) Entbergung, Verunsicherung und Schrecken auf die Leinwand gebannt haben.

Man kann Mosers Buch durchaus auch als eine kleine ›Einführung in die Psychoanalyse‹ verstehen. Einerseits durch die verstreuten kleinen klinisch-technischen Anregungen und andererseits, indem er durch seine Bildbetrachtungen ganz konkret und lebendig die ›Kunst des freien Assoziierens‹ vor Augen führt.

Moser verdichtet seine ›freien Einfälle‹ zu den Bildern, in die auch immer wieder seine klinischen Erfahrungen einfließen, in ›Deutungen‹. Solche sind in der Psychoanalyse immer Deutungsangebote, die im besten Fall für den Analysanden erhellend und bereichernd sind. Der Psychoanalyse geht es nicht um ›die Wahrheit‹, sondern höchstens um den Prozess des Erkennens von Wahrheit, beziehungsweise dessen Erweiterung. Manchen Lesern werden Mosers ›Deutungen‹ plausibel erscheinen, sie werden ihnen etwas abgewinnen können, andere wird er zum Widerspruch reizen und wieder andere werden noch ganz neue – eigene – Assoziationen zu den Werken entwickeln. Und das ist gut so!

Mosers ›szenische‹ Herangehensweise ist zum Beispiel an seiner Besprechung von Edvard Munchs *Strasse in Asgardstrand* klar erkennbar. Er deutet das Werk überzeugend als Individuationsprozess einer jungen Frau bei der Ablösung vom Elternhaus und dem Übergang in die Welt des Erwachsenseins. Auch Édouard Manets *Frühstück im Atelier* versteht Moser als pubertären Separationsprozess, der sowohl den Aufbruch wie den damit einhergehenden Trennungsschmerz einfängt. Das Gebundensein in familiäre Verstrickungen und den »Kraftakt einer Loslösung« (S. 49) daraus führt Moser an Edgar Endes Bild *Die Begegnung* eindringlich vor Augen. Die Themen Bindung und Trennung in ihren heilsamen und unheilsamen Auswirkungen werden auch in Pablo Picassos *Famille au bord de la mer* oder Walter Stallwitz' *Gebundene Figuren* bzw. *Ohne Titel* von Max Ernst oder *Die Träumereien eines einsamen Spaziergängers* von René Magritte durchschaubar gemacht. Sigmund Freud hat durch sein Werk der Sexualität den ihr gebührenden Stellenwert im Bewusstsein der Menschen zugewiesen. Entsprechend macht Moser Dimensionen der Sexualität zum Beispiel an den Bildern *Der Tunnel* von Paul Delvaux, *Vittoria Caldoni aus Albano* von Johann Friedrich Overbeck oder *Erotische Versuchung* von Max Ernst offenkundig. Der zweite bedeutsame ›Triebkomplex‹, den die Psychoanalyse betont, ist die Aggression. Die destruktive Aggressivität manifestiert sich in individueller Gewalt, durch Moser sichtbar gemacht an *Der bedrohte Mörder* von René Magritte, oder sexueller Gewalt in Edvard Munchs *Mädchen und drei Männerköpfe* oder kollektiver Gewalt, verdeutlicht an Pablo Picassos *Sitzender Mann mit Gewehr.* Die Maler beschreiben auch die Folgen solch individueller oder gesellschaftlicher Traumatisierung, die sich in Angst und Schmerz bei *Oedipus Rex* von Max Ernst, in Fragmentierungen in *Kopf* von Antje Stocker oder *Die Übungen der Akrobatin* von René Magritte, in Identitätsverwirrung bei *La Mariée* von Francis Picabia oder Einsamkeit und innerer Leere wie bei Fernand Khnopffs *Ich schließe mich selbst ein* oder der *Blutblume* von Victor Brauner zeigen.

Von Lebensbeginn an steht der Mensch in einem Spannungsverhältnis zwischen seinem Narzissmus und seinem Bedürfnis nach Bindung an Andere. Dafür müssen im Lebensverlauf immer wieder neue Balancierungen gefunden werden, und das kann auch missglücken. Solche Aspekte macht Moser zum Beispiel an René Magrittes *Die Träumereien eines einsamen Spaziergängers* oder *Frühstück mit dem Panther* von Karin Wiesmann offenkundig.

Nicht zuletzt weist Moser aber auch anhand verschiedener Kunstwerke Wege und Chancen der Überwindung von Schrecken und Angst, des möglichen Heil- und Ganzwerdens, der Verminderung von Selbstentfremdung und der leisen, hoffnungsvollen Wiederaufnahme des Suchens nach dem eigenen, dem ›wahren Selbst‹ auf.

In der Kürze dieser Rezension konnten und sollten aus der reichhaltigen Palette dieses Buches natürlich nur einige Farbtupfer gesetzt werden. Wenn diese Appetit auf mehr gemacht haben, dann schauen und lesen Sie selbst – es lohnt sich!

Thomas Auchter

Uwe Gonther / Jann E. Schlimme (Hg.): *Hölderlin und die Psychiatrie,* Bonn: Psychiatrie-Verlag 2010 (= Edition Das Narrenschiff). – 300 S., € 29,95.

Stellen wir uns einen Moment lang vor, ein großer und zu Recht berühmter Autor, sagen wir: Philip Roth, sei seit vielen Jahren in dauernder psychiatrischer Behandlung, werde wegen schwerer psychotischer Krisen immer wieder hospitalisiert, vielleicht sogar zwangsbehandelt. Würde sich die Rezeption seiner Werke verändern? Würde der in vielen seiner Romane ausgetragene Vater-Sohn-Konflikt zum Ausdruck der beginnenden psychischen Krankheit uminterpretiert werden? Würde eine heftige öffentliche Debatte um seine Krankheit entstehen, würde von den Einen die Diagnose radikal in Frage gestellt werden, nur um von den Anderen um so engstirniger verteidigt zu werden? Käme die Psychiatrie ins Rampenlicht der öffentlichen Diskussion, würden die Versorgungsbedingungen als die eigentlichen krankmachenden Faktoren beschrieben werden?

Kein Wunder, dass die Krankheit Friedrich Hölderlins, der 231 Tage im Tübinger Klinikum bei Authenrieth behandelt und dann lange Zeit in die berühmt gewordene Familienpflege des Schreinermeisters Zimmer gegeben wurde, eine Erschütterung und Resonanz erzeugt hat, die nicht nur die Zeitgenossen bewegt hat, sondern bis heute fortwirkt. Dabei wurden heftige Kontroversen ausgetragen, so als von literaturwissenschaftlicher Seite Pierre Bertaux in den 1970er Jahren des vorigen Jahrhunderts Hölderlin von jedem »Vorwurf« psychiatrischer Krankheit befreien wollte, worauf Uwe Henrik Peters heftig reagierte und als Psychiater umgekehrt die Krankheit im Leben Hölderlins überbetonte.

Die Bertaux-Peters-Kontroverse ist nicht die erste, die sich um Friedrich Hölderlin bildete. Zu Beginn des 20. Jahrhunderts sind es Norbert von Hellingrath von der germanistischen Seite und Wilhelm Lange von der psychiatrischen, die miteinander streiten, ohne wirklich aufeinander einzugehen. Lange interessiert die schmale Grenze zwischen Genie und Wahnsinn, Hellingrath hingegen ist an der Sprachgestalt der Hölderlinschen Dichtung interessiert, er studiert die Pindar-Übertragungen, die Hölderlin vornimmt, und vergleicht Pindar und Hölderlin. Ein sehr spannendes Detail ist, dass er die Konzeption der »harten Fügung«, der unverbundenen Reihung sprachlicher Wendungen, entwickelt hat, auf die Theodor W. Adorno viel später zurückkommen wird. Karl Jaspers hat sich mit Hölderlin unter dem Gesichtspunkt der Grenzen des genetischen Verstehens befasst, aber es gab auch eine sozialistische Hölderlin-Rezeption in der DDR.

Wie groß ist die Gefahr des Reduktionismus, sei sie nun psychiatrisch, psychoanalytisch oder politisch motiviert! Wie schwierig ist es, dass die literaturwissenschaftliche und die psychiatrische Diskussion zusammenfindet, ohne dass die eine Seite die andere zumindest implizit entwertet! Gleichwohl ist es nur in der inter- oder transdisziplinären Zusammenarbeit möglich, sich der nicht endenden Herausforderung zu stellen, die das immer unausschöpflich bleibende Leben und Werk von Friedrich Hölderlin darstellen. In Bad Homburg – wo auch sonst! – fand 2008 ein Symposion zum Thema »Hölderlin und die Psychiatrie« statt, das diese Kooperationsleistung zustandegebracht hat und einen nicht-reduktionistischen Dialog zwischen Philosophen, Literatur- und Sprachwissenschaftlern und Psychiatern in die Wege leitete.

Dadurch, dass Hölderlin für die Psychiatrie eine dauernde Herausforderung dargestellt hat und sich die Fachvertreter der verschiedenen Epochen in je anderer Weise Hölderlin genähert haben, spiegelt sich in der bald 200 Jahre andauernden Geschichte der psychiatrischen Auseinandersetzung mit Hölderlin die Psychiatrie selbst wider: ihre Geschichte, ihre Wandlungen. Die Art und Weise, wie Hölderlin behandelt worden ist, wirft auch ein Licht auf die Versorgungsbedingungen der Zeit, in der die Psychiatrie als medizinische Disziplin gerade entstanden ist. Die Beschäftigung mit Friedrich Hölderlin wird zum Spiegel der historischen Entwicklung der Psychiatrie.

Das Buch, das die Beiträge des Symposions wiedergibt und das mit gutem Grund bereits in zweiter Auflage erscheint, ist in drei Abschnitte unterteilt: Es beginnt mit dem Teil, der sich mit »Hölderlin und die Psychiatrie in seiner Zeit« befasst. Der zweite Teil bezieht sich auf »Hölderlins ›Wahnsinn‹ als Teil der Rezeptionsgeschichte«, der dritte schließlich zeigt den »Hölderlin für unsere Zeit« und führt die Diskussion um Hölderlin in die Gegenwart. Hier wird nach dem Verhältnis der Erfahrungsstrukturen des göttlichen Wahnsinns bei Hölderlin und der schizophrenen Erfahrung bei psychiatrischen Patienten gefragt. Es wird sodann Hölderlins späte und späteste Lyrik untersucht.

Es ist ein verdienstvolles Buch, sorgfältig in allen Beiträgen, wichtig v. a. für die Psychiatrie und für das psychiatrische Selbstverständnis. Es ist ein detailreiches, ausgesprochen informatives Buch, das neue Einblicke in die Geschichte der Psychiatrie gewährt und dem Leser zugleich Hölderlin, sein Leben, sein Leiden und sein Werk näherbringt. Es ist ein Spiegel, der dazu dient, dass in der Auseinandersetzung mit Hölderlin der Psychiater »sein eigenes Verständnis der Schizophrenie schärfen und humanisieren« kann, so die Herausgeber abschließend. Und diese Humanisierung, so wird in den letzten Zeilen betont, hängt auch mit Bescheidenheit zusammen, mit der Erkenntnis, dass »auch das genaueste und menschfreundlichste Krankheitskonzept nicht in der Lage ist, einen Menschen in seiner Gänze zu erfassen und zu bestimmen.« An Hölderlin zeigt sich aber auch, dass diese Unbestimmbarkeit des Anderen ein immer neuer Ansporn ist, um ihn zu verstehen – das Ringen um Hölderlin ist darin beispielhaft, dieses Ringen kann und darf nicht nur dem berühmten Dichter gelten, sondern jedem Menschen, dem wir in unseren Kliniken und Praxen begegnen und den wir behandeln.

Joachim Küchenhoff

Wolfgang Schmidbauer: *Kleist – Die Entdeckung der narzisstischen Wunde*, Gießen: Psychosozial-Verlag 2011 (= Imago). – 243 S., 24,90 €.

War der Schriftsteller Heinrich von Kleist narzisstisch? Und falls ja, interessiert das zweihundert Jahre nach seinem Tod irgendjemanden? Hilft das Wissen darum, seine rätselhaft-ambivalenten und affektgeladenen Texte zu verstehen? Unter Literaturwissenschaftlern ist diese Frage höchstens als rhetorische wahrzunehmen. Sie bestätigt einmal mehr die Gewissheit, dass es die literarischen Texte sind, die zu interessieren haben und der Autor dahinter einfach tot ist – gleichgültig, ob er erst den fünfundzwanzigsten oder den zweihundertsten Geburtstag feiert. Denn ob er im physischen oder nur im theoretischen Sinne tot ist, spielt für die Analyse seiner Texte keine Rolle. Das Textwissen ist unendlich viel größer als das Wissen des Autors, dem beim Schreiben so manches unterläuft, das ihm nicht bewusst ist, das er nicht lenken kann, das über ihn hinausgeht. Historische, soziale, politische, kulturelle Kontexte sind es höchstens, die die Feder in bestimmte Richtungen und wieder zurück lenken und um die man als Interpret/in möglichst gut Bescheid zu wissen hat, will man sich nicht ganz allein und nur auf den Text konzentrieren. Letzteres, eine werkimmanente Interpretation oder ein *close reading*, erscheint einigen immer noch (oder neuerdings wieder) als die redlichste Methode, da sie vermeintlich ohne jeden ideologischen Touch auskommt. Die Autorenpsyche hat da so wenig wie die Autorenbiographie etwas zu sagen, und schon gar nicht darf von der einen auf die andere geschlossen werden – so oder ähnlich lernt man es seit Jahrzehnten in jedem germanistischen Einführungsseminar. Und entsprechend ist diese Regel auch dem »Wort zum Geleit« von Martin Roussel zu entnehmen. Genauso wie es dem Verfasser Wolfgang Schmidbauer selbst bewusst ist, wie wenig er das Recht hat, sich anzumaßen, den toten Kleist auf die Couch zu legen – mag er auch einer der am erfolgreichsten schreibenden Psychologen unserer Zeit sein und mag sein Buch auch nicht in einem literaturwissenschaftlichen, sondern in einem genuin psychoanalytischen Verlag, dem Psychosozial-Verlag, erschienen sein.

So weit so gut. Diejenigen, die keine Literaturwissenschaftler sind, können sich schon dafür interessieren, ob Kleist narzisstisch war oder nicht – sei es aus psychologischem Interesse, aus Neugierde an menschlichen Fehlern und Abgründen, sei es, weil sie sich aus welchen Gründen auch immer mit ihm identifizieren. (Dass es davon nicht wenige auch unter den Literaturwissenschaftlern gibt, steht auf einem ganz anderen Blatt). Es ist viel zu erfahren über die angebliche Persönlichkeit Kleists in diesem Buch: Er war vielleicht homosexuell, sich zumindest seiner geschlechtlichen Identität nicht sicher. Er hatte Größenphantasien, wünschte sehnlich, dass sein Werk bekannt und er selbst berühmt würde. Gleichzeitig benötigte er den Rückzug und die Ruhe vor der doch andererseits zu Lob aufgeforderten Welt. Nur dann könnte er seine Begabung – und die hatte er in vielerlei Hinsicht, auch musikalische, war zudem von höchster Intelligenz – entfalten. In Gesellschaft muss er sich eher wie ein psychopathisches Ekel, jedenfalls oft schroff, stumm, unfreundlich benommen haben. Er litt Zeit seines Lebens unter den Konflikten zwischen feudaler und bürgerlicher Moral sowie unter traumatisierenden Erfahrungen mit verständnislosen Lehrern und Erziehern. Schmidbauer rekonstruiert bzw. »erschließt«, wie er selbst gleich zu Anfang zugibt, dies alles nur durch »tastende Versuche« (S. 19), und zwar vor allem aus den wenigen überlieferten Briefen, vor allem den »Brautbriefen« des jungen, von ihm als »hochbegabt« eingestuften Schriftstellers. So malt er sich auch aus, dass Kleist früh ein Faible für den Gedanken an den Freitod entwickelte. Jedem gegenüber, der ihm nahe stand, äußerte er das immer wieder. Selbst ein Angstkomplex (inklusive der dazugehörigen körperlichen Reaktionen wie Durchfall) oder Alkoholsucht, vielleicht auch Spielsucht seien diesen Briefen abzulesen, so Schmidbauer. Müssen wir wissen, dass Kleist vermutlich unter Verdauungsproblemen litt? Von Thomas Mann etwa wissen wir das zwar auch, weil er selbst sie in fast schon penetranter Weise immer wieder in den Tagebüchern aufgelistet hat. Aber verstehen wir deshalb seine Texte besser? Neben solchen intimen Konstruktionen, die berühmte Autorenpersönlichkeit betreffend, findet Schmidbauer auch eine psychologische Erklärung dafür, dass Kleist nicht alleine sterben wollte. Sie klingt schon plausibel: Um sich schuldfrei, ohne schlechtes Gewissen das eigene Leben so früh nehmen zu können, bedurfte Kleist der Rechtfertigung, Erlaubnis oder Bestätigung eines Gegenübers – am besten eines liebenden Gegenübers –, das ihn ins Jenseits begleitete, seine narzisstischen Verschmelzungsphantasien erfüllte und damit die Liebe erst eigentlich beglaubigte: Er hatte seine Cousine Marie von Kleist und andere ihm Nahestehende immer wieder vergeblich gefragt und traf am Ende auf Henriette Vogel. Liebte sie ihn wirklich? Oder war sie ›nur‹ lebensmüde, weil sie sich unheilbar krank wähnte? War er gläubig? Schmidbauer beantwortet diese unweigerlich entstehenden Fragen nicht wirklich. Warum verwendet er die Worte »Suizid« oder »Selbstmord« und nicht ›Freitod‹, obgleich er doch sogar von der Arbeit des schweizerischen Exit-Vereins zur Unterstützung und gegenseitigen Begleitung im Falle des Suizidwunsches berichtet? Auch diese Frage bleibt offen.

Neben diesem biographistischen Strang, den man entweder goutieren oder links liegen lassen kann, gibt es eine Reihe von Feststellungen, die bei der Begegnung mit Kleists Texten schon zu reflektieren oder die zumindest bedenkenswert und auch aufschlussreich sind – gerade wenn es um das »Wissen« Kleists geht – ein Wort, mit dem Schmidbauer gleich zu Anfang aufräumen will, in dem er es im Sinne Kleists durch das Wort »Bekümmern« ersetzt: »Kleist spricht allerdings nicht vom Wissen, sondern vom *Bekümmern* – also von einem sorgenden Interesse für den Gegenstand, mit dem wir uns beschäftigen« (S. 18). Das überzeugt wenig angesichts des reichhaltigen Wissenshorizonts Kleists, den er dann aufzeigt: Nicht naturwissenschaftliches, landwirtschaftliches, literarisches Wissen nur, sondern vor allem psychologisches Wissen nämlich ist es, was Kleist, vielleicht hier ähnlich einsichtig wie Shakespeare, in all seine Texte einfließen ließ. Kleist war in der Sicht Schmidbauers ein Protopsychologe, ein »Vorläufer der Tiefenpsychologie und Pionier der Narzissmusforschung« (S. 17 und S. 156). Das wird ganz plausibel, wenn man ernst nimmt, was Schmidbauer herausgefunden hat und zum Großteil auch überzeugend herleitet und begründet. Nicht nur hat Kleist das, was Gotthilf Heinrich Schubert oder Franz Anton Mesmer als tierischen Magnetismus und künstliche Somnambulie noch vergleichsweise archaisch und dem magischen Denken verhaftet beschrieben, in einem gedanklichen Salto nach vorne gebracht auf einen gleichsam neuen, der modernen Psychologie angemessenen Stand. Er hat im Grunde auch schon Freuds Narzissmus-Theorie und dessen tiefenpsychologischen Überlegungen vorgearbeitet. Das wird sehr deutlich, wenn Schmidbauer anhand von Briefen und auch literarischer Texte Kleists beschreibt, wie dessen Figuren aufgrund von Kränkungen und Nicht-Anerkennung von Schamgefühlen zu Affektausbrüchen wie Wut, Hass, Rache gelangen müssen, seien es Kohlhaas, Käthchen, der Prinz von Homburg oder der Findling. Mit Kleists Texten kennt Schmidbauer sich jedenfalls prächtig aus – vielleicht besser als so manche/r Germanist/in.

Über die Ich-Werdung, die Entwicklung des Ich und des Selbst, hat Kleist laut Schmidbauer sogar Plausibleres geschrieben als der Strukturalist und Psychoanalytiker Jacques Lacan in seinem berühmten *Spiegelstadium*-Aufsatz – einer der theoretischen Basistexte jeden Germanistik-Studiums in Deutschland. Von Kleist hätte er hierfür nur lernen können, findet Schmidbauer: »Kleists Aussagen im *Marionettentheater*«, so der Autor, scheinen »in vieler Hinsicht mehr über das menschliche Selbstbewusstsein zu verraten [...] als die Aussagen Lacans« (S. 157). Dessen Ausführungen seien »fragwürdig«, »unverständlich«, von »tautologischen Begriffen« (S. 158) durchsetzt und von »Selbstüberschätzung« geprägt (S. 163). Seine grundsätzliche Aversion gegen Lacan und dessen offenbar von ihm ebenfalls als überheblich wahrgenommene Anhänger macht Schmidbauer dann über ca. zehn Seiten hinweg mehr als deutlich (vgl. S. 157 ff.).

Kleist hingegen habe sich im Gegensatz zu Lacan oder Freud nicht auf die früheste Kindheit, sondern auf die Adoleszenz konzentriert, deren Wichtigkeit erkannt und ihre Entwicklungsproblematik hellsichtig beschrieben: Sein Aufsatz *Über das Marionettentheater* sei

> im Vergleich mit Lacans Thesen ein guter Beleg dafür, dass Psychoanalytiker lieber mehr Kleist lesen sollten, als sich in immer undurchschaubarere Konstruktionen zu verlieren, was in der frühesten Kindheit an prägendem Einfluss geschehen sein könnte. (S. 164)

Die Lektüre des *Marionettentheater*-Aufsatzes können säumige Kollegen dann in Schmidbauers Buch gleich nachholen, es ist im Folgenden vollständig abgedruckt. Die hier beschriebene Spiegelszene habe »ein realistisches Drama der Grandiosität vor dem Spiegel erfasst und uns darauf aufmerksam gemacht, wie leicht es zerstört werden kann« (S. 165).

Generell sind nach Schmidbauers Auffassung, die allerdings nicht überraschend, sondern eher schon Allgemeingut innerhalb der Kleist-Forschung ist, die Begriffe der »Anerkennung« bzw. viel eher noch der Kränkung durch Nicht-Anerkennung und Nicht-Wertschätzung zentral für den »traumatisierten Hochbegabten« Kleist (S. 143), dem vor allem die archaischen Grundaffekte Scham, Angst, Wut selbst vertraut waren und die er auch besonders anschaulich zu Papier bringen konnte. Die »Gleichzeitigkeit von Unterworfensein und Überblick ist es, die ihn zu einem großen Dichter macht« (S. 75).

Für Schmidbauer

> ist Kleist lange vor Freud der erste Denker, der das menschliche Ich nicht als Träger von Erkenntnis und Naturbeherrschung idealisiert, sondern als einengende, von Eitelkeit und narzisstischer Bedürftigkeit (*Ziererei*) geprägte Struktur in Frage stellt. (S. 174)

Er findet auch, dass Kleist Niklas Luhmanns Darlegung der Entstehung der modernen Liebesauffassung im 17. und 18. Jahrhundert (in seinem Standardwerk *Liebe als Passion*) an Tiefe, Einsicht und Beschreibungskraft übertroffen habe, indem er bereits die Mechanismen moderner, narzisstischer Verschmelzungsphantasien mit reflektierte. Zentrale Beobachtungen Kleists würden im übrigen von Neuropsychologen der Gegenwart bestätigt werden. Heutzutage würde der Dichter vielleicht

> sogar nach einer Lehranalyse selbst Psychiater oder Psychotherapeut. Klug, zu intensiven Freundschaften fähig, an Einsichten in das eigene Innere leiden-

> schaftlich interessiert, wäre er ein guter Kandidat für eine analytische Ausbildung gewesen. (S. 155)

Auch wenn Schmidbauer in nicht wenigen seiner Ausführungen – etwa in seinem nicht mit konkreten Belegen begründeten seitenlang ausgeschütteten Affekt gegen Lacan – zu weit geht, in seiner allgemeinen Ratschlaggeberei übertreibt, sich immer wieder zum allwissenden Psychophilosophen aufschwingt und zum Teil selbst zum Dichter wird und anhand vor allem der »Brautbriefe« Kleists gelegentlich zu Diagnosen kommt, deren Sinnhaftigkeit nicht zu erkennen ist – sein Buch ist insgesamt anregend. Nach begonnener Lektüre möchte man es eigentlich nur ungern aus der Hand legen, es stattdessen in einem Zug von vorne bis hinten, Seite für Seite durchlesen, auch wenn man zwischendurch immer wieder leicht irritiert bis empört den Kopf schütteln muss. Klar ist jedenfalls nach der Lektüre einmal mehr, dass Kunst und Literatur der Wissenschaft und sogar der Philosophie vorausgehen, wenn es um den Tatbestand »existenzieller Probleme« (S. 178), also die Grundfragen des Lebens, geht. Nachvollziehbar wird auch, dass Kleist auf literarischem Wege, durch sein Schreiben, imstande war, die eigenen psychischen Dilemmata aufzulösen oder sie zumindest abzumildern. Es bleibt die Frage, ob dies auch für seine Leser/innen gilt.

Die Erklärung oder Rechtfertigung für sein Vorgehen liefert Schmidbauer dabei erst in der Mitte seines Buchs: »Texte entstehen durch Texte, die ein Dichter in sich aufgenommen und verwandelt hat. Ohne den vergleichenden Blick auf die Texte ist das Werk nicht zu verstehen. Aber der Blick auf den Verarbeitungsprozess in der Person des Autors ergänzt diese Art der Betrachtung; hier siedle ich den möglichen Beitrag der Psychologie an« (S. 142).

Man könnte das neueste Buch Schmidbauers vielleicht insgesamt eine doppelcodierte Analyse nennen, da sie verschiedene Wissensebenen zugleich bedient: Es stellt eine über Strecken hinweg anregende Lektüre sowohl für neugierige Psychotherapeuten als auch für interdisziplinär offene Literaturwissenschaftler dar. Wen die eine Ebene nicht interessiert, der kann sich an die andere halten. Wen beides interessiert, wird doppelt belohnt – meistens.

Christine Kanz

Malte Stein / Regina Fasold / Heinrich Detering (Hg.): *Zwischen Mignon und Lulu. Das Phantasma der Kindsbraut in Biedermeier und Realismus*, Berlin: Erich Schmidt Verlag 2010 (= Husumer Beiträge zur Storm-Forschung, Bd. 7). – 250 S., € 49,80.

Tagungsbände sind nicht unproblematisch: Die in den Sektionen gehaltenen Vorträge sind eher hochspezialisiert und beleuchten einen kleinen Themenbereich in auch zumeist noch persönlicher Sichtweise zu einem häufig nicht sonderlich einlässlichen Thema (leider fällt auch im vorliegenden Band allzu oft das Wort »bekanntlich«, dass nicht nur auf Tagungen vor allem zu Ausgrenzungszwecken Unwissender dient).

Nicht so im vorliegenden Fall: Vom 18. bis zum 21. September 2008 fand in Husum ein Kongress zum Thema *Kindsbraut in der Literatur des Biedermeier und des Realismus* statt (der Begriff »Kindsbraut« taucht zum ersten Mal in Arno Schmidts Werk *Zettels Traum* auf). Dankenswerterweise wurden die Vorträge überarbeitet, vorzüglich eingerichtet und in der Reihe der *Husumer Beiträge zur Storm-Forschung* veröffentlicht.

Doch worum geht es? »Jetzt also auch Storm!« (S. 113), wie Michael Wetzel seinen Beitrag beginnen lässt? Wird auch hier nur schmutzige Wäsche gewaschen, um einen Autor mit Nabokov und dessen *Lolita* in einem Atemzug nennen zu können? Weit gefehlt: Wetzel geht es wie den anderen Autoren um eine genaue Verortung und Fortführung eines bei Goethe und dessen Mignon einsetzenden Phänomens bzw. Diskurses, nämlich um die Rolle von Kindfrauen als Spiegelidentifikationen vielleicht narzisstisch gestörter älterer Männer bzw. um deren Projektionsflächen: Es geht um die *Logik der verpassten Chance* in einer früheren Beziehung und ihre Folgekosten im gesamten Leben, um Liebe nur für das, was vergangen und unerreichbar ist, um narzisstische Kränkung, um die männliche Angst vor dem weiblichen Geschlecht und letztlich um das Problem der Selbstverwirklichung.

Ausgangspunkt der Untersuchungen ist Goethes Mignon aus dessen erstem *Wilhelm Meister*-Roman, welche die Folie für alle folgenden Kindsbräute abgibt. Eine 1999 erschienene Untersuchung bildet dabei das Rückgrat der verschiedenen Vorträge, nämlich Michael Wetzels *Mignon. Die Kindsbraut als Phantasma der Goethezeit*[1], auf die in den meisten Vorträgen rekurriert wird (leider wurde anscheinend aus diesem Grunde kein einleitendes Referat über Mignon und andere Kindsbräute bei Goethe – etwa über die sehr junge Margarete im *Faust* – gehalten). Zweite Inspirationsquelle sind die Untersuchungen von Irmgard Roebling zum Realismus, die auf der Tagung auch den abschließenden Vortrag über das Werk Fontanes hielt.

Bei Storm ist biografisch gesehen besonders die reale Bertha von Buchan (1826-1903) interessant, die der 19-jährige Storm kennen lernte, als diese gerade zehn Jahre alt war, und zu der er eine geradezu obsessive, sein Umfeld zutiefst beunruhigende Zuneigung fasste. Erstaunlich ist aber auch, »welch großen Raum in Storms Novellistik die Darstellung zerstörerischer Beziehungsstrukturen« im Spannungsfeld zwischen der Sehnsucht nach der großen Liebe und der Angst, dass diese Liebe mit Selbstverlust drohe, einnimmt, so die Herausgeber in ihrem Vorwort (S. 8 f.). Sie warnen dort grundsätzlich vor dem »naheliegende[n] Fehlschluss von fiktiven Gestalten auf ihre Erfinder«. Wichtigstes Ziel der Tagung sei vielmehr, »eine – literaturpsychologische und literatursoziologische Aspekte gleichermaßen einbeziehende – Analyse der Kindsbraut-Modelle und -Narrative« (S. 10) im betrachteten Zeitraum durchzuführen.

Der Band ist in vier Sektionen aufgeteilt: In der ersten werden die theoretischen Voraussetzungen für eine Analyse des Kindsbraut-Problems offengelegt. Der zweite Teil konzentriert sich auf das Werk Storms, der dritte Teil untersucht Kindsbräute im weiteren literarischen Kontext des Biedermeier und des Vormärz, während der

---

[1] Siehe hierzu die Rezension von Ortrud Gutjahr im *Jahrbuch für Literatur und Psychoanalyse. Freiburger literaturpsychologische Gespräche,* Bd. 22 (2003): *Trauer*, S. 316-319.

vierte Abschnitt Kindsbräute in Texten der Epoche des Poetischen Realismus thematisiert. Als besonders hilfreich erweisen sich die von Mareike Börner, Louise Forsell und Stefanie Kraus erarbeiteten »Diskussionsberichte« zu jedem einzelnen Beitrag, welche die Tagung und die aus den Vorträgen gewonnenen Erkenntnisse für das Lesepublikum leichter nachvollziehbar machen (S. 315-325).

Harald Weilnböcks einleitender Vortrag in der ersten Sektion kann nur als Glücksfall bezeichnet werden. Er versteht Texte als »Zeugnisse von ›literarischer Interaktion‹ zwischen Autor und Leser« (S. 14) und will in die Untersuchung von Literatur immer auch Psychologie einbezogen wissen. Grundsätzlich fragt er, in »welcher Weise und im Dienste welcher psycho-sozialen Funktionen« es geschehe, »dass ein Erzähltext lebensweltliche Erfahrungen und Assoziationen von Pädophilie und Kindesmissbrauch aufnimmt«. Ihn interessiert, welche »Auswahl an Geschehens- und Wahrnehmungselementen« dabei getroffen wurde und wie »sie geformt und erzählerisch fokussiert« wurden (S. 21). Ein derart unaufgeregter Zugang ermöglicht es, fernab von vorschnellen moralischen Empörungen die tatsächliche Gefährlichkeit und Sprengkraft der Texte überhaupt erst in den Blick zu nehmen und aus der Untersuchung der Texte tatsächlich Nutzen zu ziehen. Weilnböcks Diskussion gängiger Vorwürfe gegen Literaturpsychologie (die geschilderten Figuren seien nur fiktional, die Werke seien kunstspezifisch und kunstautonom, also nicht realweltlich fundiert zu untersuchen, und man dürfe nur eine ›Psychologie‹ derjenigen Epoche anwenden, in welcher der Text entstand) sind aufschlussreich: Hinter diesen Vorwürfen vermutet er nämlich das Bestreben, »rein ideengeschichtlich und deskriptiv« zu verbleiben, die Sprengkraft der Texte also zu unterdrücken, indem man davon ausgeht, »dass ästhetisches Erleben den empirischen Lebenswelten der Menschen grundsätzlich entzogen und methodologisch inkommensurabel« sei. Man dürfe aber annehmen, »dass die jeweils zu erklärenden Phänomene älter sind als die Theorie, mit der sie (bestmöglich) erklärt werden können« (S. 23 f.). Er stellt in der Folge einiges Handwerkszeug zur Verfügung (etwa Konzepte wie Identitätsverwirrung, traumatische Verlassenheitserfahrungen, Missbrauch durch Vernachlässigung, die inzestuöse Festungsfamilie, fehlende Triangulierung bis hin zu posttraumatischen Schuldgefühlen und Melancholie als verdecktem möglichen Anzeichen von negativen Erfahrungen).

Die Ergebnisse der Einzelvorträge und der Diskussionen sind vielfältig: Heinrich Deterings Analyse der Texte Storms für Bertha von Buchan in der zweiten Sektion stellen wohl einen der Höhepunkte des Bandes dar, legt er doch zugleich in unmissverständlicher Weise offen, wie auf der Tagung (und damit auch durch seine eigene Untersuchung) mit einem klaren Tabu in der Storm-Forschung gebrochen werden soll. Deterings Ausführungen sind dabei vor dem Hintergrund seines eigenen Konzepts über Homosexualität und Camouflage (also die verdeckende, aber eigentlich auf Entdeckung spekulierende Vertuschung eines Phänomens) zu lesen.[2] So akzentuiert er etwa in der Diskussion, man könne zum Vergleich mit der Kindsbrautthematik »analoge Spannungen von epochenspezifischen Diskursen und anthropologischen Konstanten in der Geschichte der Literarisierung von Homosexualität« (S. 316) heranziehen.

---

[2] Vgl. Heinrich Detering: *Das offene Geheimnis. Zur literarischen Produktivität eines Tabus von Winckelmann bis zu Thomas Mann*, Göttingen 2002.

Christian Neumann weitet den Blick auf das Prosawerk Storms aus, indem er Texte wie *Schweigen* oder *Celeste* genauer untersucht. Besonders die Diskussion seines Vortrags arbeitet grundlegende Fragen heraus: Wie relevant und wie tragfähig sind überhaupt psychoanalytisch fundierte Deutungen? Muss immer genau zwischen Autor-, Erzähler- und Figurenperspektive getrennt werden (was in der Diskussion eindeutig bejaht wurde)? Wird in der Untersuchung der Text als Analyse oder als Symptom von etwas gelesen? Und: Wird deskriptiv oder exemplifizierend vorgegangen (vgl. S. 318)?

Claudia Stockinger arbeitet heraus, dass die Kindfrau bei Storm nicht entweder Hure oder Heilige, sondern beides zugleich sei, was auf unterschiedliche Liebeskonzeptionen verweise.

Faszinierend ist Mareike Börners Untersuchung der Figur der Wienke (also der behinderten Tochter von Hauke Haien in Storms *Schimmelreiter*), denn die »Phantasien des Kindfrauverehrers« (die Schilderung von Wienke benutzt Versatzstücke der Beschreibung von Kindsbräuten) würden hier »im wahrsten Sinne des Worts behindert« (S. 166), indem die Tochter zur quasi »autistische[n] Muse« (S. 169) ihres Vaters wird (wenn auch Börners Anmerkungen zu Schizophrenie und Psychose (S. 179-182) zumindest missverständlich sind). In der Diskussion wurde der entscheidende Unterschied zwischen der Kinderliebe und der Kindsbraut herausgearbeitet: Bei ersterer sei der Erzähler selbst Protagonist und erzähle aus der Rückschau (und transponiere dabei durch die Erinnerung das Geschehen auf eine andere Ebene), im zweiten Fall richte ein älterer Mann den Blick auf ein Mädchen (S. 321).

Louis Gerrekens weitet in der dritten Sektion den Untersuchungsgegenstand aus und bezieht sich auf erzählte Kindsbräute bei Kleist, E.T.A. Hoffmann und Storm. Bei Kleist stehe dabei »immer wieder die problematisch gewordene Erzählbarkeit von Welt im Vordergrund«, wofür die Kindsbraut nur ein Beispiel unter vielen sei. Bei Hoffmann habe man es aber »wiederholt mit Erzählungen zu tun, die sich selbst schon widerlegen und dekonstruieren«: Die Kindsbraut sei bei ihm nicht »das Wesen an sich, sondern sein Entstehen im Bericht, den ein vom Leben Gezeichneter verfasst«, werde zum Motor der Erzählung (S. 196). In den Texten Storms dagegen denunziere der Text »die Scheinmoral der männlichen Protagonisten« (S. 201).

Marianne Wünsch untersucht in Storms Werken das Phänomen der Kinderliebe: Zwei Kinder lieben einander, werden in der Pubertät (also in der Zeit ihrer eigenen geschlechtlichen Identitätsfindung) voneinander getrennt und geraten postpubertär wieder zueinander (S. 203). Die Jugend als »Prozess der Domestizierung« werde also immer ausgeblendet (S. 205), der entscheidende Veränderungsprozess, der von der »paradiesisch-asexuellen Natur vor dem ›Sündenfall‹ zu der sexualisierten Natur nach dem ›Sündenfall‹ führt« (S. 211), weggelassen. In der postpubertären Phase setze sich dann meist ein Rivale durch. Es sei somit »die psychische Angst vor Sexualität, die diese Häufung von gescheiterten Kinderlieben erklärt« (S. 213).

Irmgard Roebling beleuchtet abschließend Fontanes Effi Briest als Kindsbraut: Ihre Bezüge zu Fontanes Begeisterung für die Präraffaeliten und die Kindsbraut-Problematik in dieser Künstlergruppe bilden den Ausgangspunkt ihrer Untersuchung. Vor allem die frühen Werke Fontanes erscheinen als ein Mignon-Echo, verarbeiten also Goethes berühmte Figur. Der zweite Komplex bei Fontane zeigt Werke, die anhand der Situierung des Geschehens in fernen Zeiten, also als Chroniken, die Kindsbraut-Phantasien des Autors in Zerstörungsszenerien ausleben. Den dritten Komplex bilden Zeit- und Gesellschaftsromane, die Lösungsversuche für die Figuren entwerfen – auch durch eine eindeutige Aufwertung der Frauenfiguren. Roeblings Hinweise auf Elisabeth Bronfens Ausführungen über die schöne Leiche sind hier, besonders was die Werke aus der zweiten Phase betrifft, hilfreich: Im Töten der weiblichen Hauptfigur erschreiben die männlichen Autoren sich selbst.

Besonders ertragreich sind Roeblings Ausführungen zu Effi Briest. Diese wird im ersten Teil des Romans als »Kind« bezeichnet, im zweiten erscheint nur noch ihr eigenes Kind als »Kind«, im dritten Teil jedoch figuriert wieder sie selbst als – ein in ihr Elternhaus heimkehrendes – »Kind« (S. 269). Effis bereits in den ersten Szenen des Romans geschilderte Freude an Kletterei und gefährlicher Akrobatik schließt Roebling mit Fontanes autobiografischer Schrift *Meine Kinderjahre* – eine Art Selbsttherapie für Fontane (S. 300) – kurz: Auf Anraten seines Arztes hatte Fontane 72-jährig (sein Vater starb im selben Alter) die Arbeit an seinem Roman eingestellt und sich um die Aufarbeitung seiner Kindheit bemüht, d. h. seine Spiele und abenteuerlichen Unternehmungen bzw. den Erwerb von »skills« sowie den »thrill« (S. 305) als »philobatische Vorlieben« beschrieben, etwa als Lust an Schwindelgefühlen und gefährlichen Aktionen (S. 306). Solches wurde dann prägend für die Effi-Figur.

Allerdings gerät Effi nie zu einem naturhaften Wesen, gehört sie doch nicht zu den Melusinen-Wesen bzw. zu den »erotisch aktiven Elementargeistern«, sondern verharrt ganz im Gegenteil eher im »Sehnsuchtsmodus« (S. 308) und wird damit zu einer »Utopie des Humanen« (S. 309) und einer Kritik »christlicher Denk- und Rollenmuster«; Effi sei keine revolutionäre Persönlichkeit, aber dennoch ein »Kräftereservoir«, wie schon Georg Lukács sie verstand. So habe der Autor »im Rückgang auf seine eigene Kindheit den göttlichen Funken in sich aufgespürt« und »in der Erschaffung einer (ihn selbst spiegelnden) marianischen bräutlichen Muse selbst ein ›göttliches‹ Kind, sein Werk entstehen lassen« (S. 312). Doch wird man die positive Aura des Romans auch als »Reflex auktorialer Beglückung und eines gesteigerten Selbstgefühls« auf Seiten des Autors verstehen müssen, da »mit der Übersetzung der schönen Toten im Text der Autor seine musenhafte Kindsbraut in den ihm eigenen Bereich geistiger Zeugenschaft überführt hat« (S. 313).

Vielleicht wäre es günstig gewesen, einen ausgewiesenen Fachmann für Fragen der Sexualität einzuladen, etwa Peter Fiedler, der mit seinem Band *Sexuelle Orientierung und sexuelle Abweichung*[3] ein wichtiges Standardwerk zum Thema vorgelegt hat. Einige begriffliche Unklarheiten (etwa in Bezug auf die mit der Verwendung des Begriffes »Missbrauch« verbundenen Gefahren – als ob es abgesetzt vom Missbrauch einen dann ›unproblematischen‹ Gebrauch von Kindern geben könne – oder den Begriff »Perversion«, den Fiedler vollständig zu vermeiden und durch den Begriff »Paraphilie« zu ersetzen empfiehlt, um moralisierende Vorabbewertungen nicht in die eigenen Untersuchungen einfließen zu lassen) wie auch manche Stereotype und Verklemmtheiten hätten so verhindert werden können. Wenig erfreulich sind

[3] Peter Fiedler: *Sexuelle Orientierung und sexuelle Abweichung: Heterosexualität – Homosexualität – Transgenderismus und Paraphilien – sexueller Missbrauch – sexuelle Gewalt*, Weinheim / Basel 2004.

etwa Malte Steins Ausführungen zur perversen Symptomatik als einem Ergebnis der »Angst vor der erwachsenen Frau«: Er zitiert dabei Eberhard Schorsch (u. a.): *Perversion als Straftat*[4] und behauptet allen Ernstes, derlei Erkenntnisse gehörten »heutzutage zum psychologischen Allgemeinwissen« (S. 240) – ohne die neuere Forschung, die gerade solche moralisierenden Aburteilungen (vgl. Fiedler) problematisiert, auch nur zur Kenntnis zu nehmen.

Eine Umfangsbegrenzung für die einzelnen Ausarbeitungen der Vorträge wäre hilfreich gewesen (der längste umfasst ca. 75 Standardseiten, der zweitlängste immerhin noch über 65 Seiten), ebenso ein Werk- und Personenregister, obwohl dies natürlich bei Tagungsbänden nicht erwartet werden kann.

Doch sollen diese Kritikpunkte den grundsätzlichen Wert der Aufsatzsammlung keinesfalls schmälern: Wer sich über die Kindsbraut-Problematik allgemein und über Storm (und Fontane) im Besonderen informieren will, wird an diesem vorzüglichen Band nicht vorbeikommen.

Hannes Fricke

Sibylle Saxer: *»Die Sprache der Blicke verstehen«. Arthur Schnitzlers Poetik des Augen-Blicks als Poetik der Scham*, Freiburg i. Br. / Berlin / Wien: Rombach 2010 (= Rombach Wissenschaften, Reihe Cultura, Bd. 48). – 259 S., € 34,00.

Die Sprachkrise im Wien der Jahrhundertwende verlangte nach einem Ausdrucksmedium, das die sprachliche Unzulänglichkeit überwinden konnte. Vor diesem Hintergrund legt Sibylle Saxer eine Untersuchung vor, die auf den »pantomimische[n] Zug« (S. 10) in ausgewählten Erzähltexten Arthur Schnitzlers fokussiert, da es insbesondere die physische Wahrnehmung der Figuren sei, die auf deren innerpsychische Disposition verweise: die Augen der Figuren werden zum Sprechen gebracht und ›versprachlichen‹ dergestalt Unaussprechbares.

Thematisch bewegen sich die gewählten Texte vor allem im Bereich der Erotik, denn die Figuren suchen in ihrem Streben nach einer gesteigerten Lebenserfahrung insbesondere erotische Erfüllung. Doch der Griff nach solcherart gesteigerten Erlebnissen gehe oft schief und die Blick-Kommunikationen würden nicht immer richtig verstanden, zu sehr sei die »Sichtweise der jeweiligen Figuren überlagert von ihren persönlichen Wünschen« (S. 51). Zudem scheitere auch oft das Agieren mit gesellschaftlichen Codes, deren Beherrschen in Schnitzlers Texten – was Saxer im Zusammenhang mit Georg Simmels Überlegungen zur »Geselligkeit« ausführt – oft als lebenssteigernd erscheint. Der in derartigen Situationen generierten Scham lasse sich anhand des spezifischen Blickverhaltens der involvierten Figuren auf die Spur kommen, womit sich mit der zu analysierenden Sprache der Blicke eine ›Poetik der Scham‹ verbindet.

In ihrer Lektüre dieser Schamgeschichten versteht die Autorin Scham in Anlehnung an Hilge Landweer als eine Perspektivverdoppelung, als eine »Duplizität

---

[4] Eberhard Schorsch (u. a.): *Perversion als Straftat: Dynamik und Psychotherapie*, Berlin / Heidelberg [u. a.] 1985, S. 50.

von innen und außen« (S. 108). Dies wird unter anderem an Leutnant Gustl deutlich, der als Unterworfener unter den militärischen Ehrenkodex daran gewöhnt sein muss, sich selbst mit den Augen anderer zu betrachten. Folglich ist seine größte Furcht, dass man ihm die beschämende Beleidigung durch den Bäckermeister ansehen könnte. Hier zeigt sich Saxer zufolge außerdem ein auffallender *gender shift*: Während es in einer traditionellen Auffassung von Geschlechterrollen die Frauen seien, die sich »selbst primär als Wahrgenommene« (S. 91) empfänden, wird mit Leutnant Gustl ein Mann zum Blickobjekt und Schamsubjekt.

Schamanfällig sind bei Schnitzler also sowohl Frauen als auch Männer. Zudem seien sowohl Männer- als auch Frauenfiguren ambivalent gestaltet, und die für Schnitzler so typische Favorisierung der Innenperspektive ziehe nicht notwendigerweise die ungeteilte Sympathie der Lesenden für die jeweiligen Figuren nach sich. Damit ließe sich auch die hartnäckige Vorstellung von Schnitzler als einem Anwalt der Frauen nicht halten, was nachvollziehbar anhand der Ambivalenz der Else T. in *Fräulein Else* (1924) aufgezeigt wird. Obwohl diese nämlich als unschuldiges Mädchen von neunzehn Jahren eingeführt wird, zeige sie bereits am Anfang des Geschehens eine große »Lust, ihre Schönheit zur Schau zu stellen« (S. 135) – etwa, indem sie sich frühmorgendlich sehr leicht bekleidet auf den Balkon stellt.

Zudem erweise sich Elses innere Disposition als widersprüchlich: So erscheine zu Beginn ihre Planung der Nacktszene als eine klare Flucht nach vorn gegenüber dem erpresserischen Vorschlag Dorsdays, ihren Vater im Austausch für ihre Nacktheit vor dem Gefängnis zu bewahren. Denn sie will als jemand erscheinen, der wissentlich Gebote überschreitet; nicht als jemand, der nicht weiß, was er tut: »Aber Ihr sollt mich nicht für verrückt halten. Nur für schamlos sollt ihr mich halten.«[1] Im Augenblick ihres Zusammenbrechens überfällt sie jedoch die Scham, und in Elses Versuch der Selbstauslöschung manifestiere sich dann auch ihre Anerkennung der gesellschaftlichen Sittlichkeitsnormen.

Mit dieser ersten breiter angelegten Textlektüre im dritten Teil ihrer Untersuchung durchbricht Saxer die Methode der ausschnitthaften und eher additiv auflistenden, denn systematisch vorgehenden Argumentation, die den Anfang ihrer Studie prägt. An die Stelle des Aneinanderreihens zahlreicher Textausschnitte treten im vierten Teil nun auch systematische Lektüren der ausgewählten Texte.

Den Auftakt macht dabei die Erzählung *Frau Berta Garlan* (1900). Aufgrund ihrer steten Angst vor sozialer Sanktion – und der damit verbundenen schamhaften Furcht vor den Blicken der Leute – kann sich die verwitwete Berta nur unter Alkoholeinfluss ihrem ehemaligen Jugendfreund hingeben. Aber als ihr gesellschaftlich stets sicher auftretendes Vorbild Anna Rupius nach außerehelichen sexuellen Episoden an den Folgen einer unsachgemäßen Abtreibung stirbt, wird Berta die Gefahr bewusst, der auch sie sich ausgesetzt hat; und es gelingt ihr eine Betrachtung ihres Handelns aus der Außenperspektive. Diese Fähigkeit zu innerer Distanznahme äußere sich insofern in Bertas Blickverhalten, als sie die tote Anna ausdrücklich »noch einmal sehen«[2] wolle.

[1] Arthur Schnitzler: *Fräulein Else* (1924), zitiert nach Saxer, S. 153.
[2] Arthur Schnitzler: *Frau Berta Garlan* (1900), zitiert nach Saxer, S. 181.

Ganz anders sei es um das Blickverhalten in *Frau Beate und ihr Sohn* (1913) bestellt. Vor dem Hintergrund einer ausgeprägten »Metaphorik des Nicht-Sehens« (S. 188) weichen sich die Figuren hier angesichts der Übertretung sozialer Regeln – sowohl Mutter als auch Sohn verfallen einem altersmäßig inadäquaten Partner – vor allem über die Blicke aus. Nichtsdestoweniger kommt es zu diversen Schammomenten, wie Saxer unter anderem anhand des Gesprächs zwischen Beate Heinold und Fortunata Schön expliziert. Dieses wird durch eine ausgeprägte Blickregie vorangetrieben, und Beate zeige dabei nicht nur die typischen Schamanzeichen von körperlichen Fluchtimpulsen bei gleichzeitigem Gelähmtsein, sondern es steigt ihr auch schlicht die Schamröte ins Gesicht.

Genauso wenig können sich männliche Figuren von über Blicke induzierter und ausgedrückter Scham freisprechen. So provoziert in *Casanovas Heimfahrt* (1918) der von Grauen erfüllte Blick Marcolinas, als sie erkennt, dass sie ungewollt mit dem verkleideten Casanova die Nacht verbracht hat, in Casanova Emotionen und einen Blick voll von Wut und Scham, denn in den Augen dieser Frau, die ihn immer wieder zurückgewiesen hat, liest er vor allem, dass sie ihn für einen alten Mann hält. Und diese Feststellung muss für den 53-jährigen ehemaligen Verführer der Frauenwelt freilich eine existenzielle Katastrophe bedeuten.

Auch in *Spiel im Morgengrauen* (1926) beschämt eine Frauenfigur den männlichen Protagonisten. Indem Leopoldine dem jetzt auf ihr Vermögen angewiesenen ehemaligen Liebhaber Wilhelm Kasda, der sie damals nach der gemeinsamen Nacht mit zehn Gulden entlohnt und verlassen hat, in gleicher Art behandelt, macht sie nun auch Kasda zu einem Prostituierten. Damit treibt sie ihn in eine unerträgliche Scham – und in den Freitod. Saxer hebt hier vor allem den *gender shift* hervor, in dessen Rahmen das traditionelle Subjekt des Blicks, der Mann, eindeutig zum Objekt wird und sich die Frau als gnadenlose Schamzeugin erweist.

Die von Sibylle Saxer gewählten Untersuchungsaspekte ergeben in ihrer Gesamtheit einen vielseitigen Aspekte-Cluster. Umso mehr beeindruckt die Konsequenz, mit der die Autorin diesen Cluster auf die gelesenen Texte anwendet Die am Schluss versuchte Öffnung hin zur Gegenwart, derzufolge eine Lektüre Schnitzler'scher Texte gerade in einer Zeit, in der Scham obsolet geworden zu sein scheint, »interessant und bedenkenswert« (S. 247) sei, vermag hingegen nicht ganz zu überzeugen. Zu sehr bleiben die Lektüren den jeweiligen Texten verhaftet, ohne dass über die Identifizierung der jeweiligen Analyseparameter hinaus wirklich weit reichende Schlussfolgerungen gezogen würden.

Auch ist die vorliegende Untersuchung vor allem bestätigende Anwendung bereits vorhandener Forschungsergebnisse zu Blickverhalten und Scham auf die jeweiligen Schnitzler-Texte, während das Entwickeln neuer Überlegungen aus den Texten heraus verhältnismäßig knapp ausfällt, wobei jedoch Saxers Ausführungen beispielsweise zu *gender shifts* und zur Schnitzler'schen Figurenambivalenz besondere Beachtung verdienen. Es gelingt ihr gut, ihren eigenen Standpunkt im Verhältnis zum Forschungskontext nachvollziehbar deutlich zu machen. Zudem erweist sich Saxer in ihren *close readings* nicht nur als eine systematische Leserin – sondern vor allem auch als Leserin mit einem Auge fürs Detail.

Alexandra Campana

Katrin Max: *Niedergangsdiagnostik. Zur Funktion von Krankheitsmotiven in »Buddenbrooks«*, Frankfurt a. M.: Klostermann 2008 (= Thomas-Mann-Studien, Bd. 40). – 412 S., € 69,00.

Die Idee der Degeneration als progredierende biologische Verfallserscheinung, wie sie in der zweiten Hälfte des 19. Jahrhundert aufkam und heftig diskutiert wurde, kann unter kulturgeschichtlicher Perspektive als pessimistischer Gegenentwurf zu Darwins Konzept des evolutionären Fortschritts, im Sinne der Entwicklung von einfachen zu immer höher organisierten Lebensformen, verstanden werden. In der Literaturwissenschaft gelten die um 1900 gehäuften literarischen Darstellungen von Verfall und Degeneration gemeinhin als schlüssiges Indiz eines epochal gültigen Dekadenzbewusstseins. Kaum ein Werk der deutschsprachigen Literatur scheint sich dabei als so eindeutiger Beleg dieser europäischen Grundstimmung zu eignen wie Thomas Manns 1901 erschienener Erstlingsroman *Buddenbrooks*. Denn es ist offensichtlich, dass in diesem Gesellschafts- und Familienroman über vier Generationen hinweg anhand physischer, psychischer und mentaler Symptome eine zunehmende Degenereszenz der männlichen Erben zum Thema wird. Die große Zahl einschlägiger Forschungsarbeiten zu diesem Krankheitskomplex lässt keinen Zweifel, dass das Sujet ›Verfall‹ leidlich durchuntersucht ist und sich schwerlich als Forschungsdesiderat stark machen lässt. Von daher erscheint es zunächst erstaunlich, dass innerhalb der »Thomas-Mann-Studien« zu just diesem geradezu ›überforschten‹ Thema noch eine Monographie vorgelegt wird: Ist zu den Krankheitsmotiven, die im Roman auf überdeterminierte Weise als Zeichen von Niedergang und Verfall eingesetzt sind, nicht schon alles Wesentliche und von verschiedener Seite bereits mehrmals gesagt?

Kennern der nicht gerade kärglichen Sekundärliteratur zu Manns Erstlingsroman, die eher skeptisch nach der umfänglichen Dissertationsschrift greifen, weiß die Verfasserin Katrin Max gleich in der Einleitung den Wind aus den Segeln zu nehmen, indem sie zunächst konzediert, dass die Verfallsthematik in der Tat vielfach zum Gegenstand von Untersuchungen wurde, um dann selbstbewusst entgegenzuhalten, dass das diagnostische Potential dieses Niedergangs keinesfalls so abgearbeitet sei, wie die Forschung zum Roman *Buddenbrooks* glauben machen will. Die medizinisch bewanderte Verfasserin gibt zu bedenken, dass in jüngerer Zeit zwar Manns Charakterisierungen der männlichen Figuren unter psycho-pathologischen Gesichtspunkten in den Blick gerückt seien, die dargestellte Degeneration jedoch zu sehr auf die Deutung von Nervosität beschränkt wurde. Kritisiert wird vor allem, dass in Interpretationen oftmals lediglich auf die zu Ende des 19. Jahrhunderts einschlägigen Texte zur Neurasthenie verwiesen werde und die Symptome dieser Krankheit zu wenig differenziert gefasst würden. So wie Mann die Neurasthenie in seinem Roman als Element seiner »Niedergangsdiagnostik« eingesetzt habe, könne sie keinesfalls ungeprüft als »Zivilisationskrankheit« verstanden werden, mit der die »Überforderung durch die moderne Beschleunigung von Arbeit und Leben«[1] zum Ausdruck komme. Denn mit solchen Erklärungen würden nosologische Ansätze herangezogen, die erst nach 1901 publiziert wurden und somit für Mann selbstredend

[1] Manfred Dierks: »*Buddenbrooks* und die kapitalistische Moderne«, in: Thomas Sprecher (Hg.): *»Was war das Leben? Man wusste es nicht!« Thomas Mann und die Wissenschaften vom Menschen. Die Davoser Literaturtage 2006*, Frankfurt a. M. 2008, S. 111-126.

nicht als Grundlage seines Schreibens gedient haben könnten. Es gehe in *Buddenbrooks* nämlich, so die grundlegende These, viel weniger um ein Leiden an moderner Beschleunigung, denn um einen hereditären Krankheitskomplex, der zu Ende des 19. Jahrhunderts in Erklärungsmuster eingepasst worden sei, die sich für die literarische Darstellung eines familiären Verfalls- und zugleich künstlerischen Sensibilisierungsprozesses in besonderer Weise eigneten.

Das Anliegen der Untersuchung ist also auch ein durchaus forschungskritisches, insofern Max die ersten einschlägigen Ansätze zur Degenereszenz einer erneuten Autopsie unterzieht, statt bisherige Interpretationsergebnisse zu übernehmen und lediglich auf sie aufzubauen. Sie befragt die Grundlagentexte nach dem in ihnen vermittelten medizinischen Wissen, das dem jungen Autor prinzipiell zu Diensten gestanden haben könnte, und untersucht von da aus, in welcher Weise er in seinem Roman insbesondere die Krankheiten Nervosität und Neurasthenie als Promotoren des Verfallsprozesses gestaltet hat. Wie in den Untersuchungen zu diesem Themenkomplex üblich, greift sie auf die medizinisch-psychiatrischen Schriften von Bénédict Auguste Morel, Valentin Magnan, Paul Julius Möbius, Cesare Lombroso, Richard von Krafft-Ebing und Max Nordau zurück, wie vor ihr beispielsweise bereits Thomé[2], Koopmann[3] oder Dierks[4]. Doch sucht Max aus den in dichter Folge publizierten und sich teilweise aufeinander beziehenden theoretischen Ansätzen ein Modell von Degeneration zu entwickeln, bei dem nicht nur der Aspekt der Vererbung zentrale Bedeutung gewinnt, sondern auch das ethische Anliegen, das mit der Darstellung von Verfallssymptomen verbunden wurde.

Als entscheidend für die literarische Karriere des Verfallsgedankens erachtet sie vor allem, dass der am Leitfaden der religiösen Vorstellung von der Erbsünde argumentierende Psychiater Morel[5] Degeneration nicht nur als Vererbung physischer Abweichungen von einem erwartbaren Normalzustand fasste, sondern auch als Folge moralischer Verfehlung. In Weiterführung von Jean-Baptiste de Lamarcks Erkenntnissen über die Vererbbarkeit von Krankheiten bestimmte er Degeneration als transgenerational progressives Phänomen, das seinen ätiologischen Ursprung nicht allein in einem physischen oder psychischen Defekt, sondern auch einer psychosozialen Normübertretung hat. Wie eindrücklich herausgestellt wird, gewinnt für Mann vor allem Morels ›Vier-Generationen-Modell‹ Relevanz, demzufolge die Krankengeschichte einer hereditär stark belasteten Familie in der vierten Generation zum Aussterben führt. Von daher sind Symptome der Degeneration als Folge- wie auch zugleich Vorerkrankung zu werten, die sich in der nächsten Generation gesteigert

---

[2] Max beruft sich vor allem auf Thomé, der erstmals darauf verwies, dass die Analyse der Figuren in Thomas Manns *Buddenbrooks* sich auf medizinisches Wissen um 1900 stützen solle. Vgl.: Horst Thomé: *Autonomes Ich und „Inneres Ausland": Studien über Realismus, Tiefenpsychologie und Psychiatrie in deutschen Erzähltexten (1848-1914)*, Tübingen 1993.

[3] Helmut Koopmann: »Krankheiten der Jahrhundertwende im Frühwerk Thomas Manns«, in: Thomas Sprecher (Hg.): *Literatur und Krankheit im Fin de siècle (1890-1914). Thomas Mann im europäischen Kontext. Die Davoser Literaturtage 2000*, Frankfurt a. M. 2002, S. 115-130, hier: S. 122 f.

[4] Manfred Dierks: »*Buddenbrooks* als europäischer Nervenroman«, in: *Thomas Mann Jahrbuch* 15 (2002), S. 135-151, hier: S. 137 f.

[5] Bénédict Auguste Morel: *Traité des dégénérescences physiques, intellectuelles et morales de l'espèces humaine*, Paris 1857.

wiederfinden oder gar zu anderen Krankheiten mutieren, wie dies auch Möbius in seinen zahlreichen Schriften über erbliche Nervenkrankheiten betont.[6] Der Nervenarzt stellte allerdings auch in Aussicht, dass dieser zunehmende »Entartungsprozess« gemildert oder gar aufgehalten werden kann, wenn sich erblich Vorbelastete mit gesunden Partnern verbinden. Durch Lombroso[7] wurde die Degeneration schließlich zu einer künstlerisch vielversprechenden Disposition aufgewertet, insofern sie zu einer gesteigerten Erregbarkeit des Nervensystems führe. Aus der angsteinflößenden Prophezeiung, dass starke Degeneration eine letale Entwicklung nehme, war nun zumindest die tröstende Botschaft herauszulesen, dass gerade die hereditär Belasteten zu besonderer geistiger und künstlerischer Leistung fähig seien. Von hier aus lässt sich unschwer der Gedanke vom Genie als degeneriertem Individuum anschließen, wie er durch Nordau popularisiert wurde.[8] Max kann aus der Lektüre zentraler Werke zur Degeneration, die zu Ende des 19. Jahrhunderts bereits vorlagen, ein Krankheitsmodell extrapolieren, das für die Literatur der Zeit attraktiv wurde und sich für Manns Gestaltung der Künstlerproblematik im Familienroman geradezu angeboten hat.

Dass der junge Autor die Papiere über seine eigene Familie für die Konzeption seines Romans heranzog, dann aber die Entwicklung der Buddenbrooks nach dem ›Vier-Generationen-Modell‹ auf die Verfallsthematik zuspitzte, sieht Max als deutliches Indiz für die Absicht des Autors, einen Degenerationsroman vorzulegen. Denn Degeneration konnte in ihrer transgenerationalen Dynamik nach diesem Modell (Morel) als polymorph ausdifferenzierter Entwicklungsprozess gefasst werden (Möbius), der mit gesteigerter Sinnesempfänglichkeit und künstlerischer Neigung verbunden ist (Lombroso). Mit offensichtlich großer Begeisterung dafür, wie sich das medizinische Wissen der Zeit in Manns Roman wiederfinden lässt, werden bis in kleinste Details Übereinstimmungen in der Beschreibung der Symptomatiken mit den biologischen Konzepten des späten 19. Jahrhunderts nachgewiesen.

Degeneration vererbt sich über die männliche Linie, wobei durch die Gattenwahl die erbliche Belastung nicht gemildert, sondern noch verstärkt wird. So findet besondere Beachtung, dass für den Degenerationsprozess im Sinne Morels bereits Johann Buddenbrooks moralisch falsches Verhalten auslösend sei, denn indem er seinem erstgeborenen Sohn Gotthold die rechtmäßige Nachfolge als Familienoberhaupt und Firmenchef verweigere, missachte er die Erbregelung seiner Vorväter und setze sich über die ethischen Bestimmungen der Familie hinweg. Auch die ökonomischen Erwägungen, die seine zweite Eheschließung leiten, führten schon in den nächsten Generationen zum endgültigen Verzicht auf Liebesheirat. So verhalte sich sein Sohn Jean ebenfalls moralisch verwerflich, indem er um des Gewinns willen heiratet und sich auch bei der Verheiratung seiner Tochter Toni allein von finanziellen Erwartungen leiten lasse. Die zunehmende Nervosität, die sich bei den männlichen Familienmitgliedern feststellen lässt, ist nach dieser Lesart des Romans in der Tat nicht mehr auf einen modernen Lebensstil und die Überbeanspruchung durch die Beschleunigung des neuen Zeitalters zurückführen, sondern als Zeichen hereditärer

6 Julius Möbius: *Die Nervosität*, Leipzig 1882.

7 Cesare Lombroso: *Genie und Irrsinn in ihren Beziehungen zum Gesetz, zur Kritik und zur Geschichte*, Leipzig o. J. [1887].

8 Max Nordau: *Entartung*, 2 Bde., Berlin 1892/1893.

Belastung zu verstehen. Jean Buddenbrooks Söhne zeigen als Vertreter der dritten Generation gravierende neurotische Symptome, die sich bei Thomas zum Krankheitsbild der Neurasthenie verdichten, bei seinem jüngeren Bruder Christian zu dem der Hysterie. Gemäß dem ›Vier-Generationen-Modell‹ erweise sich die hereditäre Belastung bei Hanno bereits so stark, dass seine Lebensfähigkeit von Geburt an in Frage gestellt sei und er somit zum *Dégénéré supérieur* werde.

Zwar wird ergänzend erläutert, dass Mann das Konzept des Verfalls bei Nietzsche vorgeprägt gefunden habe und aus Schopenhauers Erblichkeitskonzeption übernehme, dass der Wille über den Vater, der Intellekt über die Mutter vererbt wird, doch bleibt der dominierende Einfluss der medizinisch-psychiatrischen Schriften bei Manns Gestaltung der transgenerationalen Dekadenz außer Frage. So wird beispielsweise auch hervorgehoben, dass mit den biblischen Geschichten, welche die Familiensituation verdeutlichen, auf den Gedanken der Erbsünde angespielt wird, wie er in Morels wirkmächtiger Abhandlung zur Dekadenz formuliert wurde. Von daher kommt die textgenaue, luzide argumentierende Studie zu dem Ergebnis, dass der Degenerationsprozess, wie er im Roman *Buddenbrooks* gestaltet wurde, gemäß den einschlägigen Degenerationstheorien des späten 19. Jahrhunderts verläuft und Hanno als notwendiger Erbe dieses Niedergangs konzipiert ist, insofern sich in seinen Erbanlagen bereits der Todeskeim befindet. Zwar würden exogene Leistungsanforderungen und die damit einhergehenden Überanstrengungen zum Untergang beitragen, doch nehme der Verfallsprozess erst durch endogene, erblich bedingte Faktoren einen progressiven Verlauf. Die bereits zu Beginn der Untersuchung formulierte These, dass in *Buddenbrooks* eine durch Vererbung weitergegebene Degeneration gestaltet sei, die mit zunehmender Steigerung nervöser Symptome einhergehe, wird in akribischer Textarbeit vollauf bestätigt. Wird aber so die »die innere Logik des Verfallsgeschehens«[9] enthüllt, wie die Arbeit sich vornimmt? Die Reflexion darüber, was Mann mit der Verfallsthematik über seine Zeit und den familiären Generationenwechsel erzählen wollte, bleibt hinter der Fülle von stichhaltigen Textbefunden und klugen Detailanalysen zur Symptomatik der Degenereszenz teilweise allzu stark zurück. Aber dennoch, so gründlich und umfänglich wurde die Dekadenzthematik im Manns Erstlingsroman *Buddenbrooks* bisher noch nicht erarbeitet. Wer sich mit ihr beschäftigen möchte, greife unbedingt zu diesem Buch. Eine beeindruckende Forschungsleistung, die gewinnbringende Lektüre bietet.

Ortrud Gutjahr

[9] Hans Rudolf Vaget: »Der Asket und der Komödiant: Die Brüder Buddenbrook«, in: *Modern Language Notes* 97 (1982), S. 656-670, hier: S. 657.

Sabine Wollnik / Brigitte Ziob (Hg.): *Trauma im Film. Psychoanalytische Erkundungen*, Gießen: Psychosozial-Verlag 2010 (= Imago). – 258 S., € 26,90.

Yvonne Frenzel Ganz / Markus Fäh (Hg.): *Cinépassion. Eine psychoanalytische Filmrevue*, Gießen: Psychosozial-Verlag 2010 (= Imago). – 226 S., € 22,90.

Die Psychoanalyse, das belegt nicht zuletzt ihre Prominenz in zeitgenössischen Objektivationen westlicher Populärkultur, zählt zu den berühmtesten und meistverwendeten Lektüreschlüsseln unserer Zeit. Als das scheinbar unverzichtbare Instrumentarium jeder Figurencharakterisierung ist sie allerdings nicht mehr nur den Geisteswissenschaften vorbehalten, sondern nimmt auch in populärkulturellen Texten immer häufiger eine handlungstragende wie bedeutungsgenerierende Funktion ein. In den USA spricht manch ein Kulturkritiker bereits von einer Übersättigung der westlichen Kultur durch psychoanalytische Denkmodelle. Der Rückgriff auf psychotherapeutische Erzählmuster und psychoanalytische Erklärungsmodelle in Literatur, Film und Fernsehen gestaltet sich dabei freilich oft ebenso wenig differenziert wie alltagspsychologische Deutungsversuche. Doch als eine Theorie, die die Ursachen für zeitgenössische Konfliktfelder im Vergangenen, im Verdrängten und in allen möglichen Traumata sucht und mit einigem Stolz findet, genießt die Psychoanalyse weiterhin große Beliebtheit. Dies zeigt sich vor allem darin, wie häufig neben der etablierten Gattung des psychologischen Romans nun auch Filme und Fernsehserien nicht mehr nur psychologischen Fragestellungen nachgehen, sondern gleich psychotherapeutische Situationen in ihre Handlung einarbeiten. Die Psychoanalyse ist so zu einem omnipräsenten kulturellen Referenzgegenstand geworden, der mit der praktizierten Psychoanalyse jedoch nur noch wenig gemein hat.

Die Beiträge zu den zwei vorliegenden Sammelbänden aus dem Gießener Psychosozial-Verlag künden insofern von der geschulten Wiederaneignung der Psychoanalyse durch zwei Verbände hauptberuflicher Psychoanalytiker und Psychotherapeuten. Doch die »[p]sychoanalytischen Erkundungen« bzw. die »psychoanalytische Filmrevue«, von denen die Untertitel der Bände sprechen, gestalten sich selten avancierter als die amateurpsychologischen Besprechungen der Filme im Feuilleton. Wie bei den vorangegangenen, von mir im letzten Band des *Jahrbuchs für Literatur und Psychoanalyse* vorgestellten Büchern[1] aus der Reihe der »Psychoanalytische[n] Filminterpretationen« des Psychosozial-Verlags handelt es sich hier erneut um bunte Zusammenstellungen von persönlich gefärbten, wissenschaftlich eher wenig ergiebigen Essays, in denen sich die Autoren mit ihren ausgewählten Lieblingsfilmen auseinandersetzen dürfen.

Der erste Sammelband *Trauma im Film*, herausgegeben von den Psychoanalytikerinnen Sabine Wollnik und Brigitte Ziob, ist wie bereits Wollniks *Zwischenwelten* von 2008 aus einer Gemeinschaftsaktion der Psychoanalytischen Arbeitsgemeinschaft Köln-Düsseldorf e.V. mit dem Kölner Lichtspielhaus »Off-Broadway« hervorgegangen, aus den populären »filmpsychologischen Betrachtungen«, in denen Psychoanalytiker an jedem zweiten Sonntagnachmittag im Monat ausgewählte Fil-

---

[1] Vgl. Asokan Nirmalarajah: Sammelrezension, in: *Jahrbuch für Literatur und Psychoanalyse. Freiburger literaturpsychologische Gespräche*, Bd. 30 (2011): *Kindheiten*, S. 249-254.

me vorstellen und interessierte Kinobesucher im Anschluss zur Diskussion laden. Anstelle von Diskussionsprotokollen, in denen die vielen verschiedenen Stimmen der Zuschauer zum Film hätten zu Wort kommen können, werden den Lesern hier überarbeitete Versionen der Vorträge vorgelegt, die diesmal Spielfilme in den Blick nehmen, die verschiedene Traumata verhandeln. Die Filmauswahl beschränkt sich zeitlich mehr auf Produktionen der 1990er und 2000er Jahre, ist aber sehr international orientiert und findet nur für eine einzige große Hollywood-Produktion Platz: Steven Spielbergs CATCH ME IF YOU CAN (2002). Alle besprochenen Filme des Bandes handeln von Figuren, die unterschiedliche traumatische Erfahrungen machen und einen langwierigen Verarbeitungsprozess durchlaufen. Ausgewählt wurden somit Filme, die, wie Wollnik und Ziob in ihrer Einleitung (S. 9-19) wiederholt erklären, keinen traumatisierenden Effekt auf den Zuschauer haben, sondern den Umgang mit diversen Traumata schildern (vgl. S. 14, 16-17). Die psychoanalytisch geschulten Beitragenden sind dabei vor allem an der dramaturgischen und ästhetischen Darstellung von Traumatisierungen aller Art in Filmen und an der quasi-therapeutischen Funktion solcher Filme für den einzelnen Zuschauer und dem dadurch möglichen Erkenntnisgewinn für die Gesellschaft interessiert (vgl. S. 11).

Wie in ihrem früheren Band geht es Wollnik, die ebenso wie die Kollegin Ziob vier eigene Aufsätze zu diesem Band beisteuert, darum, die »[g]ute[n] Filme« herauszustellen, »die sich, ob bewusst oder unbewusst, immer mit Themen [befassen], die einen genauen Blick auf Zeitströmungen, aktuelle Ängste, die Struktur von Beziehungen, Veränderungen der Lebensbedingungen und der damit verbundenen Lebensgewohnheiten ermöglichen« (S. 9). Und als ein wichtiges Filmthema der letzten Jahre betrachten die Herausgeberinnen das Trauma, die psychische und/oder physische Extremerfahrung des ›Realen‹, an deren symbolischer Bewältigung sich sowohl Regisseure als auch Psychoanalytiker verstärkt versuchen würden, da man gerade in den letzten zwei Jahrzehnten mit einer überwältigenden Zahl schwer zu verarbeitender Traumata konfrontiert worden sei (S. 9-10). Es ist sicherlich kein falscher Ansatz, den Film als einen kulturellen Verhandlungsraum ernst zu nehmen, in dem verschiedenartige Auseinandersetzungen mit einschneidenden politischen, ökonomischen und ökologischen Ereignissen stattfinden. Nur gestaltet sich die Erarbeitung dieser Diskurse weder sachlich noch differenziert, sondern allzu persönlich.

Auf eine Einleitung, die die Geschichte des psychoanalytischen Traumabegriffs knapp umreißt (S. 11-14), folgen 20 Filmbesprechungen, die ungleichmäßig unterteilt sind nach fünf verschiedenen Traumata. Die Palette reicht dabei von Beziehungstraumata durch Verlust (eines elterlichen Liebesobjektes in Michel Gondrys THE SCIENCE OF SLEEP [2006], kultureller Identität in Fatih Akins AUF DER ANDEREN SEITE [2007] oder der Jugend in Andreas Dresens WOLKE 9 [2008]) oder auf Grund von sexueller Gewalt in Ang Lees BROKEBACK MOUNTAIN (2005) bis hin zu physischen Traumata durch Störungen der körperlichen Integrität in Alejandro González Iñárritus AMORES PERROS (2003) und 21 GRAMM (2003). Auch der Traumatisierung durch politische oder kriegerische Gewalt wird mit Aufsätzen zu Roberto Benignis LA VITA É BELLA (1997) und Hany-Abu Assads PARADISE NOW (2005) hier sehr viel Platz eingeräumt. In ihrer Struktur und Qualität sind die Beiträge relativ austauschbar: Auf eine knappe Einleitung, in der Entstehungs- und Rezeptionskontexte angeschnitten und mit einer kurzen Biographie der Regisseur als ›Autor‹ des Films geehrt wird, folgt eine kommentierende Inhaltswiedergabe mit reichlich psychoanalytischem Fachvokabular. Dabei handelt es sich nicht um Lektüren, die gegen den Strich argumentieren, sondern um solche, die die vermeintlichen ›Aussagen‹ der Filme ausbuchstabieren. Durch den oft fehlenden Bezug auf die Sekundärliteratur entstehen so zwar respektvolle Essays, die den Filmen jedoch nur bekannte Erkenntnisse entlocken.

Auch die Beiträge zu dem zweiten vorliegenden Sammelband *Cinépassion*, herausgegeben von den in Zürich tätigen Psychoanalytikern Yvonne Frenzel Ganz und Markus Fäh, sind weniger an einer Diskussion der Forschungslage zu ihren Filmen interessiert als an deren unmittelbarer Wirkung auf den jeweiligen Verfasser. Es handelt sich bei den Aufsätzen also durchweg um werkimmanente Filmanalysen, in denen die Filmgeschichte relativ unreflektiert bleibt und die Aussagen der Filmemacher oft als prominente Argumentationsstützen genutzt werden. Als aussagekräftige Quellen werden in beiden Bänden daneben nicht selten wissenschaftlich nicht annehmbare Wikipedia-Artikel herangezogen. Die Filmauswahl von *Cinépassion* steht im Unterschied zu *Trauma im Film* nicht unter einem übergreifenden Thema, sondern versammelt eine Auswahl von Kommentaren aus den ersten drei Veranstaltungsjahren der Programmreihe »Cinépassion«, in der Analytiker in Zusammenarbeit mit der Züricher Kinokette *Arthouse Commercio Movie AG* kurz Filme ankündigen, dann vorführen und anschließend einen viertelstündigen psychoanalytischen Kommentar dazu vortragen, der die Zuschauer zur Diskussion anregen soll.

Die nach der Chronologie des Programms geordneten Beiträge sollen, so die Herausgeber in ihrem Vorwort (S. 9-11), »die Arbeitsweise der heutigen Psychoanalyse in ihrer ganzen Vielfalt« reflektieren und bewegen sich hierfür »auf breitem und heterogenem theoretischen Terrain« (S. 11). Die Vielfalt der psychoanalytischen Ansätze korrespondiert dabei mit der bunt gemischten Filmauswahl, die von Genrefilmen (Ridley Scotts ALIEN [1979]) über Mainstreamfilme (David Finchers FIGHT CLUB ([1999]) und New Hollywood-Werken (recht gelungen: Johannes Binottos »Schnitttechnik des psychischen Apparats« zu Francis Ford Coppolas THE CONVERSATION [1974], [S. 21-28]) bis hin zum internationalen Arthouse-Kino, unter anderem aus Russland (Andrej Tarkovskijs STALKER [1979]), Japan (Akira Kurosawas RASHOMON [1950]) und Frankreich (Louis Malles DAMAGE [1992]), reicht. Abgerundet wird der Sammelband mit einer umfassenden Filmografie, die nicht nur die Daten, sondern auch eine komplette Inhaltsangabe aller besprochenen Produktionen aufführt (S. 203-222). Die Argumentationsstruktur der Beiträge ist immer dieselbe: Eine kurze Einführung mit Hintergrundinfos und Regisseur-Biografie und einem langen Kommentar mit interpretatorischen Ausführungen, die immer nur dann überzeugen, wenn nicht von der Intention des Regisseurs (oder wie in Bianca Gueyes Beitrag »Der Storch von Manhattan« zu Roman Polanskis ROSEMARY'S BABY [1968] von dessen persönlichen Schicksalsschlägen als Inspiration für sein künstlerisches Schaffen [S. 49-58, hier S. 56 f.]) die Rede ist, sondern die Beschreibung der filmischen Mittel und ihrer Wirkung im Vordergrund steht. Den Mittelpunkt der Analyse bilden in der Regel der jeweilige Protagonist des Films und seine psychologische Entwicklung im Handlungsverlauf. Auch hier prägen wie bei dem anderen vorliegenden Band der »persönliche Hintergrund und die theoretischen Präferenzen der Kommentatorinnen und Kommentatoren« die Aufsätze, wobei man sich dann doch die Frage gefallen lassen muss, worin der Zweck der »unverwechselbare[n] Handschrift ihrer jeweiligen Verfasserin bzw. ihres jeweiligen Verfassers« (S. 10 f.) bestehen soll, wenn man als in erster Linie wissenschaftlich orientierter Leser nicht unbedingt an psychoanalytisch akzentuierten Rezensionen von Filmen interessiert ist, die man in dieser Form auch im Feuilleton oder sogar im Internet finden kann.

Asokan Nirmalarajah

Matthias Brütsch: *Traumbühne Kino. Der Traum als filmtheoretische Metapher und narratives Motiv*, Marburg: Schüren 2011 (= Zürcher Filmstudien, Bd. 17). – 420 S., € 38,00.

Einen geeigneteren Zeitpunkt für die Publikation der vorliegenden Studie, die als Dissertation im Sommer 2007 von der Philosophischen Fakultät der Universität Zürich angenommen wurde, hätte sich der Filmwissenschaftler Matthias Brütsch nicht aussuchen können. Mit seiner Untersuchung der Traumbilder des Kinos hinsichtlich ihrer ästhetischen und narrativen Funktion im internationalen Erzähl- und Experimentalfilm widmet sich Brütsch einem prominenten Sujet gerade der jüngeren Filmgeschichte. Ob nun kleinere *Arthouse*- oder größere *Mainstream*-Produktionen, nicht wenige der eindrucksvollsten Kassen-, Kritiker- und im Anschluss auch Forschungsphänomene der letzten Jahre bildeten Filme, die sich im reizvollen Grenzbereich zwischen Traum und Wirklichkeit, Schein und Sein, dem Unbewussten und dem Bewussten verorten. Die Genre-Bandbreite der Filme reicht dabei vom beklemmenden Sci-Fi-Noir (DARK CITY, 1998) bis zur schrägen Liebeskomödie (BEING JOHN MALKOVICH, 1999), vom dystopischen Actionspektakel (die MATRIX-Trilogie, 1999-2003) bis hin zum skurrilen Beziehungsdrama (ETERNAL SUNSHINE OF THE SPOTLESS MIND, 2004). Brütschs Arbeit ist um eine Systematisierung der Traumszenen im Film bemüht, um ihre formale Markierung und Inszenierung als Traum einer bestimmten Figur in der filmischen Diegese, um ihre Funktion für die Gestaltung der Erzählung und/oder der Figuren, sowie ihren semantischen Mehrwert für das reichhaltige Deutungspotential der jeweiligen Filme, die sie umschließen.

Spätestens seit der Freudschen Traumdeutung, wie auch Brütsch in einem ersten, ausnehmend langen Theoriekapitel zur Auseinandersetzung mit dem Traum in den unterschiedlichsten Disziplinen (neben der Theologie, Philosophie und Neurophysiologie auch der Psychoanalyse) ausführt (S. 21-90), gilt das universelle menschliche Phänomen des Träumens als ein möglicher intim-privater Zugang zum Inneren des Menschen, und damit auch als ein attraktiver Lektüreschlüssel zum Verständnis seiner Psyche. Wenn auch, so Brütsch, »die These der nachvollziehbaren Funktion und Sinnhaftigkeit des Träumens bis heute spekulativ geblieben ist und kontrovers diskutiert wird« (S. 15), die parallele Entwicklung des Kinos und der Psychoanalyse um 1900 hat schon früh die bis heute populäre Analogie von Film- und Traumerlebnis begründet, die dem Verfasser nicht nur zu unterkomplex ist, sondern auch die Forschung blockiert habe: »Nicht der Traum im Film, sondern der Film als Traum hat die Aufmerksamkeit fast vollständig auf sich gezogen« (S. 11). Das Fehlen einer systematischen und übergreifenden Darstellung zum fiktionalen

Traum als narrative und ästhetische Herausforderung für den Film gedenkt Brütschs Studie auszugleichen und an einer Fülle von Beispielen aus der internationalen Filmgeschichte zu illustrieren. Die »Vorherrschaft des Analogiediskurses« (S. 12) soll durch eine »terminologische und konzeptuelle Klärungsarbeit« (S. 15) gebannt werden. Das ist ein ambitioniertes Projekt, das der Studie aber durchaus gelingt.

Sicherlich könnte man als Leser bemängeln, dass sich Brütsch in seiner recht langatmig argumentierenden und mit vielen Szenenbildern aus Filmbeispielen ausgeweiteten Arbeit etwas zu lange damit aufhält, die Film-als-Traum-Metapher theoriegeschichtlich zu durchleuchten, versucht er sich doch in seinen späteren Ausführungen und der Erläuterung eigener Analysekonzepte zum Traum im Film gerade von ihr zu distanzieren. Nichtsdestotrotz sind die ersten beiden Kapitel der Arbeit, die sich um eine möglichst umfassende Aufarbeitung der prominentesten Theorien zum realen Traum und zum fiktionalen Traum im Film bemühen, ein erhellender, weil oft kritischer diskursanalytischer Sprint durch die Disziplinen, von den Literaten, Surrealisten und Impressionisten bis hin zu den Psychoanalytikern, Neurophysiologen, Kunstphilosophen und den klassischen Filmtheoretikern. Hieran schließt eine nicht minder ausführliche Analyse der unzähligen Beispielfilme an, um übergreifende gestalterische und inhaltliche Gemeinsamkeiten zwischen ihnen herauszuarbeiten und sie als erzählerische, ästhetische oder fiktions- und genrebedingte Konventionen der Traumdarstellung im Kino zu benennen. Berücksichtigung finden dabei vor allem Klassiker phantastisch und/oder psychologisch ausgerichteter Filmgenres wie des Thrillers (SPELLBOUND, 1945), des Horrorfilms (A NIGHTMARE ON ELM STREET, 1984), des Science-Fiction-Films (DREAMSCAPE, 1984), des Märchenfilms (THE WIZARD OF OZ, 1939) und des Filmmusicals (BRIGADOON, 1954).

Die spannende Leitfrage der Filmanalysen, zu deren Beantwortung Brütsch unter anderem auch Konzepte aus der Fiktionstheorie heranzieht, vor allem die Theorie der *Possible Worlds* zur Konstruktion und Unterscheidung fiktionaler als auch nichtfiktionaler Handlungsräume in Literatur und Film, lautet:

> Was macht eine Sequenz zu einer Traumsequenz? Woran erkennen wir Träume überhaupt als solche, und wie bedeutet uns die Erzählung, welcher Figur wir sie zuordnen müssen? Welche Gestaltungs- und Markierungsformen haben sich historisch herausgebildet? Und beruhen diese auf arbiträren Konventionen oder vermögen sie die Traumform auf »authentische« Weise wiederzugeben? Welche dramaturgischen Konstellationen und Wirkungen ermöglichen Traumsequenzen, die erst im Nachhinein, rückwirkend markiert sind? Und was geschieht, wenn die Erzählung zum Realitätsstatus einzelner Handlungen oder ganzer Sequenzen unklare oder gar widersprüchliche Signale aussendet? (S. 129)

An die sehr präzise Beschreibung und Katalogisierung der dominanten Markierungs- und Gestaltungsstrategien des Films bei seinen Traumsequenzen im dritten Kapitel (S. 129-236) schließt im vierten Kapitel eine Differenzierung der narrativen Instanzen, Ebenen und Perspektiven beim Traum im Film (S. 237-298) an, und schließlich eine Erörterung der erzählerischen Funktionen des Filmtraums bezüglich unterschiedlicher Genres im fünften Kapitel (S. 299-390). Brütschs Beobachtungen und Schlussfolgerungen sind dabei nicht unbedingt überraschend. Die eigenen Erfahrungen mit den Traumbildern des Kinos lehren uns, dass die Unterscheidung von Filmrealität und Filmtraum mitunter prekär sein kann, da beide »durch dasselbe Material – Bilder und Töne – zur Darstellung [kommen], die uns zudem über dieselben Wahrnehmungskanäle – die nach außen gerichteten Sinnesorgane – erreichen« (S. 130). Nicht wenige Filme, zuletzt etwa Christopher Nolans INCEPTION und Martin Scorseses SHUTTER ISLAND (2010), bedienen sich gezielt dieser fließenden Übergänge, verzichten auf ausreichende Signale an die Zuschauer, dass man nun eine andere Realitätsebene erreicht hat, um die Bewertung der Vorgänge zu verkomplizieren. So wie Brütsch resümiert, sind es dabei weniger Traumdarstellungskonventionen als die »Abschwächung des filmischen Realitätseindrucks und die damit verbundene Irrealisierung der dargestellten Ereignisse« (S. 392), die den Zuschauern die mögliche Traumhaftigkeit filmischer Handlungsabläufe signalisieren.

Die zwei Pole, zwischen denen die Konventionen der Traumgestaltung (»insbesondere Zeitlupe, Überbelichtung, visuelle Verzerrung, Doppelbelichtungen, Hall im Ton und Inkongruenzen zwischen Bild- und Tonspur« [S. 392]) dabei gespannt sein können, sind eine offensichtliche oder eine verschleierte Traumdarstellung. Es ist also entweder eine »Ästhetik der Überfrachtung und Stilisierung, die die Differenz zum diegetischen Kontext betont, auf offenes Spektakel setzt und ›Artefakt-Emotion‹ in den Vordergrund rückt; [oder es sind] Erzählkonstellationen, die sich im Gegenteil den filmischen Realitätseffekt zunutze machen, um eindringliche dramaturgische Verwicklungen zu inszenieren, die uns in die Fiktion hineinziehen und ihren Traumcharakter oft erst im Nachhinein offenbaren« (S. 392). Diese Einteilung fiktionaler Träume differenziert Brütsch im fünften Kapitel der Arbeit noch weiter, indem er die häufigsten acht narrativen Funktionen des Filmtraums in seinem Analysemodell zusammenfasst: »psychologische Charakterisierung, symbolische Darstellung des Konflikts, Verrätselung und Wahrheitsfindung, Verunsicherung, Prophezeiung, Entrückung in eine andere Welt, Evokation von Atmosphäre sowie Parodie und Selbstreflexion« (S. 393). Im sechsten und letzten Kapitel (S. 391-397) geht der Verfasser dann noch abschließend auf das Traummotiv in verschiedenen kulturellen und filmhistorischen Kontexten ein, Aspekte, die im Hauptteil der Arbeit nicht ausreichend berücksichtigt werden konnten. Insgesamt gelingt es Brütsch so, »die Beurteilung von Traumsequenzen [nicht] auf die Frage nach Entsprechungen mit tatsächlichen Träumen zu reduzieren« (S. 391) und eine systematische, umfassende Arbeit abzuliefern, die einen wertvollen Ansatzpunkt für jede weiterführende Beschäftigung mit dem Traum im Film darstellt.

Asokan Nirmalarajah

Kurzangaben zu den Autorinnen und Autoren dieses Bandes

Jan Assmann
Dr. phil., Dr. h.c. mult., Professor em. für Ägyptologie an der Universität Heidelberg und Honorarprof. für Kulturwissenschaft und Religionstheorie an der Universität Konstanz. Gastprofessuren in Paris, Jerusalem, Oxford und den USA. Forschungsschwerpunkte sind neben archäologischer Feldarbeit: Ägyptische Religion und Literatur in theoretischer und vergleichender Perspektive, Kulturtheorie, Religionswissenschaft sowie die Rezeption Ägyptens in der europäischen Geistesgeschichte. Ausgewählte Veröffentlichungen: *Das kulturelle Gedächtnis. Schrift, Erinnerung und politische Identität in frühen Hochkulturen*, München 1992; *Ägypten - eine Sinngeschichte*, München 1996; *Moses der Ägypter. Entzifferung einer Gedächtnisspur*, München 1998; *Die mosaische Unterscheidung*, München 2003; *Die Zauberflöte: Oper und Mysterium*, München 2005; *Thomas Mann und Ägypten. Mythos und Monotheismus in den Josephromanen*, München 2006; *Religio Duplex – Ägyptische Mysterien und europäische Aufklärung*, Berlin 2010.

Stefan Börnchen
Dr., Studium in Köln, Dundee (Großbritannien) und St. Louis (USA). 2006 Promotion. 2006-2008 Post-Doc-Stipendien. 2008-2011 wissenschaftlicher Mitarbeiter an der Universität Luxemburg, seit 2011 Akademischer Rat a. Z. an der Universität zu Köln. Publikationen: *Kryptenhall. Allegorien von Schrift, Stimme und Musik in Thomas Manns »Doktor Faustus«,* München 2006; (Mhg.): *Apokrypher Avantgardismus. Thomas Mann und die Klassische Moderne,* München 2008; (Mhg.): *Weltliche Wallfahrten. Auf der Spur des Realen,* München 2010; Aufsätze zu Herder, Goethe, Hegel, Kleist, Droste-Hülshoff, Mörike, Wagner, Freud, Thomas Mann, Heidegger, Lacan, Butler, Schlink und Superman.

Luca Crescenzi
Professor für Neuere Deutsche Literatur an der Universität Pisa. Zahlreiche Aufsätze zum Werk Nietzsches, weiteres u. a. zu Goethe, Schiller, Herder, der deutschen Romantik (dazu Buchveröffentlichungen: *E.T.A. Hoffmann e la crisi dell'utopia romantica*, Roma 1992; *Antropologia e poetica della fantasia*, Bari 1996), Benn, Ernst Jünger, literarische und philosophische Hermeneutik (seit 2001 Mitherausgeber des »Internationalen Jahrbuchs für Hermeneutik«) und Thomas Mann (seit 2005 Hauptherausgeber der neuen kommentierten italienischen Ausgabe der Romane Thomas Manns bei Mondadori). Über den *Zauberberg* hat er das Buch *Melancolia occidentale. La Montagna magica di Thomas Mann*, Roma 2010 veröffentlicht.

Manfred Dierks
Professor für Neuere deutsche Literaturwissenschaft an der Universität Oldenburg (bis 2001) und Schriftsteller. Vizepräsident der Deutschen Thomas Mann-Gesellschaft (1994-2006); Bücher zu Thomas Mann: *Mythos und Psychologie bei*

Thomas Mann, Frankfurt am Main 2003; Hg. (zus. mit Ruprecht Wimmer): *Thomas Mann und das Judentum,* Frankfurt am Main 2004; *Der Wahn und die Träume. Eine fast wahre Erzählung aus dem Leben Thomas Manns*, Düsseldorf, Zürich 1997; weitere Publikationen zu T. M. unter: www.manfred-dierks.de

Yahya Elsaghe
Studium der klassischen und deutschen Philologie in Zürich, München und Freiburg i. Br., Promotion über Goethes *Hermann und Dorothea*, Habilitation über Hölderlins Feiertagshymne; Lehr- und Forschungstätigkeiten an der Universität Zürich, der University of California at Berkeley, der University of Queensland, der Freien Universität Berlin. Förderprofessor an der Universität Zürich, seit 2001 Ordinarius an der Universität Bern. Publikationen zur deutschen und Schweizer Literatur vom 17. Jahrhundert bis zur Gegenwart, zuletzt v. a. zu W. G. Sebald, Bertolt Brecht, Theodor Storm und Thomas Mann (*Die imaginäre Nation*, München 2000; *Thomas Mann und die kleinen Unterschiede*, Köln 2004; *Krankheit und Matriarchat*, Berlin / New York 2010). Zurzeit Arbeit an einer Monographie über und Leiter eines SNF-Forschungsprojekts zu Max Frisch.

Ortrud Gutjahr
Professorin für Neuere Deutsche Literatur und Interkulturelle Literaturwissenschaft an der Universität Hamburg. Forschungs- und Publikationsschwerpunkte: Interkulturelle Literatur- und Medienwissenschaft; Literatur und Psychoanalyse; Kulturtheorie und Theaterforschung. Leiterin der Arbeitsstelle Interkulturelle Literatur- und Medienwissenschaft. Herausgeberin der Reihe *Theater und Universität im Gespräch* und der Reihe *Interkulturelle Moderne*. Zuletzt erschienen: (Mhg.): *Maskeraden des (Post-)Kolonialismus. Verschattete Repräsentationen ›der Anderen‹ in der deutschsprachigen Literatur und im Film*, Würzburg 2011.

Alexander Honold
Ordinarius für Neuere deutsche Literaturwissenschaft an der Universität Basel. Promotion 1994 an der Freien Universität Berlin mit einer Arbeit über Robert Musil und den Ersten Weltkrieg; Habilitation 2002 an der Humboldt-Universität zu Berlin mit einer Studie über die Astronomie im Werk Friedrich Hölderlins. Lehrtätigkeit u. a. an der FU Berlin, an der Humboldt-Universität zu Berlin und an der Universität Konstanz; Forschungsaufenthalte an der New York University und an der Stanford University. Zahlreiche Buchpublikationen, Aufsätze, Zeitungsartikel und Literaturkritiken. Zuletzt erschienen: (Mhg.): *Mit Deutschland um die Welt. Eine Kulturgeschichte des Fremden in der Kolonialzeit*, Stuttgart 2004; (Mhg.): *Hölderlins Kalender. Astronomie und Revolution um 1800*, Berlin 2005. (Mhg.): *Ins Fremde schreiben. Gegenwartsliteratur auf den Spuren historischer und fantastischer Entdeckungsreisen*, Göttingen 2009; (Mhg.): *Das erzählende und das erzählte Bild*, München 2010; (zusammen mit Christof Hamann): *Kilimandscharo. Die deutsche Geschichte eines afrikanischen Berges*, Berlin 2011.

Astrid Lange-Kirchheim

Privatdozentin für Neuere deutsche Literaturgeschichte am Deutschen Seminar der Universität Freiburg; Promotion über Shakespeares Tragikomödien (Saarbrücken), Habilitation mit Arbeiten zu Kafka, Schnitzler und Thomas Mann (Freiburg). Zu den Forschungsschwerpunkten gehören: Psychoanalytische Literaturwissenschaft, Literatur und Geschlechterforschung, Autoren und Autorinnen des 19. Jahrhunderts und der klassischen Moderne. Zahlreiche Aufsätze und Rezensionen u. a. zu Goethe, Annette von Droste-Hülshoff, Franz Kafka, Arthur Schnitzler, Thomas Mann, Gottfried Benn, Alfred Weber und zum Film. Jüngere Veröffentlichungen: »Maskerade und Performanz – vom Stigma zur Provokation der Geschlechterordnung. Thomas Manns *Der kleine Herr Friedemann* und *Luischen*«, in: Stefan Börnchen / Claudia Liebrand (Hg.): *Apokrypher Avantgardismus. Thomas Mann und die Klassische Moderne*, München 2008, S. 187–224; »Annette von Droste-Hülshoff wiedergelesen mit Franz Kafka – *Die Judenbuche* und *In der Strafkolonie*«, in: Claudia Liebrand / Irmtraud Hnilica / Thomas Wortmann (Hg.): *Redigierte Tradition. Literaturhistorische Positionierungen Annette von Droste-Hülshoffs*, Paderborn u. a. 2010, S. 339-373.

Joachim Pfeiffer

Professor für Neuere deutsche Literatur und Literaturdidaktik an der Pädagogischen Hochschule Freiburg; Arbeitsschwerpunkte: Literatur der Goethezeit und der Moderne, Literatur und neue Medien, psychoanalytische Literaturwissenschaft, Literatur- und Filmdidaktik. Wichtigste Veröffentlichungen: *Die zerbrochenen Bilder. Gestörte Ordnungen im Werk Heinrich von Kleists*, Würzburg 1989; *Literaturpsychologie 1945-1987. Eine systematische und annotierte Bibliographie*, Würzburg 1989; *Tod und Erzählen. Wege der literarischen Moderne um 1900*, Tübingen 1997; *Franz Kafka: Die Verwandlung, Brief an den Vater*, München 1998; (mit W. Schönau): *Einführung in die psychoanalytische Literaturwissenschaft*, Stuttgart / Weimar 2003; (Mhg.): *Freud-Handbuch*, Stuttgart / Weimar 2006; (mit M. Staiger): *Grundkurs Film 2*, Braunschweig 2010; Mitherausgeber des »Jahrbuchs für Literatur und Psychoanalyse« und der Zeitschrift »Der Deutschunterricht«.

Carl Pietzcker

Professor em. für Neuere deutsche Literaturgeschichte, Univ. Freiburg. Psychoanalytische Buchveröffentlichungen: *Die Lyrik des jungen Brecht*, Berlin 1974; *Einführung in die Psychoanalytik des literarischen Kunstwerks*, Würzburg 1983; *Trauma, Wunsch und Abwehr. Psychoanalytische Studien zu Goethe, Jean Paul, Brecht, zur Atomliteratur und zur literarischen Form*, Würzburg 1985; *»Ich kommandieren mein Herz«, Brechts Herzneurose – ein Schlüssel zu seinem Leben und Schreiben*, 1988; *Lesend interpretieren. Zur psychoanalytischen Deutung literarischer Texte*, Würzburg 1992; *Einheit, Trennung und Wiedervereinigung. Psychoanalytische Untersuchung eines religiösen, philosophischen, politischen und literarischen Motivs*, Würzburg 1996; *Psychoanalytische Studien zur Literatur*, Würzburg 2010.

Alexandra Pontzen
Professorin für Neuere deutsche Literatur am Departement für Moderne Sprachen und Literaturen der Universität Lüttich / Liège; Arbeitsschwerpunkte: u. a. Literarische Emotionspsychologie, Poetik des Unschicklichen, Unproduktivität, Die ›jüdische Scham‹, Zionismus in der Literatur, Elfriede Jelinek, Günter Grass, Wilhelm Genazino. Publikationen: (mit Heinz-Peter Preußer): *Schuld und Scham. Ritualisierte Verarbeitungsformen von Fehlverhalten – Von Aias bis Abu Ghraib*, Heidelberg 2008; (mit Heinz-Peter Preußer): *Alternde Avantgarden*, Heidelberg 2011.

Ulrike Prokop
Professorin am Institut für Erziehungswissenschaft der Philipps-Universität Marburg. Studierte in Frankfurt bei Th. W. Adorno, Alexander Mitscherlich und Alfred Lorenzer Soziologie, Psychoanalyse und osteuropäische Geschichte; Mitglied der *AG Tiefenhermeneutik Marburg* und des *Zentrums für Gender Studies und feministische Zukunftsforschung an der Philipps-Universität Marburg*; Forschungsschwerpunkte: Psychoanalytische Kulturtheorie, Geschlechterverhältnisse, Mentalitätsgeschichte. Zahlreiche Veröffentlichungen zu der Inszenierung sozialer Konflikte in Literatur und Film, zuletzt: »Inszenierungskünstlerinnen – Bettine Brentano von Arnim und Catharina Elisabeth Goethe«, in: Wolfgang Bunzel (Hg.): *Bettine von Arnims sozialpolitisches Handeln zwischen Privatheit und Öffentlichkeit*, Berlin 2010.

Wolf Wucherpfennig
Professor em. für Deutsch an der Universität Roskilde (Dänemark). Veröffentlichungen zur Literaturtheorie, zu Literatur- und Kulturgeschichte sowie zu europäischen Autoren vom 17. Jh. bis zur Gegenwart; gegenwärtiger Arbeitsschwerpunkt: Identitätsarbeit und europäische Kulturgeschichte von der Mitte des 19. Jahrhunderts bis zum 2. Weltkrieg. Die jüngste Buchveröffentlichung ist eine weitgehende Neubearbeitung einer älteren Literaturgeschichte: *Deutsche Literaturgeschichte. Von den Anfängen bis zur Gegenwart*, Stuttgart 2010.

Anschriften der Beiträger/innen und Rezensent/inn/en

Prof. Dr. phil. Dr. theol. Dr. h.c. mult.
Jan ASSMANN
Ruprecht-Karls-Universität
Heidelberg
Egger Wiese 13
78464 Konstanz
jan@assmanns.de

Dipl. Psych. Thomas AUCHTER
Am Neuenhof 10
52074 Aachen
t.auchter@freenet.de

Dr. des. Annika BEIFUSS
Friedrichstr. 13
72072 Tübingen
annika.beifuss@gmx.de

Dr. Stefan BÖRNCHEN
Universität Köln
Institut für Deutsche Sprache und
Literatur I
Albertus Magnus Platz
50923 Köln
stefan.boernchen@uni-koeln.de

Alexandra CAMPANA, Lic. phil.
Vanderbilt University
Department of Germanic & Slavic
Languages
VU Station B #351567 2301
Vanderbilt Place
37235-1567 Nashville, TN USA
alexandra.campana@Vanderbilt.Edu

Prof. Dr. Luca CRESCENZI
Dipartimento di Linguistica
»Tristano Bolelli«,
Via Collegio Ricci, 10
I-56126 Pisa
l.crescenzi@ling.unipi.it

Dr. Peter DETTMERING
Am Lohhof 37 e
22880 Wedel
peter.dettmering@gmx.de

Prof. Dr. Manfred DIERKS
Asbergstraße 2/3
79359 Riegel a. K.
manfred.dierks@uni-oldenburg.de

Prof. Dr. Yahya ELSAGHE
Universität Bern
Institut für Germanistik
Unitobler
Länggassstr. 49
CH-3000 Bern 9
yahya.elsaghe@germ.unibe.ch

Dr. Hannes FRICKE
Falkertstraße 89
70176 Stuttgart
h-fricke@foni.net

Dr. Irina GRADINARI
Ostallee 75
54290 Trier
gradinari@web.de

Prof. Dr. Ortrud GUTJAHR
Universität Hamburg
Institut für Germanistik II
Von-Melle-Park 6
20146 Hamburg
sekretariat.gutjahr@uni-hamburg.de

Prof. Dr. Alexander HONOLD
Deutsches Seminar
Universität Basel
Nadelberg 4
CH-4051 Basel
alexander.honold@unibas.ch

Prof. Dr. Christine KANZ
Institut für deutsche Sprache und Literatur
Universität Gent
Blandijnberg 2
BE-9000 Gent
Christine.Kanz@UGent.be

Prof. Dr. Joachim KÜCHENHOFF
Kantonale Psychiatrische Klinik
Bienentalstr. 7
CH-4410 Liestal
Joachim.Kuechenhoff@unibas.ch

PD Dr. Astrid LANGE-KIRCHHEIM
Deutsches Seminar II
Institut für Neuere Deutsche Literatur
Albert-Ludwigs-Universität Freiburg
Platz der Universität 3
79085 Freiburg i. Br.
astrid.lange-kirchheim@germanistik.uni-freiburg.de

Rolf LÖCHEL
c/o Redaktion literaturkritik.de
Institut für Neuere deutsche Literatur und Medien
Philipps-Universität Marburg
Wilhelm-Röpke-Str. 6A
35039 Marburg
loechel@staff.uni-marburg.de

Prof. Dr. Wolfram MAUSER
Columbastr. 3
79292 Pfaffenweiler
HELMAUSER@aol.com

Jennifer MOOS, M.A.
Universität des Saarlandes
FR 4.3, Anglistik, Amerikanistik und Anglophone Literaturen und Kulturen
Campus C5 3
66123 Saarbrücken
moos@mx.uni-saarland.de

Dr. des. Asokan NIRMALARAJAH
Institut für deutsche Sprache und Literatur I
Universität zu Köln
Albertus-Magnus-Platz
50923 Köln
Asokan.Nirmalarajah@t-online.de

Prof. Dr. Joachim PFEIFFER
Pädagogische Hochschule Freiburg
Kunzenweg 21
79117 Freiburg i. Br.
pfeiffer@ph-freiburg.de

Prof. Dr. Carl PIETZCKER
Alte Str. 77
79249 Merzhausen
carl.pietzcker@gmx.de

Prof. Dr. Alexandra PONTZEN
Université de Liège
Département de Langues et Littératures Modernes
Littérature allemande
3, place Cockerill A2
B-4000 Liège
A.Pontzen@ulg.ac.be

Prof. Dr. Ulrike PROKOP
Institut für Erziehungswissenschaft der Philipps-Universität Marburg
Wilhelm-Röpke-Straße 6B
35032 Marburg
prokop@staff.uni-marburg.de

Annette VIETH, M.A.
Lister Meile 79
30161 Hannover
j.a.vieth@gmx.de

Thomas WORTMANN, M.A.
Institut für deutsche Sprache und Literatur I
Universität zu Köln
Albertus-Magnus-Platz
50923 Köln
t.wortmann@uni-koeln.de

Prof. Dr. Wolf WUCHERPFENNIG
Roskilde Universitetscenter
Institut for Kultur og Identitet
Postbox 260
DK-4000 Roskilde
wolfw@ruc.dk

In eigener Sache:

Freiburger literaturpsychologische Gespräche. Jahrbuch für Literatur und Psychoanalyse

Gegründet von
JOHANNES CREMERIUS †, WOLFRAM MAUSER,
CARL PIETZCKER, FREDERICK WYATT †

Herausgegeben von
ORTRUD GUTJAHR, JOACHIM KÜCHENHOFF,
ASTRID LANGE-KIRCHHEIM, WOLFRAM MAUSER,
JOACHIM PFEIFFER, CARL PIETZCKER, PETRA STRASSER

Das *Jahrbuch für Literatur und Psychoanalyse* versteht sich als interdisziplinäres Forum mit dem Ziel, den Dialog zwischen Psychoanalyse und Literatur zu fördern. Offen für alle Fragen, die sich in der kritischen Nachfolge der Theorie Freuds ergeben, sollen methodische Ansätze und Erkenntnisse aus beiden Disziplinen zur wechselseitig produktiven Rezeption zusammengeführt werden. Gegenstand der Gespräche ist das gesamte Feld des Literarischen, von den Strukturen, Motiven und Strategien eines literarischen Textes bis hin zum Produktions- und Rezeptionsprozess einzelner Werke. Dem Ästhetischen gilt dabei besondere Aufmerksamkeit. Die Untersuchung unbewusster Vorgänge und deren Zusammenwirken mit vorbewussten und bewussten Vorstellungen und Verhaltensweisen erfordern aber auch die Berücksichtigung des politisch-gesellschaftlichen Orts der Texte und der dort wirksamen Traditionen. Der Austausch von Erfahrungen und Meinungen wird als wechselseitige Herausforderung verstanden, psychoanalytische und literaturwissenschaftliche Fragestellungen zu präzisieren sowie literarische Texte als Vergegenwärtigung individuellen und kollektiven Gedächtnisses besser zu begreifen.

Die *Freiburger literaturpsychologischen Gespräche* bestehen seit 1981. Sie gingen aus dem Arbeitskreis *Literatur und Psychoanalyse* hervor, den die Psychoanalytiker Johannes Cremerius und Frederick Wyatt und die Literaturwissenschaftler Wolfram Mauser und Carl Pietzcker in Freiburg i. Br. gründeten und der von 1974 an regelmäßig literaturpsychologische Arbeitstagungen abhielt. Diese Tagungen wurden bald zu einer festen Einrichtung und fanden Jahr um Jahr mehr Zuspruch. Hier war es möglich, die theoretischen Erkenntnisse und die klinischen Erfahrungen der Psychoanalyse am Beispiel von Dichtung als eine Form imaginativer Vergegenwärtigung psychischer Phänomene zu erproben, aber auch bislang wenig beachtete Dimensionen des Literarischen zu erschließen. Dies geschah bewusst auf einem ureigenen Gebiete der Psychoanalyse. Durch gemeinsame Forschung konnte darüber hinaus ein Beitrag dazu geleistet werden, der Psychoanalyse als wissenschaftlicher Disziplin nach Jahren der Verfehmung und des Verbots wieder Geltung zu verschaffen.

Zunächst erschienen die *Freiburger literaturpsychologischen Gespräche* im Peter Lang Verlag (Folge 1 bis 3), von 1985 an (Folge 4) im Verlag Königshausen & Neumann in Würzburg. Zusätzlich brachte der Arbeitskreis eine umfassende systematische und annotierte Bibliographie heraus, die erste dieser Art: Joachim Pfeiffer (Hg.): *Literaturpsychologie 1945-1987*, Würzburg 1989. Sie wird im Rahmen des Jahrbuchs fortgeführt; Fortsetzungen enthalten die Bände 10 (1991), 13 (1994), 17 (1998) und 20 (2001). In Ergänzung zu den *Gesprächen* erscheint seit 1992 die von Wolfram Mauser und Carl Pietzcker herausgegebene Reihe *Freiburger literaturpsychologische Studien*, eine Folge von Monographien.

*

Um das interdisziplinäre Gespräch zu intensivieren, bieten wir die Möglichkeit, die *Freiburger literaturpsychologischen Gespräche. Jahrbuch für Literatur und Psychoanalyse* zu abonnieren.

Jeder Band des Jahrbuchs ist einem thematischen Schwerpunkt gewidmet. Unter diesem Thema werden die Vorträge der jährlich stattfindenden Freiburger Arbeitstagungen *Literatur und Psychoanalyse* versammelt. Darüber hinaus soll denjenigen, die zum Thema des Bandes arbeiten, die Möglichkeit geboten werden, ihre Ergebnisse im Jahrbuch vorzustellen. Die Tagungsthemen werden spätestens ein Jahr im Voraus im Jahrbuch bekanntgegeben.

Das Jahrbuch verfolgt außerdem das Ziel, in verstärktem Maße zu informieren, den Meinungsaustausch zu fördern und der Diskussion von Fachfragen zu dienen. Aus diesem Grunde werden neben den Tagungs-**Vorträgen** und den zusätzlich aufgenommenen **Aufsätzen** sowie den Fortsetzungen der **Bibliographie** auch **Rezensionen, Ankündigungen** und **Hinweise** verschiedener Art in das Jahrbuch aufgenommen; auch **Selbstanzeigen** von etwa einer halben Seite können nach Zustimmung der Herausgeber veröffentlicht werden.

Das **Thema des nächsten Bandes** der *Freiburger literaturpsychologischen Gespräche. Jahrbuch für Literatur und Psychoanalyse*, Bd. 32 (2013) lautet:

Scham

Manuskripte und Mitteilungen senden Sie bitte an:
Freiburger Arbeitsgruppe
Literatur und Psychoanalyse
Deutsches Seminar II
Universität Freiburg i. Br.
D-79085 Freiburg

Abonnementsbestellungen und Bestellungen von Einzelbänden richten Sie bitte an Ihre Buchhandlung oder an:

Verlag Königshausen & Neumann GmbH
Postfach 6007
D-97010 Würzburg
Telefax 0931 83620
info@koenigshausen-neumann.de

Jahrbuch für Literatur und Psychoanalyse
Freiburger literaturpsychologische Gespräche

Inhalt der bisher erschienenen Bände

FOLGE 1, *Freiburger literaturpsychologische Gespräche*, Frankfurt a. M. 1981 (*Literatur & Psychologie*, Bd. 6), 233 Seiten.

Frederick Wyatt: Möglichkeiten und Grenzen der psychoanalytischen Deutung der Literatur. – **Johannes Cremerius**: Die Konstruktion der biographischen Wirklichkeit im analytischen Prozeß. – **Roland Galle**: Sozialpsychologische Überlegungen zu Rousseaus Autobiographie. – **Emil Grütter**: Faschistoide Sozialisation und Gesellschaftskritik in Bernward Vespers Autobiographie *Die Reise*. – **Wolfram Mauser**: Max Frischs *Homo Faber*. – **Dieter Ohlmeier**: Karl May: Psychoanalytische Bemerkungen über kollektive Phantasietätigkeit. – **Manfred Schneider**: »Ich zahle für jeden Literarhistoriker dreizehn Heller ...«. Die Beziehung Autor – Leser als Medium der Interpretation – dargestellt am Beispiel Karl Kraus. – **Walter Schönau**: Günter Kunerts *Tagträume*. Zum Motiv der Versteinerung und dem Mechanismus der Umkehrung. – **Gabriele Schwab**: Das augenlose Schweigen. Zur Subjektivität in Virginia Woolfs *The Waves*. – **Wolf Wucherpfennig**: Versuch über einen aufgeklärten Melancholiker: zum *Anton Reiser* von Karl Philipp Moritz. – Anhang: Die Freiburger Arbeitstagungen über *Psychoanalyse und Literaturwissenschaft* 1975–1980.

FOLGE 2, *Freiburger literaturpsychologische Gespräche*, Frankfurt a. M. 1982 (*Literatur & Psychologie*, Bd. 10), 242 Seiten.

Erich Köhler: Urszene – phantasiert und nachgeholt. Zu Ernest Feydeaus Roman *Fanny*. – **Johannes Cremerius**: Die ödipal verkleidete präödipale Liebe oder Feydeaus professionelles Mißverständnis. – **Carl Pietzcker**: »Mutter«, sagt' er zu seiner Frau, »... ich fress' mich aber noch vor Liebe, Mutter!« Oder: Jean Paul bereitet uns mit seinem *Leben des vergnügten Schulmeisterlein Maria Wutz* ein bekömmliches Mahl. Wir dürfen uns selbst genießen. – **Peter Dettmering**: Narzißtische Konfigurationen in Robert Musils *Der Mann ohne Eigenschaften*. – **Johannes Cremerius**: Robert Musil. Das Dilemma eines Schriftstellers vom Typus ›poeta doctus‹ *nach* Freud. – **Hans-Martin Gauger**: Sprache und Sprechen im Werk Sigmund Freuds. – **S. O. Hoffmann**: Vor lauter Bäumen sieht man den Wald nicht. Oder: Das konzeptuelle Chaos in der zeitgenössischen Narzißmustheorie.

FOLGE 3, *Freiburger literaturpsychologische Gespräche*, Frankfurt a. M. 1984 (*Literatur & Psychologie*, Bd. 12), 167 Seiten.

Peter Fischer: Bruder Hitler, Faustus und der Doktor in Wien. – **Waltraud Gölter**: Zukunftssüchtige Erinnerung. Aspekte weiblichen Schreibens. – **Wolfgang Hildesheimer**: Die Subjektivität des Biographen. Zum Entstehungsprozeß der Mozart-Biographie. – **Tilmann Moser**: Der Vater im Dritten Reich. Zu Christoph Meckels Roman *Suchbild*. – **Hans Müller-Braunschweig**: Unbewußter Prozeß und Objektivierung. Gedanken zum kreativen Schreiben. – **Oskar Sahlberg**: Die Wiedergeburt Gottfried Benns aus dem Geiste des Faschismus. – **Frederick Wyatt**: Zur Themenwahl in der Literatur: Gefahren und Gewinne. Ein Vergleich von André Gides *Der Immoralist* und Thomas Manns *Der Tod in Venedig*. – **Manfred Züfle**: Peter Weiss – oder: Auf dem Weg zu einer Ästhetik des Widerstands.

BAND 4, *Freiburger literaturpsychologische Gespräche*, Würzburg 1985, 192 Seiten, ISBN 3-88479-207-5.

Walter Schönau: Literarisches Lesen in psychoanalytischer Sicht. – **Oskar Sahlberg**: Die Selbsterschaffung des Genies. Elemente einer Grammatik der künstlerischen Phantasie. – **Helga Gallas**: Der Hunger nach Sinn. Notizen zum Schreiben. – **Bernd Urban**: »Neuschöpfung und Kryptomnesie«: Zur hermeneutischen Tradition der psychoanalytischen Gesprächstechnik und -praxis. – **Martin Stern**: Georg Trakls redendes Schweigen. Versuch einer Wiederaufnahme des Gesprächs über Inhalte seiner Dichtung. – **Andrea Köhler / Christine Adam / Horst Hamm / Joachim Pfeiffer**: Bekenntnis und Abwehr. Eine Analyse von Robert Musils Schreibprozeß am Beispiel seiner Novelle *Die Versuchung der stillen Veronika*. – **Renate Fueß**: »Tu felix Austria, juble und jodle!« Aspekte des Doublebind in der zeitgenössischen Lyrik Österreichs. – **Wolfram Mauser**: Das ›dunkle Tier‹ und die Seherin. Zu Christa Wolfs *Kassandra*-Phantasie. – **Oskar Sahlberg**: Picassos *Guernica*: Dionysos und die Sphinx.

BAND 5, *Freiburger literaturpsychologische Gespräche*, Würzburg 1986, 198 Seiten, ISBN 3-88479-243-1.

Walter Schönau: Auf dem Wege zu einer psychoanalytischen Rezeptionstheorie. – **Frederick Wyatt**: Literatur in der Psychoanalyse. – **Ina Frier**: Begegnungen mit Fremdem. Produktion und Rezeption in der Beziehung zwischen Text und Leser. – **Peter Schneider**: Alltag und Exotik. Ethnopsychoanalytische Überlegungen zu Aspekten ästhetischer Rezeption. – **Helmut Schmiedt**: Was ist so lustvoll am Tragischen? Psychoanalytische Bemerkungen zu Rezeptionsvorgaben in Schillers *Don Karlos*. – **Wolfgang Beutin**: Ein »Familienroman der Erniedrigung«: die mittelalterliche Alexiuslegende. – **Irmgard Roebling**: »Sey gefühllos ...« – Identifikation und

Abwehr im Prozeß einer produktiven Rezeptionskette: Goethe – Raabe – Wandervögel. – **Joachim Pfeiffer**: Kleists *Penthesilea*. Gedanken über die Widerstände des Lesers und die Phantasiearbeit des Dichters. – **Gunther Kleefeld**: Ein Zeichen, deutungslos? Poetik und Hermeneutik der lyrischen Chiffre bei Georg Trakl: Untersuchungen am Beispiel des Mondes.

BAND 6, *Freiburger literaturpsychologische Gespräche*, Würzburg 1987, 128 Seiten, ISBN 3-88479-275-X. Rahmenthema: LITERATUR UND AGGRESSION

Gaetano Benedetti: Psychose und Aggressivität. – **Stavros Mentzos**: Neue psychoanalytische Aggressionskonzepte. – **Wolfgang Beutin**: Aggression als Kastration in Erzähltexten der Renaissance. – **Gunther Kleefeld**: Jakobinermütze und Totenkopf. Die Ambivalenz der destruktiven Phantasien Georg Heyms. – **Ortrud Gutjahr**: Faschismus in der Geschlechterbeziehung? Die Angst vor dem anderen und die geschlechtsspezifische Aggression in Ingeborg Bachmanns *Der Fall Franza*. – **Franz Wellendorf**: »da habe ich den kompletten Wortuntergang erlitten« – Sprache, Schreiben und Aggression. Überlegungen zu Texten Friederike Mayröckers. – **Peter Schneider**: Abwehr, Entwirklichung und Faszination. Über die Implikationen eines »neuen« Diskurses über den Faschismus und die Ästhetisierung von Politik.

BAND 7, *Freiburger literaturpsychologische Gespräche*, Würzburg 1988, 128 Seiten, ISBN 3-88479-330-6. Rahmenthema: MASOCHISMUS IN DER LITERATUR

Helm Stierlin: Überlegungen zum Thema Aggression, Selbstdestruktivität und Krankheit unter Berücksichtigung Franz Kafkas und Adolf Hitlers. – **Wolfgang Kaempfer**: Masochismus in der Literatur. Zum Thema Liebe im Zeitalter ihrer technischen Reproduzierbarkeit. – **Renate Böschenstein**: Die Ehre als Instrument des Masochismus in der deutschen Literatur des 18. und 19. Jahrhunderts. – **Ulrike Prokop** und **Alfred Lorenzer**: Sadismus und Masochismus in der Literatur, oder: der Kampf gegen die übermächtige Mutterimago. – **Frederick Wyatt**: Der Triumph des Masochismus, oder das Alpha in der Geschichte der O. – **Annegret Mahler-Bungert**: Der Trauer auf der Spur. Zu Elfriede Jelineks *Die Klavierspielerin*. – **Ludwig Janus**: Die Funktion von Phantasien des Schreckens, des Grauens und der Qual in der Psychodynamik der Bewußtseinsentwicklung der Menschheit.

BAND 8, *Freiburger literaturpsychologische Gespräche*, Würzburg 1989, 108 Seiten, ISBN 3-88479-406-X. Rahmenthema: UNTERGANGSPHANTASIEN

Hartmut Böhme: Vergangenheit und Gegenwart der Apokalypse. – **Heinz Henseler**: Untergangsphantasien – Psychoanalytische Überlegungen. – **Edward Timms**: Weltuntergangsphantasien in kulturkritischer Perspektive: Freud, Kraus und der Fall Schreber. – **Hartmut Kraft**: »Der Demiurg ist ein Zwitter« – Aspekte der Initiation im Roman. *Die andere Seite* von Alfred Kubin. – **Irmgard Roebling**: Arche ohne Noah. Untergangsdiskurs und Diskursuntergang in Marlen Haushofers Roman *Die Wand*. – **Herrmann Beland**: Der abgefangene Untergang. Tristam Shandys Traumen.

BAND 9, *Freiburger literaturpsychologische Gespräche*, Würzburg 1990, 320 Seiten, ISBN 3-88479-500-7. Rahmenthema: ZUR PSYCHOANALYSE DER LITERARISCHEN FORM(EN)

Carl Pietzcker: Überblick über die psychoanalytische Forschung zur literarischen Form. – **Fritz Gesing**: Annäherungen an eine psychoanalytische Theorie der literarischen Form. – **Carl Pietzcker**: Literarische Form – eine durchlässige Grenze. – **Walter Schönau**: Die heuristische Funktion der literarischen Form. – **Frederick Wyatt**: Über die Eigenart des Formbegriffs. Erkenntniskritische und psychoanalytische Erwägungen. – **Franz Wellendorf**: Einige Gedanken zur Psychoanalyse der literarischen Form. – **Hartmut Kraft**: »Seite eins« – ein Beitrag zur inhaltsbezogenen Formanalyse von Romananfängen. – **Renate Böschenstein**: Die Lotosesser. Beobachtungen zu den psychischen Implikationen der Gattung Idylle. – **Maria Deppermann**: »Durch die Freudsche Tiefenlinse«. Zum Verhältnis von Ideologie und Psychoanalyse im Filmstil Sergej Eisensteins. Psychologische Aspekte der ästhetischen Kommunikation im Film. – **Joachim Pfeiffer**: Form als Provokation. Kleists *Penthesilea*. – **Fritz Gesing**: Symbolisierung. Voraussetzungen und Strategien. Ein Versuch am Beispiel von Thomas Manns *Der Tod in Venedig*. – **Hendrik Birus**: Freuds *Der Witz und seine Beziehung zum Unbewußten* als Modell einer Textsortenanalyse.

BAND 10, *Freiburger literaturpsychologische Gespräche*, Würzburg 1991, 320 Seiten, ISBN 3-88479-585-6. Rahmenthema: LITERATUR UND SEXUALITÄT

Johannes Cremerius: Neue Themen – alte Hemmungen? – **Tobias H. Brocher**: Sexualität: Neue Themen – alte Hemmungen? Wandlungen der Darstellung von Sexualität in der Literatur (vor und nach 1945). – **Frederick Wyatt**: Warum Frauen und Männer einander so oft mißverstehen. – **Reimut Reiche**: Triebkonflikte, sexuelle Konflikte – und ihre Masken. – **Christina von Braun**: Nada Dada Ada – Oder die Liebe nach dem Jüngsten Gericht. – **Matthias Kettner**: Kontingente Intimität. Über *Die unerträgliche Leichtigkeit des Seins*. – **Ingeborg Fulde**: Sprache ohne Leidenschaft. Die sexuellen Beziehungen in Peter Handkes *Der kurze Brief zum langen Abschied*. – **Ludger Lütkehaus**: »O Wollust, o Hölle« – in der Onanie-Literatur. – **Christina von Braun / Tobias H. Brocher / Matthias Kettner**: Literatur und Sexualität: Neue Themen, alte Hemmungen? Sendereihe *Forum im Zweiten, Regional*. Hörfunkgespräch des Südwestfunks. Moderator: Thomas Nesseler. –

Joachim Pfeiffer: BIBLIOGRAPHIE: Literaturpsychologie, erste Fortsetzung und Nachträge, 1987–1990.

BAND 11, *Freiburger literaturpsychologische Gespräche*, Würzburg 1992, 164 Seiten, ISBN 3-88479-678-X. Rahmenthema: ÜBER SICH SELBER REDEN. ZUR PSYCHOANALYSE AUTOBIOGRAPHISCHEN SCHREIBENS

Jörg Drews: Selbststilisierung, Selbstbetrug oder Leserbetrug? Johann Gottfried Seumes Bericht vom Wendepunkt seiner Italienreise im Jahr 1802. – **Anita Eckstaedt**: Wie Patienten erzählen. Psychoanalytische Dialogstrukturen. – **Gottfried Fischer**: Sartres *Die Wörter*: zwischen Selbstanalyse und persönlichem Mythos. – **Fritz Gesing**: Offen oder ehrlich? Strategien der Abwehr und Anpassung in drei autobiographischen Werken der Gegenwart. – **Bernhard Greiner**: Dialogisches Wort als Medium des Über–Sich–Redens: Goethes *Bekenntnisse einer Schönen Seele* im *Wilhelm Meister* und die Friederiken–Episode in *Dichtung und Wahrheit*. – **Annegret Mahler-Bungers**: Die Anti-Autobiographie. Thomas Bernhard als ›Antibiograph‹? – **Tilmann Moser**: Von den Schwierigkeiten der DDR-Bürger, über sich selbst zu sprechen. – **Hartmut Raguse**: Autobiographie als Prozeß der Selbstanalyse. Karl Philipp Moritz' *Anton Reiser* und die Erfahrungsseelenkunde.

BAND 12, *Freiburger literaturpsychologische Gespräche*, Würzburg 1993, 334 Seiten, ISBN 3-88479-776-X. Rahmenthema: LITERARISCHE ENTWÜRFE WEIBLICHER SEXUALITÄT

Christa Rohde-Dachser: Über weibliche Sexualität – ein Streifzug durch psychoanalytische Theorien. – **Irmgard Roebling**: Die Rolle der Sexualität in der Neuen Frauenbewegung und der feministischen Literaturwissenschaft. Versuch einer Bestandsaufnahme. – **Matthias Kettner**: Geschlechtsspezifischer Neid. – **Claudia Schmölders**: Der Liebe ins Gesicht. Zur Physiognomik des Begehrens. – **Verena Ehrich-Haefeli**: Zur Genese der bürgerlichen Konzeption der Frau: der psychohistorische Stellenwert von Rousseaus *Sophie*. – **Monika Becker-Fischer** und **Gottfried Fischer**: Emma Bovary – eine Männerphantasie. – **Renate Böschenstein**: Fessel und Flügel. Zur Darstellung eines Typus von erotischen Vater-Tochter-Beziehungen vor und nach Freud. – **Irmgard Roebling**: Grete Meisel-Hess: Sexualreform zwischen Nietzschekult, Freudrezeption und Rassenhygiene. – **Astrid Lange-Kirchheim**: Gesang und Geschlecht. Die Figur der Brunelda in Franz Kafkas Amerika-Roman *Der Verschollene*. – **Eva-Maria Alves**: Djuna Barnes' *Nachtgewächs*. Versuch einer endopoetischen Interpretation. – **Ortrud Gutjahr**: Immigration in den imaginären Körper. Die Frauenliteratur der siebziger Jahre. – **Brigitte Boothe**: Gewalt und Sexualität: Privatsache. Das Kriminalhörspiel *Privatsache* und die Phantasie von der weiblichen Rache. – **Hartmut Kraft**: War es nur die sexuelle

Leidenschaft? Eine Interpretation des Romans *Salz auf unserer Haut* von Benoîte Groult als Darstellung eines Nähe-Distanz-Konflikts.

BAND 13, *Freiburger literaturpsychologische Gespräche*, Würzburg 1994, 332 Seiten, ISBN 3-88479-938X. Rahmenthema: TRENNUNGEN

Wolfram Mauser: Frederick Wyatt. 25. August 1911 – 3. September 1993. – **Thomas Anz**: Spannung durch Trennung. Über die literarische Stimulation von Unlust und Lust. – **Peter Dettmering**: Zur Trennungsthematik in Marcel Prousts *La Prisonnière*. – **Wolfgang Gabler**: Trennung bindet – Bindung trennt. Sozialpsychologische Überlegungen zu Auseinandersetzungen zwischen AutorInnen aus der DDR im »vereinigten« Deutschland. – **Ortrud Gutjahr**: Vom Unheimlichen in der Trennung: E.T.A. Hoffmanns Erzählung und Bodo Kirchhoffs Roman *Der Sandmann*. – **Ludwig Haesler**: Trennung zum Leben – Trennung zum Tod. Zur Psychoanalyse menschlicher Trennungsprozesse. – **Bernd Nitzschke**: »Ein Liebender, dem alle Geliebten entgleiten«. Über Trennungen in Jens Peter Jacobsens Roman *Niels Lyhne* und in Sigmund Freuds Leben. – **Carl Pietzcker**: Nachgeholter Abschied. Johann Peter Hebels *Unverhofftes Wiedersehen*. – **Irmgard Roebling**: Weiblichkeit als Maskerade zur Besänftigung der Dämonen. Einheit und Trennung in Marlen Haushofers Roman *Die Mansarde*. – **Franz Wellendorf**: Abschied vom Bruder. Zu Dieter Wellershoffs *Blick auf einen fernen Berg*. – **Joachim Pfeiffer**: BIBLIOGRAPHIE: Literaturpsychologie, zweite Fortsetzung und Nachträge, 1990–1992.

BAND 14, *Freiburger literaturpsychologische Gespräche*, Würzburg 1995, 320 Seiten, ISBN 3-8260-1045-0. Rahmenthema: PSYCHOANALYSE UND DIE GESCHICHTLICHKEIT VON TEXTEN

I. Zur Theorie
Walter Schönau: Zum Problem der Unterscheidung variabler und konstanter Elemente in der psychoanalytischen Interpretation. – **Reiner Wild**: Psychoanalyse – Zivilisationstheorie – Literatur. – **Reimut Reiche**: Von innen nach außen? Sackgassen im Diskurs über Psychoanalyse und Gesellschaft. – **Rudolf Heinz**: Ideen zu einer (mehr – als –)Psychoanalyse literarischer Texte als Texte. – **Wolfgang Gabler**: Überich–Analysen als Voraussetzungen psychoanalytischer Literaturgeschichtsschreibung. Thesen zu einem Projekt.
II. Zur Geschichte
Walter Blank: Psychoanalytische Interpretation mittelalterlicher Erzähltexte? – **Renate Böschenstein**: Medea und die Frage nach der Überzeitlichkeit der Mutterliebe. – **Carl Pietzcker**: Herakles und Kameraden. Zum Wandel einer Phantasie. – **Joachim Pfeiffer**: Narr und Narziß. Zur psychoanalytischen Rekonstruktion der Till Eulenspiegel-Gestalt. – **Verena Ehrich-Haefeli**: Zur Genese von ›Mütterlichkeit‹

1750–1800. Brentanos *Chronika des fahrenden Schülers* im psychohistorischen Kontext. – **Bärbel Götz**: Bruder, Freund, Geliebter, Verführer. Die Geschwisterinzest-Phantasie in Therese Hubers Roman *Die Familie Seldorf*. – **Hannelore Breuer / Horst Breuer**: Jane Austens *Emma* in psychoanalytischer und psychohistorischer Sicht. – **Matthias Kettner**: »Frankenstein«. Über das Unheimliche im Lauf der Zeit. – **Ortrud Gutjahr**: Das *sanfte Gesetz* als psychohistorische Erzählstrategie in Adalbert Stifters *Brigitta*. – **Thomas Anz**: Psychoanalyse der literarischen Moderne. Überlegungen zu einem Problem.

BAND 15, *Freiburger literaturpsychologische Gespräche*, Würzburg 1996, 242 Seiten, ISBN 3-8260-1236-4. Rahmenthema: METHODEN IN DER DISKUSSION

I. Zu Theorie und Methode
Gottfried Fischer: Die beziehungstheoretische Revolution. Gedanken zur Methodik der modernen psychoanalytischen Literaturwissenschaft. – **Walter Schönau**: Methoden der psychoanalytischen Interpretation aus literaturwissenschaftlicher Perspektive.
II. Interpretationen
1. Johann Wolfgang Goethe *Auf dem See* (1775):
Andreas Hamburger: Goldne Träume kommt ihr wieder. Bericht über eine Lektüre. – **Wolfram Mauser**: Szenarium eines Größenselbst. – **Verena Ehrich-Haefeli**: Unterwegs zwischen Narzißmus und Weltbezug.
2. Arthur Schnitzler *Der einsame Weg* (1904):
Achim Würker: Grandiosität und Einsamkeit. Facetten einer psychoanalytisch-tiefenhermeneutischen Interpretation. – **Astrid Lange-Kirchheim**: Die Verklärung des Sohnes und die Tötung der Frauen. – **Rudolf Heinz**: Von der Grausamkeit der Künste.
3. Elfriede Jelinek *Lust* (1989):
Helga Gallas: Sexualität und Begehren. – **Thomas Anz**: Über die Lust und Unlust am Text. – **Marianne Leuzinger-Bohleber**: Psychoanalytische Überlegungen zu Elfriede Jelineks Roman.

BAND 16, *Jahrbuch für Literatur und Psychoanalyse. Freiburger literaturpsychologische Gespräche*, Würzburg 1997, 263 Seiten, ISBN 3-8260-1352-2. Rahmenthema: ADOLESZENZ

Eva S. Poluda: »Sie war doch sonst ein wildes Blut ...« Einbruch und Aufbruch in der weiblichen Adoleszenz. – **Mario Erdheim**: Weibliche Grössenphantasien in Adoleszenz und gesellschaftlichen Umbrüchen. – **Renate Böschenstein**: Berufsfindung als psychisches Problem untersucht an ihrer Darstellung in literarischen Texten. – **Bärbel Götz**: Weibliche Adoleszenz in Sophie von La Roches Roman *Fanny und Julia* und in Romanen anderer Autorinnen um 1800. – **Heide Rohse**: Abgespaltene Trauer. Die Perspektive des leidenden Kindes und »strategische« Adoleszenz in K. Ph. Moritz' *Anton Reiser*. – **Dagmar von Hoff:** »Und wenn die Seele ›den Körper in ihrer Mitte‹ enthielte ...?« Die Bedeutung der Gebärden als Vertiefung eines Seelenzustandes. Eine Mutter/Tochter-Beziehung Anfang des 19. Jahrhunderts. – **Ortrud Gutjahr**: Jugend als Epochenthema um 1900. – **Irmgard Roebling**: Die Darstellung weiblicher Jugend in Lou Andreas-Salomés Erzählzyklus *Im Zwischenland*. – **Joachim Pfeiffer**: Adoleszente Selbstbegegnung. Zu Hans Henny Jahnn und seiner Erzählung *Die Nacht aus Blei*. – **Inge Wild**: Neue Bilder weiblicher Adoleszenz. Wandel eines kulturellen Musters in Jugendromanen von Christine Nöstlinger und Inger Edelfeldt. – **Christine Garbe**: Weibliche Adoleszenzromane in der Rezeptionsperspektive jugendlicher Leserinnen. – **Astrid Lange-Kirchheim**: Die vereitelte zweite Chance: Weibliche Adoleszenz in Peter Jacksons Film *Heavenly Creatures*.

BAND 17, *Jahrbuch für Literatur und Psychoanalyse. Freiburger literaturpsychologische Gespräche*, Würzburg 1998, 375 Seiten, ISBN 3-8260-1509-6. Rahmenthema: WIDERSPRÜCHE GESCHLECHTLICHER IDENTITÄT

Zu Theorie und Methode
Christa Rhode-Dachser: Über Widersprüche geschlechtlicher Identität in der weiblichen Entwicklung aus der Sicht der Psychoanalyse. – **Wolfgang Mertens**: Widersprüche männlicher Geschlechtsidentität aus psychoanalytischer Sicht. – **Jan Philipp Reemtsma**: »Forsche nicht nach, wenn die Freiheit dir lieb ist; denn mein Gesicht ist ein Kerker der Liebe«. Philologische Anmerkungen zu Sigmund Freuds und Kurt Eisslers *Leonardo*.

Interpretationen
1. Zu Heinrich von Kleists *Penthesilea*
Eva S. Poluda: Widersprüche geschlechtlicher Identität in Kleists *Penthesilea*. – **Joachim Pfeiffer**: Widersprüche geschlechtlicher Identität in Kleists *Penthesilea*. – **Norbert Groeben**: Interpretationsansätze zur *Penthesilea* und Gender-Sozialisation – eine dialog-hermeneutische Rezeptionsstudie.
2. Zu Marieluise Fleißers *Stunde der Magd*
Ulrike Prokop: Wie viele Geschichten in einer? Zu der Erzählung *Stunde der Magd*. – **Martina Ölke, Elke Pfeiffer, Anke Zillessen**: Widersprüche geschlechtlicher Identität und künstlerischer Kreativität.
3. Zu Hubert Fichtes *Versuch über die Pubertät*
Annegret Mahler-Bungers: Widersprüche geschlechtlicher Identität. Zu Hubert Fichtes *Versuch über die Pubertät*. – **Peter Dettmering**: Hubert Fichtes *Versuch über die Pubertät*.

4. Zu Dorothea Schlegels *Florentin*
Dagmar von Hoff: Irrungen und Wirrungen. Konversion und Geschlecht in Dorothea Schlegels *Florentin*. – **Mario Erdheim**: Widersprüche geschlechtlicher Identität in Dorothea Schlegels *Florentin*.
5. Zu Theodor Fontanes *Effi Briest*
Heide Rohse: »Arme Effi«. Widersprüche geschlechtlicher Identität in Fontanes *Effi Briest*. – REZENSIONEN. – **Joachim Pfeiffer**: BIBLIOGRAPHIE: Literaturpsychologie, dritte Fortsetzung und Nachträge, 1992–1996.

BAND 18, *Jahrbuch für Literatur und Psychoanalyse. Freiburger literaturpsychologische Gespräche*, Würzburg 1999, 401 Seiten, ISBN 3-8260-1672-6. Rahmenthema: GRÖßENPHANTASIEN

Zu Theorie und Methode
Peter Passett: Streiflichter auf das Konzept der Größenphantasie in der psychoanalytischen Theorie. – **Hartmut Krafft**: Größenphantasien im kreativen Prozeß.
Interpretationen
Christine Garbe: Weibliche Größenphantasien in Rezeptionsprozessen. Ein Erklärungsversuch zum Erfolg des Bestsellers *Nicht ohne meine Tochter* (von Betty Mahmoody) beim weiblichen Lesepublikum. – **Michael Reichel**: Größenphantasien im literarischen Werk Xenophons. – **Verena Ehrich-Haefeli**: Die Kreativität des ›Genies‹ (Goethes *Wandrer*). Psychohistorische Studie zur Genese der modernen Individualität. – **Reiner Wild**: Goethes und Schillers gemeinsamer Tagtraum. – **Eva S. Poluda**: »Arm in Arm mir dir, so fordr' ich mein Jahrhundert in die Schranken!« (Schiller *Don Carlos*). Größenphantasien zu zweit – regressive und progressive Aspekte. – **Irmgard Roebling**: »Denn lieb ist dirs von je / Wenn größer die Söhne sind, / Denn ihre Mutter«. Maria als Medium für Größenphantasien in Texten der Nachaufklärung. – **Harald Weilnböck**: Zur Philosophie von deutscher Größe. Suizidale Grandiosität in Hölderlins *Empedokles* mit Blick auf *Germanien* von Martin Heidegger. – **Bärbel Götz**: Weibliche Größenphantasie in Johanna Schopenhauers Text *Meine Groβtante*. – **Carl Pietzcker**: »Aber ich lebe in meinem eignen Lichte; ich trinke die Flammen in mich zurück, die aus mir brechen«. *Das Nachtlied* in F. Nietzsches *Also sprach Zarathustra*. – **Ortrud Gutjahr**: Franziska von Reventlows *Ellen Olestjerne*. Größenphantasien im Bohème-Roman. – **Wolf Wucherpfennig:** Das Ich und das All und das Weibliche. Größenphantasien in der naturalistischen Subkultur. – **Astrid Lange-Kirchheim**: Franz Kafka *Ein Hungerkünstler*. Zum Zusammenhang von Eßstörung, Größenphantasie und Geschlechterdifferenz (mit einem Blick auf neues Quellenmatrial). – **Astrid Lange-Kirchheim:** Nachrichten vom italienischen Hungerkünstler Giovanni Succi. Neue Materialien zu Kafkas *Hungerkünstler*. – Joachim Pfeiffer: Vom Größenwahn zum Totalitarismus. Die Konstruktion des Genies in Patrick Süskinds Roman *Das Parfum*. – REZENSIONEN.

BAND 19, *Jahrbuch für Literatur und Psychoanalyse. Freiburger literaturpsychologische Gespräche,* Würzburg 2000, 284 Seiten, ISBN 3-8260-1878-8. Rahmenthema: TRAUMA

Gottfried Fischer: Psychoanalyse und Psychotraumatologie. – **Annegret Mahler-Bungers**: »Das Wort entschlief, als jene Welt erwachte«. Zur Literatur des Holocaust. – **Jan Philipp Reemtsma**: Überleben als erzwungenes Einverständnis. Gedanken bei der Lektüre von Imre Kertész' *Roman eines Schicksallosen.* – **Günter Jerouschek**: Hexenangst und Hexenverfolgung. Zu Traumatisierung und Kriminalisierung in der frühen Neuzeit. – **Hans Holderegger**: Die Überwindung des Traumas in der lyrischen Darstellung. *Die Giftmischerin* (1828) von Adalbert von Chamisso. – **Astrid Lange-Kirchheim:** Trauma bei Arthur Schnitzler. Zu seiner Monolognovelle *Fräulein Else.* – **Bernhard Wutka, Peter Riedesser**: Ernst Jünger: Heroisierung und Traumasucht. – **Dieter Nitzgen**: Ein schrecklich langes Wochenende. Trauma & Theorie im Werk von W. R. Bion. – **Johannes Cremerius:** Brief an den Verfasser. Anmerkungen zum Aufsatz von Dieter Nitzgen. – **Rosemarie Barwinski-Fäh**: Die Angst des Abwesenden vor der Abwesenheit: Ausdrucksformen der An- und Abwesenheit in Wolfgang Hilbigs Prosatexten. – **Ludger Lütkehaus**: Müttermorde. Wechselseitige Traumatisierungen bei Müttern und Söhnen. – REZENSIONEN.

BAND 20, *Jahrbuch für Literatur und Psychoanalyse. Freiburger literaturpsychologische Gespräche,* Würzburg 2001, 373 Seiten, ISBN 3-8260-2077-4. Rahmenthema: FRANK WEDEKIND

Johannes G. Pankau: Prostitution, Tochtererziehung und männlicher Blick in Wedekinds Tagebüchern. – **Andreas Hamburger**: Zur Konstruktion der Pubertät in Wedekinds *Frühlings Erwachen.*– **Ortrud Gutjahr**: Erziehung zur Schamlosigkeit. Frank Wedekinds *Mine-Haha oder Über die körperliche Erziehung der jungen Mädchen* und der intertextuelle Bezug zu *Frühlings Erwachen.* – **Sybille Grüner**: Liebe nach dem ersten Blick? Zu Frank Wedekinds Erzählung *Liebe auf den ersten Blick.* – **Johanna Bossinade**: Wedekinds »Monstretragödie« und die Frage der Separation (Lacan). – **Ruth Florack**: Aggression und Lust. Anmerkungen zur *Monstretragödie.* – **Claudia Liebrand**: Noch einmal: Das wilde, schöne Tier Lulu. Rezeptionsgeschichte und Text. – **Petra Strasser**: *Lulu*-Dramen in der musikalischen Rezeption: Alban Bergs Oper *Lulu* – Text / Musik. – **Reimut Reiche:** Der Anfang der Erzählung *Die Schutzimpfung* von Frank Wedekind. Rekonstruktiert mit Hilfe der Bildung einer Strukturhomologie von Traumarbeit und Erzählarbeit. – **Hartmut Vinçon**: Schamlosigkeit. Frank Wedekinds Einakter *Die Zensur*: ein Vexierbild. – REZENSIONEN. – **Joachim Pfeiffer**: BIBLIOGRAPHIE: Literaturpsychologie, vierte Fortsetzung und Nachträge, 1997–1999.

BAND 21, *Jahrbuch für Literatur und Psychoanalyse. Freiburger literaturpsychologische Gespräche*, Würzburg 2002, 336 Seiten, ISBN 3-8260-2422-2. Rahmenthema: FREMDE

Mario Erdheim: Verzerrungen des Fremden in der psychoanalytischen Perspektive. – **Ortrud Gutjahr:** Fremde als literarische Inszenierung. – **Michael B. Buchholz:** Fremde und das Assimilationsparadox. Zur politischen Theologie des Antisemitismus. – **Inge Wild**: Zwischen Mission, Kolonialismus und Ethnographie. Fremdheitserfahrunegen der Lehrerin und Missionarin Anna Rein-Wuhrmann im Königreich Gamum in der deutschen Kolonie Kamerun. – **Hanna Delf-von Wolzogen:** Exil als innere Stimmung. Figuren der Fremde in der deutsch-jüdischen Literatur. – **Wolfgang Gabler**: »Wir wurden zu DDR-Bürgern, die wir nie waren.« Alterität als Thema ostdeutscher Literatur und die Ethnisierung der Ostdeutschen. **Klaus-Michael Bogdal:** »Menschen sind sie, aber nicht Menschen wie wir.« Europa erfindet die Zigeuner. – **Wolf Wucherpfennig:** Fremdheiten: Die erlebte Fremdheit, das konstruierte Fremde und die Entfremdung (H. C. Andersen, Joseph Beuys, Gustave Flaubert). – **Carl Pietzcker:** »*Mein* Herzschlag der Rhythmus eines fremden in einem Fremden, der wie *ich* sagen hörte, nicht sterben kann.« Fremdheitserfahrung in und mit Reinhard Jirgls *Hundsnächte*. – **Hartmut Böhme**: Das Heilige als das Fremde. – REZENSIONEN.

BAND 22, *Jahrbuch für Literatur und Psychoanalyse. Freiburger literaturpsychologische Gespräche*, Würzburg 2003, 355 Seiten, ISBN 3-8260-2529-6. Rahmenthema: TRAUER

Wolfram Mauser: Nachruf auf Johannes Cremerius. – **Petra Strasser**: Trauer versus Melancholie aus psychanalytischer Sicht. – **Gottfried Fischer und Andreas Hammel**: Trauer und Melancholie: Vom Neurose- zum Trauma-Paradigma. – **Thomas Anz**: Freuden aus Leiden. Aspekte der Lust an literarischer Trauer. – **Christiane Ackermann und Klaus Ridder**: Trauer – Trauma – Melancholie. Zum *Willehalm* Wolframs von Eschenbach. – **Eberhard Th. Haas**: Gewalt – Trauer – Kultur: Der Streit des Ackermanns mit dem Tod und andere Duelle. – **Verena Ehrich-Haefeli**: Goethes *Wahlverwandtschaften*: Trauerübungen. – **Carl Pietzcker**: »Wenn der Dichter singt, / den Tod zu meiden den das Scheiden bringt«. Zum Verhältnis von Trauer und Kreativität: Goethes *Trilogie der Leidenschaft*. – **Andreas Hamburger**: Erinnerter Abschied. Zur psychoanalytischen Interpretation des Trakl-Epitaphs von Else Lasker-Schüler nebst Anmerkungen zum Übertragungsangebot der Lyrik. – **Heide Rohse**: Trauer – Erinnern – Erzählen. Marie Luise Kaschnitz' Geschichte *Adam und Eva* und die biblische Erzählung von Paradies und Vertreibung. – **Harald Weilnböck**: »Dann bricht sie in Tränen aus«. Übertragungen von Trauer/Abwehr im Text und im *Gruppenanalytischen Literaturseminar* über Judith Hermanns *Hunter-Tompson-Musik*. – **Joachim Pfeiffer**: Unfähigkeit zu trauern? Zu Imre Kertész' *Roman eines Schicksallosen*. – **Thomas Auchter**: »Das Wüten der ganzen Welt«. Psychoanalytische Annäherung an Aspekte des Trauerns im Werk des niederländischen Autors Maarten ’t Hart. – **Sammelbibliographie** zum Thema Trauer. – REZENSIONEN.

BAND 23, *Jahrbuch für Literatur und Psychoanalyse. Freiburger literaturpsychologische Gespräche*, Würzburg 2004, 247 Seiten, ISBN 3-8260-2805-8. Rahmenthema: ERINNERN

Marcel Beyer: Madrid erinnern. – **Gottfried Fischer, Robert Bering, Sabine von Hinckeldey, Rosemarie Barwinski-Fäh:** Wiederholen, Erinnern und Umarbeiten. – **Werner Bohleber:** Erinnerung, Trauma und historische Realität. – **Joachim Küchenhoff**: Die Zeit und der Andere im psychoanalytischen Erinnerungsprozess. – **Jan Assmann:** Phylogenetisches oder kulturelles Gedächtnis? Sigmund Freud und das Problem unbewusster Erinnerungsspuren. – **Aleida Assmann:** Persönliche Erinnerung und kollektives Gedächtnis in Deutschland nach 1945. – **Astrid Lange-Kirchheim**: Erinnerte Liebe? Zu Arthur Schnitzlers *Die Nächste* und Hitchcocks *Vertigo*. – **Nicolas Berg:** Intellektuelle Distanzen. Versuch über Gottfried Benn, Peter de Mendelssohn und die Frage nach dem Gegenteil von Gedächtnis. – **Ulrike Prokop**: Trauma und Erinnerung in Günther Grass’ *Im Krebsgang*. – **Petra Strasser**: Blick zurück in die Zukunft. Erinnerung unter dem Aspekt der »Nachträglichkeit«. *Austerlitz* – W. G. Sebalds Erinnerung durch Raum und Zeit. – **Wolf Wucherpfennig**: W. G. Sebalds Roman *Austerlitz*. Persönliche und gesellschaftliche Erinnerungsarbeit. – **Wolfgang Gabler**: Schreibende Pioniere. Die DDR in der Gegenwartsprosa junger AutorInnen. – REZENSIONEN.

BAND 24, *Jahrbuch für Literatur und Psychoanalyse. Freiburger literaturpsychologische Gespräche*, Würzburg 2005, 436 Seiten, ISBN 3-8260-3067-2. Rahmenthema: KULTURTHEORIE

Matthias Kettner: Psychoanalytische Kulturtheorie – die Zukunft einer Desillusion. – **Andreas Hamburger:** Das Motiv der Urhorde. Erbliche oder erlebte Erfahrung in *Totem und Tabu*. – **Ortrud Gutjahr:** Ursprungsmythen der Kultur. Narrative psychokultureller Entwicklung in Sigmund Freuds *Totem und Tabu* und Richard Wagners *Der Ring des Nibelungen*. – **Eberhard Th. Haas:** Die kopernikanische Revolution und der Sturz der Väter. – **Gottfried Fischer:** Modell Ödipus – zwischen transgenerationaler Traumatisierung und Neurose. – **Hartmut Böhme:** Fetischismus und Sexualität. Auf dem Weg zu einem metapsychologischen Konzept: Binet – Krafft-Ebing – Freud. – **Renate Schlesier:** Drei Visiten. Aus der Geschichte des Verhältnisses von Surrealismus und Psychoanalyse. – **Liliane Weissberg:** Bilderwechsel: Barthes, Benjamin, Freud und der Exkurs der Photographie. – **Verena Ehrich-Haefeli:** Die Kreativität der Söhne. Zur psychohistorischen Genese der modernen Individualität (Texte um 1770). – **Joachim Küchenhoff:** Negativität als Bewahrung? Zur individuellen und kulturellen Repräsentation des Nicht-Repräsentierbaren – am Beispiel von H. Melvilles *Bartleby the Scrivener*. – **Heinrich Deserno:** Leidenschaft und Selbstbestimmung in Dieter Wellershoffs Roman *Der Liebeswunsch*. – **Auswahlbibliographie zur psychoanalytischen Kulturtheorie.** – REZENSIONEN. – **Stichwortregister** zu den Beiträgen. – **Werkregister Sigmund Freud** zu den Beiträgen.

BAND 25, *Jahrbuch für Literatur und Psychoanalyse. Freiburger literaturpsychologische Gespräche*, Würzburg 2006, 346 Seiten, ISBN 3-8260-3319-1. Rahmenthema: LACHEN

Carl Pietzcker: Sigmund Freud: *Der Witz und seine Beziehung zum Unbewußten*. – **Thomas Auchter:** »Das Gelächter ist der Hoffnung letzte Waffe« (H. Cox): Psychoanalytische und anthropologische Aspekte von Lachen, Humor, Komischem und Witz. – **Helga Kotthoff:** Lachen über sich selbst. Selbstbewitzelungen und ihre Funktion im Kontext informeller Gespräche. – **Christine Walde:** Ovids *ars ridendi*. – **Horst Breuer:** Närrische Verstörung, skeptische Aussöhnung: Komik und Lachen am Beispiel von Shakespeares *Was ihr wollt*. – **Annegret Mahler-Bungers:** Über das Lachen in *Der zerbrochne Krug* von Heinrich von Kleist. – **Andreas Hamburger:** »Setzt einen Krug, und schreibt dabei: Dem Amte wohlbekannt.« Momente der Lösung in Heinrich von Kleists Komödie *Der zerbrochne Krug*. – **Petra Strasser:** *Rot* – ein Roman von Uwe Timm: Zum Lachen? – **Stefan Börnchen:** »Montrer le plus possible de phallus«. Poetologischer Exhibitionismus bei Thomas Mann und Laurence Sterne. – **Ludger Lütkehaus:** Freud zum Vergnügen. – Auswahlbibliographie zum Thema *Lachen*. – REZENSIONEN.

BAND 26, *Jahrbuch für Literatur und Psychoanalyse. Freiburger literaturpsychologische Gespräche*, Würzburg 2007, 320 Seiten, ISBN 978-3-8260-3595-1. Rahmenthema: FREUDS AKTUALITÄT

Tilman Habermas: 150 Jahre Sigmund Freud: Seine Aktualität für die Psychoanalyse. – **Joachim Küchenhoff:** »Verstärkung durch inneren Fortschritt«? Die zukünftigen Chancen der psychoanalytischen Therapie – ein Rückblick. – **Joachim Bauer:** Die Psychoanalyse aus Sicht der Neurobiologie: Das Beispiel der Gegenübertragung. – **Johannes Reichmayr:** Grundlagen der Ethnopsychoanalyse: Sigmund Freud als Migrant. – **Claudia Liebrand:** Totgesagte leben länger? Psychoanalyse und Film Studies. – **Emil Angehrn:** Vom Sinn des Sinnlosen. Die Herausforderung der Psychoanalyse für die Philosophie. – **Thomas Anz:** Psychoanalyse in der modernen Literatur seit Freud. – **Hans-Martin Lohmann:** Kann man Freud politisch lesen? – **Joachim Pfeiffer:** »Fortschrittlichster Zweig der psychoanalytischen Bewegung«? Zum Verhältnis von Psychoanalyse und Pädagogik. – **Achim Würker:** Szenisches Verstehen als professionelle Kompetenz von Lehrern. Einige Überlegungen zur Psychoanalytischen Pädagogik der Schule. – **Gerhard Schneider:** Freud und die bildende Kunst – mit oder ohne Freud über Freud hinaus? – **Petra Strasser:** Freud mit Musik. – **Astrid Lange-Kirchheim:**

Melancholie der Geschlechtsidentität. Zur Aktualität Freuds in den Gender Studies. – **Stefan Börnchen:** Zum Geburtstag viel Freud. Paranoia und paranoide Geschlechter-Codes in »Superman's Romance With *Wonder Woman*!« – **Walter Schönau:** Freud als Sprachschöpfer und Diskursbegründer. – REZENSIONEN.

BAND 27, *Jahrbuch für Literatur und Psychoanalyse. Freiburger literaturpsychologische Gespräche*, Würzburg 2008, 386 Seiten, ISBN 978-3-8260-3772-6. Rahmenthema: HEINRICH VON KLEIST

Joachim Pfeiffer: Kleist und die Sprache des Unbewussten. Zur Geschichte der psychoanalytischen Kleist-Forschung. – **Bernhard Greiner:** »Die Möglichkeit einer dramatischen Motivierung denken können«. Kleists Paradoxe und Versuche ihrer Motivierung, mit einem Exkurs zur *Familie Schroffenstein*. – **Ulrike Prokop:** Misstrauen und Wahrheitsbeweis in dem Trauerspiel *Die Familie Schroffenstein*. – **Ortrud Gutjahr:** Unheimliche Heimkehr. Der Schauplatz des Anderen in Heinrich von Kleists *Amphitryon*. – **Marianne Schuller:** Der Wahn und seine Beziehung zur Metaphorizität. Zu Kleists kryptischem Trauerspiel *Penthesilea*. – **Heinrich Deserno:** Der Liebeswunsch in Heinrich von Kleists Novelle *Die Marquise von O....* – **Claudia Liebrand:** Gravida. Kleists *Marquise von O....* als Trauma-Text. – **Vera King:** »... es ist nur auf wenige Augenblicke«. Die zweite Verführung in Kleists *Das Erdbeben in Chili*. – **Wolf Wucherpfennig:** *Die Verlobung in St. Domingo* oder Die Tragödie des Narzissmus. – **Benigna Gerisch:** »... und unter ihr die weite, öde, entsetzliche See«: Psychoanalytische Anmerkungen zur Adoptionstragödie und Desymbolisierung in Kleists Erzählung *Der Findling*. – **Margarete Berger:** Zu den Ohnmachtszenarien Kleistscher Protagonisten. – **Helga Gallas:** Kleists Welt im Vergleich zur Dominanz des *Imaginären* in der Romantik und zur Inflation des *Realen* in der Postmoderne. – REZENSIONEN.

BAND 28, *Jahrbuch für Literatur und Psychoanalyse. Freiburger literaturpsychologische Gespräche*, Würzburg 2009, 268 Seiten, ISBN 978-3-8260-4056-6. Rahmenthema: KÖRPER.KONSTRUKTIONEN

Joachim Küchenhoff: Den Körper verstehen – psychoanalytische Konstruktionen. – **Carl Pietzcker:** Der Mensch schuf die Welt sich zum Bilde, sich zum Bilde schuf er sie. Zur Verkörperung der Welt. – **Aglaja Stirn:** Literatur des Körpers. Geschichte und Kultur von Körpermodifikationen. – **Klaus Theweleit:** Übertragung. Gegenübertragung. ›Dritter Körper‹. Zur Gehirnveränderung durch Medien. – **Rotraut De Clerck:** Der zudringliche Blick. Sexualität und Körper: Subjektvorstellungen bei Sigmund Freud und Lucian Freud. – **Reimut Reiche:** Körper, Fläche, Geist – das Bodenmosaik *Lords* (1997) von Albert Oehlen. – **Elisabeth Bronfen:** Der versehrte Körper des Soldaten im Hollywood-Kriegskino: Schlachtenszenen in *Saving Private Ryan* und *Flags of our Fathers*. – **Angela von Arnim:** Von der Propriozeption zur Narration. Körperbild-Skulpturen und -Narrative in der Psychosomatik. – **Marianne Schuller:** Ein Fall des Gerichts. Zur

Konstruktion des Körpers in Kleists Lustspiel *Der zerbrochne Krug*. – **Ludger Lütkehaus:** »An der Frauenbrust treffen sich Liebe und Hunger«. Orale Lust von Freud bis Philip Roth. – REZENSIONEN.

BAND 29, *Jahrbuch für Literatur und Psychoanalyse. Freiburger literaturpsychologische Gespräche*, Würzburg 2010, 432 Seiten, ISBN 978-3-8260-4304-8. Rahmenthema: GOETHE

Inge Wild: »Weit hoch herrlich der Blick / Rings ins Leben hinein«. Adoleszenz und Kreativität in frühen Gedichten Goethes. – **Rainer M. Holm-Hadulla:** Melancholie und Kreativität bei Goethe. Ein Beitrag zur Differenzierung von poetischer Melancholie und depressiver Erkankung sowie deren Beziehung zur Kreativität. – **Carl Pietzcker:** Götz von Berlichingen mit der eisernen Hand oder: Von der »Wollust, einen großen Mann zu sehn«. – **Benigna Gerisch:** »Ich kehre in mich selbst zurück, und finde eine Welt«: Psychoanalytische Anmerkungen zur obsessiven Liebessehnsucht und Suizidalität in Goethes *Die Leiden des jungen Werthers*. – **Annegret Mahler-Bungers:** Vom Familien- zum Kulturroman. Überlegungen zum Wandel von Erzählhaltung und Stil in Goethes *Wilhelm Meister*. – **Astrid Lange-Kirchheim:** Polarität oder Hierarchie? – Psychoanalytisch-genderorientierter Versuch zum Geschlechterverhältnis in Goethes *Faust*. – **Ulrike Prokop:** Das Magische als Wiederkehr des Verdrängten in den *Wahlverwandtschaften*. – **Karl Pestalozzi:** Goethes Darstellung des Alters im Gedichtzyklus *Chinesisch-deutsche Jahres- und Tageszeiten*. – **Karl Pestalozzi:** Goethes Gretchen und Rousseaus Sophie. – **Verena Ehrich-Haefeli:** Schreiben – Zeichnen: Versuch zur Mediendifferenz bei Goethe. – **Stefan Börnchen:** »Freunde, flieht die dunkle Kammer!« Zur epistemologischen Metapher der *black box*: Goethe, Luhmann, THE MATRIX. – **Reiner Wild:** Tendenzen und Perspektiven psychoanalytisch orientierter Goethe-Forschung. – BIBLIOGRAPHIE: Literaturpsychologische Publikationen zu Goethe. – REZENSIONEN.

BAND 30, *Jahrbuch für Literatur und Psychoanalyse. Freiburger literaturpsychologische Gespräche*, Würzburg 2011, 281 Seiten, ISBN 978-3-8260-4561-5. Rahmenthema: KINDHEITEN

Angela Moré: Vorstellungen von Kindheit im 18. und 19. Jahrhundert und ihr Einfluss auf die Anfänge der Psychoanalyse. Zum Zusammenhang von Tradierung und Erinnern bei Freud. – **Ortrud Gutjahr:** Auf dem Schauplatz eines frühen Selbst. Inszenierungsformen von Kindheit in der Literatur. – **Joachim Küchenhoff / Petra Strasser:** Die Stimme – das Singen – das Erzählen: Die Entwicklung des intermediären und interaktionellen Raumes. – **Vera King:** Kindes- und Paarliebe. Szenarien des Kindlichen in Zeruya Shalevs Roman *Späte Familie*. – **Hannes Fricke:** Kinder, Traumata und Sprachlosigkeit in Sprache. Über die Schilderung traumatischer Erfahrungen von Kindern in *Die Brüder Löwenherz* (Lindgren) und *Extrem laut & unheimlich nah* (Foer) als ressourcenorientierte Versuche der

Selbstheilung. – **Wolf Wucherpfennig:** Il Ritorno in Infanzia. Literarische Formen der Rückkehr in die Kindheit: Jules Renard, Frank McCourt, Bogumil Goltz, Wilhelm Raabe. – **Marianne Schuller:** Kindheit schreiben – Kindheit lesen. Zu Walter Benjamins *Berliner Kindheit um neunzehnhundert.* – **Inge Wild:** Kindheit im Mattiswald. Astrid Lindgrens *Ronja Räubertochter.* – **Joachim Pfeiffer:** »Bleibe stets du selbst«. Frühe Kindheitsszenarien in dem Film *Billy Elliot – I will dance.* – REZENSIONEN.